國家清史編纂委員會·文獻叢刊

王興亞 等 編

清代河南碑刻資料 ⑤

商務印書館
创于1897
The Commercial Press

二〇一六年·北京

目 錄

(陽武縣)

正誼書院碑記 1
修理崇聖鄉賢祠記 1
重修城池記 2
重修西廡明倫堂尊經閣記 3
重修文廟碑記 3
獄空碑 4
栗公毓美修磚壩碑記 4
獄空碑 5
重修西台寺碑記 5
重修節孝總祠碑記 6
第五堡栗大王廟碑記 6

(原武縣)

邑侯張公去思碑記　張公諱椿，本縣知縣。 8
御製訓飭士子碑 8
原武縣新修城記 9
原武縣新修城記 10
普濟育嬰兩堂碑記 10

原武縣開濬溝渠記...11
　　原武縣新修文廟記...11
　　原武吳令開渠碑記...12
　　原武吳侯德政碑記　吳侯諱文炘，本縣知縣。.....................................13
　　原武縣泮池記...13
　　原武縣重修文廟記...14
　　重修原武縣五龍廟碑記...14
　　衛糧廳陽武汛三堡迎水壩創建大王廟碑記...15

延津縣
　　重修延津文廟碑記...18

封丘縣（封邱縣）
　　重修城隍廟碑記...19
　　封邑修城記...19
　　重建文昌閣記...20
　　重建夏侯封父亭記...21
　　重修關帝廟記...21
　　新建大王廟碑記...22
　　百里公甘雨記...23
　　翟母祠記...23
　　貞烈祠記...23
　　崇祀貞烈祠姓氏事實扁記...24
　　重修封父亭記...24
　　重修明倫堂記...25
　　顯考亮公府君妣蔡太君合葬墓誌...25
　　重修儒學工程碑記...26
　　重修儒學碑記...27
　　創建主簿衙署碑記...28
　　重修封父亭碑記...28
　　重修使君百里公塚塋碑記...28
　　河南衡家樓新建河神廟碑記...29
　　重修青陵台貞烈祠碑記...30

松亭高司馬墓誌銘 31
奉令豁免車馬雜派差徭碑記 32
新建封邱汛衙署碑記 33
重修旺龍庵碑記 33
重修龍王廟碑記 34
壩臺義地碑記 34
河南巡撫部院鄭批准封邱縣非驛路正站往來差使概不准繞至封城更換車馬碑 35
重修城垣碑記 37
欽差吏部左堂署河南巡撫部院張批嚴禁繞道碑 37
重修文廟捐輸題名碑記 38
清故進士邢公印中墓誌銘 39
重修封邱城隍廟碑記 40
重修封邱文昌閣碑記 41

長垣縣
通奉大夫陝西布政使司右布政使環洲成公墓表 42
清通奉大夫陝西等處承宣布政使司右布政使環洲成公（仲龍）墓誌銘 43
成母王淑人墓誌銘 46
清故孝廉宸御成公（象珽）墓誌銘 48
脩八蜡廟記 50
成母李恭人墓誌銘 51
重脩尊經閣碑記 53
重脩魁星樓記 54
御書長安冬至 55
崑麓吳公祠堂碑記 56
崐麓先生祠堂碑 57
寶鑑堂記 58
康熙乙丑修學記 59
前吏部主事郜公墓誌銘 60
皇清勅贈文林郎官庠生鳴玉成公（象瑒）暨元配柴太孺人合葬墓誌銘 62
崔先生渭源墓誌銘 64
孝烈祠記 66
重修元帝廟記 67
重修東關普濟橋路記 67

籌增寡過書院生童膏火並捐修橋路記 68
重修寡過書院記 69
重修儒學記 69
重修仲子祠記 70
重修長垣大王廟感應碑記 71
長垣創修土埝碑記 72
看守埝工碑約 74
重修寡過書院記 74
重修長垣雙忠祠臥石記 75
八蜡廟述異碑記 76
大王靈跡記 76
增修南關大王廟戲樓官廳碑記 77
重修文昌閣記 78
重修寡過書院增添試院記 78
傅寨友助寨碑 79
仲子祠義塾碑 80
蓋村里金寨村楊徐氏節孝碑 80
清歲貢生侯君翰之德行碑 81
學堂岡宣講聖諭記 81
修葺興國寺小學校碑記 82

獲嘉縣

重修武王廟記 83
城隍廟重修二殿落成記 83
同盟山詩 84
改創磚城記 84
重修官衙記 86
重修學宮記 86
重修梓潼帝君祠 87
創建東林大悲院記 88
行苦神秀題辭 89
書朱子題薑詩碑 89
賜超玉和尚詩碑 89
淨雲寺新建御書樓碑記 89

重修三橋官路碑記 90
　　城隍廟三世清醮會繪妝寢宮碑記 91
　　先賢卜子夏墓碑 92
　　重修同盟山碑記 92
　　建設橫河閘座碑記 93
　　重濬飲馬池記 93
　　關帝並眾神廟重修碑記 94
　　重修玄帝廟碑引 95
　　重修城隍廟碑記 95
　　增修學宮並建訓導宅記 96
　　新建福善寺記 96
　　重修廟宇小引 97
　　觀音菩薩修醮叁年完滿碑記 97
　　公建滎澤縣正堂殷加五級紀錄十次愛民碑 98
　　重修同盟山碑記 99
　　重修碑記 99
　　敬惜字紙經費事碑記 100
　　重修玉帝行祠碑記 101
　　同盟夕照賦 101
　　重修西城記 102
　　呂祖廟碑 102
　　東路西劉土旗營玉帝廟重修戲樓誌 103
　　捐地碑記 104
　　關帝廟重修碑記 105
　　玉帝廟戲樓碑記 105
　　新修小學堂記 106
　　重修關帝廟碑記 107

鶴壁市

鶴壁市（淇縣）
　　萬善同歸 111
　　湯陰縣峙灣村惠果里李氏家譜碑記 111

新築太平寨碑記 111
創建家祠碑記 112
重修碑記 112
修補橋梁碑記 113
禁止啟土開窰碑記 114
重修關聖帝君神祠碑序 114
衆窑佈施碑記 115
陳氏祠堂碑記 117
大廟坡重修廣生祠碑記 118
文昌廟石碣 118
文昌廟石碣 119
重修碑記 119

淇縣

崔國俊造像記 120
明侍御淇園孫公（徵蘭）合葬墓誌銘 120
両□石溝創建觀音堂記 121
扯淡碑 122
重修崇勝寺碑記 123
山西霍氏捐施書院地畝記 123
山西霍氏捐施學田記 124
重浚勺金河記 125
重修淇縣城垣碑記 126
都白龍洞碑記 127

濬縣

新圖水陸聖像碑記 128
浮丘山元君殿碑記 128
碧霞宮完社記 129
濬縣常香會善信題名碑記 130
泰山聖母碑霞行宮供會四年圓滿記言 130
濬縣善信進香題名碑記 131
碧霞元君行宮碑記 131

浮頂進駕萬善碑記 132
傅宸詩一首 133
重修禹王廟碑記 133
半野山房詩三十章並序 134
踏破層嵐詩 135
新建仙菴道院記 135
潷縣學碑記 136
義學記 136
買贍庵地畝碑記 137
龍洞 137
重修龍洞記 137
潷縣重修廉川橋記 138
大伾山創建純陽呂帝君洞閣碑記 139
五雷號令之臺 140
代天監察之臺 140
國舅曹真人 140
迎純陽呂祖玉像 140
純陽呂祖洞告成賦四章附一絕 141
重修三豐張真人祠小記 141
純陽呂祖洞別記 142
敕封呂祖聖誥 142
來鶴亭詩二首 143
來鶴亭懷仙 143
來鶴亭即事 143
伾山即事三十首限韻 144
純陽呂祖洞天告成 147
蓬萊得道祖師純陽呂帝君洞銘有引 147
雲渡橋 148
觀瀾處 148
仙姑何元君 148
大伾山創建純陽呂帝君閣捐金姓氏碑記 148
馬秉德詩四首 149
吏隱厈 150
謁呂祖洞即事 150
大伾呂祖洞記 150

絕句二首 152
遊仙洞 152
張夢亨等輸資財碑記 153
庚申冬日雪霽仝四家兄遊大伾山限晴字 153
伾山漫興十首 153
八隱詩並序 154
皇清敕贈榮禄大夫從一品督都僉事前誥封襄遠將軍四川潋馬營署遊擊管守備事原任
　湖廣鄖陽軍門前營副將管遊擊事名揚杜公合葬墓誌銘 156
塑五龍神像碑引 157
浮丘山房記 158
重金聖像記 158
觀音會四年完滿記 159
供奉十地閻羅諸佛菩薩地藏菩薩聖像碑 159
早春登眺攜孟生華平輩 160
遊大伾 160
忠烈祠碑記 160
金粧神像碑記 161
藹藹亭 162
遊藹藹亭 162
皇清待授奉政大夫候補同知原任山西平陽府蒲縣知縣封文林郎眉山張公（峒）墓
　誌銘 162
泊頭村郭氏祖塋碑 163
妝塑十帝閻君神像碑記 164
大伾山興國寺建十王聖會碑記 165
大伾山興國寺建千佛會處造地藏菩薩一尊碑記 165
皇清敕授中憲大夫河南驛傳鹽法兵備道按察司僉事加二級箕山程公（浡）墓誌銘 166
天寧寺嘗謂人之欲興善念者碑 168
同修清醮碑記 169
登大伾山 170
大伾山呂祖洞羽士李青霞墓誌銘 170
泰山聖母碧霞元君一十二年圓滿碑記 171
四年完滿碑 172
浮丘頂殿閣告成碑記 172
天寧寺檢藏重修藏經閣碑記 173
仁育萬物碑 174

文治閣記	175
文治閣二樓碑文	175
重修文治閣記	176
王氏墓誌碑記	177
大名府滑縣梁村集居住公建天仙聖母神廟碑記	177
康熙五十二年告示	178
劉皇極爲朝陽洞買地解決燈油勒石以誌	179
重修山門題記	179
天仙聖母殿前月臺碑記	179
廣西布政使司布政使周南武公暨元配張夫人合葬墓誌銘	180
劉氏祖塋碑	182
呂仙聖會四年完滿序	182
十王聖會爲興國寺供燈置地碑記	183
威震五岳楹聯	183
十王聖會四年完滿碑記	184
鮑公隄碑記	184
登大伾再和王文成公原韻	185
胡紹芬與衷肇鼎登大伾即席聯句	185
胡紹芬題記	186
登浮丘山	186
黎陽書院記	187
大清國河南衛輝府濬縣城裡信民張繼才等各里不同人氏奉祀觀音大士尊神四年圓滿碑記	187
大清國河南衛輝府濬縣城裡信民張進才等各里不同人氏奉祀觀音大士尊神四年圓滿碑記	188
創建尊經閣碑記	188
東明王廷祿等進香碑記	189
柳仙誌文	190
酬火神碑記	190
感神明大德刻石	191
濬縣大伾山道院重修坊亭碑記	191
濬東大高村二郎廟所高村營立碑	192
朝山進香碑記	193
王氏復修宗派記	193
四年功德完滿碑記	194

送子菩薩聖會碑記 194
重修柳仙祠碑記 195
皇清待贈顯考順臣王公諱進孝妣趙氏合葬墓誌銘 195
乙亥遊大伾四首 195
重修地藏王菩薩殿碑 196
重修觀音菩薩堂碑記 196
千仞崗題辭 197
重修來鶴亭記 197
十王爺四年完滿碑記 197
在縣西關河西信士邢建樸等建立碑記 197
第一峰 198
向日峰刻石 198
遊大伾山記 199
四年完滿碑記 199
重修太極宮殿碑記 200
大清河南衛輝府濬縣西關鄉邑信民焦繼周等各里不同人氏奉祀送子觀音菩薩會碑記 201
經制名缺碑記 201
續遊大伾山記 201
登大伾山步陽明先生韻 202
修建白寺劉裴流村義學記 202
爲善最樂碑記 203
遊大伾山詩草 203
乾元殿碑記 205
重修懷古俯衛藕藕三亭記 205
泊頭村郭氏墳社序 206
觀音寺刻石 206
移修山神土地祠小記 206
禹跡千年 207
觀音巖寺刻石 207
碧霞宮楹聯 207
神之爲靈昭昭碑 208
大伾山北巖觀音菩薩會四年完滿碑記 208
聖會四載完滿碑記 208
皇清處士顯祖考王公諱大傑起凡太府君妣節孝待贈孺人杜太君之墓碑 209
酬報菩薩降福呈祥碑 209

捐資觀音洞碑記	210
重修濬縣儒學記	210
邢福姐墓表	211
盛會碑	212
傳菩薩之靈感碑	212
呈供菩薩屆滿碑記	212
聖母殿火池香亭碑	213
闔會立石小引	213
嚴禁作踐廟宇告示碑	214
遊大伾山記	214
代父自序修工記	215
重修寢宮樓記	215
金裝神像碑記	216
重修王公祠記	216
移建希賢書院記	217
信士弟子四年完滿碑記	219
達觀亭四首	219
大伾山賦並序	220
趙氏祖塋碑	221
文冲詩碑	222
重修濬縣學宮碑記	222
重刻玄玄子創建鶴舞亭碑記	223
重修伾巖草茅庵記	223
增建希賢書院記	224
始祖諱朝用字錚拔齊公之墓	224
藍田種玉	224
募捐修葺碧霞宮碑記	225
重修玉皇廟碑	225
重修浮邱山碧霞元君行宮碑記	226
菩薩聖會碑	226
重修康顯侯祠記	227
重修濬邑大伾山東天寧寺碑記	227
重修千佛寺水陸殿記	228
獎施燈油香火碑記	229
免協濟車馬碑	230

重修希賢書院記	231
重修濬邑浮邱山大殿瓴甋牆壁碑記	231
重修天寧寺碑文	232
重修浮邱山碧霞宮碑記	232
許公施燈油資碑記	233
重修碧霞宮碑記	233
直隸大名府長垣縣城西北二十里青堽集朝山進香會序	234
丙子春府衛亭落成俯亭字韻三首	235
纘續長香碑記	235
伾峰泰山聖母行宮聖會碑記	236
李健行等大伾山聯句	236
萬善同歸碑	237
遊大伾有作	237
重修大佛閣記	237
重修城隍廟記	238
創建黎南書院記	238
重修學宮記	239
家海樓大伾山詩	240
衙齋記	240
重修溝洫記	241
重修河堤記	242
誥授奉政大夫邑賢侯黃老父臺重修禹廟碑記	243
重修大伾魁星閣記	244
重修真武廟記	245
重修金龍四大龍王廟記	246
重修禹王廟記	246
歇歇亭楹聯	247
大名鎮徐道奎等八月會哨處	247
修河記	247
重修城垣記	248
重修魁樓記	249
重修浮邱山文昌宮記	249
再成亭題記	250
義學記	250
陳希謙郭炳新等遊大伾山記	251

月有聲題記	251
呂祖祠楹聯	251
重修碑記	252
壯遊	252
鴻爪	253
直上青雲刻石	253
重修大伾山送子娘娘廟碑記	253
岑春榮等詩碑	254
奮步危巖詩刻	255
願天下盡讀有用書	255
張心泰題記	256
邑賢侯喬如陶老父台創設農業中學堂碑記	256
邑賢侯喬如陶老父台改建兩等官小學堂碑記	257

安陽市

安陽市（彰德府、安陽縣）

媧皇廟記	261
修建漳河神祠碑記	261
崔國俊造像碑記	262
重修儒學碑記	262
重修韓魏公廟碑記	263
重修大寒宮碑記	263
大中丞佟公復修萬金渠碑記	265
重修萬金渠碑記	265
重修大成殿碑記	266
重修尊經閣碑記	267
重修小南海三大士閣記	268
太極庵修建工成記	268
重修縣學記	269
重修鯨背橋碑記	270
重修儒學記	270
題珍珠泉	271

河神廟碑記 271
重開青龍河碑記 272
兵部督捕右侍郎安陽許公三禮墓誌銘 272
知縣馬國楨重建明倫堂碑記 276
新設鄉鎮義學記 276
修建長春觀洞閣碑記 277
興陽寺口號碑 278
知縣丁如璣建修尊經閣及兩廊碑記 278
重修小南海石橋記 279
重修城隍廟記 280
墓誌 281
福會渠記 281
邑侯楊老爺創修涵洞永除水害萬民感德碑 282
楊公德政碑記 282
修定寺重修天王殿碑記 283
義學記 284
重脩興陽禪寺碑記 284
重修玉帝廟碑記 286
重修宋忠獻王晝錦堂碑亭記 287
重修安陽縣文廟碑記 287
重修寶山靈泉寺關帝祠碑 288
口大生禪院看牡丹 289
堯公祠碑記 289
清釐宋忠獻王韓公墓田碑記 290
精忠廟創塑義士隗順碑記 290
重修天王殿碑記 291
趙太守傳 292
重修學宮碑記 293
重修黃龍洞碑記 293
重修天寧寺碑記 294
重修五龍廟碑記 295
重修白龍廟碑記 295
重修關帝廟碑記 296
李掖坦張銘漫題珍珠泉詩 297
重修珠泉亭碑記 297

移建城隍廟碑記	298
重修文廟碑記	298
重修菩薩殿碑記	299
補修安陽橋記	299
重脩龍母大殿碑記	300
重修地藏王菩薩殿碑記	301
禁止啟土開窰碑記	302
大清嘉慶四年重修黃陽山王母閣創建梅天母殿梳粧樓道院頂上南天門群墻九年告成總記	303
候選郎中安陽縣知縣趙君（希璜）墓表	304
重脩玄帝廟碑記	306
創修戲樓碑記	307
代父自序修工記	307
李槃題遊珍珠泉碑	307
補修小南海至聖閣韋馱廟山門外石階南北岸路碑記	308
玄帝橋碑記	308
重修三佛殿碑記	309
重修東嶽大帝廟碑記	310
重修青龍寺碑記	311
重修院牆碑記	312
重修三教關帝碑記	312
重修廣生殿及修補龍神廟泰山行宮菩薩堂佛殿土地祠瘟神廟碑記	312
黑龍廟增修碑記	313
特調安陽縣正堂加五級記錄十次朱照舊優免差徭碑	314
重修金裝繪畫黑龍洞関帝白馬天神廟丹池碑記	315
重脩碑誌	316
重脩皮傷神廟碑	317
重修珍珠泉亭序	318
重修鄴二大夫祠記	319
嚴禁私開煤窰碑記	319
王儒穎題珍珠泉詩	320
重修佛殿龍宮碑記	321
重修菩薩廟碑記	321
佛塔重修碑記	322
重修媧媓聖母殿關帝廟移修梳粧樓三佛殿碑記	323

重修泰山洞王母閣三清殿梅天廟西仙殿玄壇廟移修灵官廟建修催功殿碑記 324
重修龍母殿並及山門碑記 325
防止啟士碑記 326
安邑東嶺西村創修戲樓碑記 326
恭頌邑侯子俊陳大老爺德政碑 327
重修羅漢殿三官殿韋駝廟金裝關公像碑記 328
重修二龍山廟碑記 328
重脩佛祖閆君殿碑記 329
創修珍珠泉石岸碑記 331
重修珍珠泉捐施碑記 331
重修長春觀碑記 332
彰德府督糧總捕兼河務水利分府為萬金渠各閘河頭立約定章碑 333
署彰德府分府于示 334
重修小南海石橋記 335
重修興隆山黃龍洞寺及創建關帝廟前欄并與後神門碑記 335
重修寶山靈泉寺碑記 336

湯陰縣

湯陰縣峠灣村惠果里李氏家譜碑記 338
繼室董氏墓誌銘 338
故明顯考望溪吳公（從衆）暨妣李氏張氏墓誌銘 339
清山東東昌府茌平縣縣丞錫蕃于公（弘道）元配李孺人合葬墓誌銘 340
臧心一墓誌 341
稽公祠碑文 342
修文廟記 343
開岡頭普濟河碑文 344
重修湯陰縣城隍廟碑記 345
重修文王廟碑記 345
建普濟堂碑記 346
貽後額辭 347
創建育嬰堂碑記 347
修龍王廟碑記 348
大堂銘 348
辛莊隄碑記 349

修汪河堤記..349
重修湯邑岳忠武廟記..350
修築五陵河堤碑記..351
經岳武穆祠..352
演易臺謁文王祠..352
題岳少保祠詩..352
癡翁自製（楊灝）墓誌銘...352
重修湯陰縣城碑記..353
謁岳忠武祠..354

內黃縣

荒年誌..355
御祭顓頊帝陵文..355
重修廟學記..356
亦樂堂記..356
創遷演武場記...357
糧地足額碑記...357
御祭帝嚳帝陵文..358
呂叔簡刑戒碑...359
新建書院碑銘...359
重修明倫堂記...360
御祭顓頊帝陵文..361
黃氏家園記..361
御祭顓頊帝陵文..362
祭二帝陵文..362
御祭顓頊帝嚳陵文..363
聖諭十六條..363
王公捐俸修井碑記..364
御祭顓頊帝嚳陵文..365
御祭顓頊帝嚳陵文..365
御祭顓頊帝嚳陵文..365
御祭顓頊帝嚳陵文..366
王氏祖塋碑..366
御製訓飭士子碑..367

新建義學記 367
御祭顓頊帝嚳陵文 368
御祭顓頊帝嚳陵文 369
皇明始祖溫公諱整祖妣葛氏墓碑 369
御祭顓頊帝嚳陵文 369
御祭顓頊帝嚳陵文 370
重修城隍前殿後寢記 370
御祭顓頊帝嚳陵文 371
原安等九里士民感恩碑記 371
御祭顓頊帝嚳陵文 372
御祭顓頊帝嚳陵文 372
馬氏先塋碑 372
始祖戴子成馬子才之墓碑 373
墳會記碑文 373
御祭顓頊帝嚳陵文 374
御祭顓頊帝嚳陵文 374
顓頊陵 375
御祭顓頊帝嚳陵文 375
御祭顓頊帝嚳陵文 375
御祭顓頊帝嚳陵文 376
御祭顓頊帝嚳陵文 376
御祭顓頊帝嚳陵文 376
御祭顓頊帝嚳陵文 377
常小汪等村豁減銀糧碑記 377
御祭顓頊帝嚳陵文 378
六世祖高公諱文星字光華配太君之墓 378
明故始祖王二老暨配祖母之墓 378
御祭顓頊帝嚳陵文 379
御祭顓頊帝嚳陵文 379
御祭顓頊帝嚳陵文 380
御祭顓頊帝嚳陵文 380
始祖考常公諱秉彝祖妣陽氏太君墓碑 381
御祭顓頊帝嚳陵文 381
重修邐公祠記 382
御祭顓頊帝嚳陵文 382

御祭顓頊帝嚳陵文......382

滑縣

明布衣鄉謚遺烈王公墓表......384
重修觀音寺碑記......384
康熙十七年創修送子白衣大士堂碑記......385
皇清中憲大夫湖廣長沙府知府前署陝西肅州兵備道南昌呂公（夾鐘）暨元配恭人
　　邵君合葬墓誌銘......385
重修西李家村三教堂碑記......387
滑氏先塋碑記......388
創修半坡店永利渠碑記......389
創修沙河村順天渠碑記......389
薛公（泰年）墓誌......390
重修滑縣文廟碑......390
王氏家譜序......391
郭氏塋誌......392
滑縣令強忠烈公墓誌銘......393
邑侯襄坡秦公去思碑......394
北召集重修玄天上帝廟碑記......395
楊村重修玉皇上帝廟碑......395
塋村王君墓表......396
楊全甫先生墓誌銘......396
中召鎮重修清源廟碑......397
重修皮商王廟碑記......398
順天府尹奏准旌表滑縣忠節士民碑......399
河京重修雷音寺碑記......399
故朝議大夫奇才尚君遺愛碑......400
潘張里重修開元寺碑記......401
故朝議大夫運同銜補用直隸州峽江縣知縣暴君墓誌銘......401
清彝亭尚公墓誌銘......402
五峰臺記......403
清旌表胡烈女碑......403
斷沙會碑記......404

林州市（林縣）

重修王相巖記 405
創修大路碑記 405
澤陽山敕封靜居院重修前後佛殿碑記 406
三山講堂記 407
珍珠簾詩 407
珍珠簾次前韻三首 408
重修儒學碑記 408
邑侯李筠長生像贊 409
創立藥王五疽廟碑記 409
重修湯王廟碑記 410
柏尖山廟砌崖碑 410
重修尊經閣記 411
湯右曾詩碣 411
修濬桃源黃華銊峪渠道記 412
重修觀音堂碑記 412
重修普濟橋序 413
天險刻石 413
修湯王廟碑記 413
重修下覺仁寺記 414
水陸五佛雷音以及伽藍達摩諸殿序 415
打井碑記 415
立賣契碑記 416
庚颺劉公墓表並銘 416
清朝國學生田公（昀）之墓 417
補魯班鏨路記 417
重修牛王五道土地神創建石臺碑記 418
重修雨花寺碑記 418
大駝嶺修路碑記 418
修渠告示碑 419
重修三皇廟碑記 419
重修黑龍廟碑記 420
重修望仙橋記 420

移建送子觀音閣碑記	421
射斗劉公墓表	421
修建戲樓碑記	422
皇清誥封奉直大夫直隸州州同太學生騰霄劉公墓表並銘	422
創造渡濟善船序	423
禁止開場賭博立石	424
黃華山碑記	424
黃華寺王母祠柱聯	425
禁賭碑	425
重修廣濟寺碑記	426
新廟修路碑記	426
打井碑	427
挖池築路碑	427
創修玄帝廟記	427
候選直隸州州同晴嵐劉君墓誌銘	428
重修關帝廟記	429
補修菩薩關聖廟碑	429
西石券重修碑記	430
三大士菩薩堂重修碑記	431
重修祠堂碑記	431
重脩鍾樓記	432
庚寅地震後修補昊天觀內外一切神廟記	432
程氏藥方碑記	433
重修澤陽寺碑	434
杜家崗關帝廟碑	434
重修龍王廟碑記	434
補修脩真觀碑	435
重修牛王廟碑記	435
重修洰橋記	437
重修關帝廟碑記	437
重修戲樓碑記	437
皇清誥授奉直大夫候選布政司理問加三級馳封朝議大夫刑部直隸司主事加三級誥贈中憲大夫刑部四川司員外郎加三級約齊劉公墓誌銘	438
增修黃華書院記	439
麒麟堂詳核碑記	440

文峰塔碑記..........441
重修墨灶寺碑..........441
重修拜殿碑記..........442
重修觀音堂碑記..........443
重脩烏雲山廟宇碑記..........444
創修河神黨將軍廟碑記..........444
創建學署記..........445
創修戲樓碑記..........446
重修昭澤侯廟記..........446
皇清誥授中憲大夫東河即補同知前四川司員外郎兼直隸司事加三級蓉帆劉公墓誌銘..........447
重修玉帝庙碑記..........448
重修拜殿廟碑記..........449
紫氣東來..........449
重修大殿拜殿戲樓廚房碑記..........450
修渠碑..........450
柳石灘碑..........450
皇清誥授中憲大夫東河即補同知前四川司員外郎兼直隸司事加三級蓉帆劉公墓表..........451
重修魯班廟碑記..........452
方圜井碑記..........453
自衛防盜碑..........453
重修黃華山上下覺仁寺碑記..........453
增修花姑崖記..........454
皇清誥封恭人節孝王恭人墓表並序..........454
創建帝廟碑記..........455
八蚱廟改修戲樓碑記..........456
嚴禁偷神嫁禍碑..........456
重修三皇廟玄帝廟普救堂碑..........457
創修永定橋碑記..........457
皇清誥授奉直大夫候選直隸州州同加三級誥封朝議大夫刑部直隸司主事加三級晉贈中憲大夫工部屯田司郎中加五級累贈通奉大夫山西候補知府加四級晴嵐劉公墓表並銘..........458
皇清敕授修職郎坐補直隸光州儒學訓導貤封中憲大夫工部屯田司郎中加五級誥封通奉大夫山西即補知府加四級廩貢生曉巒劉公墓表並銘..........459
皇清誥授中憲大夫工部屯田司郎中兼虞衡司事西屏劉公墓表並銘..........460
勸世人勿因雨晚誤種秋記..........461
暑後雨晚種秋碑記..........462

重修昊天觀碑記	462
立秋前半月落雨種穀碑記	463
無糧世亂碑	463
謝公渠碑記	464
建立戲房馬棚記	464
重修觀音堂碑記	464
福緣善慶	465
災荒碑記	465
備荒歌碑	466
劉公晴初墓表	467
皇清誥授中憲大夫晉封中議大夫欽加道銜山西候補知府署汾州府知府户部正郎壬子科舉人春熙劉公墓表	467
滴水巖碑記	469
重修雷音寺碑記	469
光緒三年人吃人碑記	470
重修崇福寺碑記	470
滴水巖重修碑	470
重修魯班門關帝廟碑序	471
始造戲房馬棚碑記	471
清故庠生觀海劉君阡表	472
皇清貤封中憲大夫晉封中議大夫國子監生劉公墓表	473
重修元武池碑記	473
皇清貤封奉政大夫國子監生劉公墓表	474
皇清例封八品孺人晉卿劉公德配石孺人墓誌銘	475
皇清誥授通議大夫賞戴花翎欽加三級銜特用道江蘇候補知府松江府海防同知劉君筱舫墓誌銘	476
劉公開陽墓表	477
補修廟宇禪房記	478
合同碑記	478
重修五龍洞碑記	479
誥封宜人路太宜人秩晉五壽序	479
謝公渠重修碑	480
重修藥王廟碑記	481
皇清誥授奉直大夫候選州同蔭環劉公墓表	481
重修玄帝廟碑記	482

望重鄉里碑 482
黃華十曲 483
入黃華谷 484
重修六聖祠碑記 484

濮陽市

濮陽市（開州）

午月五日謁仲衛公墓題記刻石 489
子路墓朱中元題記刻石 489
重修子路祠碑記 490
子路墓祠題記刻石 490
明承德郎户部四川清吏司員外郎加贈中順大夫太僕寺少卿赤城王公（璣）墓誌銘 491
重修仲子墓祠記 492
謁子路墓祠 492
四鄉墻濠記 493
州治墻垣記 493
墾荒記 494
建文昌閣記 495
先賢祖墓誌 495
重脩衛國公仲夫子墓祠碑記 496
謁先賢仲子墓 497
衛公墓記碑 497
謁仲夫子祠 498
修復先賢蘧子墓記 499
瑕邱記 499
謁仲夫子墓 500
開州西文昌宫碑記 500
創修祠堂記 501
前合村太原郭氏遷升與温家同宗與西街郭不同宗原由 501
重修祠堂記 502
恭祝大閫范王母趙老太君七秩晉八榮壽碑 503

南樂縣

  重修漢壽亭侯廟碑記 504
  重建義倉記 504
  茹公詩二十首 505
  樂昌書院碑記 507
  創建蒙養學堂碑記 508
  南樂城工善後記 508
  黃氏始祖之墓碑 509

清豐縣

  重修中心閣記 511
  重修前後兩察院記 511
  修清豐縣學記 512
  郄陳兩先生敷教記 512
  重修寶川寺碑記 513
  修橋免役碑記 514
  誥授中憲大夫賜卹太僕寺卿清豐縣知縣王公墓銘 514
  王公祠碑 515
  勸捐進賢書院並建立留養局經費碑記 516
  創建孚佑帝君閣碑 516
  創修馬公橋碑文 517

范縣

  邑侯黃公德政碑記 518
  蒞范碑記 518
  重修關帝廟碑記 519
  邑侯霍公德政碑記 520
  張舞陽墓誌銘 521
  重建東嶽廟碑記 523
  邑侯霍公捐俸建城碑記 523
  教授毛色彩墓誌銘 525

邑侯黃公禱雨誠感碑記 526
邑侯黃公生祠碑記 527
重修東南東北門記 528
卓氏始祖塋並題名碑記 529
邑侯屺來吳公陞鶴峰州序 529
烈婦鄭王氏傳 530
通判雲桐葛公墓誌銘 531
重修忠義孝弟祠碑記 532
東嶽廟序 533
張莊村張氏祠碑記 534
重修路烈女祠碑記 534
鄉賢祝泮源墓誌銘 535
河灣張村永言思孝張氏祖碑記 536
濮州北隄碑記 536
重修文廟碑記 537
訓導崔子思先生德教碑 538
明故處士諱道字由斯張公之墓碑 538
清故王公諱泰來字坦然暨德配王陳氏合葬墓碑 539
重建奎星樓碑記 540
故明庠生貤贈文林郎諱搦字香儂黃公暨德配孺人之墓碑 541
濮州重修五祠碑記 542
教諭牛文榮先生德教碑 542
劉邵氏節孝碑文 543
田氏三世孝友碑記 543
重修張公祠碑記 544
禁止董口毀學碑記 545
農桑學堂實業記 545

台前縣

大河神祠碑 547

（陽武縣）

正誼書院碑記

學院鄒升恒

古者家有塾，黨有庠，術有序。合二十五家而為之門塾，坐上老、庶老于此，以教之學。坐里胥，鄰長于此，以教之耕。蓋無地而無學，無人而不學，所以宏長儒教，培養人材，化民成俗，率由于是。夫政教原無二理，而士習、民風相為表裏，故善治民者，未有不汲汲以教為務者也。我皇上誕敷文德，重道崇儒，學校外，令大鄉巨堡，各置社學一區，又令各省督撫大臣于駐劄之所，建立書院，以興育賢才，海內人士，顒顒向風，蔚乎唐虞、三代之盛矣。而中州于王畿為近，陽武尤中州名邑，宋令蒞治之日，即首先捐俸創立義學，其邑之紳士亦鼓舞樂輸，共襄厥事。鳩工庀材，閱三月而落成。講習有堂，肄業有所，彬乎有黨庠州序之遺風焉。夫事莫難于有所創，今宋令能設學勵行以導其民，行見陽之人追上老、庶老之典，倣教學、教耕之義，戶誦詩書，人敦禮讓，庶有以仰承聖天子廣教化、美風俗之至意與！因樂為之記。

雍正十三年。

（文見乾隆《陽武縣志》卷二《建置志》。王興亞）

修理崇聖鄉賢祠記

知縣談諟曾

黌宮而祠鄉賢，崇德也，予以為有風勵之思焉。蓋表章人物，以揚功烈，俾後人有所觀感而興起，其法良意美，匪僅曰鄉先生歿而祀社已也。陽武，地本戶牖，代有聞人，若張、陳崛起于漢廷，韋、李崢嶸于唐、宋，毛參軍之祖孫濟美，時吏部之政績，著聲史冊，具有可考。至如勝國之名卿、碩彥，本朝之偉望、醇修，莫不名載邑乘，輝映後先。顧其俎豆之宮，式憑之地，而一任傾圮剝落，守土者與有責也。歲癸亥，予恭膺簡命，來牧茲土。蒞任之始，即思修葺黌序，而戟門之右鄉賢祠衬焉，棟宇頹窳，風雨不蔽，栗主亦半居摧朽。瞻拜之下，因與學博甯城郭君、泌水王君商，所以修葺之。而弟子員中有為鄉先生後裔者，逡巡以前，捧予而言曰："祀賢、朝廷之典也。祀先，子孫之事也。是役也，請以鄉賢之後胥當之。"予聞之而益慨然也，曰："茲孝子慈孫之言，不沒其祖宗者也。然丹臒聿新，馨香以侑，守土者獨寧敢旁視乎？"亟捐俸貲以為助。諸後裔各鼓舞董事，鳩工庀材。經始于乾隆甲子姑洗月之哉生明，落成于夷則月之既生魄，師生胥慶，屬予為記。予惟陽邑枕太行，濱大河，山川毓秀，喆人輩出，凡從祀黌宮者皆信而有徵。荀子曰："學莫便乎近"。其人緬先正之典型，仰高曾之規矩，近莫近于斯也。則夫後之人繼繼承承，追踪接武，其足以光顯前賢者，正未可量。修此祠也，又豈徒瞻眺徘徊，等于剪榛樹碣，闡幽探古之舉哉！故曰："有風勵之思也。"諸裔姓氏、資費多寡，于法皆得書，鐫諸碑陰，用垂永永。昔宣聖有曰："吾觀于鄉而知王道之易。"予于斯祠亦云。是為記。

乾隆九年。

（文見乾隆《陽武縣志》卷二《建置志》。王興亞）

重修城池記

邑人陳步青

《易》曰："王公設險以守其國。"《禮》曰："城池以為固。"《春秋》尤謹城築，大書特書，以示褒諷。蓋捍禦綏寧，城固為政者所宜盡心也。陽武，博浪沙地，秦以前不可考，至漢見於列傳。大約立縣自漢始，然城猶土壘也。前明崇禎間，邑侯杜公時階甃以磚，始稱金湯焉。未幾，流寇竊發，他城邑悉被殘毒，而陽邑獨無恙，則高城深池之故也。我國家深仁厚澤，時切保釐。乾隆四年夏，大雨彌月，陽邑城垛崩摧，迎恩門東西一帶悉被淋圯。歲癸亥，邑侯談公奉天子命蒞茲土，閱視下，即懷修築之思。然時值賑濟，未暇也。越明年，政通人和，百廢俱興，慨然曰："千金之家，尚崇垣墉，矧縣城重地，奈何不為藩屏計？"於是，詳請於府憲。朱藩憲、趙撫憲碩悉報曰可，題請發帑金若干，畀公以董厥事。公悉心籌度，夙夜罔懈，平板幹稱畚鍤，議遠邇以均勞，給工價以召役，陶壁庀材，衡丈規尺。又曰軫念人力，數往撫慰。是以役不告勞，而工不待督，經始於甲子歲之九月，觀成於乙丑歲之三月，凡内而土城，外而雉堞，繞垣周匝，門譙煥新。崇哉，巍哉！誠巖邑哉！事竣，謂宜礱石以紀其事。而公謁之下問及於予，予聞民保於城，城保於德。昔莒不修城，魯不修政，《春秋》譏焉。若公者，蓋有味乎是，而允臧厥謀矣。然而修諸人者，尤惓惓有厚望也。孔門言政，期近悦遠來，子輿論城，敦以人和為本。古訓昭然，於今為烈。矧陽武民淳俗儉，勤稼穡而漸文教，此城一新不將垂祀永永乎？然則我公保民之仁遠矣。

公諱諟曾，字松庭，浙江湖州府德清縣人。由乙卯科選拔內廷教習，來令是邑，清詞訟，杜侵漁，勸農課士，善政未可枚舉。茲以城故獨述其關於城者云。至於佐斯役者，則有學博郭公大典、王公宸起、縣尉李公文鬱，皆勤勞以左右贊理者也。而董事民夫，分工領帑，法得備書於碑陰，以記顛末，俾後有所考徵。是為記。

乾隆十年三月。

（文見民國《陽武縣志》卷五《文徵志》。王興亞）

重修西廡明倫堂尊經閣記

邑人陳步青

乾隆乙丑之春，邑侯談公以教行化洽之餘，為飭故鼎新之事，凡邑之廢者、墜者，若城池，若奎樓，無不次第成之。借力於民而民不擾，持籌於公而公不竭，犄歟都哉！洵一邑之盛觀已。顧其最重者，莫如學宮。學宮者，興賢造士之所，先師之俎豆在焉。虞夏以還，代隆茲典。我國家恢宏治理，雅意作人，兼以列聖相承，崇儒重道，故於學校尤惓惓致謹。陽武學宮在順治、康熙、雍正間，時有修葺，然屢壞屢修，亦屢修屢壞。迄今歲久剝落，大成殿而外，若崇聖祠、鄉賢祠西廡與明倫堂、尊經閣，或墻垣頹敝，或基趾僅存，何以非所當急者。侯於是與學博郭公大典、王公宸起謀所以更新之。置一簿於庫中，遇有無礙銀兩，即登記之，而又佐以清俸，資以勸募，委弟子員劉敷化肩其任，而費璿、安方州、樊宏宗均董厥事。予不敏，亦效奔走焉。先崇聖，次鄉賢，門壁棹楔，采繪煥然，其西廡、明倫堂、尊經閣所費最鉅，故次後落成。事竣，侯率多士行釋菜禮，命予為文以記之。予惟治道之隆替，在學校之興廢；而學校之興廢，又視乎振作之得人與否。昔蜀地僻陋，得文翁為守，復起學宮，而教化大行。至宋，蘇、湖俗尚辭賦，得安定胡先生為教授，分經義、治事二齋，故天下謂湖學多秀彥。今觀賢侯之新飭學宮如此，士之敬業其間者，體侯之心，講明乎詩書，復習乎禮樂，處則為彬雅之聞人，出則有經緯之鴻業，明禮達用，一以貫之，以無負今日之修理者，端在於是。不然者，目之為修廢之常，等之為壯觀之具，則亦與風亭月榭、緇宮梵宇無異，豈賢侯所為尊崇先聖，嘉惠後學之本心哉？蓋侯之善政在編氓，侯之善教在諸士，侯之鴻勳在社稷，侯之早譽在天下，而予皆畧之，獨述其修學一節。始工於二月之初，告成於七月之終。其用意之勤，經營之善，不可不壽諸貞珉。予不文，特就事紀事已耳，敢從諛哉？

侯諱諟曾，字松庭，浙江湖洲府德清縣人。乙卯選元，由內廷教習而蒞茲焉。

乾隆十年七月。

（文見乾隆《陽武縣志》卷二《建置志》。王興亞）

重修文廟碑記

知縣顧廷琥

國家承平百有數十年矣。其間，三綱明，五常立，《六經》尊，凡在荒陬僻壤，罔不一道同風，蒸蒸日上於鑠哉！聖教於今未艾，夫士為齊民之秀，而朝廷養士之心，每寓之養士之地。學校之興，振古如茲，於此而未飭焉。烏乎，壯厥觀！溯陽邑有學，自洪武迄乎明季，屢壞屢修，我朝聖聖相承，崇儒重道，首以考校為先務。蒞斯土者，時或起而修之。

如姜光印、安如泰、葉元錫而外，其最近者則有雍正八年麻居湄為之徧修。後十餘年，又得談諟曾為之專修崇聖、鄉賢之五君，載在邑乘，可考也。嘉慶二十四年，復有長白璧昌為重加修葺，著有碑記。丙戌冬，余尹茲邑，吉蠲，首謁先師廟，見門壁、殿廡傾圮剝落，旁有積水浸溢，幾成溝澮，心惻久之，旋目駴之，以為歷年未多，曷至此？迺於朔望課士時，詢之諸生，僉謂嘉慶二十四年河決之故。余遂思捐廉重整，因費鉅甚，不果。越明年，政通人和，二三父老咸謂余曰："吾儕幸生無事之時，得以敦詩書而說禮樂者，伊誰之教也？公重斯文久矣，飲水而不思源可乎哉？修我聖廟，公其倡諸。"余曰敬諾。爰集諸紳士商議，醵金共勷此事，諸紳士亦靡不踴躍樂輸，鳩工庀材。經始於丁亥冬十一月，至戊子秋七月漸次落成。如戟門、欞靈門、大成殿、東西兩廡煥然改觀，得其門者，當不視若梵宮緇宇，僅供瞻眺，必將羹牆如遇檢束身心，華袞我榮，鐵鉞我辱，又豈徒掇功名，博科第云爾哉。余不文，略述大概，為多士勸，至勷贊諸紳士並勒芳名於碣，以垂不朽云。

道光八年。

（文見民國《陽武縣志》卷五《文徵志》。王興亞）

獄空碑[1]

獄空

道光十四年十二月立。

（文見民國《陽武縣志》卷三《循良志》。王興亞）

栗公毓美修磚壩碑記

從來前人之治水也，有所及有所不及。公之治水也，有所及以濟其所不及。蓋前人之治水也以常，公之治水也以時。以常則可經而不可權，以時則可經可權，而能以其所及濟其所不及。乙未六月，河水暴發，沖溝觸堤。陽邑汛適當其衝，上下五十餘里，其勢洶湧不止，堤北渠水溢出，遶堤周流而無所歸。方是時，土缺料少，將何以措手也？公覽其形勢，隨時變計，買磚當水，一面購料，一面督工。適近堤莊村牆屋倒塌者甚多，見公此舉，衆人皆喜其度用有資，不日而運如山積。拋磚修壩，水患漸消。公因時制宜，迫於不容已。小民歌功頌德，出於不自知。此不言利而利自溥焉，非經濟良謀、治安奇策克臻。此所謂以其所及濟其所不及也。且習見公披星而出，戴月而入，其勤勞何太甚耶？公曰："吾晝夜築防，惟恐不及，何敢憚勞？"又習見公衣服儉樸，飲食菲薄。其自奉何太苦耶？公曰："儉者之苦於華，猶奢之苦於約也。衣服雖粗庸何傷？夫儉則必勤，奢者多惰；儉則必謹，

---

[1] 民國《陽武縣志》卷三載：舊有碑記其事，民國十六年被縣長李志憲搥碎。

奢則多肆。惰與肆，非所以率官吏而示衆民也。"爰筆實錄，以誌不忘云。

道光十六年士民同立。

（文見民國《陽武縣志》卷五《文徵志》。王興亞）

獄空碑[1]

囹圄空虛

同治十二年三月。

（文見民國《陽武縣志》卷三《循良志》。王興亞）

重修西台寺碑記

邑人張筬

蓋聞否極斯泰，剝盡則復，自然之理也。即如西台寺，歷考碑碣，補修、重修者屢矣，而圮壞倒塌，未有如斯之甚者。周圍垣墉、山門、兩廊一敗塗地，大殿、正殿、白衣堂僅存者數椽而已。遠近往來之人，心為之寒，目不忍覩。即或有意修葺，而艱於措手。前寺僧緒能謀及於余，余辭以環居村人貧乏者多，殷實者少，加以東匪西寇，南寇北掠，處處受戎馬之蹂躪，人人驚兵燹於頻仍，又加欲復舊規，耗費動以千計，無異新造，經營何止三年？西台邱墟，蓋亦數耳。未幾，能公圓寂，其徒孫覺顯承師祖之志，銳意興工，復謀及於余，余仍難之，而未敢阻也。覺顯遂請首事八十人，余時雖忝在其中，何敢謂有志者事竟成耶。豈知天道好還草昧而文明，人情善轉，異志變為同心。欣然允諾，翕然順從，情願先輸囊金，預為備墊，以成其事。因又勸募仁人、善士、紳耆、殷商，各捐貲財，共勷厥事。動工之初，酌議條規，同心協力，秉公辦理。不數月而工程告竣。廟宇壯麗，金碧輝煌，神其得所憑依矣。東西兩廊舊奉泥像，今改供牌位。關聖帝君舊奉東廊，今改供東院正殿。是舉也，咸稱善類，皆歸於人而非也。夫今之與昔，情形不同，時勢互異。當斯時際斯會，興是役，成是功，數為之神，為之顯也靈也，非人力所能為也。神之功德其盛矣乎！爰勒貞珉，以垂永久云。

光緒元年。

（文見民國《陽武縣志》卷五《文徵志》。王興亞）

---

[1] 民國《陽武縣志》卷三載：碑舊在儀門外，被縣長李志憲打斷，今壘在平民公園。

重修節孝總祠碑記

【額題】崇正

　　節孝爲人道大端，得之閨閫者，皆以苦衷堅志而成。此其純正真摯之氣，乃天地所愛護，鬼神所欽敬，朝廷所旌獎，而人世所尊崇者。顧當人往風微，奚以慰彼貞魂，垂久遠而維風化耶！博浪舊有節孝總祠，歲久失修，風雨剝蝕。辛卯八月，予權篆斯邑，日以審理詞訟，思免鄉人拖累爲切務，而未遑爲重修祠宇計。竊茲愧焉。壬辰秋，邑紳費夢麟、王敏諸公，以修理斯祠商諸予，謂恤嫠經費，有可取資也。乃深嘉諸公美意，勸以及時興修。凡三閱月而工竣事訖。煥然改觀。洇廢者舉，頹者振歟。而諸公又以序事爲請。予竊維勵志青春，兼能色養，每較忠臣義士爲尤難，非修祠設祭，不足以發微闡幽也。又深慨自三四年大饑以來，亂離甚，貧困增，廉恥因之多喪。孀居中，不變所守而甘嘗孤苦，以善奉親者，良不易得。非再加整理，使人人見祠宇之巍煥，祀典之尊嚴，亦無以感發而培養之也。斯祠重修之後，庶巾幗多完人，皆將留芳國史，俾遐邇居閨閫者，倘不幸而失所天，莫不聞風矢志，期於人道之大端無失，則夫純正真摯之氣，賴紳耆維持，遂不沒於人心，其大有禆於治理者，不益可嘉尚耶！謹識之，以爲邑中勵節盡孝者勸。

　　誥授奉政大夫同知銜直隸州用署理陽武縣事教習知縣乙亥恩科舉人癸酉拔貢關□劉宗瀚謹撰並書。

　　勅授修職郎大□選授陽武縣教諭乙亥恩科舉人癸酉拔貢張欽明，六品銜城防保舉選授陽武縣訓導廩膳生王致昌仝校。

　　闔邑紳六品銜按察司照磨費夢麟、六品銜署臨漳教諭王敏修、選用訓導任海州陳志謙、儒學生員閻鼎、武生李春海、八品軍功王緝、文儒童趙沫、儒童盧善述、李森仝勒。

　　大清光緒十八年年歲在壬辰十二月穀旦。

（文見民國《陽武縣志》卷五《文徵志》。王興亞）

第五堡栗大王廟碑記

　　陽武汛五堡舊有大王廟，光元自奉命備守河朔，歲赴工次，必展誠造謁。顧剝磿丹腹多就頹汙，乃捐俸，屬衛糧通判李君雲第集款修葺。未幾，書來告成。且曰："輪奐一新，不可無文以紀之。"光元攷是廟，自舊堤移建於此，在乾隆年間。而栗忠勤公之用磚也，實始於此。及越壩、黑岡皆效，於是，信磚之可用，奏著為令。光元未曉河防，常讀公之遺書，心焉嚮之。丁亥、戊子從役鄭工，搴茭歌瓬日不遑息，益歎未得如公者為之執鞭。辛丑，駐節安昌。公曾官是地，每念公卓識精思，致力河事，時若陟降在旁，不獨躬歷履壩，前覯磚基之直亙，始徵手足之烈也。且公之治河也，河之曲折、高下、向背，皆在其隱度。

每日水將抵某所，急備之。或以為迂且勞費，公曰："能知費之為省，乃真能省費者也。"光元自來河上，歲賴神庥，安瀾順軌，而修守之責未敢稍懈，尤願以公之語為同官告也。故因五堡廟成，述所景仰者以為誌，當亦公之靈爽式憑也。

　　河南分守彰衛懷兵備道馮光元撰文。

　　光緒二十二年。

（文見民國《陽武縣志》卷五《文徵志》。王興亞）

（原武縣）

邑侯張公去思碑記　　張公諱椿，本縣知縣。

邑拔貢任復泰

　　大凡有司之賢否，民情之德怨，總不與其當官之日也。惟於去官之後，而始有以備見。蓋當官則威權在握，操縱自如，民有心非而巷議者矣，惟去官則政事以久而始見公論，以久而愈定。加之以後來者仁暴攸分，寬猛失宜，乃廻思向者侯之登我元元於春臺，貽我婦子於康樂也。邑侯張老父師，天資聰穎，甫弱冠，成名進士，於開國之始，除授原令。原城經殘破之後，烽火方息，黨孽猶存，負嵎之勢，恐復熾也。侯一下車，目擊心傷者久之，務從寬大之典，與民更始，化盜爲民。人爭頌爲龔渤海焉。然流亡雖稍安集，野多石田，民將歎艱食矣！侯則下勸墾之令，輕賦稅，減徭役，徵收以十分爲率，月完一分，不是桁楊，上足國課而下不病也。至於聽斷詞訟，曲直立斷，罪贖紙穀概弗取。此猶曰一廉吏之能也。若所學，則原本經術，日討原士之傑出者加考課。由是家絃戶誦，敦詩說禮，彬彬成文治風。又以彈丸小邑，逼近河干，蹂躪之害，民脊苦之。侯爲力懇上臺閉絕渡口，一方之民實受其福。要皆準爲國之實心，布愛民之實政。宜原之謳思不已，勒諸石以垂不朽。

　　康熙十一年。

（文見乾隆《原武縣志》卷九《藝文志》。王興亞）

御製訓飭士子碑

清聖祖

　　國家建立學校，原以興行教化，作育人材，典至渥也。朕臨御以來，隆重師儒，加意庠序。近復慎簡學使，釐剔弊端，務期風教修明，賢材蔚起，庶幾樸棫作人之意。乃比年士習未端，儒效罕著。雖因內外臣工奉行未能盡善，亦由爾諸生積錮已久，猝難改易之故也。茲特親製訓言，再加警飭，爾諸生其敬聽之。

　　從來學者先立品行，次及文學。學術事功，源委有敘。爾諸生幼聞庭訓，長列宮牆，朝夕誦讀，寧無講究。必也躬修實踐，砥礪廉隅，敦教順以事親，秉忠貞以立志。窮經考業，勿雜荒誕之談；取友親師，悉化驕盈之氣。文章歸於醇雅，毋事浮華；軌度式於規繩，最防蕩佚。子衿佻達，自昔所譏。苟行止有虧，雖讀書何益。若夫宅心弗淑，行己多愆，或蜚語流言，脅制官長；或隱糧包訟，出入公門；或唆撥奸猾，欺孤凌弱；或招乎朋類，結社邀盟。乃如之人，名教不容，鄉黨勿齒。縱幸脫褦襆，濫竊章縫。返之於衷，寧無愧乎！況鄉會科名，乃掄才大典，關係尤鉅。士子果有真才實學，何患困不逢年？顧乃標榜虚名，暗通聲氣，夤緣詭遇，罔顧身家。又或改竄鄉貫，希圖進取，囂凌勝沸，網利營私，種種弊端，深可痛恨。且夫士子出身之始，尤貴以正。若茲厥初拜獻，便已作奸犯科，則異時敗檢踰閑，何所不至。又安望其秉公持正，爲國家宣猷樹績，膺後先疏附之選哉！朕用嘉惠爾等，故不禁反復惓惓。茲訓言頒到，爾等務共體朕心，恪遵明訓，一切痛加改省。爭自濯磨，積行勤學，以圖上進。國家三年登造，束帛弓旌，不特爾身有榮，即爾祖父亦增光寵矣！逢時得志，寧俟他求哉！若仍視爲具文，玩愒勿儆，毀方躍冶，暴棄自甘，則是爾等冥頑無知，終不能率教也。既負栽培，復干咎戾，王章具在，朕不能爲爾等寬矣。自茲以往，內而國家，外而直省鄉校，凡學臣師長，皆有司鐸之責者，並宜傳集諸生，多方董勸，以副朕懷。否則職業勿修，咎亦難逭，勿謂朕言之不預也。爾多士尚敬聽之哉！

　　康熙四十一年。

（文見乾隆《原武縣志》卷八《藝文志》。王興亞）

原武縣新修城記

　　邑令婺源吳文炘

　　邑無城，非無城也。康熙六十一年，河決武陟馬營口，水勢洶湧，漫入護城堤，堤潰而城亦圮。雉堞之不存者久矣。雍正八年，文炘蒞任，登城視壕，慨然歎息，集邑之紳士而熟議之。先是撫憲田公亦嘗飭令修築土城，估計工料銀七千兩。而文炘於是時力請創築磚城，以圖久遠。獨念新淤之地，類多浮沙，而積水之區難以取土。於是悉心規則，竭力經營。原估不敷，量為捐助。用民之力，民不言勞；趨事赴工，爭先恐後。則原武風俗之淳，而文炘不敢自以為功也。計其工，始於辛亥之春，訖於明年之秋。城周圍七百六十九丈，高二丈，廣一丈五尺，基廣三丈二尺。女牆一千九十九垛。高六尺，廣二丈三寸。門樓、角樓各四座，砲臺一十三座。改朝陽門為帶河門，面闕曰聚星，錢熹曰挹爽，東仍舊名。城既成矣，乃濬壕而深廣之。深一丈，廣二丈，周圍八百一十丈。藝荷其中，花時繞郭。重築護城堤十有四里。蓋至是而邑竟有城，迄今又十餘年矣。夫民固可以樂成，而難於慮始也。回念下車未久，遽議築城，明知其難，而有所不畏。緩急先後之間令籌之，衆諒之矣。天下事隳於因循，成於果敢，大抵如此也。文炘自愧無文，不能行遠，又耻為粉飾，貽笑於人。築城之工，未嘗勒石，以紀其事。今因修輯邑乘，補述梗概，附於簡編。亦願後之君子嗣而葺之，俾勿終壞，豈獨為一邑之觀瞻，即學校、倉廩藉保障於無窮矣。

　　雍正十年秋。

（文見乾隆《原武縣志》卷八《藝文志》。王興亞）

原武縣新修城記

山陰人河北道憲胡振組

邑之有城，豈徒為觀美而已哉？《易》曰："重門擊柝，以待暴客。"今吾幸生昇平之世，寇盜無憂，然有倉廩、府庫，何可不預為之防也？原武舊有土城，傾圮已久。吳侯下車之初，閱視城壕，即以此為先務。目營心匠，曉夜圖維，比年告成，不傷民力。夫原武之築城非易易也。其地窪，積水不流；其沙浮，隨風而起；其井舍，蕭然荒落。於災傷之後，輕用其力則無民，重用其力則無城。無城而究之有累於民，則原武之築城又烏可緩哉。然吾見今之為令者矣，其視官如傳舍者，安於無城。一二城亦苟且塞責，財傷期息，不勤終始，畚鍤偶興，旋即中輟。又其甚者，假托公事以自便其私，或任吏胥恣為中飽。孰有如吳侯之治原武，以實心行實政，外嚴內輯，其受職陳力，咸足為千年之計者哉！原武之封內無高山大阜，而遠眺太行，近瞻廣武，霞流虹偃，賴此崇墉。邑雖褊小，而規模宏遠，亦可以雄視鄰封矣。藩籬固，則物阜民安；守衛嚴，則刑清政簡。沿堤柳樹幾千萬株，繞郭荷花方三四里。蓋入境而識紀綱之理，過都而知保障之功矣。抑嘗聞之，眾志成城。蓋有無形之城，而後有有形之城。子輿氏曰："地利不如人和"。諒哉！

雍正十一年。

（文見乾隆《原武縣志》卷八《藝文志》。王興亞）

普濟育嬰兩堂碑記

貴州人河東總督王士俊

國家休養生息百年於茲矣，重熙累洽，百姓乂安。今上龍飛治愈求治，興事考成，所以念民依而求民莫［瘼］者，未嘗一日不廑宸衷也。余奉簡命，節制河東，仰承聖天子德意，竊以一夫不獲為恥，晝作夜思，凡農田水利苟可以裨吾民者，莫不曲為之謀。豈能盡資於解推哉？要亦因其利而利之耳。至於鰥寡孤獨及遺棄嬰兒，或已迫於桑榆，或方脫於毛裏，煢煢獨立，形影無依，天實為之，豈自遺其戚與？爰檄所司建造普濟、育嬰兩堂，欲使老有所終，幼有所長，以補造化之不足。而邑文士大夫及父老子弟，亦莫不踴躍興起，共襄厥成。是可見秉彞之好，根之於天，聖朝之德化感人者深，上有作而下必應也。

乙卯之春，原武吳令以普濟、育嬰兩堂落成，請記於予，且謂義田計若干畝，頗稱充足。無告之民，大口月給米一升，小口減半。每月予鹽菜錢百文，朔日監發。冬夏異以衣。育嬰僱乳婦皆有月糧，頗具條理。予為嘉嘆久之。夫《西銘》稱乾父坤母之義，以為惸獨鰥寡皆吾兄弟之顛連而無告者。況奉天子命守此土而治此民哉！原雖小邑，自馬營河決以來，民生日蹙，至今未舒。其哀矜惻怛，視他邑當更切，其撫摩噢咻，視他邑當更殷也。且河南惟原武一邑，古多遷徙，不遑寧居，民患流移。自春秋原國即苦兵革，漢置原武，以後或屬廣武，或屬滎陽，或省入陽武，或改隸鄭州，未獲衽席之安，況此煢獨無告者歟？今則由開封割入懷慶，形勢既便，黑洋磅礡於其北，黃流綿亙於其中，飲和食德，黃髮垂髫，熙然自樂。即此四民之最窮而莫能自立者，皆不苦於啼饑號寒。則天下之太平已久，而我皇上之德洋恩普，固已窮天之垠，無所不固也。是不可以不誌。遂以其邑之樂捐姓氏及田畝邱段，具勒於碑陰。

雍正十三年。

（文見乾隆《原武縣志》卷八《藝文志》。王興亞）

原武縣開濬溝渠記

邑令吳文炘

太平之世，吏治修而民隱達，常以百里之官，而創千年之利。考《唐書・地理志》，凡一渠之開，一堰之立，無不記之其縣之下。蓋當時為令者，猶得用一方之財，興期月之役也。自以催科為急，而農功水道，有不暇講求者矣。水日乾而土日積，山澤之氣不通，或至水旱頻仍，此顧寧人先生著《日知錄》一書，常論及此。凡在司牧之官，有志於興利除害者，所宜三復也。原武濱臨大河，四境之內無支流水港，地多平衍，水難宣洩。每當夏秋之際，愁霖旬日，積水不流，遂致泛溢田疇，甚至沉浸蘆舍。文炘既受事，蒿目傷心，諮諏父老，往來相度，集議興修。爰於城南開濬溝渠一道，西自王村至婁采店，東接陽武縣界止。又於城北開濬溝渠一道，西自張家庄起，東至婁采店止，與城南之渠合流為一。渠深六尺，廣倍之。自有此渠，雖不能致畝金之潤，亦庶幾無潦水之災矣。然以地皆沙土，飄舉隨風，又渠無來源，易於淤塞。則後此疏濬之功，非勤求民瘼者，所當時為留意乎。夫縣令為民之父母，而好惡必準於民情。利為民好，有利必興；害為民惡，有害必去。從古史冊所書，溝洫之開，或以溉田，或以轉粟。方今之世，聖君賢相，軫念民艱，大興水利。文炘之令於原武亦歷有年，溝渠之開，初何足記？所以記之者，慮溝渠之湮沒，致陷溺於斯民，念創始之艱難，望率循於來哲也。

乾隆二年。

（文見乾隆《原武縣志》卷八《藝文志》。王興亞）

原武縣新修文廟記

婺源人清邑令吳文炘

聖清統一寰區，崇儒重道。康熙二十有五年，《御製至聖先師》及《四子贊》，頒示天下學宮，勒之於石。先是又嘗賜"萬世師表"匾額，世宗、今上俱有御書"天藻輝煌"並懸大成殿上。其他尊崇之典，無不舉行。皇哉！中天之景運也。原武文廟在縣治之東，自壬寅河決，城外淤高，城中水積。縣東地勢尤卑，每遇秋霖，水無所洩，民廬官廨，因是傾頹，而廟學亦多圮壞。文炘受事以來，仰瞻廟貌，惕然於懷。以斯民之蕩析離居，方憂昏墊。且築城修堤事，不可以稍緩。民力既困，不敢重役吾民。遲之十年，而民困少紓，民力可用，於是，首捐俸金以爲士民倡。始而士民罔不踴躍從事。經始於乾隆己未，越明年告成。殿基增高三尺，餘皆倣是。自堂徂廡，締搆一新。邑人靈寶司訓王芳璧、明經師應午董理維勤。而戟門之修，則上舍婁廷彥獨任其事。婁，故貞公之苗裔也。夫朝廷廟學並建，固期學者以聖賢爲宗也。聖賢之學，其要存心而已。存心者，存天理而已。孔子十五志學，至七十而從心所欲不踰矩。顏、曾、思、孟諸大賢，以至濂、洛、關、閩，而後大儒輩出，指授各殊，而道本於心，先後若一。世之學者，誠知道之大原出於天，而體用具於吾心。存養省察，交致其功，喜怒哀樂，必求中節，視聽言動，必求合體，子臣弟友必求盡分。蘊之爲天德，發之爲王道，此學問之極功，而尊信聖人之實事也。若曰吾志存乎科名，惟事揣摩帖括，他不暇計，是視聖賢《六經》，祇爲富貴利達之資也，豈朝廷建學立廟之意乎？修學，有司職也。諸生之遊於斯者，亦思所以爲學而求進於古人之道可也。

　　乾隆六年。

（文見乾隆《原武縣志》卷八《藝文志》。王興亞）

原武吳令開渠碑記

　　河北道憲胡振組山陰人。

　　天下無難舉之功，存乎其人而已。謂後人之事，必不能過前人者，誣也。孫叔敖決期思之水，溉雩婁之野。而史起為鄴令，引漳水溉鄴，以富魏之河內。《唐書》稱：同州刺史姜師度既好溝洫，所在必發衆穿鑿。雖時有不利，而成功亦多。當時詔書褒美，謂其識洞於微，智形未兆。讀史至此，亦可見率作興事之勤，而授方任能之畧焉。懷慶所屬七邑，原武最小，其地瘠而民貧。自武陟之馬營口決，而鄰邦胥受其害。原武無溝洫以洩水，尤苦昏墊。婺源吳侯來為我宰，整綱肅紀，百廢俱興。相地勢之所宜，順民情之所急。循行阡陌，審度源流。南北溝渠，後先疏瀹，不妨民事，不費民財。惟侯之役民，即所以利民。而民之趨事，自無不終事。下令如流水，而舉鍤且成雲。此工一成，水不為害。沮洳之地，可以耕耘；瀉鹵之區，亦堪種植。田租易辦，則民不困於催呼；水潦無聞，則民胥登於康保。其利澤之溥，又何可量哉！然而善作者，必待善成。偶淤而即疏，方不致于湮沒。此亦任事者與記事者之意也。漢杜詩修召信臣舊渠，以溉民田，當時百姓歌之曰："前有召父，後有杜母"。史冊書之，以為美談。侯之政成，第一無慚召父。而吾尤願後之宰是邑者，有如杜母，則原武之民，其永無昏墊之憂矣。是為記。

　　乾隆八年。

（文見乾隆《原武縣志》卷八《藝文志》。王興亞）

原武吳侯德政碑記　　吳侯諱文炘，本縣知縣。

山陰人河北道憲胡振組

　　原武舊屬開封，本朝雍正初年改隸懷慶，地小而民貧。自河決以來，益苦昏墊，治之非其人，則民生日蹙，其焉有寧宇？新安吳侯以鄉進士教習內廷，簡選知縣，試吏河南，由汜水調任原武。甫下車，拊循噢咻，以慈惠之政治之。元氣既復，則整綱飭紀，乃修城垣，治橋道，築堤以防水，積粟以備荒，勸民種樹以儲材木，創造養濟之院、育嬰之堂，以濟窮民之無告者。尤留意學校，殿堂門廡締搆一新，能得民心而用民力。又不獨士歌於庠，而民亦□歌於野矣。《詩》曰："愷弟君子，民之父母。"豈以强教之，弟以悅安之，德化行而風俗美。侯之政績，路有□碑。而余往來河畔，知之最深，為文記之，亦以風示有位也。

　　乾隆八年。

（文見乾隆《原武縣志》卷九《藝文志》。王興亞）

原武縣泮池記

山陰人河北道憲胡振組

　　學宮之有泮池，古也。泮，半也，以其半於辟廱，形如半壁，故曰泮也。其在《詩》曰："思樂泮水。"言諸侯養育賢才均可樂也。我國家聖聖相承，修明典禮，文治之盛，萬古為昭。皇上御極以來，尤崇儒重道，菁莪棫樸之化，淪浹寰區，自京師以及郡邑莫不有學，即莫不有泮池。顧存其名而忘其實者多矣。原武吳侯既修文廟，濬泮池而深廣之，其下有井通泉，漣漪渟澈，月來增色，風動成文。於是，架石為橋，叠磚為甃，周圍欄檻，足以憑臨。蓋泮池成，而泮宮之制大備矣。夫士也得天地秀靈之氣，具圭璋特達之材，其蘊蓄也必深，其涵濡也必廣。豈無學海滙於文川，縱有狂瀾障以道岸，而且以洙泗濬其源，而且以濂洛沿其派，洗其心，滌其慮，澡其身，浴其德，如是而遊於泮宮，洵可樂也。為之歌《泮水》三章，以勵諸生，以紀侯之功。

　　歌曰：思樂泮水，薄采其芹。士也萃止，質有其文。

　　再歌曰：思樂泮水，薄采其藻。士也藏修，藝進於道。

　　又歌曰：思樂泮水，薄采其茆。士也有志，不在溫飽。光風霽月，在泮之濱。以吟以弄，沂水暮春。雲行雨施，在泮之澤。得時而駕，施及蠻貊。

　　乾隆九年。

（文見乾隆《原武縣志》卷八《藝文志》。王興亞）

原武縣重修文廟記

府太守柴瑋，太平人。

原邑瀕於河，明弘治間一決而支爲三。自陽武長隄築竣，張秋、中牟之決塞矣。然雖無衝激震蕩之患，而漫溢灌注所不免焉。康熙六十一年，武陟之馬營河溢，波臣肆虐，侵及鄰封。洪河之水由郊而郭，由郭而城，遂至於敗屋破宇。此原邑學宮之所由傾圮也。世宗憲皇

帝御極之八年，雲間吳子文炘來宰是邑，循例拜謁，見櫺星、戟門、垣墉半頹廢，戚然動容。及見大成殿及兩廡不蔽風雨，盡然傷之。遂毅然以修葺爲任。然原邑土脊民貧，受虐河伯後益見疲恭。遽欲興此鉅工，豈易哉？蓋於壬寅至庚戌將十載而無議及者，職是故也。于是，退而糾紳士相與議曰："大凡事急則難成，緩則易圖。吾與若需以歲月，持以恒久，期陸續成厥功焉。大成殿所以妥聖也，先之。東西兩廡所以奠諸賢也，次之。明倫堂臯比之地、講習之所也，又次之。他如櫺星門以及齋室各祠，可緩則緩之，亦以次而及。"迺捐俸以倡，諸紳士亦努力捐助。詎吉興工，日而月，月而歲，至乾隆之乙丑春，諸工畢竣。凡殿室、堂廡、門楹、柱礎，無不嚴嚴翼翼，壯偉閎耀，固極一時之盛也。歐陽文忠公曰："學校，王政之本也。政治之盛衰，視學之興廢。"惟我列聖光宅中夏，右道崇儒，易瓦以黃，追王及祖，可謂凌古轢今矣。今上龍飛之初，御書與天地參，繼二聖宸翰懸諸正殿，以昭奕禩。復詔天下郡縣各修飭學宮。其學日見其興，則其治日臻與盛也明矣。將見原之人士，摳趨宮牆，淬勵興行，士習端而人材茂，不益足以副械樸菁莪之化歟？獨是吳子官斯土者十有六年，未必非天默相之，使久與其任以荷斯役而成斯功也。既成，而請序於余，余故欣然記之。一時董其役者，則邑明經王子芳璧、師子應午亦例得與書，遂並記之。

乾隆十年。

（文見乾隆《原武縣志》卷九《藝文志》。王興亞）

重修原武縣五龍廟碑記

張鳴鑾

古者雩宗之祀，其神主於水旱，凡以為民禦災捍患故也。而龍神之祀，亦是族也。故廟祠之者徧天下，偶值雨澤愆期，即於此雩禱焉。原邑西門外，舊有五龍廟，廟前有池，當池之南為三官殿，創始者已不可考。閱前記，明萬曆中，邑令某因旱徧禱羣祀，偶閱三官廟碑，云廟後有五龍池，浚之則雨，如其言果驗。遂築土為臺，搆廟其上，浚其池而深之，鑿為井，如神之數。豈先故有池，而廟或即經始於此與？嗣是因仍補苴，僅存舊觀，

今之擴而新之，視其舊有加。遂為一邑之勝蹟者，則前河北觀察康公，今觀察唐公，相與終始之也。夫廟之來久矣，茲何為而新之也。自乾隆四十九年閏三月，原邑旱饑，二麥枯槁，秋禾未布，民之贏餓以死者相繼也。康公行部至原，哀原民之顛連無告，而不忍其嗷嗷以待斃也。而又慮展轉上請之稽緩時月，而卒無救於百姓之死也，立捐廉俸若干，及各上憲量捐若干，例價得常平倉穀四千九百餘石，尅日督令各員設廠煮粥，按日人給粥二升，幼者半之。男、婦異廠。羸老者、幼弱無依者，別局養之。病者，予醫藥焉。公於督理之暇，徧閱祠廟、學校，藉以修廢舉墜。因至所謂五龍廟者，視其棟宇頹廢，池水堙淤，遽令新其廟，浚其池，且曰："令粗具規模，可申禱祠而已，勿重罷吾民為也。"乃執香徒步，手為文以祝焉。語次謂令若簿曰："祈禱非具文而已，實在經濟，即祈禱也。"至五月初旬，遂大雨，人各歸業，全活者數萬人。非公之邺災救荒，曲盡條理，何以神人叶和，而致澍雨之應哉！自是，公徃來過原，必入廟拜祠焉。欲更新之，而未遑也。未幾，被命移節淮徐。公且去，唐公來蒞斯任，乃毅然曰："公未竟之事，即吾事也。"遽出俸金，屬典史范大勳董其事。原人悅是役也，爭輸貲以襄厥事，趨功者不召而自來。於是，神各一龕，門廡案幔皆具，丹艧之，黝堊之，廟貌為之一新。池則涸其水，井之淤泥者汰之，四圍以瓴甓厚砌之，及上則甃以石，復周以欄，計其深，尋有九尺，方周十四丈四尺，水深丈餘，瑩澈可鑑。三官殿則移而建之於東，別為門垣。而於故址，創前門三間，其背為屏門。自前年三月，訖今年五月，而工告竣。原之人咸言曰：廟則既新矣，可以妥神靈，可以光祀典，祈甘雨者於斯，答靈貺者於斯。睹是廟也，愈感前觀察之活我原民，既去而猶睠睠也。又感今觀察之不私其力，樂成前事之美也。不詳其事之顛末，又孰知是廟之新，皆二公之嘉惠原民，相與以有成，而神降之福也。嗚鑾聞其言而思之，遂以記之。

乾隆四十九年。

（文見乾隆《懷慶府志》卷三十《藝文志》。王興亞）

衛糧廳陽武汛三堡迎水壩創建大王廟碑記

清河督栗毓美

豫省黃河北岸串溝隱患垂二百年矣。上自黃沁廳縷堤二堡，下達衛糧廳封邱汛九堡，亙長二百餘里。每當伏秋盛漲，彌漫浩瀚，形同巨浸。其間陽武五堡、荊龍口、衡家樓、馬營工屢次潰決，不但糜帑殃民，兼且阻塞運道，所關甚巨。歷任司事者非不力籌堵截，奈地勢低窪，灘面寬廣，此塞彼生，迄無成效。欲築壩，則風浪刷塌，鑲埽又恐引溜生工，因循日久，淘刷愈深。稍可恃者，陽武十六堡舊有月石壩一道，長八百丈上下，借資蓋護。乃民間因積水難消，有妨農業，復挖斷，以殺其流。於是，上有建瓴之勢，下有吸川之形。自道光十二年至十四年，漸至分溜。

十五年夏五月，余奉命督東河，交伏汛，查工抵衛糧西圈堰，見串溝尾閭水寬數十丈，較正河尚深數尺，已屬籌辦不及。旋於六月盛漲，分溜下注，幾至掣動全河壩。且當大雨時行，堤內外汪洋一片。料石未備，篸土難求。因思磚與石相仿，不過形質稍輕。以四五塊盡力拋護，競能高出水面，跟追前進，漸成壩形，溜離堤根。隨放價收買民磚，節節捍衛。壩擋受淤，然後有土可取。先堵還月石壩缺口，復淤上游一帶。原武境搶築長短磚土壩數十道，挑開溜勢。在事文武員弁竭四十晝夜之力分投搶護，不致釀成巨險。咨請桂大中丞會勘妥商，購備料麻。越明年，奉旨覆勘籌辦。斯時浮言胥動，謂治河向未用磚。獨桂大中丞力為主持曰："天下事履之而後知。"余謂局外皆未身當其境者也。道路之口，皆耳食臆說，因訛傳訛者也。知古議河如聚訟，白宮保莊恪公奏疏云："平河不難，平衆議之口為難。"其信然歟！於是，相度形勢，陽武三堡支河逼近堤根，寬一百二十餘丈，深至一丈五六尺及二丈餘尺，尤為險要。幸迄南李莊分為兩股，雖形淤墊，尚可疏濬。即仿堵築口岸成法，以南股為引河，先于原、陽越堤尾，拋築挑水磚壩一道，長三十三丈，擡高水勢二丈五尺。一面由南股抽溝；一面由北股對岸拋築對頭迎水磚壩，如人字形，克日進占，跟澆後戧。迨收口至六七丈，水勢高下懸殊，磚石隨拋隨卸，不能施工，幾至束手。憶及前人有用木困實於瓦礫塞決者，隨購大柳二株，倒掛溝口，俾磚塊得有擎托，分路趕拋，立時堵合。磚縫仍復過水，又於上首圈做柴堰，壩外用淤土澆戧，涓滴不漏。不逾月而工竣。迤上原武十六堡拋築人字磚土壩替壩，下至陽武頭二堡間段拋築磚壩、磚垛，層叠抵禦，支河河溜水勢漸遠，距堤在一二里及七八里之外。涸復民田數千餘頃。連年盡心防守，歷經大汛，屹立不移，串溝隱患，已成平陸。是役也，非敢逞私見，變舊章，舍稭料而不用也，亦非敢以民生國計所關，輒輕於一試也。蓋鑲埽必致掣動全河上下四十餘里，斷無沿堤鑲戧之理。以磚代石，實出萬不得已。幸賴皇上洪福，神功默佑，得保安恬。且其時堤以北之民傷於淫潦，堤以南之民困于水患，待哺嗷嗷。磚可易粟，亦所以仰副聖天子子惠黎元，以工代賑之意。事竣檢查，道光二年，經兩江孫寄圃相國、南河黎襄勤公以碎石拋壩護埽，甚為得力，奏奉諭旨，敕下東河仿照辦理。惟東河自五年至十四年，僅用碎石偎護埽根，並未拋砌石壩，而南河原奏，謂柴壩之松而易朽，脫胎之險而多費；石壩之堅而不壞，挑溜澄淤，化險為平，至詳且盡。因會磚工圖說，咨詢南河，覆稱飭據道將廳營，核與南河辦法相類。茲復咨詢熟習石工、弁兵來豫，帶同周歷兩岸參觀，互證磚與石不過名異而工用實同。誠以修防大計，不敢不虛心考究也。或謂磚入土，數年後亦變為土，不能耐久。余采訪輿論，僉稱：入土彌堅，不見數百年前之古井與磚橋乎？不見掘出售賣之舊磚，非早年漫口淤入沙泥之磚牆乎？毫無損壞，即其明驗。謂碎石堅重於磚塊，則持論公矣。但豫省沿河無山石，必取之鞏縣、濟源，非其地不能采運。必待至春杪夏初，非其時不能到。且裝載必須船隻，有工之處可以運到，無工之處，灘面距河甚遠，車腳既難，遇有水灘阻隔，斷不能運至堤頂。磚為民間常用之物，隨時隨地取不盡而用不竭，購辦甚便，方價亦減。況歷來失事，皆在無工處。即如原陽支河，若守候料石，將坐失事機，其險幾不可問。且東河碎石與南河碎石稍異。東河石由土山中掘出，形質較嫩，現查貯工石垛，經烈日澍雨三四年，漸就酥損。余取其質重而蓋護磚壩，入水之後，是否堅實，正未可知。至偎護埽根，埽段立臻穩定。今用以拋壩挑溜，自無不得力。惟石性滑，與土不相融合。磚性澀，與土膠粘，拋成之後，灌淤如同灌漿，漸至結成一塊。稽文繁公所以有石工，必襯以磚之議也。

余素昧修防，忝司水土，竊謂河防之設，以衛民也。以堤束水，以埽護堤，以石護埽，此辦法也。堤前水深則險，水淺則平，水近則險，水遠則平，此定理也。工淤閉，報勘，謂之化險為平。現在試辦磚工，如北岸黃沁廳之蘭黃堰、祥河廳之十三堡、下北廳之祥陳頭堡、銅瓦廂，東省曹河廳之曹下汛六堡，南岸上南廳之裴昌廟、楊橋大壩，中河廳之五六堡，下南廳之黑埕工，蘭儀廳之儀上汛八堡，儀睢廳之儀下汛十六堡，睢上汛之七堡，商虞廳之虞上汛十四堡，凡素稱險要之處，一經拋築磚壩，堤前之水深且近者無不淺且遠，埽段漸且淤閉，而險者平矣。自來治河無一勞永逸之策，不過隨時補偏救弊。余之拋築磚壩，亦不外補救之一法。第事近於創，難免疑慮叢生，余亦未能深信。竊以為事貴征諸古，尤當驗於今。今之利害切身，休戚相關者，莫如濱河居民。起而質之兩岸父老，或云："保衛田廬，瀾安工固，無逾於此。"用志顛末，以為堵截串溝計可也，即不止為堵截串溝計亦可也。

維時分守河北彰衛懷兵備道劉體重，即選知府黃沁同知于卿保，知府銜祥河同知顧元承，知州銜衛糧通判袁啟玦，署衛糧通判王葵初，中河通判王渼，署儀睢通判丁晫，山東泉河通判張漢，同知借署下河同判譚為紹，候補通判賴安，加陞銜原武縣知縣羅傑，加陞銜陽武縣知縣許賡謨，同知銜大挑知縣備補滽縣縣丞郭承緒，同知銜大挑知縣左廷賓，武陟縣縣丞姚榮，遊擊銜祥河都司趙魁元，都司銜下北守備郝宴安，都司銜黃沁協備王才，陽封協備張奇亮，曹考協備沈儀亭共襄厥事，例得並書。

道光十七年三月立。

（文見民國《原武縣志》卷八《河務志》。王興亞）

延津縣

重修延津文廟碑記

張都甫

凡事不足以儲人才，培風俗，則君子不舉焉。為其無裨于世道人心也。若夫身任之斯文，功在名教，上之德意，賴以彰下之學行，資以起其人其事，洵足多耳。古子程子曰：主民之道，以教為事。而學校者，教化之地，吏治之源，道德之歸，人才風俗所由成，不可一日或廢者也。今聖天子加意右文，尊崇闕里，躬詣孔林，祀我先聖。乃復新灑宸翰，以示崇禮。且令各郡縣學宮，悉力修葺，即因之以課殿最。崇儒重道，莫斯為盛。固千載一時也。廩延雖彈丸地，實為人文地。學宮之設，由來舊矣。然自前明萬曆乙卯，曹公再造之後，迄今七十餘年。歲月既深，其甓榱頹垣，半為風雨所剝蝕。有心者每太息焉。茲值邑侯陳公來牧茲土，下車謁聖畢，即慨然曰："聖學榛蕪，是予之責也。天乃割俸鳩工，為一邑士大夫倡。躬親董勸，區畫周詳。於是，陶人梓人，各殫乃職，而一時士大夫咸奔趨恐後，先聖殿，次賢廡，若明倫堂、尊經閣、啟聖及名宦、鄉賢諸祠，以至欞星、戟門、泮橋、壁水，凡搆櫺榱桷，梁棟節梲之朽者易之，鴟物鯨牙、墀涯堦砌之缺者補之。越三月日，靡弗鳳騫，翬飛巍然翼然。既翡翠以流丹，復昂霄而縱漢，猗歟盛哉！夫風俗之日滿，無人才以持之也。人才之不振，無教化以鼓之也。古者家有黨、塾，國有庠、序，民生八歲則入小學，是天下無不教之民也。由是德化大行，此三代治化之所由隆也。今日者，天子既望作於□矣，而邑人得賢教克副□命至意，兢兢以學校是亟，其□□經營有人□為而已，為之有人所積之歲年而不能就者，而落成於三月之頃。謂非有身任斯文功史在教者，與昔衛颯守桂陽學造士，期月而化行，為東漢循良之首。魏了翁知眉州，朔望課諸生於學宮，而民風者自厚也。我知自今以後，東山、泗水勝業常新，械樸菁莪，風流不歇，人敦禮讓，戶垂君親者，皆侯之貽也。予起諸生，閱聖廟鼎新，不覺起舞，歎我侯有裨于世道人心大深且遠，直與衛颯、了翁並垂不朽云。

康熙年。

（文見康熙《開封府志》卷三十六《藝文志》。王興亞）

封丘縣（封邱縣）

重修城隍廟碑記

邑人萬泰國子監監丞

　　順治甲午歲，古越余公諱縉奉命來知封。時神馬決口未塞，黃流北注，封城久為澤國，城隍祠亦圮巨浸間。公僑居村舍者五載。今始水落土平。公入邑視事，旋念曰邑有典祀中奉神祠，往歲時伏臘，無論薦紳鄉屯，儻牲陳帛於下者，駢集鱗次。在壇壝南，則配享風雲雷雨，與夫境內山川，北則主祀邑厲，蓋從來久遠，所以答理陰庇陽，保障四履之續者也。今吏廳事漸葺，俾神歆止靡地，何以妥靈貺致隲佑乎？乃他務未遑，先集材鳩工，建神宇三楹，高廠軒聳，較前肅觀。廊廡重門，階砌垣壁，次第告成。春秋薦馨有地矣。邑士民聞新祠落成，各欣躍，晉瓣香，且共囑愚紀歲月巔末。愚聞昔有令單車之邑，值塗中復有令亦之邑，相與言，囑令曰："煩為我營宇廟。"行將至邑，忽不見。次謁羣廟，見城隍祠敝甚，因知塗所囑者乃神也，為鼎新之。觀此，知令職陽，神職陰，陰陽實相夾助。況令之設，原以治民事神。今公室廬未蔽風雨，而拮据區置，急營神祠，可謂明於治事之義矣。然公又非瀆於事也，不過祈其雨暘以時，夭厲不作，事神政以為民。夫公以為民之意，致誠於神。神必鑒公之意，降休於民。民能體公之意，若於政遵於教明，無即於匪辟幽，無欺於神明。前茲昏墊之苦，實下民自干譴罰耳。嗣是易災為祥，使我民幹止寧室家聚，耕鑿嬉遊，永無逢災害者，在此一舉矣。所關詎淺鮮哉！是工也，經始於是年八月之三日，落成於九月之十有二日。其物料工費，悉公捐俸所置。時邑丞張君大章、簿胡君來貢、尉張君學，暨學博宗君錫印、陳君聘璧，同仕茲土，並鑴石為之記。

　　順治十一年。

（文見順治《封邱縣志》卷七《藝文·碑記》。王偉）

封邑修城記

古董屠粹忠知縣

　　封邑自壬辰波臣爭居處，魚宅郊垌，民爨隣社，官司寄於鄉，而復隍之修，日不暇給云。辛丑春，予受令蒞茲土，於都門謁柱史余公，請所宜先，庶可以無過者。公前令也，鼓予復城。予唯唯而心竊疑之。封邑與他邑異，既淹之封邑與未淹之封邑異，榛莽未芟，而室盡罄懸，狐兔竄處，而署鞠茂草則何恃？而《易》言城既思踐厥土，不謀捍，厥民何賴？令車驅之，弭節入城，師筆簵，故智披荊棘。而居民不給，為授若廛，資若材，而邑之人亦竊竊然疑之。且危之城中，落落數戶，如殘星晨月。適旋師過邑，民爭襁負而入，始有百室寧止。予議曰："是不可以不城。"而邑之人又竊竊然疑之，且難之。謀之鄉先生諸衿庶，僉曰："如費何？"予曰否否。捍禦之謂，何顧安所謝慾？然不可以費公。費公，公弗許也。亦不可以病民。病民，民弗應也。無己，則偕丞若尉，相度舊圮，見纍纍敗甓，猶露淺土中。予曰："是可以城。"爰與父老約，鳩得六百人奇，於土潴甄，於石煅灰，量人授工，計日課績，遠近競勉焉從事。踰月而告竣。於是，曩之疑者，茲且樂成。曩之危者，茲且傾心。曩之難者，茲且將伯以助有成。邑之人始忻忻然喜相告曰："是役也，若神鬼輸運者。"請貞諸石，仰後之人知侯之心瘁力艱，且告成旦夕若是。予曰否否。夫蕞爾邑，而役吾民，澤門之謠可畏也。抑歲已寒而役不休，長宋之歌可畏也。乃勤勤不加督而觀厥成，子來之誼，是在爾等，予何力之有？則是役也，非以稽功，聊以謝過云爾。事始於辛丑十月既望，竣於長至之日。

順治十八年十月。

（文見康熙《封邱縣志》卷九。王偉）

重建文昌閣記

古董屠粹忠知縣

邑興而祀學，學與邑同盛衰者也。學興而祀文帝，文帝與吾夫子相主輔者也。顧邑有盛衰，而夫子之道，斷無或廢。即學有盛衰，而文帝之祀，亦斷無或廢。封邑自壬辰蕩析以後，亦幾幾衰極而欲廢之時矣。子衿抱經而遊于隣，瞻拜聖顏，茂草茸茸。自余公繐始構厥宇，以妥聖位，今則漸次獲有輪奐。乃諸生曰：未也。夫子在上，而羣知學。文帝在前，而羣知勸。有以學之，烏無勸諸。余曰：是。奚啻諸生意也。今夫士過夫子之門，未有不張拱以趨者也。而訓言周旋之弗率，是棄儒也。故童而習之，壯而論焉。老而以之為憲，無不依於孝弟以為之的。吾誠本天情以為經，遵人網以為緯，即可以履后土，對皇天。夫子許之，文帝其吐之哉！士亦求足為所歆者而已。今者，文帝之訓，彰彰具在，上可以証聖域，下亦不忝為士大夫。大意不出《感應篇》一書，是余與諸生亦嘗誦習之。已奉其書，思親其入者情也。正今余與諸生煥崇帝閣意也。於是，余倡之，諸生某某輸材若干，邑博鄢先生諱元龍捐錢若干，從而和之。量材度工，址則因舊，壘高三仞，為楹五，中奉帝像，丹膢翬翼，巋然聖廟之左。諸生其朔望仰瞻而益勸也哉，抑猶視昔之頹垣敗址已也。夫士不知勸，是亦文帝之棄儒也。有以勸之，其不為奎壁照臨者幾希。行見簪纓纍纍，名蜚大河以北者，知不僅今日已也，是亦封邑盛衰之轉機也。

順治十八年。

（文見康熙《封邱縣志》卷九。王偉）

重建夏侯封父亭記

古董屠粹忠知縣

封，何以有亭？亭，何以名封父？誌始也。曷始乎？始於封父也。封父何始？始於夏大禹時所建侯也，亦分茅錫土之君也，而不諱厥名者，質也。夏以前，誰侯茲土，不傳也。唐虞之封建未廣也。夏以後，誰侯茲土，亦不傳也。古則萬國，玉帛煌煌。商、周之際，已八百也。日並月兼，不詳其入於何氏也。不傳而何以獨傳封父也？春秋之時，地控鄭、衛、韓、宋間，無崶侯也。秦則隸三川郡，無崶侯，故勿傳也。逮漢高念翟母恩，置為縣，始曰封邱。夫亦不忘封父而名之與。或曰漢高以封翟母墓，故曰封邱云。至宣帝以王遷，決疑定策，共有建立功，始為平邱侯。而不傳平邱侯者，非古也。非古則勿傳也。當禹之時，河功底績，天下乂安，而侯處茲土，不聞煩疏瀹決排之勞，非若後世遷徙拮据也。雖其時，地與河尚遠，意亦於朝會天子時，必有金簡玉書之秘，得諸大禹之所傳，故能使河流奠定以寧處茲土，亦未可知。此後之人不忘封父意乎，而因復為亭，以俎豆之也。亭，始於封父，勤勸課，適遊觀也。其間或遷或廢，時而陽侯出沒，時而烟草狼屯，至於今，猶指曰此封父亭舊基也。余承乏茲土，舉舊起廢，稍有成緒，而亭之弗復，其何以傳？故亭之也。亭初遷於縣之東，今復移於西城，而近先為楹五，以妥侯也。前有亭，以娛侯也。環亭者花柳，環花柳者水也。總以成茲亭，以妥之、娛之也。至於封之人，舍耒執鞭而來也，扶老攜幼而至也，猶得指曰此封父遺亭也。恍以為侯之所在也。故亭之勿傳，而侯亦勿傳矣。余懼其勿傳，而忘封始建之侯，故復亭之。亭之惡無記，是為記。

康熙六年。

（文見康熙《封邱縣志》卷九。王偉）

重修關帝廟記

古董屠粹忠知縣

古來崇祀之廣，無若后稷與吾夫子。而近代則有關帝君。顧社與學之祀，載諸令甲。所在有司，有專祀。專則不可以或分，故后稷與吾夫子獨尊。而帝君之祀，未嘗以令甲限也。或分或合，或興或廢，無間近遠貴賤，皆得摻牲束帛以告之。則疑於民親吾封邑之祀帝君也。庇民顯蹟，列諸舊誌。其於民也，殆親之也。迄於今，不知閱幾廢興，而莫甚於壬辰之河決，城垣官舍蕩析靡遺，帝廟故址在黃沙白葦中。忠蒞茲土，朔望瞻拜，見殘罏敗几，寥寥炷香，贊呼成禮而退。忠踧踖久之，曰："是欲親之而反疏之也。"事誠在令。俟興復諸事稍稍修舉，始謀於邊生某，曰："是民意也。"忠曰："民意即神意也。"巫命度材量工，築故址，為殿楹者五，深廣尺咫，維稱時丞錢君交叟曰：是烏無庭。庭在丞。庭而外有臺，臺之址與殿墀。鄉進士李君承統曰：是又烏無侑神樓。樓在統。樓之外又數武，為廟門，門列侍衛，則今鄉大夫萬公化成之。而督工落成，則陳尉際泰實朝夕以焉。事始於乙巳之臘，竣於丁未之冬。余因是有感於帝君之與民親而感之易，故成之易也。夫他邑之於帝廟，增葺而已，棟宇無恙也。丹雘而已，冕服如故也。乃封邑何如？第不知今日之廟，視昔時有加否？要以親帝靈而酹神貺，庶幾在是。故曰："帝如鐘鏞，遠邇攸同。"又曰："帝如日星，與天為經。"是當有不擇地，不擇人，不擇興廢，而赫聲濯靈如一日者。則是廟也，為封令之專祀可，為邑士民之公祀可。其於后稷、於吾夫子，亦輔車之輔，而支河之於海也。謹為記。

康熙六年。

（文見康熙《封邱縣志》卷九。王偉）

新建大王廟碑記

古董屠粹忠知縣

天地之大，無若水。治水之大，無若神禹。禹受命，司空其難，百於後世。然攽鎖支巫，祁帝命賚圭，豈非以禹欲疏則水聽疏，欲瀹則水聽瀹，欲決排則水聽決排，水若唯禹所使而不敢為虐，故神之也。是禹以神治水也。後世無聖人之德，而欲鮮所憑藉，挾知恃力，以與水衡，則亦妄而已。中州最患水，而封邑尤頻。今幸得保此蕞爾士女桑麻漸有起色者，果治之之力哉，亦神治之也於赫哉！

金龍大王之神，為烈於天下也久矣。忠宰是邑八載，隄防之患，無寐忘之。今戊申之夏，水流衝北，官民震恐。忠曰："此非人之事，而神之事也。"爰臨流叩首禱曰："是殆將重困吾民也。"令失德，罰在令。水何為？顧民或無良，罰亦宜令受之。水何為？治民者令，治水者神，敢不肅將俎豆以圖厥永。乃越宿簿報曰："水減尺矣。"再越日，輒又曰："減尺，若咫矣。"又曰："水歸中矣。"夫竭忠一人之思，何解民困，即竭民百萬之財力，亦何釋水怒。乃於叩首虔禱間，受命如響，豈真人治之力哉？神固有以治之也。遂於堤為廟焉，於鄉為廟焉。忠曰未也。令與廟遠，神弗協，安所告虔？復為廟於縣治西偏，相土鳩工，左顧而東祀關夫子，後擁而峙祀封父侯，而神龕之左，則奉命治水少保朱公位也。肇基於夏五，越月而僝功。時相而董正之則朱君之華，為丞維揚徐君玉衡，為簿陳君際泰，為尉與丞皆於越人。乃今而後，神庶幾永綏吉祉，奠我萬姓罔斁哉。於是，知上古聖人，身自為神，故水聽之。後世身不能為聖，而聽命於神，故水亦順之。即少保公在事幾十稔，亦無不於神昭格。故水安其位，民定厥居。種種寬仁雅飭遠邇，咸手加額曰"公真神人"云。使唐虞之司空而在，有不揖而進之哉？忠固知神之許公共妥乃位也。爰與同官偕縉紳先生、諸衿庶拜手稽首，頌曰：

湯湯河水，明明我神。籲之必感，祈罔不申。我封孔鼇，賴我神私。正直是與，神之聽之。厥德馨香，厥表孔揚。以死勤事，俎豆遹皇。顧瞻廟貌，樂只無疆。神具醉止，萬世悅康。頌竟，遂濡筆記之，垂諸永永。

康熙七年。

（文見康熙《封邱縣志》卷九。王偉）

百里公甘雨記

知縣王賜魁

康熙十七年歲次戊午，仲夏亢旱，田禾焦枯。魁司民牧，不勝深憂。於是月二十五日，步禱公祠，土人輿公遺像。曾不移時，大雨滂沱，環封霑足，三秋大熟，萬姓騰歡，皆神之功。謹約略鑴石，以傳不朽云。[1]

康熙十七年歲次戊午。

（文見康熙《封邱縣志》卷三《藝文·碑記》。王偉）

翟母祠記

知縣王賜魁

余讀《前志》，翟母封邱人也。漢高帝厄楚苦饑，母識漢主，饋簞食焉。迨帝業克成，欲酬之，母已去世矣，無以報。乃封塚立祠，歲時致祭，由來遠矣。舊祠前有井，相傳以為淘井得雨。前代朱令遇旱懇禱，果爾滂沱，其靈應不爽，有神異者。邑人徐圖等建祠以祀之，始知翟母載在祭典，垂諸簡冊，千百餘年，不愧血食。今廢久矣，殊可惜也。余忝宰平邱，畏壘重新於一日，俎豆復享夫千秋，敢曰乃妥乃寧，來格來歆哉。抑特以表賢母之故里，不至於湮沒已耳。

康熙十七年。

（文見康熙《封邱縣志》卷三《藝文·碑記》。王偉）

貞烈祠記

知縣王賜魁

予博稽載籍，獨高韓憑之息氏鴛塚，節烈膾炙今古。及承乏封邑，省耕至其故趾，每低徊不忍去。欲封植追崇焉，予素志也。戊午夏，舊尹屠給諫道經平邱，對予述息氏不置，適與予志大相契合也，乃為之立碣建祠，以謀享祀，敢云予章顯之，以妥氏靈哉！亦聊以

---

[1] 原注：勒石塚前。

使邑之人知萬古綱常，巾幗猶能存之也如此。

康熙十七年。

（文見康熙《封邱縣志》卷三《藝文·碑記》。王偉）

崇祀貞烈祠姓氏事實扁記

歲貢李大任

余披覽邑乘，知自古烈貞不止一人，皆足以流芳風世，動人景仰不盡之感。迨讀至戰國息氏異節奇踪，又不勝流連嘆羨云。息氏，迺宋康王舍人韓憑妻，封邱人也。息氏貌美。宋康王荒淫欲奪之，築青陵臺，朝夕覬望。息矢志弗受辱。康無道甚，竟執之，致息於臺上。俄而息氏墜臺死，懷中遺書曰："王利其生，不利其死，願以屍歸韓氏合葬焉。"康怒，令瘞兩處，不遂所欲，塚相望也。嗟乎！其事慘，其志堅，其操潔，亘古僅見，大有關於風教，信無愧乎人倫，但代遠事湮，而學士大夫及故老僉曰："其詳不可得而聞也。"余據封志，登扁額，使往來諸君子得以便閱而知其姓氏事實焉。誰謂非顯揚之一端耶。余思息氏懿行令名，雖前賢往哲題讚盈牘，然崇祀未舉，非所以慰貞魂也。今我侯王公於康熙十八年二月二十八日，偕學博李君會生、宋君作賓、丞魯君起、簿張君穎、尉陳君永固、庠士張君以恕等，仝詣廟所。我侯慨金石之銷沉，嘆孤芳之歇絕，於是，立祭封塚，聿新廟貌。息氏夫婦從此乃妥乃寧，永享血食未有艾日矣。抑以使後人過塚而興感，入廟而起敬。敦薄夫，勵澆俗，我侯之功德大矣哉！

康熙十八年。

（文見康熙《封邱縣志》卷三《藝文·碑記》。王偉）

重修封父亭記

知縣王賜魁

嘗考祀典所載，太上立德，其次立功，其次立言，此之謂三不朽。非是者泯然弗傳。封邑舊有封父亭，在縣治西。稽之邑乘，相傳為夏后氏世分茅胙土之侯也。塗山之會，執玉帛者萬國。侯膺符於封，亦猶乎杞之東婁，商之闕伯也。封人祝而祀之，歷三千七百餘年矣。祀典煌煌，迄今蓋謳思不置云。余以甲寅冬，涖任茲土，瞻拜封父祠。讀碑誌，知封邑經水患後，載之祀典諸祠，毀廢殊多。封父一亭，四明屠公粹忠重建聿新。越己未歲，秋雨彌月，棟宇傾頹，亭榭□涼□，所以崇侯功、報侯德，而妥以侑也。余因愴然，爰庀材鳩工，重為修建，丹臒焉，塗堊焉。庚申夏，告竣落成，祠宇巋然，亭臺煥然，綠柳依依然，流水潺潺然，較前之傾廢者，美哉輪焉！美哉奐焉！庶封之人於黍稷薦馨之餘，亦可以娛四時之樂，而縱遊觀也。封人咸進而頌之曰：煢煢者其楹，亭亭者其亭，封父不朽之名，自此而與天地同其無疆矣。余是欣然以誌。

康熙十八年。

（文見康熙《封邱縣志》卷三《藝文·碑記》。王偉）

重修明倫堂記

知縣王賜魁

竊嘗博覽輿圖，而知封之形勝，實有可觀云。大河環其南，岑巔峙其北，錦城烟柳，鬱鬱蔥蔥，亦中州一大會也。甲寅冬，予承乏茲土。值軍興旁午之際，閭閻告匱，生民阽厄。蒿目時艱，中心如惄，為之勸課農桑，休養撫循者數年，封之人稍得以寧息焉。迄今越六載，余乃於百廢漸興之後，重建學宮之明倫堂焉。是役也，始於庚申之春三月，竣於夏五月。邑之賢士大夫屬予為文以記之。予思夫唐虞盛時，后稷教稼，繼即以契明倫。越及三代，庠序學校，異名同實。歷漢、唐以迄於宋，考亭夫子始扁斯堂曰明倫。自元、明以來，凡天下之若郡縣若州衛，莫不有學焉，亦莫不有斯堂焉。明人倫以育真才，此考亭扁堂之深意也。閱封誌，堂之舊基，在大成殿後。兩經水患以來，棟宇淪胥。前之令斯邑者諸暨余公綰重建大成殿，四明屠公粹忠重建文昌閣、魁星樓、名宦祠，汶上岳公峯秀重建櫺星門、戟門、鄉賢祠，由草昧而漸文明，郁郁乎巍然可觀也。至於啟聖祠，東西兩廡，基址無存，則猶廢焉未舉也。因與學博先生李公會生、宋公作賓，率先鼓勵，輸資營建。戊午歲，告厥成功。因思明倫堂所關尤大，經營締造，安敢諉以未遑邪。爰捐資勸導，庀材鳩工，仍因舊址，高二仞，為楹五，丹臒塗塈，棟宇輝煌，歸然若魯靈光焉。若科第，若貢監，名列兩壁，煥乎人文之盛也。菁莪樸樕之化，蒸蒸然丕變一新，向之鞠為茂草者，今乃思樂泮水焉。斯堂之關於學宮者，顧不重哉！養廉恥以褫邪佞者在於斯，教齒讓而尊德行者在於斯。惟願登斯堂者，明五倫，講《六經》，溫柔敦厚而不流於愚，疏通知遠而不流於誣，恭儉莊敬而不流於煩，廣博易良而不流於奢，潔淨精微而不流於幽隱失真，比事屬詞而不流於毀譽無實，庶幾，教可振，行可興，人文蔚起，不自此而益盛邪！行見科第蟬聯，簪笏星耀，實於此堂始基之矣。爰貞諸石，以垂永久云。

康熙十九年。

（文見康熙《封邱縣志》卷七《藝文·碑記》。王偉）

顯考亮公府君妣蔡太君合葬墓誌

我父歲貢生，諱作哲，字亮公。先大父子育公之長子也。兄弟三人，行一。生於順治二年乙酉閏六月二十六日未時，卒於康熙四十一年壬午十一月十八日亥時，享年五十八歲。先我母捐館二十有四年。已於四十五年十一月二十八日安厝薛家庄之祖塋。蒙翰林院檢討子未孫先生賜之琬琰，刻有誌銘，未及鑴石。不幸我母於前歲見背，淹柩在堂一載有餘。今卜於雍正五年八月十九日舉我母柩與吾父合葬，勒石誌墓，以垂永久焉。我母蔡氏，祥邑巨族，世居蔡家頂，庠生蔡公諱之蕃之季女也。嬪於我父，生子二：長即不孝訢，太學生，候選州同。娶廩貢生吳公諱琬長女。次註，國學生，娶滑縣庠生于公緒哲三女。女二：一適邑庠生李橋，次適封邱縣國學生王崑。孫男四：橋偉，娶封邱縣貢生原任淅川縣教諭樊錞四女，訢出。橋佐，聘封邱縣戊子科武舉趙大奎長女。橋侃、橋質，幼未聘。俱註出。孫女四：一適封邱縣太學生孫亮長男岱，訢出。一適封邱縣太學生李元介次男旭。一字國學生宋天滋男思恭。俱註出。曾孫一，至寶，幼未聘，橋偉出。我母生於順治元年甲申九月二十四日酉時，卒於雍正四年丙午二月初四日午時，享年八十三歲。謹和淚舒腕，更為攄實敘述，鑴石誌墓云。

不孝男訢、註同泣血勒石。

雍正四年二月。

（拓片存河南省文物考古研究所。李秀萍）

重修儒學工程碑記

朴懷寶知縣

　　封居大河之濱，嵩岳亘其西，扶輿磅礴之氣，毓秀鍾英。士之產其間者，多磊落不羣。名公碩輔，表儀斯世者，又纍纍先後相望。雖山川之鍾靈使然，抑學校之培養有自也。余己酉冬，祇謁學宮，覘廟中之規制，尚多缺嚳未備者，會商羣公而修葺之。壬子孟夏，厥工落成，邑之搢紳學士咸聞記於余。余避席以謝曰："是役也，既非經營締造之大，又無丹楹刻桷之華，但圮者起之，缺者補之，黯者新之已爾。而協謀允臧者，學師、寅僚、士紳之力也。欣然樂輸，共襄厥事者，盡諸公之功也。恢宏壯麗，踵事增華，又有待夫後之繼起君子也。余一人何有焉？余敢為之記乎？"繼而諸君子復進曰："封有學宮，歲月積漸，久多殘缺矣。向之緩於修理者，緣鼎建城垣，頻年工役繁興，未遑兼顧。公前所作倡修疏，已悉其大概。今之不能已於請者，公來攝封事，正值嘉平，日為改歲，兵刑錢谷諸規劃，未及釐舉，首以學校為重。況公之履斯土也，清風兩袖，車中唯琴鶴畫書相與攜隨，迺慨捐廉俸，修我封庠，烏能默默乎？"余固辭弗獲。竊曰：學校為聖天子興賢育才之地，各上台化普菁莪，飾修瞽泮，任其因陋就簡，抱殘守缺，可乎？今既風雨除而苞基固，榱桷挺而櫺牖新，歲時行禮於其中，履登殿庭，則重門洞開，會啟心迪性之功焉。從事廊廡則八窗豁達，悟弘通肆應之學焉。樓閣崢嶸，文運奎光，允叶休明矣。祠宇煥采，巍科巨卿，蟬聯鵲起矣。不甯惟是，士之游習於斯者，羣趨高明正大之途；潛修於斯者，相安義路禮門之域。詎必登闕里之堂，覩車服禮器，始深高山仰止之思耶！余僻處鄰封，藉手以報，匪特俾外觀者欽其崇閎，升堂者嘆其美備已也。諸君子不以余言為譾陋，因不揣而記之。

雍正十一年。

（碑存封丘縣孔子廟，文見民國《封邱縣續志》卷二十六《文徵》。王偉）

重修儒學碑記

曾興柱

自古庠序學校之設，非王政之本歟。凡釋奠菜，習鄉射，執醬酳，以至獻馘獻囚，悉舉於學。士之入其門者，敦人倫，端學術，藏修息游，與夫俎豆筐篚之詳其典禮，咏歌擊柎之備，其聲容於以優游而陶淑之，德行道藝以賓興之，歷萬世而不廢。其為地至嚴且肅，倘風雨剝其隅，霜露降於席，其何以妥至聖之靈爽，而展明禋祀，重道統乎？

封邱文廟創於唐之武德年間，修於元至正、明洪武至國朝順治十五年，知縣事余繽重葺，規制始備，邑志可考。厥後無聞焉。迄今歷百餘年，地勢窪下，積潦瀰漫，宮牆傾圮，棟宇摧殘，其遺址雜於荒煙蔓草中，幾不可復識矣！興柱於乾隆十七年承乏茲土，目擊心傷，曰此有司之責也。特以補葺易為功，而創建難為力。時值水患之餘，螟螣為害，日久靡遑。至十八年，復被黃水，賑恤孔殷，則其為民謀衣食而庇室家者，心力幾無餘暇。迨甲戌歲，年穀豐熟，民人樂業，爰集闔邑紳士，諭以讀書志道，必思本源。今廟貌摧頹，及今不修，後欲訪絃歌之地，展禋祀之禮，幾幾乎不知所向。茲者先捐俸以為倡率，諸紳士及里民咸踴躍樂輸，爰擇紳士中之殷實老成者綜理之。凡捐輸銀兩，即交司事登簿支給。于是，鳩工（庇）［庀］材，所有石甓土木，一切佈置完備，而不令其枯窳。興柱及教諭殷杲督捕雇役察閱而董率之。先將大成殿拆修，次及崇聖祠及東西兩廡、明倫堂、敬一亭、戟門、欞星門、泮池、奎星樓、文昌閣，又次及忠孝、節烈、鄉賢、名宦各祠，基址各培高數尺，以避卑濕。木石易新，以期堅久。先師栗主整理莊嚴。啟聖王五代並四配十哲先賢先儒木主百餘，逐加整理，煥然一新。自十九年九月十一日經始，至本年十二月初一日落成。除舊料留應用外，新添物料計用大小磚三十六萬二千四百餘個，雜色瓦六萬三千五百餘個，石條二百五十餘件，石灰七萬一千餘觔，泥土八十餘車，油漆顏料一百餘觔，各色工匠九千二百餘工，統計用料價工匠費等銀一千五百餘兩。自是巍峩璀璨，誠敬聿昭，不特觀瞻之肅已也。興柱祗謁之餘，偕司教諸公進儒生而告之曰：聖天子崇學重道，各憲樂育人材，多士躬逢其盛，務實行，黜浮靡，履其地而興車服之思，沐其風而動羹牆之慕。雲蔚霞蒸，為世黼黻，胥于是兆之矣。爰于禮器禮儀俟考核詳確，次第修明，竊有志焉，未敢置也。爰撫其顛末，石誌之，以示夫後之欲考其梗概者。

乾隆十九年。

（碑存封丘縣孔子廟，文見民國《封邱縣續志》卷二十六《文徵》。王偉）

創建主簿衙署碑記

　　歲庚辰，余承乏封邱主簿，奉職奔走，苦無公廨。舊署在縣之右，今其基趾無存。歷任諸公，咸勞勞無定宇。余相度形勢，得地於古黃池，一名鳳凰池，在大堤岸北，即清勅封將軍黨公諱得住建功之地也。昔年水池深數十丈，黿鼉海馬出沒其中。茲慶安瀾者數十年。堤根堅固，樹木暢茂，視昔日之氣象固不侔矣。余捐資購料，敬詞申請各官，借廉俸，估工繕房，共六十餘間。外有棗、梨、桃、杏千餘棵滋生環繞。池之西灘為官柳園，並溝葦四頃有奇，非惟以蔽風雨，尤足以恣眺望。始事於乾隆二十六年，至乾隆三十二年，各工乃竣。夫余之為是謀也，豈以自安也哉！官之有廨，所以慎職守也，而據險扼要亦於是乎在。爰勒石以記，使夫後世之官是土者，審厥由來，知黨將軍之功之不可沒，相與踵事而歲修之，是則余區區剏建之志也夫。是為記。

　　乾隆二十五年主簿江□立。

（碑存封丘縣南河堤十五堡舊署地，文見民國《封邱縣續志》卷二十六《文徵》。王偉）

重修封父亭碑記

　　侯于鄭

　　國家隆重祀典，所以揚前休以垂後範，其為教化計，至深且遠也。余涖任茲邑，察諸祀典所載，封父居其一。詢其祠廟，舊在關帝廟西北隅，名曰封父亭，久被湮沒，遺址盡成水區，將何以崇侯功，報侯德，而以妥以侑耶！因稽邑乘，相傳為夏侯氏封茅胙土之侯，其深仁厚澤之及於民者，當時應被其鴻恩，是以歲時伏臘而俎豆之也。考其年歲，迄今不知幾千百年矣。而人心之感慕，不諼不諳離黍興思焉。余慨然興復，捐俸倡首，勸募士民樂輸資財，遷其祠於關帝廟之右，建修正殿三楹，拜殿三楹。丹臒塗堊，精彩盡致。是舉也，仰慕侯德，俯順人情，恐久而就湮，封父之明德宏功，將掩沒而不傳也。是為記。

　　乾隆三十七年立。

（文見民國《封邱縣續志》卷二十六《文徵》。王偉）

重修使君百里公塚塋碑記

　　葨建星

　　昔者厲山氏之有天下也，其子曰農，能殖百穀，故祀以為稷。共工氏之霸九州也，其子曰后土，能平九州，故祀以為社。因以見後世之神皆前代之人，凡生有忠於國，死有利於民者，往往建廟奉祀俎豆而馨香之。蓋有德必有報，自在人心，非偶然也。縣之東北五里許有使君廟，由來舊矣。其廟址即公塚塋。考諸邑乘，公為東漢徐州刺史，每歲旱，車轍所經即雨。徐人感其德，至今猶有遺祀焉。吾封為公桑梓鄉，塚前建祠，凡有所禱，無不靈應如響。蓋其精誠所結，猶不忘乎故土也。但年深日永，神塚幾與平地等。子實李君、峻嶺賈君，善士也，每当展拜之下，不勝惻然。因約諸善信各捐貲財，共得若干金，砌以磚石，環以牆垣，建立端門，不數月而大工告竣。自是而不騫不崩亦孔之固，神有幽冥之安，人益獲默佑之福矣。事起於嘉慶二年閏六月望日，功成於嘉慶三年二月二十九日。因援筆而誌之。

嘉慶三年孟夏上浣。

（碑存封丘縣廟崗使君墓前，文見民國《封邱縣續志》卷二十六《文徵》。王偉）

河南衡家樓新建河神廟碑記[1]

清仁宗

　　黃河發源崑崙，東流入於甘、陝，出三門底柱之險，至於孟津，遂浩浩蕩蕩以達於海。其性挾沙，易於壅積。有壅積之害，則難免潰決之患。本朝百數十年以來，遭水患者屢矣，莫不發帑堵築。雖用民力，即可賑恤，實一舉而數善備。舍此豈有良法哉？予小子敬承大業，恪守成規，嘗恭讀皇考聖製文云：河工關係民命，未深知而謬定之庸碌者，惟遵旨而謬行之，其害可勝言哉！煌煌聖訓，實子子孫孫所應遵守。歲癸亥九月，已逾秋汛，方盼安瀾之奏，忽驚河臣秸承志飛章入告，河北岸衡家樓汛，大河奪溜，於十三日衝決堤身。數日之間，陸續塌寬竟至五百餘丈，河流直注大名所屬长垣等三州縣，遂入山東省，抵張秋鎮，橫穿運道，下匯鹽河，由利津入海。此實予之不德，上干天和，以致大變。然徒戰競失措，於事奚益！亟命侍郎那彥寶馳赴工次，總辦堵築事宜。仍命巡撫馬慧裕、總河秸承志襄辦，鳩工集料，協濟帑金不下壹萬兩，賑恤難民，同時並舉。直隸則命藩司瞻柱徧施大賑，山東則命尚書費淳、同巡撫鐵保督辦運道安民諸務。幸諸臣協力同心，敬勤不懈，使民受實惠而少流離，運道疏通而鮮阻滯。於十月初三日興工遵辦，晝夜無停。感昊慈垂佑，隆冬冰薄，全消沍凍，人力易施，又兼引河得勢，計日可藏鉅工。河之初決也，予心焦急不得善策。乃迸廷臣詢訪咨諏，以收集思廣益之效。諸大臣各抒嘉猷入告，俱隨時指示，徧加採納。亦有謂河北徙委之气數，乃禹治水之故道，聽其自流，不必堵築，予心不以為是，豈有舍數百萬人民田產盧舍付之洪流？況七省漕運要道，尤為國家大計，若輕議更張，是自貽伊戚非至愚者不為也。當更張而不更張，固為失算。若不必更張而妄為，其害更甚。治河如聚訟，於茲益信矣！河決在衡家樓北岸，集夫鳩料，築堤埽，開引渠，搴茭下埽，疊壩刷沙，工鉅用繁，恐未能必成。自興工後，咸沐河神庇護，毫無阻滯，日有

---

[1] 民國《封邱縣續志》注：此碑有二，一漢文，一滿文。東西並峙，現俱存。

進益。北岸施工倍難，況大河全移，非漫溢分溜可比。設冬令嚴寒，不能興築，春汛漲發盛滿堪虞，則合龍必遲。漕運有阻，所繫綦重。茲於二月下旬，費淳、鐵保奏報，南糧首幫全渡張秋漫口，連檣北上，是運道無虞，靜俟合龍佳信矣。忽於三月三日，警聞東壩墊陷三十餘丈，恐懼寸忱，宵旰莫釋。續據那彥寶等具奏搶護平妥，引河通暢，仍可望日內合龍。夫成敗樞機，總由天眷。感懼之誠彌增，敬慎之念益切，唯俟河復民安，稍贖予咎耳。自是遷徙無定，又趨西壩。諸臣盡力督辦，中旬以後，河流漸歸引河。至二十二日，金門挂纜，進埽斷流，亥時合龍，全河復歸故道。予敬感天恩深厚，祖考默佑，使百萬生民咸登衽席，七省漕運仍歸天庾，皆沐河神垂庇。《記》云：禦災捍患則祀之。敬命擇地建廟，卜吉興工，春秋致祭。庶伸感謝寸誠，永慶安瀾，波恬軌順，與臣民同沐鴻慈，曷其有極哉！夫以五萬餘丈之鉅工，況值沙浮地凍之候，三冬氣暖，不日而成。雖稍有墊陷，而旋轉甚速，上蒼昭格，如在其上，甚可畏也。予寅承大寶，益疊敬勤虔惕之懷，文不能述，謹泐豐碑，用紀實事。是為記。

嘉慶九年建立。

（文見民國《封邱縣續志》卷二十六《文徵》。王偉）

重修青陵台貞烈祠碑記

《易》曰："恆其德貞。"又曰："婦人之道從一而終。"蓋婦者，從夫者也。常則以順為正，變則苦節能貞。至於不以富貴攖其心，不以生死渝其守，從容赴義，慷慨捐軀，則戰國息氏之節，為尤足以扶綱常而維風化。息氏之事，《一統志》、《九域志》，以及《古樂府》、《古詩歸》，所載甚詳。余博稽古蹟，景仰遺徽，即未嘗不慨然嘆，肅然敬。丙寅夏，承乏茲邑，政餘披閱縣志，又得諸父老傳聞，益有以得其顛末，固不獨烏鵲雙飛之曲，而知其心之堅。讀其雨淫淫之詞，而知其志之決。讀利其生不利其死之書，而知其同室同穴，情篤而摯也。息氏塚並青陵台仕邑東北郊，陵谷變易，金石銷沉，台之故墟與鴛鴦塚連理樹皆無可復考。弔古者每低徊久之。康熙十八年，邑令王公慨然有顯揚之志，為之立祠崇祀，於是，息氏之節愈彰，而緬息氏之遺風者，益有所觀感而興起。百餘年來，漸就傾圮。邑紳魏皀、王國柱等，復醵資而重新之，因以請序于予。余維青陵一事，諸書志之，邑乘載之，名公巨卿又復歌詠而傳記之。則息氏之苦節，不自余而彰，亦不必藉余而傳，特以發潛德之幽光，垂令名於不朽。而因以扶綱常、維風化者，守土之責也，遂援筆而為之記。

賜進士第知封邱縣事加三級記錄五次齊承慶撰。

嘉慶十一年歲次丙寅仲冬。

（文見民國《封邱縣續志》卷二十六《文徵》。王偉）

松亭高司馬墓誌銘

李蓮

　　吾友松亭司馬卒後之明年正月，其弟軼三，歲貢，遣力專函來京。據云先兄自川沙移病旋里，客歲五月，倉卒以卒。今日月有時，將葬矣，丐一言以光泉壤。奈敦姪用毀危，故繼沒孫錦榮等，童駿無似傑藥餌餘生，此情何極。捧讀之下，泫然不知涕之無從也已。乃曰以松亭學行循聲，銘誌不備，舊遊與有責焉，其何敢辭？

　　松亭姓高氏，諱伯揚，字紹休，號松亭。家弟南耕，丁酉同年，世居封邱。封故隸開封，後改屬衛輝。曾祖考諱能，字漢儒，太學生，例贈儒林郎。妣氏賈，繼氏王、氏陳，例贈安人。祖考諱大知，字哲生，增廣生，貤贈文林郎，晉封奉政大夫。妣氏王，貤贈孺人，晉封宜人。考諱攀龍，字叔健，候選州同知，勅贈文林郎，晉封奉政大夫。妣氏馮，繼氏楊，勅贈孺人，晉封宜人。昆季五人：松亭為之長；次軼三伯傑，歲貢；次鶴村伯齡，廩貢，任汝州訓導；次瑞亭伯祥，武庠，衛千總，候選，先卒；次丹崖桂五，附貢，布經、候選。娶丁氏，太學生魯玉公女。男一，敦培，辛酉科拔貢，試用教諭，客歲六月卒。女一，適張氏，守己武庠。孫四：錦榮、涵、濤、燦。松亭少精敏，弱冠遊庠序，舉業步趨先民，曰："利鈍所不敢知，而為之自我者，當如是耳。"乙未，歲試，授知於武進莊方畊先生，冠曹補餼。課藝大梁時，省垣肄業多名下士，而院長桐城張檣亭先生獨為器重，曰桃李何如松柏。

　　丁酉，獲選拔，朝考，補正藍旗覺羅教習。宗學為儲才近地。英年奇傑，觸目琳瑯。襄事經藝餘暇，必取前代奇功偉烈有關大義者，口陳指畫，期遠到今。詣其地，猶相與稱松亭先生不絕而已，亦借以延覽博訪國典朝章，與夫士俗民情，無不熟悉。故其後一膺民社，遊刃有餘，蓋無地非學矣。報滿，用縣發江蘇，初署川沙同知兼松江管糧通判。松江固水鄉，而茅湖一帶，更為巨浸，稌產、蘆荻、葦茭、蒲茅之屬，茫無津涯。居民往往畛畦搆訟，歷不能決。一日，奉委查訊，距其地二里而近，瞥見小艇載金刃他器，鱗次排列，而伏戎於莽者，更出沒隱見不可測。僕從恐有激變，即毅然徑前進。兩造曰：何乃以身試法。今與若約限五日內投案對質，不平不允，長吏之過也。聽上控必蜂雜蟻屯，一有事草薙禽獮矣。衆皆俛首帖耳，日懇如約至。即為批窾導卻紛孥犀解，無不歡呼，稱神明而去。再署蘇州海防同知及儀徵，卸事後，商民攀轅祖餞。制府書聞之曰："公何修得此？"曰："余亦未敢自信。不過不索陋規耳。"制府喜謂同列曰："吏不當如是耶！"嗣改上元，丁外艱以去。丙辰，服闋，發原省署荊溪，撫軍岳以挑挖猪波稱善，補陽湖兼攝武進。江左佳麗，其五日龍舟競渡，歷代傳為盛事。然人多語嚨，積弊時有，銳意勸諭禁止。未及，而諸少年分曹搆隙，洶湧雜沓。時恐興大獄，即馳救。已掛彈章，幸無事。蒙睿鑒，降二級，示薄罰。則其卓有先見，與大憲之毫無瞻徇，可謂各供乃職，而聖恩優渥矣！

癸亥，調宿遷，嗣因陽湖經徵錢糧三年全完，題陞川沙同知。川沙新改，撫民諸凡草創，一切善後事宜，必求完善，慰貼不到，耗公累民，以杜將來弊竇。惜力疾視事未免怔忡，往往不寢食者累日。因嘆曰："遊子思故鄉。"即呈請解任。調理時，各憲及共事諸公慰留數四。泣曰："第視吾經手帑項有無空缺，足承關汶矣。"憲感其誠，給咨回籍。未三年而遂卒。悲夫！跡其一生，清苦自勵，雖仕籍二十餘年，而操守如一日，所至，見吏役門印中，有鮮衣怒馬者，立斥以去。尤嗜學，能見其大。其在宿遷也，星使旁午，驛馬強半垂斃，又地瘠民貧多額，孔經手即減從，計口給食，餘廉俸以補實之，蓋幾乎數米而炊，窘乏不能自存，而處之怡然無難色。其他歷任部署，無不皆然。

丙寅，引見來京，旅邸小飲。視其起居用度，泊乎老諸生也。語及外任甘苦曰："謹飭足矣。"酒酣，談鋒競起，曰："薄宦所羈，不事場屋者二十年矣。然技癢間作，所謂每飯未嘗不在鉅鹿，或以潘黃門賦數篇索解，即為疏證詳確，曰卑靡不足學，迴顧牀頭有茅氏鹿門編次八家文集，即亂抽得昌黎《禘祫議》、柳州《饗軍堂劍門銘》等篇，背誦沫流，矢口數行，已令各書史事，如唐牛、李、宋三黨，以及勝國東林之類於小紙，為圖堆几上，信探遺忘者浮衆，皆支吾屢北，而任舉一事，無不枚舉顛末，並其事非得失之所以然，鑿鑿言之。以是知其深沉韜晦，不大醉不盡吐也。其去年四月，赴汝州學署，意以各官一方，覿面為難。幸放閑得數日聚首，同懷晚景，為之嗚咽。豈意分袂未幾，竟成永訣乎！而一二事可以傳矣，公其勿憾。

公生於乾隆九年八月十三日，卒於嘉慶十五年五月十五日，年六十有七。以次年閏三月初七日葬於沙岡里北祖塋。友人李蘧為之銘。男辛酉選拔貢生石夫敦培，以昭穆祔焉。銘曰：

馬鬣四尺兮草紛苔青，有道豐碑兮惟吾德馨。白楊蕭蕭兮遙識典型，桂漿蘭糈兮後嗣以甯。

嘉慶十六年閏三月。

（文見民國《封邱縣續志》卷二十六《文徵》。王偉）

奉令豁免車馬雜派差徭碑記

邑人清廩生陳允中

伊古取民之制不一，惟唐初租庸調行之最久而無弊。租即《孟子》所謂粟米之征也，調即《孟子》所謂布縷之征也，庸即《孟子》所謂力役之征也。君子用其一，緩其二，傳有明訓矣。自後世，變本色而為折色，而布縷、力役兩征，早並于粟米之中矣。既並之，則征粟米即不宜，更征布縷與力役矣。奈何布縷無征，而力役仍征也？今之車馬雜派，力役之一端也。力役既不宜征，則車馬雜派之不宜征，益明矣。不宜征而征之，民已不堪其苦。況征之時，復不別其土地之肥瘦而一概征之，民其何以為生也？吾封地濱大河，屢屢決口，平土變為沙磧，和寨諸村為害又鉅。是以與鄰沙辛口八社，公為縣稟於乾隆五十六年，奉上部發豁除粮十分之二。至雜派差徭，業蒙縣長陳公一概豁免。奈何日後車馬差徭竟與不被災之區一例同派，雖有免役之名，仍受差徭之累。監生齊可法、生員李員惻然憫之，公議懇禀於嘉慶二十年十二月十九日，復蒙縣長全公批准，遵照舊章。前時受其累者，今則蒙其福矣。然諸社紳耆猶恐事之久而就湮也，擬勒諸石，丐余作文以記之。故援筆原其始末，而書之如此。

時嘉慶二十一年暮春上浣也。

（文見民國《封邱縣續志》卷二十六《文徵》。王偉）

新建封邱汛衙署碑記

封邱，古封父國。南臨大河，地當衝要，舊設城守把總一員，隸衛輝營。洎癸酉滑匪滋事，上台以毗連之考城，縣界兩省，舊有營弁，不足彈壓，於道光二年，奏設考城營遊擊、守備各一員，戰步四百名，撥歸撫標，而以封邱汛隸焉。今把總李君國全蒞任之始，詢所謂官署者，久經廢沒，莫詳其處，僦居廟舍，於今二十稔。旋奉添撥考城營兵十八名，棲止乏所，相與籌慮者屢矣。歲癸未，塤來治封邱，以新設營員衙署估請建。蓋奉大中丞新安公程奏准，給帑興建。教場、營署、墩台、兵房等工次第創舉。而封邱汛僅估建望墩二處，把總衙署係舊設之汛，格於例，不便重估。乃商之遊戎彭公永告、武備曹公三畏，曰："兵既奉撥，則所為兵房者，亦宜隨地建造。"於是，聯銜請于中丞，奉批以考城營兵房十八間撥蓋封邱汛地，仍命塤一手經理，工竣以聞。惟詳度縣城鮮有隙地，且鳩工庀材，曠日遲久。乃以請建之項，囑李君擇民舍之堅固可久者，得於縣西門內閒市房一所，計屋三十七楹，完好無恙，倍於原估之數，因並地基契買，署為修整，以作官署，其餘俾兵丁止宿焉。既訖工，李君來告，囑為記始末，以告後之蒞斯土者毋俾斯壞。是為序。

賜進士出身知封邱縣事黃塤撰文。

道光五年歲次己酉孟夏中浣穀旦。

（文見民國《封邱縣續志》卷二十六《文徵》。王偉）

重修旺龍庵碑記

郭廷翊

作無益害有益，莫甚於修廟，何則？神之在祀典者，國家自有常祭，其不在祀典者，皆淫祀也。《禮》云："士一廟，庶人祭於寢，皆謂祀其先耳，他何與焉。"潭村有廟，曰旺龍庵，其所祀神則有玉皇、泰山、斗母、王母、南海大士、三仙、灶君、韋馱諸名號，歲久將圮。戊子秋，許君與里中諸父老，謀葺而新之。功既竣，以碑屬余。竊維天地之祀，泰山之祀，南海灶君之祀，皆非民間所得與，其餘若斗母，若王母，與夫三仙、韋馱之神，其與祀典，果居何等，余固弗能深考也。而廟而祀之者，所在競趨焉。雖勞力耗財不止，是果何如哉？蓋愚賤無知，第以為食其德則宜伸其報，蒙其福則必獻其忱。凡諸所祀，皆謂其有功德於民不能忘焉，其即分所不當祀者，亦欲以伸其報答之私，而他實無所知焉。《書》曰："惇宗將禮成秩。"無文祀典之，或在或不在，姑置勿問可也。大抵閭巷小民之所為，其心則是，而其事未必盡是。雖聖王固有不米鹽苛之者，但使人人能矢此事神之心以事親，則不敢忘其生我之恩，以事師則不敢忘其教我之恩，以事君則不敢忘其食我之恩推之，凡所受恩之處，雖一飯亦不忘焉，則人人皆孝子、忠臣、仁人、義士矣。豈復有背死忘生、辜恩負德者哉？是則許君輩倡導之意，四方布施之功，亦未為無益矣。余乃書此，付而勒諸石，俾修廟祀神者曉然知事人之道，不後於此也。

道光八年。

（文見民國《封邱縣續志》卷二十六《文徵》。王偉）

重修龍王廟碑記

高國寶

吾村西隅舊有龍王祠，而土地司福陪饗左右，春祈秋報，村之人咸奔走焉。顧其地狹，其制儉，不足以妥神靈而壯觀瞻。嘉慶十一年，村人李公名紹祖者，首發善念，糾合村人士及四方親友各捐貲財，恢而廣之。為拜殿三間，抱廈稱之。刻桷丹楹，極金碧輝煌之美。迄今三十餘年，而風剝日蝕，漸就頹敗。廟貌不存，靈爽何依？李公懼其久而遂沒也，不憚煩艱，勸捐修葺，使前功不隳。吾村人士及四方親友，嘉其為善之誠，老而不倦。於是，傾囊倒篋，施無吝色，庀材鳩功，三閱月而落成。其規模之宏敞，丹朱之炫麗，較前之重修有溢美，以視舊制之狹且儉者，其相去倍蓰矣。可以壯觀瞻，即可以妥神靈，使後之人奔走於其下者，羣欣然幸神之得所凭依。而吾儕小民亦各以遂其祈報之私，而邀神庇於無窮，不可謂非善舉也。工既竣，求予記其事。是年，自春徂夏，彌月不雨，予方搦管構思，俄而迅雷疾風，大雨傾注。豈事之適然相值乎？抑神之因示靈應以堅人之信耶！故併識之，以為後世之好善者勸。是為記。

道光二十年庚子夏六月立。

（文見民國《封邱縣續志》卷二十六《文徵》。王偉）

壩臺義地碑記

黃贊湯

嗟呼！閭里兼併之豪，詎甘心於朽骨草澤椎埋之黨，庸殖利於哀邱，顧乃私擅犁田，詭謀竊壤，將使新鬼故鬼各抱煩冤，長殤下殤，終歸暴露。生丁夭札，卒遘凶矜。天道有知，久必加之冥報。王章具在，焉能逭其典刑？人之無良，伊可畏也。緬維道光二十七年，兩河告歉，旱魃橫行，百室仳離，流民徧繪，道殣相望，溝瘠難蘇。封邱二壩之間，又積骨成莽焉。管河邑丞某暨署賢士夫，救患卹災，慨敦古處埋胔掩骼，聿準《禮經》，爰自堤基以北，迄乎丞署左右，東界大工步道，西界壩台步道，規地為域，計地二十畝有奇。共此一壙，攸分百族。死難同穴，何防區處之嫌？歿亦吾胞，各致全歸之義！其有未殯未化，委蛻猶存者，固為特築幽宮，無憂異物。或軀壳不屬，僅正首邱；或支節偏枯，惟餘骨立；或失其瘠背而髀肉皆消；或放厥官骸而皮囊現存；或冥遭刖禍，下體無遺；或怪類刑天，飛頭莫續；或斷山魈之一足，或橫長狄之奇肱；蟲臂鼠肝，或變本來之像；蛇蚹蜩甲，或留尺寸之膚，靡不慘動，析骸累桯，區舁澤臻，肉骨蓬顆分藏，招醜於蠅蚋之羣，奪食於鳥鳶之口。禁採樵者五十里，分難比於魯賢；瘞亭葬之百餘棺，功實超乎漢吏。蓋是役既竣，為塚六七百數。雖畧加封樹，而望之崇如。維時建碑記凡五，以誌事之原起，並為義塚，上告有司丞署，文書固彰彰可考也。乃閱時蓁久，遂有附近編民，同知鬱約，始則私分茅土，隱揚陸海之波，繼且擅改桑田，潛易山邱之局，如掘草煮鹽及平塚地為田諸弊，往往而有。徇利極乎壟斷，趣畔至於屍骸。本殊夏屋之封，何堪日消？試聽秋墳之哭，奈彼宵深。固陋俗之宜懲，亦當官之不察。余周視宣防，博詢疾苦，惡發邱之有漸，憫守塚之不嚴，久抱痌瘝，亟謀申畫。適據官紳等請頒厲禁，俾護叢鄉，副我初衷。嘉斯美尚，爰捐俸賜，藉助興修。懸桁楊以詰奸人，區畛域以符舊址。復飭主簿李恩榮、千夫長李錫三互相檢校，毋任侵踰。慕陳廣漢之敕捏，俱寥恆口；溯宋影城之改卜，無取重勞，亦既轉廢為興，慎終如始矣。第恐良法美意久而易渝，仁術惠心後將不繼。計安黃壤，永悶青燐。時會俄遷，隄防必豫。是用銘諸貞石，昭告來茲，務留三尺之崇，勿縱一坏之盜。庶幾魂遊蒿里，免滋大厲之陸梁；地近松廡，長賴在官之調護云爾。

同治元年歲在壬戌季春之月。

督河使者廬陵黃贊湯記[1]

（文見民國《封邱縣續志》卷二十六《文徵》。王偉）

河南巡撫部院鄭批准封邱縣非驛路正站往來差使概不准繞至封城更換車馬碑[2]

【額題】為民除害

查汴省驛站，北有延津縣之廩延驛，南有祥符縣之大梁驛，此亙古額設之程途。逮自

---

[1] 民國《封邱縣續志》加按：右文錄自碑。碑向在義地旁立。今顙臥道左，字跡漫漶，幾不可識。贊湯，字莘農，道光進士。屢典文衡，號能得士。時任督河使者。

[2] 原碑勒石於封丘縣西門外路北濟瀆廟前。民國二十四年，該廟地基變為民有，以此碑有礙交通，乃就故處仆而掩之。

我朝順治年間，經前巡撫賈奏定，郵政凡公文摺報、人犯餉鞘、兵差軍裝，以及輿蓋往來，皆由延津遞送祥符，並於柳園口製備船隻濟渡官差。延、祥兩縣每年有支銷夫馬工料銀兩，不准繞道無驛之封邱，妄行扳累。至於柳園口，雖有不能靠岸之時，然上鄰黑堽口，下鄰辛店口，上下三十餘里，皆柳園口地界，豈盡不能得涯？且此數處河口，至省多則九十餘里，少則七十餘里，可以朝發夕至。即或偶遇風雪，一日不能遞達，中間董家堤有官店飯舖，延、祥兩縣向於此處設立腰撥，亦可作為尖宿之所，可謂法良而意美矣。故自清初迄今二百餘年，河口屢移，總不出此三十餘里之內，絕未聞有下移陳橋之說。

詎知咸豐三年，河口、堽頭及過載行等，因陳橋口便於攬載貨物，欺瞞上憲，捏言柳園口不能靠岸，將口下移陳橋，朋奸漁利。而延津巧避官差，藉詞河口遷徙，至省一百五六十里，一日不能遞達，僅送封邱四十五里，即欲交替更換車馬。河口地界非封邱所屬，無奈伊何？但河口下移陳橋，其害有不可勝言者。不惟路途繞遠，河面寬闊，且均係河灘荒僻之地，村落稀少，往來行旅差使無不受其苦累。倘有不虞，誰任其咎？況時遭多故，奉調征兵，恨不兼程前進，救斯民於水火。乃本係一站路程分作兩站行走，舍近求遠，其意何居？封邱濱河小邑，地瘠民貧，忽以無驛之縣支有驛之差，民命何堪？上違國典，下害民生，豈非該堽頭水手擅移河口階之屬哉！自咸豐三年以來，封邱窮民一聞差至，無不魂膽俱消，愁苦之聲，遍於鄉里。幸我駱公印文光於咸豐十年蒞任，軫念民瘼，將苦累情形備細上達。至同治元年閏八月初九日，蒙巡撫部院鄭批准，歸復舊章，無論河口遠近，不准繞道封邱。此固上憲之鴻恩，實我駱公之德澤也。恐以後堽頭仍復朦官舞弊，下移河口，頓改舊章，因謹錄原稟批札，鳩工勒石，並敘其顛末，昭示來茲。

案奉本府憲轉蒙臬憲札，開奉撫憲批，據封邱縣稟，延津不遵定章，仍將差使送至卑縣，請申明定例，嚴飭遵辦稟由。蒙批，查此案甫於上年冬間批司飭府核議查明，封邱本非有驛之縣，詳請嗣後北來車馬差務，由延津遞送祥符交替，以正驛路。倘必須繞道住宿封邱城內，則封邱有管轄之責，由延、祥兩縣先期知會封邱預備公館，派差保、更夫一體伺護，所有車馬仍應有驛延、祥兩縣支應，不得派累無驛之封邱，以免偏累而斷葛藤。至柳園口，既可設渡，請飭祥符縣諭令堽頭提集渡船，伺送歸於正站，以符定例。當經批司轉飭永遠遵辦在案。迄今方逾半載，官未更易，延津縣徐令豈未接奉行知，仍於南來一切人犯餉鞘，以及兵差、軍裝等項差務，仍行送至封邱交替，實為衹知利己，有意違抗。本應即於糾參，姑念從寬。仰按察司立即行府，嚴行申飭，勒令遵照前議，妥為辦理。倘再不遵，任意推諉，即行據實詳參，勿稍徇庇，致干併咎。並行祥符縣一體知照。此檄原稟另單，一併抄發。等因。蒙此，查此案前經開封府朱守會同該前府屬守議詳，轉請核示，當經議定章程，札飭遵照在案。茲據封邱縣駱令以延津縣不遵定章，仍將差使送至該縣交替等情，稟請嚴飭遵辦。而延津縣徐令不知己非，猶以遞犯藉詞瀆稟，實屬故違定章，有意推諉，本應詳請撤參，接奉前因，除札飭祥符縣知照外，姑再從寬，飭札到該府，即將延津縣嚴行申飭，並飭遵照前定章程辦理。倘再推諉，或藉詞瀆稟，即從嚴詳參。該府不得稍有徇庇，致干併咎。並行封邱縣知照勿違。計粘抄稟一紙。等因。蒙此，除原稟庸抄發外，合行札飭。札到該縣，即便知照。勿違。此札。

同治元年歲次壬戌小陽月中浣吉旦，闔邑紳民仝立。

（文見民國《封邱縣續志》卷十九《掌故》。王偉）

重修城垣碑記

駱文光

封邱，古封父邑。面大河，旁枕太行諸山，蓋形勝地也。咸豐辛酉，余承乏茲土。見山河之壯麗，人物之繁昌，願與斯民休養生息，敦崇禮教，沐浴詠歌於聖朝之化導。顧以地界魯衛，適當孔道，比年風鶴告警。竊謂治平之日，宜以教養為先。而時事方棘，武備不可不豫講也。因為披覽輿圖，周視城郭。考邑志，城廣五里有奇，建於明洪武初年，宏治間增築護城堤。我朝順治九年，河決堤傾，城亦圮。十有八年，知縣屠粹忠修之。康熙三十年知縣孟鏐、乾隆二十七年知縣徐碩士，相繼重修。嘉慶九年，知縣蔣萬寧復修之。歷今垂六十年。頹廢殊甚，恐無以資保障。迺進邑紳耆告之，或以經費為難。余議通邑二十六社，下戶均出二千人任其力，上戶鳩資具磚石。僉曰諾，遂舉。是役經始於是年五月五日，歷四閱月始告成。高厚一如舊，門樓礟台悉具。越壬戌春，復浚城隍千有餘丈，深若干尺，並置礟械以戒不虞。於是，城完而守城之具亦備。方城之初完，東匪由懷境適竄至，民得徙避城中，以免蹂躪之患。余以是幸城之完，而又樂民之相與有成也。《詩》曰："崇墉言言，崇墉仡仡。"莒城之惡，春秋譏之，保障顧不重與，抑余之意尤有進焉。夫城以資保障也。而所以保障者，更憑眾志以成城。則團練亦保障之一端也。爰於城完之後，在城廂三里而近，選壯丁三千人，無事各安其生，有事定期操演。其操演仿八陣之法，前後左右，分隊列幟。如聞警，以所向應之，兩翼夾進，四方轉變，庶幾哉人心固而城益固也。自茲以後，當與斯民休息，敦崇禮義，以仰副聖天子教養之意，敢不勉歟！是為記。

同治元年十二月立。

（文見民國《封邱縣續志》卷二十六《文徵》。王偉）

欽差吏部左堂署河南巡撫部院張批嚴禁繞道碑[1]

【額題】嚴禁繞道

查封邱向來不通驛站，凡遇南來北往車馬差使，皆由祥符、延津兩縣彼此遞送。自咸

---

[1] 原碑立於封丘縣縣西關外路北濟瀆廟。與上年所立《不准繞道封城更換車馬碑》東西並立。民國二十四年，同時被仆掩於地下。

豐三年以後，柳園口、堤頭水手因貪圖攬載私貨過河可以漁利，擅將渡口移至陳橋以下。延津縣藉此取巧，扳令封民接支車馬，以致七八年來，騷擾疲敝，民不聊生。雖官民節次稟訴，未蒙明察。今我縣尊駱公印文光於十一年春蒞任，數問民間疾苦。知延、祥兩縣驛路不歸正站，為封民之大害，痛陳利弊，抗申再四。先後蒙前撫憲嚴鄭批司議詳，飭令延、祥兩縣以後仍按正站行差，不准繞道封邱更換車馬。惟渡口未蒙批定，封民終難免累。經我駱公以棄黑堤近便之口而必遠繞陳橋以下，全係堤頭圖利私心，詳奉欽差吏部左堂署河南巡撫部院張批，查此案曾經由司核議具詳披閱所議，甚為公允，當經前院批飭遵辦在案。前據延津縣士民來轅具呈，即經行司查明向章飭辦。茲據詳前情，仰按察司立即轉飭各該縣遵照前議辦理。至口岸嗣後如遇柳園口不能得岸一切差使，祇準改由黑堤口行走，即將柳園口大船，酌提數隻，以資濟渡。若黑堤口無岸，仍改由柳園口渡河，不得任聽堤頭將官渡擅移陳橋，並飭永遠遵行。以後各該縣倘再任意推諉，即行據實詳參，勿稍徇庇。切切。此檄。等因。批行到縣，我封民仰蒙憲恩，永免扳支車馬之累，以後延、祥兩縣差使並柳園口堤頭，自當永遵定章辦理，不得擅將渡口改移下游，繞走封城。謹將原奉憲批，鳩工勒石，並敘其顛末，以示禁約云。

同治二年歲次癸亥孟春之月上浣吉旦，闔邑紳民同立。

（文見民國《封邱縣續志》卷二十《掌故》。王偉）

重修文廟捐輸題名碑記

張澂宇

黌宮之設，所以尊聖教，育人才也。自國而郡而邑，莫不有學，煌煌鉅典，宇合實永賴焉。第規模不一，而運會亦殊。欲保護之務使固，並岡陵永昭巍煥，豈不重有借乎人力也哉！封阜近瀕大河，地瘠民貧，陽侯之波為患屢矣。以故復興頻仍，難以言罄。溯自嘉慶癸亥，衡工漫溢，邑治適當其衝。上賴邑侯蔣太夫子盡心捍禦，晝夜勤勞，雖大流因之順軌東去，而餘波所及，遂致泮宮、衙署、圜圚民舍多被傾圮。災困之區，難與為謀。迨乙丑之春，始獲合邑中富民巨族兩次捐輸，刻期修造，儼然如故。兩廡簷前勒石，歷歷有明徵也。迄同治三年，閱一花甲，又遭秋雨連綿，西廡中庭傾覆。江右陶少堂父台，時攝邑篆。團防局辦公紳耆，稟請提街市房錢二百千文，葺而新之。僉云若不次第重修，則各處漸就摧殘，所費實難貲算，為因爾日軍需倥傯，事務殷繁，從而中止。至丙寅夏，上青孫父師蒞任。與學師劉香亭夫子、徐小柴夫子合謀，首先捐廉倡工。同城官長共相附和，在局紳耆無不踴躍承命，並至里下互為勸勉，各竭綿薄。所捐錢項，上自正殿、東西廡、五代殿、文昌閣、三代殿並戟門外之祠宇，一例告竣。惟泮池、欞門、奎樓、照壁，闕然有待。而上青父師已去，思刊碑矣。然道在天壤，無廢不興。惟聖之靈，惠我福星。於是，禮堂張父台下車布政，共仰神明。覯茲闕典，極力經營，捐廉分俸，聿求厥成。維時學師㮬樵陳夫子襄贊之力爲最。而梁溪楊夫子當接篆伊始，即慨施多金，此成功之所以無遺憾也。事歷十餘年，功克奏於一旦。兩夫子猶恐久而失其實也，故急貞珉，排列姓字，不惟不沒人善，亦可爲後起之好義者勸。宇幸獲隨官長紳耆之後，微效奔走，故不難覶縷而述之。

清光緒二年立。

（文見民國《封邱縣續志》卷二十六《文徵》。王偉）

清故進士邢公印中墓誌銘

丙子翰林國子監司業、雲南督學使者高釗中

公諱守道，字印中，號霽亭，河南封邱人也。公於封邱爲鉅族。高、曾以來，代有達人。祖可勤，有篤行。父貴，字天爵，以孝聞。前母氏李早逝，母氏王方孕，公有胎教。天爵公夢旭日而公生。幼穎悟，八歲能解書旨，師大奇之。四載通《四子》、《六經》。初爲文，不屑爲凡近語。年十七，游泮水。道光乙酉，舉拔萃科。宗師俞君獎其文可頡頏明賢。設帳授徒，文行並勗，門下得其緒，餘皆掇高科，噪一時。而公首務居敬窮理，敦行立命之學，不徒以文章詞賦爲傳授。同治壬戌、癸亥，聯捷成進士。試用知縣，籤發浙江，以父老請終養，主淇泉、寡過兩書院。其課諸生，一如設帳。時咸豐三年，母氏違養。同治三年，天爵公以疾沒。公侍疾時，日夜目不交睫，進藥必嘗，遭喪哀毀骨立，行路動容。服既除，不忘哀，蓋先後一致云。赴浙候補署景甯縣事，下車，首除正賦外加陋規。日坐堂皇，一無株留。邑故健訟，久之，乃翻然曰："何忍以是瘏賢父母也。"浙撫李公知其賢，奉補平湖要缺。於八年五月蒞事，兼護乍浦同知。平湖自被兵，民徙土曠，公乃募民闢荒，不數年成肥饒。爰設清糧局，具稟定稅。治內陸清獻祠，舊有田產奉祀，傍於湖，田既多售，湖又淤積，址界淆錯，祠與民遂成積訟，且數十年。公勘知之，出俸錢代贖，戒勿售，兩不使侵。陸裔深德之。

光緒元年，移知海甯，旋調蘭谿。下車，值天旱，民集衆將譁於官。公登陴，則磔幟林立城下。蓋浙自陷於洪逆，頑習未革，黠悍之氓結黨拜盟，每值水旱，舁神像送官請禱，每以滋事毀署。公曰："有天焉，民其奈我何？"語未畢，雷電大作，下雨如注。衆人曰："邢公，神人也。"乃解散。

移知仁和兼錢塘事，治尤肅。五年，補西防同知，於塘工費節而工固。大吏兩以卓異薦，違例入觀。返浙於九年十一月十六日，祭畢而歿。公有至性，遇弟最篤，財貨皆共之，猶子輩賴以成立。接物以誠，御下以寬，任事以勇。居官二十年，凡利必興之，害必除之。奉己儉約，施舍不下萬金。如增書院膏火，創育嬰堂，卹同僚楊君之喪，贖鄉人既鬻二女，貲金里中立義學。他人一事足千古，在公則餘事耳。

公生於嘉慶二十三年二月二十三日，卒時年六十有六。著有《含辛齋文詩》、《公餘隨筆》、《記事珠》諸書。讀者於公竊有感，謂其立身行政，固不待言。即文章之瑰麗，亦超越一世。使食餼後聯翩直上，則官至疆吏，或躋宰輔，得以罄其所學，自足造福無窮。乃知音竟爾難遭其拔萃貢也。年三十二聯捷，時年已四十有六，以致屈居下僚，施設止至此，豈不惜哉！雖然，士有志用世，艱於一第，並不獲少展尺寸者，又不知凡幾，而在公固無憾也。公元配曹氏，無出。繼配潘氏，生二女。字懷慶梁、長垣焦。側室梁氏，生一女，字固始吳。孿生遺腹二子，惟愷、惟惺。以公與余誼关同年，知既悉契又深，故樂為銘云。銘曰：

以公性之純兮可立彝倫之極，以公德之宏兮可躋聖賢之域，以公學業之精兮可為太平之黼黻，乃不獲大用於世兮，而操牛刀於一邑。蓋公自留有餘兮，以遺澤於子孫千億。馬鬣封兮公之宅，後之人兮視此碣。

光緒九年。

（文見民國《封邱縣續志》卷二十六《掌故》。王偉）

重修封邱城隍廟碑記

樊振家

冥司禍福之說，儒者弗道。然欲使愚夫、愚婦有所懼而不敢為惡者，則與之言道德仁義，每不如與之言禍福，是故天堂地獄、轉迴超度，一切怪誕不經之談，世俗奉若神明。報賽禳祈，必誠必戒。及問名義所在，莫能指其說之何從。夫神道設教，或可補教化所不及。至若城隍，載在祀典，春秋致祭，乃亦依附於怪誕不經之談，而不求其名譽所在，豈非儒者之恥乎！

按城隍之名，肇於《周易·泰卦》、《大戴禮》，天子大蜡八。其七曰水廊。廊，城也，水隍也。有合於捍災禦患之義，則祀之也固宜。顧古未有廟，吳赤烏二年，始見於蕪湖。越晉、唐祀寖廣，逮宋建隆後，祀遍天下。明初，為壇以祭，加封號，都曰王，郡曰公，州曰侯，縣曰伯，尋詔停封號，仍建廟宇。國有大災，則告祭焉。在王境者，王主之。在郡州縣者，守令主之。國朝因之，典至隆也。封邑城隍廟，創自明洪武五年。弘治、萬曆間修葺者再。國初順治九年，河決，廟毀，重建之。乾隆六年，復加修理。迄今垂百六十餘年矣，風雨剝蝕，又將傾圮。邑人士懼無以妥神靈而肅瞻視也，謀新於邑侯山陰謝公葆榮捐廉倡其首，募及城市鄉里二十六社，爭踴躍樂輸，共捐貲得若干。爰鳩工〔庀〕材，自正殿而寢室，而兩廊，旁及樂舞、鐘鼓各樓，若廣生殿者，舉舊制而煥然一新。邑中張君銳孝廉董其事，張君柱國、黃君文運贊襄之。經始於甲午之春，落成於丁酉之夏，向之榱題不備者，至是而楹桷得宜矣。向之闇晦無色者，至是而雕堊改觀矣。瞻神像之莊嚴，仰明威而怵惕，作善者必益堅其志，作惡者必益褫其魄，度其精神氣象，應有廟貌俱新者。則豈非修葺之功，有以肅斯人之耳目也哉！功之所至，名亦隨之。後之溯厥顛末，僉曰：基址所在，某先生所創建也。殘缺重完，某先生之所補葺也。規模式廓，某先生之所續修也。則先生等均將不朽，即忝為傳記者，亦與有光榮焉。若先世俗禍福之說，則仍付之神道設教，存而不論可矣。是為序。

光緒二十三年夏月立。

(文見民國《封邱縣續志》卷二十六《文徵》。王偉)

重修封邱文昌閣碑記

樊振家

《前漢書·天文志》文昌六星，四曰司命，五曰司祿。《周禮》以醮燎祀司命、司祿。汉、唐迄宋弗替。厥後，道家謂命梓潼掌文昌府事及人間祿籍，故元加號為帝君，而天下文士乃有祠祀者。洎明遂崇祀學宮。我國家右尚文教，祀典隆重，昭茲天壤矣。封邱澤宮之坎方，舊有文昌閣，刱始於明邑令王公三極。國朝順治九年，河決圮於水。邑令屠公粹忠重建之。孟公鏐復加修理，越至於今，蓋二百年。修廢莫詳邑志，而閣亦摧殘傾圮，鞠為茂草矣。光緒辛卯，余捧司訓檄來是邑，惻然懼無以妥神靈而肅觀瞻也。謀之茂廣文秀升，同請於前邑令長沙左公輔而更新之。左公慨允，籌資為士林倡。嗣經任漢陰陳公熙愷、冀州王公玉山、滿洲裕公崑賡續籌之，不足則余偕同寅暨首事諸君，各捐資俸相助。經始於丙申八月，迄戊戌十月工竣。有閣傑然而高，有台屹然而固，巍巍乎誠足妥神靈而肅觀瞻矣！

閣前敬一亭、明倫堂及週圍牆垣，以餘資次第修葺，煥然一新。落成之日，邑人士請余記之。余惟學官之不舉，其職也匪一日矣。如余檮昧無學，承乏其間，思有以舉其職而不能，顧教人為善之心，則不敢一日忘也。其無欲而為善無畏，而不為不善者，固能求之《六經》、《四子書》，躬行心得，上躋於聖賢之林。若中材以下，苟有道焉，使其憬然知所向慕，稍遏其無等之欲，知者有所勉以成其善，愚者有所畏而遠於不善，亦士大夫有世教之責者所樂為也。然則斯閣之修，俾觀者思司命、司祿之由，詎不有以啟其向善之心，而動其遠不善之念哉！

是役也，始終勤事者，邑人翰林院待詔張君獻之總其成，歲貢黃君鶴鳴等勷助之。計工匠木金漆等款，通用銀若干兩，醵金姓名，例載碑陰，用垂於後，以待夫踵修於永永無極者。謹記。

光緒二十五年小陽月立。

(文見民國《封邱縣續志》卷二十六《文徵》。王偉)

長垣縣

通奉大夫陝西布政使司右布政使環洲成公墓表

湯斌代作

公諱仲龍，字為霖，成氏。其先世為晉人，後為大名之長垣人。祖曰宰，知睢州。父曰蓮，贈按察司副使。孝廉公三子，長曰伯龍，進士，為按察副使；仲即公；季曰季龍。

公幼好學，於古今書無不讀。為人惇厚坦易，而遇事敢斷。好談兵，人莫能度也。萬曆戊子舉於鄉，越十四年成進士，拜夏邑令。夏故僻邑，公簡省科條，豪貴不敢犯。盜狩起蕭、碭，人心洶洶，公統所部子弟周旋矢石間。明設購賞，盜皆卻走。桴鼓稀鳴，民以安堵。逾年舉治，劇徙永城。當是時，巨寇擁衆數萬，屠掠梁宋。旁郡吏多棄城走者，公獨增埤浚隍為固圉計。乙亥，賊自會亭飛馳至夾攻，用版芻實濠，以水綿翼木遮，擁而進。公令以炬鈣投之立燼。賊少卻，而環攻不解。公曰：「此非懸重賞，衆不鼓。」貯千金募敢死士縋而掩擊之，禽俘以數白計。寇破走。時徐、沛土寇虎視永邑，聞公聲威，旋皆解散，吏民人人相慶。歲終，上計舉卓異，為兩河第一。

戊寅夏四月，召入京。上御中左門，詢公戡亂功次，公對稱旨。上以公能兵，遂擢兵科給事中。公以驟蒙主知，思傾身以報之。所持過峻，人且以公為不得久居中。未幾，果出為浙江參議，兵備台州。台俗生女多溺不舉，婢老有白髮弗偶者。公至，勒石垂戒：凡溺女錮婢者，坐父母家長以罪。其法至今便之。頃之，大陳海寇突入，瀕境劫掠。兩浙久安，初聞聲斗則掩耳走。當戍將校皆紈綺兒，咋舌相戒，寧以法死。顧裨將曰：「上以我知兵，故授我兵垣。當太邱，彈丸地，數萬巨寇，我率步卒卻之。何有此烏合之徒哉？」裨唯唯相顧不信也，然亦不敢言。公遂登楓山，遴戰艘五百，申明約束，軍容大振。即移檄溫、寧夾擊之。寇窮，且食盡，縛其魁，請降。亂遂定。捷功聞，上嘉悅之，擢陝西關內道參政。浙吏民以數萬挽車轍，且哭曰：「公幸活我，奈何我去，縣官獨不念東南百姓耶？」控籲中丞公再借寇一年，中丞許之。疏上，不可。公遂行。

壬午，丁太夫人艱。乙酉，大清定鼎，詔求逸佚。用部使者薦，起公為山西岢嵐道參政。二年，進秩陝西右布政使。未一年，入賀，遂致仕。公所至皆有善政，凡非關一方安危者，皆不載，載其大者如此。

噫，予中州人也。公筮仕中州，故知公最詳。往年予在京邸，寓石駙馬街，與公實比鄰，公數數過予。公敦厚誠愨，與人溫溫，不立崖岸。而遇事慷慨，言及古人忠孝抑鬱事，輒嗚咽太息，徒倚悲歌，不能自已。夫文墨吏能撫循百姓，抑已賢矣。一旦亂起倉卒，能從容定變，不動聲色，非至誠孚人而能如是乎？今永、夏之民述公禦賊事，有至流涕者。台州繪像立祠，歲時曳節跂履，若少壯不期自至，稽首祠下。嗚呼，使公得久於朝，尸而祝之者，當不止數郡。而僅僅以外藩終，悲夫！豈其時有幸不幸耶？要之，其所建白亦弘矣。且子弟皆博學好古，能世其業，豈天故靳其施以待於後之人耶？吾蓋以此益知良吏之必有後，而天之所以厚公子孫者，詎可量哉！配孺人殷氏，繼王氏，俱先公卒。今孺人李氏。男三人：一象瑠，官生；象珵，舉人；象珽，舉人。女三人。

公以萬曆辛巳六月二十九日生，以順治甲午二月十四日卒。墓在邑西十二里之留村。順治十一年二月。

（文見《湯子遺書》卷六。王偉）

清通奉大夫陝西等處承宣布政使司右布政使環洲成公（仲龍）墓誌銘

【誌文】

通奉大夫內翰林秘書院大學士署兵部尚書前吏部尚書左右侍郎弘文院學士加一級秘書院侍讀學士知制誥纂修實錄國史總裁文武鄉會試主考官前進士大名宗姪克鞏撰文。

光祿大夫太子太保內翰林弘文院大學士前吏部尚書吏禮二部侍郎兼都察院右都御史內翰林秘書院侍讀學士誥勅撰文修史副總裁知貢舉官前賜進士及第靜海高爾儼書丹。

光祿大夫太子太保內翰林弘文院大學士管吏部尚書前吏部右侍郎秘書院學士教習庶吉士前進士安丘劉正宗篆蓋。

□□□以右巨姓，其遷于北陽平也。乃分中惟冠蓋望者通焉，以故長垣、大名稱大、小宗云。先文穆曾為余述，垣宗數世科名鼎盛，且多隱德，載在海內鉅公誌□中。己卯，余與長垣名象珽者同舉于鄉，因重訂宗序，締雁行盟。今年秋，孝廉珽來京師，以其尊甫方伯公行狀囑余誌而銘之。余雖陋，其何能辭。

公諱仲龍，字□□，號環洲。肇自曾王父岱偕昆弟八人擇里於長垣，配文太安人。生子三。□諱宰，以嘉靖乙卯登賢書。初令陳留，繼司牧睢州，咸有循良聲。娶于宋，亦生於三。長即公父，諱蓮，剛方正直，里人嚴事之。亦登萬曆乙酉賢書。元配祝。繼配鄒。祝之生子有五：長諱伯龍，官憲副；次即公；再次叔龍，恩監生；季龍，殤；少龍，舉人。先是憲副公請封其父母。公父兩辭未受。計偕累躓，志不挫。及歿而後，贈官僉事。祝與鄒俱加太宜人。嘻！亦可嘆也已。公生而穎異，為公父所鍾愛。九歲喪祝太宜人，哀毀盡禮如成人。長益肆力古學，出赴有司試，邑郡咸拔第一。後試於鱉序，輒高等。至己酉，少弟先脫穎去，而公之勤弗倦。公父晚有痿病，轉側實難。公以胠節肩舁者六年。及捐館舍日，憲副公正官南曹，公承冢治喪，必誠必信。當時大君子咸稱於人曰：孝子，孝子。蓋匪虛也。明年王孺人復死於孝。公以父代母，鞠子哀甚。娶李孺人。孺人撫其子，公乃得堅志鍵帷。至戊午始獲雋越，辛未成進士，壬申除令夏邑矣。公之為人也，外和而中介。以私謁者，卒不敢犯。而於民則多惠政。□紳有奪人田者，假土地為餌，遣卒數迫某邨。邨人走，遂擲券於門。老弱皆惶懼，曳杖跂履愬於公。公當執羣翼而詰之曰：交易何強也？吒當公券，令市充義田以□饑人，毋酷害我窮簷為？羣翼搶地，不知所以應。既械，搏頰泣曰：無尺土復何易。第受主者指，非罪也。重朴之以歸邨人。一宦者娶口黄鵠操，為族者□之。娶恐其點□庭也，厚遣吏，以金三百實甕中，因醢入焉。公疑其吏，啟視則金也。金立麾去，吏斃於杖。庠有楊清其人者，為仇家中賕，扼，某司理誣。其狀上部使者，下於理，移公讞。理面噭筱之，且曰：考成將在是。檄下如羽。泊對簿，公再□罪不死。理怒，□於守者，譙讓之。公曰：彼其數鞫罪不死。天日炯炯，何敢以功名易子孫。楊賴以免。公之廉而不阿如此。癸酉，大盜李天然起蕭、碭，寇壁於閳，陣復卑，旦夕莫保。公率所部子弟，周旋矢石間，張備甚武。賊不敢近，走焚村舍。議者反奪公級。公以為辱在四郊也。重懸賞，以購賊黨。諭捕者以獲之多寡為殿最。捕者始掩不辜求逭。公知之，立釋其不辜者。復捐金集死士百餘，授方畧，襲其不虞而禽之。得六十三人。陳膏於斧鉞者亡算。中丞公上其績，還其奪者，予以紀錄。甲戌，中丞公與巡方使者以逆寇猖獗，永城東枕淮鳳，古稱戰地，夏故褊，特請移劇，以奏保障。疏上，報可，遂行。邑父老挽幢而留之。壺漿遮道，軔車不得發。夏距永二舍，三日方抵永。正值寇屠滎陽，掠汜水，陷潁州，烟焰天接。吏多棄城逃者。公諜泣□衆。凡所謂裕積貯，除戎器，增雲陣，浚囷隍，砲石弓弩之屬，罔不備也。乙亥正月廿四日，寇果由會亭飛馳數萬騎至，夾攻。寇用版匑實濠。公以炬釺投之，立爇。復以水綿翼木遮擁而前。公復如前投炬。寇少却而環攻不解。公曰：岌岌乎。非賞重，衆不鼓。促貸藏貯千金，募勇士縋而掩擊之。當擒而俘，斬而級者五百有餘。寇大破，乃走。九月，有蕭、徐土賊三百人□□常坡，鹵薛家湖。公馳騎將兵殲焉。丙子，寇破蕭縣，薄永城。公尋統勇士五千人陳兵境上。寇懼而南。

嗚呼。三年之間，公未嘗一日解胄釋帶以卽於安也。公之自負以報國家者，大畧可見矣。至如山左馬某，以避兵徙寧陵，寓於吕氏。東撫以先去刼之，下豫撫籍其家，鉤累授室者。且廡舊貯吕氏棺，疑匿亡人金也，欲開之。事下公會勘。公瞿然曰：馬固自有罪。吾輩名教中人，忍以新吾先生之後而闢為几上臠哉？棺屬久貯，豈顧為亡人儲乎？力為授室者除之。此一事也，四方有氣節者多傳誦。□□云歸德有守備，其失機當坐死。歸之人爭聲其罪。有司素怖其悍，而又慮其脫而噬也，每難其辭。憲守檄公論定。公引主將不固守，律不少借。憲守且為嘆服。睢□褚、張二紳有郤，各以數百人鬥於野，致創死者二十餘人。中丞行所司，無敢為二紳直者。後強公斷之。諸貴人左右二紳者牘滿公輿中。公入門，悉火之，重輕立決，論如法。公曾分校秋闈。某介請於公者，願以篋金為酬。公厲聲叱之。曉揭，公所取皆知名士。公不阿於夏，豈肯阿如永哉？永人之思公如夏也固宜。及公舉卓異第一，召對，獨公條奏甚晰。復諮以強兵足餉之策。對輒當旨。公蓋出其素所自負者耳。欽授兵科給事中。公以為志或可行，因有戰守保民滅盜之疏，有因變陳言之疏，有致治需人之疏，有摘參溺職四十九款之疏，有營兵鼓噪貽害之疏，有移師分鎮之疏。掌垣甫六月，封事凡二十七上，藁脫就焚，多不以示人。亡何，以會推事□□主銓者。銓者啣之，乘公假，遷公浙江參議。同垣中有為公稱詘入告者。公遜謝之曰：莫非王臣，奚擇焉。遂揚驛而南，抵台。公力持大體，不為煩苛。問與倪公鴻寶、□□箴勝、馮公鄴仙、祁公瓠子輩，出游於雁宕飛瀑之間。詩篇翳壁，好事者多傳之。至行所屬餽遺贖鍰，秋毫無所預。勸農，息訟，平□，通□諸政，公無不舉，行之有効。□台俗，生女溺不舉、婢老弗得耦。公泐石垂教，罪及家長。公之仁愛生平大抵然也。迄大陳海寇瀕入犯，刼掠甚熾。浙為久安地，弛備。至有聞鬥聲掩耳走者。其所當成所將校皆紈綺子耳。惴惴相戒，寧以明法死。公顧語裨將曰；我向以太丘彈丸地，當數萬巨寇，且卻之，何有此烏合爲哉。竟自將兵於楓山之巔，遴戰艘五百，募勇士突出。陰移檄溫、寧夾擊之。寇窮食盡，縛其魁請降。且勦且撫，而大陳之功遂成。撫按咸上其功於朝，加級晉憲副，貢一鎰為勞。壬午，陞陝西參政，台、紹兩郡合牘籲求加銜借寇，以障海波。撫按如其請，保留，再上不報。尋舉方面卓異，為兩浙第一人。陪推蘇松督撫，再陪屯田督撫。舟次京口，而鄒太宜人之訃至矣。舍舟跣歸，以襄窀事。此癸未年事也。明年，值賊破京師，天崩地裂之變。公志在喬嶽，始終必不屈。至清朝提兵殲除，奄有九有。乙酉，按部使者衛公以人才特薦補山西苛嵐參政。下郡邑迫之就道，疏辭不允。嵐故憲副公舊游，公慨舉念之。至其地，首以軍需為重，收發月餉，入則屬屬吏來謁者監之，出則以原封授之。路將間以奇者持至，公即邵之，以葺營舍，充兵械，登記上撫軍。撫軍申某，御下如束溼，獨善遇公。公有以憚之也。五賽守備某，窟刑命按，宜辟當路為之間。公不許。既而囊金伺中路，復□煩而斥之。手衿張大誠，坐隱東人司牧者墨，株連諸生程躍隆五人，鍛鍊誣服。公悉廉其誣，釋之。闔州為之掩泣。林胡西隣東河，例歲設防。撫軍以兵數不充，檄部□協之。公謂窮邊人苦不堪，自請移鎮焉。民始得罷。丁亥，晉陝西右布政使右使，無笾庫責，尚督鼓鑄。公奉職氷操，錢法大行。適奉呼嵩賀。公即於竣事日乞歸。□□告家居，杜門讀書。最好龍門史及陸務觀、方正學諸集，間據牀令子若孫遞為吟誦。至古人忠孝抑鬱處，不覺涕泗淋漓。或以輕籃小舫往游于埜，樂與所善故舊□列具呼壘。公性不任酒，時呼子孫代酢之。二三陶陶意得。公曰：孺子醉矣。乃謝客還。居恒每自嘆曰：吾三子，兩登賢書，一以品官子入成均，何所不足？尚肯與長□□草別也。其知止足類若是。居林下凡五年，自庚寅夏五偶中痰火，步履維艱，而神采自若。癸巳秋，忽患嗽。子若孫環侍醫藥，呼天丐代，備極誠孝。延至甲午春仲，□天不憗遺一老，竟溘焉長逝。嗚呼惜哉！邑人稱公急難扶義。如族子以貧暴親，而公收之。王氏子以亂廢昏，而公娶之。師之子以饑失居，而公贖以與處。馬氏子以□棄骸不能兆，而公割洸以為之瘞。里居非公不揖。邑宰邑代庖有虐其民者，公諷之去。邑有旱災，公率紳耆杲日中步禱，三朝取應。己卯夏，大盜伏城中，欲甘心於邑宰。值宰飲公於東廂，環伺不敢動。突聞閧聲自署起。當獲之訊其故。盜曰：吾將舉銳於廂。以成公仁人長者，不忍驚擾，以待於此。嗟嗟，是邑之安危盡倚於公。在朝朝重，在野野重，公之謂也。以余竊觀，我公可謂德能備具者矣。所至賢聲不乏，而其尤著以武功聞。于夏平盜李天然。于永殺寇五百餘。又殲嘯聚于蕭、徐間者□百人，又陳兵五千擊寇披靡而遁。于浙成大陳之功于海上。殆古霍去病、趙充國者流。以之爲大司馬，鮮不立效者。雖不遇而授以外藩，始用掌兵垣似矣。而主銓者以私釁阻。叔世用人大概已見。道之不行也，天實為之，謂之何哉，迨其後徵辟再出，而歸志早決，亦未究公之用。功名之士，未嘗不嗟悼之如公者。倘所謂士各有志也耶？嗚呼，公可以不死矣。

公生萬曆辛巳六月二十九日，卒順治甲午二月十四日，得年七十有四。元配殷孺人，繼配王孺人，皆先公卒，俱贈淑人。再繼李孺人，封淑人。子三：長象珽，己卯舉人，娶吏部尚書王公永光男廩生錞女。王淑人出。象瑨，官生，娶河南右布政使柴公寅賓女。象珵，辛卯舉人，娶舉人時公雨暘女，繼居士孫公天工女，再繼諸生夏公不伐女。女一，適兵部左侍郎王公家楨男諸生元烜。俱李淑人出。孫男三：霱，邑諸生，娶浙江道御史杜公廷璉男廩生維修女。象珽出。霦，聘吏部尚書崔公景榮孫蒙陽知縣尌女。霈，未聘。俱象瑨出。孫女三：一適刑部主事靳公聖居孫成嶼。一未字。象瑨出。一字堂邑知縣楊公希震男暔。象珽出。曾孫男三：奕越，聘太僕寺少卿張公弘道孫廩生元嘉女。奕超、奕趨，未聘。俱霱出。茲孝廉等卜于是年十一月朔有十日將葬公于邑西留村之新兆，而遷殷、王兩淑人以從。余為之銘曰：

惟我成氏，係出晉陽，曰巨族是祀。嗚呼邈哉，沙麓來止。分邑承家，流澤于孫子。科名重光，至公特起。無忝於生，因兄濟美。累基者崇，數沃者瀰。人莫不羨公之遇，而我嘆公者數。數少者為煦，大者為武。不顯庸于末代，用亦登罔于樞輔。後也推轂，公顧樂焉農圃。天道惡盈，公嗇為取。詁謀方長，受公之祜。綿綿翼翼，以宅于斯土。淑配左右，共滋風雨。嗚呼！萬世而下，莫予侮。

順治十一年十一月。

（拓片藏河南省文物考古研究所。李秀萍）

成母王淑人墓誌銘

【誌文】

通奉大夫禮部尚書前本部左侍郎兼內翰林國史院學士西蜀胡世安撰文。

嘉議大夫吏部左侍郎兼內翰林國史院學士前禮部右侍郎詹事府詹事實錄副總裁國子監祭酒東蒙高珩書丹。

通議大夫內翰林弘文院學士教習庶吉士前詹事府詹事國子監祭酒司業河陽薛所蘊篆蓋。

余故與長垣成方伯環洲公善。時甲午中元前二日，其長胤孝廉君具苴杖來謁于燕邸。余怪而問故。孝廉君涕下如綆縻，泫然曰：不孝慘罹閔凶，二月十有四日，突萘先方伯鉅創。行且啟先慈王淑人之柩而謀合焉。家青壇相國已哀諸先嚴文其隧。獨痛先慈殉孝嫕行湮而弗章，雖馬鬣崇隆，何殊委壑。此豈不終死吾母乎！大宗伯風化所主，幸辱一言賁幽宮。不特家乘重之，昔杜當陽、劉光祿諸君子于彤史一善即錄，借以導揚磨礪，或亦先生立教之旨也。余憫其意，受狀而讀之。王淑人之歸方伯公也，蓋十四云。生有至性，習書史，嫺內則，得其意指，持身進止，禮法既儷，備德盡儀，殆少君德操之流亞也。當是時，公父贈僉憲公嚴，而所內事則繼姑鄒太宜人善束溼，遇諸子婦肅如也。淑人昧旦梳髽而朝上起居，問燠寒，昕夕夔夔修色而見之。退而甘毳脯□之類相屬，未嘗不自其手調也。日行諸娣姒，恂恂雍雍，務以身下之。諸娣姒小有言，淑人如弗聞也者，輒辟易謝走。莊事姊氏若嚴姑，視諸娣姒有加。它如中外親□之應酬，大小厮養之鋪袒，村疃農桑之程課，悉腕自書，指自筞。淑人言不出閫而家政斬然。自舅姑而下胥心淑人賢無町哇也。方伯公時尚諸生，日操鉛槧，豪游賢雋間。供具倚辦，中庖鮮貽壘恥。夜誦則刀尺，以伴膏晷。問夜如何，其則必曰未央也。迨贈僉憲公病偏枯，藉牀蓐者數寒暑。淑人偕方伯公日侍藥餌，治中饋，筐筥錡釜必躬焉。競競鵠立，視所飫多寡為憂喜。數載中有竟日不一□者。或應呼堂上，舉盌而尋輾匙者。時鄒太宜人以指繁析筯，淑人念舅疾在寢，泣不忍外，竟以勞瘁成瘵矣。而亡何，鄒太宜人嬰劇疾。女從無敢近者。淑人傾身御之，為娣姒先，跬步毋離者兩月。維時色墨骨稜，止息息一喘。太宜人病甫瘳，而贈僉憲公以天年捐館舍。淑人毀瘠不支，由是疾益劇。泊大襄兆距閫廿里許，揲疾徒從。宗□憐而爭沮之，勿聽也。掖而移跬，揮涕飛雨，犖犖纍纍，發為壞牆之聲。勉從會葬，禮成卒哭才罷。遂奄奄滅性矣。於戲！昔人有言：婦德之大著二，嬰變著節，安常著孝。淑人病以親篤，喪以親毀。合古來生孝死孝哀而對舉之，兩無愧也。可不謂純懿嫟範也哉！王之先世，家豫之封邱留固村，距蒲一舍。王父署丞公名愛者生太學公佳胤，實誕淑人。方伯公諱仲龍，中崇禎辛未科進士，歷官秦藩。淑人子象斑，舉人，娶于王。生需，邑諸生。需室杜，舉三子，曰奕越、奕超、奕趙者之森森未艾也。先是淑人齂不宜子，四產皆殤。且力為方伯公置箋焉。嗚呼！蓋淑人歿而一綫之息繩繩矣。天道眷善寧爽哉？孝廉君又泣言：孤生十有五月而先慈卽棄，賴見慈李淑人歸而母之，得恃焉。孤有二弟：一象瑨，官生。生子二：曰霈，曰需。一象珵，舉人。雖胞出見慈，卒鞠三孤如一人。為賦鳴鳩，莫知其為異乳也。為孤母也者，是為孤也母。為孤弟也者，有不以孤母母之者哉。而恩□□裏均也。余悲而嘉之，并書焉。

淑人生于明萬曆丙戌五月初九日，距其卒萬曆壬子四月初九日，得年僅二十有七。孝廉君卜于甲午十一月朔有十日，遷淑人柩，合方伯公厝于留村之新兆。尚以闡幽之責，囑余再。按狀：

方伯公始籍郡庠，淑人轢然謂曰："予曩夕夢神人見示云：'若夫晚貴，宜以第四入黌矣。'"异哉果也。嗟乎！閨淑誠通神明，而顧靳之年。天邪？人邪？殆將大厥後。銘曰：

有都者嬪，淑慎且仁。厥美未伸，久歷彌焞。榮以獲于天，以育以延。蕃錫翩翩，賁于丘阡。

順治十一年十一月。

（拓片藏河南省文物考古研究所。李秀萍）

清故孝廉宸御成公（象珽）墓誌銘

【誌文】

賜進士出身内翰林國史院編修大名宗侄亮撰文。

賜同進士出身翰林院提督四譯館太常寺卿前吏部文選清吏司郎中年家眷侍生元城錢綎書丹。

賜進士出身整飭潁州等處屯政兵備道管鳳陽滁和地方駐劄潁州僉事眷侍生大名竇遴奇篆蓋。

　　吾鄉科第蟬聯之盛，長垣爲最。長垣劍爲閥閱之休，吾宗爲最。吾宗文章節行之高，吾宸御公爲最。猶憶余丁亥下第南歸，菹游長垣。見公杯酒之後，詩思跋扈。掀髯而談天下事，若峽決河潰，壯浪雄逸，如陳龍川之復出。心服公長才偉器，必登諸石渠、虎觀，高文典册，葳蕤廟堂，爲聖朝彰制作之隆。乃戊戌秋，忽遘沉疴，蹈長吉玉樓之恨。嗟嗟！喆人云亡，非一家之不幸，而朝野之不幸矣。聞訃南馳，撫棺大慟。鳴玉、青螺暨縵章咸扤泪而以墓文請。嗚呼！吾尚忍銘其墓耶？按狀：

　　公諱象珽，字子㦒，宸御其號也。其先爲晉之長平人。其自晉遷居長垣，則自處士公岱始。配文氏，貞慈有婦德。讀書能文，時人比之宣文君。生三子。其季曰宰，領嘉靖乙卯鄉薦仕，至睢州守。有惠政。州人祀諸名宦。詳在李本寧先生誌中。娶宋氏，亦三子。長爲孝廉公蓮，婞節遒文。里人以比賈、鄭，抱器未售而殞。以冢嗣生洲公貴，追贈山西按察司僉事。元配祝，繼配鄒，俱贈宜人。祝生五子。長卽生洲府君。次曰環洲府君，卽公父也。登崇禎辛未進士。初宰夏邑．繼尹永城。至今人歌謳之。徵入，拜諫議。稜稜有丰節。仕至陝西方伯。元配殷淑人，再儷王淑人。王淑人誕公之夕，府君夢空中有大炬落其背而寤。識者以爲文明之兆。公生而越週，王淑人見背。現配李淑人，撫公無異己子。公岐嶷不與羣兒伍。天资奇警，讀書一過不忘。學者比之汝南應世叔。年十六補邑文學。爲建斗盧公所稱賞。曰：此生汗而血，固龍媒蒲稍之才也。至性過人。事今李太淑人，曲得其懽心。故數十年來，雖至戚姻婭，下逮臧獲厮養，一不知非淑人出也。有河東柳公綽之風。崇禎己卯，同家大人同薦北闈賢書。大河以北翕然稱爲得人。以爲繼太翁之芳躅而鳳鳴蕊榜者必公也。已而，公車弗售，衆咸唶唶嘆息，公殊夷然不屑也。曰：男兒自有所爲不朽，惡藉是虫臂鼠肝爲也。吾將下闈，發憤潛心大業，效董廣川之事矣。是時，太翁爲浙中藩臬，建牙天台。公遂携一平陽奴負笈而南。定省之暇，歷覽吳越佳山水，盡友其一時名雋，如上虞倪公鴻寶，山陰王公遂東，台郡陳公寒山，及雲間陳公卧子，毗陵蔣公楚珍。其餘詹詹細流，希公一盼不可得。以故人多怪公傲岸不可近，而奇偉卓犖之士樂與之游。公嘗以詩呈倪公鴻寶。倪公大奇之，曰：君詩□崎歷落，真北地、歷下之餘聲也。後随太翁晉關内大參，旋里，以寇阻，寓居京口。興錢子開少，鄭子超宗，結大雲社于甘露寺中。一時俊國輻輳，皆推公爲主盟。甲申逆闖之變，薦紳並罹慘酷。太翁自度不免，嘆息者久之。公奮然曰：吾家世爲清白吏，豈有阿堵哉？吾何惜一身以拯吾父耶。遂單騎之郡，歷控諸僞之前。詞旨惋切，諸僞怜之，卽移檄僞令，罷追索事。而太公因從寬政，公之力也。後逆賊敗歸秦中，盡遷畿內大族于關西。太翁與焉。是時，賊頗重孝廉禮，不令公隨。公絮泣曰：天下豈有無父之子哉？如是，卽立獲卿相非所甘也。力請于僞將，得從而西。跋履山川，風塵滿目，不勝荊棘□駝之感。當鞭笞鋒刃之間，瀕死者數矣。凡爲捍御太翁者，靡所不至。以故太翁卒得免返家。未幾，旋補晉臬，因進陝轄。公未嘗不相隨也。戊子，太翁懇請還里。報可。公遂扶衛至家。庚寅，太翁病癱瘓。公侍湯藥，衣不解帶者三年。因慨然曰：父病如此。人子豈可不知醫術乎？因取岐黄之旨而究心焉。且默禱于神，損己筭以益親。已而，太翁竟不起。公慟至嘔血，哀徹昏曉。路人皆爲之隕涕。大事既竣，益肆力于墳典。上自詩、書、左、國，下及廿一史，靡不枕籍沈酣其中。而蕭統《文選》、《陸游文集》，尤其生平所酷嗜者。戊戌秋九月，患胸膈作痛，竟以本月十二日而卒。聞者莫不驚悼，以爲天道沉沉，奈何成孝子死。戚□知友爲位而哭者數十百人。嗚呼！此亦足徵公之大凡矣。

公生而瑰瑋，負大節，意不可一世。耻爲曹蜍、李志輩，生如泉下人。持家嚴肅，遇事英決。而心存當世，每見時事不合，則曰：大丈夫生不雄飛，萬里一剪，忾忾厭厭之徒耳。天素高亮，善言名理。間出雅□，一座爲之傾倒。性不能飲，而最愛人飲，有東坡居士之趣。素精經術，喜獎拔後進。邑中少雋經其誨掖者，多成佳士。嘗痛王淑人早逝，事外大母無異于母也。大母卒，遺資巨萬。族人爭取之，不治其喪。公投牒河撫，斷歸百餘金，益以己資，大母乃得殯葬如禮。長垣頻苦旱澇，民有轉徙它鄉以避征徭者。公自爲呈詞，躬率紳衿籲諸上臺，得免租稅之半。又邑東南時有萑苻之警，行司聞諸上，遂設駐防之兵，騷擾之害甚于賊。公力請邑宰陳于上臺而撤之。念伯兄象瑾年垂半百，嗣未立，卽以愛子繼其後。社友有被誣爲盜者，公代爲之白，事得解。有童子因亂虜于賊，而不能雪，公力爲申救之，幷青其衿。郭氏子以亂失婚而無偶，公爲訪其妻而還之。族子有因貧而爲人厮養者，公收而育之，俾成立焉。先塋在城南，因馮夷爲患，碣頹樹殞，石馬松虬盡淹沒于春濤秋雨之內。公太息曰：甚矣，水之爲患哉！何忍使我墓門荒翳，兆趾崩淪至此極耶？躬率諸僕，修葺丘隴，封植碑版。先塋遂焕然一新。公風格高整，篤愛弟妹，有薛包、陽城之誼。常書《毛詩》之棠棣于壁間，坐卧諷覽。公雅慕陶靖節之爲人，顏其齋曰解陶軒。藏書萬卷，秦漢金石遺文不可勝計。素愛菊，秋日手蓻菊花數百本于居第之東。時徜徉籬下，哦咏不倦，高風逸致，殊不讓古人矣。其他拯人之急，扶人之危，卹人之孤，更僕不能數，予不書。書其忠孝大節，足以樹天下後世之楷模者，亦公之志也歟？

余嘗謂乃弟曰：以公之偉畧鴻抱，上可以躋黄扉紫閣之間，爲天子論思獻納，約元氣而均四海。次可以出鎮萬里，折衝黄沙紫塞之上，磨墨盾梁橫碉戈而賦樂府。或命不酬志，遇不副才，亦可以選長林廬大壑，撰造一家言，貯之石室奧窟。今乃牢落侘傺，遘陽九百六之患。甫下劉蕡之第，旋罹酈炎之灾。去白日之昭昭，卽長夜之悠悠。亦云悲矣。豈非祝京兆所謂有高世之才，天不憫而更摧；有貫世之識，人不頌而更嫉者歟？雖然，公有弟如龍，有子如虎。所著有《永言集》及《還岫倡和草》，足以光琬琰而潤河岳。較世之都將相而享期頤蕭艾同盡者，果孰得而孰失，當必有能薦之者。

公生于萬曆辛亥正月廿八日，卒于順治戊戌九月十二日，得年四十有八。配王氏，邑少保太宰王公永光男鏵女。有弟二人：象瑁，官生。象琨，舉人。子三人：長霱，邑諸生，王孺人出。娶邑浙江道御史杜公廷璉男廩生維修女。次霽，爲憲副公胤拔貢生象瑾後。聘邑舉人黃公之俊女。次□，未聘。俱副室王氏出。女一，字庚辰進士堂邑知縣楊公希震男暔。王孺人出。孫男四：奕超，聘邑太僕寺少卿張公弘道孫郡廩生□嘉女。次奕越，未聘。次奕趙，聘邑諸生夏公民懷女。次奕□，未聘。俱霱出。胞姪三：霦、霈、露，俱弟象瑁出。嗣君霱等，將以順治己亥閏三月朔有十日葬公于邑西留村方伯府君之新塋。是宜銘。

銘曰：

龍運之城，有氣如虹，上燭穹窿。人曰此青苹豪曹之鋒，孰知其下固天竪海之雄。於乎。岳秀河精，鬼呵神封。胡爲乎月死珠崩，修文于芙蓉骨蕊之中。吾知其精光熒熒，必撼崑崙而炳日星。弔虞帝于九嶷，覓屈子于閬風。百世而下，水不囓，石不□，是爲宸御孝廉之玄宫。

順治十六年閏三月。

（拓片藏河南省文物考古研究所。李秀萍）

脩八蜡廟記

關中宗琮知縣

壬子六月，螟蝗害稼已遍鄰封，不入垣境。七月，蝗飛敝天掩日，經過不傷禾。是歲，穀大稔，鄉人以爲異，羣相告余。余曰："此神力也。"設八蜡位而祀之。余因慨古禮之久廢也。考《禮·郊特牲》："天子大蜡八，伊耆氏始爲蜡。蜡也者，索也。歲十二月，合聚萬物而索饗之也。"蜡之爲祭，王服冕，有司皮弁素服，葛帶榛杖，其牲醴齍辛，其樂六變，吹豳頌，擊土鼓，舞兵舞帗舞，厥禮甚鉅。夏曰嘉平，殷曰清祀，在周曰大蜡，秦始爲之蜡，尋更曰嘉平，漢興更曰蜡。蜡者，接也。新故相接。畋禽獸，以享百神，報終成之功也。魏、晉以降，皆有其禮，至明獨廢。夫蜡祭與籍田相終始，當春作方興之始，籍田之禮，祀先農於春，躬帥農民以興務本之心，於百穀告成之後，舉大蜡之禮，報先農於冬，而勞來農民，以報其勤動之苦。孔子曰："百日之蜡，一日之澤，非爾所知也。"此先王莫大之禮，如之，何其久廢也？詢之父老，垣之西門外，舊有八蜡祠，基頹圮無存。余又嘆今人於梵宫刹宇，無不金碧輝煌，而蜡爲應祀之神，反委諸榛莽，其亦未知重農之意，與國以民爲本，民以食爲天，食以神爲司，神不妥侑，而希時和年豐，不得也。余捐俸倡修，幸有邑紳山右文宗徐公謂弟孝廉王君諱元烜，皆有輸助，而孝廉成君諱象瑨、象瑆者昆仲，獨任其事，其捐施甚多，不數旬而告成。余刲牲致祭，撰樂歌三章以祀神。初獻歌曰：

蜡祠肇修兮祀事孔虔，百穀穰穰兮敢忘所先。索物合祭兮以賽有年，幽明歡洽兮吾民有天。

再獻歌曰：蜡典舉兮祀事孔明，報本送終兮息老妥神，齵辜非馨兮明德惟馨，神無怨恫兮百室以寧。三獻歌曰：蜡祀告終兮神來歆，上天陰隲兮保我民，雨暘時若兮屢豐登，耕田鑿井兮享太平。

祭畢，燕父老於庭，咸歡忭鼓舞，快覩古禮之復。是爲記。

康熙十一年。

（文見康熙《長垣縣志》卷七《藝文志》。王興亞）

成母李恭人墓誌銘

【誌文】

賜進士出身翰林院侍講學士前內弘文院侍讀學士國史院侍讀弘文院檢討己亥科會試同考官翰林院庶吉士年家眷晚生崔蔚林撰文。

賜進士出身翰林院侍講學士前翰林院侍讀內秘書院侍講國子監司業己亥科會試同考官弘文院檢討翰林院庶吉士年家侍生王颺昌篆蓋。

賜進士及第經筵講官國子監祭酒前奉政大夫內秘書院侍讀己酉科陝西鄉試正主考翰林院修撰年家侍生徐元文書丹。

恭人，方伯成公仲龍之妻，孝廉李公儀之孫庠博公續祖之女也。初，方伯公當王恭人即世，內助須人，廉知恭人端淑，通以姆言。李公方爲女相攸，亦物色得方伯，大奇之，遂受贄。伉儷垂五十年。丈夫子三人：伯氏象斑，登己卯賢書。王恭人出。仲氏象瑨，以蔭齒成均。季氏象瑆，登辛卯賢書。皆恭人出。季爲家大人同榜兄弟。家大人於丁未解白水任，卜築於蒲。余亦以是年歸省。而仲之子庠生霈、霈，時從余游，以故耳食恭人之賢甚悉。當辛亥六月恭人疾作，余正在里門，聞其子若孫爭籲天乞代，晝則環侍飲食，夜則羣伺左右，延醫四集，檢方進藥，而病已漸次得瘥。至癸丑年二月，忽有伻以訃音至，云恭人於壬子八月逝矣，今將合厝於方伯公之兆域左次。因持狀請余銘。余方□天，默相恭人耄期可必。曾幾何時，乃解天弢泛靈輿，邌從方伯公游耶。嗚呼傷哉！按狀：

恭人于歸時，纔年十四，端凝諳練，動中規則。翁既歿，姑嬪氏鄒，繼室也，性最嚴下。方伯公昆弟五人，諸娣姒又多聰察不相能。恭人獨以柔順終始。當伯氏象斑呱呱襁褓中，藐諸孤耳。恭人提攜卵翼，至奪息女乳乳焉。比七歲，就外傅。方伯公每命屬文，輒許爲汗血駒。恭人喜若不勝，出所蓄珍奇啖之。後己卯秋闈之捷，紅緞金字，夢兆有徵，則恭人積愛積誠通神明也。迄今內外三黨咸推恭人慈愛天植云。方伯諸生時，下帷於邑西青堌之龍泉寺。恭人庀其家事，措置有方。遇歸省鄒太恭人，即規令就學，言不及私。厥後賓鹿晏，名雁塔，實恭人相與有成。獨樂羊子妻能賢哉？及除夏邑令，調繁永城，迎養鄒太恭人於署中。凡衣服寒暖之宜，起居早晚之節，恭人無不先意承志，得姑心歡。戊寅擢兵垣，上封事，恭人從旁贊畫，談言屢中，一時台垣諸君子雅重公，故多不速至。恭人洽庖，羊膻豕膮頃刻卒辦。於是，同年友羣嗓公中饋得人。其備兵台、紹也，台距蒲數千里，鄒太恭人年衰邁，不欲偕。方伯愴焉。恭人乃跽而前．願留養。太恭人曰：嘻，奉侍老婦，尚有他子婦在。何必若是，重吾倚閭憂也。恭人勉從，治命乃行。會台署火災，逮延寢室。家衆沸，请穴牆避之。恭人執不可，曰：夫子有造於越。祝融有靈，必不吾燼也。脱不測，吾亦何至以穿窬免哉？其律身之嚴如此。壬午，轉陝西關內參政。舟次京口，阻於寇亂。家僮以太恭人訃聞。方伯當不致毀之年，擗踊涕泣，不欲生。恭人能匡以禮。明年甲申，本朝定鼎。撫按交薦，補山西岢嵐參政。恭人周旋左右，進衣視食，一如向在豫、越也。居二年，晉陝西右轄。督撫素多方伯才畧，凡會議大政必與俱。然以春秋高，漸不耐繁劇，喟然作蓴鱸想。恭人曰：知足不辱，知止不殆。君職藩伯，弗賤也。故園松菊不負人。君其良圖。方伯遂決計歸。抵里後，閉門養重。恭人乃日潔餚饌，出斗酒，佐方伯公結社耆英，婆娑林溆間。或良宵清燕，特呼子若孫，分井為壽，繞膝稱觴，偕隱之樂，油油如也。方伯公有胞姊，□而嫠，無所棲泊。恭人惻然憫之，白於方伯公，闢書院居之，解衣推食。曰：無戚我翁姑為也。終四十年如一日。追姊氏歿，一切殯葬，恭人經理皆從厚。故里中親識，無不人人多恭人賢。庚寅，方伯邊病痿痹，一坐一卧，皆恭人身為扶掖。以至奉藥餌，具饘粥，匕箸必親。且每食必令子孫籍其多寡，以驗病之輕重。而憂喜因之。諸子侍藥之餘，即督令治舉子業。俎暑歷寒。又五年歲在甲午，方伯公竟捐館。恭人啼號欲絶者數數。已念過為哀毀，恐愈茶手心，乃忍哀節痛，復寬慰諸子，俾勿滅性。自含殮以至襄事，恭人綜其成，周詳曲當。三子苫塊中，每晚詣中門候母。恭人必具素食素羹以待。事夫則敬而有節，教子則愛不傷慈。恭人可謂以禮自勝者矣。憲副公伯龍之子象瑾，方伯公之侄也。中年缺後，泣告恭人，請伯氏子燾為嗣。恭人集諸兒命之曰：而伯父，而父同胞兄弟也。貴為名臣，竟斬焉不祀。伯父餒，吾懼而父之不忍獨馨其祀也。燾往哉。方伯公有弟孝廉少龍早夭，妻李誓死，七日不食。恭人急割愛子嗣之。李得稱未亡人數十年者，恭人賜也。恭人素健勝，獨以冢子象斑於戊戌病瘡瘍不起，日夜涕泣，摧心裂肝。晚年諸疾，實基於此云。大抵恭人生平，沉静端莊，寬仁慈惠，無傲容，無嬉笑。且貴而能勤，老而靡倦。日課農桑，力繼績，即雜里嫗中不以為褻。子婦或勸令休息。恭人必正襟作色，亟申晏安鴆毒之戒。嗚呼！若恭人者，雖魯敬姜何多讓焉。是則恭人年彌高，德彌劭，當眉壽無害乃以一疾，溘焉長逝。何天之靳此期頤也。雖然，恭人生榮死哀，母儀婦德，方將壽世未艾，共歿也乎哉，其寧也。

　　恭人生於庚子九月初九日，終於康熙壬子八月二十八日，得年七十有三。子三人：長象珽，己卯舉人，娶王氏，前少傅吏部尚書王公永光男廩生錞女，前卒。次象瑤，官生，娶柴氏，前河南布政使司右布政使柴公寅賓女。次象珵，辛卯舉人，娶時氏，舉人時公雨暘女；繼孫氏，居士孫公天工女；繼夏氏，諸生夏公不伐女。女一，適前兵部左侍郎王公家楨男、丙午科舉人元烜。孫男七：霈，邑庠生，娶前浙江道御史杜公廷璉男廩生維脩女。霨，娶辛卯舉人黃公之俊女，爲憲副公男貢生象瑾後。□，娶邑諸生崔公□女。珽出。霈，邑庠生，娶丙戌進士山東蒙陰知縣崔公尅女。霑，邑庠生，娶邑諸生張公本元女，繼廣東河源知縣宛平王公麟女。霞，未聘。瑤出。霊，聘丙戌進士安廬道僉事崔公胤弘男貢生岷女。珵出。孫女三：一適前刑部主事靳公聖居男邑庠生泰運子成璵。一適四川大竹縣知縣滑縣朱公胤哲男廩生驊。瑤出。一適前山東堂邑知縣楊公希震男岷。珽出。曾孫男七：奕超，娶前太僕寺少卿張公弘道孫癸卯舉人元嘉女。奕越，娶翰林院庶吉士杜公芳男諸生皇弼女。奕卓，娶邑諸生夏公民懷女。奕蕃，聘鑾儀使都督同知王公鵬沖男光祿寺署正樟女。奕□，聘貢生張公國器女。奕弘，未聘。霈出。奕炳。□出。曾孫女四：一未字，霈出；一字諸生宋公偉儒子存誠；一字前堂邑知縣楊公希震男諸生暄子君庸；一未字，俱霨出。鉉孫二：以大，以永，俱未聘。奕超出；次君象瑤等於卒之次年三月二十七日，啟方伯公之竁以恭人祔墓，在邑西十二里之留村。銘曰：

體坤履順，陰教乃宣。妻柔婦婉，德音莫愆。子騫不寒，維鳳連翩。陸續之母，孟光之賢，焜燿後先。而富不驕，貴不侈，溫恭淑慎者五十餘年。方伯參虬，恭人乘鸞。生順歿寧，徜徉南阡。懿德在茲，水護山纏。過者戒之，樵採勿前。

康熙十二年三月。

(拓片存河南省文物考古研究所。李秀萍)

重脩尊經閣碑記

本縣知縣宗琮涇陽人

　　天下之治忽，關乎人材。人材之盛衰，視乎經術。學校者，經術之所由興也。長垣稱古文獻地，嘗讀《魯論》、《孔子世家》諸篇，夫子遊覽天下多矣。而獨數往來於衛，且衛之賢士大夫一時為聖人所推許者，亦較他國為眾。余固願一至其地，以觀其山川奇秀之蹟，將必有如古昔學術之盛出於其間，而吾無從至之也。

　　康熙己酉冬，筮仕垣邑。見其人民之庶，猶有富教之遺，河朔都會也。及首謁夫子廟，由大成殿、明倫堂，抵尊經閣，閣貌聳然，踞宮牆之望，然拱棟傾圮，漸成瓦礫。越明年，邑之廢者漸起。因與學博劉君謀，重建魁星樓。魁樓在尊經閣東南隅，為學宮左户。然不憚先營者，為其用力輕者易舉。尊經閣工繁，未能猝辦也。適邑先達徐先生視山西學道旋里，毅然以興復尊經閣為任。關內道杜先生暨孝廉張、王兩先生，咸踴躍以襄厥成。謀議甫定，禮部員外呂先生慨輸金伍拾兩。於是，庀材召工，撤故易新。諸公皆親身監涖，節縮浮費，嚴察冒破，一役之力，皆出於募，不徵調於里社。一貲之用，皆出於勸，不借支於公帑。創始於壬子十月，訖工於癸丑七月。落成之日，同事畢集，舉酒閣上，南望蘧里寡過，知非之學可述而志也。其東衣冠古邱，非河內公之遺烈乎！西瞻衛水，康叔明德之化，武公淇澳之歌，猶有存者。北眺杏壇，兵農禮樂，終付春風一瑟，鏗爾之音，嫋嫋入耳矣。大哉！觀乎一方勝概，胥於門檻前得之。酒半，孝廉王君屬余為尊經閣記。余辭之弗獲，因掇拾所聞，以告之曰：

嗚呼！道原於天性，率於人，具於聖人之《六經》。經也者，聖人修道之教，而所為窮理盡性，明善誠身之學也。周衰，道廢，夫子出而表章之，《六經》始尊。迨後秦火，而漢儒補葺之。閱晉、唐及宋，周、張、程、朱出而發明之，《六經》復尊。然則晚近之言尊經者，舍學校其道無由。蓋師以為教弟，以為學仁，以為宅義，以為路禮，以為門忠信，以為基址廉恥，以為垣牆。周、張、程、朱以為戶牖。《學》、《庸》、《語》、《孟》以為階梯，積之於中，而無假於外。得之於心，而措之為行。何謂《易》？吾心之陰陽消長也。得其所為時行者而易尊。何謂《書》？吾心之紀綱政事也。得其所為施者而書尊。何謂《詩》？吾心之歌咏性情也。得其所為時發者而詩尊。何謂《禮》？吾心之條理節文也。得其所為時著者而禮尊。何謂《樂》？吾心之欣喜和平也。得其所為時生者而樂尊。何謂《春秋》？吾心之是非邪正也。得其所為時辯者而《春秋》尊。不然，《六經》之文具在，庋閣而藏之，扃笥而秘之，直為美觀已耳，於尊經何有？諸先生學成致用，脩之於家，而獻之天子之廷，誠崇經學古之明效哉！茲礱石記事，不獨幸衛多君子，副吾夙昔願，見之赤心，亦以冀後來者有基勿壞，共維大典於不墜云。

閣之初建，爵里時代，載在邑乘。茲不復贅。先生名謂弟，順治壬辰進士。杜先生名宸輔，順治乙未進士。張先生名元美，順治辛卯舉人。王先生名元烜，康熙丙午舉人。學博劉君名漢裔，通州人，順治丁酉舉人。

康熙十二年七月。

（文見康熙《長垣縣志》卷七《藝文志》。王偉）

重脩魁星樓記

崔蔚林學士正詹

垣之學宮戟門外巽地，舊有魁星樓一座，屹然為一邑大觀，創於故明萬曆庚寅歲，迄今八十餘年矣。廣文順天劉子漢裔見其歲久傾圮，欲重修之而力未逮。邑侯宗公琮，關西涇陽人也。履任甫逾一載，政清人和，將欲興衰起敝，次第舉行。念學宮為尊崇先師，教育人材之地，而魁樓居文廟東南隅，為神明寄寓之所，且為邑人學士所仰瞻，允宜首先修舉者。於是，捐俸督工，計日舉事。邑之搢紳咸鼓舞，各輸金有差。廣文劉子身董其事，不踰時而煥然改觀。工竣，劉子遣二生請記於余。余詢諸二生，復訪諸邑人，咸以為自高公建此樓以後，一時襄毅李公、太宰王公、少保崔公、司馬王公相繼興起，而人材之盛，科第之多，畿南郡縣至今莫與爲比。當年之創建，誠不可已。今日之重修，所係洵重哉。余聞其説而疑之，夫説興版築伊發有莘，亮臥南陽，姜釣渭濱，且鄒魯之英，咸萃於闕里，隋、唐將相半出自龍門，或不待教而崛起，竟爲帝臣王佐，或相觀而益善，咸超絶乎凡民。其時未聞有樓閣之建，風水之説也。況魁樓之建立遍天下，而人材之盛衰相去不啻什百焉。則樓閣之創立與否，謂其必有關於文風也，豈定論哉？或曰子謂魁樓，不必有關於文風，然則高公創於前，而宗公復修於後者，其意何居？曰所以示崇正，抑邪之意，而神鼓舞後學之用也。

按：魁星者，斗首四星，斗爲帝車，運於中央，臨制四海，分陰陽，建四時，均五行，移節度，定諸紀，皆繫於斗。古人以爲天之喉舌，所以酙酌元氣者也。斗魁，戴筐六星，一曰上將、二曰次將、三曰貴相、四曰司命、五曰司禄、六曰司災，而總名爲文昌宮。由此言之，則魁於文昌，皆星斗之名，所當與天地日月並行尊禮者。世人建佛塔，立寺廟滔滔者，天下皆是公。若曰與其崇誕幻不經之淫祀，曷若尊在天成象之正神，此公崇正抑邪之微意也。且魁樓建而人材盛，向既時與事值有其説矣，人且信其説矣。信之則必尊之，尊之則必惡其圮而喜其新。公若曰善教人者，當因其俗而利導之。彼諸生者，謂魁樓既修，則科第功名行且愈盛，將必益奮志讀書，以培其氣，將必益勉強修德，以植其基，則人材之盛，科第之多，吾知若操左券而可卜其必然矣。如此，即魁樓大有關於文風也，亦宜不然。苟不加意讀書修德，信形象之説而怠自治之功，不惟吾黨之志荒，且負公神道設教，鼓舞後學之意矣。諸生其勉之哉。

康熙十四年。

（文見康熙《長垣縣志》卷七《藝文志》。王興亞）

御書長安冬至[1]

子月風光雪後看，新陽一縷動長安。禁鍾乍應雲和曲，宮樹先驅黍谷寒。

臺上書祥傳太史，齋居問禮問祠官。紛紛雙闕鳴珂下，未覺元關閉獨難。

玉河冰泮寒澌忽散，玉溝東百道清波。太液通望處，日華連□動，祈來雪瑞及春融。

漸聽玉碎方流畔，不盡遺珠赤水中。先向龍池霑帝澤，願歌魚沼樂王風。

己未臨其昌。

賜日講官起居注翰林院侍讀學士加詹事府詹事臣崔蔚林。

（文見同治《續長垣縣志》卷下《金石志》。王興亞）

---

[1] 同治《長垣縣志》注：石今存蔚林裔孫董家。

崑麓吳公祠堂碑記

郜煥元邑人湖廣提督

　　周制大司樂掌成均之法，以治建國之學政，而合國之子弟，凡有道德者使教焉。沒而以爲樂祖，祀於瞽宗。今學祀鄉與宦之賢者，是其遺意。至於專祠，則倣此意而行之，以志思也。有功德於人則思，思則欲報，追其流也，不以思而以諛，故當時則榮，沒則已焉。惟久而論定，衆口歙然，僉以爲允，則庶幾祝史陳辭無愧耳。以余觀武進崑麓吳公，則其人已。公固天下士爲唐荊川、薛方山兩先生，及門首座，海內所稱崑麓先生者也。明隆慶間，來攝垣教事，至則分庠士爲六會，相與發明經傳，闡繹微辭，日有省，月有試。舉昆陵之業爲準的，丹黄甲乙，凜若秋霜。暇則稱引古大儒名臣，以德業相勗勉，士習爲之一新。先是垣固有才而學無指授，自是無不人人爭奮，拔幟詞壇，能折諸郡邑士角也。故襄毅大司馬李公于田方垂髫即試之，曰無易小李，此異日勾當天下事者也。程課益力，遂魁解額，掇巍科，以勛名顯於時。吾垣文章科第，遂爲八郡甲矣。

　　是時，學宮逼處市闤，前隘而後迫，形家數言不利。公思爲改制，謀諸邑侯胡公。胡公頷之。乃市民家地，地屬兩諸生，有難色。公毅然曰：學非吾家事業，以天子命守是官，奈何委爲異人任也。即以理喻而生，因斥廪俸，倍償其植。學制乃拓，煥然翼然，咸與維新。公周視輾然曰："垣士其大乎，地形備矣。"先是垣薦紳不乏，未有起家爲大官至六卿者。嗣是李大司馬、崔王兩家，宰王司農，許少宰接跡起，咸追所自。曰：微吳先生力不及此。是時，郡守暘谷王公，方起元城書院，以公負重名，教垣士有法，遂主院事，猶攜垣士之俊者與偕，而在邑者仍日月有程期，郵寄其牘，校定之無餘力焉。已而，用薦遷爲國子助教以去。而垣人士益思公，請所司以名宦祠公。迄於今勿替。

　　會御極十有八年，公元孫宮坊耕翁太史視學畿甸，校士於魏，公慎自矢，且曰：使一士一文之不得其當，無以報吾祖矣。所甄拔盡名下士，而單寒子多有感激泣下者，文風蔚然蒸動，視昔有加。於是，諸博士弟子羣聚而謀曰：吾屬之彬彬郁郁，以有今日，伊惟吳先生之賜。名宦屬在朝典，非吾黨所得常祀，而學舍隙地，乃先生臯比談經之所，即爲祠以祀先生。吾黨得所夕奉俎豆禮也。乃相率而請於邑侯宗公。公固醇儒，以尊師重道爲亟務，遂請之諸臺司，咸報可。復捐清俸佐紳士之不逮，鳩工慮材，祠乃告成，以問記於余。嘗聞家大人銓部公之訓曰：爾小子亦知吳先生之有德於垣乎？先憲使興學記盡之括其要，不過一言，曰誠而已矣。憂垣士之不文也，授以經繩以法。憂垣學之不大也，拓其制，備其儀，惟公亦曰垣非吾家事，垣人非吾家子弟，而諄諄切切不自暇逸。若以垣人之盛衰爲其家子弟之盛衰，非至誠而能之乎。誠則效，效則有功德，德則思矣。宜其子若孫繩繩奕奕，一再傳而有我太史公也。太史公益用振興，以振弊扶衰，光大令緒，則天之所以報善人而福被吾垣者未艾矣。小子誌之。余不敏，乃述庭訓以爲記曰：是舉也，有三善焉。公爲人師興賢育材，不邀身後名，而名自歸之，至百世不忘，一也。垣人士爲人弟子，而淵源師友，好是彝德，至久而無斁，斯民直道於今勿絕，二也。太史公爲先生象賢之孫，世濟其美，今能鑑空衡平以鈞陶士類，合多士之歡心，以繩祖武，則孝德益彰，三也。余故受而次之，以告來者。獨是余謬以不文，忝我曾大父後，無能爲役，而公家麗牲之石，復得附名，以傳不朽，則余幸且愧矣。

公諱欽，字宗高，別號崑麓，江南武進人，鄉進士。是役也，邑侯宗公身其事，民以不勞。

侯諱琮，字侶璜，陝西涇陽人，辛丑科進士。署教諭，舉人劉漢裔襄其成，例得並書。
康熙十八年。

（文見康熙《長垣縣志》卷七《藝文志》。王興亞）

崑麓先生祠堂碑[1]

崑麓元孫順治戊戌進士翰林院侍讀直隸學政吳珂鳴

珂幼奉庭訓，即聞高王父司教長垣之澤，為北方所被服不衰云。每志祖德，嘅然歎興，安得一至前人雨化之地，觀厥徽型也。倖通籍二十餘載，悒悒此志未遂。今上御極之十有八年，俞禮臣請勑珂鳴視畿輔學，惴惴焉凜職不遑，私心輒計曰："茲役也，應得一觀風於蒲也。"由邢襄而南巡，洎天雄，方下車，入郡，聞郡邑有司暨都人士鳩工庀材，茸所謂元城書院者而新之。而祀主所奉，則固吾高王父也。余昔雖聞有聘主元城書院事而未得其詳，迺披郡邑志及中堂成青壇先生之言之縷縷，以故不忘先人之澤而新之也。惟蒲之紳士以高王父嘗司教於其地，向所奉祠宇，即於黌宮之隅，同時競起而新之。余則何幸而適逢茲會也。試事甫竣，於郡中體祠畢，驅車而入蒲。蒲之邑令宗君琮，向為余淵源之士，從余謁文廟，隨導余謁先祠下，榱桷既久，丹腋增華，余瞻主肅拜，而邑令連佐貳司教者，率諸生數百人，以至邑之薦紳雲集，潔粢盛，益肥腯，鐘鼓喤喤，拜手陳辭。牧豎羣堵，環觀盛事。余再拜謝起。邑令偕紳士引余指點遺跡，凡先人之翰墨一字，拱如球珍，有若明倫堂之大書"忠孝廉節"者，若廡下之所題"進德齋"者，若坊之所題"貞教"者，若樓之所題"陽春"者，若記之"退省齋"、"超然亭"者，字體不一，大小兼工，木石並壽。余方覽不暇給，而薦紳先生言其湮沒者，且不可勝數也。蒲之薰於德者深，蒲之祀於今已歷百餘年。自茲以往，知不朽也。余於是喟然而思，凡德教之入乎人心者真，真則可久。若夫以文而崇之者偽，偽則過而為墟耳。使先人昔備位於此，以余今日忝上位，縱日增崇祖德，命有司飾廟貌而祀之。觀者以為故事，議者且以為非制已。巡車既往，榛莽置之何足怪？若余先人之教澤，百有餘年而不替也，紳士能道之，童叟亦與知之，是人心之真也，久也，

---

[1] 康熙《長垣縣志》卷七《藝文志》標題作"吳先生祠前碑文"。

將又久也。余之適逢斯會者，反為偶也。抑蒲為先賢子路所宰，故名宦首祀之。又為蘧伯玉故里，故鄉賢首祀之。而先人附兩賢於宮牆之後，永世勿祧矣。邑中大司馬李襄毅公化龍者，為先人門下，首列襄毅公名臣大節，俎豆於鄉，而相傳其學，本先人之教也。先人益附以滋榮矣。余也，學不足以型多士，德不足以繼祖訓。幸邀簡命，軺車所臨，得勒片石以志厥事，志家乘耶，志國恩云爾。

康熙十八年。

（文見同治《長垣縣志》卷十四《藝文錄》。王偉）

寶鑑堂記

袁佑東明人康熙己未博學鴻詞官春坊中允

蒲宰秦公之治蒲三年，政成民乂，乃飭其堂於廳事之後，役人汲井得古鏡，擲階鑑然，規數寸，銘其背曰"寶鑑"。剔泥濯污，如珠出匣，光霍霍射左右。役人以獻於公。公曰：此玉之瑩石之精，吾何以得？是昔鏡之銘也。曰見爾前，必慮爾後。又曰：目短於自見，故以鏡觀面。智短於自知，故以道正己。若其謂我乎，側弁垢形，庶其免矣。夫堂成，因以名之，蓋示不忘也。

賓客僚吏觸詠其事，而問記於余。余復於公曰：至人之用心若鏡，故勝物而無傷，亦不疲於屢照。然以之剸割，或引鏡為刀，屈刀為鏡，其體用具也。公淵邃洞朗，表裏俱徹，殆有取乎鏡。而鏡之湮於井也，不知其何代何人。及公之役，探手而得之如家珍，豈非清明之應與？嘗考博異之書，有師曠所鑄鏡墮井中，為毒龍所溺，幻為人，請謁求救。其事誕不可信。然以余所見，湯通西洋鏡，照見數里外草木人物，投虱于掌，以鏡燭之，雙眉如蛾舉，體皆微毛，海舶戌卒持以仿海汛空明照二百里，帆檣旌旗俱見，怪異如此，以是知白陽紫珍之寶，夫豈偶也。以照髮眉，則修貌端好。公謂余曰：某大夫賢，某士也良，吾樂與之遊，故義塾鄉校徧境內，絃歌熙熙而成俗。以照人腸胃，五臟歷然，即知病之所在。公謂余曰：某地卑下苦潦，歲事不登，某苦浮糧，久敝於征。故疾痛在身，撫摩噢咻而成化。以照魑魅，則百鬼不敢近。故蒲多盜，探赤白丸者，見城市吏不能制，至公，而境內帖然，夜無吠形之狗。凡此皆足以証咸陽府庫方丈山之說，雖近諸不謬也。願公益粉之，以元錫磨之，以白旃高懸廣廈之中堂，見四鄰，瞻萬象，行見聖天子垂裳而嘆曰：以金為鏡，可以正衣冠。以人為鏡，可以明得失。唯我公是鑑，則是堂也，其亦為之兆也已。

康熙二十三年。

（文見同治《長垣縣志》卷十三《藝文錄》。王興亞）

康熙乙丑修學記

清邑人郜煥元

粵稽古學校之制，莫備於三代。然有專士而無專官，有專學而無專廟。逮漢武帝，乃令天下郡國皆立學校官，實自蜀守文翁為之始。而唐、宋以來率遵之，以至於今。夫文翁以一隅地，至風動人主，興起文教，歷千百世無改。故班固取以為循吏冠，其他龔遂、黃霸、鄭宏、召信臣諸君，且不能不屈而為後勁，則為治本末，從可識矣。

長垣，魏之鉅邑也。邑有學，興替不一。大約盛於前令孫公錝，備於胡公宥，迄今百有餘年。時遠易湮，而又燔於兵，囓於水，傾圮漫漶，半委榛莽。頃關左秦公來領邑事，公固醇儒，湛於經術，而又通達世務，首至瞻拜周視，既而嘆嗒曰："邑號名區，校乃荒嫠不治，非所以妥先靈，育羣才也。撤其舊而新是圖，繫余有司之責。"閱明年，政成教洽，民用以和，乃首捐清俸以倡，而邑紳士亦輸力恐後。鳩工蕆事，程時經用，公首自籌畫，咸中尺蠖，故役不勞而事集。經始於康熙二十四年之四月，越三月而工訖。若聖廟，若賢廡，若尊經之閣，若文星之樓，若祠若齋，若庖湢廩舍，若門若坊若池，莫不締搆堅緻，彤髹駁蔚，爐煇奕奕，洞心駴目，其敬一有亭，則公之特建也。秋七月既望，公卜吉，率僚屬暨邑大夫士用釋奠禮，安神位，而告成事。邑三老子弟堵觀者，無不跂蔚歡忭，感嘆興起，以慶治化之盛焉。於是，邑茂才十餘人詣余而請曰：願有紀也，以誌公功。余謂茂才，即公於古循吏中，可方何許人？茂才曰：比於文翁之化蜀，或庶幾焉。余獨謂蜀在漢時，去長安三千里，僻居遐壤，非如吾垣隸王畿首善，近天子之耿光，沐浴德澤，則振興為獨易。蜀自望帝來，離五西之開，止百有餘歲，文教未通，非如吾垣為衛之蒲，孔子嘗三至其國，城之北岡，為四賢言志之所。比於洙泗，近聖人之居，則興感為獨切。漢經秦火，詩書散佚，雖得鄭、馬諸儒疏註，非如我國家值濂、洛、關、閩之後，聖學大明，今上復欽定經書解義，頒諸學宮公用，以訓迪指授，俾人士得尊信而肄習也。又，考文翁以蜀都僻陋，歲遣小吏開敏者，詣京師，受業博士，數歲成就，乃歸。用察舉，官至郡守、刺史，非如吾垣自春秋來，有蘧伯玉、吳祐諸名賢，以及近代李襄毅諸公，接跡至公孤者。其文章勳業，炤耀史冊。俾後起者，知所取則也。漢武帝雖重學校，間雜用薦辟，多所跅馳不羈士，非如我皇上嚮用儒術，廣勵學宮，頃親驅萬乘，登闕里之堂，而祀乙太牢。公興學布化，適際其時。以奉揚天子德意，將見通經學古，由此其選則胥教胥效，捷若桴鼓。余故謂公之於文翁殆於過之無不及者矣。

垣人士誠體公之至意而用之，相與砥躬，礪行型人講讓，以正三德，以敷五典，以明六藝，處則為良士，出則為名臣，由一邑而施之天下，道德可一，風俗可以同也。安在三代之聖王之教，不可復覩於今日哉！又何漢代之文足云。余故重為邑人士勉為。是則公所以作新之意也夫。

公諱毓琦，字韓雲，遼東鐵嶺人。若董工襄厥事者某某，例得併書。其物料工用出入度數，悉在別志，不具述。

康熙二十四年七月。

（文見民國《長垣縣志》卷十三《藝文志》。王偉）

前吏部主事郜公墓誌銘

國朝熊賜履湖北孝感人，官居大學士。

前進士吏部潛庵郜公，以文章氣節見稱於當世。長君學憲公視楚學，履受知甚深，因得奉教於公，聆其言論丰采，巋然古名德大人也。嗣是履官京邸，數從學憲，同公起居，歲戊辰，履再領容臺，方欲取道奉杖履，而是年公遂捐賓客矣。明年，學憲以公狀來請銘，履禮臣也，述舊德以風勵天下，固其責也。則何敢辭？

公諱獻珂，字德章，潛庵其別號也。先世山西之長治人，始祖果，占籍長垣。果生信，信生壬，贈御史，娶于邵。壬歿，邵以貞節被旌，後封太孺人。生二子，次，永春，舉明嘉士戌進士，由御史累官按察使，以清直爲隆、萬間名臣，即公大父也。御史生儒士和鳳，是爲公父，娶於崔，爲冢宰景榮公女。儒士歿，而崔殉焉。詔以烈婦被旌，至今稱雙節郜氏云。烈婦歿，公方二齡，育於憲使公，又六年而憲使公卒，就傳於外王父冢宰家，穎敏異凡兒，冢宰公期以國士。十五補博士弟子員，餼於庠。每試冠軍，牘一出，藝林爭爲傳誦。崇禎癸酉舉於鄉，爲葛公徵奇所拔。讀其五策，歎曰："此經濟才也。"庚辰成進士。公於廷對日，激切言時政，語多觸忌，不進呈。士論韙之。是年，授山西壽陽縣令。壽多巨猾，因吏爲奸。公一以廉明爲治，卻羨耗，平訟比，數斷疑獄，飭驛傳，興教化，七閱月而聲大起。遂調令山東曹縣。曹故巖，兵燹後，彌望墟莽。公至，則詢民疾苦，次第興除。邑介三州，宿爲盜藪。公視事初，介馬徑薄寇壘，殲其渠數人，餘悉解散。邑人劉澤清爲鎮帥，其監奴戚屬，多憑倚捍禁，邑惡少翼之，帕首腰刀，鳴鏑遍肆市。公陰白鎮帥，求軍籍主名籍以外輒驅之。弁丁蓄怒呼譟至，飛矢縣門。吏人反走避匿，公不爲動，卒驅之。閒左一清。

曹歲運漕米於張秋，官胥廉人侵蝕，數倍正額而又大其斛。公立焚之。躬赴運所驗納，期以十日卒事。里民歡呼，疾驅而往，咸如約，歲省金錢數萬。河經曹境者二百里，歲輸水衡錢，中飽積胥，而以修築委之里民。公募丁壯，以供畚鍤，河工底績，而民不知勞。時值軍興，新練諸餉雜出，公著歲會尺籍，以示畫一，盡除竒羨，民困以蘇。邑故健訟，而奸人多飾館舍以寓客，每一紙入，主者勾結巨蠹劣衿居間漁利，歲數破人家。公杖諸館人而出諸境。於是，刀筆興戎者息。

大盜李青山聚衆十餘萬，攻陷張秋，掠漕艘而西。公嚴兵境上，與鎮兵爲左右翼，夾擊之。遂破青山，獻俘闕下。壬午，分較秋闈，主司意有所屬，而故乙公所薦牘，公力持不可乃已。得士六人，皆知名士。東撫王公永吉悉公治狀，特疏奏薦爲廉吏第一人。是冬有敵警，公守城有功，奏聞。敕部以優敘。方謂旦晚內用，以忤督某，爲所中。於是，撫按臣交章爲公理而不直。會某敗，公事益白。方是時，逆賊已渡河，上詔大司馬急推擇堪任兵事者爲兵曹。大司馬倉遑無以應。上手出公名付之，大司馬即上前手疏題補公爲職方主事。文臣遷除不由銓部，惟公爲始。時寇劇道梗，公不及聞，而賊僞將軍已分掠懷、衛。公乘城部署如前，頃之，微聞已擢樞部，或謂當緩城守以報。代公斥其妄，城守益嚴。無何，按君行部至濟，語以故，方知果得移。蓋上之破格用公者，出異數云。

公得代將發，賊騎已薄近畿。學憲公泣挽公留以觀變。公弗顧，遂留詩學憲，衣帶以爲訣。行至濟州，而聞北都之變，公號泣不食者三日。門人邵子泣止之，且曰：公素得曹人心，誠以樞部號召曹、濮間豪傑，用圖恢復，不猶愈於徒死乎。公乃起食，走入曹州營參將張成福軍中。張鎮，澤清部將也。聞變，據曹之安陵鎮，集眾至數萬人，公爲畫計，分兵十餘壘，布要害，以遏賊，使不得東攻。下兗西諸城，斬僞守令，奪僞印纍纍。復走天雄、廣武間，所在鼓以忠義，人多嚮應，軍聲遂振。時長垣僞令陰結杜勝營僞都尉，搆僞將軍之駐覃懷者，掠垣滑諸邑，以爲亂。公令參將以計斬僞都尉，僞令走，僞將軍亦解而西，河北平。會南中已別有所立鎮，澤清封東平侯，移參將鎮淮西。公馳赴其軍，途梗，童僕皆道亡。隻身達於淮，以葛帔草履見。東平嘆曰：「向知使君廉，乃寒至此乎。」爲具冠服。見幕府，爲言規取河北之計。幕府奇其言，擬以爲監車使，招練河北。公辭不就，已而，改補吏部驗封司主事。

乙酉，師南下，公留滯江淮間。時朝已定北畿，督學御史曹公溶以地方人才薦部，檄下徵，公始歸。歸則以病請，部覆得予告。辛卯，隱逸。按君奏薦公堅臥不出，退而隱於河幹，日惟與門弟子談經論道，亹亹不倦，如是者四十有七年如一日也。偶感微恙，即卻藥餌不御，即不起。公既沒，篋中止十餘金，幾不能殮，貸於親執而後成禮，其廉如此。惟好學，於書無所不讀，晚尤究心理學，而躬行實踐，則得力於考亭氏者爲多。方公之卒。里中少長無論識不識，咸爲流泣，曰善人亡矣。遠近會弔者數千人。曹縣人持瓣香踵門而哭者相望於道。曹人請入名宦，長垣人請入鄉賢，俱得崇祀，門人私諡曰「貞靖先生。」嗚呼！斯余所稱爲大人者哉。

公生於萬曆壬寅二月二十一日，卒於康熙戊辰八月十四日，得年八十有七。配王氏，封安人，別有誌。子二：長即學憲公，諱煥元。中丙戌會試，丁亥，賜進士，官湖廣提學僉事，娶劉氏，封安人；次，寵元，壬子拔貢，娶王氏，繼耿氏。三女：長，適庠生杜宬；次，適庠生楊暄；次，適庠生張握瑾。三孫，煥元出者一，驥遴，乙丑拔貢，娶李氏。寵元出者二，驥逢，庠生，娶黃氏，繼夏氏；驥達，庠生，娶曹氏，繼邢氏。曾孫一，貴。曾曾孫女一，俱幼，驥達出。今卜於康熙三十年辛未之冬，葬公於時家岡之兆域，而以王安人合焉，禮也。爲之銘曰：

大伾巍嶬衛源清，榮光淑氣生俊民。爰有斯人清且仁，惠施兩邑政廉循。敹厱南北矢忠純，遭時板蕩逢不辰，慷慨誓師泣鬼神。天顧既移志不伸，艱難萬里老孤臣。解組還山臥松筠，白首一節氣嶙峋。兩河之間稱完人，考終大耋福履臻。納銘昭德視貞珉，千秋萬禩名不湮。

康熙三十年冬。

（文見同治《長垣縣志》卷十四《藝文錄》。王偉）

皇清勅贈文林郎官庠生鳴玉成公（象瑂）暨元配柴太孺人合葬墓誌銘

【誌文】

賜進士出身二甲傳臚翰林院侍講前左右春坊左右贊善日講官起居注翰林院編修欽賜御筆充三朝國史一統志明史纂修等官戊辰會試同考官殿試掌卷官庚午科特簡浙江鄉試正主考丙子科順天鄉試主考欽命浙江督學使前翰林院庶吉士楚黃年眷姪張希良頓首拜撰文。

賜進士第奉直大夫日講官起居注右春坊右諭德兼翰林院修撰纂修方畧大清一統志類函明史丁丑武殿試掌卷官左春坊左贊善兼翰林院檢討辛未會試同考官翰林院編修翰林院庶吉士德清門年眷姪徐元正頓首拜篆蓋。

欽定博學弘詞等日講官起居注右春坊右中允兼翰林院編修明史纂修官丙子科特簡浙江鄉試正主考承德郎東明年家眷弟袁佑頓首拜書丹。

康熙丙子冬，年伯贈公成先生年八十，以疾卒於閭第。卒之明年，其配柴太孺人，年八十一，亦以疾終。後二年己卯，嗣君庠生霈、辰陽公需將營葬於邑北之舊阡，持贈公狀以書走浙，贅不佞一以言，以鑴隧道之石而識不朽焉。不佞與辰陽公同榜成進士，最悉贈公而心儀贈公久，是不獲以不敏謝。

謹按：贈公諱象瑂，字鳴玉，號麗虛，世隸山西平陽之高平邑。至贈公高王父處士公岱，遷長垣，家焉。岱娶文太安人，生睢陽公宰。太安人嫺習典籍，課睢陽公中嘉靖乙卯科舉人。初令陳留，再牧睢州，家始振。宰生孝廉公蓮，學行卓越。垣大夫士率北面師事之。蓮生子五，次仲龍，贈公父也。累官至陝西右布政使。與伯兄伯龍憲副公俱以明進士為名臣。布政公配殷恭人，繼王恭人。王恭人生贈公兄孝廉公象斑。再娶封恭人李，生贈公暨孝廉安丘公象理。恭人夢麒麟絡璽入宅之異而生贈公。贈公生而岐嶷，左臂赤形周數寸，而色光灼若璽。布政公顧謂恭人曰：是汝夙昔夢徵也。布政公與恭人大奇愛之。贈公負性敏慧而神識茂暢。襁褓中，布政公授以句讀，應口誦無遺。及齓，不為戲嬉狀，步趨揖讓俱有法則。少長，辯析易疑，郎已驚其塾師。弱冠，補博士弟子員，試輒傾其作者。會布政公宰夏、永，携之官署，一切簿書筐篋，悉委贈公。裁決明徹，無少滯漏。再從布政公居兵垣，經畫章奏，剴切詳明，大有裨於時政。最後從之台、紹，布政公振勵風憲，勷助弘多。甲申，慘罹流寇之變，兄孝廉公幾犯賊鋒，賴贈公策乃全。寇促布政公、孝廉公遷置沂陽。隨侍父兄千里外，飲食起息循子弟分甚謹。居一載，保護回里。里中競稱孝友。乙酉，以布政公山西岢嵐參議，受三品廕為廕官生，入太學讀書。太學生與贈公游者，敛谓公明习吏治，当藉是为起家地。而赠公意弗顾。归奉布政公、李恭人，备极色养。处伯仲间，意蔼如也。后更两尊人丧葬，仕念益衰。日取子史百家言，渔猎镕铸，往往精探其所由造。其於诗，自建安至大历，鲜有不窥，薄其神趣。赋颂志记，又一一取材东京鹤城，故多鼎贵。其博精於古，极推吾师邳凌王先生。先生凡事赠公为之扬扢风雅，下上今昔，抵掌卜夜，忘其为尔汝也。后起名儁，掇巍科如林，视赠公为丈人行。邑大夫宗侯多赠公行谊，书扁赠之为孝友先生。岁乡饮酒，例举大宾一人，学与齿德优者登之。邑大夫孙侯博採羣议，延赠公为大宾者至再。届期观者肩摩，称赠公为秉礼君子焉。安丘公缘逋赋未楚，赠公闻之曰：催科政拙是吾家传。鬻己产珍藏物，尽偿所负。安丘公旋里，赠公依依，朝夕情好逾於孺子。嘱辰阳公，令辰阳当矢志清白，勿污先声。晚岁益笃於学，治古文辞、律诗，日无暇刻。於近代尤好陆放翁、吴梅村诗文。躬行愈益谨。饬诸子姪遵循礼度。时比之万石君、陈太丘之家法。其赈资宗戚，旁及里党类多美善，不具书。诗文存笥中未梓。以康熙三十五年丙子十二月二十七日巳时卒，距生明万历四十五年十一月二十三日亥时，得寿八十。赠公之亡前五日，顾诸嗣曰："吾向病犹辰起预事，病不为害。倘伏枕五日，病即不起。"呜呼！语之五日，而赠公竟易箦矣。

赠公生平敦孝悌，崇廉节，绝意华膴，不乐仕进，读书论世，有以全其藏身善道之真，其郭林宗、黄叔度之俦。与配柴太孺人，为本邑癸丑科进士河南布政使柴公寅宾女，婉顺有妇德。善事姑舅，从赠公西侍布政公，全而往，全而归。呜呼！太孺人践履贵盛，跋涉艰辛，卒尽妇职，非富贵之媛所能几及。其他淑则懿行，足为女流仪范者不口僕数。后赠公一年，以康熙三十六年丁丑九月二十四日丑时卒，距生明万历四十五年六月初九日寅时，得寿八十一。子霈，庠生，娶丙戌进士山东蒙阴县知县崔公尌女，继娶兵部侍郎滑县刘公达男廪生尔骅女，再娶处士李公国政女。次需，进士，娶邑庠生张公本元女，继娶广东河源县知县滑县王公鏻女。次阁，娶吏部尚书王公永光孙贡生霄冲女。次需，聘吏部尚书崔公景荣孙邑庠生峄女。降服子霑，贡生，娶安庐道监察御史崔公印弘男贡生岠女，继娶布政使阳武堵公天颜男贡生之秀女。女：一适刑部主事靳公圣居孙成璵，一适四川大竹县知县滑县朱公印哲男贡生骅。孙：奕焜，未聘。霈出。奕炯，娶太仆侍卿张公弘道孙国学生元宸女。奕燿，聘陕西凉庄道参议李公振世男候选知县凤藻女。奕烺，未聘。霈出。孙女：一适增广生宋公伟儒男庠生存诚，一适山东堂邑县知县杨公希震男庠生暄男国学生君庸，一适举人候选知县靳公成玫男骢启，一字甲戌进士现任山东诸城县知县李公璠男恺，一字江南武进县知县王公元烜男国子监典簿维垧男江钺。霈出。一幼未字。阁出。一字诸城县知县李公璠四男，一字河南怀庆府知府崔公徵璧四男。霑出。以康熙三十八年十二月初二日合葬於邑北先茔之兆域。爰系以铭。铭曰：

袜秩藩翰，河山世勳。嗣有龙媒，名悬天驷。前尹后陟，厥声益剧。彼君子兮，诗书肆志。白云丹壑，癙歌独寐。友则因心，孝则锡类。发为文章，山辉川媚。名姝毓秀，内德允备。曰嫔君子，琴瑟珮璲。令德令寿，克昌克炽。乃志贞珉，合诸幽隧。

不孝男霈、需、閣、需泣血勒石。

康熙三十八年十二月。

(拓片藏河南省文物考古研究所。李秀萍)

崔先生渭源墓誌銘

胡具慶

嗚呼，自吾鄉孫鐘元先生倡道蘇門，一時合志同方，共講明正學者，河南則湯潛菴先生，河北則崔玉階先生也。洎鐘元先生歿，而湯、崔兩先生亦相繼即世，學者無所師法，遂置正學不講。其有毅然以斯道為己任，不居講學之名而克盡其實者，以慶所見，數十年來惟我肖玉先生一人而已。

先生諱渭源，號清夫，玉階先生次子也。其先世居保定之新安。祖九圍，領順治辛卯鄉薦，任白水縣令，始自新安遷長垣，故先生為長垣人。考玉階先生，諱蔚林，戊戌進士，累官宮詹，立朝有古名臣風，而生平尤潛心理學，深入理奧，當代稱儒宗焉。先生幼而穎異，神清而質粹，年十五六時，即致力聖賢之學，白水公尤奇愛之，因字之曰肖玉，蓋深喜先生之克肖其父也。為制舉業，精潔淵微，渣滓淘洗淨盡，而屢試不第，僅登乙酉副榜，士林為扼腕。然先生雅不以科名得喪介懷，惟篤志力行，闇然自修為務。憶戊子之歲，與慶偕試都門，寓報國寺僧舍，嘗語慶曰："為學必向日用倫常中著力，方是實際工夫，庸言庸行，其味無窮。彼務名而不務實者，必不知此中真味也。"嗚呼！至哉言也，即此足以槩先生之生平矣。

方先生年六歲，母梁淑人卒，哀毀盡禮一如成人，又恐父過傷，每忍慟從旁勸慰，此尤人所難者。宮詹公予告歸林下，嘗養痾蘇門，先生涕泣請從。每食畢，輒呼從者進肩輿，先生挾書一卷、茶一鐺隨其後。宮詹公嘯歌山巔，先生以書聲佐之，至暮而歸，日以為常。及宮詹公疾篤，延醫侍藥左右，於病榻前不暇食、不安寢者七晝夜，宮詹公病竟不起。先生時年十四，執喪三年，寢處於土室半間，不爐不扇，布被委塵土中，嘗數日不展。後每至宮詹公遘疾之日，輒潸然內傷，越旬餘猶容色慘戚，一若初喪然。是時，白水公猶在堂也，先生以孫代子事之，十餘年如一日。白水公性極嚴，見人稍有失，輒呵責之，惟先生委曲承順，能得其歡心焉。繼母張淑人素多病，先生竭力奉養，歷三十餘年，無一事一言咈其意者。侍疾於傍，常至夜分，不數命之退不敢退，雖嚴寒風雪中亦然。張淑人外家貧，嘗解囊周給之，不侍張淑人言也，其善體親心多此類。

事伯兄以事父之禮，敬而愛之，閱四十餘年無幾微毫髮之間。張淑人嘗命先生與伯兄析居，於分產之外，張淑人自留養老地四百畝，又以三女在室，各除地百畝為遣嫁費。及張淑人卒，先生悉歸之伯兄，復加以地三頃、屋三區。伯兄辭之，先生乃著《歸正說》以堅求其受，曰："此非讓產也，乃兄所應得而弟歸之耳。"性好義樂施，嘗仿范文正義田以周族黨，然又不欲以義田為名，曰："吾惟隨分自盡而已。"有堂兄以地求售，索償百金，先生即其價買之。既而復以地歸其家，曰："我非買也，相助耳。"與人交，坦易和平，不立崖岸，故凡與先生游者，如飲醇醪而向冬日焉。有女奴買已逾年，後知其曾字人也，即詔其父母還之，不問原值，其人泣謝而去。有盜賣先生田者，置不問，曰："此迫於飢餓故耳，何足較。"其厚德之及人類如此。

嗚呼！先生一生誠所謂庸言之信，庸行之謹。自父母兄弟推而至於宗黨內外，实無一欠缺罅漏，使人可指摘而疵議之者矣。雖平時不居講學之名，而已克盡其實，故自吾鄉孫鍾元先生而後，足任斯道之傳者，吾斷以歸之先生。

先生元配胡孺人，吾姑也，先祖湖廣布政使諱戴仁公女，沈靜端莊，與先生相敬如賓，辭紈綺而甘淡素，若桓少君之於鮑子都焉，前先生三十一年卒。繼配成孺人，按察司參議諱某公女，柔順和易，貴而不驕，前先生二十六年卒。兩孺人之事張淑人也，必敬必謹，令無不從，妝奩巾帨之屬，窺張淑人心所喜者即奉之，必求受而後已。其孝事繼姑，蓋得於先生刑于之化深矣。簉室李氏，舉丈夫子二：長鏞，領雍正己酉鄉薦，少承先生家訓，能身體而力行之，言動舉止酷肖先生，識者知為遠到之器；次鈁，亦能以學行世其家。女子子二。孫男四。女孫二。聘字俱仕族。

先生清癯善病，至晚年連遭繼母、伯兄之喪，哭泣自傷而病增劇，然病中神志湛然，每舉存順歿寧之義，為家人曉諭之。及疾革，令取巾櫛自沐浴，子女家務一無所矚，惟命子鏞纂述官詹公遺事續入家譜，言畢正容而逝。時雍正庚戌六月二十二日也，距生於康熙甲寅八月初二日，享年僅五十七。

越三年壬子之冬，鏞卜以十二月八日奉先生柩，與兩孺人合葬於垣邑鄧岡之原。而前期專使來雍丘，以先生墓門之石屬慶為之銘。嗚呼！慶何足以銘先生，況先生生平為學惟務闇修，不惟不求名於當時，抑且不求名於後世。慶即心摹手追，舉先生嘉言懿行，薈萃成編，以告來者，亦非先生所樂居。然按其事狀，追惟疇昔之言，益信先生非欺我。則取其所心悅誠服之實德實行，勒諸貞珉，以示天下後世，微鏞之請，慶亦有所不能自已者，又豈容以不文辭哉。雖然，世之為諛墓之文者，孰不曰事親孝也，事兄悌也，夫婦朋友宗族鄉黨之間，無所處而不善也。今慶論次先生之行事，得毋疑其與此類等耶？不知先生於綱常倫物間，實有一段至誠惻怛之心貫徹於其中，極纏綿固結而不可解。其事親之孝，事兄之悌，夫婦朋友宗族鄉黨之無所處而不善者，皆從一片真性中流出。故慶之敘述先生無愧辭，而先生亦可當之而不愧。惟是慶才庸辭拙，於先生不可傳之真意，未足以形容其萬一，此則慶之不能無愧於先生者耳。

先生既中副車，例應授職，既子貴，亦例應得封，又於慶為親屬之尊，今乃不以尊屬稱，亦不以官階稱，而獨稱之曰肖玉先生者，重道也，且以著崔氏家學之有傳也。睢州湯潛菴先生有季子曰稺平，亦能傳家學，與慶素相友善。今慶既為此誌，又將緘寄稺平，相與憑弔而哀輓之。九原如可作也，亦可以幸吾道之不孤矣。銘曰：

望佳城兮鬱蒼蒼，弔靈均兮召巫陽。先生之體兮，於此焉藏。先生之神焉，猶充塞於八荒。一片肫誠兮，固亙古而有常。想形容於彷彿兮，常覺盎乎其洋洋。下則精金璞玉呈其象，上則景星慶雲耀其光。知心源之未死，如覿之於羹牆。嗚呼，先生可謂不亡。

（文見錢儀吉《碑傳集》卷一百二十九。王偉）

孝烈祠記

胡具慶容城人

　　孝烈祠者，垣人建以祀崔果齋先生者也。先生諱九圍，世居保定府之新安縣。少孤家貧，旁無兄弟，隻身奉母，備極孝養。晝則躬自樵採，負薪易米，以供菽水。夜則傍母紡績燈光，誦讀不輟。及補博士弟子，仍親力作以養。布袍一，冬夏不易。妻子並日而食，而甘旨未嘗少缺。順治己酉，學使選拔貢成均，例得授司理。以母老不忍遠離，力辭不就。後值歲饑，家益貧窮，躬輦其母，就館於濬縣。長途千里，色笑依依。母幾不知有遷徙流離之苦也。庚寅秋八月，濬邑土寇竊發，夜半突入城。先生命妻劉氏擁母匿舍後，而自伏屋上伺賊。無何，賊勢倡獗，母被執。先生一聞母聲，即自屋呼躍而下，曰："有我在，舍我母。"賊遂执先生，母得脫。未幾，賊來益衆，復搜獲其母，將刃之。先生大呼曰："寧傷我，勿傷我母。"急前救之，以手捍刃，指為之斷。復以頭觸賊仆地。賊始舍其母，拽先生至黎陽伯祠前，亂刀斫之而去。先生首被三創死，逾時始甦，劉氏以罵賊見殺，而其母竟得無恙焉。辛卯秋，先生登賢書，除東明教諭。遷白水令，秩滿，乞休，卜居於大名之長垣，以耆儒碩德歸教於鄉。訓誨後進，諄諄不倦，而必以孝為本。雖年登耄耋，猶孺慕不已。每言孝有不及，輒潸然泣下。垣之士君子服其教，尊其德。及先生既歿，猶歷久而不忘也。既彙其事行，載諸邑乘，復鳴之上官，題請旌表。又相與議曰："《經》云，孝子之事親也。居則致其敬，養則致其樂，病則致其憂，喪則致其哀，祭則致其嚴。'五者備矣，然後能事親。先生之於五者，皆無毫髮遺憾，可謂孝矣。至其奮不顧身攖白刃以救其母，身幾死而母獲全，此又烈丈夫之所為，非復安常處順、優游膝下者之所可同日語也。請上先生謚曰'孝烈先生'。"而鳩工建祠，以崇祀焉。

　　乾隆壬戌，先生之曾孫鑰與慶聚於京師，述垣人議謚立祠之意，而屬慶為之記。竊惟孝庸行也，烈奇節也。吾觀《戴記》所載，凡為人子之禮，如冬溫夏清，昏定晨省之類，皆不越日用起居，飲食作息之常，而孝子之至行在焉。及觀漢晉以後諸史之所稱為孝子，見諸紀載者，則或遇家庭之變，或遭時命之艱，類多以其事之奇而後取之。今垣人謚先生以孝廉曰烈者，豈非以先生之事，固亦孝之以奇而後見者歟！雖然，何奇之有，今夫人子之情原出於天性之不容已，方其處常而優游膝下，盡溫清定省之禮者，此性也。及其處變，而惟其所在，則致焉者，亦此性也。今先生值寇賊之鴟張，救母於九死一生之中，其事雖烈，而其心實出於天性之不容已也。則事之至奇，正理之至庸者也。然則後之仰瞻此祠，而欲奉先生為儀型者，將以其為庸行而法之歟！抑將以為奇節而法之歟！如將以為奇節而法之，則人之所遇，豈必盡如先生之所遇，而所為亦豈必盡如先生之所為歟。惟須從孩提赤子之天良，認取吾本來之至性，而以之處常，以之處變，總惟盡乎吾性之所不容已，則不越日用起居，飲食作息之間，而法先生之庸行者在是。法先生之奇節者亦即在是矣。具慶羈旅雍邱，不得拜先生之祠下。竊窺先生之孝，有合至奇而歸於至庸者，謹書其意，以質諸垣之士君子。

乾隆七年。

（文見民國《長垣縣志》卷十四《藝文志》。王偉）

重修元帝廟記

河南封邱廩生王理

後魏二十八祖達摩，修道端居而逝，葬熊山，厥後三載，魏宋雲使西域，遇之於葱嶺，手持隻履，翩翩獨逝雲間。師將問之，曰："西天去。"還，奏之魏帝。帝啟其壙，止一履存焉。人驚異之，以為仙而上昇也。為之語曰："赤足雲，為履披髮，天作冠。"按《金剛經》註云：昔須達多長者，自白於佛弟子。欲營精舍，諸佛住。維祇佗太子園八十頃，佳木茂鬱可居，因告太子。太子者，祖達摩者也。太子戲曰：滿以金布便以相與，須達多出金，布八十頃，精舍告成千三百區。太子於是絕塵，乃捨身於太和山得道，以一葦渡江而還。卒葬熊山。此元帝所由來也。余嘗閱《楚志》，自粉紅渡江，境屬均州，曰石板灘，曰太子坡。有九曲復真觀，即太子修道之處。越二十里，為太元紫霄宮，前一里曰南天門。大聖南崖宮，五龍捧聖亭，景最佳勝。又前曰雪橋、太岳太和宮，上天柱峯，是為金頂，有金殿，而元帝之神像位焉。蓋師自登仙後，越千年而大顯威靈。於有明肇造之初，明祖寵秩之，謂非真武不足以當之，故名太和山，曰武當廟，曰真武，便尊以元天上帝之稱。由是元帝之祠，幾遍寰宇。星垣，古蒲邑也。南有樊家屯，其北首有元帝廟，不知創於何時，考乾隆庚辰，重修於常公克明。嘉慶己巳，重修於孫公繼先。丁丑，復修之。及道光甲申，功始竣。余因為誌其顛末，俟後之君子，更為考稽云。

道光四年。

（文見民國《長垣縣志》卷十四《藝文志》。王偉）

重修東關普濟橋路記

王蘭廣

邑東關普濟橋，厥來舊矣。東接燕、齊之轍，西通豫、晉、川、陝之途，轂擊肩摩，無停軌焉。乙巳冬，余權斯邑篆，恆鳴驢過此，見夫橋身窄小，橋孔甎砌，七層僅餘其一，計不數月而頹矣。夫除道成梁，司牧事也。顧其時，方修仲子祠及整理書院，挑挖城北河渠，弗克分功及此。而頓君育德、楊君廷樑，慨然以重修請。頓君固佐余修仲子祠者，因亟諾之，且手為疏引，於是，眾情翕然，爭輸所有，為畚錨助，遂乃庀材鳩工，拓舊制而大之，復疊橋北之路以通車馬。又关外迤南一橋曰通濟者，或圮或廢，一並新之，以洩城坊潴水。並起墊大道，計修橋三座，路二百五十五丈，經始於春三月，蔵事於七月，共用金錢一千餘緡。落成後，羣祈余文為誌。夫余固不能文者，而特嘆諸君子情殷利濟，勇於為功，此其大公無我之心，仗義疏財之識，誠有超出尋常萬萬者，且喜能勗余之不逮，則又安可無文也。昔子產以乘輿濟人，孟子謂其惠而不知為政，而《夏令》諸書且載除道成梁之期。是役也，集之於衆，謀之於豫，蓋與王政之經，隱相契合焉。自時厥後，徒者無病涉之嗟，輿者無濡軌之患，其造福豈有涯乎？抑余更有進者，長邑界連豫東，為六通四達之區。嘉慶癸酉，滑匪滋擾斯邑，密邇得無患。嘗訪之父老，咸謂當日賊屢生窺伺，卒以濠深城堅，不能飛渡獲全。近且浸浸填濠種麥矣，城身亦多處脹裂矣。及今不修，不特將來費大工繁，殊非鄭重保障之道。而余以衆工不克並舉，瞬且受代而去，是又所厚望諸君子者，而豈僅此橋梁已哉！

道光二十五七月。

（文見民國《長垣縣志》卷十四《藝文志》。王偉）

籌增寡過書院生童膏火並捐修橋路記

王蘭廣

蒲城自蘧夫子後，歷漢、魏、唐、宋，代有哲人，迄於明季，李襄毅、崔少宰、王少司馬等，鳳逸龍蟠，極一時之盛，彬彬乎人文淵藪矣！乃二百年來，簪纓罔替。近則赴公車者寥寥，數十載無捧鄉薦者，豈地靈於前，弗靈於後歟？抑氣運遞嬗，竟無表表可見才也。竊為異之。余下車之始，首先觀風，諸生棄筆而來，魚魚如雅雅。如閱其文藝，亦儘多磊落清剛之氣，心益異之，以為具此材質，何脫穎之難，一至於此。洎春間開館，始悉書院月例，兩課膏火之需，由官課發給，僅及前八名止。齋課雖有定期，迄無一人入院。又按書院圖嚮，由西南橋路直達通衢，坍塌已久，悉為池水汙萊，赴課者率由院北荒陂，踥蹀於瓦礫墟墓之際，無惑乎肄業者裹足不前，而士氣為之奄奄也。余以為士氣之振，亦在鼓舞之何如耳。因廣其拔取之額，不敷則量為捐俸，齋課亦官為獎賞，俾寒士無紙笔慮。於是，獻藝者廬至林集，俱親為評點指授，斷斷然有槐市風。適縣案有罰鍰二百五十緡，余復捐俸一百五十緡。以三百緡發當商，長年得息金四十五緡，用益膏火之費。以一百緡捐修舊日橋路，及栽柳護道之資。閱日工竣，計溢用數十緡，董事崔君薰等競為攤補，以佐余之不及。竊謂是舉也，即所益無多，然人之欲善，誰不如我，由斯以往，每任皆稍分清俸，日積月累，繼長增高，將膏火充裕，士風蒸蒸日上，行見旗鼓文場，直與襄毅諸公比隆，顧不偉歟！抑又聞之，書院迤南數十武，向有奎樓一座，自傾圮後，科目漸衰。論者或謂果能重立，文運不難復盛。而余以瓜期已屆，不及勸修，是又重望於振興文教之君子。

道光二十五年。

（文見同治《增續長垣縣志》卷下《藝文志》。王偉）

重修寡過書院記

湖北孝感人刑部郎中分巡大順廣道軍功加按察使銜屠之申

直隸長垣縣，乃伯玉蘧大夫祠為書院，故名曰寡過。蓋先大父杏村通判公因陋就簡，增益其未備者。之申不及見公，嘗侍先君子南洲臬使於雲南，側聞彝訓，先大父宰直隸長垣諸政蹟，及經營寡過書院尤詳。先君子省身克己，惴惴然惟恐不及。又深有望於之申繼繼承承也，謹識不敢忘。近十餘年來，備員比部，無緣一過長垣。而仰觀所謂寡過書院者，付之目想心遊而已。十八年冬，河南滑縣匪徒滋擾，蔓延長垣一帶。皇上命將出師，分路勤撫。時余簡發直隸，以道府用。從事軍旅，祇求免過，安敢邀功。不兩月，搗穴擒渠，紅旗入告，仰蒙聖恩錄敘勞勩，加之申按察使銜。二十年春，授大順廣兵備道。竊幸長垣隸大名府，相距二百五十里，而近得以追尋先太父流風遺澤，庶幾籍資典型，如親彝訓也。遂至長垣，展謁先太父木主於書院。考《縣志》，長垣本春秋衛邑，伯玉蘧大夫鄉賢也，有祠在焉。縣故無書院，前令趙國麟仍祠易名，先太父至，加修葺之，增益束脩膏火，闔縣人士並奉木主，以志遺愛如此。今去先太父之任六十年矣，興其利而除其害，政蹟班班，不特去思有碑，《縣志》可考，人口相傳，手澤猶有存者若寡過書院長劉秉哲者。院將頹傾，諸生讀書僅有其名。追維先太父所以作養縣人士，與先君子所以望之申繼繼承承者，彝訓在耳。如之，何可一日忘也！昔先君子新騰越州書院曰來鳳，擴東川府書院曰西林，皆識先志也。予小子叨先人遺澤，忝巡察斯土，欽維聖天子文教昌明，息邪說，距詖行，明人倫，必興學校。借鄉賢以振厲人心風俗者，則經營寡過書院。由長垣而推之，勉副臣職，克紹孫謀，夫豈非當務之急也。於是，努力經營，恢復舊規，亦猶先君子省身克己，惴惴然惟恐不及。大名府太守劉寶第首倡之，長垣令王殿傑克襄厥成。紳士某某皆與於成者，均可道也。余實何力之有？先太父諱祖賚，乾隆己未進士，授寧河縣知縣，甲戌調長垣，卓異保舉，陞安徽安慶府通判，例得備書。縣人士請記，故記其實，以勸來者。

道光二十六年。

（文見民國《長垣縣志》卷十四《藝文志》。王偉）

重修儒學記

湖南善化人本縣知縣葛之鏞

聖廟之建，肇自西漢，迄今二千餘年。薄海內外，俎豆莘莘，所以薦馨香而崇榱桷者，典至鉅也。長垣為先聖講學之地，故學岡、匡城皆有廟，并縣學而三焉。丙午秋，某之新城，量移茲土，方冀近聖人之居，得見車服禮器之盛，宮牆美富，必有過於他邑者。下車瞻拜，竊訝其俯臨市闤，湫隘囂塵，殊不足以壯聲靈而伸妥侑。周歷垣墉，復多殘闕。大成門及東西廡，近且就圮，其他丹漆之剝落，椽柱之蠹朽，有待於修葺者尤亟。乃謀移建而擴充之，顧費不貲，且限於地，將約署舊制就而新之，又值歲饑，不果行。戊申歲，且大熟，乃與諸紳士商，所以致力者。因考《縣志》，文廟建自明洪武初，歷今及五百年，屢經營治，其間人文蔚起，文學忠節之彥，指不勝僂，近者稍稍衰矣。或者廟貌之弗崇，而興起之無自與。因捐俸為之倡，並頒發印簿，俾持勸各村莊民踴躍而共成之，醵錢若干緡，鳩工庀材，土木共舉，不三月而工竣，榱題煥然，金碧照耀，而附於聖宮之崇聖、名宦、鄉賢諸祠，文昌、奎星、尊經諸閣，以及明倫堂，並公廨前後左右，一律完竣，初慮地大功鉅，費或不繼，今則美輪美奐，悉復其舊，實賴紳士崔君薰、李君兆鎤，矢公矢勤，始終不懈，得以致此也。落成有日，會某以卓薦詣闕，未及還轅，調權清宛，不符杯酒相勞，方用恝然。今邑中人復致書來屬作文為之記。某固不能文，特以闔邑紳民急於趨公，崔、李二公勇於為義，故樂為序其事而書之。從此虎觀龍門，蛟騰鳳起，將見李襄毅之勛業，崔少保之忠悃，皆可復見。今日雖興學，非為邀福之計，顧不勞而工成，不費而事集，天時人事，貞元會合之理，亦有相待不爽者。願我都人士共勗之，是為記。

道光二十六年。

（文見民國《長垣縣志》卷十四《藝文志》。王偉）

重修仲子祠記

河南修武人本縣知縣王蘭廣

長垣於春秋為古蒲城。《記》謂其邑多壯士，最號難治。而我子路夫子，承聖人之教，來宰是邦，以三善稱。廣在束髮時，即讀其書，欽其治，因以思其人，而欲躋其庭也，非一日矣。乙巳仲冬，廣由典陽調攝茲土，捧檄之日，大帥諄諄以擇人見委。

蓋昔之蒲屬於衛，去國都百里而近。今之垣，隸於直，去省會千里而遠，且界鄰豫東，四無屏障，其難治有不啻昔日者。余雖樂親賢之遺範，而當此吃緊之寄，又未嘗不惴惴於懷也。涖任之後，飭保甲，巡邊疆，理簿書，清案牘，月餘以來，幸告無罪。謹於元旦之辰，肅將祀事於我仲夫子之堂。乃未入其門，先見其楹牆垣之委於荊榛者，虛無有也。未登厥庭，已窺厥室檐桷之摧為薪木者，蓋僅存也。及拜瞻遺像，而蟲篆鼠跡，婉蜒於俎豆幾案之間。詢之守祠，則一蓬首黧面者，佝僂其前，職灑掃之役焉。余不禁喟然歎，愀然悲，惡然慚，惕然警，以為我子路之功之德，何至頹唐剝落，塵封於荒煙蔓草中，曾無一人過問。伊誰之責哉？迺延諸紳以商之。而崔君薰、李君兆鎤、張生銓等，力任其事。於是，醵金庀材，相工興作。朽者易之，臥者立之，頹者振之，故者新之。復於祠之東偏搆屋二間，以為守祠者居之。不三閱月，而諸紳以迄工來告。余惟後人之報德也，畏神更深於服教，而吾人之取法也。履實不在於崇文，子路之治蒲也，以養以教，書缺有間矣。第即所稱三善者，以追維往昔，則今日之鋤雨犁雲，孰非當年之赤子操鉛握槧，誰非前日之青衿，食德服疇，云礽罔替，以故祠宇之成，倡於一言，斯固三代直道之猶存，而非我子路之遺澤，實能入人心，而振懦起衰，曷克致此？顧地猶是地也，民猶是民也，即為治者之倡道率教亦無異術也。然入乎其境，果田疇盡易，草萊盡闢，溝洫之盡深治乎，則必吾人之恭敬以信，未及於民矣。入乎其邑，果墉屋之盡完，樹木之盡茂乎，則必吾人之忠信以寬，未孚於衆矣。過乎其庭，果能庭事清閒，諸下用命乎，則必吾人之明察以斷，未修於己矣。緬曩哲而循省撫卑，躬以自惕，吾知登斯堂也，不僅樽醖之是薦，將所謂民盡力，民不偷，政不擾者，必汲汲焉先賢之是師，務期與前光相輝映，詎惟是讀其書，欽其治，思其人，而躋其庭已哉！則廣雖不敏，敢不自勵歟！是為記。

同治四年。

（文見民國《長垣縣志》卷十四《藝文志》。王偉）

重修長垣大王廟感應碑記

王蘭廣

幽明異路，有感即通，晴雨何常，如響斯應，蓋神人交格，一誠之契合而已。同治乙丑春，蘭廣捧檄來長，各憲諄諄以築埝見委。蘭廣亦兢兢以為民自任，深懼識淺才疎，不克將事，為守土羞。甫下車，首謁大王神祠，敬爇心香，以潔己奉公自誓。適東門有蝦蟆登城。議者咸謂水冒城郭之象，竊以為神之示警，而埝工之難於集事也。顧黃水橫決，歷今十有一年，長垣四境多半已成澤國，若不及時修築，伏水暴漲，必將盡付波臣。且黃流西趨，歸入大伾舊道，畿南悉成巨浸。我皇上念切民依，不惜帑金，為民捍患，維時發捻兇徒，竄擾河東，軍書旁午，日不暇給。諸台使不以蘭廣為不肖，而任之不疑，倘使少存猶豫，上何以紓宵旰之勤勞，下何以拯生民之墊溺乎？昔漢臣王尊為東郡太守，因河溢壞隄，執璧沈馬，躬當水衝，不避危殆，吏民復還就作，迄不為災，是誠之所至，無物不動也。蘭廣雖不敢妄擬前賢，然盡一分之力，即以澹一分之災，是以一意孤行，誓築此埝，以拯殘黎。敦請李君兆錢等專司出納，迭次勘地立標，克期於前五月杪興工。斯時也，北鄰開州之埝勢已垂成，東面東明之埝，已經荷、定、曹、單、城武五縣通力合作，工先告竣，伏汛正臨。時有懷襄之懼，不特羣議沸騰阻撓萬端也。而蘭廣獨以移山自喻，毅然不回。適逢亢旱，埝土幾至揚塵，乃虔禱於大王尊神，立沛甘霖，至一晝夜之久。埝土蟄下數寸，倍形堅實。又慮淫潦為患，復默祝求晴，旋即開霽，如是者不下四五次，而埝工已及八九矣。下游中保里有邵寨一村，東明屬也。六月望後，亦呈請開築。甫及數尺，黃水大至。埝東汪洋無際，丁役徹夜搶守，幸保無虞。埝西則田禾豐茂，倖獲秋成。若非默有神助，一旦潰決，城西之田廬墳墓，盡沉淪於洪濤間矣！此中機緘間不容髮，是皆仰賴神明垂鑒愚誠，默佑於冥冥之中，俾工及時蔵事。用能齊不齊之人心，挽莫挽之巨患，豈非蝦蟆示儆，雨暘應時已哉！畢役之日，與在事諸君重新廟貌，以答神貺。特以限於方隅，僅擴北面四尺。殿基、拜殿均增高尺餘，以崇瞻仰。莊嚴聖像，圖畫四壁，俾復舊觀。又拓東北隅起小屋，爲廟祝棲止之所。謹卜良辰，合樂大饗。四方來觀者，喜神靈之昭著，睹大功之告成，上慰宸廑，下安黎庶，聲歌迭奏，神人胥悅，一誠之契合，不其信歟！督役者爲訓導王君夢熊、李君兆鐩、傅君泰來。監視者爲李君華祝。而佐埝工者，則李、傅二君，焦君時若，李君庭萼，薛君製美也。例得並書。

　　同治四年。

（文見民國《長垣縣志》卷十四《藝文志》。王偉）

長垣創修土埝碑記

王蘭廣

　　咸豐乙卯，河決蘭儀之銅瓦廂，由縣境板邱集直趨縣城，漫衍東明、開州，由山東張秋鎮串運入清達海。長垣一千八十餘村，罹害者八百有餘。百姓蕩析離居，不堪言狀。文宗顯皇帝迭施賑卹，不絕於歲。

　　同治二年，河自東明西移，由蘭通竹林以至舊城，復東折東明之垣邱集、茅茨莊二賢祠，又北趨開州之沙堌堆、保安集、清河頭、柳下屯，始入山東境。河臣譚公廷襄，有直隸開長宜修土埝以衛民田，山東宜疏下流以殺河勢一疏。皇帝可其奏，飭兩省疆臣籌辦，此長垣築埝之所由也。客歲，前任易君煥書修築紅沙口之埝，委員劉公秉琳奉委查勘，有由奎文閣開工之議。今年二月，長垣乏令，台司以蘭廣素諳形勢，檄令權篆。又議發帑以工代賑，諭與首府費公學曾、候補府卞公寶書恭公鈞、候補直隸州劉公秉琳，會議試辦。承命之日，深以勞民動衆，任重才輕爲懼，且事屬創始，無所咨承，尤深棘手，顧以長民慘遭昏墊，皇上於國帑支絀時，不惜多金，爲民捍患，上台迭籌鉅歀，不以蘭廣爲不肖，而委任不疑，若少存畏難之見，何以上酬恩遇，下衛民生！用是不避危險，驅車南下。過鄰邑之滑縣丁欒集，即約同紳士共議接修，無不欣諾。下車後，迭次查勘，乃知奎文閣一片浮沙，無處取土。紅沙口新埝，又爲大引河、淘北河諸水所刷，且有來源而無去路，易起爭端。詢之老年河弁，以土墊並無料垜，祇可堵漫溢之水，而不能敵正溜，即丈許已爲足恃。乃擇於大車集西南，由明臣劉公大夏大行舊隄，先築迎水壩二十丈試工。其時，祥符工段十五六堡，險工林立，正衝縣城。若僅修東面之埝，萬一祥工有變，而新埝亦成虛設，爰將幫辦祥工專修新埝，及堵禦漫水情形上陳。上台允其請，催令開工。又以時屆麥黃，各紳民求俟麥收後起修。蘭廣俯順輿情，暫從緩辦。及委員前永年縣謝君恕北岸，縣丞張君慶奎、候補府經郭君東槐，先後到長，而開州東明之工已及垂成。議者咸謂伏汛開工，恐有他虞，不如暫止爲便。蘭廣以規畫已定，藩憲唐公迭發幣項，忽而中輟，難免首鼠之譏用。再請於大府劉公，並求轉商豫撫吳中丞，札飭滑縣接辦，悉荷俯從，始議定底寬六丈，高一丈，頂寬三丈三尺三寸，由大車集起，至梁寨、東了牆、馬房、董寨、王莊、周莊、信寨、香李、張卜寨、孟崗、王村、劉村、香亭、燕廟、張拱辰、石頭莊、大小蘇莊、鐵爐、王李二祭城、城隍廟、邵寨、三桑園等村止，分段剋日興工。序入三庚，亢旱非常，埝上浮塵數寸。蘭廣乃虔禱於神，立沛甘霖尺餘。復慮淫潦爲災，轉爲求晴，刻即開霽。如是數次，有禱輒應。埝夫硪工倍加踴躍，委員皆沐雨櫛風，任勞任怨。自前五月二十八日開工，至八月十九日住工，除撥歸撫恤銀兩外，連土方加工加料搶險，以及其他各雜用等項，開支共用幣金三萬八千兩有奇，一律如式告竣。又與祥工相射之合陽舊隄，甚形單薄，亦擇要加修，共計六十里有奇。復慮修防無人，難於持久，迺於緊要工段，搭蓋土房十三處，雇覓民夫長川住守，責令栽柳護埝，每逢雨雪之後，遇有狼窩水溝，即時填補。其埝外五尺之地，許其種植胡麻豆苗，藉資津貼護持。至埝工所占民田及護埝之地，共計十頃零九十畝六分一厘一毫七絲，糧銀三十五兩九錢六分，均經詳請豁免，以免貽累閭閻。

是役也，幣金不存署內，書役不使經手。由富紳傅君泰來、李君庭萼存貯，一切發項，盡系藩庫紅封。派李君兆鎏、焦君時若專司出納，以故自始迄終，毫無間言。此皆仰賴我皇上厚澤深仁，慈恩廣被，各大憲鴻猷碩畫，思慮精詳。而蘭廣亦區區愚誠，藉彼蒼一之默佑，成萬難之要工，從此波浪不警，飲和食德，萬家殘赤均沐聖天子生成之德於無窮矣！惟譚公襭內尚有滑縣接築一條，該縣若不興工，長邑下游仍不免倒漾之處。前經吳中丞委員勘驗，如能一體接修，必可金甌鞏固，是又重有望於賢鄰封之同舟共濟也。

合陽里宜加築護埝說並附各里豁免地糧數目，及在工紳董冊地書差題名記。客歲之修埝也，委員議於奎文閣動工，紳士議於馮寨動工。奎文閣純沙無土，馮寨一片爛泥，後乃改於大車集西南老隄頭試工，亦既幸爲告成矣。統揆形勢，實應於合陽里花寨村正南之老隄起工，由東北至東了牆，與今之新墊相接，方爲正法。何也？合陽隄當祥符工段十五六堡之衝，最形吃重，故埝南有豫豁地糧，建立迎水壩之議。倘使變生倉猝，無論治岡合陽等處之大小口門，不敢與正溜相射，即由紅沙口衝激東向大車集之埝逼近，洪濤日夕汕刷，勢必難支。迤北亦應有遙隄爲衛，始克保重。顧以羣疑洶湧之時，若再舍大車集而北築，則抗阻更必滋多。此新埝之修，本以俯順輿情，委曲求全，而耿耿之懷，終有所歉，然而難已也。所望後之君子與邑中有識之士，善持厥後，能於合陽大口門之北，再築護埝一條，與黃門里新埝相連，以作犄角之勢，迤北各里庶獲安枕。用特附贅數言，志之碑陰，以俟同志者之採擇。並將各里埝地所豁錢糧數目，分載於後。其在事紳董領工冊地，催工書差均屬著有微勞，亦皆勒諸貞珉，以期並垂不朽云。

　　同治四年。

（文見同治《增續長垣縣志》卷下《藝文志》。王偉）

看守埝工碑約

王蘭廣

長邑自銅瓦廂決口後，逼近龍門，水患甚劇。歷任遞籌築埝，迄無成功。余於同治四年春抵任，幸蒙藩憲楚南唐公許令以工代賑，乃與委員僚佐公正紳耆妥商試辦，閱半載餘，始克告竣。特以工段綿長，費至四萬兩有奇，使非預籌修防，竊恐難以經久，因擇要隘十三處，各蓋土房兩間，雇本地安分貧民長川住守。其工食，由工賑局公籌制錢壹千陸百千文，發商長年一分生息，除公用外，並着看埝人按月支發，令栽柳護埝，補填水道。其埝外五尺之地，准其便植胡麻豆苗，籍資津貼護持，埝柳長成，亦許折條編器，以爲養瞻之計。由各里首事主管，地保平民均不得採取。用立規則數條，並列首事等姓名，如有玩違不遵，立即稟官究治。須至約者：

一、每里蓋搭土房兩間，許看埝人攜眷住守，不得擅自遠離。
一、每年准支修理堡房費大錢五百文，不得任令倒塌，違者賠修。
一、看埝人工食，初次八千文，按年遞減，俟三歲柳株長齊，永遠以四千文爲率。
一、每年栽柳須令日加茂密，有空即爲補植，不得悉行挖賣。
一、埝邊柳株、土田，鄰近民人不許擅自折取挖坑，違者，許看埝人稟究。
一、風雨後，埝上水道坑坎，即行補平，無得致成大工，難以收拾。
一、遇黃水漲發，看埝人須徹夜防守鳴鐘，聚人搶護，誤者責革。
一、看埝人安分守護，不許藉端攙逐。如有招匪集賭等事，立即稟換。
一、埝上道口日久低平，非看埝人一手能補，鄰近村民須按年公填一次，勿令殘缺。
一、埝上雖有看夫，必須董事冊地時爲查照督責，不得聽令廢弛失事，致令本里受累。

以上十條，務須大家遵守，共成善舉。俾得同居安宅，免受墊隘之傷，慎勿負本縣諄諄立約之苦心也。

同治四年。

（文見同治《增續長垣縣志》卷下《藝文志》。王偉）

重修寡過書院記

王蘭廣

天下宜爲之事，不必皆所樂爲也。天下樂爲之事，又不必皆所能爲也。夫爲所宜爲，爲所樂爲，而皆己所能爲無論已，即使所宜爲所樂爲者，時與勢格而有人焉代爲爲之，適如乎其志之所期，亦未嘗不暢然意滿也。惟於所宜爲、所樂爲而爲之者，復爲不樂爲者中撓之，則不禁惻然傷之，抑且殷然望之矣。余之權篆蒲城也，在道光之二十有五年冬，曾經整理書院，修齋舍，通橋路，座號户牖，煥然一新，並籌增膏火若干，礱石誌之。獨以匆匆移調，未建奎樓爲憾，故碣文三致思焉。嗣於咸豐庚申，宰大名，聞諸生等以有關文運，仰述前議，請於現任劉君鎧勸建斯樓，余欣然割俸先之，誠以己不能爲者，望人之樂爲也。同治乙丑，余奉檄復涖此邦，恭祀蓬子，而奎樓亭亭立矣。廿年心願一旦克償，爲之快然，特以支收紛歧，未能刊石，而周視院宇羣房，傾圮強半，號舍至無片板，且前捐膏火及近存息項，悉經當事挪用，則又爲之悵然。蓋宜爲者而不樂爲，非盡力不能爲也。於是，方與首事李君兆籛等，籌築埝工，興修大王廟，因將集貲與充公各項，擇修雙忠祠、八蠟廟、東嶽廟、仲子祠，並將書院一律補葺，生童號板座位，如式分購，交院夫具領，以專責成。每逢課期，親爲扃試，年餘來，詩賦文字，月異日新，駸駸乎如重樓之建有凌雲千霄之概焉。則奎光之裨於文治，豈其微哉？惜乎邑境頻遭水患，前任虧款未能遽補，亦並未能集捐。義田所入，不敷山長脩脯之資，雖有爲所宜爲，爲所樂爲之心，而限之力之所不能，此懷何以暢然也？第天道人事，與時消長，奎樓之建，劉君能爲我持厥後。書院之修，我亦能爲諸君繼其前，安見三善名區無化蜀如文翁者，大開廣廈，克復初基，更爲久遠之模耶！亦仍俟乎爲所宜爲，爲所樂爲者而已矣。是爲記。

　　同治四年。

（文見同治《增續長垣縣志》卷下《藝文志》。王偉）

重修長垣雙忠祠臥石記

　　王蘭廣

　　雙忠祠，長垣勝區也。祀夏大夫關龍公、殷少師王子，肇基於前明杜公子開，莫紀其年。正德庚辰，姑蘇伍公餘福始拓而大之，有廊廡池亭之盛，爲士子藏修，賓客遊衍之所，其詳載於李空同先生記中。嘉靖辛丑，胡公宥復繼修焉，益以民田八畝餘，立射圃，建觀德亭，造弓矢，旌籃竽琴鐘磬侯乏豐福等器，其勝蓋可想也。迨我朝嘉慶戊寅，屋角傾敗，園亭盡廢，僅存祀室一楹，見於黃君相甯之橫碣，而勝概不可復識矣。同治乙丑，蘭廣再篆長垣，重修祀典。所謂一楹者亦牆欹瓦脫，岌岌乎不克終日。而室中石鐫"一片忠肝"四字，書法蒼勁，頹然偃臥於塵封鼠跡中，爲惻然者久之。夫殷朝賢聖代作，名臣接踵，而極諫剖心，聖人獨許之以仁。關龍公爲夏異姓臣，竟以諫死，百世後犯顏折檻，至願從公地下游，其浩氣丹忱允足以廉頑立懦。今以常祀之區，幾至一線將絕，不其戻歟！考邑乘，關龍公爲邑之龍相村人，有墓存焉。客秋，欲更爲立石，使人求之不可得。王子墓在汲郡北，地隸豫省，惟有重修此祠，庶足勵人心而延勝蹟。顧是時也，捻匪遞竄河東，黃流橫穿境內，築埝設防，日不暇給。乃與紳耆約，先復黃君舊制，以示存羊之意。至於立射圃，擴崇基，則不得不期諸異日，所望後之君子，値無事之日，乘有爲之時，披尋空同遺文，聿恢始事之勝概，則關龍公王子之靈爽，將必是歆是享，乘兩螭以來翔也。是爲記。

同治四年。

（文見同治《增續長垣縣志》卷下《藝文志》。王偉）

八蜡廟述異碑記

王蘭廣

郡縣朔望拈香，必祀八蜡及劉猛將軍，重稼事也。獨長垣月祀闕如，心竊非之。擬即擇日補行，適逢雩祭九推禮畢，方更衣，有執役者捉一蟲，銳首長鬚，腫目尖尾，身純綠，兩內翅雜灰黃紋，有前足四，後大足二，而折其一，長約二寸許，能飛能跳，不能甚遠，一時聚觀，以為異事。謹按《爾雅》註疏謂之土螽，《土蠌畫譜》謂之蚱蜢，即河北之民所謂老區擔者是也。顧是時，樹始萌芽，麥初覆隴，即百蟲驚蟄而蠕蠕甫出，安能百體俱具股動而羽振已。若是意者，歲有蝗災，與抑神默鑒於舉行廢禮之一念，特命此物以示其機與。乃令釋去。次早，即赴廟瞻拜，虔心禱祀，以祈庇佑，月以為常。是年夏，飛蝗大作，開州、清豐為患頗劇，長垣僅數處有之。蘭廣豫示搜捕，並親督冊地撲滅，旋即飛去。最後又生小蝻，大僅如蠅。十里二十里間，偶有一片，然食葉而不食穀。越數日，蝻蟲竟乾斃於所集之葉上，迄不為災。嘻，異矣！蘭廣以菲才承乏此土，愧無惠政及民，非有反風誠火之德，馴雉渡虎之能，徒以迂拙自安，廉以檢身，勤以聽訟，敬以事神，凡有關民瘼誼切教養者，無不疾趨力赴，以冀補救於萬一。縣境當水災以後，民生凋敝，不可言狀。又值築埝防賊，百務並集，從未敢以私事少累閭閻。秋九月，為文宗顯皇帝奉安大差，首先求免，為民請命，或此一片愚誠，尚不為神所棄，故意念初萌，先示以不時之物，災機已見，更施以済厄之恩歟。寅感之餘，彌切惶悚，爰於秋初演優酬神，茲又懸額以昭神貺，並將廟垣頹落之處，黝堊一新，重立大門，俾鄰廟住持司其啟閉，以重享祀而肅觀瞻。因述其感應之異，用誌神功於不朽云。

同治四年。

（文見民國《長垣縣志》卷十四《藝文志》。王偉）

大王靈跡記

王蘭廣

廟既落成，蘭廣已將蝦蟆登城，雨暘應節之奇，刊石誌感矣。而大王之靈異，與官民之仰服神功者，正未有已也。先是咸豐十一年春正月，賊犯河東。有逃車沿冰而渡，難民紛紛相隨。賊以冰之尚堅也，亦馳馬履冰而至。追及河心，脫驂攫貨，難民均狼狽西奔。搶攘間，冰忽劃開，賊隕於河者千餘。突至河西者，悉爲鄉團所縛，無一免者。是年冬，賊由衛輝大掠而還，輦其金帛，踐冰渡河，團勇乘勢追擊。賊至半渡，河冰忽解，溺死者無算。同治乙丑，埝工之築梗議者多，大王至縣署二次，梗議者不敢違命，始克開工。四月間，僧王曹州遇難，連日烈風鼓盪，波濤洶湧。追難民爭渡，蘭廣率勇督船接應，風恬浪息，男女濟者不下萬人。及賊謀西犯，波浪又復大起，賊乃望洋而返。是年冬，天氣寒暖不常，官民皆以凍河爲慮。詣詞虔祝，河水忽聚忽散，自冬徂春，集凌如山，而流賊不斷，賊終不得竄越。丙寅正月，蘭廣以事赴河東前一夕，大王至蘭通口，士民頂禮如雲，蘭廣亦拜禱。識者謂神靈示兆，必有警報。二月初，賊果三至。蘭通恃團勇嚴防，不能偷渡。三月間，賊乘馬追逐，難民數百人，避於河中之淺灘，水僅尺餘。及賊至，水忽暴漲數尺，賊不敢逼，難民獲免。四月初旬，劉制府按臨竹林渡口，簡視水師船隻，勢不敷用。時有河南偃師等處大船十七隻，停泊近地，避差不前。提催間，大王直踞其船，櫂郎始帖然應命。此因埝工河防屢蒙庇佑，靈應如響，迺啟白制府，躬詣河干致祭，蒙御書"恬波助順"匾額，用彰靈貺。每歲九月十七日，爲和會之期，例演俳優，以將敬事。惟資給未蓄，承事無人，恐久而就湮，非所以答神庥而勵衆心也。乃與工賑局首事李君兆鎣，公籌白金一百兩，易製錢壹百叁拾伍千文，付首事經理，每月一分生息，歲可得息壹拾陸千貳百文，遇閏加增。除歲時伏臘供獻之資，及看廟人工食錢肆千文，餘錢悉作廟會之需，以期永垂不朽，用撮記其由，書之碑陰，俾後來者知所承焉。

同治五年。

（文見民國《長垣縣志》卷十四《藝文志》。王偉）

增修南關大王廟戲樓官廳碑記

江蘇吳縣人本縣知縣費瀛

神之爲靈昭昭也。凡山川社稷之司，其有功於國，有裨於民，而爲民所嘉賴者，皆得因其芘蔭之廣狹，捍禦之淺深，踵增而崇奉之，所謂賽也。南關有大王廟，爲前縣王香圃大令重修。其威靈所著，載在靈跡碑，蓋已家喻户曉，勿煩瀆敘。同治丙寅秋，瀛移宰斯邑。下車虔謁瞻拜之餘，時深倚仗。丁卯秋，上游盛漲，十八堡隄潰而復平，王司馬殉焉。我蒲長隄冲陷缺口三十餘處，水湧至城下。瀛虔心祝禱，水漸退，復入舊漕。是歲冬暨戊辰正月，諸位大王將軍先後踵臨，或在廟中，或在署內，或在民宅街市，舉國惶恐。以爲秋汛必獲重災，大王先示之兆矣。瀛思長埝缺口，既不獲發欵補築，又不能力捐以資要工，惟有恭謁行宮，傾誠默禱，倘邀靈佑，民免其魚，願倡捐增修戲樓、官廳，俾得虔供音樂，整肅衣冠。洎秋汛，河水果然汎漲非常，滎澤已報缺口，而我蒲埝竟未漫及。非神明呵護能如是乎？則甚矣，神之爲靈昭昭也。己巳初夏，始將埝口補築，戲樓、官廳亦將次苐興修。未及開工，而瀛量移廉州，遂屬李君兆鎣經營其事，李君華祝襄助成之。爰書其梗概，泐諸貞珉，以誌靈貺。其捐錢姓氏數目，鐫于碑陰，以垂永遠，而期共喻。是爲記。

同治八年。

（文見同治《增續長垣縣志》卷下《藝文志》。王偉）

重修文昌閣記

江蘇武進人本縣知縣陳金式

　　學宮之設，重文教也。垣之學內，舊有文昌閣，建於巽地，特起文明，以故士風不振，代有文人。閱至於今，邑諸生有志進取者，亦復不少。而科第功名今不逮昔，豈人材之盛衰使然歟？抑師儒激勸之方浸湮歟？己巳，余宰是邦。甫下車，恭謁聖廟，瞻拜周視，傾圮頗多，而文昌閣尤甚。因慨然曰："地係興文而荒落不治，宰若師與有責焉。"用以質前後兩齋，而賢司鐸雅有同心，殆所謂斯文未喪者於茲可見。第以撮篆之初，簿書旁午，而此事姑為緩圖。迨辛未夏，綱紀粗就，公務稍暇，復與齊、李兩廣文及諸首事，尋前議尚未經舉，會邑東監生李明山、胡德林、閻曰貴募義輸金，共壹仟緡。掄材飭工，迅速蕆事，而文昌閣巍然寓目，益煥宏謨。閣既竣，乃以次俱及若正殿，若兩廡，若尊經之閣，若名宦，若鄉賢，与前後各祠以及門坊、橋池，缺者補之，腐者新之，兩越月，皆洞心駴目，煥然改觀矣！由是前制復整，澤教彌新，奉俎豆，宏樂育，春秋釋奠之餘，依高閣以尊經，列圜橋以聽講。文昌司其命，魁星煥其光，將見文教昌盛，自昔為昭，而文運復興由此其選也。余不敏，未敢繼美前哲丕振士風，而分所當盡，事所得為，上以答聖天子右文之意，下以勵士君子率教之心，庶幾視學者不倦，觀化者益殷。地以人靈，人以文萃，俾多士觀感興起，功名科第俱見蒸蒸，今之視昔，將有過之無不及焉。夫豈徒興土木，飾觀瞻云爾哉？後之邑宰匡我不逮，則幸甚。

　　同治十年。

（文見民國《長垣縣志》卷十四《藝文志》。王偉）

重修寡過書院增添試院記

本縣知縣費瀛

　　治城之東南隅有書院焉，厥名寡過書院。曷以寡過名？因乎蘧大夫也。曷因乎蘧大夫？因肇基於蘧大夫祠而名之也。在昔之講習其中者，果能寡過與否，吾固不得而知，而嘉名則猶是也。

　　院之舊制，頗湫隘且傾圮，不足以庇多士。官斯土者，雖屢經修飾，未盡善也。同治八年，陳君金式來宰是邦，奉文謀諸紳董醵錢鳩工，葺而新之。又於祠東增添試院一所，工甫興，輒調去。觀君祜繼之。而經營其間，始終任其勞者，為邑之廩生傅酉祥、孝廉焦思濬、遊擊銜牛豫章諸君等。拓地築基，掄材動衆。仿郡貢院制，建奎鑒堂一，號舍二，置坐號七百有奇。廣廈宏敞，爲他邑所未有，誠盛舉也。且諸君等潔己從公，自備資斧，閱兩寒暑而蕆事，尤爲人所難能。癸酉仲夏，余重涖斯邑，謁先賢祠，而瞻輪奐，洵足增蒲邑光。亟與齊君聯芳、李君元鵬兩廣文暨諸紳士商榷，以新舊捐貲制錢九千餘緡，發典生息，爲延名師之束脩，助生童之膏火，爰立條規，書之於版，以冀垂諸久遠。邦人士請以一言爲誌。余愧無以應也，雖然，教養人材，師儒之責，實有司之責也。慨自微言絕而正教廢，學之不講也匪朝夕矣。今之所謂學者，大抵馳騖於訓詁詞章之末，而所以律身行己之道，每迂闊而莫之爲，是以遑遑兀兀欲寡過而未能，豈興養立教之意哉！自今以往，願與諸君子求其實，毋徒循其名也。是爲記。

同治十二年。

（文見民國《長垣縣志》卷十四《藝文志》。王偉）

傅寨友助寨碑

呂允慧邑人

友助寨即傅寨村本村及金寨、董寨等數十村之所合築也。歲辛酉，豫東捻教各匪擾河欲西渡。大憲奉旨札諭各屬，令民間築寨以自衛。爲民計者，意深遠矣。特以其工大而事鉅，惜費憚勞者每難之。金寨周君萬春、董寨董君錫智、傅寨傅君光俊等常辦團，能任勞者也，欲作其事，但無豐於財者多輸金，恐其費不給。傅寨傅君秦來，字卜臣，近村稱富家，尤慷慨，因往商焉。傅君曰："甚喜。固有同志，朝廷尚爲我輩計，我輩豈竟不自計？與其守此囊篋，或以齎盜糧，何如藉以衛桑梓？諸先生幸不辭勞，雖多費，予弗惜也。"議遂定。按村分段，刻期興工。週一千五百六十步，高二丈，厚四丈，南北二門，濠深三丈，闊如之。經始於五月，六閱月而工竣。並所製旗幟、鎗礮火藥等費，約統計萬四五千緡。通計傅君輸貲萬三千有奇。猶憶辛酉冬杪，賊自下流渡河西旋，折而東竄，經諸村，賴有砦，人畜家私皆先期搬寨中。傅君率村人謹守三日夜，遙望賊約鎗礮能及即擊之，斃賊三名，馬一匹，賊不敢近，臨寨諸村悉得免焚掠。賊去，臨村鄰皆幸託寨庇。而原寨所由成，則以傅君力居多。公議具稟爲之請獎。傅君曰："國家爲民剿賊，募兵籌餉，憂勤倍至矣。誠致力行間，效命疆場，或輸鉅款，以濟軍需，沐殊恩固宜。余不嫺於武且貲薄，未能報効捐埃，滋愧已深，更以區區小費獎敍，並增我愧耳。且此小費，原我輩所以自衛也，得以保身家全性命，又免爲賊作守財虜幸矣。他何求？況經營籌畫襄事者，實與有勞，余豈敢自爲功？"固辭。村鄰弗能強，而又欲有以酬其德，擬刻石以紀之，爲賊氛未靖弗遑也。週來各匪剿滅已盡，且時和年豐，因復舉前議，並擬刻各村分工於碑陰，而以文屬余。余自庚申舘傅寨十數年，砦初成，曾請余榜其門，名其寨，今又屬余文。蓋以余居既久，事之顚末或能詳焉。夫天下事，智者每見於機先，愚者恆悔於事後。愚者固愚，乃智者亦有時而愚，非真愚也。自私之念重，而利令智昏也。見小者往往於萬不容已之舉，過於惜費，或憚於任其勞，遂遷延以自誤。方其偷安旦夕，甚且以他人之營營為多事。至禍生倉卒，茫無所措，即欲罄其財，竭其力，以求免於無事而不可得。貽此悔者，蓋不少矣。諸君殆見於機先乎，要之事必相與以有成，使各自為謀，未有能濟者。友助砦之修，傅君固不惜費，諸君尤不憚勞，至各村之踴躍，或亦傅君與諸先生有以激勸之歟！是為記。

（文見民國《長垣縣志》卷十五《藝文志》。王偉）

仲子祠義塾碑

邑人郭維翰

古者家有塾，黨有庠，州有序，國有學，教育之地廣矣備矣。自後世庠序之名不立，而義塾於是興焉，蓋亦推行教化之一助也。吾垣城西北隅，舊有蘧仲兩夫子祠，向為求仁書院。自前縣尊趙公遷蘧公於東南隅，改為寡過書院，而求仁書院遂荒廢無存。所有仲夫子祠，惟值春秋上丁次日恭設牲醴，以備享祀之儀而已外，此則門戶扃鎖，蛛網塵封，蕭條景況，殊令人覩目心傷也。適學後街牛日華同次子武生孝堂議於其中設立義學，因將己祖業小谷堆村田地捐出四十一畝有奇，以每年子粒之入，作香火脩膏之貲，延趙君印保者在此教讀，俾附近貧家子弟皆得就以肄業。雖未能復當年求仁之舊，而崇先賢以培後進，庶於城東南隅蘧大夫祠側之書院，遙相輝映焉。諸同仁具其事稟明縣尊。縣尊嘉其義舉，給"樂善好施"匾額，以表其門。特恐事久廢弛，故勒石以紀。並將其地畝之縱橫，尺寸之長短，條列於後，以傳永遠。後之君子倘能繼續芳蹤，擴大基地，是尤余之厚望也夫。

光緒十三年。

（文見民國《長垣縣志》卷十四《藝文志》。王偉）

蓋村里金寨村楊徐氏節孝碑

邑人歲貢生魏光宇

嘗聞魯有伯姬，衛有共姜，清風亮節，從古為昭矣。自今言之，每多感慨不能忘，豈不以純真之性，得於天者，為獨厚哉！若金寨村楊春光之妻徐氏者，殆其人歟！余同治元年，曾移硯於伊村。與父老言，備聞氏之賢。迄今三十餘年矣。今年正月，余家居無事，其夫弟春茂，本余之弟子，來言氏去年亡故。衆親友嘉其懿行，欲勒諸貞珉，永垂不朽。乞余為序。余不獲辭，因總其顛末而為之序。

竊憶氏之於歸也，年方十七，貞靜幽嫻，人即莫及。奈皇天不佑，越一歲，竟失所天。其時本欲殉夫，而翁姑皆在，其責難辭，因純心而事翁姑焉。厥後夫弟有子，而氏撫愛甚周，一如己出。諺所謂節孝撫孤，今殆有其人矣。余故樂序之，以為採風者觀焉。

光緒二十年。

(文見民國《長垣縣志》卷十五《藝文志》。王偉)

清歲貢生侯君翰之德行碑

故城人本縣教諭王景源

垣邑古蒲地也，中多聖賢遺蹟。邑治之北有杏壇，相傳為侍坐諸賢言志之所。其南有蘧公故里，衛蘧大夫之墓在焉。洎仲子治蒲，宣尼以三善稱之。厥後，文人代出，古風不泯。故生其間者，往往有篤實之士，時以古誼相期許，不為晚近靡靡之俗所囿。今觀翰之侯君之行，竊歎學必有真。而古聖賢之所居遊，其流澤為孔長也。

君諱維屏，翰之其字。世居邑之高店村。曾祖岐山，祖德實，考青松，母董氏。君生而謹厚，事親孝，廉於取與，雖窮居寒素，而讀書忘倦，晝夜不少息。弱冠後，補博士弟子員，旋由增廣生食廩餼，於光緒丙戌年，循例充歲貢。君以家貧設帳鄉里，生徒咸雲從焉。口講指授，諄諄無倦容。凡經其啟牖者，率多成名以去，尤深於易學，故其為文，洋洋灑灑，沛然如流水之赴巨壑，凡《易》中精微之理，恆藉時藝以闡其蘊，士林每豔稱之。中年疾生於眥，右目不良於視，然及門者，猶惓惓不忍去。君則教之誨之，數十年如一日，以此知其學實有以及人也。於戲！士習日非，學術之不古，騖騖乎成江河日下之勢，而君以鄉曲老諸生，未必有偉人奇士時相勸勉，獨能為不厭誨不倦於君子成己成物之旨，默相符焉。因是益見學自有真，而古聖賢之遺澤何其厚而遠也。噫！是可風已。

君卒於光緒二十五年三月十八日，壽六十有九歲。元配蘇氏，無子。繼娶唐氏，生子三。掄選、際選、遴選，具業儒。余以丁酉秋司鐸茲土，即耳熟翰之君之名。迨其門人侯生健之來從余遊，因益悉其世家。今君捐館，周三紀健之與其同門諸生，擬將君之素行節概，壽諸貞珉，以志不忘，丐文於余。余深韙翰之君之學行，並嘉其諸弟子克念師承，遂書其大略，以歸之，俾後之補邑乘者有所攷焉。

光緒二十五年。

(文見民國《長垣縣志》卷十五《藝文志》。王偉)

學堂岡宣講聖諭記

王景源

有堯、舜、禹、文之人出，而後萬古有治化。有孔、孟、顏、閔之人出，而後萬世有學術，此通論也。三代上，政與教合，作君即亦作師。三代下，政教歧出，天德王道，判若兩途，於是，乃有政治、教育之名家。惟體用未備，本末未賅，行政恆鮮實效，立教徒託空言，此文明所由退化，世運不克媲美隆古也。仰惟我先師孔子，聖集大成，道綜一貫，垂文行忠信之訓，裕立道綏動之猷，其教即其政也。洎學術漸漓，居高馭下者，徒慕聖人之名，不能心聖人之心，以敷聖人之治，斯聖教之不湮者幾希。迨清朝開基，治定功成，聖祖仁皇帝萬幾之暇，特頒上諭十六條。世宗憲皇帝復衍為《廣訓》萬餘言，以布帛菽粟之至文，闡子臣弟友之要道，作覺世牖民之極規，端本崇實，正德利用，厚生其政，即其教也。先聖後聖，千載同揆，洵足樹百代君師之範，而立教行政之宗旨，至今炳若日星焉。然鉅典雖在，而宣講無人，其何以戶戶而曉之，人人而喻之也？蒲城治北十里，有岡曰學堂，相傳為古杏檀地。侍坐諸賢言志之所。歷漢、唐、宋、明以來，殿宇巍煥，規模宏整，春秋司祭者為先師七十四世裔孫學錄孔君繁瑞。君好學深思，憫世俗之澆漓，人情之衰薄，乃邀集族人與同志諸君，按期宣《聖諭》、《廣訓》於廟後講堂，三年於茲，同社僉欲勒貞珉，以昭來許。屬余為文紀其事。余特嘉其播仁廟之綸音，尊君也。繩尼山之遺續，法祖也。培垣邑仁厚之俗，惠桑梓也。一舉而三善備焉。將奉行日久，勤勤罔懈，訓致興仁講讓，革薄從忠，士敦禮義之風，人樂和親之盛，則斯文亦與有光矣。是為記。

光緒二十六年。

（文見民國《長垣縣志》卷十四《藝文志》。王偉）

修葺興國寺小學校碑記

故城人本縣教諭王景源

天下之治亂，繫乎人才，而人才之消長，一視學校之興廢，此通論抑實理也。自海禁大開，而後鬈髮深目，碧眼紫髯之族，航數萬里重洋，挾其藝能進化，與我四千年文明祖國角勝，而我反若瞠乎其後者，何也？士誤於咕嗶，困於章句帖括，雖學猶弗學也。我朝廷銳意圖治，興學為先，詔各省府州縣設各等學堂普及教育，而植富強之基，第創行伊始，通都大埠而外，鄉區之應者寥寥。然風氣之開，通視乎其地，亦存乎其人焉。余自丁酉，秉鐸來蒲。蒲為古衛地，固多君子邦也。邑治南之杏園里，有白塔興國寺一所，由來舊矣。寺之東偏，為義塾，為禪房。歲既久，佳僧無人，室宇漸圮，義塾亦廢。董事樊君克恭等惻然憫之。因奉令建學，遂集合各首事，改為初等小學堂，屬余為指授規模。屋舍之敝者新之，牆垣之傾者葺之。始雖因陋就簡，繼則逐漸擴充。數年以來，購書製器，居然可觀，生徒歲以數十人，濟濟一堂，昕夕講誦，行見日新月異，實學有成。不數十年，當有人才蔚起，足備邦家楨幹之選，無負諸董事立學之苦衷者，非獨一里一邑之幸福也。茲董事諸君，擬勒其事於貞珉，丐文於余，因不揣譾陋，忻然泚筆而為之記。

光緒三十年。

（文見民國《長垣縣志》卷十四《藝文志》。王興亞）

獲嘉縣

重修武王廟記

賀振能

吾獲出東門五里，巍然有阜，高而大者曰同盟山。相傳周武革殷，不期而會諸侯八百，爲壇誓師，實蒞茲所，王廟在焉。自先代建，奉朝勅有自來矣！或謂茲阜實當時羣侯庶士襁負土而封之，故能高以大如是。然無考也。余家有別墅，在山之陰，歲時過敦耕焉，嘗於夏秋間，登其巔風乎山門之外，遊目騁懷，見村落林莽，風烟離合，一切在下，曠然有高世軼塵之意已。乃東望牧野，西遡孟津，念興囚其一瞬，感治亂之日新，又不勝愴然，遠覽神動而悲嘯也。是知古今來，無亂弗治，相尋之數，極焉必返，聖人者出，而廓一世之穢，寰海用休。《書》曰："獲仁人以遏亂畧。"《易》曰："武革命順天而應人。"顧此巋然者一抔之土，固千百年功名之跡，仁暴盛衰之明鑒哉！舊有太公飲馬池、校士臺，皆負山之陽。歲遠圮堙，高深叵辨。其在院中者，王廟之外，真武三官、虸蝖、疠疸、右伽藍，凡四殿，各三楹，則土人因事時舉而附置焉。鼎革以來，兵燹饑饉，廟貌不葺，敗壞者久之，至是邑諸善士謀鳩工新之，而益王廟前拜殿三楹，右官亭三楹，他制如故。門墉堅整，輪奐丹堊無憾，允盛事可述矣！與斯役者，倡之董之，分輸合作，例並書，以旌其勤，悉諸碑陰。

康熙八年。

（文見乾隆《獲嘉縣志》卷四《祠祀志》。王興亞）

城隍廟重修二殿落成記

【額題】重修二殿碑記[1]

城隍廟前有大殿，後有寢宮，其來舊矣。歲丁丑，邑侯榆次褚公命住持道官田真道添建二殿一座，□□承命與其徒陳常清竭誠從事，裒資鳩工，移寢殿於稍後。至辛巳年，建二殿三楹，前通大殿，後通寢殿，規制森然整齊。凡登斯殿而□□者，未有不肅然起敬也。今歲久圮壞，道官亦以耄耋仙逝，常清嗣道官事，募化銀兩，重為□新。庚戌之秋，功始告成，因勒石紀事，屬余為文。余曰："廟之有前殿後殿，猶帝舍之有前堂後堂也。神人一理，幽明一道。城隍顯祐伯等神，以聰明正直之德，司陰陽禍福之柄，既有前殿，以為人鬼乞靈之處，豈可無後殿，以為神明寧息之所乎！"是役也，創之者與繼之者，□□有功

---

[1] 該碑碎裂爲四塊。

焉。夫褚公循良令也，留心民瘼之暇，而為敬恭神明之舉。田道官善□其志，創建是殿，其所以妥神靈而陳祼獻啟斯人向善之心者豈一，不僅以一時而遂已也。第恐繼之者，□人風榱雨桷，使不為修葺之計，將前人向善之功德，不幾泯沒弗傳乎！幸陳道官□□□述維□經營規模更為五楹，較創時擴大□許，廟貌壯麗，金碧輝煌，上□沒先賢之遺意，下克紹乃師之善念，神安其所，人始有受福之基，則是成褚公之志者，賴有田道官。而成田道官之志者，尤賴有陳道官也。其功其德，當垂之金石以不朽，而謂創之者與繼之者，不均屬有功之人乎！自是以後，朔望之期，官□禮拜於斯，而曰福國庇民者在是也。聖誕之辰，士庶慶賀於斯，而曰賜福降祥，□□是也。以及夫水旱凶祲，夭劄厲疫之時，貴賤者□禱祝於斯，而曰禦災捍患者在是也。是神之保障乎，人人之依賴於神者，又甚彰□較著也。是役也，其造福於生民，不豈淺鮮哉！余故□敘其創始之由，與夫重修之事，敷衍成說，刻之于石，以誌永久。後之人有向善之心者，幸不以余為記可也。是為記。

　　康熙十年歲次辛亥仲夏吉旦。
　　邑庠後學廩膳生員師可法沐手撰文。
　　邑庠後學廩膳生員谷同岐書丹撰額。
　　文林郎知原武縣事寶安鄧奇、儒學訓導陝州成珷、典史臨潼孫儀鳳、河南布政司經歷署原武縣事瀛海姚廷佐、道官陳常清、徒守江、守忠、守勤、守梅、守往，孫易新、易寧。
　　石匠楊俊民、高得彥。
　　仝建立。

（碑存獲嘉縣文物保護管理所。王興亞）

同盟山詩

賀振能

升高弔古憶東征，牧野風雨向晚清。自是光天奮武志，無端山色號同盟。
千載盟壇香火空，高臺無恙對秋風。可憐臺畔樵人語，不及當年寧爾功。

（碑存獲嘉縣同盟山武王廟，文見民國《獲嘉縣志》卷十六《金石》。王興亞）

改創磚城記

邑人賀振能

獲為邑彈丸，而據四達之衢，齊秦燕趙，輶軒師旅，出入往來，咸于是取道焉。北望行山，南瞰河流，蒼茫榛蕪之鄉，兵燹偶乘，氛祲洊至，則萑符么膺嘯聚，竊發之徒，往往而有。百姓所藉爨桑，老壽休息保聚者，僅僅孤城耳。而歷三數百年間，環堵一坯，媮安恃陋，號有城實無城也。又其甚者，水潦漂齧，歲煩修葺，而董役者，率奇貨目之，故蹉跎彌旬月計為中飽，而麋里社金錢無算，草草補苴，不踰時，輒復見敗壞。邑士民日夜篙目環眎竊嘆，然無能為一籌。

　　會吾坦公馮侯實奉天子簡命，來蒞茲土，不數年，修復諸廢，政未易更僕數，一旦覽雉堞之陵遲，慨然曰："其有以天子版宇，生民保障，徒恃區區絫土漂搖風雨中，豈異人任哉！"於是，進諸父老子弟而謀之曰："天下事靡勞弗，茲撮土之封，吾將易瓵瓴而新之，若何？"堂上下噤屏息，懼無敢應者。則有諭之曰："勿懷安，勿畏難，胼胝在前，衽席在後，邑不可無城。城而土，歲費數百緡，視甓為易。然易成易敗是我，且歲委百姓數百緡土也，其幸風雨時調，水潦無害，然四隅墊隘巑夷址薄，民室家老幼緩急，無所憑險是我，終委百姓室家老幼千百人土也。權利害，度輕重，量近思遠，惟爾百姓圖之。"僉曰："我民實愚，替損作益，惟我侯之賜。"則又計之曰：繕城之費，今歲有經矣！輕而頻無寧屋，而暫也將十之五動資自民，十之三捐俸自官，計金可五千有奇，餘以倒私篋而統旌成焉。粱糧畬糇薪蒸陶塈之方，惟置惟募，役無騷，用有程，條條井井矣！僉曰："衆任無鉅，平政無厲，惟我侯之命。"議成，上諸臺司，皆報可。僚佐紳士胥卒工賈咸允厥勳，功既舉，鳴鼖鳩築，子來之衆如營其私。侯旦晚慰勞之漿，勤勵惰，劢作奮興，翼翼嚴嚴，式固式密。墱垠譙櫓堅整麗翼，肇于初冬，迄之春暮，而不世之勛居然告竣。諸父老子弟歌舞踊躍，喜茲成功，手加額而相告曰：吾輩乃今而後，長老得鼓腹嬉矣，婦子得聚廬處矣。鞠凶亡流播，羽檄鋒鏑，亡震蕩矣。狐鼠消漏厄拔亡，曠日持久，牽率踐更之勞矣。微我侯之命，賜不及此，烏可以不示後，而不佞振能實荷侯國士知，請為文紀之。

　　於戲！創百姓之功，豎萬世之業，不動聲色，無煩督讉，而又於大農帑額下土，蓋藏不損毫末，持五千釀金，六閱月而告成事。近古以來，急公之臣，未有任事如斯之敏者也。在周之世，王命南仲城彼朔方，而詩人稱赫赫焉。召伯營申有俶其城，而吉甫之誦肆好降。而唐、宋楊晟、高駢、冉氏璡璞之屬城夏、城蜀，皆得承榮世主，以光史冊。今廟堂之上，旌侯偉伐，璽書褒秩，以壯國楨。事當在翼日，我曹幸親服叚喁恩信，不可以無示後，遂紀之文，而繫以銘。侯諱大奇，字坦公，家世瀕江之徐州人。其銘曰：

　　古稱成城，哲夫之營。馮侯蒞獲，業廣基閎。吾儕小人，非常是懼。草陋蒙安，緩急莫戍。賴侯之懺，廓乃提封。瑣瑣塊垣，忔忔金墉。耗不自上，竭不自下。經之紀之，聲色弗大。既襄既峙，既闉既壘，寧我父老，逮其婦子。生聚壽考，耕織豐腆。發祥隤祉，而康而衍。水旱兵革，仳離不淑。斯怙斯翰。斯遠其毒。載功永永，食德綿綿。不朽之祜，于萬斯年。

　　康熙二十三年。

　　　　　　　　　　　　　（文見乾隆《獲嘉縣志》卷二《城池志》。王興亞）

重修官衙記

賀振能

嘗讀韓昌黎言，中世士大夫以官為家，意蓋非之。而吾思焉謂其風猶近古，若邇來宦遊者以官為逆旅，故往往坐視其廳事衙齋，廢而不理。謂此固傳舍，須時日歷階去耳，惡煩吾力修之為。噫，于其身所託處者若是，矧託其身以處元元乎哉？邑侯馮公治獲之五載，凡所為培風俗，厚政本，保民造士，通商惠農者，以次修舉。若學宮之圮，而峙城垣之土而甓關市，徭賦之散而集倚而均民生康，遂幾平治矣，乃始繕其衙舍。

獲官衙，自明代規模畧備，然內外左右荒凉湫隘，麗典之宇，靡闕則敞。雖歷修葺，而主者不關意，徒為消功單賄，耗里社資。茲宵壬濫漁牟冒而已。公廉其狀，概加節省，慮土度木，必躬以親。有當衢屏壁舊例營之竭中人產不了，而公直數金完之，聞者異焉。他搏嗇顆，是計所繕，置在前者，堂廨盧廡，左匪右廄，門墉墀砌若干所，為出政聽訟，威儀鎮撫之方，循仍舊貫。而壯麗維新在內者，室廊寮廛、後寢前齋，步櫊輓軒若干區，為琴鶴燕閒，退食思政之鄉，式廓爽塏，而衰延倍昔。既落成，四郊之衆，逮其在官者咸色喜相告，以來請不佞文紀之。嗟夫，仁人君子撫有方域何在，不赤心白意為斯世斯人，制治永久，矧我躬攸，攄旦晚發政令，養百姓，以報天子，實於是焉。依詎一身一日之為，而顧得師其私智自委謝，因循旦夕也者。則今日悉志矢誠，經營拮据，斯不信德於俗遠而功於世深乎。雖然，《甘棠》之詩曰：“召伯所茇，識上之休也。”《靈臺》之詩曰：“不日成之，識下之洽也。”《抑斯干》之詩曰：“君子攸躋。”又曰：“君子攸寧。”惟君子當躋之，惟君子得寧之也。如公之功，斯克正於其庭。如公之德，斯無忝於其宅。若乃上多窳政，下鮮安業，襲欸穷簷，蘊愁菲屋，而勵民以作之室，斯不更為我公皋人也歟！作官衙記。

康熙二十三年。

（文見乾隆《獲嘉縣志》卷三《公署志》。王興亞）

重修學宮記

邑人賀振能

歲柔兆攝提格林鍾之月既望，獲令尹馮公出城東門外，率僚佐紳士暨民父老子弟近臨市衆，講宣聖諭，勸民勵俗諸條教。既罷，公退。聽講者咸歎息，稱公之賢。時鄢陵趙君連城為邑學博，出座揖振能而告曰：“人稱馮公賢，馮公則誠賢者哉！”振能曰：“博士之執政新將何據賢我公？”曰：“吾觀公所以治學宮，即他治政可知矣。”蓋博士始進於學，觀釋菜，奠幣之鄉，雕甍麗翼，丹墀奪目，明倫、尊經，堂廠閣峙，式壯且緻。羣賢更老之所藏，師儒子弟之所肄，邃者清，塏者明，新恢舊易，必誠以信也。故觀公所以治學宮，即他治政可知矣。振能聞之，慨然曰："不亦信哉！"古之為學者講道習藝其中，逮飲射合樂，養老尊賢，聽訟受成獻馘之事，悉於是乎由之，故曰學所以為政，又曰學者，禮義之宮，教化所由興也。然不可不知其所自，乃祀先聖先師焉。

唐、宋以來，詔天下州邑皆立學而祀孔子。凡以敦教起化，崇政本也。今自都邑以迨鄉曲比閭，鉅者寢皇廡豁，微者潔治檐楹，其稱廟貌，往往而具，詢其所祀事，則禦災捍患，龍棄之屬，與五行在天之吏而已。外此二氏之徒，以奉佛老者多焉。歲久圮廢，則環居者閭閻儋石之夫，聚族而謀，務完新之。醵金鳩役，如取之寄。而孔子者，立生人性命之德，其道養民化俗，家國天下，資其理治，非止捍禦災患，棄龍與五行之尚吏比，乃學廟一片地，在盛代無不寢皇廡豁檐楹潔治者，厥後世降，術業就荒，並其宮室隨之。有司者，或起家縫掖，居恒設俎豆，被服絃誦，謂天下道在孔氏，治在興學，言娓娓，若可聽信。一旦簿書鞅掌，輒謂此腐儒老生者之所習，何足煩吾戴星為，甚者指費，假號取羨於公，私以實中蠹有之，君子謂是閭閻儋石之夫、二氏之徒之弗，若不亦甚歟。故長道橫經之音，不嗣而有俛者。宮鞠為茂草，微唯獲然矣。

今上御極之二十又一載，馮公始來，諸政未遑，首視黌宮，謂化民成俗，要在興學。傾蕪不治，懼無以昭德奮業，維風立政，謀繕復之。檢橐中出朱提百為經始，而稍稍糾輸焉。日夜敦省，鳩工庀材，務致其虔，以克襄厥盛也。今獲諸廢興，邑無窳政，化民勸俗，如茲申諭講約諸務，無非崇學立教至意，而頌公政者必自學宮始，豈非知本有古名臣風哉！公業以貲為郎，然急公政不愛其私，以視諸縫掖者浮文凶實，臨利攘攫，以喪其生平，其亦遠矣。趙君曰：然。此獲紳士與膠庠子弟感而謀不朽於斯役也。博士之執政新慮無以悉大勳，請即以吾子言為記而示諸後。昔鄭人有所議於鄉校，子產聞之以為師。而夫子以為子產仁，後有仁者，庶亦得師於斯文。

康熙二十三年。

（文見乾隆《獲嘉縣志》卷三《學校志》。王興亞）

重修梓潼帝君祠

賀振能

先曾王父糸憲，鳳山公之少也，貧甚，幾不能卒業。時明萬曆五年，獲鹿張公以進士南來宰獲，季試，得公文，奇之，為具資供給獎翼之良至用，得肆力於文，以成功名。而賀氏稍稍稱溫族世其業。文貞公而下，時有顯者，皆公力也。公以異政擢去，而賀氏立祠祀公，到今六十年矣。前歲，天子詔毀淫祠，奉命雷行。除祀典明神外，一切祠宇無是非燹之殆盡。叔大人謀所以存公祠不得，而易其額曰"梓潼帝君之祠"，乃不毀。夫帝君，世所傳司命文章，而為文人士陰相者也。又三數年而霾潦，祠圮亦盡。今年叔大人方北上，命小子鳩工復之。工竣，而梓潼之號乃不可改。吾於是有感矣。君子學古入官治政不一，然上而獻楨於朝，下而式化於野，培一日以風百年，惟作人一事重耳。孔門所以訓得人也，公治獲仁明之業，屈指不盡，獨是拔滯搜寒，扶植士氣，尤噴噴人口。蓋君子為國育才，臭味所存，精神意氣，關向自別，誠不啻厚私焉。而沐其德者，亦不能不生成感之。此祠之立，至今而存也。噫，公非私賀氏之人，私賀氏之文。不私其人，而私其文，是即梓潼之意也。得其意即用其號，何惑焉？吾知述其故，以見公之德，足以司命文章，而今即以此祀之，將由是以為邑文人士陰相不衰也。後之觀者，其尚存勸也夫。

公諱一心，字道宗。

（文見乾隆《獲嘉縣志》卷四《祠祀志》。王興亞）

創建東林大悲院記

賀振能

凡道有造於人者，養其心以復性，而弗即於邪。斯無惡於聖人矣！昔孟氏師孔子，而稱伯夷之清，柳下季之和，皆為聖人。蓋其高風亮節，足以作民志氣。道雖不同，有造於世一也。今佛氏所稱西方聖人也。西方去中國遠，俗雖不齊，而身心性命，理當不異。自其學入中國，千百年與吾道並麗天壤，賢人君子往往旨其說而弗厭，詎非清淨之風，無為之化通乎性命，而因緣果報之說，亦足戢人邪妄終不可棄歟。或曰佛，古墨氏學也。子輿氏嘗力攛之，而吾昌黎所排抵也，何取焉！夫戰國之際，邪說橫議，與洪水並亂，子輿氏息焉，宜也。今佛者齊聖於凡，開迷成悟，所謂指川月而鍊壙金，四相捐，六根淨矣！故建儀設樂已譏竹管牛皮，即點石飛花，猶是龜毛兔角耳。唐承魏晉六朝之陋，學者不衷於理，而餙其迹，以為佞上下間，俗亂心迷，非昌黎一疏，則江河之勢，莫有與極末流之失，豈佛氏之本原哉！夫葛裘不終歲，而乘時皆適於體。鹽梅不充口而調鼎悉賴其滋，蓋大成可集，則夷惠風流俱關世教，反經有本，即佛老卮言，咸裨人心，在取者善用之耳。今天下薄海寧謐，儒道昌明，而貪競凌厲之風，不無相沿於習俗，使時漸於清淨無爲之道，而佐之果報之說，以神其教，安在不庶幾有造於一旦乎！善夫謝傳之言曰：商鞅敗秦患豈清譚，是可為解者道也。吾獲以屢瘠衝區，自鼎革兵燹來，庶務驟頹，賴吾坦公馮侯蒞任六年，力興諸廢，凡城社衙署，業一切捐俸新之。茲緣東郭郵亭之役，就東嶽廟傍增建禪室，招僧居守。而士民感侯恩，相勸鳩工。因其隙地，建為大悲禪院，以祈侯壽。考自釋迦文，佛及菩提薩埵威儀肖相，莊嚴實盛，亦釋氏所謂象教也。遠延禪宗，夫隱上人偕高足數十輩，譚經衍戒，晨夕鐘鼓之音不絕。邑民羣奉香火，士大夫來遊日夥。居然開淨界於泥塗，闡宗風於末世，而侯歲時朔望肩輿造院，虔禮為百姓祝釐請茀，盤桓休息焉。由茲以往，千秋百世，想見侯功在獲人者與佛日長明，慈雲永護，謂招提曇影，即甘棠可也。

公諱大奇，字坦公。工始於乙丑初冬，其落成丙寅良月也。與茲役者，陳力布金例得並錄，悉諸碑陰。

康熙二十五年。

（文見乾隆《獲嘉縣志》卷四《祠祀志》。王興亞）

行苦神秀題辭

清聖祖

行苦神秀[1]

康熙四十二年三月。

（文見乾隆《獲嘉縣志》卷十六《金石志》。王興亞）

書朱子題薑詩碑

清聖祖

薑云能損心，此謗誰能雪。請論去穢功，神明看朝徹。

康熙四十二年御筆朱子題姜詩。

（碑存獲嘉縣東關舊大王廟，文見民國《獲嘉縣志》卷十六《金石》。王興亞）

賜超玉和尚詩碑

清聖祖

秦晉山河巡幸畢，回鑾攬轡歷新中。忽聞梵語如風送，疑是江南話桂叢。

賜超玉和尚。

康熙四十二年癸未冬臘月五日。

（碑存獲嘉縣東關舊淨雲寺內。王興亞）

净雲寺新建御書樓碑記

河南巡撫徐潮

事有曠千載而難逢者，不可以不誌。在昔虞廷颺拜喜起賡歌，至今傳為盛事。後之人緬想風徽，猶欣欣向往之不置。今以山林野老，巖木緇流，得被聖天子從容顧問，叠膺恩賜，尤非事之偶然者宜乎。超玉之以御書樓之建請也，維康熙四十二年歲次癸未臘月五日，天子西巡狩畢，道出獲嘉之東城，黎庶歡騰，喜見天子。時城東大悲院老僧名超玉者，亦

---

[1] 民國《獲嘉縣志》載：御題字大四寸餘，行書。

隨衆趨迎。天子止輦與語，玉即奏曰："蓋聞聖德如天，湛恩汪穢，物靡不得其所。徃者翠華南幸，招提蘭若，悉有題名。臣僧玉冒昧敢請，願亦有以題僧院額者。"天子曰："俞哉。"立灑宸翰，題其寺曰"淨雲"。且賜之詩曰："秦晉山河巡幸畢，迴鑾攬轡歷新中。忽聞梵語如風送，疑是江南話桂叢。"即今之刻著於石，屹然特峙於樓中者。又賜"行苦神秀"四字，以褒美焉。既又賜八珍飯一盂，上參一勗，上茶二封。溫綸欸洽，縷縷無已。備載僧徒祖鑒、祖印召對語錄中。玉曰："天恩如此，豈能一瞬忘耶！"是不可不圖所以報答者。爰募建樓五間，表曰御書，刻詩於石，以爲供養之所。且鼎新其寺之門，奉光匾額。越明年甲申三月，凡我同僚，割俸金有差。鳩工庀材，不數月而斯樓落成。超玉走請曰："玉之膺此異數也，惟節使實目擊之，請書其事於石，以垂不朽盛事。"予時巡視中州，扈蹕過城，歷歷親覩。予曰："是奚辭哉，是奚辭哉！"夫宣上德意，導揚盛美，臣子責也。聖天子巡方問俗，察吏安民，無非以元元爲亟。設超玉者，出其儒術以馳驅王路，與聖天子獻，可替否？當更有都俞。吁咈！於彤廷之上者，其僅以是已耶。惜乎！其以浮屠老也。雖然，超玉之行，斯已異矣，戒律精嚴，悟歸正覺，於儒書無所不窺，尤長於詩，不得於功名而得於異遇，恩膏優渥，眷注彌深。此焚修之美報也。後之住持茲寺者，亦能如玉之勵行，晝夜修持，用光前烈，則賡歌拜蹈之榮，當不減超師之盛遇也。然則斯樓之建，上以仰答聖明，下以風勵後嗣，其所係顧不重哉。若夫嗣而葺之，無使廢壞，嚴加保護，勿使傾頹，更有望於宰是邑者。是爲記。

時康熙四十三年三月。

（文見乾隆《獲嘉縣志》卷五《名蹟》。王興亞）

重修三橋官路碑記

朱一元

獲邑城北十里餘，有丹河一道，其源自晉之高平儵公山，流入衛河，通濟漕運。綿亘東西，中有一橋跨河，即所謂三橋也。橋之西，有南北橫河，源出太行，至丹合流。而橋北有大道，前達汴、衛，後通三晉，行人如織，即所謂官路也。橫河之東，官路之西，居民稠密，每苦河水暴漲，漫溢爲災，向于官路建設橋座，以資蓄洩。前人之經畫，未嘗不周。詎歲久湮廢，橋圮路缺，不特行路爲艱，即居民亦嗟蓄洩之無資者，匪朝伊夕矣。己丑夏，余奉天子命出宰斯邑。是歲，雨澤過多，河渠淤積，民甚苦焉。余謀治之，而縣倅秦君以工費浩繁爲慮。余曰："無慮也。一人倡之，百人和之，何事不成！"遂捐資爲倡。僚尉士民無不踴躍以從，鳩工庀材，不匝月而橋之圮者整矣，路之缺者補矣，且增橋二座，添洞數環，較之舊址，既高且廣，從此橫流絕泛溢之虞，行人免病涉之苦，蕩蕩周道，屹然改觀，士民樂其成也，咸欲歸功于余，以為此朱公渠也。余曰："何敢。惟秦君不辭況瘁董率經營，曷歸之乎？"秦君亦曰何敢。然則究將何以名之？余曰："是工，雖余倡之，諸君襄之，要非紳士耆民急公趨事，安能神速若此！其謂之萬民渠可乎？"夫天下事成無不毀，惟後之人顧名思義，稍有傾圮，時加修葺，使斯渠斯橋永利茲民，是則余之願也。因為記。

康熙四十八年。

（文見乾隆《獲嘉縣志》卷二《橋梁》。王興亞）

城隍廟三世清醮會繪妝寢宮碑記

會首靳春和、生員靳有仁、錢糧徐應聘、會長王孫彥、生員楊芳楹、生員婁光星、生員張煥壁、靳存正、賈羲、靳瓚、靳王正、宋良賢、宋良臣、靳節、徐光明、吳中美、靳永明、宋偉、閻永泰、王忠貴、王全貴、劉好義、□守義、□芳聲、劉繼文、□弘彥、□□輝、□□衝、張有奇、李富、吳成名、王世俊、張興周、李紋、靳永志、閻鼎、閻龍、賈名揚、王孫貴、王孫秀、李化鳳、許應第、穆長林、穆顯林、李懷祥、薛彩、薛堵、任中雨、孟九德、朱進德、王盡孝、王世文、李明古、楊玉、薛延棋、郭宜興、薛之瑗、李恭、薛之玿、李隨芳、薛之琬、李含素、薛鐘秀、生員高復翀、生員薛裔傑。道官陳守勤。

吏員周國儒、薛彥素、師倫。

禮生王宗文、薛爾罾、蘇自魁、趙敏義、趙敏孝、薛□林、張鳴鳳、薛永壽、婁松、孫養德、苗生輝、靳邦進、王國友、靳煜、張化端、王國英、王卓、姬太和、李春雨、龍得寶、李一成。

五十年至五十三年共餘錢貳拾伍千□百。

金妝立碑費訖。

會眾每位捐錢壹百，開光供饌費訖。

住持道會司陳守勤、弟金守桂。

徒侄董一正、姚一明、劉一林、裴一乾、王一松、王一榮、劉一忠、何一全、張一□、段一安、閻一珍、梁一順、李一禎、韓一馨。孫董陽旺、師陽奇、張陽春、劉陽祿、楊陽發、婁陽才、劉陽增、吳陽貴、孔陽文、婁陽玉、王陽福、郭陽柱、劉陽府、王陽寶。

康熙五十三年四月初八日吉旦。

畫匠蔡□光宗。

油匠段世選。

石匠裴文通，徒郭訓。

仝立。

（碑存獲嘉縣文物保護管理所。王興亞）

先賢卜子夏墓碑

先賢卜子夏墓

康熙五十五年衛輝府知府莊廷偉知縣戴承勳書。

（碑存獲嘉縣商陵村，文見乾隆《獲嘉縣志》卷五《隴墓志》。王興亞）

重修同盟山碑記

【額題】永遠碑記

　　嘗聞法雲敷蔭仁，祠修於雞園。智月垂輪善地，開從鹿苑，入衆香之國，清淨為心。啟甘露之門，廣長舌現鋪金作舍，擅祇□子之園，□錫凌空□白鶴道人之麓。凡推上刹，必踞神皋。矧當頹廢之餘，須謀修葺之舉。呂城縣冶之東，山號同盟，乃邑乘八景之一也。留周朝之勝跡，垂百代之隆模，覽古者，多憑眺焉。初建之日，廟貌維新，正殿之外，若疙疸，若三官者，若子孫諸殿，皆飛罿輝煌，燦然耳目矣。後以年遠日久，竟至垣摧棟折，花分簷□□圯，作空花草，擷苾葑香，旋成茂草。丙申歲，邑侯戴公見而閔之，慨然志期重修，因念舉事必得其人，事乃濟。則曰非和尚諱緒乾者不可。蓋緒乾掛錫□亭，焚修者有年。邑侯赴郡，途次往來，嘗憩息其亭，穩知緒乾為高僧矣。乃念首其事者，投刺敦請。緒乾法演三車，心空五蘊，不畏難，不辭苦，挺然即以□任用，借文士之觚，聊代沙門之鉢，刊材聚石，命匠鳩工，半得之募化，半出之解囊，既勤垣墉，遂塗堊茨，頹者興，廢者修，浸林而塗泥者，燥且平也。殫精竭力，歷五稔而落成，今疙疸殿、三官殿、子孫殿及山門並左右門、法像雕梁，概為修葺，則向之獅座猊床，半淪榛莽者，煥然改觀矣。若之寶坊□宇已蝕莓苔者，炳□重新矣。昌黎云："莫為之前，雖美勿彰；莫為之後，雖盛而不傳。"緒乾之修諸殿也，承先者在此，啟後者亦即在此。其有造於同盟山者，寧淺鮮哉。勒石紀功，以垂永遠云。

　　國學生胡亮工沐手拜撰。

　　儒學生員丁光祖書丹。

　　儒童張現瑞副錄/[1]，文林郎知獲嘉縣事紀錄一次戴承勳，儒學教諭宋恒，儒學訓導安際昌，迪功郎吳若臣，巡捕廳徐克敏，歲進士郭光瑄。

　　會首生員馮嘉謨、孟敬、馮建鎄、閆蓋曾、高玉蘭、楊三元、馮懷經、熊文祥、郭宗良、劉弘烈、楊振蓮、□悅道、馬作藩、□□、丁進、□善猷、劉懷仁、張現瑞、王連歧、徐依鎮、李卯生、王瑄、徐爾功、楊三就、郭召林、郭元昌、占雲縕、郭宗漢、郭永清、

---

[1] /後字殘。

陳玉龍、張定元、孟紹業、施元鼎、馮建鷟、元位基、王得臣、馬世名、陳顯祼、張顯□、□顯明、劉苞、周君羡、包建中、汪卓玉、丁天才、樊太素、王汝異、郭應熙、馮林春、王進義、□林璠、趙體忠、李朋高、韓繼先、劉謙福、王山、郭曰□、侯廣現、李有平、張學硯、楊國□、譚成章、李玉珍、吳懷玉、張世□、齊光采。

　　　　　　　　　　□　　　□[1]

　　住持僧首緒珍，徒乾鎮，徒孫修　仝立。
　　　　　　　　　　坤　　　福
　　　　　　　　　　弘
　　　　　　　　　　清
　　　　　　　　　　瑄
化主僧智貴。
金塑匠楊成秀／
皇清康熙伍拾玖年歲次庚子孟冬吉旦。

　　　　　　　　　（碑存獲嘉縣同盟山武王廟，文見民國《獲嘉縣志》卷十六《金石》。王興亞）

建設橫河閘座碑記

孔傳煥

　　畧查衛輝府屬之輝縣王范村、懷慶府屬之修武縣校尉營等處，地居窪下，歲時積潦，一望汪洋，禾嫁之區沒為魚蝦之宅久矣。隨巡行相度，知此地與衛輝府之獲嘉頭道、二道橫河相連，擬於其地開渠二道，引水由北滙入丹河，則積潦有所歸。又擬於橫河二口，建閘二座，以資啟閉，則蓄洩得其宜。爰與衛、懷兩郡守率同各令定議，具詳督憲，可其議。隨各捐資庀財，委員督理其事。於五月三日興工，迄六月十三日工竣。于時兩地積潦由二渠引入橫河，順流而入丹河。向之一望汪洋者，皆已消歸，何有水涸而土現矣，得地四千五十四畝有零，給各地戶分領承業，爰述開濬歲月，勒石閘左，使後之官斯土者有所考。

　　雍正十二年。

　　　　　　　　　　　　　　（文見乾隆《獲嘉縣志》卷八《河渠》。王興亞）

重濬飲馬池記

繆臻

　　邑東七里許，有阜巍然，曰同盟山。相傳武王伐殷大會諸侯，為壇誓師處，山下舊有

---

[1] 眉目不清。

校閱臺，兵燹之餘，臺尋以廢荒烟蔓草中，碑殘文失，欲覓其遺趾不可得。今之榱桷三楹，風雨如故者，獨王廟而已。廟外故有泉為飲馬池，亦久淤。詢之土人，猶能指其處所。且云歲或大旱，禱雨輒應。壬戌之冬，予宰是邦。凡百興除，次第修舉，明年四月，旱魃為虐，幾于無麥，予牒城隍齋宿虔禱，僅得霢霂。五月，蘊隆蓋滋，屢禱不應，憂心如焚。輿人咸以濬池為請。予乃益自躬省，下澣之二日，徒跣赴山，爲文而禱之，旋覓飲馬故池。命工疏濬畚鍤具興，瓦礫咸棄，五尺餘得甋甎數十，皆千百年物。比及盈丈，果得甃一泓，因渟碧暈，有氣篷篷然自池間出，予心異之。向王默禱，期以三日，務迓神庥，甫出廟，四郊雲合，未及旋踵，而大雨如注，竟夕乃止。婦子咸為色喜。迨六月，尚旱，再禱焉則再應。八月，復旱，三禱焉則三應。是歲，河北諸郡少穫，獲田當枯稿之餘，獨邀王庇，雨沛千郊，未至大眚。其近王廟諸田，西成之日，眎他墅尤勝。嗚呼！獲故殷郊也，商辛穢德，若歲大旱，民望霖雨，唯王燮伐興師以慰來蘇。區區同盟，僅培塿耳。迺桓桓者于斯，赳赳者于斯，三千虎賁，八百諸侯，聽麾旄秉鉞者于斯。曾幾何時，山形依舊，人代幾更，當日一著之功名，有難憑弔即所謂飲馬池者，并無一掬，惟空山遺廟，尚兀峙于寒烟夕照間，迄數千百年後，王之靈爽，猶憑斯土救此周餘衛。茲遺子副雲霓之望，有如是哉！茲池也，歷夏經冬，其源不竭，以潤黎庶，惠我無疆。爰紀其事，并勒諸石，以告後之宰是邦者。

乾隆壬戌。

（文見乾隆《獲嘉縣志》卷二《名山川》。王興亞）

關帝並衆神廟重修碑記[1]

嘗觀歷代帝王以及郡縣官員，莫不高堂廣廈，/ [2]

蓋歷代蒞政，僚佐稟謁，胥於斯焉。吾以為人道，/

關帝並衆神廟，至靈至聖，有感輒應。誠足表彰□□，/

壞居□□也。朔望幾無告虔之所。時有會首 /

飲□，庀材鳩工，程事□數載，而聿觀厥成，/

□輝久矣。一鄉勝境展也，棲神佳壤，自此 /

飲□□□用於斯，以人道而事神，神之憑 /

祈之楷模也，烏可旦夕而輒隳之。於是 /

邑庠生員李仁民敬撰。

乾隆九年歲次甲子孟冬吉日。

（碑存獲嘉縣民李莊。王興亞）

---

[1] 此爲該碑上部文字，該碑下部失存。

[2] / 以下文缺。

重修玄帝廟碑引

相傳玄帝，淨梵王之太子也。生而穎異，厭絕世氛，遂修真而成道焉。此其事雖不可知，大抵通六道，遵五戒，明心見性，結善果以覺迷途者也。世之人不知神道設教之義，建廟而祀者，不過為保障乎一方生民，所恃以祈福而禳災。而其平日之所為，實難以對越乎鬼神。此其人雖造七級浮屠，亦無足取焉。若蘧伯玉村士遠馮君者，存心忠厚，行事公平，羣推為一鄉之善士，而且大發菩提，見玄帝之廟為風雨所損，法像塵封，慘然不忍覩也。立願重興，會積貲財，不三年而功成告竣。巍乎煥乎，真一時之盛觀乎。不惟神有所憑依而顯其靈，亦且使人有所觀感而興于善。其有功于玄帝也，豈淺鮮哉！《書》曰："惠迪吉"。《易》曰："積善之家，必有餘慶。"此馮君之獲福，可與玄帝同其無量矣！謹誌。

邑庠廩膳生郭玉桂撰文。

乾隆十年仲春。

（文見民國《獲嘉縣志》卷十六《金石》。王興亞）

重修城隍廟碑記

職金丹

獲邑城隍廟在城南門之左，蓋取位離向明之義。其廊廡殿寢，峩峩翼翼，規制固已宏廠。奈多歷年所，風摧雨圮，識者嘆之。前邑令繆公有事修葺，工未及竣，後令梁公繼之，捐俸鳩工，率一邑之士民以董斯役，缺者補之，敗者修之，施丹采，加黝堊，金碧輝煌，一時煥然改觀焉。廟祝者屬余作文，以記其事。

余思夫城隍之神，民所托命者也。新其廟貌，豈直曰肅觀瞻已哉！昔先王達幽明之故，絕地天通，凡名山大川，出雲作雨，能為民庇者，必隆之享祀，載在典禮。自封建之初，洎列郡縣之後，有士斯有城，有城斯有池，池即隍也。隍以衛城，城以衛民。其有庇於民者，吾知必有神焉，以陟降照臨於茲土也。然則斯神也，與山川無異。斯廟也，與一切淫祀徒耗民貲，勤民力，且為世道人心之蠹者，迥不侔矣。故創之修之，所重在民，亦古今之大典也哉。今兩賢令後先繼美，共成斯役，其禮幽者，即其治明者也。所謂神道設教而天下服，其在斯乎！其在斯乎！夫陰陽之治雖殊，人神之理無二。嘗聞有頑梗之徒，毀風敗俗，倖脫法網，神或謫之於冥，擊之於暗，迄今轟傳人口，赫赫若前日事，姑弗具論。《易》不云乎"積善之家，必有餘慶；積不善之家，必有餘殃。"此明訓，非虛語也。故入斯廟者，或頓生其戰兢惕厲之念，而勃動其改絃易轍之心，即以為彰善癉惡，司其權，亦奚不可。或曰："神之赫濯，有求必應。"凡風雨水旱，往往禱之，蒙神庥焉。予曰："城隍與邑令相為表裏者也，無不愛民之令，而有不佑民之神乎？"自今以始，大有屢書，四境休和,邑令之力也,即曰神之貽矣。亦奚不可為文,以勒諸石,明神以人為主,且冀夫後之加禮於神者,必軫恤乎民!庶神之不吐其享也歟!

乾隆十四年

(文見乾隆《獲嘉縣志》卷四《祠祀志》。王興亞)

增修學宮並建訓導宅記

吳喬齡

環百里以為治,非獨獄訟催科,簿書期會之,不敢曠廢也。即一亭傳弗治,一杠梁弗修,將於令是責焉。

矧學校為儲才地,上之所以教,下之所以學,胥視乎此。顧任其廢而不治,何以崇體制肅觀瞻哉!獲學在城西北隅,前人時有繕葺。而更歷歲月,漸就傾頹。乾隆己巳,余奉檄來守土。入境之始,以故事謁學,周行審視,若尊經閣,若崇聖祠,若魁樓,皆風雨穿漏,柱桷腐撓,勢不能久枝拄。又訓導廨,僅存遺址。廣文先生多僦舍以居,悚然懼弗稱。謀所以新之,而力未遑也。越明年庚午,庶務粗理,邑境寧謐,遂出橐中俸金,市材鳩功,撤其舊而更繕焉。首建閣,樓次之,又次建廨舍,以經費不繼,工暫輟。辛未歲夏,始克建崇聖祠。他如殿廡門墄壞於上者,則撤而瓦之;剝於下者,則除而甓之。漫漶於其間者,則塗塈而丹堊之。規制悉仍舊,而氣象一新。是役也,糜白金以千計。非邑之紳士、商民共襄厥事,亦勿克有成也。工既畢,爰進諸生而詔之曰:獲嘉之建學舊矣。自國朝以來,百有餘年,登甲科者惟董君上策一人繼此,何寥寥也?夫醴泉無源,芝草無根,士苟克自樹立,何患不加人一等。今天子重道崇儒,表彰六籍,嘉惠來學,海內通經博古之士,聯袂接踵,出而備明廷之需,我獲何多讓焉。計自今益相砥勵,毋輟誦絃,庶幾德以成,而材以達,異時取高第,展大猷,以為邦家光,是輪奐之新美不足衿,而教化之新美為可喜也。凡我髦士盍加意焉。濡筆為記,以勖諸生,且告後之守土者。

乾隆十八年。

(文見乾隆《獲嘉縣志》卷三《學校志》。王興亞)

新建福善寺記

吳喬齡

福善寺曷為建也?奉三官神兼祀劉猛將軍也。三官故有廟,其重建者何?制小而久傾也。稽神之名號,未載祀典,而靈應丕著,所在祠而祀之。國朝康熙初,趙君國鳳來宰邑,未抵任前數日,遇三秀士,同宿郵亭,談甚偉,詢其籍,曰獲嘉,詢其舍,曰城東。三人者,蓋昆仲而同居者也。比趙抵任,從容問諸土人,僉曰:"無有。"趙心疑之。暇日,過城東，見有小三官廟，圮甚，恍然悟前旅次所見，曰："神殆詔余以新廟乎？"即日繕葺之。喬齡載其事於邑乘中。神之示靈，此固其一端已。廟既奉三官，曷為兼祀劉猛將軍也？酹神既且從民望也。將軍之事蹟，載籍無考。或曰名琪，漢時人。或曰名銳，宋南渡名將劉錡弟。其說各殊，而總以善治蝗著。我朝世宗憲皇帝特勅直省州縣建廟祀神，有司憚於營建，或多因循未果云。乾隆壬申夏，鄰邑蝗生。吏捕滅無寧晷。喬齡默禱於神，縣境獨免，田禾得無損。古者虯蜡之祭，美報不遺貓虎，矧神能去昆蟲之孽，功在三農哉！是又烏可以無祀？其以福善名寺何也？是役也，慮土度木，厥費不貲，獲故貧瘠區，齡何忍以營建之事重累邑衆，而紳士商民樂襄盛舉，輸錙弗絕，丹楹刻桷，不日成之。財也者，人所靳而不輕予也。乃欣然各出其所儲，新廟貌而妥神靈，不可謂非敦善者也。夫天道福善，理有不誣。今而後神其錫嘏於民，俾無疵厲，無天札，年穀時熟，螽螣不生。於以薦苾芬而鳴磬管，民之福也，吏之願也。故寺以福善名也。

時乾隆十九年歲次甲戌孟夏朔日。

十六畝，又香火地七頃五十八畝八分二厘三毫。

（文見乾隆《獲嘉縣志》卷四《祠祀志》。王興亞）

重修廟宇小引

攷聖王之制，祭祀也，德施於民則祀之，以死勤事則祀之，以勞定國則祀之，能禦大災則祀之，能捍大患則祀之。是知祀之者，謂有功烈於民者也。迨有唐立廟遍天下，其所以祀之者，多不可攷，然亦不敢以見參之。如本鎮西北隅，舊有古佛殿，文殊庵居東，又有祖師殿、三聖殿及靈官殿、山門，最後有清涼山。其前、左右之次，不可得詳其所以。廟之祀之者，亦不能盡悉。但古人創建，正未易輕議也。相沿數百年，歷風雨之毀圮儘多。因募化四方，本鎮捐施，積數年而煥然改觀，或亦一方之保障歟。茲以功程告竣，勒石以志。余不敏，仍存一有其舉之，莫敢廢也之遺意云爾。

廩膳生衛傳撫撰。

監生賀模書。

（碑在獲嘉縣忠和鎮，文見民國《獲嘉縣志》卷十六《金石》。王興亞）

觀音菩薩修醮叁年完滿碑記

【額題】萬善同歸

會首李文廣孀母丁氏，會首張彥臣母范氏，會首李九結趙氏，會首劉敬楊氏，會首劉文鑄母賈氏，會首李來成母丁氏，會首吳雲母楊氏，會首毛桐母賈氏，會首胡琰閆氏，會首賈鴻福母劉氏，會首婁繼紳母高氏，會首王好敬趙氏，會首張源孀母馬氏，會首劉言至母季氏，會首馬良棟孀母馮氏，會首宋良胡氏，會首吳小智母杜氏，會首胡理母張氏，會首胡天林母孫氏，會首全行□氏，會首全范聶氏。

李文廣林氏，李主智余氏，李二吉李氏，李迪吉張氏，李士俊師氏，李士德□氏，李士魁賀氏，李主信范氏，婁玉李氏，李大用賀氏，李自□李氏，李文耀母董氏，呂大榮張氏，王天興李氏，季大成郭氏，季二成婁氏，李□安劉氏，李若棟蔣氏，李文遠王氏，李傑張氏，李主義王氏，李千□□氏，李作□氏，李作臣□氏，李□□□氏，郭有志□氏，婁繼端吳氏，婁言祿母□氏，婁中照□氏，婁完明陳氏，李主福賈氏，李錄玉楊氏，劉文母賀氏，李巖砫母杜氏，李守才賈氏，王□智李氏，劉盡方毛氏，劉斌盧氏，劉子□母郭氏，劉文福母柴氏，劉自修李氏，徐明□氏，張治國母馮氏，張文敬母孟氏，李□奇孟氏，賈五吳氏，李有福母張氏，李□母靳氏。[1]

大清乾隆叁拾貳年。

（碑存獲嘉縣文物保護管理所。王興亞）

公建滎澤縣正堂殷加五級紀錄十次愛民碑[2]

【額題】聖旨

嘗聞國以民為本，民以食為天，而穀之生 /[3]，
嘉慶八年九月中，被秦漲決□地淤，流沙風 /
瓜分，苦莫其焉。十四年八月，我縣尹父母 /
河州縣塌改田地之條，遂將地被少壓之户，飭令 /
倡辦為已賣，特諭吾鄉李君太學生諱金奎 /
中奉各憲飭委現任許州李公查勘，自朝至夕，不遠 /
真不啻已□已□也。十六年，巡撫部院長 /
旨部覆，始行定案，方得以□憂民之憂，樂民之樂，保赤之 /
無緣物資生，其仁如天，其知如神，就之如日，瞻之如 /
邑庠生員李克儉撰文。
邑庠生員李嘉賓書丹。
承辦沙壓東四保派□典吏劉國祥，户總房經承楊文林，東皂總頭等祝養泰。
榴村，李莊。
石匠王朝鳳仝立。

---

[1] 以下字跡多模糊不清。
[2] 此碑缺下角。
[3] /以下字缺。

大清嘉慶貳拾壹年歲次丙子三月吉日。

（碑存獲嘉縣尤拐村。王興亞）

重修同盟山碑記[1]

【額題】碑記

　　同盟山東偏道院內，舊有客堂三間，嘉慶十八年，被雨傾圮。主持道人方合禮、□□□、□□、蘇步雲等，請在城官商並近山村落，各出貲財，以使□之。修堂之外，更修鐘樓一所，及祠□□之損蝕者，事竣，用勒石以垂不朽。

　　特授獲嘉縣正堂加二級、隨帶軍功加一級紀錄五次陳□，前任獲嘉縣正堂加五級紀錄十次汪桂葆，署獲嘉縣督捕廳雖五級紀錄十次程鼎，前任獲嘉縣督捕廳加五級紀錄十次郭□賓。

　　司工事賀萬來、蘇步雲、郭會連、郭化果、丁國英、馬修德、郭大□、張祖書，陳土□。

　　主持道人方合禮，徒馬教喜。

　　大清嘉慶二十一年歲次丙午春月。

（碑存獲嘉縣同盟山武王廟。王興亞）

重修碑記

　　陽邑東塏離城四十五里，許家寨東首，有玉皇廟、關帝廟。東西兩廊、山門，創建失傳。自天啟四年以來，相繼重修，已經三次。迄今棟宇臥草飲雨，廟又圮矣。望者咸以為氣運之衰。嗚呼！雖曰天時，豈非人事哉！爰有信士李港、許文選等，目擊工程浩大，心餘力歉，因而約合同志，祈捐資財，共勸盛事。俾棟宇之臥草棲煙者，得以停雲。故飲雨者，得以佩玉披金，庶幾，東北旺氣不致有洩，而神人胥受其庇，落成後，勒石以記。

　　道光元年夏六月念一日也。

　　國子監議敘廩貢生候選儒學訓導張源撰文。

　　延津縣廩膳生員陳鏻書丹。

　　會首監生李睦公仐三十千，會首許文選仐二千五。

　　起事許文彬公仐八千文。

　　總庫□生陳鏻公仐八千文。

　　管工增生陳德舫公仐七千文，李縉寔仐一千八，生員陳德成公仐五千文。

　　買辦魯環公仐五千文，任文禮公仐三千文，劉萬合公仐五千文。

---

[1]　標題係補加。

掌歷貢生張源仝一千文，任殿魁仝二千文，生員張漢公仝五千文，張湊公仝三千文。

存錢張祿公仝五千文，李存信公仝十六千。

借物件陳鉒公仝二千文，張松林公仝一千文。

攉錢生員任殿元仝二千一，張九思公仝六千，馮玉珍仝二千，李增煖仝一千，賈玉公仝二千，杜玉堂公仝三千。

攉車任文然仝一千六百，陳貢金公仝五千。

攉工任文熙仝二千，張漪仝一千一。

照理香火李三點一千，陳鎧一千，陳錦六千，張祥三千，許文孝三千三，許五元三千，許大魁三千，陳德□四千五，李登兩千五，裴志仁二千五，李健二千五，張禎二千，周朝隆二千，陳德裕二千一百六，許五貴二千，陳全貴一千五，李守仁一千五，陳元祿一千八，李增辰、李景、李增全、李梅林、李國柱、秦金鳳，以上各一千五，陳鋂二千二，生員張閱一千一，李桂林一千，劉遂、陳廷桂、王桐、李昭、李增春、李存義、李晃、任文彩、許五剛、張法，以上各一千，許元吉八百，李逢年七百，張述六百，張居五百，賈良、賈天保、陳錚、鄭楷、陳銳、陳卯、任文辰、陳崙、李增法、任文科、李增保、許五讓、張裕德、許五行、張可教、馬國學、許文煥、陳元貴、高大經、李福，以上各五百。張沆四百，張振九三百，張桂楷、張勳、陳元福、王立正、許文香、李萬年、賈天貴、王恒聚、朱長有，以上各三百，田光前二百，婁有福、閆克慶、許文貴、陳元科以上各二百。吳明一百，趙福一百，劉喜金、趙青雲、翟虎臣、許嵩高、許得高、許德、許福、劉起鳳、安旺、安存朝、安盈倉、安成林、周暄、周欽金、周繼先、周繼祖、周根、衛天福、李公鼎、李公成、朱得食、侯永祥、侯永年、王國選、侯永錫、丁鎧、張緯、申學勤、申存良、申清梅、侯永祿、杜子林、葛同興、張法、張富、喬仁、張光國、王守信、連科、張仁、張襄、申程、喬福、盧登科、張殿陽、張桂、盧宗文、盧仕、張梅、楊廷華、盧宗舜、賈松、李梓、□自立、付光祖、韓魁、別天海、別文治、別祥、別天□、別居路、李桂、李檢、李成、張文德、張秀、李旺、馬士成、馬子有、馬子富、馬大□、馬沄祖。[1]

（碑存獲嘉縣許寨。王興亞）

敬惜字紙經費事碑記[2]

特授衛輝府獲嘉縣正堂調任安陽縣正堂加五級又議敘加一級紀大功二次紀錄十次盧為給□事：照得縣署有官地一段，坐落東門外。計十畝。又捕衙有官地一段，坐落城北後。又一段坐落東關南後，共計十畝六分三厘八毫。付給該道會司，為敬惜字紙經費之需。除

---

[1] 最後一排捐資人姓名，字殘缺。

[2] 標題係補加。

取具領狀粘卷外，本縣以付梓列入同山書院章程之末。合行照抄飭發，勒立石碑，以垂久遠。前項官地漕糧向係官為完納，歷年已久，仍循舊章辦理，毋須另立户名。併記。

　　計開：一字紙當敬惜也。蓋字乃先聖所傳，理宜敬惜。每見街衢里巷，踐踏飄零，褻瀆滋甚。今備辦字簍，招募妥人，給以工食，令其縣掛四城門內外及街前巷口，俾字紙不致棄拋。於每月初二、十六日收回，交司事敬謹存貯。恭逢朔望，司事親身督運紙爐焚化。其所積字灰，隨時包送丹河中流，尤須實心任事之人，方可免工人敷衍故事。有城隍廟道會司道會蘇教方，情誠懇切，願司此事。即於廟內空地，砌磚爐一座，字紙簍足用，交該主持妥為經理，始終其事，但必籌備經費，方可期於悠久。茲有東門外官地十畝，給予布種收籽錢，漕官為完納。又有署友候選州吏目劉慶麟捐錢十四千文，交該主持，按月生息，並典史李本敬有官地二段，計十畝六分三厘八毫，顧與前項官地錢文，悉為每月收取字紙人工□需用□久遠，以歸實濟。

　　再，曾見古人勸敬惜字紙文，內有離人骨肉之字，當惜有害人性命之字，當惜有汙人名節之字，當惜有拆人婚姻之字，當惜尚有播弄是非，顛倒曲直，譏誚譭謗等字甚多，難以枚舉。但先哲勸人敬惜，又不在於惜字之紙、惜字之灰，要在敬惜於筆未落紙之先。敬惜用字，其理至明，其言九且，謹付錄數語，以勸士民幸勿輕忽也。

　　道光四年八月日知縣范陽盧圻謹錄。

（碑存獲嘉縣，拓片存獲嘉縣文物保護管理所。王興亞）

重修玉帝行祠碑記

夫神靈布護統宇宙以彌綸祀事，修明／[1]
可忽乎，帝行祠，尤為人所瞻仰者也。雖大德之高／
瘍水暑之災，隨禱輒應者乎，第修造年／
有善士梁萬嵩等，爰告同人，□□盛／
日就□將，厥工告竣，雖曰人力／
大清道光拾年歲次戊寅□日中浣吉日。

（拓片存獲嘉縣文物保護管理所。王興亞）

同盟夕照賦

　　予自分符甯邑，暫駐青驄，閒披志乘，寄興詩筒。訪殷、周之舊蹟，峙培塿於城東，紅葉白雲，彷彿六朝僧寺；朱甍碧瓦，崔巍一代王宮。問星霜而鮮紀，攬風景兮常同。客

---

[1] 此碑殘，／下缺字未錄。碑中開列捐資人姓名，字多漫漶。

告予曰：昔者武王戡亂，《泰誓》甫成，乃次河朔，迺集雲旌，巡六師而共舉，望四海兮永清。庸、蜀、羌、茅，屬臣藩服；微、盧、彭、濮，願效干城。立矛稱戈，爰整三千之旅；秉旄仗鉞，不期八百之盟。是蓋同盟山焉。封內輿圖，載在典籍。殊絕巘兮千尋，類層巒兮百尺。泉流飲馬，流活水於源頭；績紀揚鷹，建崇臺兮山脊。旌旗飛動，落日飄紅，劍戟森嚴，秋輝映白，樹壁壘於當年，對邱墟於今夕。夕市人歸，夕流罷釣，夕霽橫空，夕雲斜繞。光浮遠岸，柳眼微舒；色映平岡，山容如笑。展粉本兮畫圖，入錦囊兮詩料。勝丹青之寫意，遠帶殘煙；覘金碧之流輝，半含斜照。若夫水曲流丹，谷盤秀拔，河驛雲霏，妝臺霧刷。望古廟兮陰濃，躋石梯兮泥滑。轉密葉之遷鶯，起喬枝之棲鵲。愁聽三橋夜雨，客路幾千，和來西寺曉風。鐘聲八百，則有徑外尋詩。峰圴引領，反照山光，散來人影。黃粘草腳，愧彭澤以秋深；紅抹枝頭，疑吳江之楓冷。寫麗句於鶯箋，擘新詩於兔穎。對巖壑之初晴，娛桑榆之晚景。更有車停道左，人語路歧。樓臺春暮，村落煙炊，痕添畫稿，紅到酒旗。欣從花徑歸來，馬蹄香染；回望雲峰深處，鴨背黃欹，日冉冉以將盡，身皇皇欲何之。

予嘗採輯傳聞，披尋卷帙，而嘆華蓋臨初，盟書誓畢，東瞻牧野，統萬姓而歸心。西望孟津，想六軍之駐蹕。稽古居今，秋風落日，殿宇猶存，明禋弗失。孰不思我武維揚，而頌心一德一也哉！

道光壬寅七夕慈溪鄭箋詩農氏賦並書。

（碑存获嘉縣同盟山武王廟壁上，文見民國《獲嘉縣志》卷十六《金石志》。王興亞）

重修西城記

知縣羅傳琳

獲邑有城舊矣。比歲圮於雨者四十餘丈，估費頗浩。余與張、閻兩廣文暨鄭少尉，各捐俸為募計，會有勸輸會垣及中牟大工之役，因並及焉。邑之人悅是舉也，踴躍赴工，閱八月而繕完如其舊。厥費制錢二千二百五十串。紳商共捐錢二千串。不足者，官給之。既訖工，爰紀諸石，以垂不朽。

教諭張可大、訓導閻烺、典史鄭箋、把總陳安邦。

道光二十五年仲春。

（文見民國《獲嘉縣志》卷二《建置·城池》。王興亞）

呂祖廟碑

純陽呂仙為唐進士，固儒而仙者也。乃顯跡所昭，往往寄情詩酒。是仙，仍不外乎儒。矧夫覺世牖民，殷相接引，黃粱一夢，喚醒迷途。迄今仙枕有靈，其即振瞶發聾之木鐸乎。獲西北隅有祠一區，殿僅三楹，春秋兩祀，主祭暨贊禮者，肩摩踵接，幾無容足地。前侯羅君倡捐而式廓之，宏廠修潔，巍然改觀。嗣因司事者未能歲時修葺，牆垣棟宇，漸就摧殘。戊申秋，予蒞茲土，展謁之次，心怦怦然。因念仙師早掇巍科，卒成正果，雖虛名弗戀，實至教陰持，固宜於靈爽所式憑。至文明所會萃，慕仙居之未遠，喜學舍之堪依，倘際掄才於茲扃試，縱非千萬間廣廈，亦足以大庇寒士，使之歡顏矣。爰集邦人士共議捐修，耆老商民罔不踴躍樂從，共勷厥事。於己酉[1]夏，諏吉庀材，率作興事，五閱月而落成。東西建迴廊數十楹，兩相環拱，歌臺聳峙，道院邃深，倘荷仙靈，翩然戾止。則夫詩酒流連之樂，與夫牖民覺世之殷懷，不將顧茲新宇，永駐仙蹤，益昭靈貺哉？殿右復構室三楹，為公暇詣臨遊憩之所，初擬闢廟後餘地，建崇閣以祀仙像，小具岳陽樓規模，兩廂仍繞以迴廊，與前相稱。舊殿則易為廳事，使重門洞開，穆然深遠。殿前小池，疏瀹而展拓之，築亭於其上，與層臺巍閣交相輝映焉。非徒資遊眺，壯觀瞻，亦欲使邑之諸文士講學課藝，游詠其中。庶幾，神眷潛孚，人文丕振耳。惜有志未逮，未及告成，予適以奉諱去，姑以工之已竣，與願之未竟者紀諸石，以俟後之有同志者。用是為之記。

　　知縣事王萬齡撰。

　　典史陳桂馨書丹。

　　陽湖楊珊篆額。

　　咸豐九年。

（文見民國《獲嘉縣志》卷十六《金石》。王興亞）

東路西劉土旗營玉帝廟重修戲樓誌

　　蓋聞和以召祥，樂以宣和，此鐘鼓樓管絃，古人往往藉以樂神聽而所祈福也。茲村溯自道光叁拾年來，村北玉帝廟前，舊有戲樓壹所。不意咸豐拾壹年拾壹月貳拾叁日，東匪騷擾，木石俱圮。舊制零落，僅供鳥鼠之棲，遺址荒涼，徒切忝離之感。行道者過而致慨，村居者於焉傷心。欲謀重修，貲財短少，因敬約閣營按地每畝派錢三拾，又兼以修廟餘貲，積重數年，共計大錢貳百餘千文。于本年春，仍其舊址，整以新規，鳩工庀材，經營克成於不日。鳥革翬飛，基址定固於千秋，於以樂神聽而祈祉福也，在是矣。工成之後，爰勒石以誌不朽云。是為志。

　　會首周仕□、周學□、王生平、徐占魁、王生芳、周桂□、時天中、張步文、周傳道、王□□、時玉□、王生□、張□、王生祖、王希周。

　　木工周金道。

　　泥工張步義。

　　□工李倫。

---

[1] 己酉，按咸豐無此年。王萬齡於咸豐六年任該縣知縣，"己酉"當為"己未"之誤。

□工張會國，屬東頭。

□工周修道，屬西頭。

大清同治拾貳年歲次癸酉仲春中旬仝立。

（碑存獲嘉縣劉土旗營。王興亞）

捐地碑記[1]

寨長閿鄉縣訓導候選內閣中書癸卯科舉人劉方平。

總理保獎六品銜廩生曹毓慶、候選都司劉芳益。

佐理范九苞、保奬六品銜庠生劉方鵬、候選衛千總劉方塾、庠生苑超然、監生劉存性。

參理宜陽縣教諭廩生劉方生、新安縣教諭廩生劉方仲、寧陵縣教諭劉方臨、候遷同知劉方會、嵩縣教諭廩生劉方楷。

齋奏廳楊盈科、候遷衛千總劉鎮崙、候遷同知劉鎮嵩、監生楊春碧、庠生劉方和、庠生曹鎮國、監生楊高科、廩生李心田、廩生苑培植、增生劉方模、庠生姚會元、劉方甲、劉得志、監生李克。

監工劉清鳳、曹玉合、劉得玉、李克祥、曹玉聲、楊同科、楊春嵐、李振鐸、曹荊山、曹振鋒、監生李興府、監生李名元、監生楊復新。

東北門監工鹽提舉銜劉方謙。

東南門監工候選同知劉方濟。

西北門監工候選中書科中書劉鎮華。

西南門監工隨朝伴官劉丙南。

監木工劉清來、劉方同。

寨長六百一十二丈八尺，寬七丈，共地七十一畝。

劉方謙施地二十六畝七厘四毫，劉清相施地五畝九厘二毫，

李興府施地二畝八分三厘八毫，楊高科施地三畝二分三厘，

李名元施施地二畝一分八厘一毫，李振峰施地二畝六分八厘二毫，

李克秀施地一畝二分二厘五毫，苑超然施地二畝六分七毫，

劉存良施地一畝五厘，劉清沂施地九分二厘二毫。

曹荊山施地九分三厘一毫，劉方乾施地八分五厘七毫，

劉方明施地七分九厘九毫，劉方堯施地六分六厘五毫，

劉方鰲施地四分九厘六毫，劉得志施地四分四厘九毫，

姚會元施地四分三厘二毫，楊炎施地一分三厘七毫。

---

[1] 標題係補加。

廟地十五畝四分六厘。楊登科施地二畝四分五厘五毫，劉得玉施地三分五厘，曹玉聲施地三分五厘三毫，楊樹敏施地一分四厘一毫。

東北門把門地八畝，西北門把門地七畝二分，東南門把門地八畝，西南門把門地九畝。

保將六品銜廩生曹敏慶撰文。

通許縣訓導辛亥科舉人劉方乾書丹。

大清光緒元年歲次乙亥四月上浣穀旦立。

輝邑□玉友刻。

（碑存獲嘉縣同盟山武王廟。王興亞）

關帝廟重修碑記

自先王以神道設教，而廟以興。廟也者，所以妥神靈而祀有功德於民者也。前人有創建，後人難□□。關帝精誠貫日月，德威侔天地，浩然正氣，震古鑠今，即婦人孺子，莫不聞而感激。其隱□乎人心者，彌深寰□區焉。本村於嘉慶拾年，建廟一楹，棟宇雖非闊及，結搆亦頗固潔。中塑帝像，而左塑司牧十總河大王，右塑□火帝、真君、□□、土地四位之神，已配之春秋拜祀，致□□以祈保障。迄今歷時□□□□□□□□□□，風雨剝蝕，簷宇倒塌，下則沙土□壓，根基朽壞，廟貌騫殘，神像脫落，村人無不目睹心惻。甲申歲，同村人翕然同志，但定其議，而未舉其事。越明年乙酉榴月，重修之善念，勃然莫遏，各捐錢貲，鳩工庀材，□□日而工程告竣。規模則仍其舊，堂搆則煥然新，此合村□從善，而實神之靈日以默感之也。落成而屬余文。文何敢言，但敘其事勒諸石，以垂不朽云。

本村邑庠生魯□□篆額撰文並書丹。

光緒拾貳歲次丙戌仲春月上浣穀旦。

（碑存獲嘉縣魯莊。王興亞）

玉帝廟戲樓碑記

河南省衛輝府獲嘉縣西士營，時元中存心朝山進香，獨立難為，因約遠近善士，各出己財，積蓄三年，以被化費。雖路途遙遠，曾不計來往之艱，山坡崎嶇，伊誰云奔走之苦。自始至終，異姓同心，事不分乎彼此，財無論夫爾我，蓋由玄帝之靈爽，亦可見一會之誠心也。今者事已完畢，演優三日。遂將合會姓名，共勒石，以誌不朽云。

會首：

東土營：周起□、張寄用、時元中。

泰山廟：馬世元、時宜熙。

泰山廟：武法書、李如潤、周龍光、李元臣、馬學高。

泰山廟：李屜樓馬學書、郝錫三。
杏莊：張修邦、郭士營、羅希春、張照恒。
東土營：張照普、張德行、張德貴。
搭窪：張福成。
增廣生員周龍光書。
石匠劉萬鎰。
仝立。
大清光緒拾伍年歲次己丑三月中旬。

（碑存獲嘉縣文物保護管理所。王興亞）

新修小學堂記

　　自官司失職，而學校不足以造士，書院之設，猶延專師而聚徒講誦其中。然不易得宏通鉅儒，修明教法，倡掖後進。而所謂日程月試者，則仍大率揣合時利，工於應舉之作，以能弋獵高第為誇榮，甚或糜弛與學校同，而帥徒終歲恒不一覿面。嗚呼！教衰習敝，舉天下凡民之秀者，而皆錮棄於不學，亦烏怪世禍迭乘，而人才之消乏，至於如是其極也。今天子再造區夏，百廢待興，首詔中外大吏，分地創立學堂，海內少有知識之流，喁喁企踵，於時南北各行省，僂定規劃，或依據書院舊制改設入告，疊見奏章。河南雖號古中州，而得風氣較晚。獲嘉又豫中一小縣，學尚尤稱樸陋。其書院，積年蕪廢，而猶有充名為師者。以時遙領修羊，流失敗壞若此，所司其安可辭咎哉？嗣芬以光緒壬寅冬，捧檄權令是邑，大懼無以稱塞其職，深負聖上作人雅意。下車受事，即皇然以振飭學物為急，一再與前令邵君祖奭婉切籌算，各首捐白金千兩，擬分半為修拓橫舍及購備圖籍什器之用，以犒舉其端，餘者留充常年經費，不足則就紳董往復謀之。舉書院存款把注三分之二，得錢三白餘千緡，又撥昔年恤嫠存項，可得銀二千兩，約計歲入子錢六百餘千。其師之修脯，其徒之膏火，與夫執役者薪米瑣屑之所需，皆將於是取給焉，勿濫勿冗，儻可積事。議定，得請於大府。乃就書院南偏增新廓舊，劃為一院，向西另闢大門，中凡正室三楹，兩廡各二，為教習安榻之所。此外學舍，共得二千餘屋，庖湢皆具，別建層樓三楹，所置圖書藏庋其上。蓋始事於今年春三月，至閏夏五月而訖功。學堂規模於此而署具矣。書院則一仍其舊，留備諸生月吉課文之地。所以恤寒畯之年齒較長不能招入學堂者，亦猶仿京師大學堂，附設仕學、師範兩館例也。功作既畢，禮聘安陸施子珩孝廉來任教習，學課分立六科：曰經，曰史，曰政治，曰文學，曰輿地，曰算術，計晷程功，其大畧如是。夫國於天地，必有與立，與立者何也？亦曰學而已也。溯自海禁既弛，西力以次東漸，環瀛各國，載驟侵侵。要無過政出於學，而由學以馴，致於富強。今者延客卧榻，其優拙之形，更無俟於再計。我皇上懲毖多難，乾惕震恐，改弦以調琴瑟，而首留意於興學。士苟幸生其際，有不爭自濯摩，盡去昔日嘩世盜名之習，而仍自欺欺人，以終為時詬病者，必不然矣！

嗣芬自維譾陋，牖導無術，僅獲單瘁心力，為之條化萬一，後之人賡續而擴充之。則是役也，冀天假以歲月，而艱難得人才於庶幾。豈非即此邦人士學界之初桄，而學年之嚆矢哉！若城內捐立蒙學一區，為四鄉倡，境內得續立蒙學一十二所，是皆遵旨創行者也。例得附書。

賜進士出身誥授中憲大夫前翰林院庶吉士夏邑縣知縣在任候選道員署獲嘉縣事開州胡嗣芬撰並書。

大清光緒二十九年歲次癸卯冬十月立石。

（文見民國《獲嘉縣志》卷十六《金石》。王興亞）

重修關帝廟碑記

【額題】萬善同歸

蓋聞莫為之前，雖美弗彰；莫為之後，雖善弗傳。/[1]
真一方之保障也。然代遠年湮，棟折榱崩，每逢朔望拜/
興工，幸有洪隆宗萬承志，將親戚桂姓絕口莊六分/
十一千五伯文，同心協力，晝夜經營，於四月初二動/
不朽乎。是為序。

勸事人范德元、崔鶴、太學生范玉書，范玉溫、范玉興、王有林、范玉麥、耆老范長印，范春生。

會首□職范長傑捐人四千文，□□羅允□人二千八百文，范百曾人二千文，從九品范長洲人二千文。耆老崔學□人一千五百文，耆老范三英人一千四百文，范玉□人一千三百文，范玉潔人一千文，范長瀛人一千文，王學禮人八百文，范印□人六百二十文，范長祥人三百文，范長忠人四百文，范玉林人一百文，耆老劉宗堯捐人七千文，范玉環人四千八百文，□□羅□魁人四千文，范長玉人二千四百文，從九品宋賢□人二千文，耆老范長福人二千三百文，石廣德人一千五百文，范長和人一千四百三十文，耆老劉宗舜人一千二百文，文生程廉泉人一千二百文，范林□人一千二百文，監生劉哲人一千文，馬名賢捐人一千文，耆老范三全人一千文，□□李本傑人一千文，范春□人一千文，□□居人一千文，羅安熙人一千文，姚永順人九百文，范榮生人九百文，□□胡養春人八百文，胡景堂人八百文，王有林人八百文，李占元人八百文，范長禮錢七百三十文。

大清光緒三十二年歲次。

（碑存獲嘉縣范庄。王興亞）

---

[1] 該碑殘，/後缺未錄。

鶴壁市

鶴壁市（淇縣）

萬善同歸

胡謝撰文。

申萬嚴書丹。

大明崇禎拾貳叁，秋後斗粟刃數間。土寇蜂蟻行虜掠，居民躲難上寨山。拾肆春前殺人吃，父母妻子當飯食。男女土地拾存壹，飛禽走獸種數間。銀價錢該千叁數，娶婦嫁女不用錢。伍陸糧差加拾倍，拾染［柒］大明亂江山。永昌六月全神像，玄天祖師一派鮮。勒石刻名垂後世[1]

甲申辛未月。

（碑存鶴壁市大河澗鄉潭裕村。王偉）

湯陰縣峙灣村惠果里李氏家譜碑記

明朝國初，洪武太祖定鼎中原，因湯陰路當子午，人民稀少，遷山西壺關縣民庶附麗我口，而李氏之始祖諱十二亦就遷焉，遂由壺關而創業於湯陰縣西峙灣村，鐘靈毓秀，佑啓後昆，至今[2]

張正發撰文。

清順治二年。

（碑存鶴壁市人民公園南邊。王偉）

新築太平寨碑記

張化蛟撰文並書丹。

大明崇禎六年間，因西兵大亂，將房屋燒毀，離縣窵遠，鄉民無淒身之地。今有鄉耆劉九珣、向鍾義曰："本境築一寨，可以避賊盜乎？"眾答曰："可也。"各備貲財米食，在於湯、林二縣境界築一寨，名太平寨，鄉民無不欣喜。至崇禎十二年間，不意時勢大變，又遭土寇遍地蜂起，田地荒蕪，米麥倍價，人死大半，父子相食，情景堪憐。至崇禎十七

---

[1] 以下字漫漶。

[2] 以下碑殘。

年，西兵即位，改立年號。大順國永昌元年，改立大清國順治元年，至五年間，時和年豐，民安樂業，太平景色，大有異於昔日，故勒石以儆社衆，以從儉云爾。

順治五年。

（碑存鶴壁市大河澗鄉將軍墓村劉六群家。王偉）

創建家祠碑記

劉侍偉撰文。

劉夢元書丹。

吾劉氏世居山西壺關縣福頭村，於明初奉旨遷林州市洪河村。其山西世系，不能深考，而遷來之始祖，世廉其諱也。越九世，諱九珣、九朝、九席，又自洪河遷將軍墓，纍傳至今，族姓繁延。

乾隆二十四年。

（碑存鶴壁市大河澗鄉將軍墓村。王偉）

重修碑記

【額題】栢靈礄

本鎮歲進士潘翱撰。

門生李彬書丹。

栢靈礄者何？指栢翁而言也。栢靈翁者何？我湯邑尊也。後封為德應侯。其父兄子侄，世歷顯宦，曉風氣，識土性，遊覽斯地，知此下有五色土焉，可以陶，因召是鄉人，而授以配合之法。時人因其法成夫器，火熟之，發晶螢色，後有巧匠，因而加厲利斯。昔焉邑西之人，借以養生者，不啻數萬家。因為廟以祀之，年久傾圮，重修□□，又復摧崩，止留碑記。鄉之父老恐殘碑斷碣後無識之者，因指斷碑之所云，建之橋焉，曰栢靈橋，誌開創之始也。近來橋又有將壞之勢，會有儒童李永甡，忽起善念，謀之左右數村，又住持宗顯鳩工督事，補輯堅固，令往來者北望碑記，溯所由來，用志不朽，成盛事也。是不可無以紀之，爰述其始終，而為之序。

彰德府正堂黃公諱邦寧。

湯陰縣正堂李公諱林。

首事李永甡施銀三兩，男彬。

陳日明礄西施路。

管事龍兆元施艮二兩，曹義遠施艮二兩，赫連鎬施仒一千，陳日明施錢五百，陳日顯仒一千，李在遠施仒一千，王遇賢施艮二兩，馮如福施仒一千，龍□祥施仒一千，張懷龍施艮二兩，孫陸義施夂一千五百，楊元龍施艮一兩，龍有璋施夂五百，姬學思施夂三百。

陳家庄：陳瑞夂一百五十，陳玉德施夂一百五十，陳日興施夂五十，陳日□施夂一百五十，陳□施夂二百五十，陳素施夂一百，陳富施夂二百，陳文施夂一百，陳章施夂一百，□相臣施夂一百，□光榮施夂一百，陳雙施夂一百，陳元施夂一百，陳覲臣施夂二百五十，陳良臣施夂二百，陳士臣施夂一百五十。

曹家庄：曹加爵施夂一百，曹義成施艮一兩，趙興施艮三夂，曹義文施艮五夂，曹義□施艮二夂，郭聚施艮一夂，曹大貴施艮二夂，曹學□施夂一百五十，趙亮施夂一百，王廷軒施夂一百，胡加乘施艮一夂，曹義有施夂一百，曹義縣施山。

龍家庄：龍啟呈施夂一千，龍振淮施艮五夂，龍有治施夂一百五十，龍有貴施夂一百，龍見丞施夂一百，龍有運施夂一百，龍有福施夂一百，龍有現施夂一百，龍有□施夂一百，龍中潢施夂一百，元思德施夂一百，梁國君施夂一百，元貴施夂一百，龍負河施夂一百，龍有才施夂一百。

李家庄：李學文施夂五百，霍慶康施夂五百，李永森施夂三百五十，龍奉林施夂三百，李化文施夂一百，李壽施夂三百，李龍施夂二百，李桐施錢二百，李枋施夂二百，李□元施夂一百，李端施夂一百，李榮施夂五十，李三戒施夂五十，□增施夂五十，李培德施夂五十。

鄧家良王村：陳直臣施夂五百，陳盡臣施艮五夂，孫素施艮五夂，孫六明施艮一兩，侯義民施艮一兩，陳堯臣施艮五夂，姬端施艮五夂，孫純施夂五百，張興□施艮五夂，陳公臣施艮五夂，張興讓施夂五百，張懷官施夂二百五十，張興德施艮三夂，孫進福施夂三百，孫進祿施艮三夂，唐國富施夂三百，王遇明施夂五百，郝建璋施艮二夂，李志京施夂二百，趙簡施夂三百，姬孝礼施夂三百，刘安施艮三夂，馮文章施艮二夂，王遇蓮施艮二夂，孫保成施夂一百五十，趙乘施夂一百五十，姚玉行施夂一百，張興祿施夂一百。

石匠戴有施夂五百，袁進孝施夂五百，杜廷榮施夂二百，楊九京。

刻字匠王有、王遇明施夂五百。

住持宗顯。

旹大清乾隆叄拾柒年歲次壬辰拾月吉旦。

（拓片藏河南省文物考古研究所。王偉）

修補橋梁碑記

　　大清國河南彰德府湯陰縣西六樓所，離城三十里馬家莊西北，舊有五義橋三空。嘗考五義橋始於明時，嘉靖二十七年，玄泉善人張德實因湯河上漲，往來行人不便。河中修得橋梁，東達御津，西至行峰，南通宜溝，北臨水治，有利於四方行人也，豈淺鮮哉！迨其後，世遠年湮，橋之根底俱極損壞，誰其修補之？幸也有馬家莊善人馬勳立志續修。與玄泉善人王慎和、羅村善人鄭子建、郭璠等，各竭誠心，募化錢糧。於乾隆二十八年重修一次,庶幾橋可□□勿替矣。孰意二十五載,橋底合水燕翅水口,又被山水損壞。有勳之姪馬琰,目睹橋梁之壞,心有悲傷之隱,意欲修補。與本村善人劉端,同膺首事。恐獨立難成,約合管事三十五人,彼此朝夕管謀,晝夜勤勞,一月間,幫底合水煥然一新,維新水口燕翅粲然大著。羅村寺僧人請予作文,以志不朽。予不敏,不敢作益美之詞。為即創立重修之始由來,一并詳明之,俾後之有志者,尚其有感於甚。

邑庠生馬士超王鳴珂撰文,沐手書丹。

刻字匠張祿、秦澤、張忠林。

旹乾隆五十六年歲次辛亥荷月二十四日吉旦。

(碑存鶴壁市博物館。馬懷雲)

禁止啟土開窰碑記

伏維東頭村前河後嶺中,山左峙形勝,風景岈然□,然而嶺之氣脈迤邐,自北尖山來至村西北隅,宜趨向東,環抱而南,前□□接勢若虯龍,固宜培而不宜覆也。頻年以來,本村居民多於嶺下啟土窰灰爐之用,或於嶺後開設煤礦廠,以□於風脈攸礙。夫貪目前之利,不顧數世之安,便一□之□至合村之害,大小得失,顯然眾明。今有本村秦有山、秦國信、齊大體、秦□□、秦□寶、李奉先、李開遠,敬興鄉鄰約,自茲勒石後,勿得啟土,勿得開窰。如有不遵約合,履行挑□者,罰白銀一□兩,貪利寫給人地者,鄰里共攻之。啟土而不遵,罰遵者亦如之,各戒子弟幸勿蹈擾。

計開:

西至西路□,東至東路□,北使土至渣堆,開窰至二百步以外。

齊大風二百,秦邦彥五十,郭永邱一百,郭有德一百,于理一百,齊慧賢一百,韓進文一百,秦邦相一百,賈棟一百,泰百吉五十,馮士友五十,姬九苞五十,秦有山一百,齊大體一百,秦守義五十,秦有明一百,秦有得五十,董辛□五十,秦信一百五,齊大論一百,李進葉一百,秦有祿五十,王元一百五,李乾二百,秦浩二百,齊大成五十,李進□五十,李宗貴一百,于蒲五十,秦邦善一百五十,秦寶二百,姬達化一百,齊大貴一百五十,秦印一百,齊茂和三十,秦邦盛五十,李奉先一百五,李開遠三百,秦邦候一百,王在□五十,韓順一百。

大清嘉慶二年正月吉旦合村人公立。

(碑存鶴壁市鶴壁鄉集東頭村。王興亞)

重修關聖帝君神祠碑序

邑庠生員蔣鋒撰。

邑庠生員郭致和書丹。

鶴壁東南街外，舊有關聖帝君神祠。創修之始，無碑可稽。棟宇業已傾頹，金像亦且剝落。李君諱恭之，子諱廷珍者，慨然任重修之責，殷然願輔翼者十數人。捐資庀材，未及期年，大功告竣。題額廟門首曰"忠義祠"。囑余為序，紀其事。余以後帝君之忠義，垂諸史冊，炳耀於人寰者，寧煩再述哉！然□□□帝君之忠義，關乎風化，激勵夫人心者，不容或沒矣！即如李君既十數人者，居與帝君聖祠皆近，□□左右，朝夕瞻拜之際，不啻親炙已久，其傾慕忠義之心，時見諸行事間，未嘗不端有可徵焉。癸丑秋，滑匪作亂，人心惶懼。爾時之需忠心也，急急也。李君與十數人，若為帝君神武所鼓，怒極生忿，倡率鄉勇數百人，沿村設立卡屋十餘處，兵械火器庫俱備，鳴鑼擊柝，晝夜週防，不憚勤劬者五六旬焉。臨淇被侵，而鶴睅無恐，未必賴有非此耳。上憲旌獎，門閭賜"義捍鄉閭，護國保家"匾額。非儼然取其不違忠義之意歟！滑匪方平，人心初定，重修忠義神祠，李君與十數人，忽有同心，何哉？蓋其傾慕忠義之心，積之已素，而觸發於一旦者，皆不容已故也。更是異者，本鎮市農工商，當饑饉連綿之後，兵燹警悸之餘，無不仗義輸財，爭先恐後。數月之間，已得五百金之奏。傾頹者，因以巍然改觀矣，剝落者，因以煥然維新矣。是李君與十數人傾慕帝君之忠義，而一鎮人民無不隨之，而共形其傾慕者也。關聖帝君之忠義，奮乎百世之上，百世之下，聞而欲興起者安有穹乎？然則重修忠義神祠，是舉也，足徵人心之正，風俗之醇，為世道所關不淺矣。與他處梵剎之設，有不得概視者。余故樂承其命，為之序云。

　　刻字匠袁礼。

　　大清嘉慶貳拾壹年歲次丙子季秋穀旦立。

（碑存鶴壁市博物館。馬懷雲）

衆窰佈施碑記

　　【碑額】流芳

　　衆窰佈施：聚盛窰施艮十兩，聚興窰施仆四千，通盛窰施艮十兩，合盛窰施仆五千，兩和窰施仆五千，□聚窰施仆二千五百，三義号施仆一千五百，和盛窰施仆一千，興盛窰施仆一千五百，萬□窰施仆八百，同□窰施仆二千，天錫窰施仆五百，興□窰施仆七百，通昌窰施仆一千五百，公義窰施仆一千五百，聚盛窰施仆一千，李貞、王瑔施仆一千，軟煤堆施仆一百，李九吉、陳健施艮五仆，六合号施仆二百，楊三發施仆二百。

　　寺湾村：王春施艮五仆，王秋施艮五仆，王之貴施艮一兩，王之臣施仆五百。

　　黎林頭東坡、西坡：孫□施仆二百五十四、麥一石五斗四升，孫□施仆九十五、麥一石八斗。

　　鶴壁鎮西街：管事蔣城施艮五仆，趙卿施仆三百，赫連□施艮五仆，赫連鑑施仆五百，侯百里施仆一百五十，孫禹廷施仆二百，義和店施仆一千，晉裕店施仆五百，孟大才施仆五百，万盛号施仆四百，郡太号施仆四百，王加爵施仆三百五十，張興施仆三百五十，源淵号施个三百，馮有施个三百，徐立施个三百，郡統号施个三百，趙官施个二百一十，刘加玉施个二百，美祿鋪施个二百，賈文澤施个二百。赫錫施个二百，集盛号施个二百，協義号施个二百，蔣鎌施个二百，寶順店施个二百，赫日照施个二百，復盛号施个二百，增盛号施个一百五十，天元号施个一百五十。

西南下街：蔡祿施个五十，趙亮工施个一百，張大信施个五十，郭紹施个一百五十，郭□□施个一百五十，馬得云施个一百五十，申好仁施个一百五十，潘致道施个一百五十，潘鬲施个一百，王九河施个二百，楊□有施个一百，楊□貴施个一百，□吉号施錢一百，李玉施个一百，段巨祿施个一百，□隆施个一百，□京施錢一百，[1] 張桂施个一百，張欽施个一百，郭汝翼施个一百，孔進美施个一百，馬駙附施个一百，三聚号施个一百，潘得富施个一百，李復興施个一百，李良国施个一百，元三畏施个一百，潘雲霄施个一百，益氣堂施个五十，張文孝施个五十，蔣魁施个五十，赫安邦施个一百，郭汝顯施个一百，張有章施个五十，杜大榮施个五十，郭富施个五十，蔣銳、蔣宜明等施麥四斗二升。

鶴壁鎮東街：郭泰施艮三个，焦徙寬施艮三錢，郭維国施艮三个，胡赴施艮二个，許国義、任君賢等施一千二百，得盛号施个□百，郭琬施个四百，廣興号施个四百，三盛号施个三百五施，興隆号施个三百，順盛号施个三百五十，陳猷施个二百四十，刘肇棟施个二百四十，公茂号施个二百四十，[2] □□□十个五十，□□施个二百四十，秦萬根施个二百，議盛号施个二百，杜天龍、郭京施个二百，張培元施个二百，李法隆施个二百，宗盛号施个二百，張体白施个一百六十，王福洪施个一百六十，郭有施艮二个，趙應光施艮二个。

東南下街：王廷、郭紹伋、樊宜公、郭吉鄰等施个二百七十五、麥二斗，趙相施个一百五十，郭理施个一百五十，永盛号施个一百五十，刘忠施个一百五十，秦秉根施个一百五十，胡文燁施个一百五十，任君□施个一百五十，元時發施个一百五十，張明珍施个一百，張□施个一百，□□□施个一百，□□□施个一百，□弘儒施个一百，□元臣施一百，□榮興施个一百，趙□瑞施个一百，靳勤廷施个一百，陳進□施个一百，□信施个一百，魏坤施个一白，趙遠施个一百，張文孝施个一百，郭廷施个一百，馬相臣施个一百，郭廷朝施个一百，刘孝立施个一百，吳振江施个一百，赫大成施个一百，焦娟施个一百，元直施个一百，李良施个一百，李秉仁施錢一百，陳京施个八十，張徹施个八十，泰永吉施艮一个，陳義施个五十，畢文宝施个五十。

石碑頭：管事郭欽施个五百，王化忠施个五百，楊發節施个五百，孫継士施个五百，張弘儒施个三百，張法良施个二百五十，孫來大施个二百五十，□□□施个二百，孫□端施个二百五十，王山施个二百五十，孫來臨施个二百五十，孫廣府施个二百五十，王錫施个二百五，王增施个二百，楊發枝施个二百，張家良施个一百五施，孫煥施个一百五施，孫重

---

[1] 殘二人姓名。

[2] 殘三人姓名。

文施𠆢一百五十，刘得貴施𠆢一百五施，邵錫施𠆢一百五十，孫來科施𠆢一百，杜菩雷施𠆢一百五十，楊忠施𠆢一百五十，孫啟才施𠆢一百五十，李得成施𠆢一百五十，溫本直施𠆢一百，郭日□施𠆢一百，溫本節施𠆢一百，邵孝誠施𠆢一百，王之相施𠆢一百，馮富施𠆢一百，董思孝施𠆢一百，王家雋、王玉俊等施麥一石六斗。

婁家溝：婁玉、婁子英等施𠆢一千，閻貴施𠆢一百，□建臣施𠆢一百，□得寶施𠆢一百，賈金施𠆢一百，王擇施𠆢一百，郭經施𠆢一百，郭綸施𠆢一百，孫宣施𠆢一百，刘孝施𠆢一百，孫□□施𠆢一百，王雲施𠆢一百，王盟施𠆢一百，李克□施𠆢一百，刘加才施𠆢一百，刘坤□施𠆢一百，□□□施𠆢一百，王宣施𠆢一百，□加俊施𠆢一百，王坤施𠆢一百，□□秀施𠆢一百，戴震昇施𠆢一百，杜廷福施𠆢一百，王遇□施𠆢一百，馬生文施𠆢一百，王□印施𠆢一百，邵學□施𠆢一百，孫敬業施𠆢一百，孫敬婁施𠆢一百，孫聰施𠆢一百。

三倉村：武輝、武文直、武文公施𠆢一千五百。

化將村：吳振生、吳振興、吳金城等施𠆢一千二百，吳進連施𠆢一百。

張陸□：管事楊維新施𠆢一百，賈琮施𠆢一百，趙金施𠆢一百，楊富施𠆢一百，楊治忠施𠆢一百，刘文獻施𠆢一百，趙光先施𠆢一百，王文林施𠆢一百，王文□施𠆢一百，楊□□施𠆢一百，楊治朝施𠆢五十，楊瑞施𠆢五十，陸旺施𠆢五十，陸富施𠆢五十，賈明施𠆢五十，付□玉施𠆢五十，楊方施𠆢五十，付有施𠆢五十，陸興施𠆢五十，王周施𠆢五十，□□施𠆢五十，王之咎施𠆢五十，刘□會施𠆢五十，楊禎施𠆢五十，□□施𠆢五十。

龍尾崗：李得枝、陳俊等施𠆢六百七十二。

蔣家頂：蔣、鄭等施𠆢五百五十。

王家□：王順興、王仲興等施𠆢五百四十。

趙家河：龍羽、王□位、趙京宣等施𠆢五百。

齊家□：齊成等施𠆢五百四十。

棘針崖：杜克成等施𠆢五百□十。

高老洞：李宣文等施𠆢二百五十。

（拓片藏河南省文物考古研究所。馬懷雲）

陳氏祠堂碑記

陳百朋書丹。

我陳氏世號義門，係浙江寧波府人。有明一代，我始祖諱管三隨永樂皇帝征北而來，遂隸籍安陽，居住縣西南鄉陳家灣。始祖以下，兩世單傳，及至四世，乃有兄弟三人，族姓漸繁，綿延至今，人愈昌盛。

道光九年。

（碑存鶴壁市鹿樓鄉陳家灣村。王偉）

大廟坡重修廣生祠碑記

林邑歲貢生劉體善撰文。

湯邑儒童生王登高書丹。

道光十年四月二十二日，地忽震，房屋傾頹為從來所未有。湯陰西大廟坡地勢高敞，修造堅精，宜無損傷矣，而動搖既久，群廟間有殘缺，而廣生祠坼裂為甚，牆垣亦有倚斜，而戲樓幾致傾毀。

道光十年。

（碑存鶴壁市大河澗鄉磐石頭村西大廟。王偉）

文昌廟石碣

曉峰冀天眷撰書

道光二十六年閏五月二十六日，大雨，辰時至午方少降，午後忽大雨，勢倍午前。霎時積水盈壑，山居被害者不少，況窪下乎？二十七年，五月無麥，秋霪雨連日不開，禾稼皆傷，五穀不登。暨二十八年春，斗米千錢，餓莩遍野。男女凋凌者幾半，五月豐收，人才得食，忽大瘟，死者甚多 /[1]。二十九年，碩鼠遍地，竟不畏人 /。

咸豐二年三年，南方大亂，山西、河南遍地連莊。四年，官兵平滅。六年八月十二日，飛蝗入境，遮蔽天日，晝幾如夜，五穀方熟，皆被吃淨。七年春，幺蝗遍出，麥穗皆被咬落。立秋後，始種穀，卻有五分收成。七年、八年，屢遭蝗害 /。十年十二月，大雪約五尺深。十一年冬十月，山東長槍會反。初十日，過御河，南至衛輝，北到彰德，殺人放火，擄掠男女，搶掠財務［物］，幸邊馬至楊邑村止 /

同治二年，秋旱，不能種麥。四年正月十三日，雷震大雪，三月後大旱 / 五年春又旱，五月麥薄收，秋苗槁且有幺蝗，種麥後，一冬無雪。六年 / 十二月，河南長髮反亂，殺人放火，奸搶婦女，比長槍會更甚，又幸至鶴壁集止。噫！ /

同治七年。

（碣存鶴壁市鶴壁集鄉崔村溝萬興橋上文昌廟。王偉）

---

[1] 碣殘，/ 以下有缺字。

文昌廟石碣[1]

曉峰冀天眷撰書。

長髮首領，人稱小閻王。其餘衆党，馬隊步隊，頭裹華巾，手使竹槍，先在河南，旗分五色，隊伍隨行，已擾亂十数餘年，無人敢敵當。朝有一名將，人稱僧王，在河南杜擋。小閻王不能過河，不料，僧王被小閻王謀害。同治六年十二月，黃河水凍，小閻王緣冰過河，先到懷慶，人民多被擄掠。二月十八日，來到湯陰，營扎數百餘村，東至御河，西至大路，南北首尾不知所界。二十九日，邊馬往西擾亂。三十日，過鹿樓，到邪壙，越胡壘，至鶴壁集，四處殺人放火，擄掠男女無數，掠奪財務［物］甚多。午後，回營造飯，燒農器家矩［傢具］。百姓近城逃城，近山逃山。

幸官兵夜至，反者詐營，撤下婦女，不可勝數。遂往北行，及至保定，官兵追趕，圍困層層，反者用計南回。三月初一日，又來縣東，處處修城寨，打縣衙，日以逃反為事，不能耕種田地。

同治七年閏四月初一日。

（碣存鶴壁市鶴壁集鄉崔村溝萬興橋上文昌廟。王偉）

重修碑記

孫瑞撰文並書丹。

光緒二年，遭年荒饑饉，人之度日難也。至三年，遍地流賊作亂，三人成黨，五人成羣，夜聚晝散，入宅刁［跳］墙，有力者而抗之，無力者而奪［躲］之者。皇兵而來，賊自滅矣。至四年，小米價錢一斗一千四，麥子價錢一千叁，黃黑二豆九百五，肉賤如泥，年景大苦，何不死矣。猶有出瘟疫之症，經口繞多，有病者而死，無食者而亦死也，十人而七死也。父食子肉，子食父肉，此情何以難堪也。孟子對曰：凶年饑歲，君子之民老弱轉乎溝壑，壯者散而之四方，幾千人矣。至秋十月間，淇水大發，波浪湧濤，橫瀾而流，自西奔東也。/[2] 十一月二十七日夕時間，又遭火災，炎熾風烈，毀壞房屋有二百餘間 /

光緒六年。

（碣存鶴壁市大河澗鄉磐石頭村。王偉）

---

[1] 此碣殘，僅錄存文。

[2] / 下殘，有缺字。

淇縣

崔國俊造像記

【額題】皇清

順治十二年歲次乙未二月上旬，淇縣功德信人崔國俊，同妻趙氏，暨子門吉，捐己財金，當陽造佛週圍卍像，以報天地日月皇王父母之恩，復鐫彌勒睡佛一尊。造茲宝像，所爲永世供卷，但願過去及見在並未來，一切浮生，同獲此福。其工告竣於仲夏之吉。

（拓片藏河南博物院。馬懷雲）

明侍御淇園孫公（徵蘭）合葬墓誌銘

【誌文】

明賜進士第兵部左侍郎滏陽湛虛張鏡心撰。

盈天地皆氣耳，前氣未化，後氣寶之。而人類分世幕成矣。然或公向或專向，難以一詞定稱。公向者，戴方履圓，耳聲目色，同此運進中。專向者，爲聖爲狂，爲妖爲壽，悉自我操，造物不能奪。是以古道照人，彌天地，芳典策，百千萬億衆不能得一二焉。如我年臺睡足公者迺是。茲當旄蒙協洽歲如月，并九公告壙，遷兩孺人之襯而合祔焉。子孝廉隆孫遵治命介姻族，以誌事請余。唯再拜受之曰：德厚者表世家，不以列傳目之。道高者唫太山，不以露歌挽之。古稱待葬而諡，尊名也；丁葬而誌，褒行也。行出乎己，名出乎人。諛墓無稽，毋寧紀實而誅。因按狀讀其詳，與余目擊者符而核無它謬焉。

公姓孫氏，其先衛武之苗裔，後散居晉陽。明興，復遷淇，家南陽里，世爲淇人。諱徵蘭，睡足其字也。弱冠補弟子員，卓犖絕羣，爲名下士。小衛多君子，公其冠焉。□與之遊者，如坐芝室然。萬曆乙卯，舉鄉闈。東曹周公賞公文，擬元。七日復以魁位之，奇其品也。余齒公同譜，得悉其事云。壬戌，登進士。受皇華使，星軺四出，天威實嘉賴之。尋擢監察御史。侍殿陛，參諷議，不以謇諤之氣俯順荒餘，條對剀暢稱上旨。羣小側目，朝右肅清。奏草焚餘，有唐陸宣不能道者。先帝恒語廷臣曰：孫某誠不負臺諫職。由是天眷日隆，久叨溫旨。無何，觸權相忌，左遷爲四川少參政。時江寇猖獗，公懸賞捕治之，舟道以安。及流氛侵蜀，川西震動，巡撫劉公請監綿道軍。公振旅以律，策敵以奇，親督抱蠶七閱月，不失尺土，屢獲大捷。天子嘉之，增一級。洎後邛州、峨嵋之戰，皆以素憚公威略，望風授首。開疆一百餘里，三巴悉平。意此豈齷齪文墨者能及哉。後以母春秋高，鄉思日切，拜疏還符命。上憫公勞瘁久，特賜歸田十餘平。

甲申春，逆闖犯闕，僭帝號。公抗節不屈，被執而西。羈秦，作忠憤淋漓，直透紙背。

中夜讀之，冷冷作響。視比來諸什益精健焉。心斧神斤，獨闢宙宇。不數漢魏，何論三唐。清朝定鼎，高公義，以箕山之節待之。公肥遯自珍，勤加頤養。琴鶴隨娛，無悶晨夕。峰嵐瀑玉，時纈襟佩間。文酒之暇，掀髯長歌，揮塵徜徉。于人世榮辱，故泊如也。正天而逝，時順治癸巳十月事耳。

公為人隆準豐頷，偉貌長軀，雙目炯炯如電星，于思森森復若列戟。慷慨性成，有千仞振衣、萬里濯足之概。父沒後，事母終身，省定惟謹，養生送死，咸以孝聞。誨猶子以義方，宜孫登乙酉賢書，白孫亦別駕閩中。獎拔人才，不計親仇。荐剡所及，名臣多出其門。且胸羅萬象，筆走三江，奇文秘籍靡不該，多所簡定。卒之後，□□集詩文數十卷，行於世。有疑其食鬼為飯噴而出之，化赤字繞楮而走者，庶幾近之。至于嘉惠末學，教無匿旨，提喝之音，形於善□。以及敦宗率俗，賙困卹孤，猶餘事耳。

嗚呼！公誠中原人瑞哉。曾祖諱弘孝，王父諱照，考諱養素，負盛名，以明經終。賜享鄉賢，皆贈御史，如其官。三世妣，皆贈夫人。娶劉氏，即孝廉隆孫母也。再贈孺人。繼崔氏，亦再封孺人。子一，即隆孫。登順治辛卯亞魁，與公乙卯之捷蓋相濟美矣。女二：長適同邑廩生張金籙。仲適南燕廩生王乘運。孫四：乃何、乃僅、乃樵、乃渥，年方妙發，俱時英，稱克家器。計公之生在萬曆丙戌間，至卒日得年六十有八。推之人理，考終命云。今葬禮成，仍於南陽里西麓之世塋，從先祀也。吉玉彩之，文穀純之，湯其醴百尊，華其燭百炬。祈璆冕，舞五藉之精維馨。執子垂戚，輓者大悅。銘曰：

維天有曜，帝車為尊。維地有嶽，岱宗為根。靈鍾瑞感，篤啟孫君。其生也榮而昌，其歿也壽而馨。核舉宿夙兮難再陳，仿佛遺像兮典型存。本支百世，繩承輝映於千春。

順治十二年歲次乙未季春之吉。

（碑存淇縣摘心臺。李秀萍）

兩□石溝創建觀音堂記[1]

昨明末崇禎十有三年，歲次庚辰，□□□□□至慎，爾時各山寨借號稱王，東西道阻，南北不通，兵寇焚刦，官吏剝削，斗米價□□□□陸錢，蒺藜樹皮荊子充饑，人食人肉，父子不能相顧，兼有兵殺寇殺，有病殺刑殺，亦□□□幾殺，有被強剮殺，有趁食他鄉皆死，屍不能入土，如此流離滅絕，千百家止存一二殘□。□年間，風雨調和，物阜民豐，官價□減焉。又至我皇清順治定鼎，初入中原，民有攜□□子，挾貲运糧奔茲，為避兵所，偶至井泉南，詢老人，語此離城十五里許，右有白髮老嫗，持□□□□□□迺觀音化現，故因地為名，□□聞由。憶曰：既云菩薩化現之地，必有靈通感應，□□戌葺修□□□□者，願建觀音堂一座，自後兵臨，各處未懷。然此地人畜財物，安而□□□□□奉□和□□之善士

---

[1] 該碑中間斷裂，部分字跡模糊。

崔君諱国俊者、何君玉□孫氏者、同為首事、隨捐己財、而□□□□□□□建是堂並韋馱庵、塑繪金容已畢、新建草房二座、□置角□供器幢幡棹□及□□□□□□□□□遠香火之計、孟春動工、季秋告成。余將閤縣施財善人姓氏□□□□。

　　峕大清順治拾柒年歲次庚辰□□旦。

　　□主郭守松立石。

　　文林郎淇縣知縣王南□、□□椿、原任知縣唐□□、□肇鳳。

　　驛丞秘養廉、大使劉三志。

　　在城鄉約楊之柄、高天祿、任國正、袁良林。

　　□房書吏苗蔚獻、李良濱。

（拓片藏河南博物院。馬懷雲）

扯淡碑

【碑陽】

再不來了[1]

扯淡

太極先翁脫骨處[2]

翁、燕人、水木氏、明末甲申、訪道雲蒙、修行事跡、已詳載甲申記事、予等不敢再贅。[3]

翁生不言壽、真考其紀、或曰一十有二紀、曰然。四空門人、清琴棋書畫抱疾老人立。[4]

【碑陰】

為善最樂[5]

有人問我修行法、只在天為自然間。[6]

不負三光不負人、不欺鬼神不欺天。[7]

清。

（碑存淇縣摘心臺碑林。馬懷雲）

---

[1] 上端。

[2] 中間豎行。

[3] 右側。

[4] 左側。

[5] 中間豎行。

[6] 右側。

[7] 左側。

重修崇勝寺碑記

　　淇邑古稱名勝，山川秀麗，禮教夙嫻，故其地多好義之士。茲歲春，從邑紳士館予於荒路，不足以膺講席，竊幸與諸君子朝夕過從，獲益良多。閱五月中旬，紀君菉園先生告予曰：邑潤澤門內，有所謂崇勝寺者，供佛三，羅漢一十有八，其創建不知始於，歷金、元罔替，蓋數百年於茲矣。重修於前明中業，迄今又二百餘歲，廟貌摧殘，墻垣瞻而抒誠敬，紀公湘雲、任公秉鐸舉意重修，因與同□□公募化□□鳩衆工□□月，落成於二十年十月，願假一言，以紀其工□□□□□，然其覺世婆心歸於[1]

　　邑庠优廩膳生趙煥章書丹。

　　賜進士出身淇縣正堂郎盼捐銀拾兩，儒學正堂劉文珊、縣署內張蓮浦捐銀貳兩，城守營雷清林、典史孫綺、庚子科副榜菉園紀湘云捐銀壹兩。

　　會首任□鐸⼈伍百，趙丕振⼈一千五百，賈士元⼈一千，郭保林⼈一千，薄江⼈一千，李魁儒⼈一千五百，趙鳳翎⼈一千五百，姜五常⼈三千五百，趙鳳翔⼈一千五百，趙淑⼈一千五百。

　　住持道會司黃智廣暨徒楊□。

　　道光貳拾壹年歲次辛丑榴月上浣吉旦。

（拓片藏河南博物院。馬懷雲）

山西霍氏捐施書院地畝記

　　淇邑書院重脩之役，經費所出，率資捐輸而成。名為書院，實義學也。太谷霍君世法行商來淇，三世於茲，□□□□□之脩莫獲，捐貲少助諸生膏火之費，而適值駕鶴西去，其嗣君職員妙中，雅敬古道，體先人昔在淇未竟之志，□□稟請監院暨首事諸君經理，收穫生息，隨書院例，於齋課外，月加一課，量為獎賚，嘉惠衆生，永行久之，甚盛舉也。□不於石，以紀其實。所有辦理章程，并地畝段落，官費正款，開列於後：

　　一、加課生童定於每月十六日一次，每年十個月為准，課卷由監院評定，榜示鼓勵。

　　一、每課獎賞生童俱捌名，生童獎錢壹千百文，兩共叁千叁百正，俱由發給，嗣後生息寬裕，再為酌增。

　　一、試卷每年率以伍百本為定，錢共伍千正，卷不□用，監院隨時酌為增置。

　　一、每逢課期，夫□人等雜開五項，每年共貳千五百正。

　　一、此項地畝坐落季家屯，批佃批租，俱由監院共同首事、襄事經理，永遠不得租與

---

[1]　碑中此處四行殘毀。

別署并在官人役。

一、各款支銷，另登底簿，監院收存，年終同首事彙算，錢有贏餘，統作次年支銷，以備不足。

計開

季家屯書院莊基地畝段數：路南莊基一處，地貳畝貳分捌釐三毫，場基一段，地捌畝壹分叁釐。莊西南地一段，壹頃零貳畝叁分陸釐陸毫。南帶小拐地一段，壹畝貳分捌釐叁毫。莊南東邊條路地一段，貳拾玖畝貳分五釐。莊南西邊條路地一段，伍拾捌畝捌分伍釐玖毫。

以上地六段，計共廣地貳頃貳畝壹分柒釐壹毫。

每年糧銀共柒兩壹錢肆分捌釐肆毫，加閏在外，分春秋兩季，由學署以俸作抵完納。

勅授修職郎乙未恩科舉人乙酉科拔貢淇縣教諭古儀張慶錕撰。

附生張步月書丹。

首襄事附生高載勳、增生葛□、檀□、廩生張丕續、監生□夢庚、歲貢韋雲會、舉人□金榜、廩生羅蹈和、廩生□九皋。

仝立。

大清道光貳拾玖年孟夏上浣穀旦。

（拓片藏河南博物院。馬懷雲）

山西霍氏捐施學田記

事有創行而可久者，惟喻於義而為之，為可久也。舊歲嘉平，太谷霍君妙中，以其尊甫世法公疇西，行商在淇，時與邑之文人學士相往來，每次捐資書院，少助膏火之費，乃籌項未果，值鶴導以去。霍君因善述其事謀於首事暨雲等，於監院有捐田書院、加課諸生諸舉，雲與二三同人，方樂贊成其美，而霍君謂持是戔戔者，增益於書院抑末矣。今達見取於□監院悉心經畫，善為條理，俾先人未竟之志，聿觀厥成，復又何望焉，顧獨善月哉？課程評定，甲乙益重，勞學師之董勸也。原更舉田二百畝為學師束脩之資。噫！如霍君者，承先志，獎後學，固有造於吾淇之人士矣。然非遇秉鐸學師，如我譜韶張夫子，留心化導，嘉與人善，務其大者遠者，恐霍氏父子之盛美必不能彰，即彰矣亦□不能久，此在霍氏之餽報既覺，禮無不周，而在我學師之受地，亦義不容辭。爰為勒石誌之，垂諸久遠。

計開季家屯學署莊基地畝段數：

路北莊基一處，地叁畝陸分貳釐陸毫。莊東北地一段，叁拾叁畝捌分陸釐。莊北地一段，貳拾叁畝伍分陸釐貳毫。莊西北地一段，貳拾伍畝陸分捌釐捌毫。包袱地一段，柒畝陸分。莊後東邊條路地一段，貳拾玖畝伍分玖釐壹毫。莊後西邊條路地一段，柒拾陸畝柒分肆釐肆毫。

以上共七段，計廣地貳頃零陸分柒釐壹毫。

每年共糧銀陸兩捌錢柒分正，加閏在外，分春秋兩季，由本署以俸作抵完納。此項地畝批佃批租，俱由本署經理，不得租與別署幷在官人役，永遠為例。

例授脩職佐郎候選訓導歲貢韋雲會撰文。

附生張步月書丹。

襄事廩生李九君、羅蹈和同闔學立石。

大清道光貳拾玖年歲次己酉孟夏上澣穀旦。

（拓片藏河南博物院。馬懷雲）

重浚勺金河記

古之興水利者西門豹、史起、鄭白，其施功皆在西北。顧議者或謂水利之興，西北難而柬南易。豈今必異於古所聞歟，亦人之狃於故常而憚為其難耳。夫當兵革甫息，財用匱絀之餘，誠未可勞民以大與矣。第因地之宜，順民之欲，有利賴而無煩擾，亦守土者所宜有事也。余往歲旬宣畿輔，適任筱沅觀察守順德，常以其言浚沼河二百餘里，兼治上下游，以除廣平、順德二郡水患。役甫竣，而余奉命撫豫。豫與畿輔地相接，郡邑利弊略相等。即視事，詢民疾苦，乃設局以興水利。於是，尹杏農觀查為余言曰："同治戊辰，以治兵，道經淇邑，軍行旁午而驛路泥淖捫，至不可行。"問之，土人則曰："此折脛河。"北二里許，脈起太和泉，在淇邑西也。河發源於靈山，伏流至山下，匯為池。飲馬泉北來會之，合流而東，溉田數千畝，以達於河。明萬曆間，邑令蔣行羲浚之，距今百餘年，淤墊不修。每夏秋盛漲，輒為民患。蓋以功之難成而置之也久矣。余下其事於府，若縣令，集紳民，籌所以與其事者，荒度經營。畚錘兢作，蕩淤逐鹵，倫源注流。自太和泉至西沿村，凡四千六百餘丈，深七尺，寬二丈六尺，公帑及餘率守令捐廉，合之得銀六千八百兩。其不足者，資諸民力。役將半，後屬杏農觀察以輕騎往察勤惰，驗堅瓽，有不中程者，悉更治如法。經始於孟春二十有六日，越六旬蕆事，以折脛不可垂訓也，乃更名勺金河。邑人士請為文勒石，余惟勤民事者，貴因便乘時，行善政者，在得人共理，豈獨是舉哉！方今川澤田疇之待治，環豫皆然也。吾甚願司民牧者，講求規畫，次第見諸施行，庶幾斥鹵變為膏腴，民生免於昏難。再覩於墊彼史起、鄭白之功烈何？今日邪，淇固小邑耳，徒以誠信感孚，通力合作，數百年廢舉，肇復於一旦。此以徵吾民之大可用，惟視乎使民之得其人而法美意，又以見良之，因畏難而不舉者，不知其凡幾。若夫恪守成規，益加浚治，永保久大之利。毋忘創始之艱之善其後矣。襄日之官斯土者，則尤所望於他。是役者，衛輝府知府耒秀、淇縣知縣陳士傑、知州李樹基，於例得備書云。

豫使者太倉錢鼎銘撰並書。

同治癸酉六月。

（文見淇縣志編纂委員會《淇縣志》第二十八篇《文徵》。王興亞）

重修淇縣城垣碑記

　　淇巖邑也，東跨淇水，西枕行山，南通九省，北拱神京，一切使軺往來，文報申遞，無不假道於斯。地雖僻，而關係甚重，則所以淵屏翰，固郊圻者賴於城，詎淺鮮哉。顧舊有土垣，久形傾圮。自咸豐末年，畧加補綴，迄今又三十餘載，加以風雨剝蝕，狐貍窟藏，雉堞女墻，弈就頹壞，殊不足以資捍衛而鞏金湯。邑侯懿夫葛公下車伊始，覩其破缺，即慨然有志於修築，因年歲告歉未遑也。逮乙未春間，邊庭不靖，鄰封靡不修城筑寨，共謀保聚。而侯向欲修城之心，益刻不容緩，爰集城關紳商，議興版筑，僉以工鉅財絀有難色。侯毅然曰："今時勢孔棘，四外之素無城寨者，尚皆未憚創舉。淇雖彈丸，儼然縣也。矧有舊趾可因，獨不能重為修筑乎？"慨捐廉俸，用示風勸，衆庶感侯之誠，莫不爭先恐後，踴躍輸將，侯乃咨委邑汎尉陳公子峻梅生操其總工，金與局中諸友分其司，飭匠庀材，擇吉開工，而薄者培之，卑者高之，舊者新之，缺者完之，事雖因也，實則與創等。計歷一年之久，舉前之樵牧成蹊，坍塌殆盡者，至此遂崇墉仡仡，輪奐改觀焉。工既竣，侯乃以序囑。金伏念金等為淇之民修淇之城，縱竭貲財，疲筋力，畧有微勞，胥分所應爾，奚以碑為？惟我侯保民之切，慮患之周，一片血誠，非文以紀之，恐有歷久不彰者矣。因臚數語，以誌其實。並望後之神君監□侯此舉，不俟摧殘，亦即豫謀鞏固焉，斯尤淇民之厚幸矣。至在局司事以及監工各位，類皆自備資斧，從未耗局臺一錢。其苦亦難盡沒云。例得並書。

　　同知銜淇縣知縣葛秉彝，淇縣汎城守營陳玉衡，六品銜淇縣典史陳家駒。

　　城工首事候選教諭關資金、監生王寶琡、歲貢王履乾、候選訓導王銓德、□生高儀然、監生劉文章、職貢白麟洲、廩生高挺然、吏員高卓然、吏員劉嘉訓、從九姜遇昌、姜遇時。

　　管賑督工文生浦會春、□貢葛在田、文生劉妙□、監生馮增恩、從九李金寶、吏員高絡派、張學易、紀金穎、萬順號、永和美、劉嘉昭、監生李綽然、文生張錫祚、從九王俊亭、監生侯耀德、李德學、耿鳳書、王金芳、文生王永璋、永誠茂、全盛王、監生李同然、監生李春明、文生李永貞、監生侯成德。

　　□工王□丹、王復心、□祥志、常紹、和順昌、同聚和、武生李湛然、監生王生明、文生楊樹楷、從九劉作新、□□姜得元、監生□春芳、葛利堂、馮錦綉、同義和、德祥油店、從九紀四成、監生張錫田、監生蒲得全、監生蘭□□、高乘興、高鉅祥、秦宗正、嵐財義、恒□和、栒同和、監生葛錦綉、文生朱秉昌、文生臧得載、□□李中興、□□郭福生、□□王履義、□□葛熙忠、益照畕譅、三合成、□□油店、吏員王錫鳳、文生王侯坤、從九韋永忻、從九王履信、□□孫太錦、□□王履鉅、□□張教之、□□萬景義、同春堂、義和永、武生李毅然、從九劉如玉、附貢宋德成、從九馮□傑、□生耿處謨、□□李更新、紀金錫、天裕恒、天成號、天益堂、職員葛錦雲、從九李作新、從九葛蔭堂、莫□□、□□□、張福瑾、□□垣、和成公、□成永、恊成永。

恩貢生候選教諭關資金撰文。

邑庠优廩膳生關捷三書丹。

大清光緒二十二年四月上澣穀旦立。

（拓片藏河南博物院。馬懷雲）

都白龍洞碑記

懸壁山坎方，舊有都、白龍王洞，歷來已久。忽於光緒二十六年間，於府東辛安村都、白龍王老爺大显神通，並施法力，撥動欒箕，普施灵藥，療千人之疣疴。屢降甘霖，豐萬户之嘉禾，秘授先天，脱世人之輪廻，降伏弟子數百餘人。他有本郡善士弟子張盛道，號五雲，來洞降香，見其路途窄小，洞不潔靜，實係仗義輪財，自捐囊資，建修洞門，閃爍神巍，修補山徑，以便人行。又有香壇弟子，各捐囊資，工程勒竣，垂於貞珉，千古不朽也。

東海龍王周蹬雲欒筆撰文。

安邑東北常永寬書丹。

首事秦祥云一千，張統信二千，魏學仙五千，張五云捐仐六千，陳統宝五千，李統修一千，李發云一千，梁統花二百，秦統芳一千，秦占云六百，倪梯云捐仐一千，王自明一千，王統賢五百，梁統珠三百，李陳氏二百，申王氏五百，常保元五百，于統學捐仐五百，賈玉珍五百，趙化氏一千，牛怀寅七百，范光宇二百，李存金二百，李銀古捐二百，李昇二百。

石匠李振安二百。

木匠李景荣二百。

寶山灵泉寺住持師魁。

統禮監工。

大清光緒三十三年三月吉日立石。

（拓片藏河南博物院。馬懷雲）

濬縣

新圖水陸聖像碑記

　　當混沌初闢，其民淳悶，其事簡靜；結繩畫象，而天下之民以治，天下之事以理。迨夫文明漸啓，民事繁興，奸頑狡詐之習，又機智不可以法齊。此神道之教所由設也。濬伾山天寧寺後，舊有水陸道院。四民設醮供奉，消災延福，蓋非一日矣。及年深頹壞，基址僅存。邑太學生吳啓科目擊而心傷之，於是，遂輸數千金而獨建其閣焉。地基前後，大爲恢拓，廟宇房廊，極其巍峩，正百神之所可憑而休之者也。倘無神像以止之，則愚氓之衆或玩而褻之，無可仰而承之者矣。繼有善民馮允順首倡義舉，以圖水陸神像，而同會等亦各出私資，共勷盛事，僧官維舜乃董其成焉。不逾年而圖像完滿，凡上而諸天，下而冥府，其圖繪形容，百無不備。建壇焚修，恍然如在如臨。至今賢者起敬，愚者知畏，無忌者亦知報應而不爽。合濬士民與夫四方向善者一時昭感，其受福寧有量哉？茲因像成，索文於予，以記其事。而予鄙陋不文，其神之回應，人之昭格一一難悉其盛。然善人馮允順等之善緣，與僧官維舜之因果，蓋有不可掩而沒之者也。因述夫建閣之顚末，圖像之始終，以誌其不朽云。

　　賜進士第嘉議大夫通政使司通口官右錄議事邑人劉尚信撰。

　　邑庠廩膳生員王振綱、李文鬱書丹。[1]

　　畫匠：劉大儒、張明遠。

　　表背匠耿三峰。

　　石匠韓玉奇。

　　時順治四年歲次丁亥仲春之吉。

　　僧會司維舜，同徒方能、劉智璽仝立。

（碑存濬縣大伾山天寧寺大雄寶殿前月臺西側。王景荃）

浮丘山元君殿碑記

　　余幼時即欲遍遊名山，會世亂嘗以足不能登太山爲恨。讀弇州《遊太山記》，其載甚悉。按：太山者，嶽帝實主之。弇州云："嶽帝祠陋不能勝香火，元君祠宇頗瑰瑋，歲所入香緡以萬計，天下之祝釐祈福者，歲不減億萬。"明季因道多梗，隨於浮丘山建元君祠，數年告成。向之東遊者，今皆趨浮丘，元君之神其足以保人心如此。夫元君不見於經

---

[1] 以下施財善人姓名，字多模糊。

史，他書頗載，儒者或不傳。封禪七十二君，又不及元君。余意太山上必有刻石，記其始末者。及觀弇州記文曰："元君不知所自始，或即華山玉女。今太山有石也，縱廣深俱二尺許，爲玉女洗頭盆云。"又按《列仙傳》："華山有毛女山客，獵師世世見之，自言秦始皇宮人。"又聞：元君秦人，北宋時勅賜碧霞、號元君者，即所謂華山毛女。是耶，非耶？其是與非俱勿深考。但元君既往，其神猶足保人心如此，必有大功於天地萬物者。嶽帝主太山，七十二君皆拜之，而祠陋不勝香火。元君祠宇遍天下，壯麗不勝紀。無貴賤智愚、遠近老少，鮮不結會裹糧幾千里，爭以香縞供是，豈有迫而然與？其有功於天地萬物，視嶽帝爲何如？然其功，又不見於古史古文，不可舉而言之。凡功之可言者，不大亦不神。庸夫婦一念偶及，曰"我願求錫胤"，功即在是；曰"我願祝康寧，修來世因"，功即在是；曰"我願祈穀"，功即在是。而元君未嘗有其功居其功，此其所以爲神而足以保天下之人之心也。高者東方主生氣。《地理志》以爲："太山實萬物之始。"《博物志》亦云："太山一曰天孫，東方萬物始成。"故知人生命之長短，元君所司，得非生人之謂乎？太山爲東嶽，元君棲其上久矣。今又來浮丘，信否？蓋浮丘，大伾之支。大伾即神禹導河自龍門，華陰及孟津洛汭至於大伾，而下口爲二渠。此山雖小，然名齊峻峰，文人墨士過即登之，輒題其上。神之所止，不在太山，或當在是。元君之來浮丘，其即祖師來東土意也。余鄉善人鄭連等結會三年，齎香縞往拜其下者凡三。又各捐資財、金神像五尊。是其一念向善，即彼岸也，何分太山之遠，浮丘之近，囑余爲文紀其事，因諾而記之。

　　峕大清順治六年歲在己丑季春吉旦。

　　坦邑後學黃之俊謹薰沐撰。

（碑存濬縣浮邱山寢宮樓西陪樓前。王景荃）

碧霞宮完社記

　　陰陽俶剖，乾元大資始，坤元大資生，兩儀分口而庖犧以降，黃虞奠山川，各攸主之，如泰山崆峒、嶱碣、螗岾、嵺剌，周始冠五嶽。巔有玉女池，肇之太始，主其上有仙焉。其體坤承乾，知化育祇，晤茲天心，職山方輿，化生羣品，亙古荷庥，昭代食利，有感輒通。朝欽中貴，祝君壽民皇。迄漢唐、宋及明興，聖天子襃封天仙玉女，廣靈慈惠，恭順普濟，護國庇民，碧霞元君建宮池上，華闕雙邈，金鋪交映，玉題相暉，爲海內朝宗。至輿輦雜沓，冠笠混并，累轂疊跡，扳衍相傾，疇匪輸誠之論哉？屆時革歲，清甲申秋，仙靈依黎水，丘巒山勢，帶衛映俁，岸崽嶔前，崇行宮於峰隈。元建，至明嘉靖，蔣將令感應重葺，今改大觀焉。廣辟闕殿，旅楹閑列，暉鑒怏桹，橪題黜（黜），階（隋）嶙岣。風其無纖塵，雨其無微津。靈之呵護六宇，萬方響應，一時莫殊泰岱如雲之集也。間有邑之魏氏善乇社衆，資斧逾八載，處潔沐盛德汪洋而志蟻誠，展億萬之涓埃，合大衆姓氏垂載碑陰，以識悠久云。

嵓順治八年歲次辛卯四月仲呂望日之吉。

邑庠生羅寀沐手撰。

會首魏進臣張氏。

副會首張門鄧氏。

（碑存濬縣浮邱山碧霞宮中院東廊。王景荃）

濬縣常香會善信題名碑記

直隸順天府霸州文安縣儒學教諭王綱振撰。

增廣生員王堂書。

嘗聞：福善禍淫，天之道也；賞勸罰懲，奉天之道也。然皆人性善利導之，使其攸斂無斁。世有奇男偉士，福被群生，功賴萬世。要以祇敬修可願而六宇終古，咸登慈航普渡焉，迨至闉闍嘉師，即敬鬼神而務民義。惠迪弗逆，不賞而勸，不罰而懲，享天福而弭禍，蕩平正直之休。微斯其誰與歸？濬縣南關內韓應龍母姓林氏者，性秉懿微，樂䎡好善，約閨閣淑媛二百餘衆，於天仙聖母、碧霞元君神廟點常香會，繼十餘年而未有已也。夫天道而三月一變；□越一紀，而幾度春秋，幾易寒暑，幾更代謝升沈，與夫翻雲覆雨，炎涼幻態，不知其幾百千萬億也。茲常香之煙光嗣續，篆嫋綿延，罔或失其火傳者，可不謂善人而有恒也哉！然猶欲與人同詔來俟後，詎非慈航普渡之一意云爾。公議勒石，非敢謂刻銘廣譽聲施無窮夫，亦曰人之好善，誰不如我。俾後之覽者有感於斯，將馨香昭格奕世未艾，於是乎垂諸貞珉。

大清順治十三年六月吉日旦立。

總領會首韓應龍母林氏。

會首葛進才母王氏。[1]

（碑存濬縣浮邱山碧霞宮中院東廊。王景荃）

泰山聖母碧霞行宮供會四年圓滿記言

賜進士第、兵科右給事中邑人劉文雋撰文。

陝西西安府屯糧同知邑人康西色篆額。

儒學廩膳生員周綸書丹。

天仙聖母之神，其來遠矣，而靈顯於東省之泰山，遂稱爲泰山聖母云。泰山，五嶽之宗。而神之居，抑以名山之著稱。□爲至靈精爽，變化幽深玄杳，欲求其仿佛而不可得。乃指一處焉，爲神所棲止，如人之居處者然，豈理也哉？夫神者，人之心也。心之誠，結

---

[1] 共十五人姓名，字多模糊不清。

而爲神，又結而爲神之所在。非廟則失所憑依，非神無憑也，人之心無憑也。《記》曰："祭神如神在。"又曰："洋洋乎，如在其上，如在其左右。"是言在乎，無在乎？濬邑浮丘山，拳石耳，神何居焉？而一時人心奔走恐後，頂禮潔誠無敢，豈果神不彼而在此耶？以爲在此者非也，以爲在彼者亦非也，無在而無不在者，其神乎？無在而在，無不在而無在，其今日人心之神乎？或建醮，或進獻，非止一端，無非竭盡一念之誠。而不知者曰："神其在此也，孰敢不敬？"豈理也哉！特人各自在其心而不知耳。若是而謂神之無在也，可謂神之無不在也，可謂神之無無而無無不在也亦可。是爲記。

大清順治十三年歲次丙申仲秋上浣吉旦立。

督工鄉約溫元釗等。

會首王思艾妻李氏等。

鐫字石匠韓興國、韓存心仝刊勒。

（碑存濬縣浮邱山碧霞宮中院西廊。王景荃）

濬縣善信進香題名碑記

夫自太極生兩儀，始有鬼神之說。四象生八卦，乃有善惡之分。神者，聰明正直，操上天之權，各司其事。如元君者，主掌坤元生生之道，故在東方泰岱，居山之祖，爲神之宗。經歷百代，自天子及庶人，靡不欽仰崇奉，神之格之亦無不照臨。元君不在乎岱而在浮，猶孔子不在魯而在衛者也。且浮山，東俯西衛，南控黃流，北拱神京。元君於是乎居焉。山不在高，有仙則名。水不在深，有龍則靈。元君名於山之巔，不惟靈於濬之區，且燕、韓、趙、魏、鄭、宋、鄒、陳諸士夫、黔黎、黃童、白叟與夫冠纓望族，蟻聚蜂屯，絡繹不絕。每不啻億萬，皆禱祝於斯。有求必應，無感不通。茲者本鄉申養德母郭氏，協衆進香，捐資助工，攢糧繼餉，勞力供廚，十有餘載，不替初心。正所謂一念真誠，神必享祐，賜之五福，降之百祥，人人遂願，戶戶獲寧，皆神之所賜也。欲立石刊名以垂永遠，庶功善不泯，屬記於予。予曰：汝既以三百山添尺寸之石，吾亦於五千言多書一字。此之所謂太倉之加一粒耳。是爲記。

順治歲在柔兆涒灘秋令之吉立。

總領會首申養德母郭氏，會首鄧守信母楊氏，會首劉天就母王氏，會首李一成妻盧氏，會首李三秋母屠氏，會首李從雲母毛氏。

（碑存濬縣浮邱山碧霞宮中院西廊。王景荃）

碧霞元君行宮碑記

五嶽列峙，岱圓爲宗。萬方神祇，碧霞首宮。慧光射乎八級，鸞駸遍於九京。兩儀賴以奠麗，三才資其憑生。用是建祠設桃，繪儀像形。有清丙戌之歲，黎陽浮丘山元君行宮創焉。蒸徒胥漸，生不知來，死不知往，六道輪轉，四大分張，茫茫苦海，誰渡慈航？乃有李君利根，性出靈元，天成洞開，解脫之幻緣，灼見彭殤之妄行，大結良因，共被甘露菩提，廣證善果。同遊利意人天，法諦遠播南膳。雲車環四載，道岸誕登神州。靈轅耀三觀，將見五戒，明兮六欲淨八玄，超兮七克，通無慚赤縣之目陸，可偕玄洲之茅盈。德揚青帝，功紀歲星。問之李君，李君讓善。稽之大眾，大眾無能。歸諸元君，勒之行宮。永昭來茲，萬福攸同。

昔大清順治十六年己亥一陽月穀旦。

古相張素履薰沐叩撰。

後學陳鼎沐手叩書。

文林郎知濬縣事芷沅張中選，縣丞張有孚，典史陶爾錦，濬縣儒學訓導趙爾祿，賜進士第兵部左侍郎劉逵，賜進士第文林郎知山陰縣事張施大。

荊家寨進駕，四年完滿立碑。駕主李尚春，妻張氏。男李蘭芳，妻李氏；次男李桂芳，妻孫氏。孫李進國、李進賢、節進忠。

施財善信開列於後：[1]

（碑存濬縣浮邱山碧霞宮中院東側。王景荃）

浮頂進駕萬善碑記

嘗聞釋教以無我為宗，儒道以同人稱大。故一人私矣，進之什佰則公。什佰公矣，進之千萬人則尤公。然其間非佛菩薩以大威神，幻化巧度，未易怵人之私以泯其我，成眾之公以同乎人者也。考諸傳記，聖母元君乃觀音大士之化身也。大士駕慈航而渡苦海，楊柳枝頭灑人，三災、六結、七縛未盡解脫。然以善度而猶或私應之，不獲已而惡度焉。幻托媼嫗，顯身度眾，鸞輿鳳輦幾遍天下。使天下讀靈官"赤心忠良"四字，火車轟然，人之私不覺退焉。沮仰曹司對案分明，善惡昭彰，人之公義不覺躍然生。且也劍樹刀林，濩獄冰山，靈靈異異，若幻千出，要皆以大慈悲為大威力。較諸如來大白傘，蓋利濟人天，老子駕青牛而出函關，募化十方，其度世婆心，後先一轍也哉。濬西王君諱國玉者，善人也。始乎一善感乎眾善，究且眾善彙於一善，即吾儒善與人同，與人為善，莫有大焉者也。其執華幡以接眾，演聖駕以述方，尤與聖母幻化巧度之意合，故事竣而樂為之記。

昔大清順治十七年歲次庚子仲冬吉旦。

信士邑庠次貢廩膳生員毛文郁薰沐叩撰。

後學宋文龍沐手叩書。

施財善信列後：

---

[1] 以下列善士姓名眾多，字殘，模糊不清。

文林郎知濬縣事江東王譽命縣丞張有孚，典史陶爾錦，儒學教諭冷然善，訓導王誠，

四川道監察御史前翰林院庶吉士馬大士，欽差陝西榆林道今轉江南淮海道布政司參政兼按察司副使佟國禎，原任河南按察司驛傳道兵備僉事李子和，欽差河南清軍驛傳鹽法兵備道按察司僉事程澇，大同山陰縣知縣張施大，工部觀政進士侯夢卜，禮部觀政進士李煥然，舉人劉芳譽，舉人鄒鎔，原任宣大督標旗鼓遊擊趙景雲。

西十里鋪進駕六年完滿立碑。

駕主王國玉、弟王國太。

管事宋文龍、高夢說。

輪轉進駕：李尚春。

管事馬思進、梁三奇、裴福雲、郭之屏、王化行、傅天佑、梁三林、杜思論、王純原、曹之唐、李進義、李成鼇、趙大升、劉天魁、劉志強。

（碑存濬縣浮邱山碧霞宮前院西側。王景荃）

傅宸詩一首

誰謂三山遠，方壺在眼前。起樓因勝地，綰篆得名賢。細柳周雲壑，緗桃蔭洞天。劉家傳盛事，雞犬亦昇仙。

題純陽道院兼呈裕老年翁

傅宸

順治

（摩崖存濬縣大伾山霞隱山莊崖壁。王偉）

重修禹王廟碑記

賜進士第候補監察御史前翰林院庶吉士邑人馬大士撰文

原任河南清軍驛傳鹽法兵備道李子和篆額

原任河南清軍驛傳鹽法兵備道程澇書丹

自洪荒初啓，洚水為災，浩浩懷山襄陵，下民昏墊。大禹出而隨山刊木，決九川，距四海，濬畎澮距川，水土既平而稼穡功起。凡我烝民得以粒食者，賴玄圭告成之功也。即吾濬黃流雖久徙而南，猶苦衛水汪洋，秋禾為患，每勢臨衝決，而河伯效順何？莫非明神之默佑乎？禹導河至大伾，伾山之麓，禹廟由始，歷朝代有享祀，我皇清定鼎來，載在祀典，以報豐功厚德，非一日矣。邇來，廟貌傾圮殆盡，風雨不蔽。過其下者，每為流連歎息云。適杏山彭公祖諱可謙者，以忠烈名裔來攝吾邑。清操一塵不染，振刷百廢，能興惠政，難以枚舉。一旦顧禹廟而惻然，曰："先王之制，《禮典》也，有功德於民則祀之，捍

大患禦大災則祀之，以大禹之德高千古，功被萬世，顧使聖座上雨旁風，曷以即安？"捐俸倡募，鳩工庀材，使輪奐聿新，觀瞻維肅。是不獨重朝廷之《祀典》以大崇報之恩，抑必與精一之心源有默相感乎而不能自已者乎！夫山不在高，有神則靈。功必及遠，惟誠斯通。斯役之成功亦不在禹下，當與伾山、衛流同高深矣。余爲此言，或亦附以不朽歟！

直隸大名府通判杏山彭可謙，縣丞張有孚，典史陶爾錦，儒學教諭冷然善，訓導王珹，署捕巡檢陳策，兵部左侍郎劉達，工部觀政進士侯夢卜，禮部觀政進士李煥然，舉人劉芳譽、鄒鎔，原任文安縣儒學訓導王綱振，選貢姜廣心，廩膳生員毛文郁、李嚴己、周倫、王化普、王孫泰，原任宣大督標旗鼓遊擊趙景雲，原任西安府前衛守備劉際瑤。

大清康熙元年歲次壬寅秋吉旦。

（碑存濬縣大伾山禹王廟月臺東側。王景荃）

半野山房詩三十章並序

半野山房，秋海棠初豔，予喚遣茉莉，爲海棠催妝，得三十章。
梨雲薄薄想霓裳，黃紫宮開一夜妝。不待秋風能嫁與，無香國里有王昌。
團扇承恩不待秋，暑宮朝沐海雲樓。明珠翡翠□廂閉，沼沼香風占上頭。
黛子胭雲洗盡螺，搴魂靈素與銀波。王姬一勒扶桑彎，海舶諸蕃忠趙佗。
睹香尋雨到煙苔，飛燕羅衫合□裁。□□翠妝騎白鳳，金屏作夜弄簫□。
□□冰柔碾雪姿，非陰妖血沁鵝兒。杜陵失卻傳神句，任繡絲絲暮雨時。
碎□滕至蛺蝶圖，淺般深碧兩模糊。夜來馥馥風生枕，我見猶憐況老奴。
闌水門前百雨溫，天風吹葉搗金盆。延魂藝到流蘇幔，影得秋河月燈昏。
閨閣亭臺舊識名，漫同梅雪與春爭。輕綃粉頭香多少，婢作夫人亦有情。
倦回春睡拭秋容，腸斷蛾眉倩守宮。自是仙仙籠鑠骨，五羊騎出海珠中。
悉達名分聚窟遲，幽情百結許蚤知。床頭促盡冰人織，別遣鸎唧雀粉吹。
盈盈素手觸纖纖，魚鑰蜂衙不蚤簾。夜半無人私語慣，侍兒忘卻雪衣添。
苧蘿疑出浣沙邊，魚鳥驚人走玉環。一院百條蓮子炬，繁星河影麗高天。
妝成風雨帶曉痕，拾翠佳人至且溫。最是香心愁墮馬，迴風扶起麗娘魂。
瑟瑟空香天水秋，畫中扶出玉搔頭。十分贈以江南夢，一半炎洲半鳳洲。
挑榔深睡百花隈，裹露棲蟬鴉亦堆。莫怪紅塵輕一喚，花枝應附荔枝來。
霧嘆雲流漾碧窗，菱花例影入奩雙。廣耳鐵骨饒瓊屑，不爲芙蓉賦渡江。
遣簪墮珥越王臺，爭選名花一喚陪。煎盡火雲膏不歇，壽陽錯認嶺頭梅。
炎熇搜擾膩雲鬟，霧香酣酣理素蠻。陸賈巧裝名亦穢，千金輪卻一枝邊。
麼鳳翩翩冠玉才，喚他梅額與黎腮。村妝不識宮花樣，道是前生姊妹胎。
雞舌還憑錦作心，天衣縫出六銖襟。陳思一賦無緣寫，贏得仙仙軟玉簪。

芳姿無分續清耳，嫁得金商買一舣。是恨是驪嬌不語，多情移傍曼鄉城。
甌州蠻繡撫州廂，熨就龍皮徹手涼。剛到題箋唧燕子，行雲已識霍都梁。
金身媚骨半成妖，唾盡丹鉛只白描。夕秀朝華如□代，不偷茉莉也香飄。
草本青青不作林，吉光片羽敲來禽。夏蟲不解冰蠶化，點點珠聯作淚尋。
蕺山塵裹草難偕，徑里香來襲館娃。不數珊瑚紅七尺，獨唧靈雀一枝釵。
寵博難專席遞遷，樂昌破月兩嬋娟。不辭肉好彈穿卻，秋老徐娘又上弦。
不妒宮眉國士流，溫風驅上木蘭舟。芭蕉若許為賞侍，泚露薔薇辱並頭。
翠幞飄飄薦寢房，玉臺留伴步搖光。驚秋易惹霜娥怨，珍重溫柔別有鄉。
黃扉晝省獨鬖誰，夢在昌州風不吹。消息傾城能合巹，夜珠百斛影離離。
金鍼刺刺譜瑤空，璧好霞裙顫一叢。石上秋深眠鐵鶴，焉知喚立起香風。
乙巳秋仲，箕山鐵鶴道人程涔題，書於萬卷城靈。

（碑存濬縣大伾山呂祖祠北門外上臺階處西側壁間。王偉）

踏破層嵐詩

佟世思

踏破層嵐立翠微，橋前山水洋清暉。徑連古木暮雲濕，石作蛟龍雨氣圍。晚逼孤城銜落日，秋深萬嶺肅天威。仙人何處空惆悵，唯有山間白鶴飛。

丁未孟秋上浣襄平佟世思題書。

（碑存濬縣大伾山。王景荃）

新建仙菴道院記

余司訓文安，自甲午歲終告病歸里，惟朝夕課猶子、門徒以文，此外不營別事。至丙申春月，有醫官李日蔚，伊家請張法師，邀吾到堂，鸞筆書曰："今李仙長率衆在伾山嘯臺建庵，借□角春風與縣公張老大人一言。"振次日即向張縣公言之，隨送助金銀六兩，付于李仙長及庵院。李仙長病，力不能督嘯臺事。仙筆後又書曰："李仙長創始，王先生成終罷了。"振竭力興工，力之所不逮，親友有助物料者，有施糧米者，有捐銀錢者，遂修仙姑庵、一枕黃粱、另一洞天、五氣朝元、洗耳池、小洞天、牌坊、映壁、欄馬牆，半載俱完。張仙師命曰："庵成矣，無道人焚修可乎？庵下宜建道院，前立三教堂、真人祠、後蓋名賢祠。"振答曰："功果浩大，獨立難成。"仙師遂命張氏兄弟諱素志、素履者同力合作。素志向官討寨上門樓磚石，素履出一切木料，其餘人工物費盡振承管，一年建成。遲之三載，神像未塑，門樓牆垣未備，門窗漸已頹壞。余三人今春奉祝張仙師，目睹不忍，於是，各出銀十兩，振仍管理。一月之內，神像俱塑，門樓牆垣悉已煥然。張仙師之所命，一一告竣。使無文以記之，不可。今將創建之始末與夫佈施之多寡，姓名之先後，一一刻石，以誌不朽云。

峕康熙九年中元吉旦酒國逸叟王剛振謹記。

邑弟子吏員：柳如松、楊春、張其抱、蘇顯道、邱大美、溫運嶺、賈國政、李國梁、王有福、孫連富、張起正、鄭良貴、楊六韜、韓君臣、李興風、馮子順、張文仲、田種寶、柴有才、劉玉、陳朝玉、邢可仕、王天榮、邢惠普。

（碑存濬縣大伾山霞隱山莊崖壁。王偉）

濬縣學碑記

吳國對

蓋聞古學校者，英賢俊傑之所居也，德行道藝之所出也，才品之所成而功業之所著也。董子謂"賢士之所關，而教化之本原"，不其然乎？今皇上萬幾之餘，留心聖經賢傳，嘗集館閣諸臣，發明六義。近復詔諭中外，各薦舉所知，用備顧問，宸衷崇儒重學，一何篤也！然則興學于各郡邑，非賢有司不為功。余承乏學使，每過郡邑，見學宮鞠為茂草，斷址荒垣，觸目有蕭然之色，則知有司之不肖；見學宮古道照顏，鳥革翬飛，悠然聞絃誦之聲，則知有司之賢，其大較然矣。畿之南天雄，固文物之邦，而黎陽為最，于山有伾、浮，于水有淇、衛，于人物有端木諸賢，故秀氣鐘淑，久而益盛。近者缺有間焉，豈有司教化之不逮歟？會開原劉君德新宰是邑，毅然任斯文之責，于邑東大伾建純陽洞閣，以佐其形勝，則右文之意已出尋常萬萬。又念學宮為妥侑先聖之地，修其廢墜而光大廟模，當不俟夫異日。與司鐸葉君振甲謀之，計費工值幾許，材木丹漆幾何，築幾垣，益幾楹，捐俸資之，其邑之紳衿父老亦能感而各助之。命有幹濟者督其事，未幾而功成。規制仍舊，而輪奐之間，奕然翼然，無不更新矣。又不待余過其邑，而始見古道照顏也。漢文翁治蜀，興起學校，教化大行，比于齊魯，百世後侈為美談。蜀雖邊徼，而人文蔚起，迄今代有偉人。茲黎陽近屬京師，較蜀被化尤易，得賢有司一為振作彬彬蔚起者，吾知數年間，可盈朝右矣！然後，知移風易俗，而大有造于菁莪樸棫之化者，類非俗吏所能為也，其壽之貞珉固宜。凡襄厥事者，並勒名于左。

康熙九年。

（文見嘉慶《濬縣志》卷六《建置志》。王偉）

義學記

馬大士

鄉去縣四十餘里，邑西僻村，雖不數家，皆同族也。祖宗以農事開基，數傳而讀書始眾。士賴先世積累有素，以戊戌成進士，選庶常，既而授御史，未始非稽古力也。因念吾鄉自兵荒後，學舍頹廢，後起者每苦肄業無所，欲建義學為教育英才地。祖母王氏、叔父鳴霄，同捐隙地一區，士因其基而擴充之，草創規模，為正廳三間，東西翼屋各三間，繚以周垣，門屏具例，董其事者諸叔父也。岁辛亥，假歸省，獲睹落成，其形勢頗稱塏爽，族中子弟皆肄業於斯，士因有是说焉。昔范文正公得南園地，术者言世世出公卿。公慨然曰："與其私之一家，何如公之衆人。"遂捐其地為郡學。李文饒有平泉山居，幽邃甲於一時，諄諄為後世計，樹石其中，示子孫不得與人。嗟乎！自宋及今，陵谷变遷，不知凡幾，南園故址猶存，彼平泉今安在哉？二公皆賢者，乃以一念公私，致勝蹟有傳有不傳，後之君子宜何從耶？斯學之立，不特吾族公物，四方英俊負笈而來者，皆得托足於斯。惟願至此學者，敬業樂羣，寸陰是惜，上期致主澤民，下期光前裕後。庶不負立學之意。若夫踵事增華，因此地而潤色修飾，則俟同志者學成名立之日耳。凡我子孫，不得視為私有，他人亦不得而侵漁，同族之人共声大義擊之。庶公諸世世，與文正南園差可同日語矣！後之人其敬聽之。

康熙十年。

（文見嘉慶《濬縣志》卷六《建置志》。王偉）

買贍庵地畝碑記

仙庵道院之□□建，前有□□已詳明，無容再贅。然庵院既已建完，無住持焚修，非所以安神；無地畝以爲贍養道人之資，又非所以安住持也。原擬買地二十畝以足庵□，獨力不及，賴衆□□□□諸親友所助銀兩與夫地畝坐落之處，一一勒石，以垂不朽。振委曲□竣，非以沽名，亦□邀福，上以仰□容□□□□□一己之信義云爾。是爲記。

康熙十一年孟夏吉旦，酒國逸叟王剛振謹記。

（摩崖存濬縣大伾山霞隱山莊崖壁。王偉）

龍洞

龍洞

康熙次壬子孟秋吉旦，濬令劉德新。

（碑存濬縣大伾山龍洞拜殿內壁間。王偉）

重修龍洞記

古時，帝王望祭天下名山大川，五嶽視三公，四瀆視諸侯，凡以報其有功於民，而爲百物之所自生也。吾濬大伾，雖不列於五嶽，而形勢巍峨，峰巒聳秀，屹然縣治東南。其巔有穴，深邃莫測。相傳龍從此出，故名龍洞，又呼爲西陽明洞。神物主之，興雲致雨，有功於民，其來久矣。前代祠祭廢興，遠不可稽。宋政和八年，敕封"康顯侯豐澤廟"。嗣後，雨暘愆期，祈禱輒應，載在碑記，歷歷可考。年來，風雨剝削，祠宇傾圮，僅存其址，莫爲之理。吾邑頻遭水旱，未始非明神怨恫也。邑侯劉老父母以公輔之才來宰吾邑，釐奸剔弊，興廢起衰，凡有關於民瘼者，無不悉力爲之，以仰副聖天子求寧覲成之意。登臨伾峰，顧廟貌頹廢，惻然念之曰："有功則祀，國有典常，曷急謀修葺之。"而又不忍勞子來之衆，特捐清俸，庀材鳩工，以奠神居而崇奉焉。夫誠能格天，有感必通。邑侯求民之莫，誠敬備至，使祭有所歸，神有所棲，原非徒增伾峰美觀也。從此，風雨以時，屢豐致頌，則神之報我侯者，與伾山日永。而我侯之功在斯民者，亦與龍洞不朽矣。是役也，經始於康熙十一年七月廿一日，落成于本年閏七月十五日。邑侯劉公，諱德新，開原人也。至督工方秀亦有事於斯役者，士躬逢其盛，敬助涓滴以效厥事。謹記。

康熙十一年歲次壬子孟秋吉旦。

文林郎知濬縣事開原劉德新。

監察御史加一級邑人馬大士仝重修督工。

僧官方秀。

（碑存濬縣大伾山龍洞拜殿內壁間。工景荃）

濬縣重修廉川橋記

知縣劉德新

天下之物，有成不能無毀；而其事有舉，不能無廢。然成者亦萬無立至于毀。其舉者，亦萬無即淪于廢。大要由成之毀、由舉之廢之際，無不各有其漸，以馴至于極，所貴乎理。天下物以任天下事者，知其漸而豫挽之，以維固于將毀將廢之地，使無至于勢極而不可復成，不可復舉，則善矣；且夫挽之于其漸與返之于已極，其廢之煩簡，功之難易，不判然若黑白之不待辨而別，而手足耳目之不待問而知哉！而人竟不挽之于其漸，直以馴至于極，則何也？此無他，以怠心忽之，而以私心置之故也。何謂"以怠心忽之"？天下物將壞矣，而猶幸及吾身之未壞也，天下事將廢矣，而猶幸及吾身之未廢也。于是，以宴安于今日者，而酖毒乎後人。何謂"以私心置之"？天下物將壞矣，彼以此為天下物非吾一家物也；天下事將廢矣，彼以此為天下事非吾一人事也。于是，以分咎諸衆人者而自寬其一身。嗚呼！此天下之物所以日趨于壞而不可復成，而其事日流于廢而不可復舉歟！吾嘗特此以概論天下，而竊于今日此橋之修有感也。此橋也，發淇、衛之浸，為濬中往來要區。于物宜成不宜毀，于事宜舉不宜廢。週來歲久而敝，徒則猶利，而御則告艱矣，謂非將壞將廢之漸耶。諸生孫敬等及鄉民谷尚友、蓋鳳山等，恤然引以為憂，為請于予而重修之，抑何其知所務而能挽之于其漸如是耶？募金得七十，而所費裕如。功昉于乙卯歲春三月初七日，竣于本月十六日，越旬而報成。不于是見其費之簡而功之易耶？孫生等之為此役也，及時圖之，不遺諸後，出身任之，不諉諸人。所謂無怠心無私心者非耶。是不可不為之記，一以表孫生等之義，一以見挽之于其漸為得修舉之道，一以見挽之于其漸而贊不煩，功無難，後之人可因以知所從事。《易》曰："履霜，堅冰至。"彼天下之有其漸者，寧獨此橋為然也哉？而世宜挽之于其漸者，亦寧獨修此橋為然也哉！

康熙十四年乙卯。

（文見嘉慶《濬縣志》卷六《建置志》。王偉）

大伾山創建純陽呂帝君洞閣碑記

文林郎知濬縣事開原劉德新撰文。

原任河南驛鹽兵備程涝書丹。

堪輿形勝之論，儒者每諱引之。雖然，勿過執。彼郭璞尤不足道，而蔡季通非儒之以理學名者耶？黎陽舊推才藪，數年來，人文厄甚，士之挾策北上者，率多報罷返，不如習孫吳家言者，猶得比比雋，此不知何由而然也。客曰："邑夾伾、浮兩山間，東伾西浮，東西文武所分署位也。按天文志，東方木星，曰歲，歲主文章；西方金星，曰太白，太白主甲兵。伾、浮既劃然列東西，地與天應，則文武之各有攸司，不甚明耶？今浮之巔有岱之玉女離宮在焉，雕甍畫棟，金碧燦然，而香火傾大河南北。乃伾則青壇故跡，已翳荊榛，雖有佛閣龍洞，名在實亡，幾于寂寂空山矣。龍精為虎氣所奪，縫掖之劣于韜鈐也，或職是故？"予曰："是說有似，然則補救之道何出？"客曰："是宜增勝于左，以與右敵，俾龍虎各得其所而已。"予因思增勝之說，非仍以神道設教不可，而求其神之英靈肹蠁，可埒于岱之玉女者，一則于佛，取觀音大士焉；一則于仙。取純陽呂祖焉。即而思之，大士以浮屠之道道天下，釋與儒不相為謀。而純陽，唐之進士，終歸于道，始則為儒，且好為篇章，如唐詩中載有"贈羅浮道士"之句。即今偶然邀遊人世，儇乩傳語，常多佳制，此文章神仙也。以此祠于伾而擬于浮，庶幾純陽太陰之兩不相絀乎？客曰："誠然，誠然。"因公議，鑿山為洞，以象其終南之居，而洞門覆以華廈。左右廂廊對峙，有亭有池，崇闕巨坊，堞環其外，望之若天台赤城。仍于洞之巔建八卦閣，名曰"太極宮"，中祀文昌，並旁列兩台以壯文峰。筮于乾月，引五方之士女而朝之，一如黃粱故事，乃邅率遬聽，是山之麓已轂擊肩摩矣。然則，伾之與浮業既形勝相敵，今而後龍驤虎躍，文事之彬彬，將競於武事之桓桓，是可拭目俟也。此從堪輿起見，乃製作本意。若夫導引服氣，自別有求道學仙之方在。倘曰是以邀福于仙靈，則匪然矣。所有捐金督工以襄是舉者，並勒名于石。

旹康熙十五年歲次丙辰菊月吉旦。

廩膳生員孫敬、繁水山人秦庚曜、主持道官李德琳仝立。

鐫字張宗義。

（碑存濬縣大伾山呂祖洞乾元殿。王景荃）

五雷號令之臺

純陽呂帝君
五雷號令之臺
劉德新立。

（碑存濬縣大伾山八卦樓前。王偉）

代天監察之臺[1]

純陽呂帝君
代天監察之臺
劉德新立。

（碑存濬縣大伾山八卦樓前。王偉）

國舅曹真人

梅師曰："即心即佛。"曹舅云："即心即天。"是知悟道有同參禪。彼呂、霍外戚之禍，亦何代不然。乃先生之超然遠舉也，吾蓋羨其爲仙，而更服其爲賢。
劉德新敬贊。

（碑存濬縣大伾山八卦樓二樓壁間。王景荃）

迎純陽呂祖玉像

時洞天既成，乃迎純陽呂祖玉像位置其內。抱元子拈香展禮之頃，覺翩翩仙風之如在也。對此莊嚴相，益生恭敬心，復盥手而爲之贊：

龍其腮，鳳其目，雙眉高插兩峰矗。峨峨冠若蓮，燦燦衣如菊。傍捧昆吾三尺玉，宜其相逢於閬風之都、瀛海之曲，奚爲乎逍遙容與，乃在此青壇之麓？勿曰此攻石之工所爲也。應是普度有心誓未酬，見此化身來塵俗。

（摩崖存濬縣大伾山呂祖洞內石壁。王偉）

---

[1] 原碑殘毀，此碑與《五雷號令之臺》相對。無紀年。

純陽呂祖洞告成賦四章附一絕

純陽呂祖洞告成，登山展禮，因憑高顧眺，慨然有感賦四章：

禹跡茫茫不可求，仙城近築伾山頭。鑿開地肺泺營室，撞破天心遠架樓。
帝闕紅雲峰際落，真人紫氣洞前浮。尘中忽見丹丘境，彷彿飇輪駐節遊。

黃衫背負鐵芙蓉，石洞深沉霧半封。西對浮丘騎鶴嶺薛山古西，東臨玉女跨鸞峰。
仙山不用尋溟渤，故國翻怜弔邯鄲。恰似邯鄲人在夢，曉風吹送一聲鍾。

豈是蓬萊旧有緣，瓣香欣奉博山前。欲將紫府移塵海，因向青壇闢洞天。
七日神人營玉剎，五方長青布金田。仙靈肸蠁誰能似？俯首誠心更自堅。

不堪人世濁滄桑，羽化何能到帝鄉。幾欲黃冠归大道，難忘白髮在高堂。
登山漫灑韓公淚，訪岳終催向子裝。須設瑤臺供奉意，如同绣佛事蘇郎。

康熙丙辰菊月之吉。
石癡抱元子裕公劉德新漫題。
又偶成一絕：

疏懶愛披薜荔衣，銀黃一綰歎心違。何年了卻人間事，仍向商山採藥歸。

抱元子再筆。
石匠劉繼成。

（摩崖存濬縣大伾山呂祖洞外北側崖壁。王偉）

重修三豐張真人祠小記

□□呂祖洞不數武，躡崖而上，□□三豐張真人祠，諸生爲予張真人于數年前，曾凭梵乩傳語，有俠吾師至之，說是逆知予今日之宰濬，有此鑿洞奉呂祖一舉也。時洞工告竣，因念真人之所棲，將次欹废並革而鼎之。

石癡抱元子裕公劉德新記。
康熙丙辰菊月吉旦。

（碑存濬縣大伾山張仙洞北側崖壁。王偉）

純陽呂祖洞別記

　　是洞也，工肇於乙卯臘月，閱一歲，迄今丙辰之冬告竣，其制作本意，業誌勒貞珉。至諸同官及薦紳子衿、閭右萬民所惠捐以襄此役於有成者，亦併鎸名垂不朽矣。然而首事督工與夫奔走之百執事，其功皆義所難泯，因復磨崖備列之。

　　石癡抱元子裕公劉德新記。

　　首事貢生賈元復、廩膳生員孫敬、繁水山人秦庚曜、主持道官李德琳。

　　督工徒道官逯正行，生員柴廷梅，武生員楊瑜、選□陰陽□□文域。

　　督工人役李應科、韓苑。

　　修洞石匠左景夏、盧萬鍾、高仰思、蓋奉公、張崇文、王吉、楊貞、鄭大鵬、張魁斗、李芳、趙之洞、薛名世、崔復典。

　　刊字石匠張宗義、溫元錦、袁國治。

　　石匠頭韓之強、張廷柱、王鳳翔、鄒忠、張應奇、劉訓。

　　木匠頭賈學止、崔景孝、李文元、萬三芬、李治國、侯□吐。

　　泥水匠頭張可山、商文□、侯應期、栗□□、李存正、張可□、謝魁耀、高□□。

　　□匠頭張名遠。

　　蓮池匠周養志。

　　油漆匠羅文明。

　　刊字匠張壯□、李祥。

　　大清康熙十五年丙辰冬月吉日。

（摩崖存濬縣大伾山呂祖洞內石壁。王偉）

敕封呂祖聖誥[1]

　　玉清內相，金闕選仙。

　　化身爲三教之師，掌法判五雷之令。

　　黃粱夢覺，忘世上之功名。

　　寶劍光輝，掃人間之妖怪。

　　四生六道，有感必孚。三界十方，無求不應。

　　黃鶴樓頭顯聖跡，玉清殿內煉丹砂。

　　存道像於巖祠，顯仙跡於雲洞，

---

[1]　此誥爲橫寫，書之於上。

藏法門之香火，理玄嗣之梯航。

大悲、大願、大聖、大慈。

開山啓教，靈應祖師，天雷上相，靈寶真人。

都統三天界神，考校不正鬼神。

總督雷火二部尚書，先天玄祖。

右輔丞相注錄純陽妙道。

演正警化神霄，弘化風雷。

隆一孚佑帝君，興行妙道天尊。

康熙丙辰濬令劉德新敬錄。

（碑存濬縣大伾山青壇路寥廓峥嶸坊橫額西面石板上。王偉）

來鶴亭詩二首

連化一與予，素未謀面，于虞城友人邱慎庵署中評予，其首兩句云："身入繁華，心如冰石。"吁！化一誠知我哉。偶登此亭，有感其言，賦此。

一片冰心不受塵，松風蘿月戀吾身。海天雙鶴從空下，似認當年是舊人。

又賦得疎孀欲藏名：

性孀情疎與世違，原來我貴是知希。乘風欲跨浮丘鶴，直向白雲天際飛。

德新再題，康熙十五年。

（摩崖存濬縣大伾山來鶴亭崖壁。王偉）

來鶴亭懷仙

西風想像碧蓮冠，白鶴臨風乍斂翰。地傍金山開玉洞，雲從紫海落青壇。

羽輪馳月飇聲迅，瑤劍倚天雪影寒。火棗交梨能賜否？年來夢已寤邯鄲。

德新再題，康熙十五年。

（摩崖存濬縣大伾山來鶴亭崖壁。王偉）

來鶴亭即事

楚江飛去酒樓空，引領浮丘返照紅。海上飇輪憑作驥，雲中錦字倩爲鴻。

瑤臺徑越三千路，碧落平翻九萬風。寄語仙翁聊借取，囊琴無伴願相同。

松風謖謖步虛聲，雪翮如輪帶丹橫。卜地曾先龍錫到，登山每和鳳笙鳴。

棲來華表驚聞語，夢入臨皋不告名。我亦西湖林處士，梅花亭畔好爲迎。
劉德新題。

(摩崖存濬縣大伾山來鶴亭北崖壁。王偉)

伾山即事三十首限韻

呂祖洞一東
鑿卻金根月窟通，青壇此時辟蠱叢。白雲深鎖谷神靜，列子何勞遙馭風。

雲封亭二冬
白雲如綺四圍封，噓氣匪開是洞龍。蘋末風來吹不散，嶺頭倒挂高株松。

來鶴亭三雙
丹頂雪翎鶴一雙，來經紫海與黃江。翻鄰乍見渾如慣，不吠花陰臥月尨。

浴鶴池四支
銀塘明月步遲遲，冉冉荷風香暗吹。白鳥傳書猶未到，碧雲天□不勝思。

落虹橋五微
白鳥招人入翠微，雲溪高踏一虹飛。回首城市囂塵滿，始悟年來伯玉非。

雲渡橋六魚
步踏飛橋入太虛，非從黃石問兵書。峰頭巖遇赤松子，不復回尋□下車。

太極宮七虞
離婁未解覓元珠，太極團團是有無。我問虛空渾不應，雲來雲去碧□□。

飡霞閣八齊
高閣俯看萬嶺低，星辰咫尺手堪攜。紫霞餐罷鋪雲睡，夜聽淮南天上雞。

步虛聲九佳
松風不動晚山崖，明月何人步玉階。滿徑蒼苔無印跡，惟聞天外鳥喈喈。

玉井十灰
碧甃深深天倒井，銀瓶追逐轆轤迴。一泓雪乳汲不盡，正是源頭活水來。

吏隱厈十一真
依山小構暫棲真，咫尺方壺是近鄰。報得平平數年政，何妨方外作閑臣。

玲瓏石十二文
嵌空曲鎖碧苔文，仿佛絲絲湧墨雲。海散庵中人若在，定須端笏一朝君。

觀瀾處十三元
浩浩西來何所根，飛壽東來海天門。臨流不盡尼山意，閑看白鷗度遠村。

曹仙媼閣十四寒
拋卻龍梭煉妙丹，已隨金母列仙官。俗人無份同舟渡，但看凌波跨彩鸞。

張三豐臥像扁曰臥遊天地間十五山
何須四壁挂名山，萬里飛神一枕間。夢裏乾坤隨處到，不分漢塞與秦關。

柳仙祠一先
宿分鶉火列星前，染汁曾司科目權。一自相攜歸閬苑，木公籍里紀真仙。

呂帝君臥像二簫
玉臺吹罷鳳凰簫，臥聽松濤隔嶺遙。青鳥忽傳王母報，相邀又上赤城橋。

關尹子祠三肴
青神老叟一相交，未了塵根袍屣拋。不是君能占紫氣，誰將元牝發天苞。

關帝祠四豪
凌霜貫日氣何豪，追逐仙風與亞高。一點心丹留萬古，口中龍虎不須勞。

邵康節祠五歌
復將安樂築行窩，六百年前知也麼。嶺畔梅花今又落，老生告我是如何。

孫華原祠六麻

太白山頭臥碧霞，鶴書遙引入京華。須思小大方圓論，孔老無分是兩家。

魁星閣七陽古集

授北斗兮酌桂漿，手抉雲漢分天章。九天閶闔開宮殿，一朵紅雲挾玉皇。

朱衣八庚

休言人眼勝天明，天上文章有定評。應恐冬烘多錯認，朱衣點首暗裏成。

文昌九生

孝友光華結六星，尾箕猶自讓精靈。人間欲乞斯文祐，但讀赤□黃玉經。

八仙十蒸

松喬此日香無徵，試向邱劉識也曾。獨有終南諸羽客，兒童□□亦能稱。

三清十一尤

九重天闕望悠悠，更有羅天在上頭。人世桑田驚變海，玉清□紀疑春秋。

雲窩十二侵

雲中結屋渺難尋，人與蒼龍共一岑。若是蒼龍天上喚，分他幾片去爲霖。

綠柳長廊十三覃

欲訪桃源徑未諳，兩行垂柳綠毿之。此中認取梯仙路，九烈神君是指南。

山垣十四鹽

雉堞□□天半瞻，簫臺隱隱露頭尖。是誰爲借驅山鑼，移得五城遁里閻。

別是蓬萊十五咸

秦船何日見歸帆，羨有丹邱在此巖。躑躅依依不□□，□□□□□□□。

劉德新題，康熙十五年。

（摩崖存濬縣大伾山來鶴亭崖壁。王偉）

純陽呂祖洞天告成[1]

　　維丙辰冬，純陽呂祖洞天告成，曠外奧中，誠谷神養靜之所也。抱元子爲行落燕之禮，既畢，爰稽首洞前而作頌：

　　嘗聞："太乙之都有鶴嶺焉。其下鑿石爲宮室，是曰'乾道人之所盤旋'，此何以突見於浮山之左，伾山之邊？豈五丁之攸闢，抑愚公之式遷？"抱元子聽是言而駁之曰："否，否。實仙靈之默運則然。"

　　康熙十五年。

（摩崖存濬縣大伾山呂祖洞內石壁。王偉）

蓬萊得道祖師純陽呂帝君洞銘有引

　　讀《列仙傳》，上自赤松、廣成以及近世之鐵冠三豐輩，其所述仙人備矣。然求其英靈，肸蠁洋洋，如在人心目者，則無如純陽呂祖。予向往仙風，羹牆若觀。治濬之六年，於伾山西崖荒石亂榛中，鼎見此洞，爲琢像祀之。在邑之士大夫爲風氣謀，而予則適因以致此金鑄絲繡之意也。但有牧民之責，唯於時時侍香火，爰命住持李德琳代典其事。而又念瓜期幾滿，勢不能長留是地，恐一旦量移他去，而黃衫□履之儀，無由復爲展禮。不揣固陋，謬撰銘言，書而鐫之，俾此銘一日不泐於壁上，猶乎予之一日不離於階前也。其銘曰：

　　有唐飛仙號洞賓，鍾離老叟寄傳薪。丹成翔步入昆侖，帝命蓬壺長群真。爲踐洪誓航迷津，人間不惜下飈輪。屏卻鶴鑾混囂塵，時出靈異驚斯民。仙譜累累不勝陳，獨有純陽親且尊。予也玄門結勝因，卻欣仙氣通凡魂。青萍寶劍蓮花巾，夢中往往授言論。南來作收衛源濆，東望青壇石嶙峋。此中應有真景存，惜哉亙古埋荊榛。鳩工鑿駐破老雲根，六爾洞天續以新。別有宮觀壯繽紛，臺如砌玉闕鏤銀。琢以璠璵制化身，劍眉星目酷傳神。工始前冬今小春，鬼斧陰揮倏告竣。山頭紫氣鬱氤氳，鸞笙鳳笛空中聞。仿佛披發騎麒麟，仙之來兮從如雲。愧予戴星來往勤，不得香火侍芳芬。簡以羽客代晨昏，春蘭秋菊矢矢無垠。猶恐移官迫王綸，名山未許久逡巡。韻此數言勒貞珉，如同日日駿走奔。終難塵海□薆薆，誓作湌霞采藥人。他年略酬君父恩，飄然解組辭天閽。願逐霓旌侍玉宸。

　　石癡抱元子裕公劉德新敬撰。

　　康熙丙辰冬月吉旦。

（摩崖存濬縣大伾山呂祖洞呂洞賓像崖壁。王偉）

---

[1] 此摩崖無題文和書丹人，但據題記中有抱元子名，推知爲劉德新。

雲渡橋

獨杖表黎踏翠微，彩虹高跨玉山飛。
平生夢想天臺頂，此日相看是也非。
德新題[1]

（摩崖存濬縣大伾山雲渡橋東崖。王偉）

觀瀾處

觀瀾處
浮丘路接丹丘路，
衛水源通弱水源。
劉德新題。

（摩崖存濬縣大伾山張仙洞南側。王偉）

仙姑何元君[2]

道非其人，不可與語；居非其人，不可與處。故于吉爲孫策所殘，而左慈爲曹孟德所侮。彼仙姑之靳一見于武曌也。吾羨其如絳雲在霄，可瞻而不可取。
劉德新敬贊

（碑存濬縣大伾山八卦樓二樓壁間。王景荃）

大伾山創建純陽呂帝君閣捐金姓氏碑記

計開：

開州知州孫榮捐銀貳拾兩，元城縣知縣陳偉捐銀貳拾兩，大名縣知縣顧咸泰捐銀肆拾兩，魏縣知縣毛天麒捐銀貳拾兩，行取南樂縣知縣方元啓捐銀貳拾兩，清豐縣知縣楊燝捐銀陸兩，內黃縣知縣李變捐銀陸兩，滑縣知縣陳啓潛捐銀貳拾兩，東明縣知縣韓斐捐銀貳拾兩，長垣縣知縣梁飲構捐銀貳拾兩，儒學署教諭舉人葉振甲捐銀貳拾兩，縣丞王芝捐銀伍兩，典史沈翼鎮捐銀貳拾兩，新鎮巡檢司嚴翀捐銀伍兩，兵部左侍郎劉達捐銀貳拾兩，

---

[1] 此摩崖石刻無紀年。
[2] 此碑無紀年。

掌河南道監察御史馬大士捐銀伍拾兩，河南驛鹽兵備道李子和捐銀肆兩，湖廣候補按察司周體觀捐銀貳兩，山東青州海防道張能鱗捐銀拾貳兩，河南驛鹽兵備道程涝捐銀肆兩，原任江西撫州府知府劉玉瓚銀拾兩，山西太原府平定知州張施大銀壹兩，行取山西平涼縣知縣李煥然銀肆兩，山東黃縣知縣王作捐銀拾兩，候補中書馬國楨捐銀拾兩，候補知縣張峒捐銀貳兩，原任儒學教諭王國瑾捐銀壹兩，舉人鄒鎔捐銀壹兩，吏部候選蔭生劉爾驊捐銀陸兩，湖南郧陽副將杜英捐銀貳兩，兵部進士武廷泰捐銀叁拾兩，兵部進士傅牲捐銀貳兩，魏縣貢生郭鴻鐸、生員魏充等捐銀壹兩，歲貢生張素履捐銀肆兩，歲貢生申肯獲捐銀伍錢，監生馬端士捐銀拾兩，監生劉允升捐銀叁兩，候補兵馬司馬國幹捐銀拾兩，監生程耀宗銀貳佰壹拾兩，駐防千總高成印捐銀貳兩，河北磁州千總秦志龍捐銀壹兩，武舉人常經捐銀伍錢，柴象泰捐很伍錢，劉世隆捐銀壹兩，韓興周捐銀壹兩，劉夢錫捐銀肆兩，李紹牧捐銀叁錢。開州生員王興業捐銀伍兩，王月卿捐銀叁兩，滑縣生員穗鶴齡捐銀貳兩，新鄉縣生員陳清臣捐銀壹兩，南樂縣山人秦庚曜捐銀貳拾兩，滑縣山人趙登閣捐銀肆兩，廩膳生員孫立紀捐銀叁錢，孫敬捐銀叁拾兩，柴廷機捐銀貳兩，王化長捐銀伍錢，李崇素捐銀伍錢。生員柴廷梅捐銀拾兩，李肇極捐銀拾兩，李讓捐銀叁錢，薛能白銀壹百伍拾兩，程有道銀壹拾叁兩，于玥捐銀肆錢。監生馬秉德捐銀貳兩，江南蘇州府山人朱永年捐銀貳兩，前任長垣縣知縣宗琮捐銀肆兩，湖廣武昌府江夏縣知縣劉朝英捐銀三百兩，原任協鎮山西節制太原平汾潞澤蒲垣英路術所等處地方副總兵都督僉事今予告開源劉朝輔捐銀貳千兩，隨征福建前鎮總兵官都督僉事前兵部督捕員外郎內國史院纂修實錄法一丹哈番三等侍衛劉德懋捐銀貳百兩，涿州知州劉德弘捐銀貳百兩，濬縣知縣劉德新捐銀肆百兩，監生劉德遠捐銀貳百兩，生員劉德崇捐銀貳百兩，監生劉德芳捐銀貳百兩，劉□謙捐銀壹百兩。[1]

住持道官李德琳仝徒道官逯正行歷年募化銀□□。

康熙十六年春月吉。

（摩崖存濬縣大伾山呂祖洞六丁祠。王景荃）

馬秉德詩四首[2]

裕翁劉老夫子，闢洞伾峰，奉純陽呂仙師，崇閎壯麗，幽秀窈窅，不異海中三山，非五濁塵世所易得。春風車鶴雲霓旌仙節，應騂肰而駐青壇之上也。敢賦下里巴人，以志不朽盛事。

寧惟東海有蓬萊，大伾而今生面開。一夜罡風移紫府，千秋禹蹟聳丹臺。

---

[1] 以下生員、商人、鄉民等共二百零一人姓名，字跡模糊。

[2] 該碑鐫馬秉德詩四首与李霑詩一首，後殘。

吐吞日月樓閣迥，舒卷雲霞洞壑嵬。不是巨靈施妙掌，真仙那肯駐風雷。

邯鄲今古羨黃粱，鶴到青壇更有光。劍指芙蓉千嶂爽，丹攜衣袂九天香。
隨緣不愛欸金枕，度世長留鴻寶方。手拍浮丘成一醉，岳陽此日在黎陽。

赤松弟子說留疾，太始同傳方聚頭。紫綬人深忠孝性，玉晨天貺凤麟洲。
旌陽道濟三千界，勾漏丹飛十二樓。欲覓梯仙國在此，一琴一鶴任優遊。

閬分玄圃只聞名，何似瓊題洞府清。松下傳書繙鳥篆，峯頭談劍舞龍精。
撥雲天女擁銀牓，携鹿仙宮吹碧笙。步躡巘岏隨紫氣，玉京天上共師行。
康熙丁巳春日門下士馬秉德薰沐敬。

（碑存濬縣大伾山呂祖洞外南側崖壁。王偉）

吏隱厈

大清康熙丁巳
吏隱厈
浚令劉德新題。

（摩崖存濬縣大伾山紫泉別墅崖壁。王偉）

謁呂祖洞即事

高山近瞻仰，躡屨入康莊。荊棘無留跡，蓬萊有別鄉。
故河存白馬，仙樓續行梁。卻羨飛鳧舃，雲霞日與翔。
弟子季霆敬題。

（碑存濬縣大伾山呂祖洞外南側崖壁。王偉）

大伾呂祖洞記

天地間之知己遭際，不獨人也，即山水亦然。如雁蕩不經宋人，奚遲鈍傳播？西湖不遇長公，其不為葑草湮塞也者希。諸如此者悉舉莫既，則是山川之知遇固有時哉，至今日而有見於吾濬之大伾。大伾自《禹貢》記載，光武登臨以來，搜剔者幾何人？品題者幾何人？居處者幾何人？蓋亦甚寥寥矣。近代惟有陽明、次梗兩賦可稱莫逆，而鯢淵先生之《雲半山房》，頗為山顏增色。外此而雖有數椽一亭，不過供遊目前，總非不朽盛事。以云大伾之知己，知己則未也。山右舊有茂公洞，久無可考；亦有紫泉別墅，廢無片甓，一望荒煙蔓草，牧履樵跡而已。孰知其抱奇負勝，收遠近之秀色，聳宇宙之大觀，竟淪落無以自鳴，數百年來未有過而問焉者乎？茲逢裕翁劉夫子作宰是邦，仙根夙具，性嗜山水。簿書之餘，即登伾峰，超然遠覽，心曠神怡，儼乎與翠壁青巒拱揖，笑語而陶陶也。乃曰："吾陟巔而東望焉，黃流故道，紫金仙跡，可一目盡也，惟南惟北亦罔不然。吾陟巔而西望焉，浮邱送爽，衛水來清；善化偏拱，童峰俯迎；而且城屋鱗次，煙火萬家；太行如屏，嵐光千疊，爭奇無窮，應接不及，寧僅山陰道上哉！顧此一片石，乃寂寞於荒煙蔓草之間，湮沒於牧履樵跡之內，反不如梵宮紺宇雄踞于山之左也，不亦深可慨歟？"於是，啟榛莽，相峭巘、懸崖、青嶂，鑿洞爲宜，由儒而仙，厥爲呂祖，爰琢山骨崇於洞，曰"呂祖洞"。然自洞始者，不自洞始也。出縣門而抵山麓，石楔巍巍，曰"別是蓬萊"。蜿蜒而上，夾道陰森，是爲"綠柳長廊"；雉堞嶙峋，隱映山壑，是爲"青壇紫府"。若夫飛泉仰流，甘冽道左者，玉井也。再上爲浴鶴池，芙蕖映日，荇藻翻碧，拖黿背於漣漪之上者，則落虹橋是。入門爲雲封亭，石池環之，遊魚可俯而數也。梯而登，始克瞻洞。洞外覆以畫簷，洞壁盡鎸詩贊，琳琅觸目，奇文動魄，真不異宛委仙都，琅環秘府。詩有曰："幾欲黃冠歸大道，難忘白髮在高堂。"我夫子至孝性成，登仙之基莫過於此矣。循洞而南，曲徑逶迤，或高或下，爲鍾離殿，爲片月臺，爲柳仙堂，爲朱衣魁星閣，爲孫、邵二先生合祠，爲曹仙媼庵。折而北上，爲三豐嘯臺，題其臥像曰"臥遊天地間"。俯視衛流，僅如一帶，命之曰"觀瀾處"。良然，良然！捫蘿摩崖，蹣跚嶔碕，忽見斷壑絕壁之際，石欄翼如，引遊人而渡者，則爲"雲渡橋"，仙境津梁，更見於斯。過此有朱門，西向，宛如日輪焜曜，煥乎出海，乃"純陽洞天"飛來也。循磴以上，兩祠對峙，以奉我關夫子暨尹真人，玲瓏石且毚滌抉於旁焉，塵埋數千年始見天日，詎可不爲運氣之幸耶？益上爲小壺天。崇閣卓立，矗矗雲表，是爲太極宮。宮三層，呂祖臥其下，文昌居其中，三清列真居其上。躡衣仰陟，入窗洞達，天風颼颼，古人所謂憑虛以禦，羽化而登，毫有不我欺者。碑臺鼎列，何異三山？而且龍角鳳牙，挺爲黎水之文峰，其增勝爲更巨也。閣後又爲一閣，上奉萬仙，下爲盧生臥遊處。由此北下，爲吹月岑，爲步虛聲；來鶴亭又虛左以等客矣。再北而子聲丁丁，崖名爛柯；峰迴路轉，山響颯颯者，又彈琴坳在焉。履地憩吏隱廳，鼓弦蓬蓬居，焚香雲窩，談道餐霞閣，則俱在方壺道院葫蘆仙垣中也。蓋皆因勢佈置，無境不幽；因境留題，無句不佳。遊歷披誦，塵襟盡滌，如置身罡風浩氣之上，雖員嶠蓬壺之奇，五城十洲之盛，非凡人所能邊睹。而即此一區，結構已儼然琳宮銀牓，竟不信弱水三千，飛仙方到也。問居者誰氏，則羽士李青霞，道行高妙，不啻苦縣再來人。勝地有緣相縫，俱爲不偶矣。總之，此一山也，昔何以寥落，今何以輪奐？使非與劉夫子結因於數千載之前，邂逅於數千載之後，依然頑石蕪土，何日能開生面？此誠大伾之一大遇合也。天地既鍾氣而爲大伾，煙嵐雲霧此中生焉，蘊奇藏秀自不乏焉。特以梳厘無人，標品不值，在山靈含怨抱嗟，莫可告語。一旦而加以崇獎，祀以真仙，錫之題詠，聚於名賢，不二年所，頓然改觀。安得不爭研獻笑，吐氣揚眉耶？此誠大伾之一大知己也。堪輿之說，雖儒者所不道，然卜洛陟獻，經載其典，地靈所關，理以或有。大伾爲邑，龍砂人係大矣哉！試觀雕甍畫棟，聳漢插空，則氣機所蒸；人傑自應，將見科第閥閱，雲興霞蔚，簪纓冠蓋，接踵比肩，皆可於今日信之，又誠黎陽之一大福星也。我濬風俗淳古，久已人栗里而家桃源。幸逢我夫子政教培植，又媲潁川而齊中牟，即偶爾會心於山水，而其奇妙畫，人奪天巧，固已覽盡群峰之雄，大作溪山之氣，何殊雁蕩之傳播于宋人，西湖之再造於長公？盛業自垂不朽，盛名無異經天，此又河朔之一大境界也。則是知己遭際，即山水且有然者，而況於人乎哉！而況於人乎哉！

岢在皇清康熙戊午歲。

門人馬秉德熏沐撰並書。

（碑存濬縣大伾山紫泉別野院內。王景荃）

絕句二首[1]

欲謝塵緣久未能，十年常自學飛昇。如今得借君侯力，習靜伾嵐最上層。

靜極方能息妄思，枕邊釁下幾多時？開篇帖石隨吾法，也不無爲不有爲。

戊午春日裕公父臺命鐫山石，援筆偶成。因思睡到三四更時，名利皆成夢境，想至一百年後，老少盡是古人，何不醒來認取未生時光景也？

箕山錢鶴子程澇題書，康熙十七年。

（摩崖在濬縣大伾山呂祖祠乾元殿北側崖壁。王景荃）

遊仙洞

闢成仙洞伾山巒，學得長生耐歲寒。鐺煮黃粱纔入夢，津移白馬不飛湍。雙梟駐足煙霞迥，一衲披肩宇宙寬。爲愛林丘歸轡懶，蓬瀛漫向海波看。

戊午孟冬驅車過大伾時，裕公劉老親□□□□鑿洞，雲肩風榭，宛然□上三島，余遊而樂之，用王陽明先生韻，率成七律以誌盛事。

德水蕭惟豫，康熙十七年。

（碑存濬縣大伾山張仙洞北側崖壁。王偉）

---

[1] 標題係補加。

張夢亨等輸資財碑記[1]

【額題】碑記

古濬大伾山巔之陰石巖上，鑿觀音菩薩聖像，傍有金童、玉女護法兩神。不知起於何時，創自何人。巖上刊題，遇有亢暘禱雨即應，但規模狹隘，人皆藐視，所以焚祀杳然。噫！既有神像，何香火之寥寥也？城內張夢亨等共發虔誠，每逢聖誕成道降龍之期，各輸資財，修醮上供，相繼有年。亨等恐其年久湮沒，香火不繼，刊刻巖旁，惟冀濬之君子見像作福，覩舉慕義，俾香火流衍於無休。豈特瞻拜之有仰，抑且衆善之不沒矣。因勒石而爲之記。

會首張夢亨、王元吉、申乘鳳、劉培元、唐克勤、鈕文明、李珺、周之强、王文秀、李作楫、王継爵、康振基、直尚禮、趙國興、何漢儒、張之標。

僧官方秀。

□官□慈□。

旹康熙十八年歲次己未孟夏吉旦。

石匠張崇文刊。

（摩崖存濬縣大伾山觀音寺觀音洞西側石壁。王偉）

庚申冬日雪霽仝四家兄遊大伾山限晴字

未識伾山勝，今登萬慮清。雲封千樹合，雪現數峰晴。貝闕侵銀漢，虹橋瞰錦城。幸遊酬夙梦，欲別不勝情。

其二限遊字

山光澹欲流，塵世有丹丘。豈是經刀刺，非關卓錫留。煙迷天欲小，雪捲洞邊幽。何日重登眺，題詩紀勝遊。

開原劉德芳題。

（碑存濬縣大伾山呂祖洞乾元殿殿基。王景荃）

伾山漫興十首

雲窩偶坐

石筍巑巑插碧虛，結趺苔砌坐如如。空山寂靜無人问，細讀《黃庭》一卷書。

---

[1] 原碑無題。

吏隱厈即事
傲吏東山一草堂，背山更在水之陽。相逢若是尋真客，許与松風共一床。

壺天道院
茅屋數椽少四鄰，白雲來去樹長蹲。只因客愛居城市，行到空山不見人。

步落虹橋遙望
小山大山隔一澗，山上白雲山下盼。日日虹橋來往過，芒鞋不惜穿雲綻。

石上聞吟
古松根底結黃茅，望裡青山四面包。偶得新詩吟未定，拈髯默默酌推敲。

松下偶步
藜杖長拴五嶽圖，山行不懼一身孤。偶來松下逢朋輩，錯認今吾是舊吾。

望衛河遊舫
小舠恰容人四五，長年一個搖柔櫓。波心共作鏡中人，且莫空拴楓樹滸。

題河干漁父
釣罷停撓泊岸旁，舡頭赤腳盪滄浪。荻花楓葉紛紛下，滿面西風箬笠涼。

雲半山房讀《易》
古木如虬倚澗橫，深山深處少人行。自燒銀燭讀《周易》，不向浮雲賒月明。

贈青霞羽客
曲屈蒼松低挂戶，研硃引取松梢露。不知此際白雲中，點到《南華》第幾句。

石癡抱元子裕公劉德新題。

（碑存濬縣大伾山呂祖祠六甲祠前。王景荃）

八隱詩並序

予非隱者也，即以吏隱，言握銅章，行墨綬，居脅有社稷人民，此豈抱關擊柝者流耶？則是：予，吏也，而究非隱也，乃非隱而言隱也。何居曰："志予遇也。"叨天之幸，君之恩，得以分符此淇澳伾椒間。青山當縣，白水繞城。而予口拙性簡，正與此僻靜之地相宜，以故無所事事，唯于花陰放鶴，月下調琴已耳。是予之為吏猶之乎隱也，故曰"吏隱"也。並思及于山澤諸隱，則又何也？曰此又予之有所感也。曷感乎？亦感於所遇也。一行作吏，九載罔遷。而紅日空瞻，白雲徒望，既不能少葵藿獻傾陽之赤悃，又不得于桑梓申返哺之烏私。其匏係於官衙，終不如陸沉于井里也。抽簪有志，解組未能，此予所以並思及于山澤諸隱也。《易》曰："情見乎辭。"《出》曰："詩言志。"予情與志之所在，故寄其辭於詩。凡我同人有知予此情此志者，無靳以白雪之曲而和巴人之歌也。

吏隱[1]

蝶舞空階草色深，曉衙放罷入松林。陶尊彭澤柳邊泛，莊夢漆園花外尋。
古署秋風吹臥鶴，虛窗夜月照彈琴。關門寄跡無人識，紫氣東占侯好音。

市隱

近肆蝸廬未許深，一簾垂處靜如林。花衢好事乘春玩，柳市高賢踏月尋。
活計壺中惟鬻藥，藏名壁上尚懸琴。翻憐人被萬錢誤，無復渭城謳唱音。

山隱

空山結室万峰深，追逐麐處出遠林。釣月夕從溪畔去，樵雲晨向嶺頭尋。
梅花小嶼閑吹笛，竹樹高岡靜撫琴。獨立孱顏成一嘯，天風飄送鳳鸞音。

澤隱

放去輕舟溪水深，隔溪雲起失山林。龍槎駕向天邊溯，犗餌投從海上尋。
蘆荻月明堪對酒，芰荷風細好鳴琴。羊裘甘作齊男子，咄咄無勞訊玉音。

田隱

隱隱桑麻小巷深，丈人扶杖過東林。春耕督向花蹊去，午饁將來柳陰尋。
欲答神庥理幽侖，欣逢帝治聽虞琴。農夫已報芳疇綠，處處仍催布穀音。

仙隱

十二高樓碧海深，琪花瑤草鬱成林。秦皇已遇□敖去，漢高唯將渭叔尋。
鳳翼夜吹玄圃管，龍唇秋鼓赤城琴。□□□□□別，獨遲龜臺雲錦音。

---

[1] 韻限深、林、尋、琴、音，後俱同。

禪隱

蓮峰矗矗入雲深，結宇曾傳金布林。錫杖凌□□□□，□□□月靜中尋。
拈花不必花當徑，面壁何須壁挂琴。香□□□□籟寂，惟聞方丈木魚聲。

酒隱

卜居惟愛醉鄉深，樂聖稱賢聚竹林，□遇□公同悟□，□□□社謝招尋。
燕兒入市邀彈築，蜀女當壚借鼓琴。□□□柑芳□下，倉庚有我是知音。

　　　岢在康熙庚申孟春，開原劉德新裕公甫題。

（碑存濬縣大伾山紫泉別墅院內。王景荃）

皇清敕贈榮祿大夫從一品督都僉事前誥封襄遠將軍四川淑馬營署遊擊管守備事原任湖廣鄖陽軍門前營副將管遊擊事名揚杜公合葬墓誌銘

【誌文】

賜進士第中憲大夫知鄖陽府事加一級前刑部郎中武清眷弟劉作霖頓首拜撰。

今上之十有七年戊午，名揚杜公戰於楚上庸，抗節死。越明年己未，其僕走衡湘，督提暨文武官僚往奠於郊。兵民為巷哭，為罷市。當事者具疏以聞。皇帝曰：武臣死封疆，國有典例，應得贈秩、恩廕、優卹、祭葬，悉照品錫予，用妥忠魂。是歲暮春，家子長青，渡河而來，起咨赴部，踵予署，泣涕告曰：先大人寵叨國恩，今將窆厇於祖隴，例得豎石墓道，以彰天子之休命。不孝幼而孤，先大人從事戎馬有年，生平宦蹟行誼，概鮮記聞。忍令其寂無表見乎？幸公與先大人情親梓里，誼切同舟，交久且篤，知先大人莫公若也。倘得公片石為貞珉，光榮先靈地下，骨且不朽。余不禁愴然曰：名揚少予四歲，初不意為彼作墓表也。昔公之太封翁卒於里，公守制行間，及至葬，問墓表於余。余撮太封翁之行狀大略而書之。今公之子復乞余言為墓表，抑以余交公善，知公悉，舍余無可表墓者。公大父及高曾歷世門行支派，悉載之太封翁誌中，概不復贅。

公世譜大伾，父諱三光，為文壇祭酒。元配彭氏，生公行一。繼娶胡氏，生子四，女三。公秉性磊磊，頭角嶸嶸。襁褓寢息詩書，長而厭之，學萬人敵。當勝國之末，羣盜逼起汾晉，不敢入公里。大河以北，聲名嘖嘖人齒頰間久矣，氣吞全牛矣。世祖定鼎之二年，公西入長安，為司馬孟公所識。推食解衣，視公如左右手。蒲坂之戰，公單騎深入，夫是以有古浪之捷。孟公作賓莧上。隨見重督部李公。由陝入川，斬荊拔木，修道路，補橋梁，始得奏績嘉邛，策勳松茂。偽侯楊秉胤，負固山岑，屢憮不降。督部命公以往。公欣然樂赴，抵寨下。從公者仰見峭峰插天，鐵碟映日，骨栗栗不敢前。公下馬登山，直上砦頂，長揖楊侯，示以大義。即披剃就撫，率衆來歸。嗣是茶園坪、老木孔、黃草坪、茅麓山諸大戰，悉奏膚功。前後五六年間，全蜀之山川土壤歸我職方者，公之功力居多。事定行賞，公以守戍，晋遊擊將軍，封大父母如其官。庚戌，朝廷以鄖陽扼江漢上游，敕公駐鎮。時督部蔡公總理川湖，弍見公，相得甚歡，遂解所佩刀賜之。曰：鄖疆重地，爾行，吾無憂矣。前此鄖之卒伍，嚚而不靜。公至，閱諸將士於庭，具述朝廷命將設兵之意。各服心輸誠，遂無他虞。甲寅春，滇黔告變，閩卒擁洪協內叛。公率所部，戮力巷戰，殲寇全城。提督佟奏捷於朝。天子嘉乃丕績，晋公秩四等。是歲之秋，房、保諸逆合攻豁邑之桐溪寨。營將劉請援於秦，不應。公領兵自裹糧糧，借道興洵，飛騎出關。賊衆聞風夜遁，桐溪之圍始解。後此弍敗賊於泥河口，一敗賊於响河寨。丙辰，川逆犯鄖，水陸俱阻。粮餉告匱。滿漢大兵，屯營武陽坪。公上下衝堵，開河道，復鄖西。捷功稱最。戊午，我兵克房陵。隨攻上庸。謝逆纠川猤狡寇，伏兵暗渡，夜襲我營。衆寡不敵，兵乃潰。公酣戰一隅，遂陷賊手，激之使殺。嗟乎，人之好生，誰不如我公視死如歸。文丞相所謂為嚴將軍頭，為顏長山舌。公其有之歟？公不死賊手，後來安能不死。惟公死賊手，後來乃真不死也。

公生平豪俠慷慨，不畏強御。事親孝，友于兄弟。祖父產業悉以公之諸弟，而公不問焉。得親順親，有古孝子之遺意。公生於明天啓二十年七月十弍日，卒於清康熙十八年二月初七日，得年五十有七。元配商氏，蚤年卒。繼娶李氏，生子維新，殀亡於秦。再娶竇氏、曹氏、袁氏。竇氏卒于川，遂於川立墓田焉。曹氏後公一年逝。今子弍：長長青，恩廕守備。娶庠生李公諱肇基女。竇氏出。次長舒，三長泰，俱業儒。袁氏出。女四：一適提塘守備蕭雲路，一適庠生宋旭，餘幼未許聘。青等將以康熙十九年十月十七日，葬公於西岡之陽從先兆也。余略舉其概以表公。乃為之銘曰：

將軍抗節死疆場，位不封侯繫彼蒼。胸富甲兵埋湖湘，夜月風雨泣故鄉。旅櫬南來過荊襄，精靈長繞漢水旁，將星化土歸黎陽，予懷慘怛心感傷。維君子孫卜曆昌，鼎彝竹帛光廟堂。億萬斯年枕郊荒，星辰河嶽相輝煌。

男杜長青、舒、泰同泣血稽顙纳石。

（銘存濬縣博物館。李秀萍）

塑五龍神像碑引

　　□□衛公受龍□之□□馬□□滴雨膏□地三尺。興雲致雨，龍神專司，理固然也。此山龍洞爲黎陽八景之一，將雨則天色具晦，雲氣蒸然，山民祈求顯驗，載在志乘。□□□□深等□間里善衆捐資塑繪，煥然一新。寧僅壯□□□亦異□□□方沾足，以時三農咸利也。使陽無愆□無□斯民力穡，有秋則□□豐盛。以響以祀，固體之常，苟或不然，齋誠禱□□□不爽，□□靈之，可恃者也。而謂茲舉非不朽盛事歟。工□□□筆書此，并記姓氏于左。

　　康熙二十一年歲次壬戌菊月上浣之吉。

前兩河觀察使臣邑人李子和謹識。[1]

(摩崖存濬縣大伾山龍員拜殿內壁間。王景荃)

浮丘山房記

國朝大學士成克鞏

余祖居大名邑，先文穆入居郡城第後素園另有記。余又卜濬邑之浮丘為別墅。濬縣東大伾山，黃河道焉。浮丘則在城內西南隅，城牆橫亙山脊，山身強半在城內，而吐其南峰於城外。峰端建碧霞宮，山之身則余得為山房。入城南門，循牆西行，折而北，东向雙扉，山房門也。則以內漸浮丘之麓，灌木叢卉，約略數畝。修竹長松，雲目為翳。中間有大石，五色交錯，若拱坐，若蹲騰，不一狀。自石北望，短垣圍屋五楹。屋前雙虬松覆太湖一卷，錦川幾笏，謖謖作風雨聲。自石南望，蔬籬果囿，梅桐杞柏与桃李間植而安，石榴依垣森列，不可株計。自石後西行，花木蔭中，石磴下垂。拾級而登數丈得平階。階上為堂，額曰"城市山林"。堂上憑眺，滿城屋宇，俯視則在灌木之巔矣。堂之後，由洞中行，西上，漸見日光，則又登一峰，峰頭為軒，軒舊名"人間大上"。憑軒東望，大伾青壇儼然拱揖，遂題曰"小東山"。北則善化、黎陽、屯子、黑山為屏，南西則大河古道，淇流、衛水縈洄繞護，雲樹烟嵐盡在几案下。此而西有樓，有廊、圍牆，作居室。室之後當山之背，作廠庭。登斯庭也，西城雉堞與絕壁近接，衛水帆檣迢遞南來，時而泊於城外如列戟。北倚浮漚庵，南對碧霞宮。庭之內觀止矣，不能名也。自茲迤逶而南，穿林越谿，折而東下，迎旭開牖，為歸雲閣。閣之西，曲曲為池，芙蓉藻荇，游泳文魚，竹屋數椽，為"青照亭"。是即入門南望蔬籬果囿之中央也。山房主人十八年僕僕軟紅塵夢中，每勤溉植，或就荒，或犹存，聊仿佛其梗概云尔。

(文見嘉慶《濬縣志》卷十二《古蹟考》。王偉)

重金聖像記

【額題】伾山北觀音巖

夫伾山北巔觀音洞菩薩聖像日久，風雨摧殘無光。耀等目睹心傷，各捐資金妝，非敢云邀福也，聊以勸後人為善云。

會首趙永耀、李猶龍、劉開□、趙鈺科、傅登高、張文耀、王國選、陳子龍、趙□器、王洪宗、楊兆祥、郭起風、徐國□、趙奉秋、周之魁、秦進忠、周□能、康洪基、秦士奇、王啓明、張魁斗、王□龍、白□□、郭□基、邢太、張起玉、周孔教、趙起雲、王嘉善、

---

[1] 以下姓名，字多模糊。

車鞔、張世傑、俊嚴。

康熙丁卯年六月□日。

(碑存濬縣大伾山觀音寺觀音洞拜殿東側崖壁。王偉)

觀音會四年完滿記

伾山北麓有觀音堂焉。人跡罕到，廟貌荒涼，吾過而惻然者久之。以爲神之格思，不可度思，安必煙火湊集之處有神焉，而山谷靜寂之地無神乎？因約會衆，按時焚香上供，今已四年完滿焉，勒石以誌不朽。

合會姓名開列於後：王貞、趙奉秋、潘耀、董國珍、常化龍、黃田□，辛坦、高月、常化風、鄭綸、趙復旺、周明道、羅安國、羅印昌、馬乾、于景德、焦之俊、張國昌、宋敏、王存禮、生員侯國勳。

康熙叁拾壹年陸月初拾日合立。

石匠陳□□。

(摩崖存濬縣大伾山觀音寺觀音洞拜殿東側崖壁。王偉)

供奉十地閻羅諸佛菩薩地藏菩薩聖像碑

從來幽渺而難窺者莫如神，世人欲崇奉而尊禮之，竊謂其難也。《詩》曰："陟降左右。"《書》曰："感於神明。"是遵何道哉？摠之，不離乎誠者。是明德惟馨，勿貳爾心。此物此志也。竊見世人聞善淫福禍之說，非不翻然、勃然欲圖善果，未幾，而志慮中衰矣。二三其德感人□將難之，而況於神乎！雖潔爾粢盛，豐而牲牷無益也。吾邑諸善士，結社事神有年矣。初奉十王而尊禮之，獻供諷經，祝揚聖德，澗溪沼沚之毛，明信昭焉。第資財寡乏，雖有他願□迎處。及後，稍積儲，虔造十地閻羅、諸佛菩薩、地藏菩薩聖像一軸，隨會供奉。每逢聖誕，或諷地藏尊經，或諷般若尊經，盡誠盡愨，期達神聽，於茲又四年矣。擇期齋戒，敦請僧衆作圜滿道場，拜禮梁皇寶懺，閱晝夜者三，可不謂誠乎？明德之馨，爾心之純，陟降感格，吾知其無難也。茲舉者，始於丁卯，迄於壬申，首其事者，如春韓翁、時茂李翁也。今韓已辭世矣，終乃事成蹶善者，李之力居多也。功德圓滿，勒石紀事，囑余而爲之辭。余學譾劣，而年又幼，不惟不能，且不敢也。以家大人在社中，命不敢辭，故述其顛末而爲之紀云。

時康熙歲次壬申孟秋之吉。

欽差督理河南通省鹽法驛傳兼管潼關水利屯田潁州等衛清軍兵備道按察司僉事部廣東清吏司郎中加一級程澇。

韓日旺男邑庠生韓新周薰沐叩撰。

會首韓振宗、李時茂、王之琦、李継太、胡進宝、李加美、王希周、杜文德、劉自孝、張文明、張孝、趙承恩、韓日旺、陳克顯、張文鳳、郭文英、李明奇。

仝立。

（碑存濬縣大伾山。王景荃）

早春登眺攜孟生華平輩

峭壁藏春鬱未開，雲亭巧結小蓬萊。
掃松石辨師生席，燒玉霞翻主客杯。
看破六經誰具眼，談空萬理此荒臺。
日哺不盡登臨興，踏遍寒山帶月回。
教諭泗州羅衣題。

（摩崖存濬縣大伾山偉觀亭下方。王景荃）

遊大伾[1]

孤峰矗立砥黎陽，劈脈西南接太行。
龍穴雲生巖滴乳，鶴亭天近石爲梁。
苔封鐵筆迷蝌蚪，風送瑤笙下鳳皇。
東望蓬瀛海氣合，高呼仙侶倒霞觴。
康熙丙子秋同劉慕庵、呂昆缶、潘元公、姚協於、賈之遊大伾。
滑臺學博瀾陽王作肅題。

（摩崖存濬縣大伾山藹藹亭崖壁。王景荃）

忠烈祠碑記

天地之悠久無疆，乾坤之正氣運行於不已。人紀之光昭不磨，忠孝之大節主持於無息。惟正氣之恒伸，則專直禽辟；生物之廣□，則仁敬孝慈；立身之端方，無容回曲。是故，逢、干、夷、齊舍生取義於前，張、許、文、陸及方、練諸公殺身成仁於後，此皆志士仁人，烈烈忘家，報國捐軀殉君者，亦歷歷有人焉。至於方策所未載，旌章所弗加，而大節之皦皦難掩者，則未有如今崇獎之李公矣。

公諱化桂，原籍秦中，剛方正直，取予不苟，以彝常自勵，以信惠及民，君子咸悅其

---

[1] 標題係補加。

德，小人悉從其化，蓋磊落不群之義士。□值木猴之變，驚聞煤山之音，縞素痛哭，誓誅凶逆。密謀於義紳劉尚信、劉偉施、王化遠、王元禎等，同雪不共戴天之恨。行將□□，而義旗直指，長驅於范陽，而鋒銳莫當，必欲得無禮於君王者而甘心焉。不意計泄於細人，反被偽令馬世聰先事預防，潛□□□中，立斃杖下，罵不絕口而死。其共事者劉文顯、劉襄宸亦次第遇害焉。嗚呼！忠孝人之大倫也，祗緣生存死亡之迹未化，則□□□輕若秋毫矣。公以微員而倡大義於天下，欲剪逆闖之凶暴，不忍求生以害仁，則四方皆知君父之遺憾宜雪，而利害之□□柱而綱常之範圍也。賊雖未討，此賊可討之，公憤已凜凜於千載之下。事雖未成，斯事當成之，大義亦昭昭於天壤之間。□□□臨於浮丘之上，淇澳之旁，如公等所爲，可以無愧於臣心矣。愚故擇地於王公祠舍之左，建爲"忠烈"，爲文紀序其略，而□□□□□國典之未備，實欲令忠臣之節義，與天地同垂不朽焉。

康熙三十五年歲次丙子孟夏穀旦。

濬縣儒學署教諭事舉人因之蒲創建次年丁丑夏月撰文勒石。

（碑存濬縣浮邱山千佛寺前院。王景荃）

金粧神像碑記

是歲夏始，予北遊至濬，見其俗醇風樸，物阜民豐，熙熙有樸械之化，深羨宰治之有其道，輔治之得其人。庶幾哉是邑之庶而且富也！再觀濬城之西，衛水洋洋，大伾聳峙于左，浮丘鼎列於右。登浮邱而謁泰山之行宮，臨大伾而詣呂仙之臺閣，粗覺仙景可玩，佛山堪覽，不禁欣然感慕曰："此畿南之首區，河朔之勝概也。"已而，又見絕頂處有東嶽天齊大殿，廟宇廊廡煥然一新。及入而拜謁，金軀光彩奪目，輝煌映人，其工匠之巧，色像之麗，大有異于諸祠。予詢之住持："此誰氏之功也？"住持曰："此廟由來久矣，不知創始何人。憶自明季有本邑鄉監察御史赫公重修，迄今百餘年，廟貌非舊，金容無色。蒙本縣正堂賈老爺捐俸修葺，兼命僧人持沿門之鉢，募衆善之資，不數日而廟殿巍崇，輪奐燦觀。所有神像未及金粧。何意修短有數，公于本年二月染病，三月升遐，囑其妻曰：'勿廢濬邑東山之功，阻我一生之善也。'其母孫氏同妻劉氏不違遺言，即於喪事未完，遂捐金五十一兩九錢，雇人重新金妝，神像壯觀。從此殿宇與伾山並峙，香火同衛水長流，是皆任公金神之功也。"屬予爲文，予不辭拙，隨援筆略述其事，以誌其勝云耳。

　　旹康熙歲次丁丑仲夏之吉。

　　滑邑庠生任本善薰沐敬撰。

　　滑邑庠生馬崇如書丹。

　　滑邑沙店集施財信女任門孫氏，同男婦劉氏暨孫任元龍、元震、元恒仝立。

　　督工歲貢生劉素行、司正賈學正、生員秦克年、鄉約孫時泰。

　　管工人任武魁、黃正色、呂兆熊。

住持僧人成壁，徒定住，孫真法、真澮、真濟、曾孫香然。

塑工李金升。

刻字石匠韓宗正。

（碑存濬縣大伾山天齊廟山門西側。王景荃）

藹藹亭

山房雲半一亭齊，歷歷川原望不迷。檻靜飀幽喧鳥語，情深夢淺過花溪。平分風月留歌嘯，倏忽烟霞任品題。遙憶右丞吟眺處，故人時在隔河西。

三韓程之璋。[1]

（摩崖存濬縣大伾山龍洞南側崖壁。王景荃）

遊藹藹亭

閒拋案牘吏，郭外遊山山色異，更望處，曉烟垂地。羨風拂花明，石斜徑折，琴聲遙寄。剛行過半峰雲寺，見小小亭幽，傳是前人藹藹記。絕似蘭亭佳致，縱時非暮春上巳。載酒儘教賓戲。況四面玲瓏，三生狂醉，知己情懷，遂對景寧忍空迴避。聊題誌，難效羲之，揮出龍蛇字。右調寄霓裳中序第一。三韓程之璋。

（摩崖存濬縣大伾山藹藹亭崖壁。王偉）

皇清待授奉政大夫候補同知原任山西平陽府蒲縣知縣封文林郎眉山張公（嵋）墓誌銘

【蓋文】

皇清待授奉政大夫候補同知原任山西平陽府蒲縣知縣封文林郎嵋山張公墓誌銘

【誌文】

賜進士及第充纂修太清一統志總裁平定朔漠方略副總裁政治典訓副總裁禮部右侍郎兼翰林院學士日講官起居注兼管翰林院掌院學士事通家世弟長洲韓菼頓首拜撰。

賜進士出身文林郎原任户部江南清吏司主事年家眷弟李瑞徵頓首拜篆。

賜進士第中憲大夫知江西撫州府事年眷生劉玉瓚頓首拜書。

公張氏，名嵋，字眉山，順天宛平人。父能鱗，官至青州道參議，世所稱西山先生也。公於諸弟為長，幼喪母陳夫人。惠而能文，得繼母章夫人歡。為諸生，益有聲。三試

---

[1] 程之璋，康熙三十六年任濬縣知縣。

京兆不利，筮仕知晋之蒲縣。公以佳公子，强幹如老吏。盜發輒得，諸奸猾悉屏氣。嘗請除浮糧，輕徭役。蝗不入境，虎不爲災。間設義學，講禮滾，彬彬如也。歷九年，上官廉其才，薦當陞郡丞以去，蒲之民遮道不忍也。公以先生命，析居于濬。既歸自蒲，先生年七十有九矣。公率諸弟拜堂下爲壽，先生顧而樂之。退居濬，未及一年而卒，竟不及稱先生八十之觴也。嗚呼，其可悲夫。捧檄而喜，乃爲親屈。曾手三釜而心樂。子路亦言：親老，不擇官而仕。賢者之志固如此乎？或謂公可以無仕，何遠離親側爲？余以爲公才高，既不得志于有司之試，思以功名見。此亦先生之志則然，而非所爲能養者與？治蒲之政特其朔，而遂以歿，則其所不及料也。不然，公當少年時，隨先生之川南之青州，未嘗一日違官舍者，何哉？此尤可爲公悲也。公生于崇禎十五年四月初四日，卒于康熙三十五年三月二十三日。娶己丑進士池太道周公諱體觀女孺人周氏，生孫男八人：長有馮，國學生，考縣佐，娶吏部侍郎孫公諱承澤孫候選知州諱熺女。次有異，歲貢候選學正，娶鑾儀衛冠軍使掌旗手衛印務蘇公諱宏化子候選縣佐諱民仰女。次有容，廩生，娶原任山西絳州知州高公諱士□女。次有度，生員，聘原任江西饒州府知府李公諱昉女。次有芳、有聲、有林、有慶，俱幼，業儒，未娶。孫女七人：長適庚戌進士刑部員外郎孫公諱□昌子候選教職諱□宗。次適戊戌武進士二等侍衛李公諱登相子候選縣佐諱時英。次適原任山西汾西縣知縣今候補孫公諱渭子候選知縣諱元楨。次字工部虞衡司主事梁公諱永□子歲貢諱榕。未字孫女三人。曾孫六人：一蜇、一鳴、一琴，有馮出。一德、一夔，有異出。一鶴，有容出。曾孫女二人，有異出。先生年老喪其長子，不勝悲。今擇于康熙三十六年十二月初十日亥時葬公于濬邑之南鄉毛家村後新塋。而屬余以銘。余既辭不獲命，乃係而銘之。銘曰：

白華絳趺，粲粲門子。遠志孔揚，不在□體。發新者硎，邃□其趾。有椿古年，不長相守。魂兮歸來，定垂未首。

（銘存濬縣城南关外東拐街。李秀萍）

泊頭村郭氏祖塋碑

郭氏本山西洪洞縣人也，粵自前明洪武開疆後，按戶遷民，始遷於濬縣迤西泊頭村，肄業農圃，築室居焉，繼即修塋於莊之東，葬始遷祖於塋中。當時世尚離亂，治未升平，自始祖以下，約有二世，雖歸葬於塋，惜無碑碣可考。迨至濬祖追憶品行，猶可得諸父老傳聞，公諱濬，號巨川，元配姜氏，其持己也莊敬，其接人也謙讓，且勤以治家，儉以節用，平生樂善好施，家雖巨富，絕無驕泰凌人之氣，然而積德既厚，則流慶必長，愛育三子，皆善繼善述，家聲益以克振，長諱梅，遷葬東塋。二諱棟，三諱楫，皆葬父前。梅子二人，長諱金，二諱堂，葬新塋父前之左右。棟子三人：長諱玉，二諱滿，傍父遷葬；三諱璽，遷葬於祖之東。楫子二人：長諱全壽，遷葬於王家莊北；二諱全福，遷葬於祖塋之東北。列敘既明，乃知梅、棟、楫，濬之子也，金玉滿堂壽福璽，濬之孫也。猗歟盛哉！

三世一堂，桂鬱蘭馨，樂何如耶。以及後世子孫繁衍，藍青輩出，洵非祖宗積德之深不至此！又按塋中有相一穴，度非濬祖之侄即濬祖之從侄也。相父不可考。相子全富遷於巨橋迤北姜家莊，有富子大賓配葬，此又一支也。蓋自濬祖以上分派以後，各遷塋當各有志焉，第恐久則無徵，謹筆於石，俾後世子孫，永傳不替云。

  梅五世玄孫生員郭瑞昌撰敘。

  棟五世玄孫郭雲昌督工。

  楫四世曾孫郭維蛟率族。

  康熙三十七年歲在戊寅二月念四日清明古□。

（碑存濬縣泊頭村。王偉）

妝塑十帝閻君神像碑記[1]

  ／[2]原千里未有峰巒，獨我黎陽群山環繞，諸巒拱峙，大伾尤屬名勝□□／帝閻君神祠也。創建日久，歲月遙深，難禁風雨之剝削，閱多年□□／於焉板蕩，一望蕭條，誰能整其頹落，四顧荒涼，幾已付諸煙消。住持□□／，雅稱有德之比邱。恪遵佛法名號，持戒之緇流，遂動慈悲善念，攜□□／塑神像。諸檀越有施青□之錢，有施朱提之金，有舍蘭椽，有舍□□／以成盛舉，遂將廟宇革故而鼎新矣。至於／無色，侍立司判，毀壞不全，皆重新妝塑，豔麗光彩，威儀森嚴，令人／廓於沐末，金碧輝煌，殿閣絢爛，而為伾山一大觀也。余登任瞻□□／僧與施財之善人，流芳百代云。是為記。

  授戶部江南司主事賀瑞徵撰文。

  ／東海趙以鐇。

  ／□賈百朋。

  韓程之璋、縣丞計秉政、典史郭宣。

  會首朱世成、馬□□、孟加瑞、張□□、溫之林、□□□、陳邦靜。

  清康熙。

  ／寅秋七月吉日立。

  住持傅成性壁、徒定柱、孫真滄、趙法，重孫香。

  ／縣

（碑存濬縣大伾山天齊廟山門西側。王景荃）

---

[1]　此記寅秋七月吉日立。據文中載有賈百朋，其人於康熙三十五年任濬縣知縣，可知所記寅秋七月為戊寅，即康熙三十七年。

[2]　此碑／以下漫漶，字多不可辨識。

大伾山興國寺建十王聖會碑記

【額題】供奉十王聖會

　　從來幽渺而難窺者莫如神，世人欲崇奉而尊禮之，竊謂其難也。《詩》曰："陟降左右。"《書》曰："感於神明。"是遵何道哉？揆之不離乎誠者。是明德惟馨，勿貳爾心，此物此志也。竊見世人聞福善禍淫之說，非不翻然勃然，欲圖善果，未幾而志慮中衰。二三其德，感人猶得難之，而況於神乎？雖潔爾粢盛，豐而牲牷，無益也。吾邑諸善士結社事神有年矣，今奉地藏菩薩、十殿閻君而尊禮之，獻供諷經，祝揚聖德，澗溪沼沚之毛，庶足以明信昭焉。第社中用費浩煩，力難成，遂各發虔心，共輸資財，獻供設醮，盡誠盡愨，期達神聽，蓋四載於茲。公議作圓滿道場，禮拜"梁王寶懺"。可不謂誠乎？明德之馨，爾心之純，陟降感格，吾知其無難也。茲舉者始於乙亥，迄於戊寅。首其事者雲漢高善人等，功德圓滿，勒石紀事，囑余為文。余學雖譾劣，不敢以弗文辭，姑述其事於顛末，而為之紀云。

　　濬縣儒學生員王貞薰沐撰。

　　候選州同知胡大悅書丹。

　　峕龍飛康熙三十七年歲次戊寅菊月中浣吉旦。

　　會首高雲漢、李文有。

　　副首張玉才、李士魁、王永行、楊計雅、馬士俊、高柱才、高興國、李爾紀、王廷貢、高柱旺、王修德、王修福、馬士美、趙啓印、常復雲、張萬倉、李文秀、王修保、楊天興、楊應元、王廷棟、王永良、李爾經、張仲仁、宋煥、邢才、韓紹振、楊忠、張世山、楊凌君、丁進玉、孟可信。

　　住持僧□□。

　　建立。

（碑存濬縣大伾山興國寺彌勒殿南側壁間。王景荃）

大伾山興國寺建千佛會處造地藏菩薩一尊碑記

【額題】供奉千佛聖會

　　嘗讀《大雅·烝民》之詩，知人情有所好而不能已者，皆其性所固有。而默相契焉者也，人之好佛獨不然哉？佛生西域，其去我不知其幾萬里也；佛生上世，其去我又不知其幾萬歲也；非能耳提面命，使之祗承，弗違也。且佛之為教亦甚嚴矣。聲色，人之所欲也，而務禁絕之；貨賄，人之所欲也，而務捐棄之；美衣服、厚飲食，人之所欲也，而務淡薄之。人亦何所適於佛，而顧孜孜然之靡已耶？吾知其好也，非好西域之佛也，非好上世之佛也，好吾性自有之佛耳。《書》曰："恒性"，性之恒，非性之佛乎？孟曰"性善"，性之善，非性之佛乎？昔大梅和尚見了馬祖問道，祖曰："即心是佛則佛在，吾性明甚，吾性有佛。"故聞佛之名而尊禮之，聞佛之教而奉持之；且恥一人獨爲佛，而必欲與人共爲佛也。邑有李子諱時茂者不入空門，不掛緇衣，率衆善修佛事者有年，今又頂禮過去、現在、未來千佛名號四載於茲。且念真空無象非象無以譯其真，實際無言非言無以詮其實，爰是捐金處造塑地藏菩薩一尊，繪造諸佛菩薩一軸，又爲之制器修道場，修齊誦經無已時焉。誰實爲之而使之篤好靡已乎？此業天地諸衆所能意及乎？意其人必性有慧根者也，必身具法眼者也，瑤池上客而塵凡下降也。不然，人各有情矣，豈能捐棄浮緣萬種而一意不二法門耶？事起於康熙之乙亥，圓滿於康熙之戊寅。首起其事者：劉子自用、張子玉才、李子文有、杜子文德。主其事者：李子時茂、釋子通圓也。積德昌後，作善降祥，諸善士雖不必有果報，是心吾知。心燈夜炳，意蘂晨飛；宣銀鼓於寶坊，轉金輪於香地，其果報自必有。斷斷□□者，欲鐫諸石以垂永久，因敘其顛末而爲之記。

　　賜進士出身河南等處承宣布政使司布政使前廣東嶺西道參政卓異欽賜蟒衣國子監祭酒內翰林秘書院侍講乙未會試同考加二級北平金鋐薰沐拜撰。

　　邑庠生弟子徐金光薰沐篆額。

　　邑庠生弟子王貞書丹。

　　康熙三十七年歲次戊寅菊月中浣吉旦。

（碑存濬縣大伾山太平彌勒殿北側壁間。王景荃）

皇清敕授中憲大夫河南驛傳鹽法兵備道按察司僉事加二級箕山程公（涝）墓誌銘

【誌文】

　　賜同進士出身光祿大夫太子太傅保和殿大學士兼禮部尚書加六級前兵部尚書加四級都察院掌院事左都御史禮部尚書管左右侍郎弘文館學士翰林院掌院學士內秘書院侍讀學士國子監司業年家眷弟王熙頓首拜譔。

　　賜進士出身光祿大夫山東按察司參議分巡青州海防道前提督江南等處學政禮部儀制司員外年家眷姻弟張能鱗頓首拜書。

　　賜進士第中憲大夫河南懷慶府知府前江南松江府知府前卓異內閣掌典籍誥敕撰文中書舍人甲子科湖廣鄉試主考年家眷弟崔征璧頓首拜篆。

　　嗚呼！此中憲大夫兩河驛鹽使者、箕山程公墓誌銘也。公之來黎陽也幾四十年矣。公向者遊江南，忽得痰症，返棹歸里，平復如常。閱二歲，前疾陡發，醫藥無功，遂不起。時康熙三十六年七月初九日也。其子鵬翀，是歲十一月初八日，葬公於濬郊之南趙家窪新塋，與劉恭人合祔焉。乃捧幣具狀重繭詣都來，乞余銘，長跽請曰："知先大夫之深者，無如相國姨丈，敢以泉下之不朽相累。"予與公姻切葭莩，誼不容謝。按狀：

　　公諱澇，字箕山，號鐵鶴。其先世河南嵩縣，明道程夫子第十四代孫。公高祖考錦巖公探親至江西永豐縣，贅於周氏，生沛然公。沛然公生三子，長房繼怡悅之公，即公父也。二房繼懷先兆科，登癸未進士。三房繼慎，生道亨。道亨生九萬，登戊辰進士。悅之公以功貢任浙江杭州府通判，守正不阿。在任四年，署杭州府印。朝觀入京，因不建魏忠賢生祠，楊振綱疏參，解任，遂留都門。元配劉氏病歿，繼娶李氏，生女曰："惜矣不男，男或可亢吾宗。"至己未三月十五日始生公。悅之公以晚年得子，甚愛重之，尤不欲苦以吟讀。顧其聰穎天授，奇慧驚人，如《四書》及《五經》，見而誦，誦而解，解而別出新意。雖淹博宿儒，遠出其下。竊模擬為文章，迥絕常軌。初受知於水文宗，繼受知於梁府丞，壬午歲，公以儒士進闈中禮記房第四卷，飛騰連捷，是所優為恭遇。

　　清朝定鼎燕京，需才正急。甲申八月，銓選山東之諸城令。猶以未入會場，不滿讀書之願。及抵任事，凡利所當興，弊所當革，虛心諮訪，實力舉行。適奉上諭，查取避清鄉紳處分甚嚴，避闈者免究。公具詳兩院，實開避闈，撫按照詳具題，保全本縣鄉紳三十六，家家尸戶祝數十年如一日焉。公年誼敦篤，執法無私。陳士登恃惡行兇，一朝抵命，使喬象春含笑於地下。乙酉，山東分闈，得士應取六人。時有《五經》一卷，文字甚佳，後場淵博，力向總裁商確。祗云：禮部頒有條約，不許取中《五經》，何敢違禁？公不得已，復與按君婉商，曰："朝廷取士，原憑文章，如此佳文不中，是不忠於君也。此卷既不列於榜上，何若將此文隨疏具題，請旨定奪。按君首肯，即拜疏奉旨，法若真充中書官來京會試。丙戌，遂捷南宮。時有土寇作亂，奉文剿捕。公念賊原係良民，只因迫於脅從，是以為盜。遂開諭以仁，激勸以義，招撫為首，莊弼等投誠，保全生靈無算。撫按交章首薦卓異，報陞刑部陝西司主事，嗣陞中州驛鹽使，駐節衛源。道上見有朽棺二十餘口，公惻然於心，固捐銀買地，立塚葬埋。後牌行八府，每縣各立義塚，共發銀三千六百兩。及查驛遞馬匹不足，所夫無人，蓋緣差使不走山東，一省供兩省之差，騷擾繁難，萬不能支。必分路行差，始救懸急。公遂具詳兩院，據實奏請，奉旨之後，立有石碑，驛差減半，兩河之困始蘇。及署臬司，虛公詳慎，開釋方大猷、梁羽明兩大案，又八府各案減等一十六名，愷悌神明，頌聲載道。次年，撫按委署藩司，甫接印務，即奉文催解楚餉一百四十八萬兩。軍務急需，立限甚嚴。查庫貯僅二萬兩，同官無不代為惊懼。公多方設法，竟如限解完。經略洪公具題旌獎，撫院加宮保，按院與公各加一級。至清查隱報荒地，不敢邀功厲民，懼蹈欺詆之罪；奉委提兵剿寇，惟期除暴安良，恐致株連之禍。地無包賠，民無擾害，舉動必出萬全。由此而藩臬，由此而督撫，何可限量？無何，以屬員之不檢，乃致詿誤之無端。

　　公因家口繁多，難遷故里，濬邑偏僻，爰卜居焉。男婚女嫁，次第完成。每思駕一葉舟作五湖遊，未果。乃借枝黎水，鑿而成池，一碧頃餘，逶行盡致。因舫制為屋，因鷗集名亭，志之所在，爰以命樓，樓下即半野山房。其地無山水，取頑石積而成山，引衛流積而水。靜室三間，大不盈丈，高不逾仞，公坦然習靜於茲，曰："夫人憂思鐘於情，好樂動乎心，富貴榮顯，竭力以求。有不獲，則食不甘而寢不寐，豈能坦然而自得乎？"

甲寅歲，開有新例，人有以捐官請者。公毫不為動，惟日事水火升降伏氣之法，不出槐龍石室，豈莊生所謂以□笏為柴柵者，公殆其人與？然公得以極幽尋之樂，而肆志於園池竹石之間，優遊而至於老，此其所得，較之老死汩沒於奔走者何如也？則公之高於人遠矣。

公生於萬曆己未年三月十五日寅時，卒於康熙三十六年七月初九日巳時，享年七十有九。

敕授中憲大夫原任河南驛鹽道元配劉恭人，係上林苑監左監丞劉公諱可教長女。姊一，適湖廣長沙府益陽縣吏部文選司郭公諱都賢。子二：長鵬翃，恩蔭官生，娶河南巡按劉公諱源濬次女，俱早亡；次鵬翀，太學候選縣丞，先娶西隆州知州王公諱譽命次女，繼娶江西撫州府知府劉公諱玉瓚四女。女四：長適兩淮鹽院馬公諱大士長子候補主事國楨；二適癸卯科舉人，現任陝西寧遠縣知縣張芳；三適中部縣知縣張公諱璨長子、廩膳文學爾鉅；四適辛卯科舉人張公諱元美次子廩膳文學昉。孫一，其勇，幼未聘。孫女三：一適山東萊州府知府穆公諱爾謨男候選州同知維度長子文學宗易，鵬翃出。一許山東青州道張公諱熊鱗五男候選知縣岱長子太學有恆，三幼，未許字，鵬翀出。公生平勳業文章，美不勝書，謹輯其大者而誌之。誌畢，而係以銘曰：

於□程氏，明道為祖。姊歸益陽，父隸南楚。厥後克昌，子孫接武。咫尺濬州，鹿豕為伍。多所建樹，豈曰小補。江海狂瀾，澄清忽睹。孰砥柱之，惟公能撫。胡不長年，藏於茲土。爰卜佳城，趙家南浦。

康熙三十八年十一月初八日。

（碑存濬縣浮邱山碧霞宮三仙殿一層庫房。王偉）

天寧寺嘗謂人之欲興善念者碑

嘗謂人之欲興善念者，必有倡先者為之前。人之欲結善果者，必有繼赴者為之後。莫為之前，雖美弗彰；莫為之後，雖善弗成。斯二者相須，原甚殷也。若大伾山有古佛寶剎在焉，佛法廣布，霞光遍及於天下，慈航普渡，甘露瀰漫於乾坤。佛之益人大矣哉！凡有血氣者，寧不起畏而起敬乎？向有本寺僧官隆曜，目睹聖像摧殘，惻然動念，願捐己財，將正尊佛像俱已金裝，其餘諸佛功尚未完，孰意蓮臺虛坐，擲錫飛空，歸西而去矣。其徒慶銓體師之志，持緣募化，夙夜不遑，將一切諸佛裝嚴色相，金碧輝煌，煥然一新。如是神罔怨恫而得其妥侑，師得願滿而慰於九原。所謂有善啓者以著美於前，斯有善繼者以承芳於後也，不信然乎？今大工告竣，屬余為文，予不辭荒謬，爰借俚言，銘之於石，以垂不朽云。

當康熙三十九年歲次庚辰七月之吉。

認尊施財姓名開列於後：胡文耀、李乾、秦克年、辛正印、王雲龍、周建鼎、李益、劉素行、劉皇極、劉之淮、楊廷槃、楊成遠、趙運昌、傅希能、申攀桂、秦士元、孫潢、尹振基、吳加玉、劉三奉、魏談、杜文德、張來金、李月旺、徐大經、李天雲、趙國寶、劉自孝、劉沛霖、徐自修、晝大成、劉澄源、李起龍、黃國瑞、池之璉、徐燦、鄒忠、邢養能、邢養重、戒壁、李嵋銓、李白春、趙廣恩、范自立、李□學、劉應泰、王國璧、邢□□、王三省、溫之林、袁進忠、周洪基、吳紀祿、潘守禮、吳國才、潘克振、蘇瑞母于氏、李明旺母孫氏、李攀桂祖母晝氏、張欽母楊氏、田國興李氏、閆太齡母翟氏、陳周母姚氏、張問道母張氏、張成漢母朱氏、馬門程氏、王門丁氏、劉門李氏、程門劉氏、萬門李氏、馬門劉氏、王門高氏、姚門李氏、李門傅氏、蔡門劉氏、馬門王氏。

（碑存濬縣大伾山天寧寺羅漢殿。王景荃）

同修清醮碑記

【額題】流傳萬世

南贍部洲，大清國直隸大名府濬縣各里不同人氏，現在方家庄並城里四散居住。會首楊應明妻劉氏，暨領合會善信人等，誠心叩于奉獻幽冥教主，十殿慈王聖誕。蒙衆聖而默祐，賴諸神以慈茲，報答無能，常懷在念。各發虔心，願輸資財，同修清醮，以答神庥，以表微誠。今已完滿，勒石刻銘，永垂不朽！

計開：

會首楊應明劉氏。

副首□体仁李氏，副首邢养智張氏，副首郭玉環望氏。

邢振松陳氏，郭大正馬氏，王治國郝氏，刘明忠吳氏，刘明運梁氏，刘明玉，刘承寶陳氏，邢禎劉氏，王大明母孟氏，穆珍母張氏，陳超□穆氏，耿文奇于氏、和景榮張氏，和景耀劉氏，耿應如趙氏，刘元禄張氏，耿体見刘氏，耿体正張氏，刘瑜張氏，刘明高張氏，刘元正鄭氏，賈樂道母林氏，吳景周郭氏，邢立中張氏，邢□□刘氏，邢□賢周氏，□□棟母陳氏，□廷梁邢氏，刘承榮邢氏，邢栓祖母劉氏、王樹印楊氏，耿体太謝氏，邢文謹文氏、邢和中王氏、楊士珍母鄭氏，孫□棟母刘氏，武紹先秦氏、武同□母吳氏，□□中桑氏、張文賢王氏、張玉春秦氏，陳白□母鍾氏，趙門馬氏，趙治□牛氏，楊四如李氏，馬俊楊氏，馬黑計李氏，王永年秦氏，馬澤遠母熊氏，馬玉明母劉氏，張玉璽母馬氏，刘景珍，刘進才李氏，田明春高氏，趙洁寧孫氏，桑士禄刘氏，馬士臻吳氏，李彬伯母周氏，馬士昌母劉氏、邢自邦李氏、馬士□母徐氏，王永吉馬氏，李廷□母刘氏，李星明□氏，□□祖母王氏，□□□母羅氏，商玉聘杜氏，邢文耀周氏，邢□臣母刘氏，□文玉李氏，□□□□氏，高文彬母□氏，邢□成楊氏，邢文煥刘氏，邢文礼王氏，李廷棟郭氏，白統智母張氏，白□智刘氏，秦門李氏，李寅清母張氏，王爾龐李氏，韓一傑母王氏，李耀龍張氏，李自秀趙氏，李耀奉李氏，桑志連刘氏，李起奉趙氏，韓玉長□氏，刘啟本田氏，呂進孝王氏，李元□李氏，李耀□董氏，王永祥李氏，李□春□氏，陳奇山錢氏，王進□李氏，鄭玉秋陳氏，□繼樹董氏，李□□李氏，趙加才錢氏，王□□母□氏，郭琴，連門□氏，耿□，李冲義路氏，白忠孝母賈氏，秦進福王氏，□正心王氏，□門□氏，□門劉氏，□門王氏，張聞喜母明氏，熊朔母付氏，張問政吳氏，張應□母劉氏，賈□蕭李氏，□門劉氏，李門王氏，趙成元王氏，王超雲母鄭氏，王紀義母付氏，□惠賢母□氏，鄭以道徐氏，鄭以礼韓氏，□門陳氏，□門□氏，劉門蘇氏，王雲縱伯母劉氏，王雲□母毛氏，李璉□廬氏，□門□氏，□□□氏，牛起□曹氏，劉之金母范氏，孫廷桂桑氏，付□先王氏。

后学高文郡拜撰。

峕康熙癸未孟春上浣之吉。

仝豎。

石匠刘之俊、刘訓、刘進道。

（碑存於濬縣大伾山太平興國寺彌勒殿西側壁間。王偉）

登大伾山

癸未夏五月十九日，滑臺帝陵禮竣，順道過濬，奉訪方思姚老侄坦招，登大伾，南眺浮邱，頗極登臨之興。同遊者滑令吳靜庵，賦詩二首，以當一時佳話，俟後之君子覽觀焉：

大伾名並古浮邱，乘興還登最上頭。四境桑麻眼底盡，二陵風雨筆端收。魯山繹山在千里，衛水淇水直一溝。試把吳興弁峴比，也如勁敵遇曹劉。

世間渺忽是神仙，誰見洪崖與偓佺。黃石授書空白昔，青牛傳道更何年。天開洞府群真集，人到蓬萊萬慮捐。此地只應頻信宿，如何容易撇雲煙。

祭陵使者石門勞之辨題。

（碑存濬縣大伾山呂祖祠乾元殿殿基。王景荃）

大伾山呂祖洞羽士李青霞墓誌銘

【蓋文】
大伾山呂祖洞羽士李青霞墓誌銘

【誌文】
中憲大夫知陝西直隸興安州事前浙江溫州府知府江西吉安府知府金華府同知直隸大名府濬縣知縣方外友劉德新頓首譔文。

順治辛卯孝廉侍教弟鄒銘頓首篆蓋。

歲進士候選訓導侍教弟徐金光頓首書丹。

李羽士諱德琳,號青霞。世為濬人,夙秉靈襟,素咀元味名山觀曆尋白鹿之真人,神藥躬求,遇蒼牛之上士,是誠得九還之訣,以保其太和者也。九歲慕道,棄家修真,憩跡浮丘,飄然物外。庚戌歲,余出宰黎陽,聽政之暇,偶至大伾山,見峰巒秀美,林壑幽深,《禹貢》曰:"過洛汭至於大伾。"《爾雅》曰:"山一成為之伾。"服氣餐霞者多棲止焉。遂捐俸鑿山,極樓臺殿閣之勝。劚崖石,肖呂祖像,而求道行純備者以奉香火。因迎請師修煉茲山,為法海之司南,羽流之領袖。而師復修未逮,以承余志。是此山之開創,師實與有力焉。自後,余歷任江浙,常得以鱗鴻往來。己卯夏,余移守金城。途間復詮元笈,重話契闊。今又閱歷五載,方謂安期之棗道,極於無名;曼倩之桃學,超乎象外。曾幾何時,而形蛻空山,影懸靜室矣!想青虬馭節,仍歸維嶽,黃鵠翔軒,終應列星。雖然,尸解千年,神遊八極,自昔皆然。

且其徒逯正行、竇正繁、高正薛、王正威;孫:張本曜、李本旺、王本昭、李本㬥、郭本曩、高本睹、王本皎、李本昉、梁本晊、李本曛、王本曦、張本督、王本昂、洪本景、李本晙、傅本晶、韓本旨;曾孫:師仁溥、張仁路、王仁靜、董仁居、張仁偉、秦仁通、溫仁藹、張仁恒、謝仁侯、鄧仁孚、牛仁能、熊仁泰、傅仁田、張仁遂、李仁湛、韓仁寅、金仁里、韓仁孝、龐仁硯、劉仁均、郭仁統、王仁盤、王仁穩、王仁敬、黃仁恪、周仁楷、翟仁慶、郭仁淳;元孫:李義訓、李義從、王義直、張義顓、邢義表、王義合、宋義美、王義諄、呂義伸、盧義權、楊義勇、李義淑;來孫:王禮綱、邢禮繼、谷禮積、王禮稿,皆參元悟道,繼武仙踪,則師之形雖化,而法源與大伾並垂不朽矣。

他日化鶴歸來,望大伾壟樹,不無今昔之感焉。師生於天啟六年丙寅九月二七六日,卒於康熙四十一年十一月十二日,時年七十七歲。葬於伾山西南新塋。若徒、若孫,以余開山始事,不遠數千里至秦,請誌於余。

余雖不文,知師之深,情不容已,因約略大概而誌之。又為之銘曰:

天地為廬,煙霞為餐。留瓢煮月,飛杖驂鸞。千里星槎,三更夢殘。松楸依鶴,長護青壇。

大清康熙四十二年歲次癸未九月初三日,不孝徒逯正行等仝納石,

(銘存濬縣浮邱山碧霞宮。王偉)

泰山聖母碧霞元君一十二年圓滿碑記

嘗讀《禹貢》:"導河,東過洛汭,至於大伾。"而知濬之大伾也由來久矣。周五里有奇,上多浮屠宮,巉巖、洪洞之跡焉。故士大夫道縉黎陽,數眺而賦歌之。大伾之西有浮丘山,鼎建泰山行宮,走海內人如鶩,幾與岱宗爭長,蓋山靈之奇也。而我垣邑尤近,界連壤接,南北相望。紳士乘興遊攬,庶民朝山進香,男婦裹糧,貧富輸資,相沿成風,

匪朝伊夕。或者曰："碧霞元君之威靈潛移默化，而動人於不自已。"理或然乎！而垣東三十五里竹林集，田肥美，民殷富，家詩書，户禮教，猶有杏壇之遺風。三善之故里，而蘧君子之舊處也。其左右旋繞，人之薰陶漸摩，豈一夕之故哉！適有會首劉自行、劉國祚，氣醇質厚，樂易慈祥。匹夫慕義，何處不勉？爰率善士，一呼百應，會聚男女，每歲赴濬登山進香已十二年於茲矣。願滿期完，伐石以誌不朽，囑余爲文。余以爲封內山川祀典固有定分，而見像作福，亦先王神道設教之一助也。三代以上人惟恐其佞神，三代以下人惟恐其不敬神。三代以上人心淳龐，風俗汋穆，不必陰果而自爲善，故惟恐其佞神。三代以下，教化有所不及，刑罰有所趨避，假報應之說以惕人心而驚愚蒙，故惟恐其不敬神也。誠推敬神之心以事親，則爲孝子。推敬神之心以事君，則爲忠臣。推敬神之心以勤農桑，則箕裘不墜。推敬神之心以攻詩書，則顯揚可致。事事奉敬神之意，則事事不敢爲惡。終身存敬神之心，則終身不敢作逆。不必教化也，不啻教化之所加；不必刑罰也，而譻若刑罰之可畏。孰謂非先王神道設教之一助乎哉！

　　賜進士文林郎出身原任江南安慶府桐城縣知縣星垣李允秀撰文。

　　大清國直隸大名府開州長垣縣東三十五里竹林集週圍各里人氏不同。

　　會首劉自行、劉国祚、姚氏、華氏。

　　邑增廣生段純。

　　後學段騰鶴敬書。

　　住持僧官智徹、道官逯正行。

　　店主生員王天增。

　　石匠□□□、□□、□□□。

　　仝建立。

　　康熙四十三年歲次甲申十一月二十日建立。

（碑存濬縣浮邱山碧霞宫中院西廊。王景荃）

四年完滿碑

　　荆家寨進駕，四年完滿立碑。駕主李尚春，妻張氏，男李蘭芳，妻李氏。次男李桂芳，妻孫氏。孫李進國、李進賢、李進忠。

（碑存濬縣浮邱山碧霞宫前院東側。王景荃）

浮丘頂殿閣告成碑記

　　吾浚浮丘之巔，舊有聖母行宫，大伾載其東，衛水經其西。形家之具隻眼者，皆稱爲勝地福區也。果于甲申歲，□□□聖駕至止於茲，大張靈應，□□□回應。濬人荷神庥，蒙波潤，□不資矣。形家之言，居然不謬。惟□任事諸人，同寅協恭，將欲□庙貌巍峨，卒成大觀，求匠如公輸者蓋难之。僉謀訪諸鄰，果得馮玄等皆善手也。各操斤攜尺而奔命焉。期年，大殿寢閣告成。極雕鏤之巧，尽制作之奇，即古之匠石班、倕輩，何多讓焉！諸君既賞其功，不忍沒其名，遂命予爲記，識諸石，以垂不朽云。

岢歲在丙戌秋七月布衣曹萬象謹書。

馮玄、王家良、王家賓、李之茂、曹林、毛東雲、韓天祿、張思奉、李思聪、王登選、刘守才、王世榮、馬国義、李起、王世潘、王守庫、王佐、張思銀、李思明、馬得才。

彰德府安陽縣衆木匠。

仝立石。

（碑存濬縣浮邱山寢宮樓東側壁間。王景荃）

天寧寺檢藏重修藏經閣碑記

粵稽佛當西域肇興，幽宵懸日月，幻海布舟航，指萬有歸一牲，大覺覺世，不律莫罄。追霞光映於周朝，金身夢自漢帝，釋教溢東土，梵聲遍諸夏。念《法華》誦梁皇，登壇說法，修醮獻供，更不勝書。余素樂善，承乏濬邑，鞅掌簿書，暇考風土人物，覽城郭山川，或得父老之傳聞，或搜冊籍之記載。知嘉靖年間邑侯楊公諱鎔於天寧寺内建藏經閣一所，未遑請經，解組歸田。及萬曆四年，陸公諱光祖涖任黎陽，請内典萬卷封於櫃中，藏諸閣上。待博覽群書者閱佛教，覺人心，使世道由晦而復明，聖教重新而如故。奈由明迄清百有餘歲，志檢閱者，非苦於財力之不給，則阻於意念之不堅，有始有卒恒不數觏。惟三十年前，本寺僧官俊馨，與其徒僧官隆曜，費銀三百餘兩，檢閱一次，告厥成功。迄今闔邑人氏猶嘖嘖稱道不絕。茲又有善士郭瑩，耄年好善，立志維堅。見俊馨徒孫慶鈛和尚髫年悟道，到處講經，普渡衆僧，可繼二乘，遂同心共事，慨然以檢藏爲任。恭禮法師闡揚一指心傳，敦請大衆細閱三車法藏，輸資輸力，備儀備物，毫不敢吝。且寄居梵院三載有餘，時愈久，心愈誠，任勞任怨，總無懈志。復念樓閣傾圮，神無棲止，又慮風雨不蔽，損壞經卷，捐金首倡，以圖衆修。但獨力實覺難成，必衆擎乃可易舉，更募衆輸財，共勷盛事。美輪美奐，廟貌肅然。修整金神金像，儀容燦然可觀。今大工告竣，余嘉乃績給扁旌獎。闔縣紳衿復囑余爲文，以列貞珉，用垂不朽。余何樂以弗文辭，爲述其始終，詳其興廢，則功有自來，善有攸歸。不惟爲郭瑩、文鈛並揚厥美。人之好善，誰不如我。自茲以往，彼也，歌功誦德。此也，聞風慕義，則風漸以醇，漸以厚。近今可幾隆古，其所關豈淺鮮哉？余即挂冠以往，辭玦長征。設異日者，過淇衛登伾浮，見山高而水長，民安而物阜，作新之雅化猶存，康權之遺封如昔，當必幾爲低徊，幾爲流連，更目睹心怡而不忍去也。是爲記。

岢皇清康熙四十七年歲次戊子仲夏吉旦。

原任文林郎知濬縣事姚德菜撰文。

賜進士出身文林郎知濬縣事梁通洛，濬縣儒學教諭王浹，濬縣儒學訓導郭倬，以州同官濬縣縣丞事加二級張爾經，濬縣典吏魏之班。

大名府增廣生員邑人李大訓書丹。

信士[1]

（碑存濬縣大伾山天寧寺藏經閣。王景荃）

仁育萬物碑

兗州之鎮曰岱宗。《白虎通》云："萬物所交代之處也。"其方處萬物之始，故稱"岱"；其位居群岳之伯，故稱"宗"。《易》曰："帝出乎震"。震東方也，于天地爲長子，故又稱天孫。王者，父天、母地、兄日、姊月。旅天下名山，泰冠群岳，尤崇祀焉。天雄黎陽浮邱山舊有泰山娘娘廟，像聖母而三仙，非東嶽神無疑。其稱"泰山"，何也？或謂姊妹三人曾修煉于泰山，得仙遊術，故曰三仙。冠以"泰山"，不忘得道之自，如普賢之峨眉，觀音之南海云。但不載書史，怪誕不經，縉紳先生罕言之矣。然子不語神而不可謂無其神，《易》曰："知鬼神之情狀，"《禮》曰："爲昭明者，神之著也"則知司福善禍淫，彰善癉惡者，神也。今聖母察人間善惡，掌人間生死，且兼廣生大生之德，想因岱宗方處萬物之始，位居東方之震，亦爲天地長子稱天孫之義，故尤赫赫靈靈于人世乎？

吾友楊君馨之、王君玉侯、王君振皇、張君玉章、王君子厚，積學篤行，君子也！所遇不偶，未獲展其學，善蓋一鄉，斯友一鄉，善士躬慈，孝友恭之。德思以善，鼓一方之人。與父言慈，與子言孝，幾幾乎居聚而成邑矣。思先王以神道設教，約鄉人虔奉三仙聖母，會朝濬邑浮邱山進香焉。或謂"人道邇而神道遠，盡人者不必求以禍福，不可知之神。"或謂"神司吉凶悔吝命定者，人無能違。"二者皆非也。古人陰行善事，天眷西顧，祀夏郊而晉侯乃閑，神未嘗遠人而人未嘗不賴神也。孔子曰：使天下之人。又曰：丘之禱久，是人之至者，神之至者也，莫知其然而然者即神也。會始於康熙肆拾肆年，唱者數人，和者百餘人。善男信女不介自孚，如候鳥之依於長，如葛藟之依於木。於今三年矣，病者痊，禍者福，求子者屢應，非聰明正直默有以佑乎？衆歸功於會首，曰："衆善始於一人也。"而玉侯王君愕然曰："人性皆善，啓衆者予，啓予者誰耶？非神耶？是不可不有以誌神之功、彰神之靈，以明人之誠焉。"因乞言於予。予曰："人耶，神耶？"知之者人也，不知者神也。知其然而不知所以然，人之至，神之至也。是誠不可不誌之以爲後來者勸。

皆飛龍康熙四十七年歲戊子十月中浣之吉。

欽取內閣中書舍人羅亭後學趙璐撰文。

丙戌科進士余慶錫書丹。

---

[1] 开列六十人姓名，字多模糊不清。

欽取內閣中書舍人庚午科舉人盧士龍篆額。

（碑存濬縣浮邱山碧霞宮中院東廊。王景荃）

文治閣記

濬邑之山水最著，出城南郭，錯東隅者曰大伾，錯西隅者曰浮丘。大伾山東里許，小山歷落，一為鳳皇，一為縈金，色黝形踞，如眠如坐，仿佛寒陵一片石。遐眺則千峰橫翠擺旗。浮丘之西，為太行支析，綿亙折而北為善化，距城二十五里，迴巒疊嶂以蔽天。城北圍繞城下者曰衛水，與洹河合流，賈航雲集，運艦連檣，嘔啞咿喔之聲達於宵旦。邑有閣，翼然鵠峙，俯視長流如線。巖巖榱桷，耽耽棟柱，不偏不倚，宅中而處。舉目舟中，可坐而見，故遠近之人皆呼為中心閣焉。

順治六年，毀於火，再葺再圮，雖規制猶存，而覆宇落構幾不可支，蓋閣之弊也久矣。余既沼溪出必經其下，經則未嘗不偃仰吟睞。悒怏而踟躕，思有以葺之，尚未暇也。越明年，戊子，政簡人和，乃為重修之舉。輦西山之石，墁淇源之水，取材而架，陶瓦而覆，構櫨易飾，污者丹堊，廣且益堅。四闢洞門，通道路也，則車並驅，而轂不擊；上闢人扉，便觀覽也，則高朗明豁，且窮千里。層梁亙霄，飛甍鳥翼，登臨之樂，於斯為最。若乃晴光搖樓，四野煙開，釃酒相屬，嘯歌而管弦，則學士之藻思也，若或山空葉落，谷冷雲愁，風雨瀟颸，波濤溯酒，振響乎巖廊，則慷慨激昂，騷人詞賦之所悲也。物候遷則人情變，隨所自得，不一其致。於是，居者無壓覆之慮，行者有憩息之適，而予不時與邑紳士俯仰登眺於其中，雜聾□闐闐之語，靜掇巖阿之秀。凡高嶺平麓、荒墟野肆，閌廊細大，出沒隱現之狀，四囑而畢收。閣既成，或曰："中心之名，非所以昭物采示來茲也，請易之。"予曰：方當聖天子右文之世，四海致治，林嘉各美，□□之人皆來口頌，故吾得與斯民優遊於斯，而共此觀遊之樂，以享天年之林也。則茲閣之成也，其亦幸焉，宜書以文治之閣，夫宣上德意，以嘉惠元元，而興起夫文教者，有司之責。□□□□，且為之記焉。

康熙四十八年十二月初二日也。

介山梁通洛

（碑存濬縣文治閣二樓壁間。王偉）

文治閣二樓碑文[1]

□□□□□□□□向觀

遊□□□□□□子□曰

---

[1] 此碑草書小字。後有小楷跋文。每行十二字，字多漫漶不清。

公果欲□□□□□□志

□□□□□遊□□□郎

□□□後理達而事成，有理

□□之地理者，則必□文風焉

□□誕涌雲從然，亦不可异

　　無從辨然之後，至丁亥，五十餘年，曾州一人定□，不者同我介山深公來理□至深士子□慶遺。明年戊子，遂點二人，皆豈遽然而然哉！夫我□名進出，為文□宗□而雅，豈非人士知□□以至於成者，固宜數廢者興，缺者理，氣象一新，斯文丕振。所謂風水者繁，独無其理耶。故閣之成也，易中心之名曰文治，亦道其□□□□□□□□□□实也云爾。閣直治城□□□□□□□□□騎朝過夕，□□□數十餘年，莫或有異，而一旦興起，快人心目，士气伸风俗美，非執政者之為而誰為之也。昔人之□□極為治山水多□□情，不問善政龔黃為治□□，黎庶有善政，不問胜枕之兼而有之者，其惟我公乎？

　　公諱通洛，字文濤。

　　康熙庚寅正月十日，东郡趙□書於文治閣後。

（碑存濬縣文治閣二樓壁間。工偉）

重修文治閣記[1]

張晳

　　濬邑舊閣不知肇自何代，在誌亦莫考。規模宏麗，位邑中方，俗呼為中心閣，遠不可稽也。我朝順治六年，閣燬於火，有邑人兵部左侍郎劉達，捐資重修。又閱數十年，圯傾欲頹之狀，使人過而生畏。邑侯介山梁公蒞濬之明年，每經其下，目擊心惻，恐一旦頃覆，壓害有難測者。周顧而嘆曰："修廢舉墜，司牧責也。何忍坐視，聽近閣之居民、往來之行人，席危蹈險而莫恤也，安得精能廉辨士為我仔肩是役乎？"熟視戊子武舉柴象升曰："諳練老成，無以逾子，肯約同事之賢者，共襄厥事，予實有厚望焉。"象升乃與明經王又華、諸生王雲龍、李勢匡再拜受命。營費計庸，不一錢經胥吏手，消功估值千金可辨也。以復。梁公曰諾。捐清俸，計贖鍰，以應廣文王浹、郭悼、縣丞張爾經、邑尉魏之斑暨邑縉紳衿庶皆有助。鳩工庀材，經始於戊子秋七月，落成於庚寅夏五月。榱棟窠楹，締搆堅緻，翼翼然炳煥一新。木土磚石之需，有加於昔，較舊閣規模益宏遠矣。董事諸子踵門而請曰："願有記，以紀其事。"予近退居田間，猶邑博士弟子也，何敢以不文辭。予聞之也，臺榭樓閣所以壯區域之觀瞻。形家相勢者曰："一方之人才，風化繫之矣。"茲閣之成也，爰以文治名。夫所謂文章豈徒研章句、攡辭華而矜尚浮靡哉！蓋托文章以光治道，鼓之舞之，

---

[1]　嘉慶《濬縣志》卷十二《古蹟考》載文與此稍異。

俾風俗人心，卻鄙陋而趨大雅，意深且遠矣。昔司馬君實參知正事時，朝士大夫見王荊公雅重詞章，一日請於君實，曰："相公獨不好文章也。"答曰："吾蓋以歐陽修為翰林，包拯為諫官，天下之文章寧有大於是也。今邑之中不有橫經而士者乎？仕未筮也，以文為蓍龜。仕既筮也，以文為黼黻矣。不有負耒而農者乎？雨露桑麻，文乎郊坰，黍稷壺觴，文乎里社矣。不有居奇而賈，行旅而客者乎？文犀大貝，文爛天府，天塹雲棧，文播海涯矣。不有頒白而翁，黃口而童者乎，頤可養乎，文以爵酧，蒙可啟乎，文以師成矣。不有問津而迷，久病而困者乎？岐泣多矣，文導以指南，二豎劇矣，文托諸針砭。以是為公之文也，以是為公之治也，不與司馬君實之所謂文章後先同一轍哉。治邑如是，他日佐聖天子輔相天地之宜，以左右民實早於斯閣基之矣。作記刻石，陷置壁間，邑人士來遊來觀，奮興於化陋歸雅，一變而至於道則善耳。

梁公，名通洛，字文濤，成庚辰進士。

康熙四十九年五月邑人張晢記。

（碑存濬縣文治閣二樓壁間。王偉）

王氏墓誌碑記

【碑陽】

自古無無根之本，而無無源之水。木必有根，而枝幹方生，水必有源，而分派長流。況人豈無祖宗之根源，而既有後世之苗裔乎？祖原籍山西平陽府洪洞縣，自洪武御極，令民有秉府之遷，我祖遂離舊鄉，別故井，徙居大名府滑縣高陽鄉什善里，編入頭牌，在小寨村安身矣。自安身以後，不辭勤勞，竭力創業，闊地四十餘頃，栗紅貫朽，家業大振，及其辭世而歸，尋龍擇地，建塋於本村東首震方，東至賈胡莊三里西，西至什村五里，南至古堤二里，北至什善堂二里。迄今已十三代矣。各族門類衆多，況有遷居李家道口秦家寨者，恐其世遠年湮無所考證，不惟忘其根本，而宗派門類亦不明矣。故立一石，雖為報本追源之計，仍使後世談其根源宗派有條，門類無紊。方得報功宗酬祖德，各盡其誠矣！故為序以誌之。

康熙四十九年孟秋望五日，十代孫生員王御機齋心欽撰。

命子十一代孫後學王弘謨洗手誠書，並各族同立。

（碑存濬縣郭小寨村。王偉）

大名府滑縣梁村集居住公建天仙聖母神廟碑記

黎陽之陽有山焉，曰大伾。是山也，左浮丘，右渭水，古神禹氏封表之所。以爲一邑之鎮也，不知始自何時。而我天仙聖母殿實居其巔，廟貌巍峩，宮牆俊麗。身其際者如入蓬萊仙境，覺此中別一洞天，恒依依不忍去。而又竊見夫東西朔南朝山進香者，微特縉紳、士大夫心焉敬之，即口婦人女子亦無不知敬者。年如月，月如日，洋洋乎，真天下之大觀也！倘非神之靈感應不爽矣，烏能使四方之衆環而敬之，無日不然，無時不然哉？乃說者謂"古之人有登遠眺者矣，有臨流賦詩者矣，人之登斯山也，不過假此以娛心志悅耳目已耳；不則是媚神也，是邀福也。"余以爲不然。神與人摁一誠之所通耳。余滑人也，與濬爲鄰，髫年時即耳而敬之，恨不獲時親其地以示虔誠。幸而神明默感，余爲倡之，大衆莫不心竊願之。糾合一會於每歲正月內進香一次，實數年於茲矣。爰率會衆公勒碑石，以誌一時之盛，並以垂諸不朽。夫亦猶是四方之衆，環而敬之，無日不然，無時不然之意耳。若夫登高臨流，余固無其志也。至媚神邀福，余不佞，並不敢以是爲說。是爲記。

　　眚康熙歲次辛卯五十年二月朔十日之吉。

　　會首候選州同知仝善統宋氏男生員仝琯、仝珩、孫仝淩、仝岱、仝瞻、仝雲。

　　副會首仝京張氏男生員仝作梅、副會首仝璵王氏、副會首仝瑞張氏、副會首仝林束祖母宋氏、副會首宋淑義母趙氏、副會首劉自重孀母王氏、副會首陳道士母侯氏、副會首劉文升翟氏。

　　淄川縣副堂仝嘉熹馮氏。

　　生員仝光遠張氏。

　　候選縣丞會善逯張氏。

　　撫院書吏仝瓆楊氏。

　　生員仝璠秦氏、仝附奉李氏。

　　候選經吏仝棲鳳沈氏。

　　廩膳生員仝有義毛氏等以下九十一名信士。

（碑存濬縣浮邱山碧霞宮中院西廊。王景荃）

康熙五十二年告示

　　掌濬縣事直隷廣大管河分府加三級劉，爲歸正廟基以杜冒佔事。

　　照得城隍廟甬道兩旁、三門內外以及牌坊左右隙地，每遇城隍廟集，搭蓋鋪面，所賃地租以供本廟香火、修葺之費，歷有年矣。近訪有等無賴棍徒討佔擾亂，殊屬可恨，合行出示刻石以垂永遠。爲此示諭該管約地並住持人等知悉：嗣後遵照從前碑文，凡係廟地所獲賃租，盡歸本廟住持收管，以供焚修香火之資。如有仍前恃強霸佔，並朦情妄討者，許爾等即指名具稟。本分府以凴立拿重處，決不寬宥，須至告示者。

　　康熙伍拾二年七月十九日右諭通知。

　　告示。

（碑存濬縣浮邱山寢宮樓前西陪樓內。王景荃）

劉皇極爲朝陽洞買地解決燈油勒石以誌

長男劉皇極謹叩志

憶昔康熙二十四年之秋歲在乙丑，嚴君身不安節，遂歸省視，候起居。偶有禪師便能亦至，話及神前燈油，因祝曰："九五劉山主供燈之油，與其逐年□化，猶有斷緒之虞，不買地稱油，永遠不斷之爲愈乎？"嚴君顧予命曰："我今病，皇極勉成其事。"不意嚴君竟弗愈，季冬十八日，舍我輩長逝，而守候葬埋之事起矣。其時亦無人賣地，至三十一年，有陳姓賣地二段，共四畝一分，時價六兩一錢五分，遂出價銀買之，以備燈油費用。慰先君之靈於地下而告成事焉。且先生晚年樂施，與此特諸事中一事，何可以誌，但年久事湮，致燈油不繼，使先君敬神之意無傳，非極之罪，是誰之罪歟？焉可以不志？故勒諸石，無庶神前之燈長明，與洞寺而俱永遠爾。

峕維康熙五十三年八月初二吉旦銘。

傳賢首宗二十九代晚慶弒書丹。

石匠劉訓。

（摩崖存濬縣大伾山太平興國寺朝陽洞內。王景荃）

重修山門題記[1]

【額題】求子有應

大清國大名府濬縣各里不同人氏，現在城內外四方居住，重修山門一座，姓名開列於後：

會首：賈春德、王建、張士明、王得江、田志弘、常玖、李鎧、寇峰、潘對楊、王隨龍、楊培德、周宏、周啓新、張義、趙加祿、李梅、馬驤、趙汝興、趙汝亮、李計德、羅應斗、焦永功、晁倫、趙彬、侯龍方、趙文玉、蘇升。

石匠李文換。

住持戒玲。

康熙五十四年二月十九日仝立。

（碑存濬縣大伾山觀音寺觀音洞西側石壁。王偉）

天仙聖母殿前月臺碑記

蓋聞寶砌輝煌，益顯神威之赫奕。瑤臺壯麗，更彰廟貌之巍峩。濬邑三仙聖母殿前月

---

[1] 標題係補加。

臺，久歲年，多經踐踏，未免殘缺，難伸拜瞻。論地固因神而效靈，而臺宜鼎新而革故。今有大名府內黃縣湯王廟周圍居住各里不同人氏朝等，處心興造，立願重修。布地上之革磚，共成盛事；聚臺邊之秀石，用壯美觀。非敢冀神其福庇，只以展人之誠悃。凡我同會人士共襄斯事者，並勒石于左。

會首李九朝、李九河、李化超、彭世宗、劉生允、劉可印、劉生黑、任立行、樊光才、李三全、杜元美、齊起風、李進寶、張魁、李培德、李國太、彭緒英、王展、張才、梁大玉、李九位、張世奉、張希聖、杜生義、張世花、申一羽、孔興德、馬三、杜生亮、梁文廣、彭洪猷、李學孔、王金玉、王金祥、孟起報、李九言、王上才、馬進功、李忠秀、王金科、任天增、李化雲、馬有玉、王玉英、張世奉、張養民、杜文學、馬有王。

重修替祖補壋地石二百八十塊，共使銀一十三兩四錢四分，前後工完。

會首：李凡寬。

副會首：李九河、孟起豹等。

募化主持道會張仁路。

康熙五十八年正月二十二日仝立。

雍正十二年二月二十四日仝立。[1]

（碑存濬縣浮邱山三仙殿前右側壁間。王景荃）

廣西布政使司布政使周南武公暨元配張夫人合葬墓誌銘

陸宗楷

嘗考漢史，所稱如黃次公內寬外明，龔少卿忠厚剛毅。為治在於長養安全，使民鄉化，然其摘奸緝盜，往往有神明之響。天子璽書勉勵，賜爵加秩，以風示吏治。故其時才堪宰輔，必先試以郡邑，親歷民事，罕有文學侍從不出禁門而進宅端揆者。聖祖仁皇帝誕膺天命，以撫方夏，興行教化，加意於親民之官。雲中武公當國家澄清吏治之會時，去彫敝未遠，驅去凶頑，安輯良善，如理絲之不棼，治繩之不急。所至，民皆向風，人稱遺愛，方之古良二千石，可謂無忝矣。乃其得以專志勵精，由縣令以躋藩翰，盡瘁不遑，兼有內正之助。《禮》："婦人無爵，從夫之爵。魯人合祔，孔子善之。"今公與夫人將合葬於黎陽邑紫金山之北。公長君、次君為余祖門下士，通家三世，知之維稔，其嗣孫屬銘幽於余，不敢辭。

公諱廷適，字周南，一字浩然，先世宦晉陽，遂籍大同。祖世奎公，父嵩齡公，代有清德。兄弟七人，公行五也。生而俊偉，性剛方，幼習舉子業，昂昂有凌霄之氣。娶直

---

[1] 該碑立石時間有二。其因是前者為初修立石，後者為重修時間。重修時沒有單獨立石，只在原碑空白處補刻立碑年月日期。

隸滄州張公爾鏞女。張故望族，教子女有法。夫人淑慎端莊，稱為佳偶。康熙己未，公補鴻臚寺鳴贊。庚申，授浙江富陽令。閩逆方熾，賊兵走仙霞關，制府李文襄公領大兵駐衢州，富陽當其衝。軍餉嚴迫，羽檄交馳，百姓逃役相顧，公諭以赴公大義，禁苛派，均勞逸，糧糧不匱，由是寇靖而民安堵。內治委於夫人，井井有法。丁父艱，奔喪北還，盡哀盡敬，姻黨嘆羨。侍母祖太夫人，問安視膳，愉色婉容，誠內則所稱子婦之孝者敬者。乙丑，補任固安。固安為畿輔重地，旗民雜處，刁健甚多，盜賊竊發，號"難治"。公下車，絕苞苴，豪強犯者摘擊無所避。行保甲法，窮治奸邪，不假鉐筆鉤距而民情服。直撫于公成龍特薦四路捕盜同知。欽試即授東路。時京畿多盜，新設此缺。公不辭勞瘁，晝夜巡緝，擒獲無算，誅其魁，餘許以自新。自此，京師內外聞公名相傾動矣。己巳，楚省裁兵之變，于公又以才能特薦，奉旨特陞湖廣武昌府知府。馳驛赴任，夫人留侍太夫人。公至軍前，制府丁公思孔駐兵漢陽，賊黨尚據城未下。公請於制府，扁舟渡江，縋城而上，諭以禍福曰："我新太守，不惜以身活汝。"賊等本多脅從，相聚羅拜曰："公生我，敢求死耶？"開門迎降，楚地平。人情尚洶洶，公多方安緝，逾年乃定。武昌饑，公捐俸設廠貸賑，分給籽種，民無菜色。癸酉，秦省告歉，奉旨發帑金十萬，以公能特簡運米賑濟。公念秦楚輓運必需舟車、裝袋人夫，若候題請，秦人溝中骨矣。迻變田產，以資協濟糧艘三千，篙師六千餘人，至龍車寨易車輛搬載至秦。秦人如獲甘霖之沛。巡撫吳公琠特薦卓異。尋丁太夫人憂，回津讀禮服闋。庚辰，補授桂林府知府。巡撫彭公鵬特舉方面廉能，奉旨特授陝西涼莊道。秦歲歉，公捐俸煮粥，帥先賑救，全活以萬計。緣桂林舊任罣誤落職，士民詣行在籲留，奉詔留任。己丑，陞山東兗東道。齊曾旱魃為虐，公開賑，無異在涼莊時。巡撫蔣公陳錫薦舉，特陞廣東按察使。涖任數月，清積案數百餘件，多平反。粵地近獞猺山海之間，盜賊出入難以究詰，往來漁估潛為媒諜。商民苦之。公嚴禁漁船編號，約朝出暮歸，計日持糧，賊船遂無接濟。又條陳防賊數策，沿海立砲臺數百，以杜出入。設總巡、分巡等長，而盜無所匿，海疆寧謐。癸巳，萬壽，恩詔應封二代。公祖、父，覃恩晉封資政大夫，祖母、母夫人晉封夫人。公秉臬五年，決獄如神，然精力殫矣。患重聽，有遂初之告。甫解組，旋陞廣西布政使，復奉俞旨以布政使原品休致。甫歸里，旋命往西寧軍營。公感激圖報，傾囊備需，不遺餘力。是年，公次子補授長沙府知府，迎養夫人。夫人訓以義方，居官清白，治聲日著。庚子，夫人卒於府署。公在軍前五年，奉旨旋里，拜展先塋，優遊桑梓。越五年卒，得遂首邱之願，皆公精誠所感召也。公為人廉明有威，好施與，居官火烈，民畏，仍濟之以寬厚。任大事，不避艱險。其學皆有本末，事上接下以誠，故屢為當代大賢所引薦。易簀時，猶以上無負國家，下無負所學，諄諄為諸子訓。

公生於順治辛卯年三月十二日巳時，卒于雍正乙巳年七月二十四日寅時，享年七十有五。元配張夫人，生於順治辛卯年七月初九日未時，卒於康熙戊戌年七月初八日戌時，享年六十有八。子七人：長宏毅，太學生；次宏緒，四川通省驛傳道，俱夫人出；次宏登，湖南黔陽縣知縣；次宏修，候補兵馬司副指揮，俱副室楊孺人出；次宏學，候補翰林院孔目，側室王氏出；次宏任，恩蔭生，側室孫氏出；次宏哲，貢生，副室楊孺人出。女三人，長適辛未進士詹事府詹事兼翰林院侍讀學士黃叔琳，夫人出；次適湖廣善化縣知縣成泰塤，副室楊孺人出；次適太學生顧世美，側室王氏出。孫男十七人，孫女十四人，曾孫三人，玄孫一人。銘曰：

屹屹太行，有英其特。天子命之，扶良除慝。如斯如航，如巘斯陟。外襄王猷，內資婦德。之屏之翰，不愆不忒。奕禩之光，循良之則。

雍正三年。

（文見嘉慶《濬縣志》卷十二《古蹟考》。王偉）

劉氏祖塋碑

吾家先世，乃山西平陽府洪洞縣人也。其遷滑始祖小字八老，配祖妣沙氏。以前朝永樂年間，來居邑城東北二十里嘴子頭後庄。相傳兄弟八人，而遷者最幼，意者老年所生，故乎之八老耶。居傳至今，不知幾代，蓋明末清初，吾鄉兵火頻仍，故家譜湮失也。因慮自茲以後，不復登志，將久而又不可考，謂非後之責與。於是，歷年近代，勒石志銘，一垂永遠。而念祖考木本水源之誼，下而篤族姓一體同氣之情，歲時祭掃，聚族而來斯地，仁考之心，必有親感而興起者，不可謂非此一片石之力也。

邑庠生劉澄源謹識。

時雍正五年十月朔一日穀旦合族公立。

（碑存濬縣梁庄鎮西嘴頭村。王偉）

呂仙聖會四年完滿序

洞府清虛，樓臺巍煥，逍遙法雲外，豈需世上之馨香匍匐塵中，願獻人間之椒醑。故廟貌雖古，而盛會聿新。以白鶴入帳之辰，爲青山進酒之日。士民競集，醵金幣者百人。筵燭齊陳，稱壽觴者四載。雖俗樂難邀神聽，而太陽亦鑒葵誠。天際驚笙，擬共歌喉上下。巖前龍驤，疑同舞袖蹁躚。期願有終，悃忱無盡。紀以無句，敢言不愧於前民；勒之正珉，庶幾興起於後世。

雍正七年歲次乙酉孟夏中浣吉旦

戊申選拔貢生候補教諭王道平撰文。

儒學生員姜顯齊書丹。

合會人會首：李景白、张魁阁、李承印、任三定、李成才、□□德、尚文福[1]仝立石。

---

[1] 以下一百二十人。

石工刘□□、靳□□。

(碑存濬縣大伾山呂祖祠無生老母殿西側。王偉)

十王聖會爲興國寺供燈置地碑記

【額題】萬善同歸

伏以善緣頓起，固貴久敬勿替；好事欲成，尤願永遠當先。素有本地方約有十王聖會，年久積有會金四兩，今合會人等欲作世世之善事，以減生生之業苦。癡寐熟思，神前莫如供燈，久遠必須置地，因地而神燈庶得久長，善願方保不泯也。合會會議，與興國寺神前置地辦油以供香燈，日後不許住持典當盜賣，如有不尊者，稟官治罪。恐後有失，刻石永誌。茲有伾山迤東黎陽村合會衆善，誠心置買小地二畝，共使價銀四兩，以成聖事，獲福無量矣。今將合會姓名開列于後，永傳不朽。

會首溫廷珠孟其鳳母李氏，其耆李承宗。

副會首溫廷珍、副會首朱國興。

會首楊起鳳、李思文、陳邦堯、田澤榮、田澤深、田進春、田澤貴、張成金、朱魁光、田澤花、四澤普、李洪默、李洪相、張成玉、尚可榮、孟大光、尚可福、王得祿、陳洪英、朱魁元、張成銀、朱陞鴻、朱魁玉、楊起蛟、陳瑞、陳廣、田澤旺、吳士臣、楊延印、郭自有、劉斌、毛秉文、任化蛟。

主持心廣。

皇清雍正七年歲次己酉六月初一日吉時立。

石匠劉進道。

(碑存濬縣大伾山太平興國寺彌勒殿西側壁間。王景荃)

威震五岳楹聯

【碑陽】

威震五岳

【碑陰】

即武當

靈鎮北天自南自東自西皆拱向

威稱武帝乃文乃武乃神盡包羅

雍正歲次乙卯清和吉旦，邑人李怡祖題並書。

(楹聯存濬縣浮邱山千佛寺即武當坊。王偉)

十王聖會四年完滿碑記

【額題】萬古流芳

　　昔先王以神道設教，蓋以神也者，代天布化，福庇下民者也。孔子曰："敬鬼神。"又曰："祭神如神在。"非以此哉？然神不一神。故上帝分百神于宇內，猶之官不一官，天子建百官于天下也。而神之感靈顯赫者，則莫過于地府閻王尊神焉。夫王承上帝之命，爲幽冥之主，掌生死之重權，操輪回之大法。列爵爲十職，無不備也，號之爲王位，有常尊也。殿前侍從馬面、牛頭奇其貌。階下所陳剉、燒、舂、磨殊其刑。皮膚遭之而糜爛，魂魄迂之而戰兢。傷心哉，法與慘目哉，刑與得毋拂上天好生意乎？不知其刑法雖嚴，而其心則至公、至明、又至慈也。其人而果孝弟也，忠信也，禮義廉恥也，則王必欣然喜曰："此良善也，不可無以獎之"。引之天堂，貯之福地，非故私之也，理所宜然耳。苟其不然或忤逆也，慆淫也，違天害理也，則王必蹙然怒曰："此奸惡也，不可無以懲之。"投之刀山，置之劍樹，非故忍之也，法所難逃耳。然後，知至誠至公至明而又至慈也。向使人皆善而無惡，雖捐刑罰而不用，亦所不恤也。余辭示既人有議于傍者曰："世何有閻王哉？特好事者爲之耳。"余曰："否否，不然。世有陰陽，而理無異同。世每有死而復生者，道達其果報之事甚悉，則閻王之有也必矣。夫復何疑？"自有王而朝謁禮拜者，石乏矣，升其堂，履其庭，覩百刑之羅列，觀儀仗之森嚴。善者見而懼之曰："善不可爲乎？"惡者見而恐之曰："惡顧可爲乎？"觸目驚心之下，善者愈善，而不善者亦化而善矣。故人與閻王會，每樂隨之。而邑東張耀祖等一會，父子相承，祖孫相繼，已歷七十餘載。其間苾芬歆香，以饗以祀，其誠敬可謂至矣。前已立碑者二，今至周士儒、至張耀祖又四年完滿。會衆議立碑刻名，以垂不朽，屬余作文以紀其事。余固陋老庸，其何能文？惟將神之靈應與會之虔心，勉强成句云爾。謹序。

　　後學邑庠生員李濬哲薰沐拜撰。
　　儒士張顯祖書丹。
　　會首張耀祖等十五人。
　　副會首張雲豹等十三人仝叩立。
　　乾隆二年歲次丁巳十一月初四日上浣之吉。

（碑存濬縣浮邱山碧霞宮中院東廊。王景荃）

鮑公隄碑記

　　知縣胡振祖

　　開封府清軍同知鮑公志周，浙之余杭人，以明經起家，筮仕中州，所至，俱有政蹟。

嘗宰衛輝之濬縣。縣城西十里鋪，瀕臨衛河長豐陂下游，每遇夏秋水發，或繁霜霪雨，上游諸水匯流而下，廬舍田疇皆為澤國。舊制築隄二道以為捍禦，北即十里鋪，南為亭子陂。久不加修，遂至頹圮，民常疲於救水，半失作業。水行地上，膏腴之壤變為磽瘠。田者不能償種，流離遷徙，滿目災傷，數十年矣。鮑公下車之後，往來審度，集議興修。十里鋪隄殘缺居多，補築者凡一千五百丈，增培高厚者，凡二千五百餘丈；其亭子陂隄頹廢已極，重加興築，凡二千一百九十餘丈。准於地以役夫，用其時於農隙。資其工食，借以倉儲，勵其工作，勞以酒饌。弊不叢於蠹吏，利己溥於窮黎，兩年之間，四境之內，統計數十處之村莊，數百頃之地土，各有寧宇。公之德政不可勝書，而即此修築隄防，已足垂諸永久也。

考《唐書・地理志》，凡一渠之開，一堰之立，無不記之。其縣之下，蓋當時為令者，猶得用一方之財，興期月之役，而實以百里之官，創千年之利也。我國家聖聖相承，河清海晏。而金隄之築，歲費金錢，推之溝洫之開，城垣之築，皆以利民，而不費民財，不傷民力，蓋軫念民艱已饑已溺之思如此其至也。鮑公謀國如家，愛民如子，以實心行實政，而其才與力又足以副之。古所云：司牧之臣，洵無愧哉！天不假年，壽不配德，瘁於其職，卒於其官。大河南北，歎息神君，悼傷廉吏，無上下遠近，如出一口。而濬邑之士大夫、父老子弟，以至鄰邦之遊寓者，佩德尤深，銜哀更切。擬請崇祀名宦，俎豆春秋。而余分符河北，濬為屬邑。鮑公遷司馬，來攝衛、彰兩府。稔知其治行，冠冕中州。於其逝也，賦誄詞以挽之，復記其築隄之事。余文不為鮑公重，而余不能已於言者，誠以善作者必待善成，亦願後之令於濬者，嗣修此隄，俾勿終壞，則濬邑之幸也夫，亦鮑公之志也夫。

乾隆五年。

（文見嘉慶《濬縣志》卷十《水利考》。王偉）

登大伾再和王文成公原韻

公餘挈榼入煙巒，柏徑森森落翠寒。遠岫孤雲浮古墉，亂帆斜日下晴湍。詩逢險韻吟逾健，酒對青山量自寬。更上虛亭寄寥廓，九河遺跡倚欄看。

清溪胡紹芬

（摩崖存濬縣大伾山偉觀亭崖壁。王偉）

胡紹芬與衷肇鼎登大伾即席聯句

乾隆辛酉十月，余以董漕之役過濬，登大伾山。同外兄衷肇鼎定年聯句，步王文成公原韻。偕遊者：虎林顧微之曉山，同里章祖楷爾端，茂苑衷肇賁鑒平。

危高萬仞俯層巒，鼎

雁影橫空朔吹寒。

山色四周延夕照，芬
松風萬壑走風湍。
年豐禾黍登場呈，鼎
秋淨川原縱目寬。
龍穴雲歸天欲暝，芬
拂苔猶覓斷碑看。鼎
清溪胡紹芬書。
乾隆辛酉六年。

（摩崖存濬縣大伾山藹藹亭南崖壁。王偉）

胡紹芬題記

　　黎陽大伾山下，乃禹導九河故蹟，山半有祠，余去年董漕過此謁之。堂下有明王文成公碑二，一刊大伾山賦，一刊七律一首，詞翰絕佳。然皆後人重摹。尋原刻所在，無一知者，意殊怏怏。過大佛閣，轉左數武有石壁，高丈餘，題刻甚多。下半為積土所壅，微露字角，與文成詩第一字同，筆勢亦肖，遂命役人芟榛除穢洗剔。視之，即禹祠碑之原本也。余生平最服膺文成，此詩埋瓦礫中不知自何年始，一旦獲之，自余豈偶然哉？因出薄俸，囑濬令鮑君築亭覆其上，以蔽風雨。為當山溜衝激，不可建。乃繚以石闌護之。今年復過其處，見有墨瀋痕，知已為好事者摹搨矣。他日更覓得大伾賦原刻，則延劍復合，亦藝林佳話也。因識數語於此，以俟之。

　　峕乾隆六年歲在辛酉十月。
　　清溪胡紹芬書。

（摩崖位於大伾山天寧寺大佛樓北側崖壁。王偉）

登浮丘山[1]

孤城依斷嶂，窅靄聳浮丘。
松影空巖靜，鐘聲遠寺幽。
帆開秋水渡，人倚夕陽樓。
東望青壇秀，蒼煙澹月浮。
胡紹芬。

（摩崖存濬縣浮邱山千佛洞南窟外南側石壁。王偉）

---

[1] 此摩崖無年月款識。

黎陽書院記

馬上品

昔康叔以作新立國，而衛遂少頑民。文公既以勸學經邦，而衛即多君子久矣。夫賢良非無自而成，人文必有因而起也。新鎮為濬邑南鄙，亦古衛地。前代為其商賈輻輳，而遠於濬治，爰設巡檢司一署，以平物價，以治爭訟，蓋已多歷年所矣。我國家鼎興以來，至康熙年間，不識所因而裁革。此司成為廢署。後奉文估賣，士商爭購致訟，鷸蚌相持，而無人排難解紛於其間。迨鮑公宰濬邑伊始，即秉公審處，慨捐己俸，以改建書院，崇文教，尚德化，誠千古不刊之美舉也。雅撫臺嘉其聽斷無曲，處分有方，於息事寧人之中，敦此興賢育才之本，而給匾榮獎之不已，又陞調開封之首邑。竊念公之宰濬，未及二年耳，或比為冰之清，或擬為玉之潔，或於片言之折獄而服其明且斷，或於戴星之出入而景其勤且勞。竹馬歡迎於黃童，召父致頌，兕觥樂稱於白叟，杜母興歌。既攀轅而臥轍，又截鐙以留鞭，真神君也。古有仰神君而生即立廟者，公可當之裕如矣。今公為新鎮設書院，即當祀公於書院，方愜人意。蓋自此院之設，而後生小子肄業其中者，聆師教如公之耳提焉，承師訓如公之面命焉。公之厚德為不忘矣。極之商賈居處於側，往來於是門者，耳聞誦讀之聲，目見揖遜之度，安知不化為信義，變為禮讓乎！是又大有造於商賈也。且學於是而果經則明，而行則修，將為純儒而化及一鄉，為純臣而化及天下，何莫非公之德教洋溢於無窮哉？是則良法美意，足以移風易俗，而與康叔、文公後先輝映者，即此院之設也。因為之記。且從而歌曰：

伾山東峙，思古今蒼蒼。衛水北流，思晝夜泱泱。

鮑公德澤，思山高水長。吾儕佩服思，時切羹牆思。

乾隆六年。

（文見嘉慶《濬縣志》卷六《建置志》。王偉）

大清國河南衛輝府濬縣城裡信民張繼才等各里不同人氏奉祀觀音大士尊神四年圓滿碑記

【額題】兆民永賴

惟神駕正南海，普惠朔方，樂極四域，廣福東土，屬在照臨。誰不沐淨甌之雨露，楊柳之潤澤哉？伏念張進才等仰承保護之恩，合其寅恭之礼，敬修祀事，已及四載，咸蒙默佑，感報無由，謹一衆志，鐫石誌銘，庶幾永垂不朽云。

會首張二功、王洪傑、單進忠、賈崇喜、高興文、魏興方、焦繼周、李玉成、王宗周、吳二美、單□□、李□□、邢□□、王□□、□守貴、刘士英、王繼文、刘振基、刘復試、吴天、苏回、邢世尧、秦自歡、李□柱、張宗鲁、李大生、王福、刘步□、王文澤、刘廷德、邢運才、張忠道、韋進孝、孟玉林、李進孝、鄭供義、路運登、邢文江、馬玉林、陳守貞、陳文貴、馬玉文仝立。

石匠陳大成、韓同俊。

旹乾隆八年歲次癸亥二月十九日建立。

（碑存濬縣大伾山觀音寺東廂房。王偉）

大清國河南衛輝府濬縣城裡信民張進才等各里不同人氏奉祀觀音大士尊神四年圓滿碑記

【額題】流芳百世

惟神駕正南海，普惠朔方，樂極四域，廣福東土，属在照臨。誰不沐淨甌之雨露，楊柳之潤澤哉？伏念張進才等仰承保護之恩，合其寅恭之礼，敬修祀事，已及四載，咸蒙默佑，感報無由，謹一衆志，鐫石誌銘，庶幾永垂於不朽云。

會首王元進、李興鳳、張進才、劉本基、李進福、楊金秀、康有才、馬成龍、李興龍、楊春、馮子順、田成明、郭玉印、李國禎、邵五教、李進德、王孝禮、曹進忠、韋立言、張國臣、溫存禮、周卜年、張應興、陳顯祿、張希秀、鄒士美、黃允昇、曹堂。

乾隆十年二月十九日建立。

（碑存濬縣大伾山觀音寺東廂房。王偉）

創建尊經閣碑記

馬日暄

自古作人之事，莫詳於學，曰辟廱，曰庠序，是其地也；曰司徒，曰黨正，是其人也；曰三物，曰六行，是其具也。厥後踵事而增，凡可以興起教化者，無不畢備。蓋人文丕振，動關民風，作人之事，故不厭詳也。余涖茲邑，已及三載，常以學識粗疎，不能興衰起靡為憾。然培養士風，余有責焉。學宮為敷教興行之原，固未可置而不問也。每於春秋之祀，朔望之期，以及飲射讀法諸公事，周旋瞻仰學宮之盛，因得徧睹，見其殿廡宏廠，嘉木竦峙，鱣堂輪奐一新，衙齋環堵四圍，作人之地亦云備矣；座設皋比，堂列絳帳，師範則泰山喬嶽，文程則良金美玉，作人之人亦云備矣；俎豆籩簋，燦然雜陳，羽毛干戚，舞於兩階，而且經義制事不減於蘇湖，分年課士不減於鹿洞，作人之具亦云備矣。其於古今興起教化之術，猶有缺而未全者，惟尊經閣耳！因思經者修身之本，制事之根，故士人有窮經之學，朝廷設明經之科，然必尊經有訓，而後窮經之功在士林，明經之效在當寧。試思子孝臣忠，根於性生，而必构堂以教，而署其上曰"明經"，其故何歟？蓋人心之奮，不能無所緣而輒起，為之高峻其觀，為之顯揭其義，所謂樹之風聲也。況夫士出寒微，購書頗難，無借讀之所，而徒有稽古之志奈何，尹和靖奔蜀至閬，始得程氏《易傳》，拜而受之；陳大士僻處窮鄉，得《毛詩》於斷簡中，捧讀不厭。其後一以理學傳宗，一以文章名世，經之於人為有益，而得之也甚難。如是，如其搆室藏之，牙籤滿架，任士子挹取手錄，以導其聰明而引其才智者，當復何如？然則尊經閣之未建，誠缺典也。余因道其意於學師紅亭李公，曰："此盛舉也，吾當贊成之。"於是，質之於諸僚友及閬邑紳士，或捐俸，或捐貲，鳩工庀材，經半載而落成。是役也，執冊而募於眾則必道其由，鼓鼙而集其事則必明其故。建閣之意，雖技藝百工、市井牧販無不知之，則風化為之一振，將由是而之焉。士皆通經，才堪制用，以之取青紫、立勳名，而膺皇猷黼黻之選者有之；人皆執經，怡然有得，以之大居敬、務窮理，而得洙泗伊洛之正者有之；即不然，而慕經之名，得經之意，謹言慎行，持身寡過，不失為鄉曲純厚之士者亦有之。人才之盛，風俗之醇，均有賴焉。然則斯閣之建，非細故也。是為記。

乾隆十年。

（文見嘉慶《濬縣志》卷六《建置志》。王偉）

東明王廷祿等進香碑記

【額題】碑記

直隸大名府東明縣人各里不同，現在大新庄周圍居住。

凡善之有所爲而爲之者則不誠。不誠不久，陳牲薦醴於神之前曰："庶幾庇我。"是妄念勝於中，而乃借此牲醴亦將其媚也，神其許之乎？及其求之不應，遂止而不爲，曰："神無靈也。"神果無靈也耶？誠如是，即謂之不善亦宜。若王君文亮輩則不然，王君嘗語於人曰："祭祀之義，所以欽神德也，非為求福而遠禍也，即如泰山致雨，爲天地普化育，爲萬物遂生成，誠有不可不敬者。如必存一求福遠禍之心而後敬之，口其所謂敬者亦非也。"維時聞而信之者四十餘人。於是，群推王君以爲會首。自康熙四十八年至乾隆元年，歲歲進香，未嘗或絕。粵明年，王君卒，其子廷祿曰："此吾父志事所在也，不容廢墜。"而同人之中亦多以子繼父者，迄今又十年矣。於戲！朝歷三君，家歷兩世，而精絕之意，一脈相傳，雖久不懈，是直所謂善矣。以視夫有爲而爲之者，何如也！

淶園孺學生員郝若愚撰文。

會首王廷祿 /[1] 仝立。

乾隆十一年歲次丙寅二月。

（碑存濬縣浮邱山寢宮樓前西童子殿外壁。王偉）

---

[1] ／下所列三十餘人姓名，字多漫漶。

柳仙誌文

乾隆拾壹年柒月拾玖日中浣吉旦。

肥鄉縣柳仙,法名條青,扶胥,其道號也。唐宣宗大中之三年二月花朝,降生於肥鄉之東汾社。十一歲遇呂仙於邯鄲道中。呂仙目視良久,忽叱曰:"童子何來?"柳仙鞠躬曰:"余不知何來。"呂仙微笑曰:"宿根,宿根"。輒指授法言,攜入武夷山中。其父疑以爲妖,白之於崔觀察。柳歸,受呂仙秘法,假暴卒,已復遁回武夷。及葬,塚上常有紫氣,發塚視之,惟見一青柳杖耳。又自言貌:古髯長身,披黃赭,衣青表,戴笠著蓑,棕履。世以《仙鑒》載青柳杖事,遂訛言樟柳之精云。

邑弟子吏員:柳如松、楊春、張其抱、蘇顯道、邱大美、溫運嶺、賈國政、李國梁、王有福、孫連富、張起正、鄭良貴、楊六韜、韓君臣、李興鳳、馮子順、張文仲、田種寶、柴有才、劉玉、陳朝玉、邢可仕、王天榮、邢惠普。

(碑存濬縣大伾山霞隱山莊崖壁。王偉)

酬火神碑記

大清國河南衛輝府濬縣,里各不同人氏,現在城內外居住,各出資財,共成盛事,四年完滿,刻石碑爲誌。

嘗讀《易》有曰:水在火上,卦名"既濟",是言水火之相濟哉。蓋言火之有濟於水也。其火之濟於水,則人之資於火者居多。司火之神,豈非往古來今之所共賴者哉。竊思人賴食以生,食賴火以成,食之有賴於火者,亦無異於水也,第人且食火之食,而幾忘食火之功,凡我愚蒙/[1]敢曰克酬大德於萬一哉?聊各輸份金,以表寸衷之敬云爾。

今謹列姓名於石,永流芳於百世,也酬火神之德耳。

生員李文煥撰文。

儒童生劉本基丹書。

會首田種寶妻朱氏、男子春妻王氏,次男子□妻朱氏。

會首申洪基妻陳氏、陳明玉妻池氏。

會首侯教民,孫廷富妻池氏。

會首王存禮妻李氏、王鎖貴母和氏。

韓君臣妻趙氏、張得壽妻申氏、王文□母吳氏、邢可士母孫氏、梁惠母趙氏、李良臣妻勾氏、田種德妻王氏、蘇顯達妻邵氏、周體正妻李氏、王成德妻蘇氏、楊求福母姚氏、李大

---

[1] /下字殘毀,有缺字。

功母王氏、姜春清妻黃氏、王□母康氏、賈□思妻王氏、侯良玉母張氏、□珍妻徐氏、李興鳳妻李氏、張世澤母李氏、□玉成母李氏、張元圃妻張氏、康□世妻張氏、張元圃妻張氏。

乾隆十二年正月二十九日建立。

（摩崖存於濬縣大懷山紫泉別墅。王景荃）

感神明大德刻石[1]

【額題】慶澤流芳

伏以聖德無私，春光發於向陽之地。神默有感，福祿□□□善之家。而子嗣之說不與焉。惟菩薩尊神，洪恩浩蕩，降我會衆人等，螽斯秩秩，麟趾振振，皆感神明之大德，無可□報。擇每逢千秋之期，獻□□□□十年有餘。□□□□。

大清國直隸大名府濬縣各里□不同，見在我□四散居住諸人姓名勒石刻銘，永垂不朽云爾。

會首武進德。

副會首張明義。

乾隆丁卯七月二十一日。

（摩崖存濬縣大伾山觀音寺觀音洞西側石壁。王景荃）

濬縣大伾山道院重修坊亭碑記

自種禹平成底績，東過洛汭，至於大伾，所由分灑，以達於海之途也。迨河改南趨，而黎陽之山虛峙于道左，今衛河運道出其北焉。余嘗讀《桑經》、《酈注》，感滄桑之變，每於湮刊之處，指梵宇、幡刹、壇坎以識之。蓋禹王所奠之高山大川，半爲緇黃棲托之勝境，而考古者必藉是爲證據矣。夫大地之廣輪，以流峙爲跡，而水枯石爛，閱世改觀，近者三十年一小易，遠者五百年一大易，其孰從而溯之哉？然則古往今來，逝者如斯，惟文字之不朽，乃得以維繫於無窮耳。

黎陽於今爲濬縣，由大名府改隸河南衛輝。糧艘所經，得順流而下，達於畿內。然則黎邱雖非衛河所注，而通貢道則猶之三代之冀州也。故考古者必以大伾爲識，殆與龍門砥柱同其顯赫焉矣。山有道院，前邑令劉君德新倡建，以奉唐進士純陽呂祖師者。師之得道，蓋亦苦縣李老子之流，練氣凝神以見於化。黃冠奉之，尊爲祖師。夫聃爲守藏史，嚴爲前進士，皆儒家子，而所造詣乃以道顯。生則純修，歿而崇奉，民自獻其誠，於敷治設教無所增損也。宇內之名山大川，得此屋宇以飾勝景，因爲詩文金碧之助，迨夫流峙變遷，劫

---

[1] 此摩崖剝蝕嚴重，字跡多模糊。

灰不滅，俾百世而下，得以溯原究委，詎非興築之效哉！道院門、廊、殿、庭位置宏敞，層次鱗比，以九爲數，其第四層爲六角亭，石坊顏曰"鶴舞"。乾隆癸亥，大雷雨，石坊俱毀。燕山劉君諱誠字意伯者重建之，規制彌加。以石□九斬木奠基，於是，輪奐一新，與前後映發。夫雷雨之動滿盈，有草昧初開之象，造作經綸所由始也。五氣、六運往復寰宇中，凝聚敗散。天道旋於上，地道變於下，而人之作爲者莫之致而致，則皆道之所爲也。吾溯之中古，禹功明德，隨刊之績，顯於大伾之下，垂今凡五千年。山川非舊，而此邦人士乃營建宮廟，依附勝境，以盡其瓣香之誠，豈泛求福國佑民哉！蓋以貢道所經，上供天庾，下資貿遷，魚、鹽、菽、粟輻湊于燕趙之都者，大道之鼓舞推移也，土木之功其容已乎？而以余上下今古統觀之，則渺滄海一粟，飛閣浮之野馬，聖賢仙佛等夷視之而已。雖然，紀時紀地，不可不留陳跡以資談叢考辨，則此碑之作，余實將維繫於罔替，有助於道遠輩焉耳。

中憲大夫河南按察使司副使分巡開歸陳許兼管河務兵備道秀水沈青崖撰文兼篆額。

山西澤州府高平縣儒學生員武憲章書丹。

乾隆十有三年歲次戊辰夏五月穀旦立。

住持道人周仁楷募化。

石工張成德、劉德美鐫。

（碑存濬縣大伾山張仙洞。王景荃）

濬東大高村二郎廟所高村營立碑

【額題】求子有應

嘗謂天地者，一大夫婦；夫婦者，一小天地。兩間之所以常存而不息者，恃此人道之相續而已。庭前樹桂，百世後昆之基；階下培蘭，千載苗裔之根。故子孫蕃衍，《螽斯》歌於篇什；本支昌盛，瓜瓞咏於風人。則人生有子，寧非終身之幸也哉！

大伾山陰，有一送子菩薩堂，禱嗣雲集，有應者，十有九人；弗感者，百止二三。吾鄉結社，同求子於斯，因四瞻望，此堂後座南溟，前對北極，左臨黃流故道，右接行翠名嶽，且虬石巖巖峙立，蒼柏廷廷勁樹，此不異蓬萊勝景，瀛州名區。況又有送子菩薩，靈應如響，終不能恝然置也。故羣衆欣然捐資，刻碑以誌其盛云。是爲序。

會首張承俊、徐美公、張正言、李天祐、王玉殊、王□□、耿自然、徐承欽、李天增、王進忠、周有光、孫秉仁、李宗周、劉顯德、李廷芝、王玉琳、焦大其、陳大用、王復興仝立。

石匠楊國根。

乾隆十六年二月十九日中浣之吉旦。

（碑存濬縣大伾山觀音寺西廂房。王景荃）

朝山進香碑記

　　直隸大名府魏縣各村不同人氏，現在方里集四散居住。上奉泰山娘娘尊神，由來久矣。天下廟而祀之者不知凡幾。其奔波恐後，潔誠告處，香火絡繹不絕者，泰安而外，大伾為最。苟非威靈感應，維嶽降祥，何以使人崇奉若斯之盛耶？歡忻鼓舞，朝山進頂者，直省概不乏人，而垂久志誠，類多刻石以記。是以吾魏方里一鎮及鄰近村莊，聞風入會，後先繼香，男婦百十餘人，相沿百有餘歲。在前屢有碑記，現在仍欲鐫石。難辭會首之屬，自愧俚鄙之句。爰是薰沐拈筆，敬書會衆名數，繕寫年月，以志不朽云爾。
　　計開[1]
　　合會人等姓名于後。
　　邑庠廩膳生員段蔚拜撰。
　　旹乾隆拾陸年叁月吉旦。
　　石匠張學鐫。

（碑存濬縣大伾山天寧寺大雄殿西側。王偉）

王氏復修宗派記[2]

【碑陰】
　　古者國有史，家有乘，其用異其事同也。吾族舊有族譜甚詳。愈遠而言愈湮，淯統忘本之弊，知不可免。爰聚族衆，謀另覓石，錄舊增新，校正勿紊。謹繪圖籍，敬序支派，俾後之人所有依據而共識。夫某也遠，某也近，某也疏，某也親，庶幾宗方有序有倫，可與常柳張陳並芳閭里云。分序支派[3]
　　邑庠生員十二代孫天十永泰。
　　邑庠生員十三代孫魯唯憲令齋心撰文書丹。
　　乾隆十七年歲次壬申七月十六日吉日。

（碑存濬縣郭小寨村。王偉）

---

[1] 合會人等姓名，字多模糊不清。
[2] 此與《王氏墓誌碑記》刻於同一碑上。
[3] 以下字多模糊不清。

四年功德完滿碑記

【額題】流芳百世

　　大清國河南衛輝府濬縣城裡、關外里各不同人氏，允昇等同隨觀世音菩薩聖會，因神功之感於人者捷如影響，凡世人遇苦難時事，不思念慈悲菩薩則已，若思念稍萌，即有聲音冲於穹蒼，而菩薩則視之甚悉，隨時即廣施其慈悲之心，世人之苦難則可以隨時即免。然而不但此也。即世人若無後嗣，果能虔誠祈祝，則降嬰兒以繼宗祀。允昇等已竟隨會二十載有餘，其蒙惠□者不知凡幾。今又四年完滿，恐有勤於始而怠於終者，斷絕香火，□□□□之慈悲，故勒石爲誌。不惟欲動繼起之善念，而更欲以彰菩薩之恩德，永垂於億世而不朽云爾。

　　儒童劉本基撰並書丹。

　　會首馬成龙、高□德、郭景高、黃允昇、王元进、夏文广、楊□[1]。

　　乾隆十八年癸酉二月十九日上浣之吉。

（碑存濬縣大伾山觀音寺東廂房。王景荃）

送子菩薩聖會碑記

　　人生以有子爲足，神功以啓後爲大。凡子孫蕃衍，克昌厥後，皆神之所默佑也。蒙神佑者，必思有以報，此醮事之所由來與。況大伾之麓送子觀音，威靈顯赫，有求輒應，尤爲吾人之所宜敬者。勳等因嗣數缺乏，禱祝於神前，既而又約同志虔修聖會，每歲二月十九日、六月十九日兩次進香，以迓神庥。由是至誠所感，同會二十餘人立子者大半，乃益信法力之廣，神聖之靈。而會外之士感激而入者倍多。今者，恭逢會期，人心欣悅，鳩工鐫石，舉會事之始末，同會之姓名畢列其上，以頌神功之浩大，以志同會之虔心。但願立碑之後，瓜瓞綿綿，與世俱永，而愈彰神力于無窮矣。是爲記。

　　峕乾隆十九年歲次甲戌季夏上浣之吉。

　　會首李成貴、湯茂勳、柴有福。

　　副會首高天才、杨廷贵、高大年、張問學、王進孝、柴學礼、羅季時、□智、傅庭選、楊進忠、李中選、李守和、張學礼、王文運、黃良壁、陳進朝、劉瑜、馬文魁、孫讓、王廷瑞仝立。

（碑存濬縣大伾山觀音寺西廂房。王偉）

---

[1]　以下諸人姓名，字多模糊不清。

重修柳仙祠碑記

　　吾輩同登伾山，行樂至此，見廟宇損壞，心甚感傷。於是，共相議論，各出分金，重爲修理。迨動工之候，恍若神爲之助，而不日成之也。聊勒碑石，以誌不忘云爾。

　　王有福、張連登、陳福龍、馬顯祿、張起豹、柳如松、馮子順、張超祥、楊椿、秦恕、邱鎮遠、張榮宗、張學武、張起政、高顯德、王文運、胡尚禮、任士秀、蘇琪、宋士俊。

　　道人周仁楷督工。

　　石匠劉文治。

　　峕乾隆二十年歲次乙亥孟秋吉日。

　　儒學生員蘇金光書丹。

（摩崖存濬縣大伾山霞隱山莊崖壁。王偉）

皇清待贈顯考順臣王公諱進孝妣趙氏合葬墓誌銘

【誌文】

　　歲存易流時切號表之，淵源有本，敢忘霜露之恩，追溯雲遙，顧瞻如在。惟我先始祖，聞自洪洞遷於濬邑，肇由北鄉農耕之業，嘗新徙自泊頭，耕鋤之力枘舊。迨至我祖考、祖妣作德，家塾有人。我父我母克守，食當日增，以至土地不供，未免親勞子作，門户漸大，皆賴祖德父功。及鄉也，未旨學問，墳前無貞珉之辭倫覽志銘，塚旁有阡陌之上口，即年花甲親之墓木已拱矣。子皆頑鈍乏才，祀之蒸嘗恐失也。是以設才祭獻，勒石書名，庶使後之子孫興起，風木忠思，將欲代仰不忘祖澤之綿長矣。

　　男大俊、卿傑，孫功經、施尼，曾孫孔孟，同奉祀。

　　乾隆二十年歲次乙亥十月朔七日吉立。

（碑存濬縣白寺鄉大王莊。王偉）

乙亥遊大伾四首

名山依寺郭，突兀一峰高。曲磴穿雲杳，層崖架屋牢。
捫蘿搜古碣，隔樹望秋濤。到處堪幽賞，登探肯憚勞。

山勢天然好，人工結構雄。佛巖高嵌日，龍井暗藏風。
歲久仙塸剝，崖深古木蔥。山僧留共語，頓覺萬囂空。

剩有登崖興，憑高四望開。行山迢遞去，衛水逶迤來。
平野連三鋪，雄圖壯九垓。天空眼界闊，致曠亦超哉。

巨壑依山趾，黃流舊此行。千秋憶禹德，八載荷神功。
疏淪猶堪考，滄桑幾盡更。徘徊追弔處，未惕緩歸程。

乙亥秋遊大伾中州閻夢夔題。

（摩崖存濬縣大伾山藹藹亭南側崖壁。王偉）

重修地藏王菩薩殿碑

　　大伾山天寧寺南方丈，舊有地藏王菩薩殿，其創造也不知幾何年，其重修也不知幾何日，風雨飄搖，瓦裂榱折，霜露沾裳，體敝貌殘。余忝職僧會，目擊心傷，矢志修復。不意竭力解囊，候將殿宇告成，神棲雖云妥協，神像猶屬肅然。余反覆思維，寤寐難安，又董率小徒真英，披袈裟為逐户之求，執瓶鉢為沿門之懇。善男信女共發虔心，有慨然以金妝菩薩為任者，有欣然分金十王為任者，有毅然願捐金資作匠役饔飧之費者。歷期月間，事踵前修，咸翬飛而煥彩。制仍舊貫，盡革故以鼎新。入殿者瞻何拜稽之暇，無不羨美輪美奐之盛。要非博施好善君子，烏能成此巨觀耶？神其有知，降祉賜祺，在所不免矣。善信功德，貧衲深藏肺腑；善信姓氏，鏤人詳載貞珉，以傳永久，以勸將來。[1]

　　僧會司僧會定樞，暨弟定柱，徒真英、真沛，侄興浩、興潤，孫香煩、香元、香營，侄孫香文。
　　乾隆二十三年七月三十日仝立。

（碑存濬縣大伾山天寧寺地藏殿前側壁間。王偉）

重修觀音菩薩堂碑記

　　乾隆丁丑歲，而上天降災。先是螻蝲出，四五月之時，遍地出蝦蟆，地雷鳴。六月初五日，地震。□□大雨。□□水洶湧而至。六月十三日，水至高河堤五尺。水自西南來，□河而過。平地之水皆丈餘。一時神祠民舍壞者不可勝計。□□□□□民舍所存者僅十之三，壞房四百間。村內與村之前後，衝大溝三處。神祠所存者僅十之一。□西村共廟十座。唯玄帝廟僅存焉。

---

[1] 以下諸善士姓名及捐資數目，字多模糊。

乾隆二十四年。

（碑存濬縣城關鄉馬村。王偉）

千仞崗題辭

千仞崗

乾隆辛巳，滇海朱樸。

（摩崖存濬縣大伾山藹藹亭南側崖壁。王偉）

重修來鶴亭記

翠壁蒼巘

余幼過黎陽，睹伾山而未及登眺。迄今二十餘載，每結慕思。壬午春仲，視事茲土，偶登峰頭，極目天際，身臨方外瀛壺，夙懷頓釋。山側有前令劉公所創來鶴亭，年久傾頹，木石俱廢，因捐俸重葺，聊供鶴憩。並書此以志歲月。

乾隆壬午季夏，廣州張光熊識並書。

（摩崖存濬縣大伾山來鶴亭崖壁。王偉）

十王爺四年完滿碑記

【額題】萬古流芳

大清國河南衛輝府濬縣各里不同人氏，現在小屯村周圍居住。信人李桂如妻熊氏等，公隨十王老爺聖會，每逢聖誕之辰並朔望之期，同會輪流修齋供神，各虔心頂禮焚香，至今四年完滿。合會公議，立碑刻石，庶衆信之善果，不至埋其光，而後來之睹是石者，亦有所感觸而興起焉。茲將隨會善人姓氏，列名於後：

會首李桂如妻熊氏。

會首李師孔妻劉氏。[1]

乾隆二十七年十二月十七日。

（碑存濬縣浮邱山寢宮樓前西童子殿外壁。王偉）

在縣西關河西信士邢建樸等建立碑記

從來瞻視萬物惟賴於目，是目爲人之所最重也。然人只知目力具於人，而不知目明亦

---

[1] 以下爲一百一十五人姓名，字多模糊。

資乎神者也。竊聞自眼光之神效灵於天下，而世人之眸子咸賴其默佑也大矣。則尋常目視，固佑人於昭明，即偶致眼疾，亦一禱而即愈。感應之故，豈有毫髮之或爽哉？然亦不必遠論也，即近視河西一方，雖老幼不同等，強弱不一質，而人之視遠而明者，亦皆眼光尊神之所調劑也。既沾光明之宏恩，宜表恪敬之素志，故信士邢建樸等遂衆發善念，各捐資財，使工刻刊于金石，以傳神惠於萬載。且不獨河西信士均誌其德，即後學□□郭敬遠亦爲之贊曰：

惟神秉精，獨見明朗。眼光四射，旁燭無疆。助明於人，靈驗昭彰。

光德遍及，庇護萬方。蒙惠既深，歌頌洋洋。口述難罄，刻石銘長。

表暴如此，誠欲後起之君子有覽斯文者，俾知眼光尊神之佑人良深，亦當朝夕虔拜，常存恭敬之心云耳！

會首邢建樸[1]

仝立。

乾隆貳拾捌年歲次癸未初夏上浣穀旦。

（碑存濬縣浮邱山寢宮樓前東童子殿外壁。王偉）

第一峰

極目煙霞景萬重，太行西峙水朝宗。
是誰忽地開生面，第一山頭第一峰。
癸未新秋張瑞書題。

（摩崖存濬縣大伾山呂祖洞北側上方崖壁。王偉）

向日峰刻石

向日峰
蒼翠懸崖曙色侵，扶桑紫氣滿長林。
莫言在僻成孤立，盡有擎天向日心。
甲申春仲。
張端書題。[2]

（摩崖存濬縣大伾山呂祖洞北側上方崖壁。王偉）

---

[1] 下列三十五人姓名，字多漫漶，不可識認。
[2] 張端書，乾隆二十七年任濬縣知縣。

遊大伾山記

　　余友北平金賢邶，與別維揚舟次三年矣。歲甲申秋，余以澠池入汴，賢邶適自姑蘇來，晤已歡甚。會計偕同買棹，發衛水，一晝夜抵黎陽。舟中具絲管，攜僮作歌，響蒼煙碧浪間。余忽忽有與憶，止之，告賢邶曰："楚中張孟澤德履尹此，余不得悆然去，君故聞孟澤名而未接面，奈何？"賢邶顧而笑。已而，孟澤折簡至及賢邶。賢邶更笑，不為辭。詰朝，起，秋日上航，椎如淡金，虯角榜人讙然。報黎陽尹，使人勒馬需河幹。輒與賢邶鞍迢邑東郭，揖孟澤于伾山之萬仙樓。左□□兩人者，若平生懂，余殆莫知其然也。羽客楊□符乍拂石橫琴鼓之。有間，起解衣舒足，下峭巖，出道院東，折磐坳樹項中，曰藹藹亭。胡床匡坐，雪藕片片溢喉津。諸僮彈絲撅竹，得南北調數闋。檻前俯繡野，蒼黃間之意往者，平山雁□□與賢邶徙倚亭樓當竝此，日夕，佳氣□□屜鶵，客曰："脫我羈□□之□世不意。"余曰："意之則泥，且如是山之勝，以□□□。三人今日意昨日，不知其有無也。"客□□□□亦琴，而余操不律，亦記之於其□□□□以詩。

　　催訂尋山約，臨風客袂聯。
　　穿雲知洞杳，澗石得梯懸。
　　試作風鸞嘯，能令雞犬仙。
　　當歌□□酒，何處訪壺天？

　　神禹何年導，名山此會聯。
　　橫琴推羽客，掃苦□酣仙。
　　路轉孤亭迴，巖穿翠柏懸。
　　披襟薦秋□，□影夕陽天。

　　乾隆甲申秋七月杪，龍泉周壎韻亭氏。

（碑存濬縣大伾山紫泉別墅院內。王景荃）

四年完滿碑記

　　嘗聞：古語有曰："靡不有初，鮮克厥終。"凡事皆然，而況於事神乎？傑等敬約本邑居民，各秉虔心，共隨天仙聖會，以四年為期。惟慮人心不常，有初鮮終。今四年之久，而合會之人始終如一，並無半途中止者，此誠神之所感，亦同會誠敬之所致也。功既完滿，不可掩沒衆善，爰勒瑱珉，以垂不朽。

會首沈□、孙瑢、李本随、魏得功、張國有、鄧得才、□倫、陳進、張士傑、邢義、李九公、張其瑞、鄭国印、吳賜禄、蘇文學、張俊、張玉榮、趙文潮、刘國臻、李君、邢文枢、魏品、陳志德、□□□、賈崇□、刘士俊、谷兴旺、邢可法、張建禄、張天福、田富□、邢文□、任德、田振滿、田振禹、孫□礼、單玉□、□□□、陳□□、王志□、張祥、刘建志、李玉柱、刘□□^[1]。

大清乾隆三十二年正月初二日全立。

（碑存濬縣浮邱山碧霞宮前院西廊北前側壁間。王景荃）

重修太極宮殿碑記^[2]

太極宮者，前邑侯劉諱德新所建也。宮踞大伾之巔，祀呂祖像，卦劃八方，與浮邱對峙，樓觀參差，林木掩映，其培吾濬邑文教者至深且遠。而瞪眺之間，勢如建瓴。府瞰城郭，近帶衛源，善化、童峰，羅列左右；背則村墟如畫，沙勢連雲，白馬青壇猶有存者，洵邑勝地哉！惟是有多年，風雨剥蝕，垣棟傾頹，久而成瓦礫之場，且與銅雀靈光同慨。羽士楊瑞符心竊憂之，而工費浩繁，甚難其事。適河東段君廷綺字映宸者僑寓茲土，目擊心存，隱與同志勸之散募，捐以重資。於是，礱石、陶瓦、斬木、汲泉，兩閱月告成。羽士喜而請文于余。余維人之零落舊業，憔悴自傷，幾謂終身莫致通顯。一旦遇有力者拔之泥塗之中，挈之青雲之上，腰金拖紫，珥玉蟬貂，門庭華廡，備極軒赫，舉平昔寒窶之狀，齷齪之容一洗而空之，人咸謂其時之來也。至宮室之興廢，詎有理數足驗。乃雕敝既久，輪奐一新，插霄漢，鎖雲霞，走風雷，吸日月，金碧燦其輝煌，鈴鐸發其清籟，一如從前創建之舊。又何異乎人之窮而通，賤而貴，無非其時之爲而爲哉！吾知茲宮告成，後之文人學士登臨憑眺者，考其興廢之由，曰某某創之於前，某某因之於後，對景賦詩，據時考古，蓋不惟後人之幸，亦創之因之者之大幸也。獨休應一說，久而無徵，往往爲世俗所藉口，不知鐘靈毓秀積之久而始汕，或百年而　應，或數百年而一應。文章仕宦自有駸駸日上者。余方欲偕闔邑之士與寄茲邑者，一如茲宮之遇會，共顯其籍于聖人之世也，重修之力顧不重哉？是爲記。

大清乾隆三十二年歲次丁亥秋閏七月二十四日穀旦立。

邑人周謂撰文。

安陽黃纘繡書丹。

（碑存濬縣大伾山呂祖祠乾元殿。王景荃）

---

[1] 以下五十五人姓名，字多不清。

[2] 該碑分五排竪寫。

大清河南衛輝府濬縣西關鄉邑信民焦繼周等各里不同人氏奉祀送子觀音菩薩會碑記

惟神利濟爲心，懷保塵慮；顯慈航以普渡，神衍慶於螽斯。故爾蔭庇宇内，昭格人寰。群沐慈悲之恩，倏來雲集之衆。焚香獻醴，歲有頂禮之文；執豆陳籩，共矢葵誠之念。數載之悃忱，敢忘神庥？千秋之盛筵，難必人世。時維署月之辰，用列諸人之氏，勒碑刻石，永垂不朽。

會首秦世朝、李楚果、榮大寶、傅寅、張成德、馮□文、顔治本、丁文昌、徐相、孫柱、尚禮、劉文純、邢文淵、黃開世、傅粹、張自起、胡進忠、邢鵬舉。

乾隆三十四年六月十九日仝建。

（碑存濬縣大伾山觀音寺觀音洞拜殿西側崖壁。王偉）

經制名缺碑記

皂隸名缺百有二十，經制定額也。日遠年湮，有子弟承接供役者，有親誼□頂充應者。名缺□，然無有□也。惟恐久而湮沒，不肖之徒混行頂替或逾額焉，□□舊章，所關非淺鮮也。爰將名缺姓氏鐫石，以垂久遠云。

乾隆三十八年五月二十五日。

/[1]

自刊石之後，凡充皂隸，本身役，貼差五錢；□兒子侄役，貼差一兩，並無頭役贅見。凡應役，俱要"准過"字樣。有貼差頭役贅見，衆方具保狀。如無保狀，碑上不許私填姓名。無缺，不許出長差。

（碑存濬縣文廟西側縣衙院内。王景荃）

續遊大伾山記

任官治事非可言遊，遊亦非可言續也。□官斯任之事，斯治之，又奚必不可言"遊"言"續遊"。□歲己末冬，余奉督糧觀察赫公檄赴衛、鄴兩郡，佐漕運事宜，以十月廿有一日發衛源，循河湄，抵黎陽城，□漕□未下，當稅此。遲之，而黎陽尹王君適他出，□□□然獨誰與語？於是，伾之山靈招我遊矣。□辰□□出郭門東及山趾，羽客導余入呂仙洞。余諦視之，笑曰："疇昔之日坐余藹藹亭中，而展琴沁耳爲煉，□楊瑞符者非子

---

[1] /下列捐施人姓名，字多漫漶。

也耶？瑞符亦笑而揖曰："然。然則周使君再來遊也。"蓋往者，甲申秋，余與北平金賢邨、楚中張孟澤觴詠於此，今忽忽十有二年矣。瑞符曰："雲窩改□，可促膝談。"遂肅以人，盆菊繁英與諸佳卉之未凋者衰余衣履間。少憩，視挂壁囊琴，拂拂欲動，余以屬瑞符脫囊揮軫，作《漁樵問答》，一終，覺乍奪巖石□□□辟我襟塵，□腕再臚起踐磐石，有坳為池，敗荷橫梗枒枒水面，水清沏未凍，前此來有也。瑞符曰："當初登此以媚山光而未有名，名之若何？"余邊名之□□□瑞符曰："志在流水毋乃謬文。我撫琴意□□□□□志流水，余亦志在愛蓮耳。引踵西向，□□□□者。瑞符以命名請余，倚軒檻，俯孤城，□□□□□闊步，恐下界堞齒詹牙艮吾趾踝，□西□□□□當與袂齊。顧謂瑞符曰："余得以□挹袂兩□□□□□興會飈獵，則摳衣陟陛磴如旋螺，□□□□□□萬仙樓，天風灌耳，不可以久留，循□□□□余墜將支手代筇，余麾卻之，而捷足□□□□□□語瑞符曰："余年六十有二，今日登山□□□□□以貽子笑。"瑞符掉頭曰：否，否。使君猶不改□□□□且脛乎後也與。別返寓舍飯移□□般□□□□□贏而去之。思余自甲申以還，閱今□□□□□□檣摻流何所，即今官宋州，距此五舍而□□有□□之命獲茲履及夫其緣治是事，乃續是遊□□□□於事也。丈夫生而有四方之志，蓋有四方之事也。顧安得攬轡先鞭，肩時繁鉅，朝躋乎衡岱，夕余至夫燕恒、太華也哉！

　　龍泉周壎偶撰。

　　乾隆乙未冬十月。

（碑存濬縣大伾山紫泉別野院內。王景荃）

登大伾山步陽明先生韻

披風振步踏層巒，古木峰頭鴉噪寒。西起城煙雲出岫，南來沙勢水波漰。
苔封石徑人踪少，嵐鎖祥門佛法寬。幽洞巉巖仙隱界，伾山可作蓬瀛看。

任濬之新寨明普李鏡，人清乾隆四十年歲次乙未。

（摩崖存濬縣大伾山天寧寺大佛樓北側。王偉）

修建白寺劉裴滮村義學記

知縣王建元

　　予自辛卯冬，欽奉簡命，蒞宰茲土。抵任以來，幾歷年所，士農商賈，各勤乃業。干旄索絲之化，猶有存焉。濬西二十里許劉裴滮村，舊名君子鄉。想衛多君子，雖輶瑗諸賢，代遠年湮，制行類不可考，而流風餘韻賴此荒村相維於不墜。《經》云："觀於鄉而知王道之易信。非虛語也。村古廟有遺田數十畝，聞先以養僧道，嗣因僧道散亡，地半荒棄。里中博士連生登、姚生廷英會約諸君子等，憫阡陌之荒蕪，籌經制之適用，慨然於乾隆四十二年，始勸諭鄉衆，捐財效力，先建義學于村之東，後將荒田設法墾闢，即以地內之滋息，作敦請師長費敬。年來，無論貧富子弟，皆得就塾課讀，而毗連劉裴派村莊亦相率問經焉。夫士君子禔躬应事，大行惠一國，其次惠一鄉。如連生等者負未橫經，昆季皆以文學顯，而且廣植藝林，使隣里鄉黨仁漸義摩，禮陶樂淑，他年譽麾斯士，作賓王家，微夫人之力不至此。矧聖天子文運丕開，鄉塾黨庠振興勿替。予願閣邑諸生正誼明道，各就里閈附近之區，設立義社，毋近名，毋徇利，庶成已成物，珪璋特達之輩後先輝映，一邑之慶，即邦家之光。所謂衛多君子，豈其然乎。是為記。

乾隆四十二年。

（文見嘉慶《濬縣志》卷六《建置志》。王偉）

爲善最樂碑記

【額題】為善最樂

大伾山觀音菩薩堂由來久矣，凡求必應，有感即通，其為靈昭昭也。所以遐方近域無□□其德。善男信女無不被其惠，東西朔南進香者如鱗集焉。獻等亦在覆育，亦蒙慈祥之澤，能不竭盡葵誠乎？遂約城裡關外各里不同人氏，共成菩薩聖會。會中之人，有求子者即獲子，有祈福者即獲福，靈感如此。獻等誠敬之□□不能已，因與同會商議，會首輪流充膺，每至四年完滿之期，虔備香燭，云□□供修醮，以酬菩薩保護之恩。今獻等充膺四年，敬刊碑記，以爲後之行善者勸。

會首尚洪獻、趙怡、王應龍、蘇上哲。

副會首李養重、申士俊、溫欽、張天福、牛林山、陳國棟、宋士英、邢可法、溫有天、吳瑛、周永祥、馬尚仁、劉文玉、鄧克功、田子春、夏師程、司保才、高韻德、高聰、李天福、張德祿、秦輝九、張釗、劉永成、姜文禮、蘇國保、李永重、李元文、楊光宗、高明、馬得泉、楊永青、張有龍、馮子忠、榮大本、張玉璽、秦玉甫、賈龍雨、蘇上品、李國良、王介元、宋天成、唐永福、李加瓚、溫克全、趙連公、楊永連、王文行、常家興、常家壽、賈魁元、張得才、高□榮、申□學、尚□禮、趙建福、李文義、單□琴、彭治業、李學道、李天才、朱勤、李孝、申廷柱、李國柱、楊永資、楊得祿、林國興。

乾隆四十三年二月十九日立。

（碑存濬縣大伾山觀音寺大門西側壁間。王景荃）

遊大伾山詩草

乾隆戊戌奉使山左，舟旋道□□境內，溯流上老鸛嘴，遇風。

風打浪花腥，艱虞此乍經。渦驚旋軸□，□□□□□。

□□□□退，崩□截櫂停。暗天飛瀑雨，淅瀝不堪聽。

過王威□□
琵琶雪夜正開尊，□□生擒吐谷渾。信□汾陽功第一，何□□節黨朝恩。

大橋夜泊
霜落長橋夜，舟停淺瀨石。詎行千里道，已過九秋期。
□豈□□獨，歸偏拙宦遲。客□□正劇，何處玉簫吹？

謁先賢端木祠感題
□生師友九原中，築室三年詎衆同？千古門□真氣誼，亡吳野語盡齊東。

登大伾山
在昔禹導河，途徑此山趾。代閱漢迄唐，河流履遷徙。
此山□□大伾名，任教河移山不更。山已去爲他人有，去而還山之□。
幾年塵封苔蘚蝕，面目一朝重爬剔。柳子邱壑新相知，謝公登臨舊熟習。
□久爲民業關東劉君德新捐俸贖還，經營結構，遂爲勝區。
壁志亦多刻石登覽之作。

三層傑閣半天懸，琪花瑤草非人間。月明似□驂鸞□，□飛□下跨鶴仙。
我來登眺心目弦，煙雲樓臺互隱現。數□□墟大於螺，衛水縈紆但一線。
石壁西照夕陽紅，黃流萬里盡□□。白馬風煙何處是，滄海無限在眼中。

大伾山訪盧次楩墓
山色蒼蒼遮照明，酒澆杯土弔狂生。詞華自是推公幹，禮法元難束正平。
竹石荒齋春寂寞，鶯花故榭草縱橫。才人畢竟深沈好，惜石巖阿早晦名。

登呂祖閣和勞太史韻閣踞大伾山頂
平原廣野忽高邱，興至攀躋到上頭。二水風濤□□合，三山雲物望中收。
河經大麓餘陳跡，壁志長篇記勝遊。不覺塵緣都息盡，天風謖謖鶴聲幽。

清明月朗白雲天，黃鶴孤飛事杳然。海上有山終渺忽，人間何處覓神仙。
客遊方外三生幸，境到山中萬慮捐。今夜蓬窗聞玉笛，夢魂猶繞碧峰巔。
是夕余返糧艘信宿。

梁西楊霆草

乾隆四十三年。

（碑存濬縣大伾山紫泉別野院內。王景荃）

乾元殿碑記

衛輝府知府德昌

　　康熙十有五年，開原劉德新以父朝輔官總兵，蔭謁選人，得濬縣知縣。道出邯鄲，遇黃冠，語竟夕去。劉故好道，自是恍惚前身亦道士也。及見大伾李青霞，如舊相識，乃謀建觀以奉呂祖，疑邯鄲所遇者即回道人耳。於是，所入俸錢，不事家人生產，惟觀之是圖，鑿山為室，琢石為像，繚以周垣，樹以宜木，作大殿、門廊、曾樓、飛閣。殿宇既成，復于鐘離殿右構紫泉別墅，暇則披道士服。今觀中尚有劉君遺像存也。楊瑞符者，青霞法嗣，距青霞六世矣。百餘年來，劉君所興修者，為風雨所剝落，漸已傾頹，瑞符蓋心傷之。乾隆壬申，始修大殿。閱十年，再修來鶴亭。四三年間，修兩廊、吏隱廳、太極宮、蓬蓬居、聽松閣。瑞符創建者，則有雲窩、縱目亭，藻櫨繪供，金碧輝映，遊人至者，無不目爽心怡也。余於庚戌春，偕濬令吳明府登山，詢知興修巔末。劉君當康熙初，物賤工省，久為令，俸入不少。今瑞符當此百物翔貴之時，一方外人，而百廢俱興如此，未嘗不歎作者易而修者難也。瑞符復以祖師大殿湫隘，募為改作。因各捐俸，而余為之倡，數月落成，請記於余。余嘉其能廣青霞之舊業，不負劉君創造之意，或曰是邯鄲道上人所默使也。其然，豈其然乎？是為記。

　　乾隆四十五年。

（文見光緒《續濬縣志》卷三《方域志》。王偉）

重修懷古俯衛藹藹三亭記

　　大伾環山皆亭，而藹藹自□，俯衛幽坦，懷古則高爽，得山勝□。第歷年既多，雖經重葺，而風雨剝落，椽瓦幾易。庚子春，同人攜飲來遊，僉欲修整而志不逮。於是，募諸善士，得若千金，課匠氏，浹旬，三亭楚楚然如蓬者沐、垢者浴也。因為記以勒之石。

　　捐金姓氏開列於後：得宜號鹽商捐銀肆兩，本邑當商捐銀拾貳兩，久泰號捐銀乙兩伍錢，尺發號捐銀乙兩伍錢，泰盛號捐銀乙兩，印成號捐銀貳兩，李振甲捐銀乙兩，□捐銀乙兩，鄔廷俊捐銀貳兩。

　　首事李貴敬、禹清禮、董維綱、王學沫、蔣國秀、安廷梅，共捐銀貳拾兩。

　　大清乾隆四十六年歲次辛丑三月□□。

（摩崖存濬縣大伾山藹藹亭旁崖壁。王偉）

泊頭村郭氏塋社序

　　吾郭氏世居於泊頭村。外鄰居少，吾族頗繁，自前明洪武朝，始祖自山西洪洞縣初遷濬時，即建塋於本莊之正東，自始遷祖以下約有二世，雖葬於塋，惜無碑碣可考，以可訪聞父老而得之者，吾祖諱濬號巨川，元配姜氏也，濬祖復生三子，長諱梅遷葬東塋，二諱棟三諱揖皆葬父前，今居是村者皆梅、棟、揖三祖之支脈也，且世傳久遠，各立新塋，守族者乏人，是以霜露生悲，蒸嘗致祭，各拜於新葬。而舊塋或有至有不至者矣。木本水源，物出有自，報本追遠，人豈無情。余族間舊欲約一族社悉祭奠於祖塋，無奈有志未逮。甲申歲七月，有小子景純、殿臣等向予等而言其事，是適合乎前此之碩，因邀合族公議，無不踴躍從事者。社約定大會首郭輝宗、郭元舉、郭殿臣、郭成金、郭逢玉、郭逢璧，小會首郭成科、郭成美、郭成祥、郭道行、郭宗孔輪流應事，每歲至十月朔於祖塋致祭獻戲，至所需財物，合族量力均派，其有赤貧者不相強其會資，則祭奠享胙弗缺一人，我祖宗庶無怨恫乎。是社也固我輩奉先之意，而親睦族人亦在是矣。後之子孫其世世恪守，勿以遠而或褻焉，是則勒碑者之志也夫。

　　乾隆四十七年十月朔穀旦。

（碑存濬縣泊頭村。王偉）

觀音寺刻石[1]

　　嘗歷觀大伾山菩薩廟碑記，雖林林叢立，総之不離乎求子者。近是吾同人聯會有年，非敢刻石以表盛，聊以誌僉苻衆志云。

　　會首秦世朝、李宗閔、馮廣文、顏治本、郭清礼、杜顯公、秦玉甫、宋朝俊、高倉如、徐青山、張廷柱、朱如苻、趙景重、張玉文、殷淳、陳全仁、司大法。

　　石匠韓希文。

　　乾隆四十八年季春穀旦。

（摩崖存濬縣大伾山觀音寺觀音洞拜殿西側崖壁。王偉）

移修山神土地祠小記

　　大伾山山神、土地神祠，創自國初劉侯，坐落於太極宮牆之南，由魁樓、龍門石梯而上之徑始達焉。地僻而巖高，是以瞻拜者罕到。經年既遠，椽瓦半頹。乙巳春，謀諸羽士

---

[1] 標題係補加。

瑞符，遂移置於斗母閣院之左偏。基址稍闊，廟貌爰新。愧余之力之不足以大牆垣而高閎閌也。工竣日，乃記其事於石。

山西汾州平遙縣宋家官地村李發敬泐。

乾隆歲次乙巳八月吉日。

（碑存濬縣大伾山呂祖祠娃娃殿西側。王景荃）

禹跡千年

禹跡千年半欲湮，偶尋琴客陟峰巔。黃流南徙沙飛浪，玉巘西回翠掃天。
柏偃虯螭蹲瘦石，樓棲鸞鶴聚璚仙。華胥夢契塵心斷，繩榻風清月自圓。

壬子嘉平月登大伾。

眉山官懋斌。

（摩崖存濬縣大伾山紫金別墅崖壁。王偉）

觀音巖寺刻石[1]

嘗歷觀大伾山菩薩廟碑記，雖林林叢立，總之不離乎求子者。近是吾同人聯會有年，非敢刻石以表盛，聊以誌僉符衆志云。

秦世朝、趙景仲、彥治本、龐盛興、宋朝俊、殷淳、杜顯功、張玉文、馮廣文、王中選司大法、郭興富、陳全仁、張得道、秦玉甫、李盛才、高倉如、張子白、徐青山。

乾隆五十六年孟夏穀旦。

（摩崖存濬縣大伾山觀音寺觀音洞拜殿西側崖壁。王偉）

碧霞宮楹聯

乾隆癸亥仲秋仲浣之吉。

恩遍寰區以坤厚博大之德位貸宗而鐘靈毓秀

澤普生民七慈寧愷悌之懷居浮巔而保世佑人

山右路梅生沐手敬書。

（楹聯崖存濬縣浮丘山碧霞宮二門中門南側檐柱。王偉）

---

[1] 標題係補加。

神之爲靈昭昭碑

【額題】流芳百世

　　且夫神之爲靈昭昭也，有求必應，無感不通，宜其群然奉之而無射者矣。大伾東崖，舊有觀音菩薩洞。夫菩薩者，慈悲成性，普濟爲心，呵護一方之生靈，清除萬人之災禍，其靈應非一日矣。今有本城南街溫寅等蒙其保佑，仰其聲靈，每逢聖誕之辰，潔志盡誠，焚香獻供，非敢過求福澤也，特申敬謹之心耳。茲置四年完滿之期，理宜勒碑刻石，以誌不朽云爾。

　　會首朱文煐、駱永恭、夏廷桂。

　　合會郭蘭、趙清吉、楊時著、李生榮、孫廷柱、李清標、楊文卓、李元貴、張士美、申禮得、李振遠、李進榮、王一正、趙玉元、王辛金、楊文魁、傅承烈、盧大柱。

　　大清乾隆五十九年歲次甲寅如月望九日仝立。

　　　　　　　　　　　（碑存濬縣大伾山觀音寺觀音洞拜殿西側壁間。王景荃）

大伾山北巖觀音菩薩會四年完滿碑記

【額題】萬古流芳

　　邑人趙廷玉撰文。

　　邢淑宓書丹。

　　嘗聞衍世代之子，賴我孫子；稱慈悲之主，仰荷神庥。願矢百年，本終身之難盡；會當四載，亦致敬之有期。俊等約會同人，聯茲盛舉。蒙福庇者，不一其人；發誠心者，究無二致。今屆完滿之時，悉輸冰淵之志。因陳巔末，爰泐貞珉，以垂不朽云爾。

　　本邑西關河西大小街會首：田成棟、王清山、張丕智、鄭殿臣、李良俊、張丕顯、劉國柱、張興旺、姜貫、蘇父道、路成亮、劉永太、魏起金、趙人才、常大德、周明德、王有福、陳玉祿、路成名、趙起奉、賀大榮、張斌、王自有、楊文明、王用、孫元介、楊克敬、馬文學、焦甫臣、曹克功、秦秉敬、耿大生、鄭大才、姜國明、宋興旺仝勒石。

　　乾隆五十九年二月十九日。

　　白寺石工劉興業刻石。

　　　　　　　　　　　（碑存濬縣大伾山觀音寺觀音洞拜殿東側壁間。王景荃）

聖會四載完滿碑記

【額題】萬世流芳

　　孔子曰："鬼神之爲德，盛矣乎！"是知無在而無神，無在而可忽在也？況菩薩尊神位前，求子有應，買賣發達，感昭昭靈應矣乎！大慈大悲，救苦救難，保我子孫，其爲靈應也哉！時乎非有宜頂禮而焚香者乎？德等約衆同隨南海大士觀音菩薩聖會，會首輪流充應。會首已經四年完滿，修醮報答。凡我同濟有求必應，有感即靈，咸蒙神佑而托聖扶焉。今德等充應四載完滿，無可酬答，謹備香卓獻供，敬刊碑石，姓名開列於後，以誌不朽云爾。

  會首李惠、傅有德等[1]

  大清乾隆五十九年二月十九日立。

（碑存濬縣大伾山觀音寺東廂房。王偉）

皇清處士顯祖考王公諱大傑起凡太府君妣節孝待贈孺人杜太君之墓碑

  公行七，口年二十三歲口口，妣自二十三歲孺居，享年七十八歲壽終。生一女，配張門。

  皇清處士顯祖考王公諱大傑起凡太府君妣節孝待贈孺人杜太君之墓

  不孝孫王學武，曾孫王炳、王焞仝立。

  嘉慶元年十月初一日立。

（碑存浚縣大王莊村。王偉）

酬報菩薩降福呈祥碑

  【額題】永垂千古

  聞之禮有云：供給鬼神，非禮不誠、不莊。是禮足以格神也。矧以大伾山菩薩老爺降福呈祥以保我後生，由來久矣。人果精誠感通者，有孕必男，有男必壽。靈之驗於已往者，歷歷可數，斯誠人世間昌熾後嗣之福主也。同會感蒙神庥，雖已有刊刻，而念誕育之靈各家實有明徵，今完滿期屆，同會覺無能酬報于萬一，勒石以垂不朽云。

  閤會李元貴、楊德福、趙清吉、楊時著、李生榮、盧三多、孫廷柱、傅承烈、李振遠、溫敬天、駱永功、李清標、朱文暎、申立德、王德金、楊文遂、趙玉元、溫寅、田光照、王一正仝立

  石匠楊克玉。

  嘉慶四年仲春穀旦。

（碑存濬縣大伾山觀音寺山門西側壁間。王景荃）

---

[1] 以下列副會首及同會人姓名，字多模糊。

捐資觀音洞碑記[1]

【額題】流芳

　　大伾之北巖有觀音洞在焉。凡土人有所禱求，其應如響，所以遐方近域聯社進香者絡繹不絕。克寬生長于斯，久蒙神之福庇而愧無以爲報焉。今敬約同人，共矢誠心，各捐資財，進旗杆二樹。非敢以邀福也，特以申寸衷之敬于萬一耳。是爲記。

　　會首趙克寬、耿秉連、李守福、周振山、耿秉義、賈存信、邱復禮、賀大鎔、趙克旺、李守財、劉殿魁、耿秉仁、姬奉義、宋成、郭廷寬、孔存文、李守全、劉宗旺、馬俊、邢有旺、端木本惠、李良河、賀大貴、李振寰

　　大清嘉慶四年歲次己未六月十日立石。

（碑存濬縣大伾山觀音寺山門西側壁間。王景荃）

重修濬縣儒學記

知縣熊象阶

　　嘉慶三年春，象階知濬縣事，出錢二百緡修孔廟，邑人率錢爲助。明年春，工成，諸生請爲記。見其已伐石也，而書之。濬，端木子之故里也。北海加後鄭之高曰鄭公，鄉經師，遠不及大賢而小，同與叔，皆可念齊置士鄉。茲賢也，賢其衆乎？且夫賢者，學聖人之學者也。賢者之學，自化其鄉人始。鄉人有訟不之官府，而之其廬者，陳實、王烈是也。修于身，化于鄉，令免鞭扑告誡之勞，喜何如也！推之治國，亦猶是已。今之學也不然，以舉于鄉爲榮，幾年被放，則歸咎于學宮未修。昨秋試，二張生舉于鄉，或歸美于余。余笑曰："不相及也。士在砥行力學耳，相宅之說非也。"古之學者，士百其行文一事耳。自科目盛行，學者日望通顯，打罷罷者，如別人，如中酒，弱者怒于色，强者愧于心，不知此特文不遇身不遇耳。而無關於學，行路由近者速得，陳、王之篤實，鄭之高以上希吾與聞。一貫之大賢，則聖域可到。揉曲木者，不累日；銷金石者，不累月。吾于賢鄉有厚望焉，是爲記。

　　嘉慶四年八月。

（文見嘉慶《濬縣志》卷六《建置志》。王偉）

---

[1]　標題係補加。

邢福姐墓表

禮部主事吳蔚光

　　河南濬縣之烈婦邢福姐,既得知濬縣事潛山熊象階、知衛輝府事元和葉元符力發其姑任氏與牛文謹通,所以致邢死。申之大吏,大吏讞定奏上,如刑部議:文謹立決,任氏、唐敬存、唐有惠立絞,唐可法等充軍,輕亦枷杖,並旌邢烈,給銀建坊。同人嘉偉邢者,葬邢縣東三里大伾山下,官為勒石,是闡是保。昭文上舍生張夔客于葉,與有力書來述衆意,以墓表文屬余。余讀熊之尊甫寶泰所為邢福姐傳事,與歸氏有光書張貞女事同,心奮然,不敢辭。顧張適於汪婦矣,歸絕之稱貞女,而書張貞女事、書張貞女獄、張貞婦辨,自亂其例,未敢因也。且旌稱婦,故特書曰"旌表邢烈婦"。表曰:

　　邢福姐,縣之鉅橋人。父有才,農也。而女若士族,端妍慎重,寡言笑,年十九,嫁袁興旺。興旺者,顯合之養子。顯合後娶於任,淫,夫死益甚。有牛文謹,凶黠而強暴,為姦首。任前夫女運姐隨任至袁,未嫁,亦與衆通,興旺靡然由之。邢見任及運姐諸醜行,既鄙且怒。而衆艷邢,與任謀必欲得邢後已。則挑之,則使任誘之、罵之、饑餓之,邢毅然不可犯,壹若弗知弗聞也者。則使興旺直告邢,邢憤甚,涕泗而數曰:"汝輩無羞恥無忌憚至此,非復人類。汝,我夫,不能庇我而反陷我,我一孤弱女子,勢力萬不能讐汝輩死,然能自死以全我貞。死且為厲鬼訴于天,失身之事,有死不從。"既興旺言諸姦將用強。邢夜出自沉,而天大風揚沙,昧河所之。及明,遇族人某,送邢至父母家。父母懦,恐任之皋以逃也,即送歸袁。文謹已在住所,具紙墨,逼挾有才書"再逃杖死弗論"。有才弗能書,使唐可法代之。是夜二更,邢已寢,聞砰彭扣門聲。門啟,則唐敬存徑入任室,與牛三人語。移時,牛突大聲疾呼任與興旺裸邢、縛邢,鞭邢數百。邢丐滅燈死,牛益怒,使敬存以牛筋助二人鞭。邢時有身,不勝其楚,號詈聞四隣。隣唐有惠踰垣入,易大繩縋邢於梁,而蹲持繩。五鼓燈滅,敬存遂撲邢死,嘉慶四年三月初四日也。已死,文謹令興旺刀畫邢,作自頸。聞于縣,縣廉得實。時前守劉以公宿行館,聞窗外齦齦悲嘅不止,少婦聲也。疑且駭,趣傔從秉燭四面蹟之,無所見。少頃,復然。旦,則是獄詞至,劉竦歎曰:靈來告矣,吾當從縣。"而幕僚治刑名者力言杀數人償一人太過。延至十月,葉移代劉獄",迺得上如今。

　　嗚呼!婦之烈也,烈丈夫奚以加哉?然而天實為之,何也?使興旺曲全其妻則可以避于邢,使有才袒護其女則可不返于袁,二者不行,死而遂已。當夫懼辱投淵,烈婦知之明,處之當矣。天曷弗因而引之,以免其後之摧傷慘毒至於斯極,而大風揚沙適為梗哉!古今來,忠孝節烈往往備遭人所不能堪之境,然後,特出以成奇。及其成,磊落軒天地,精靈動山岳,千秋萬世,愈遠彌存。而羣凶衆魅亦終無所逃其罪。故曰天也。觀於史策,如岳武穆、于忠肅,暨楊、左諸賢不然乎,然則天之困邢也。天之亨邢也,邢雖死,可以瞑目無憾矣。

河南布政使馬公慧裕書石。

熊象階命工鑴表墓前。

（文見嘉慶《濬縣志》卷十二《古蹟考》。王偉）

盛會碑

《易》有云："天行健，君子以自强不息。"其德之純，悠悠可想見也。然能備此德之全而自然不息以極於神化者，其惟祖師乎？朝綖等敬約同人以聯盛會，迄今亦有年矣。惟是仰純德之輝，感默成之化，心誠無盡而事必有終，爰泐貞珉，稍陳顛末，以表虔誠之意云爾。是爲記。

會首郭朝綖[1]敬立。

嘉慶七年四月十四日。

（碑存濬縣大伾山呂祖祠內西側。王景荃）

傳菩薩之靈感碑[2]

嘗聞碑以傳世，文以誌事。傑等同社載故無足誌，然不立石，非獨似傲於人，亦無以傳菩薩之靈感也。謹循其軌，立石爲記。

嘉慶七年六月十九日。

同社李亮臣、蔣國秀、王景舜、李傑、韓永祿、張學詩、趙穿越、賈兆熊、徐紹智、張智、邢緯、張六吉、康志能勒石。

（碑存濬縣大伾山觀音寺山門西側壁間。王偉）

呈供菩薩屆滿碑記

且夫斯世之神，皆所宜敬，而白蓮臺主、紫竹林中之仙者，菩薩等神也。蓋聞轉禍爲福，化凶成吉，莫不賴斯神之保佑；貴子從生，苦難咸消，莫不憑斯神之拯救。是神也，有功兩間，輔助人世者，良不淺矣。於是，合會之人悉念其德而思其恩，願捐資財，每歲呈供焚香。今屆完滿之期，爰刻諸石，永傳不朽。

會首李發福、劉國金。

---

[1] 以下二十三人姓名，字多不清。

[2] 標題係補加。

大清嘉慶八年歲次癸亥春二月十九日敬上。

（碑存濬縣大伾山觀音寺東廂房。王景荃）

聖母殿火池香亭碑[1]

【額題】流芳百古

　　昔夏之方有德也，貢金九牧，鑄鼎象物，百物而爲之備。況今天仙聖母殿，坐鎮岡巒，地臨城郭，靈應昭昭，由來已久。惟念廟貌巍峨，人所瞻仰者絡繹不絕，不有火池以熔萬姓之金帛，而人之誠敬莫伸；不有香亭以焚四方之檀麝，而神之光輝莫見。是以主持持鉢募化，沿門叩禱，而仁人君子莫不慷慨解囊，共襄盛事。今特鐫石載名，永昭千古，以示不朽云。

　　特授文林郎知濬縣事鄭承烈，儒學教諭沈修齡，儒學訓導王三畏，駐防濬縣司廳王起祿，

　　鹽捕廳徐松齡，世襲翰林院端木毓振。

　　紳士商民宋振甲、傅玉策、王克甲、傅清氣、刑光陛、周光發、傅煜、周□兆、永盛典、顧典興、刑萬吉、永平康、長發號、松盛店、宋和發、仁義號。

　　住持道人單義忠率衆同募敬立。

　　嘉慶十二年仲夏吉旦。

（碑存濬縣浮邱山碧霞宮中院西廊。王景荃）

閻會立石小引

【額題】萬古流傳

　　且夫神之爲靈昭昭也，有求必應，無感不通，宜其群然奉之而無敢輕心矣。大伾西南山側，舊有□□老爺聖像，慈雲遠映，法雨時行，阿護四方之生靈，消除萬人之禍災，其靈應寧有窮耶！有本城居住信士周柱等均蒙福佑，共被恩膏。是以每逢聖誕之辰，潔志虔誠，焚香獻供，非敢忘邀福澤也，亦不過聊申敬謹之微忱耳。茲值四年完滿之期，理宜勒碑刻石，永垂不朽云爾。

　　信士王本者、劉瑞、王大壽、張禮、王中魁、張遇庚、邢其豫、周柱、王楷、陳起元、李會魁、孫超、李先、張越、□士德。

　　大清嘉慶拾伍年陸月吉日立。

（碑存濬縣大伾山霞隱山莊南門東側。王景荃）

---

[1] 標題係補加。

嚴禁作踐廟宇告示碑

特受濬縣正堂加五級紀錄十次朱，爲嚴禁作踐廟宇以昭誠敬事。

照得浮邱山碧霞宮創建有年，香火最盛，近更重加修整，壯麗輝煌，瞻仰彌昭誠敬。其甬通、山門內外皆廟內之地，理宜肅清，不應作踐。近有貪利之輩，踞占廟內月臺、兩廊，強搭鋪面，任意污穢。至葦箔席片，俱係引火之物，設有失誤，爲禍尤大。即在廟住持亦不得冀圖微利，徇情賃給，致褻神祇。合行出示嚴禁，爲此示仰軍民人等，並住持知悉。自示以後，如有前項貪利之徒，仍在山門內外、月臺、兩廊強搭鋪面者，許該住持暨鄉地人等指名稟報，以憑拏究。倘敢扶同徇隱，一經查出，定行嚴懲不貸。各宜凜遵毋違。特示遵。右諭通知。

嘉慶十六年六月十二日。

告示

實貼碧霞宮。

（碑存濬縣浮邱山碧霞宮大門外東側。土景全）

遊大伾山記

大伾在中州，其山最小，自禹導河，東過洛汭，至於大伾，而名始顯；居衛之北，濬之東，爲河朔巨觀，攬其勝者代不乏人。余于己卯夏，由郡城九十里出道口，綠野青疇，平原極目，而圭陵突兀，上出重霄，宛然一方壺聳立於蒼茫雲樹間。又二十里至其麓，森森翠柏，疊陰崇階，旁有劉公泉，水甘而冽，舊令尹之遺愛，志不忘也。徒行數百步，達呂祖洞，遺世獨立，如到蓬萊，香雲淨水，非塵寰矣。少頃，進壺天道院，有亭曰"來鶴"，坳曰"鳴琴"。棲止之所，顏其額曰"雲窩"，寓"無心出岫，倦飛思還"之意。門前峭壁陡立，野竹青松雜出其間；上多名人石刻，而吏隱厈不書山也。出院至縱目亭，浮邱在望，綿亘城闉；四圍村落，禾麥芃芃。回顧群玉山頭，下臨石磵，雨集種荷，兼可畜魚。乃由山徑渡飛虹橋，石間水上，如步虛聲。過此，循階拾詞，多出劉公手。既而登萬仙樓，東望黃河故道，流沙宛在；孟津大陸，猶可想見者。西臨衛水，逝者如斯，慨然思川上之言。越日取道，再遊其最著者。龍洞大小三穴，將雨出雲；夕陽返照，光透穴中，或又曰"酉陽洞"。百步之外，履偉觀巖，黎陽勝概臺在目前。巖下古柏數十株自壁間挺出，翠不改柯，而"雲半山房"僅存其跡。南陟洪濛嶺，北府觀音洞，或爲古守臣之別墅，或爲世俗人之福田。攀躋其頂，舊有中軍亭，而破屋頹垣，無存者，禹廟之建即址也。嗟乎！元圭告錫，聖德如天；崇祀報功，禮有常經；禹之德顯，山之名不朽也。

嘉慶二十四年四月初三日。

靈武謝玉田記。

北平金端本書。

衛郡張致行鐫。

（碑存濬縣大伾山紫泉別墅。王偉）

代父自序修工記

余父，王公諱國玉，字子耀。賦性純篤，樂行善事，每見事有未成，功有未就者，恒多方致力焉。以故附近廟宇間有頹敗傾圮，則必修葺如故而後安，如鐘樓門外兩菩薩堂皆是也。嘉慶十六年，有浮邱山住持僧道兩家暨興工□□朱文喜等，僉以碧霞元君宮殿為一邑之巨觀，實萬民所托命。其如歷年久遠，風雨剝蝕，若不及時整理，必致棟折榱崩。但工程浩大，必須實心好善之人，庶可以勸善士而募化四方也。因推余父為闔會首。父於是鳩工庀材，夙夜勤勞，幸托諸善人慨捐資財，樂成盛事。本擬工竣鐫石，永傳不朽，奈十八年遭兵燹之殘，緣簿帳目俱為灰燼，則姓名不知誰何氏，佈施不知凡幾千。維時憂之而無如何。繼而思之，心既虔誠於已往，神自鑒察于將來，樂與好施必獲余慶之驗，亦奚庸沾沾沾沾名釣譽為哉？今余父已故，所化之緣，雖不可考，而與諸善士共成之工，殿宇輝煌，固昭昭在人耳目間也。謹將修創開列于左，惟願四方仁人君子，同諒余父之心焉，則幸甚。

計開：修理碧霞宮一座，重修山左甬道一條。創修山右甬道一條，重修靈官廟一座，施柏樹二百三十株，金裝兩廊神像。

大清道光元年歲次辛巳六月穀旦。

王士元暨弟士魁，侄子文璿、文璣，侄孫仁體，孫仁中仝立石。

（碑存濬縣浮邱山碧霞宮大門外西側。王景荃）

重修寢宮樓記

【額題】流芳百世

蓋聞創修難而重修亦不易矣。吾謂重修難而創修則易耳，何也？蓋創修在太平之時，而重修在兵火之後。自嘉慶二十年春月，有宜溝南鎮車玉，因身患病來山跪禱，叩乞神佑，病痊，情願募化四方，助修廟宇。回家不日而愈，所有佈施，陸續送交興工人朱文喜收存，以便修工。約有一百餘年，仍為募化，無少懈志。仰見寢宮大樓殘敝日甚，目睹心感，隨飭工鳩材，煥然一新。今工告竣，即將四方善士名諱，刻石立碑，以傳後世，以啟後之助工繼續同志耳。是為記。

增生張方地撰文並書丹。

興工人朱文喜。

助工人車玉。

道會司道會劉嘉芝。

刻石劉祥。

道光四年歲次甲申菊月上浣吉立。

（碑存濬縣浮邱山碧霞宮大門內東側。王景荃）

金裝神像碑記

　　天下名山三百，而泰山獨稱岱宗者，蓋其爵視乎三公，而其脈來自東海，是故天地菁華之氣，所蜿蜒磅礴而成者也。《傳》曰："觸石而出，膚寸而合，不崇朝而雨偏天下。"豈非以神功遠被，足以輔上帝之生成，為下民之庇蔭乎？古者，天子巡東方，則隆望秩之典；諸侯在封內，則修旅祭之文；大夫以下勿與焉。降至後世，無地不懷其德，亦無人不仰其靈。雖在絕域異方，遠於泰安者，亦立廟於本境以奉之。如濬邑浮邱山之有聖母行宮，則其猶著者也。每至冬春之間，士女進香，紛然雲集。而吾垣趙公諱居安者，平生之奉事尤虔，歲之奔謁，竭誠盡禮，至於老而不衰。又有嗣君諱連城，克承父志，約親友張師彭、李煥、趙甲林、孫士官、葛大倫、王應科同拜謁于碧霞宮，獻匾額焉，值時方動工，因請于會長，願金裝正中神像一尊，且勒諸石以記之。其樂善好施如此，洵可謂有父風矣。夫天理人欲，每同行而異情。故以敬神為心者，君子之所以盡其性也；以邀福為志者，小人之所以徇其欲也。今趙公之虔奉泰山，父子一轍，夫豈有他意哉？蓋誠有感於出雲降雨之功，而思少報於萬一焉耳。予慮世之久不察其志，猥與祝巫之祈禱同譏，故略其始末，以示於後云。

　　例授文林郎丙子科舉人直隸大名府長垣縣郭傅沐手撰文。[1]

　　督工住持僧人密順。

　　住持道人郭禮聰。

　　道光六年四月初四日上浣穀旦。

（碑存濬縣浮邱山碧霞宮中院東廊。王景荃）

重修王公祠記

知縣朱鳳森

　　忠、孝、節、義，國之四維。四維不張，國乃滅亡。元順帝至正間，丞相伯顏、哈麻相繼弄權，元政不綱，群盜蜂起。夫以元太祖之深沉大略，用兵如神，滅國四十，遂平西

---

[1] 以下列捐資人姓名，字多漫漶。

夏。元世祖仁明英武，混一區宇，坐致太平，求賢納諫，知人善任，制禮作樂，民物康阜，可謂盛矣。而順帝以外藩人承元統，以天下大事決之宰相，而弗躬自聽斷，恐負惡名，以致群雄割據，臠切瓜分。嗚呼！何其哀也。

公諱士元，字堯佐，恩州人，泰定四年進士。累官直省大明[名]府濬州，有惠政。屢經賊掠，城堞不完，公能親率士民力為捍禦。蓋以死勤事謂之忠，移孝作忠謂之孝。元至正十七年，賊逼濬城，兵潰。公身服蟒玉，危坐大堂，顧其子致微曰：「吾守此土，城存與存，城亡與亡，臣之職也。爾為先人延血脈，可舍我而去。」其子致微涕泣不忍。賊旦至，問公為誰？曰：「我知州王士元也。」罵賊不屈，遂被害。其子相從，與之俱死。是忠孝出於一門，而大元一朝所不數數覯者也。濬人德之，專其祀於浮邱山下。每歲五月，祀之三日，率以為常。甚矣！民之秉彝，好是懿德，蓋其忠孝之氣，上燭于天。世之偷生者雖生如死，而公浩然之氣千古如生，其入于人之深至于如此也烈哉！明嘉靖二十七年，知縣陸光祖重建。明萬曆五年知縣任養心，崇禎四年知縣張肯堂，暨我大清嘉慶七年知縣熊象階等重修。嘉慶十八年，滑縣教匪滋事，余官濬邑，率領同寅紳士、軍民人等，嬰城固守三月有餘，賴公之靈默相，我士民得以安堵無恐。道光七年歲次丁亥，余重蒞茲土，欽承聖天子之洪福，時和年豐，麥禾大稔。而濬民之好義者，咸以忠孝之德光于日月，泉布丹腖，煥焉以飭。眾紳士請余為文。余不敏，自嘉慶辛酉成進士，已二十有七年，筆硯荒疏久矣。雖然，敢不以忠孝自勉，遂援筆而樂為之記。又歌曰：

嗚呼！我公遭時之不利兮，國破家亡誰與歸。浮邱山下一抔土，父子俱沒知者誰？恩州茫茫家萬里，骨肉鍛盡天之涯。犧牲作饌酒斯酌，神兮歸來何所託？元政不綱兮天下亂，賊破我城兮城已陷。荼毒生民兮玉石焚，傷心劇目兮疇與捍。奮拳一擊兮山川碎，不生噬賊兮我之罪。皇天后土兮鑒此心，兩朝閱盡孤臣淚。有子有子兮星之精，忠孝傳家兮簪之纓。歲維龍蛇兮戕我生，上報大元兮忠與貞。從公地下兮著不朽之英聲，綱常名教兮萬年不敝。塞乎天地兮浩然之氣，為聖賢之所許兮成仁取義。懿我之生兮在桂之林，忠孝相感兮同此心。賊圍我城兮賴公靈，民之好義兮輪奐新。何以迎神兮公歌此章，何以送神兮公歌此章，惟忠孝之燭天兮與日月而爭光。

道光七年。

（文見光緒《續濬縣志》卷四《建置志》。王偉）

移建希賢書院記

朱鳳森

蓋聞陶鎔麟鳳，必由於作人，鼓鑄菁莪，務期於得士。天生人才原以供一代之用，課其德藝，貢之大廷，此豈為科名計哉。古者治民，先德禮而後政刑，輕法綱而重文教，天下無不可化之人，無不可善之俗。與其令之革面，不若俾以格心，與其俯首刑章，不若束身名教。誠以科名一途，所以伸天下之士氣，正以柔天下之士心也哉！我皇上稽古右文，敦崇實學，多士進取，惟文是憑，平生精力，盡萃於斯。然文章之道，蓋難言矣，一曰理，二曰氣，三曰法，三者備而餙以藻繪之詞，斯為盡善。

濬邑風俗素稱良善，自戊午、辛酉之後，鮮有上達者。今欲使之勉就師儒，但恐寒畯無力，本縣特先墊銀二千六百兩，在南街設立書院一所，山長脩金薪水、生童膏火紙筆，徵收淇門等處學租。一一經理其事，俾潛心肄業有其具，焚膏繼晷有其資。庶幾英賢輩起，教思無窮，可以罄作養之心，盡文章之妙矣。夫文章之妙，不難於正而難於正中見奇，不難於奇而難於奇不失正。於是，揖諸生而進之，務使恪遵傳注，酌雅去浮，闡聖賢之秘奧，究性命之淵深；本之周、程、張、朱之理，輔以班、馬、韓、蘇之氣，范以王、唐、瞿、薛之法；奇正相生，華實並茂，是乃文章之上乘。余之所亟欲簡拔者也，其或變亂體格，割裂章旨，以怪誕為新奇，以隱晦為奧衍，以短促為簡古，以繁冗為淵博，或掇子書，或摘釋典，此皆離經叛道，鏧悅雖工，蓋無取焉。夫文教一事，廢弛易而昌盛難，人才一道，厄窮多而遭遇少。余惟懼賢才攸伏，夙夜孜孜，自庠序而及山澤，何嘗一日不三復於心？夫立志希乎聖賢，立節先乎忠孝。讀聖賢書而學其事，嘗有成仁取義之思，做秀才時而任其業，已抱先憂後樂之志。方今大憲優待師儒，振興文教，廣開義學，各屬生童靡不歡欣鼓舞，赴試爭先，何獨濬縣一邑乎？本縣為諸生者，八年負虛名者，三十載居家教、列生徒，由童子而登黃甲者十餘人。今乃承乏斯邑，先後十八載。語云："十年之計樹木，百年之計樹人。"殆謂是與，抑余更有進焉。朝廷養士，培植深厚，士子立身，尤宜自愛。鳳羽九苞，其飛千仞，覽者無敢狎之矣，況得而羅之乎？氣節者，士之羽儀也。懷文抱質，潛德以居，豈非巋然物望哉！出而筮仕，正色立朝，致身侃侃，恒必由之，氣節非他勵，廉恥植綱常。古人立志不在溫飽，每食不忘君父，遠大自期，罔汙流俗。夫士必自重也，而後人重之。端木夫子，古之賢人也，接聖門以貫之傳，由文章而悟性與天道之旨。士希賢，賢希聖，曾累而上，及其成功一也。學者返而求之《四子》六經，譬如行者之履絕嶠，涉迷津，忽而抵家，起居食息怡然，足以自樂矣。

濬邑為先賢故里，舊有希賢書院，在東門之內。初為義學，康熙五十一年，前邑侯梁通洛建。乾隆三十二年，前邑侯趙而謙增修並改為希賢書院，有小地四十六畝。乾隆四十六年，前邑侯吳學曾買地十四傾，小地六十六畝。嘉慶四年，前邑侯熊象階買小地二十一畝。俾教育有資，均足以嘉惠來學矣。昔者張忠穆公肯堂宰斯邑，有《青壇社約》云："濬非乏才也，玉璞珠胎無以發之，連牛之氣尚未能燭天耳。"他山之攻，宰斯邑者不敢不勉。嘉慶十八年，歲在癸酉，滑縣教匪滋事。濬邑距滑伊邇，彼賊圍者十餘日。本縣率領紳士軍民人等嬰城固守三月有餘。今復蒞茲土，尤宜振興學校，以化邪慝。因舊書院湫隘，冬裘夏葛，恐負居諸。夫朝而講貫，夜而服習，豈可無藏修遊息之地乎？乃設此書院，自廳而堂而室，兩翼書樓，有庖有湢，門屏周繚，咸煥以新。而余尤望後之繼起者，有教斯民之責，擴充其量而廣大其規模，以普被寒士之心，永教思無窮之義。瞻菉竹而興思，咏干旌而何界？諸生自今伊始，整飭廉隅，矯矯自好，風節表之，人且改容而禮之矣。當代名公咸以濬邑多佳士，其誰不刮目以待？蓋記誦詞章只工為梯榮捷徑，不復知有文行並重之事，何以仰副國家興賢之典、大憲樂育之意哉？茲者名師在望，其各攻苦乃心，異日人才蔚起，科甲蟬聯，敦厚風化，是余之厚望也夫。

　　道光七年。

（文見光緒《續濬縣志》卷四《建置志》。王偉）

信士弟子四年完滿碑記

　　【額題】流芳百世

　　大伾山巖舊有菩薩神洞，靈感四方，有求必應。凡無子嗣，敬禱默祝，錫祥麟於望族，降威鳳於德門，廣施慈惠，保我赤子。今逢四年完滿之期，敬約同人，刻石立碑，以誌不朽云尔。

　　濬邑信士弟子：[1] 仝立。

　　道光十年二月十九日吉旦。

（碑存濬縣大伾山觀音寺西廂房。王偉）

達觀亭四首

詠井

濬之城如舟，改邑不改井。玉甃綠沈沈，吹落榆錢影。

詠柳

昔日陶泉明，五柳先生傳。不知誰氏栽，遂使堂成萬。

詠池

為愛換鵝書，臨池洗硯餘。桃花春水上，去覆化龍魚。

詠亭

吾以名吾亭，達觀而已矣。松風送雨來，吹皺一池水。

　　道光十年歲次庚寅三月，此亭落成。臨于池上，名之曰達觀，非觀魚也。昔人謂濬城

---

[1]　姓名多模糊不清。

如舟，雖經嘉慶十八年賊匪圍城，則城如凌萬傾之波濤，安然無恙。余適董其役，如舟之舵師然，盡風波，入險出險，凡經三月。此日重來，恍然若昨日。可見浮生若夢，爲歡幾何。茲歲風調雨順，蒙皇上如天之福，國泰民安，萬民皞皞咸遊化宇，因於濬署之東偏，掂地半弓，有井、有樹、有池、有亭，揆之情形與曩迥異，古之人憂民之憂，斯能樂民之樂。爰作達觀亭詩四首，以紀其事。諸君子覽之，亦有同心耶！

　　蘊山朱鳳森題並書。

　　高山刻石。

　　　　　　（碑原位於縣城察院東街實驗小學教室牆內，現存濬縣浮邱山文物庫房。王景荃）

大伾山賦並序

　　余宰濬前後十九年，簿牒章程，日昃不遑暇食。向因祈雨，齋宿大伾山，望黃河故道，考《禹貢》："東過洛汭，至于大伾"。《孔安國傳》："山再成曰伾，至于大伾而北行"。漢鄭康成曰："地喉也，沇出伾際矣"，謂在修武、武德之界，三國時張楫謂"在汜水、成皋間。余嘗至汜水，登伾山頂。《水經注》云："河水經大伾山下。"孰不知《水經》之大伾，非《禹貢》之大伾山。晉薛瓚主《爾雅》之說，謂修武、武德無此山。汜水、成皋雖有此山，而山又非再成。《正義》、《通典》、《括地志》並云當在黎陽。宋程文簡公《禹貢地理圖》取薛瓚之說而詳言之，謂在"大河垂欲趨北之地"，正與河東流而先記華陰同也。明王文成公有《遊大伾山賦》。余復綜全濬之形而賦之曰：

　　若稽古，大禹奠高山大川，東過洛汭兮，至大伾之層巘。維大河之趨北兮，粵唐虞而有然。決二渠以疏九兮，咨浩浩之滔天。山再成曰伾兮，考《爾雅》之鴻篇。登大伾以望浮邱兮，哀濬城之蜿蜒。詠《幹旄》之子子兮，余蒞茲一十有九年。綜濬邑之幅（幀）兮，居石壁之星躔。論《禹貢》則一萬兮，論鳥飛則五千。山川之精爲星兮，名地肱而上輔珠聯。瞻黃河之九曲兮，徑大伾而八曲相連。在冀、兗、豫之交兮，伊古黎侯之陌阡。商搜于黎而東夷畔兮，周卜河朔而西郊以延。按《國語》而定分野兮，疑豕韋而東偏。稽兒黎之來朝兮，思玉帛之孔宣。叔孫豹之次雍榆兮，達雍城而左旋。《漢書》命之曰黎陽兮，三國而有袁譚之故城焉。晉魏沿之而弗革兮，繼劉漢、石趙之所制牽。彼英雄之割據兮，又歸之于慕容燕。燕滅而沒于苻秦兮，後竟爲翟遼之所專。攬元魏之地形兮，考北齊之土田。周乃置爲黎州兮，隋大業而始捐。唐初之平竇建德兮，屬衛州而擁旌旃。彼晚唐之失德兮，暨五代而竟戈鋋。歎石晉之叢胜兮，及宋初而割屬于澶。及改爲安利軍兮，管河北路之風煙。徽宗用升爲濬州兮，《金志》大伾郡之淵源。元始隸于大名兮，《方輿紀要》而屢遷，迴其山之爲狀兮，東至白馬之垣堧。南界滑臺之嵯峨兮，西至汲郡之香泉。北望蕩陰之里兮，聽淇水之涓涓。山不在高，有仙則名兮，是以駐三豐之神仙。呂祖洞之幽深兮，萬仙樓之高懸。八卦樓之聳峙兮，邈薜荔之糾纏。開紫泉之別墅兮，敞三別四壺之瓊筵。我云身到蓬萊兮，蟄龍洞之龍涎。見桃花之結實兮，詠柳絮之飛綿。愛撫琴之綠綺兮，因歎乾而憂煎。爲之禱于山靈兮，冀百谷之蕃鮮。刑白馬爲白祀兮，宰青牛于青壇。鑱崖石爲大佛兮，佛圖澄之秘詮。偉觀巖之洪蒙兮，紫金峙而鳳凰翩。睹翠石之棱棱兮，窺玉女之嬋嬽。摧化及于童山兮，戰叔寶于漪漣。溯賈讓之治河兮，經桄入而騰騫。黑山之形如展箕兮，采伏苓以嬋娟。寒波洞之窈邃兮，鹿場山之渾圓。沿支隴以永脈兮，辨太行之秋色于毫巓。繪二十一所之輿圖兮，此户之氓以編。望松楸之鬱鬱兮，思端木之大賢。緬鹿臺以俯鉅橋兮，有殷鑒之在前。哦綠竹以瞻淇澳兮，有衛武之孚先。攜知己之二三兮，觀氣象之萬千。層巒疊翠兮，摹一幅之詩箋。鷺濤虎岫兮，結團蕉之數椽。非汜水之成皋兮，詎修武之相沿。嘉慶之歲在癸酉兮，有黃巾之党曰白蓮。撼螳臂之當轅兮，拂螻蟻之腥膻。余嬰城以固守兮，據礨磔之銀韉。賊攀堞以圍城兮，奮赤手之空拳。仰天兵之南下兮，擊征鼓之闐闐。掃攙槍于萬里兮，欣七劄之能穿。耀旌旗于東井兮，飛百斛之樓船。戴皇恩之高厚兮，沐帝德之深淵。欽命大將以專征兮，慶閭里之歡然。擒獲小丑兮，掃蕩乎風煙。譬如風之掃敗葉兮，泣遠樹之寒蟬。破袁曹之舊壘兮，標青史之賢員。茲復蒞乎茲土兮，思一貫之真傳。謂既富之方穀兮，念富教之乾乾。思勒銘於大伾兮，若岣嶁之堪鐫。神禹之明德遠兮，貴守土之無愆。揚大烈而浚淪巨川兮，任天下之仔肩。願登高以作賦兮，結千古□翰墨之緣。

賜進士出身欽□□□河南衛輝府濬縣知縣桂林朱鳳森撰並書。

道光十年歲次庚寅仲秋日。

高山鐫字。

（碑存濬縣大伾山霞隱山莊。王景荃）

趙氏祖塋碑

【碑陽】

【額題】啟我後人

蓋聞萬物本乎天，人本乎祖。故祖宗雖遠，孝子仁人追遠之心，於其靈爽之杳不可見者，猶仿佛遇之而沉。塋北邱壟顯在目前，詎可視若無親，而聽其漸即於湮沒哉。我趙氏，本晉洪洞籍。自前明洪武初年，遷於濬之前寺莊，迄今四百餘年。始祖以下，皆葬於村東祖塋，至八世祖，始遷葬新塋。祖以下皆襯葬焉。道光癸未春，鱗謀葬先考唯皇公以□□地隘，卜地於村東南，更立新塋。堂伯敷公、堂叔□□、從堂叔振極公亦皆先後遷葬，今惟堂伯□公、堂叔會□公、從堂叔連極公、巫極公未遷。鱗念地已不能多容，勢必至於皆遷，倘皆遷之後，無碑以誌之，則古墓為田，松柏為薪，雖我趙氏子孫將有不知祖宗墳墓在者矣。因謀諸族人，思欲刊碑，修誌其詳。奈歷年以久遠，事鮮可考印，我先人之諱與字且有失其傳者，此亦後人所無如何也。然祖宗之事蹟雖無可證，祖宗之諱字雖無盡存，而北邱壟果能使其不至湮沒，則後世子孫之至於斯者，□可望塋碑知見祖功焉，睹邱壟而如見宗德焉。見子孫之孝思,既可因是而不替。祖宗之精神,亦可因是而常留矣。然則碑誌之所係夫豈微哉!鱗不才,自恨於先人統緒未能纘其萬一,然不忍忘我祖宗,且欲以孝子仁人追遠之心,望之後人也。於是,揮淚而為之記。

龍飛道光十二年二月清明節,八世孫監生金鱗同合族公立石。

(碑存濬縣善堂鎮。王偉)

文冲詩碑[1]

黎陽城外草斑斑,可是黃河舊曲灣。
神禹不來憐下策,《尚書》枉記大伾山。
甲午冬十月過濬縣道中口占文冲。

(碑存濬縣大伾山霞隐山莊。王偉)

重修濬縣學宮碑記

懿夫型方訓俗樞機端在膠庠,肅廟雍宮典制宜綜明備。

聖天子臨雍視學,稽古右文,凡所以正人心、迪彝教,使天下沐浴詠歌,共臻於道一風同之治者,舉于學校是賴。然則修身之要,為政之本,其必由學乎?

濬邑學宮,建自前明,厥後修葺,代不乏人。道光壬辰春,步鼇蒞任伊始,率諸生展謁文廟,瞻仰堂廡,周前後,見椽棟之剝蝕,牆宇傾圮,雖歲加補綴,於廟制鮮濟,而尤於學博及諸生確商者,舊建崇聖祠在大成殿之東隅,鄉賢名宦兩祠列其後,揆諸尊崇之義,體制未協。並兩學署陋室數椽,亦非所以隆師道而施教育。當年創建或限於地勢,未敢妄生訾議也。因詳加審度:崇聖祠應移建明倫堂後,尊經閣應移置祠後,廟前添建義路、禮門,殿後添建聖域、賢關;而凡鄉賢名宦、忠義節孝及學署等處,增葺之,式廓之,有嚴有翼,靡不宣臻矣。工巨費繁,且戒以經始勿亟。幸同心共濟,除寅僚各挹廉泉外,諸紳民之輸助者,咸踴躍爭先,爰鳩工庀材。始于癸巳孟冬,越乙未春月告竣。

夫濬邑,古衛地也。衛多君子,刻黎水、伾山,先賢之鍾毓於斯;事賢友仁,先賢之琢磨於斯。綜考歷代碩輔名卿,忠義輩出。居是邦也,上智日新其德,處為正士,出為名臣;中材讀書明理,變化氣質,亦藉以守身寡過。是則守土者之自勵而期共勵也與!

大清道光十五年歲次乙未仲夏月,濬縣知縣王步鼇、教諭關起峰、訓導□瑞錫、縣丞詹大煃、劉廷誥,典史吳臣教暨合邑紳士同立。

(碑存濬縣文廟官書軍前東側。王景荃)

---

[1] 標題係補加。

重刻玄玄子創建鶴舞亭碑記

　　嘗謂：聖凡之分也，皆由於邪正之大明；邪正之分也，皆由於聖凡之大懸。聖之量，宏也；凡之量，隘也。宏則無物不包，隘則見一物而輒驚。邪正之分由於聖凡之懸也。

　　若是，我風道仰不愧於天，府不怍於人，兢兢以平等自居，益平等中未嘗無異焉。訪學尋道，伴狼虎，登峻嶺；冥心運氣，坐三更，聞虎鳴；飲酒采月，松樹下，蒲團上，側耳聽猿聲。幽居無地，費百兩黃金，買個白鼠兒學打洞。眼前寂寞，燒千間樓閣，陶成個黃貓兒，手中戲弄。披裘駕舟，萬頃深被，驅魚鼇蝦蟹鬧天宮；策杖緩遊豐草長林間，使螟蟲與龍蛇斗爭。

　　有害問曰："平等先生，何種種異事也？"風道答曰："天無此異，何以見雷霆之妙用？地無此異，何以見山川之包藏？人無此異，何以見旋乾轉坤之手段？况我區區風道，妄列仙班者乎？"適有楊氏諱梗者，忠厚傳家已久，倏爾貓神作祟政，造化留此混世魔蟲，專待我風道點化也。遂托五老邀我入壇，曲盡挽回之術，貓神竟入化境。楊氏父子不覺自發虔誠，創建鶴舞亭。嘻嘻！鶴舞，正事也；貓祟，邪事也。不有此一番邪事，何有一番正事也？今而後，人能以宏量富居，邪正渾而舉世聖矣，庶可慰我渡世之苦心云爾。是爲記。

　　峕大清康熙二年孟冬之吉。

　　嘯臺主人玄玄子撰。

　　田間居士楊梗，同子楊自修、楊茂修。

　　道光十七年孟夏月並草芳庵記重刻石。

（碑存濬縣大伾山張仙洞北側。王景荃）

重修伾巖草茅庵記

　　嗟嗟明良已過，佳會當期。落落巖穴，生平豪狂，未曾厭貪富貴、慕功名。心血有數，世故無窮，何日回頭歇？尋花柳，攜良朋，飲高酒，宿低娼，反是我仙家客。但因世道頹壞，人心沈迷，我風道借王生、夏生現身說法，普渡群生，若無棲址，蓋杳而難徵也。遍尋濬境，伾崖東皋舒嘯，宛然是我仙家舊景。夕陽在山，樹影參差，樓閣重重，煙雲萬家，好一個蓬萊仙島，好一個蓬萊仙島！茅庵豎對，聯挂千載，後稱我"風道嘯臺"，有何差？援筆書之，永傳不朽。是爲記。

　　峕大清康熙元年仲春風磨道人自作。

　　道光十七年孟夏之吉敬重修。

　　督工道人吳嘉善、孫世德鐫。

（碑存濬縣大伾山張仙洞北側。王景荃）

增建希賢書院記

王步鰲

濬邑希賢書院，舊在邑東隅，即今察院處也。余於道光十二年履任茲土，會前宰陞任通守朱君鳳森志切興賢，敘及舊書院地勢湫隘，齋舍亦少，且以軒蓋迎送之地為師生講習之堂，諸多未宜。曾購民宅一所，座落南街，規模宏敞，擬請改建書院，心竊韙之。朱君旋即在濬病逝，清累縈重，身後蕭然，將該宅作為公廨，入款流抵。因思前宰既有志未逮，後任義當成美。余蒞濬後，學校、溝洫暨各壇廟等處遞次增修，心力交殫。書院改建號舍，中立講堂，後建書樓，凡經室廊宇及庖、湢之所，靡不備舉。繚以周牆，仍於院西另建龍門及點名廳，俾歲科縣試童冠無擁擠之虞。自丁酉首夏興修，迄冬告竣。修費不貲，勉竭廉泉，其原價詳請分年攤認，概未邀請紳民。所冀此邦人士經明行修，紹敬教勸學之宏規，挹事賢友仁之懿範。衛多君子，今豈異於古所云耶？是為記。

道光十八年。

（文見光緒《續濬縣志》卷四《建置志》。王偉）

始祖諱朝用字錚拔齊公之墓

嘗思元公制禮，動水源木本之思，朱子傳，釋春露秋霜之憾，則祭先之典，由來久矣。孫仲元等追念宗祧，遷民以來，歷代久遠，按之昭穆譜係無存，唯村東首有塋地一圖，周圍樹木亦幾斬伐將盡，每逢祀事一來，嘗不抱月居鱻而流涕也。余故勸之族人，修墳墓，止踐踏，以序子孫之孝思。栽樹木，禁戕伐，以妥先人之靈爽。於是，各捐資，勒石為記，使後之報本追遠者，識其由生之所焉。

邑庠生齊自修拜撰。

邑庠生齊慎修拜書。

合族仝立。

道光二十一年十月十二日穀旦。

（碑存濬縣善堂鎮齊小寨村。王偉）

藍田種玉

道光乙巳仲秋

藍田種玉

古圃張敬立。

（碑存濬濬縣大伾山霞隱山庄。王偉）

募捐修葺碧霞宮碑記

【額題】萬善同歸

　　濬邑城外浮邱山太行山行宮，自兵燹後，幾加修葺，煥然一新矣。然香火盛而侵蝕尤易，兼之風雨摧殘，鳥蝕鼠啄，非加修葺以妥神靈而壯觀瞻耶。首事等募化，衆善佈施，補修大殿錫蛤蜊一個，東、西簷、後簷三處，太子宮後院牆，玉仙殿臺階，王公王母殿臺階，值符殿、帥殿、寢宮門、內外陪房等處。工竣，因將衆善布施若干，以及工支使錢文若干，俱勒於後。[1]

　　大清道光二十六年十月吉旦。

（碑存濬縣浮邱山碧霞宮中院西廊。王景荃）

重修玉皇廟碑

【額題】萬善最樂

　　濬邑大伾山絕頂，群峰之領袖，諸巒之冠冕也。舊建玉皇廟，一名玉皇頂，蓋仿五嶽絕巘塑至尊之神，以鎮壓萬靈者，不知始於何時何人。唯大殿有前明邑侯張公諱肯堂重修榱椽，邑誌載有國朝順治十一年邑人劉公尚信碑記。至今歷有年所，兼無住持房舍，並因泉水堅難，不能堅固，風飄雨毀，雀啄鼠穿，一切殿宇牆壁傾廢可憐，因捐資財重爲修理，缺者補之，無者增之。庶神靈有所憑依，廟宇有人防守焉。是爲記。

　　重修工程附刻於左：重修大殿五間，金裝全神神龕，油畫格扇殿宇，重修拜殿五間，重修三門三間，重修月臺，重修甬路七仗，重修周圍院牆，增修齋房三間，增修火房一間，增修門內院牆。施瞻畝地十一畝五分。此地坐落韓府寨寺前，係一段二十二畝分，天齊廟十畝有零。舊有廟門內外柏樹，共五十七（科）[棵]。

　　邑人從九品邢本立捐資重修。

　　督工邢書山。

　　邑人太學生趙樹美撰文書丹。

　　助工李有祿、宋學曾、僧官美亮自施錢五千文。

　　住持心善，徒侄元興。

　　石匠史焕。

　　大清道光二十九年歲次乙酉六月上澣吉日立石。

（碑存濬縣大伾山電視轉播臺門外。王偉）

---

[1] 捐資人姓名，字多模糊。

重修浮邱山碧霞元君行宮碑記

【額題】繼往開來

　　七十二代封禪之說，邈不可考，而入老氏之夢載浮屠之書，益虛元而無證。惟獨石生云："夫寸即合，不崇朝而雨徧天下。"泰岱之神實有功德於六合九有。《虞書》云："歲二月，東巡至於岱宗。"宗之爲言崇也。則其名與六宗並重，知五嶽中惟泰山之功德爲尤尊崇，而爲人所宜醰祭而酬報者，微特東嶽獨有專祠，歷代皆有祀典。自宋元以來，隨在有碧霞行宮焉，迨明封爲"天仙玉女廣靈慈惠恭順普濟護國庇民碧霞元君。"無論通都大邑，即鄉黨閭里，悉有廟宇以奉香火。惟神之靈應無疆，不可殫述。而潛邑城外浮邱山碧霞元君行宮，更遠近聞名，香煙尤盛。舊在邑之城隍廟左，自前明嘉靖庚子歲，邑侯虹泉蔣公始移建於浮邱山椒。越二十余載，至嘉靖四十一年壬戌，功始告竣，邑孟龍川前輩有記存焉。隆慶元年，鄉耆楊金等重修，有邑進士王大伾公之記。萬曆四十九年，邑御史赫公重修，有道人李實重孫常保全之記。逮及國朝順治、康熙、乾隆、嘉慶年間屢有重修碑記，亦歷歷可考無須多贅。惟自嘉慶癸酉患遭兵燹之後，歷道光至咸豐元年，經四十載之久，不無風摧雨折，雀啄鼠穿。邑之太學生沈健、信士張元魁、付連仲等睹此情形，觸目傷心，即命住持道人李祥鈺，敦請諸位會首捐資募化，重加修理。自元年辛亥夏月開工，先修戲樓，次由大門、二門、鐘鼓二樓及大殿神像、陪廊神像、角樓垣牆、磚路，皆煥然改舊爲新。今歲壬子仲夏秋工蕆鑱石，爲之述其梗概，將佈施姓氏誌於碑石碑陰，並另有石刻。

　　計開：廩生李煥文、候選縣分司李秉文、千總李連科、國子監太學生沈健、職員蘇昌、宋魁元、生員傅俊卿、首事賢裔恩貢端木毓寅、乙酉科武舉李煜文、國子監太學生莊敬渭、乙酉科武舉劉珊、武生王朝彥、信士張元魁、邢書山、傅連仲、沈俊、李存智、孫日禮。

　　信士常占中管帳。

　　生員朱振凡書丹。

　　國子監太學生趙樹美撰文。

　　信士申廷棟管帳。

　　住持道人李祥鈺。

　　大清咸豐二年歲次壬子仲秋月上浣穀旦仝立。

（碑存潛縣浮邱山碧霞宮中院東廊。王景荃）

菩薩聖會碑

【額題】流芳百世

　　嘗聞作善降祥，積善又有餘慶。誠古今之至理，亦天道之所先知之也。潛邑東關有菩薩聖會，敬神明以表虔誠，求子孫而無不感應。赫赫厥聲，濯濯厥靈，宜而繩繩之咏，誠盛事之休風，即神人之共樂。有創於前者，未有不繼於後。三載考緝，四年完滿，刻石永垂也。是爲記。

會首杜廣元、李松嶺、李文德、張秦林。

副會首楊振山、李法才、盧玉貴、蘇朝仲、楊文德、李松山、王法玉、何永貴、李文清、邢永裕、李法竹、劉洪才、劉崇文、楊國孝、王占蓋、秦長山、王連生、鄭玉秀、李樂全、王俊衡、馬德美、周中柱、田德重、李玉慶、李茂貴、鄭同貴、徐彬、□□、王松山、王□□、李中□、李懷山、馬章、吳興、王祿、王愛祿、秦光、張進朝、張進才、張上柱、張凡榜、張衡亮、張全孝、張全□、王□魁、李天才、李占魁、鄭材、□禹、王廷相、□德山、周鳳山、張俊□。

傅時烈撰文。

大清咸豐三年歲次癸丑二月上浣之吉仝立。

（碑存濬縣大伾山觀音寺東廂房。王景荃）

重修康顯侯祠記

夫守士者，以簿書之暇，分祿入之餘，刱精舍，飾招提，寶相巍峨，宮觀煥奕，俾梵唄不絕於晨暮，士女喜奉其香燈，豈不謂有廢必舉而祀事孔明哉？然而無當於務民義也。咸豐六年夏，予捧檄官斯土，惟時春穀既登大田，望澤暵乾。慨歎蘊隆蟲蟲，不特魃虐堪虞，抑且螟螣交集，予焦思旰夕，靡神不宗。雖每禱必雨，而優渥未沾。粤稽邑乘有康顯侯祠，在大伾之西陽明洞，又曰龍穴，有神宅焉。自宋大觀敕封顯爵，迄有明宣德中前侯胡君重建，祈禱無愆，爲濬民福；而明禋不舉，蓋亦有年。予乃躅吉虔禱於祠。設壇之日，即獲觸石之雲，浹日之間，澍雨連被，於是，苗之稿者浡然興，種之播者苗然長。予之精誠，何能感神如是耶，抑神之降福我民，與民之邀庇於神者，如響斯應，匪今斯今也？顧牆宇頹圮，像設露棲，曷足以昭儼恪？予心戚焉。乃卜九月之吉，飭工庀材，重新廟貌，傾者扶之，陋者葺之，不閱月而告成。垣墉楹桷不改舊規，固無取翬革之華，亦惟神之所憑依者，與古惟新，即吾民之邀庇於神者，亦從茲勿替也，豈非予之厚幸也，夫是爲記。

咸豐七年歲次丁巳，知濬縣事李德坊敬撰。

（碑存濬縣大伾山龍洞拜殿內壁間。王偉）

重修濬邑大伾山東天寧寺碑記

【額題】流芳百世

蓋聞三邈傳心，寶刹開梵天之境，九年面壁，珠宮起崧嶽之林。由茲鹿苑、虎溪蘭若，肇興於東土；微特雪山、鷲嶺貝株，遍植於西疆。願祝國而佑民，咸登清靜；宜名山與聖地，廣設招提。顧紺宇譯經，原托賴夫婆彝婆塞；而黃金布地，端借資於檀越檀那。則如濬邑大伾山東天寧寺者，創建無碑，杳冥莫考；重修有碣，梗略堪稽。立叢林於大定之年，世溯隋唐而上，徵敕典於柴宗之歲。記垂梁漢以來，錫厥嘉名，永無停廢。號為古跡，久勒誌編。誠濬邑偉觀、大伾福地也。乃年湮代遠，劫燼徒存，蓬亂荊叢，荒庭莫埽。雄坐之象搏獅吼，苔鎖蘚封；法宮之虎伏龍降，泥傾土墜。般若境，惟有山頭曉月；莊嚴場，空餘洞口秋雲。花落柏庭，絕少散花之侶；雪飛梅館，難存立雪之僧。埋鐸塵侵，廢鐘塵蝕。遂令白馬津邊古壇舊寺，等於黃河曲里頹岸傾灘。懷古憑今，疇解坡仙之帶；庀材鳩匠，莫揮郢氏之斤。爰有邑之從九品邢公，博涉群書，旁通釋典。情殷舍利，變煩惱而證菩提；念切隨緣，即慈悲以為解脫。多年旁求柟樲，幾載棲止雲巖。誓令百廢俱興，不惜千金靡費。於是，虹飛巨壑，鱗砌層台。由正山門，歷大雄殿，煥手法界宏開。凡住錫院與積香廚，燦若慧燈常燕。芟盡法堂之草，彩凝榱棟之雲。再瞻烏革翬飛，靈峰鬱起；重視翠甍雕檻，古刹還新。雖工已蕆而願靡窮，乃緣欲空而人亦逝。為陳梗概，各勒於碣中，所有工程，附鐫於碑左。

重修大雄殿三間，前拜殿三間，水陸閣三間，羅漢殿三間，天王殿三間，眼光殿一座，山門外台級九層，寺南大石橋一座，重修大山門五間，增修鐘樓一座，補修藏經閣五間，地藏殿三間，金塑合寺神像，重修四圍院牆。

例贈登仕郎鄉耆從九品邢本立字培基捐資重修。

國子監太學體乾沈健，吏員菘嶽邢書山仝督工。

國子監太學生德馨趙樹美撰文。

國子監太學生繁英李林芳書丹。

時大清咸豐七年歲次丁巳仲冬上澣穀旦。

天王殿至後殿，俱係後院住持照管。天王殿前各廟，俱係前院住持照管。

天寧寺山門兩院住持仝行。

仝立石。

（碑存濬縣大伾山天寧寺天王殿內。王偉）

重修千佛寺水陸殿記

佛祖佛之為教，其言明心猶夫吾儒之言盡心也。其言見性，猶夫吾儒之言知性也。第儒以治世為主，佛則以出世為主，故但修其心性，不復及於家國天下。學佛者苟能於其教闡明之，更於其教擴充之，佛教未嘗不可有功於聖教。此非具精勤之志，兼有強毅之力者不能。而所謂精勤強毅之人，不必待其闡明、擴充而始知也，觀其承先啟後，興廢舉墜已可預為之信焉。濬邑城外浮邱山，舊有千佛寺，創於唐代。明嘉靖中，大夫宋公改為"浮邱書院"。熙朝定鼎初，仍改爲寺。時有浮屠力宫自大梁來，卓錫於此。傳至其徒洪慈，能於其教闡明之，復擴充之。吾邑馬公大士，垣邑崔公維雅，皆其法嗣也。洪慈於佛教之外兼教以治世之道，故兩人於康熙間並入詞林，一官鹽院，一官臬司，俱爲名臣。所爲佛之有功於聖教者，此非明徵歟？寺至嘉慶癸酉歲，毁於兵燹，其前殿佛洞、山門，業經慈之八代孫庸會陸續募化，修如舊。至中殿、後大殿及後兩旁殿未及修，而會圓寂。僧寂林者，洪慈之九代孫庸會之徒姪也。目擊傾圮之狀，慨然以修復爲任。因與其徒孫普心廣爲募化，且請邑紳沈健，路方新等首事監工。經始于道光己亥，告竣于道光乙巳。於是，殿宇之巍峩，佛像之莊嚴，無不復其舊矣。此非寂林與其徒孫普心具精勤之志，兼有強毅之力，豈能若是乎！今特刻石間序於予。予嘉其能承先啟後，興廢舉墜，並望其於佛教闡明而擴充之也。故特為之序其始末如此。

邑人候選訓導歲貢劉太平撰文。

邑人增生張濤書丹。

長葛縣監生楊甲林篆額。

誥授奉直大夫知州銜知濬縣事李德坊施銀壹百兩。特授考城縣知縣前濬縣丞許晉魁施銀捌兩。誥授奉直大夫同知銜濬縣丞朱和鳴施銀貳兩。敕授修職郎濬縣教諭金振東施銀貳兩。邑人監生沈健、路方新施銀貳兩。

咸豐拾年歲次庚申七月上浣。

（碑存濬縣浮邱山千佛寺水陸殿前西側。王景荃）

獎施燈油香火碑記

濬邑南有浮邱山，自城内蜿蜒而來。東鎮大伾，西臨御帶；黃河遺跡繞其前，都城盛景跨其腰。前人取其地雄盛而建碧霞宫於其巔也，有自來矣。以故福我子孫，聖澤與河流而俱長；保彼黎民，神功偕山勢而並重。此濬邑之巨觀，實天仙之一樂地也。凡我同儕遊其地者，孰不動念而興感乎？爰有本邑西北離城三十五里許，裴庄所蓮池村監貢生許公諱守禮蓮君字　文庵長義者，難兄難弟，積善之家，好義輕財。每當朝山拜頂之日，竊見神前燈光弗熄，香火不絕，遂為住持計曰："爾之燈油能常繼乎？爾之香資能素裕乎？予願力施。"而僧道遂應之曰："唯唯。"自是燈火之資有專家焉。此其事有功於神也，爲何如？有裨於僧與道也，爲何如？顧安可湮沒弗彰乎？於是，僧人寂同因議勒石，遂偕眾僧道以董其事。其舉甚善，予故樂為之序以誌，不沒人善之意云爾。

邑庠生員崔德林薰沐撰文。

湯庠生員張艾南薰沐書丹。

住持人僧、道仝立。

隨朝伴官孫明德敬鐫。

大清咸豐十年歲次庚申十二月吉日。

石工姚廣成、孫忠、孫舉。

（碑存濬縣浮邱山碧霞宮大門外東側。王景荃）

免協濟車馬碑

【額題】免協濟碑

　　田賦之制自古有然，協濟之爲，惟力是視。濬地濱大河，土薄民貧。向二十一所共派車馬若干，輪支流水公差，幾無虛日。惟鉅橋單支兵站，協濟車數不敷，然後，再有他所補之。此他所之役，視鉅橋所更累者也；民力之疲，視鉅橋所爲尤艱者也。若協濟外境，不惟不暇，變力無能爲焉。咸豐三年，協濟汲、淇，勢出萬難，至有人夫車馬盡失不返，慘苦難狀者。於是，鉅橋紳民具呈上訴，懇免協濟。爾時，邑侯胡父臺惻然諭紳民曰："此已稟明上憲，嗣後永免協濟。"業已批准，數年並無一出。越今秋九月間，又有兵差由汲、淇北上，萬不獲已，仁天李父臺諭鉅橋紳士："此數百年不有之事，爾等免爲一支，嗣後永不再支協濟。"於是，又支協濟一次，其苦狀亦甚難言。而郭村、衛縣等所紳民，以鉅橋前有呈蒙批，亦俱呈上訴，公懇一體停免。我父臺慨然謂："濬民，皆吾赤子也，忍不一視乎？"亦遂爲批准。嗟乎！痌瘝念切，後先同慨；姘幪情深，金批一轍。則後之視今，亦猶今之視昔也。得心有道，所惡惡之，此其是矣。吾儕托庇宇下，格外之徵徭，庶可無慮於後；分内之供役，得不感奮爭先！被澤銘仁，心理同然。《詩》曰："樂只君子，民之父母。"又曰："心乎愛矣，遐不謂矣。中心藏之，何日忘之。"闔邑紳民恐後積蔽生，爰相約刊石，以垂久遠云。

　　特授濬縣教諭截取知縣乙酉科舉人臨汝金振東撰文。

　　候選知縣癸卯科舉人磐如劉太安書丹。

　　大屯所、白寺所、井固所、郭村所、小河所、中寺所、西十里所、東十里所、道口所、王莊所、淇門所、屯子所、二廊廟所、新鎮所、瓦崗所、衛縣所、桑樹所、鉅橋所、裴莊所、八角所。[1]

　　咸豐十年歲次庚申季冬穀旦公立。

　　孫恭、李永春刻石。

（碑原存濬縣衙署内，後移至浮邱山碧霞宮内。王偉）

---

[1] 文中云二十一所，此列二十所，缺一。

重修希賢書院記

金振東

　　濬，先賢故里。舊有希賢書院在東門內。道光丁亥年，前邑侯朱以地勢湫隘且多未便，乃更建書院於茲，仍以希賢為名，事賢友仁之風宛然如昨，經明行修之士接踵而來，嘉惠來學，於是乎在。越十年丁酉，前邑侯王審視此院，不無頹廢，亦多未備，爰鳩工庀材，整講堂，添號舍，書樓、庖湢、門屏畢新，繚以周牆。又於院南偏開龍門，置點名廳，俾學人藏修於斯，遊息於斯。歲科縣試童子軍蟬聯而入，粲乎隱隱，各得其所。迄今又多歷年所矣，風剝雨蝕，傾頹殆甚。咸豐丙辰夏，邑賢侯仲言李明府來蒞茲土，甫下車，問俗觀風，首重文教。及課士書院，觸目感懷，即慨然有興修之志。但以經費不敷，遲久未舉。庚申春，籌得公項若干，遂出錢一千二百千有奇，交紳士之公正者三人董茲事。制襲於故。規煥其新，並田祖廟者演武廳修葺之。經始於二月，中浣之吉落成。又三月下旬，明府屬余作文以記，而余因之有感矣。國家崇儒重道，稽古右文，德至渥焉，典至隆焉。各省府、州、縣、衛既為之設立學校，又使之廣修書院。書院者，所以輔學校之不逮也，故學校尚虛文，書院多實效。然學校縱虛文也，而告朔之羊常備，書院每一廢而鞠為茂草。茲幸此院而不廢曠也，非明府之功乎？余自三年癸丑春來典濬庠，越明年，攝講書院，季考月課，多士濟濟，常勵以切磋琢磨，欲共成為有體有用之學。今明府率作興事，視舊加密，所以期待我諸生者厚矣。諸生近先賢之居，如能學先賢之學，志先賢之志，則希賢書院與鵝湖、鹿洞共千古可也。衛多君子，當必有聞風興起者。淇澳菉竹之歌，浚郊干旄之詠，亦余之厚望也夫。

　　咸豐十年。

（文見光緒《續濬縣志》卷四《建置志》。王偉）

重修濬邑浮邱山大殿瓴甋牆壁碑記

【額題】萬善同歸

　　蓋聞創始易，繼後難，何者？創始則人心一而見善從，鼓舞之意，自勃勃而欲動；繼後則人心懈而向善阻，樂施之心，自靡靡而不振。難易之分不在是乎？如碧霞宮創自明季，勝於本朝。費巨萬之財，成不世之功，二百餘年猶煥然也。乃至於今瓴甋下淋，雨過拜殿，水滴宮牆，傾圮在外。窺其中存，誰從而問之，誰從而惜之哉？住持道人李祥鈺目擊心傷，不忍坐視，志欲獨修，奈力不給。於是，拜託相好，求其助己，有願捐錢文者，有不能捐錢情願募化助工者。茲工告成，理宜勒石。謹將捐錢姓氏，及募化助工會首姓名，並所募錢財數目，刻石於左，以誌不朽云爾。是為序。

本邑南關沈俊捐大錢肆千文。

首事職員宋魁元、武生張錦堂、監生沈健、生員傅俊卿、信士傅連仲、生員王御培。

後學弟子王潤之撰文並書。

住持道人李祥鈺募化。

石匠史煥。

大清咸豐十一年歲次辛酉菊月下浣吉旦。

（碑存濬縣浮邱山碧霞宮中院東廊前。王偉）

重修天寧寺碑文

大伾山東崕天寧寺，建自隋唐。儘後有大佛閣兩楹，高與崕齊。一修於周，再修於明，碑記彰彰可攷。代遠年湮，閣頂傾頹。邑邢公諱本立者欲修未逮，其嗣文魁、文彬公仰承父志，延請邑之紳耆監督其事，歷修二載，工始告竣。又南臨興國寺，亦加重修，從茲百廢俱興，誠不朽之鉅功也。故磨崕誌之，略述其梗概云。

舉人朱繡譔文。

青壇李林芳書丹。

監修千總王連元、監生沈健、生員傅俊卿、僧會善亮。

同治丁卯孟夏立。

（磨崖存濬縣大伾山天寧寺大佛樓北側。王偉）

重修浮邱山碧霞宮碑記

【額題】萬善同歸

封禪之典，古莫能稽，巡守之經，書有明證。柴望岱宗一事，有虞氏所以竭誠盡慎者，良以雲起崇朝，霖雨之功德徧天下也。尊以隆名，崇以明祀，歷代寶之。宜乎群黎百姓，報賽迓庥者，日不絕跡。故凡宇內行宮所在，香火亦因之俱盛焉。如我濬邑城外浮邱山椒，樓閣連雲，林木蔽日者即泰山碧霞元君行宮也，香火之盛甲於河朔。嘗稽前明孟龍川、王大伾諸記，嘉靖年間，邑侯蔣公遷自城隍廟左，創建於此，歷廿餘年而工始成。隆慶、萬曆時重修者有鄉耆楊金等，邑御史赫公其記俱彰彰可攷。逮國朝以來，自順治以迄咸豐二百餘年間，屢加重修，亦俱鐫有碑記。然風雨蝕剝，難免摧殘。住持道人李祥鈺識深慮周，恐其歷年久遠頹圮日甚。則工大費繁，難爲措力。敬邀紳耆多人，備設疏章，募勸資財，得錢五百餘千。貢生沈健、監生王遜、從九蘇昌、軍功沈俊、張公祥諸公鳩工庀材，於同治八年三月初六日開工。先修補正殿錫蛤蜊，次金裝東西兩廊神像，完葺東廊後牆，次又換寢樓上層西北角明柱以及大門並加丹雘。踰年而工方告竣。鳥革翬飛，煥然重新，不但壯一邑之觀瞻，誠足爲萬民之福庇也。工成記事，義不容辭，勉陳數語，以爲之述其梗概。謹將捐資姓名，載在碑右碑陰，併另有石刻以誌不朽云爾。

候選知縣己未科舉人朱繡撰文。

增廣生張潯書丹。

增廣生孫秠篆額。

督工首事軍功沈俊、從九蘇昌、貢生沈健，監生王遜、張金祥、王大昌、監生王國楨、監生蘇□林、宋士禮、王大柱。

管賑李林芳、常日功、馮□玉、道人楊守選。

針線行捐仝捌千文、山貨行捐仝伍千文、百貨行捐仝肆千文、太陽公捐仝二千六百文、王三同捐仝三千文、掛貨行捐仝式千伍百文、永成公捐仝式千文，順成號捐仝式千文、協興永捐仝式千文、雙盛永捐仝式千文、興隆元捐仝式千文、

住持道人李祥鈺暨徒楊宗選徒孫許太□仝泐石。

大清同治九年歲次庚午清和月下澣穀旦。

（碑存濬縣浮邱山碧霞宮中院東廊。王景荃）

許公施燈油資碑記[1]

聞之善事貴於開其先，尤以繼其後。不開其先，則善事難舉；不繼其後，則前功將墮。浮邱山有碧霞元君廟，貌（維）[巍]峨，香烟甚盛，惟有神前明燈無有專理其事者。前有城北裴村許公嘗施油資至今，予不樂此事之泯沒也，於每月施香油四斤，以供燈費。非敢求輕財好善之名也，亦庶不失君子成人之美之意焉耳。

濬邑南關軍功六品銜沈俊。

邑庠生張溥泉撰文書丹。

住持僧人李祥鈺。

石匠高玉文。

同治十一年十月下浣穀旦。

（碑存濬縣浮邱山碧霞宮大門外西側。王景荃）

重修碧霞宮碑記

【額題】昭□柬託

泰岳表精靈，覆庇及於億萬姓。浮邱含肅穆，瞻仰歷經千百年。此固地靈有以招致，

---

[1]　標題係補加。

亦神佑有以感通也。濬邑浮邱山巔，向有碧霞元君殿，舊在城隍廟左，自明嘉靖庚子歲，靈異累累，賢侯虹泉蔣公始移建於山椒，邑孟龍川有記存焉。厥後，隆慶元年重修，有邑進士王大伾爲記。萬曆四十七年，經邑御史赫公重修。嗣後，賴道人李實極力募修，然猶悉仍其舊也。至其徒孫常保全，始謀於善士溫炳等展買民地，添修廟前臺基及甬路一條，於是，此廟規模始爲宏敞焉。迨及國朝重修不一，然均未克丹雘悉備也。週來歷年久遠，風雨剝蝕。殘缺過甚，茲幸有僧道人延督工沈健等銳意重修。自同治十年八月開工，至十二年仲秋告竣。不但正殿及兩廊金彩整飭，即前山門、後寢宮，並從祀諸神祠，無不煥然一新焉。此固老善人沈健等日夜籌劃，始終不懈，克蕆厥事，然非默有神助，安能如此之速且善歟？宜乎香煙之盛甲於河朔一帶也。工成，共囑序於予。予不敏，謹敘其巔末如右。是役也，計費錢二千八百餘緡，爰舉捐貲銜名，列於碑後，以垂不朽云。

例授修職郎以訓導銜保舉儘先教諭歲貢張恩增薰沐撰文。

增廣生張潯薰沐書丹。

增廣生孫秠薰沐篆額。

督工首事：貢生沈健，千總王連元，滑縣營千總李承恩，中書科中書周景濂，世襲翰林院端木繼敏，乙酉科武舉劉珊，生員傅俊卿，從九蘇昌、王大昌、張金祥、六品軍功沈俊、劉存明，監生蘇墨林、武生王朝彥、王大柱、監生宋士達。

管賬通學、常日勷、常致和、秦敬和、溫如玉、秦宗元。

住持僧人普心、道人李祥鈺。

仝立石。

大清同治十二年歲次癸酉仲秋上浣穀旦。

（碑存濬縣浮邱山碧霞宮中院東廊。王景荃）

直隸大名府長垣縣城西北二十里青堽集朝山進香會序

【額題】流芳百世

聞之天道福善，人情好善。此樂善之士所以多成善果也。長垣縣青岡集有崔君名貴德、琚君名會祥、崔君名占標、王君名書麒、宋君名玉禎、郭君名雨金、邢君名遠者，取善爲務，每逢善事未有不勇於倡率，以襄成始終者。以故感泰山尊神之靈，邀約鄉里，敬齊朝山進香聖會，恒於每年正月間，率領同會諸善士親覯大伾，潔粢豐盛，展祀於碧霞宮殿之下，以達其恪恭。迄今七載，善功元滿。有同鄉某勸之曰："事之美者爲之一時，猶當傳之萬世。況朝山進香，數年間樂善不倦，可不勒石爲志以垂不朽歟？"諸君應允，囑余爲序。余思積善之家，必有餘慶，如崔君諸善公祀我明神，竭爾誠敬，雖非以邀福爲心，而善功無量，其獲報當必不爽矣。是爲序。

垣邑群庠生孟汝濱沐手敬撰。

大清光緒元年十二月十五日穀旦。

（碑存濬縣浮邱山碧霞宮大門內西側。王景莖）

丙子春府衛亭落成俯亭字韻三首

千家一奇錦開屏，二月花明草色青。
河自隔城川水□，山來飛暉挂懸瓶。
坐認西浦送沉浪，步逐東巖翻□聲。
勝地□□配□□，□□久有醉翁亭。

其二
衛水浮山學畫屏，松林石上色青青。
空攜美酒憑誰醉，採得奇花插入瓶。
滿壁舊多刻就字，倚柯新看寫來經。
山靈許我留仙跡，俯仰乾坤一小亭。

其三
偕三學博登俯衛亭觀麥浪樂而觸之即事
新亭高瞰衛河幹，臺在雲巖第幾□。
豈爲登臨浮白醴，正緣歲計賞青□。
四圍麥浪連天湧，一帶桑陰隔水看。
初夏已知秋事穩，農歌聲里共憑欄。
東郡蘇壯

（摩崖存濬縣大伾山觀音寺西側崖壁。王偉）

纘續長香碑記

【額題】繼往開來

　　今夫燈燭輝煌，固足瞻炳照之盛；而香煙縹緲，益見氤氳之隆。我濬邑浮邱山碧霞元君殿，舊有明燈長香，經歲不絕。迨其既僅存油資而香煙缺署，未免遺憾而增感矣。道人李祥鈺虔訪善士，猝未得人。旋有邑人張姓名開信者，因遊勝境適至寶宮，慷慨樂施，思追勝舉，供龍涎而簾陛籠霧，焚雞舌而屏幕生香。迄今瞻仰之間，遙見金猊寶鴨，馥郁紛紛，觸青雲而直上者，是即張某之功德也。是爲序。
　　本邑西關張開信、張開新，子金玉、金錫，孫安邦、安平仝立。

邑庠生劉東棠撰文並書丹。

住持僧人、道。

玉工李明德鐫

大清光緒三年歲次丁丑六月上浣穀旦。

（碑存濬縣浮邱山碧霞宮大門外東側。王景荃）

伾峰泰山聖母行宮聖會碑記

【額題】流方百世

　　蓋聞錫福降祥，神聖之功德；釀金呈供，吾輩之虔誠。本邑城東大伾山巔杏花巖前，舊有泰山聖母神像，祥雲法雨，廣大慈悲。四方士民，咸蒙庇佑。每逢朔望之期，不亦如城南浮邱碧霞宮香煙之盛！善男信女，往來崇奉者不乏其人，非神之靈應無疆，何爲感格如此哉？我儕目睹情切，恭約數餘人，各捐資財，敬備香燭庶品之儀，誠心拜祭。自同治甲戌年起，按人數輪轉，致虔主爵，周流不已，誠盛事也。厥後每遇會期，衣冠必正，瞻視必尊，合會人等無敢隕越，以瀆神羞者。迄今丁丑年孟夏，已經四載矣。而馨香必薦，將享是崇，猶然不忘其初，非好爲淫祀也，亦聊以報答神恩於萬一。且抑又思之，善雖小而必錄，事求永而可傳。如我輩之竭志輸悃，以供祀饗，亦可以冀神與昌大之福，人上華封之祝也。爰勒諸貞珉，而爲之記。

　　社首李永滋、鈕敬安、孫鎔、邢春榮、張敏、馬青雲、李恩學、張祥敏、蔣襄、王榮、李天成、王門、安時、王太安全立。

　　大清光緒叁年歲次丁丑餘月中旬穀旦泐石。

（碑存濬縣大伾山霞隱山莊南門東側。王偉）

李健行等大伾山聯句[1]

戊寅菊秋，仝李健行、郭月玉、秦蔚章、郭玉衡伾山聯句：

薄暮冷秋色人玉，環山起淡雲蔚章。

金颷千澗發玉衡，玉露幽林分月玉。

葉染紅芳麗人玉，溪漩綠錦紋蔚章。

舉觴翹首望健行，碧落雁成文月玉。

劉玠人玉甫書。

（摩崖存濬縣大伾山觀音寺西側崖壁。王偉）

---

[1] 標題係補加。

萬善同歸碑

　　蓋聞莫創之於前，有善弗著；莫繼之於後，有美弗傳。是以神功之浩大，千古不朽；斯人心之虔誠，亦百年無替也。

　　濬邑舊有千佛寺殿宇，由來久矣。咸豐十年，有垣邑善人等已修格榍、油漆、墁路，爲之一新，而且每年更有歲修燈油，香火年年不絕。此亦可謂之小補云尔，故將施財主人姓氏列之於後：[1]

　　光緒七年歲次辛巳二月初四日仝立。

（碑存濬縣浮邱山千佛寺山門東側。王景荃）

遊大伾有作

　　勝槩杯頻得，孤亭席屢移。
　　野狐踏舊落，馴鹿任支頤。
　　籬犬能傳客，商羊學舞兒。
　　醉來眼底失，吾自愛知雌。
　　遊大伾有作高壬。

（摩崖存濬縣大伾山觀音寺觀音洞西側崖壁。王偉）

重修大佛閣記

　　【額題】流芳百世

　　大伾山東靠崖有大佛閣，建自隋唐，後修於周，復修於明。逮我朝，年湮代遠，閣頂全頹，神像迥露，歷有年矣。邑人邢公諱本立者，素多善行，見而憫焉。遂即蓄意修葺，迺志未逮而沒。其嗣文彬、文魁仰承父志，獨捐貲財，重修於同治四年，至丁卯年工竣，廟貌鼎新，金身燦爛，四方觀光者絡繹弗絕。歷數年，閣頂石隙遇雨聚水，輒行滲漏，以致漸漸浸激，丹青剝落。邑賢侯張公□□□寶善隨任至濬，覽及之□□□。既而，攝篆磁州，專差齎銀二百兩□□補修，工竣後，尚有餘貲，適值地藏王殿將就傾圮，遂歸新工費用。緣有不足，本寺僧人自發私囊以藏厥事。從茲兩閣鞏固，一律輝煌，必永傳於勿替矣。謹敘顛末，刻石明志之。

　　增生董長齡譔文。

---

[1] 垣邑會首施財主人姓氏一百七十人等仝募，字多模糊。

廩生朱之謙書丹。

守禦所千總沈凌雲、中書科中書周景濂、生員王桓全督工。

僧會司僧會美仝立。

光緒八年十月口日。

（碑存濬縣大伾山大佛樓與北崖壁之間。王偉）

重修城隍廟記

黃璟

　　城，盛也。言乎盛受國都也。隍，潢也。屬之城者，見於《易》，訓於《爾雅》，而其制自皇帝始。嗚乎！此城隍之名所由昉歟！《記》曰："伊耆氏始為蜡，而坊與水庸屬焉。"說經者曰：坊，所以畜水，亦以障水；庸所以受水，亦以泄水。是有神焉以主其營，為所須之事，故祭之。嗚乎！此城隍之祀所由昉歟。今上自天子之都，以下逮於州縣吏之所治，無不有城，無不由隍，即無不有廟焉，以祀其城隍之神。典甚盛也。為之說者謂，神司善惡之報，操禍福之柄，官治於明而神治於幽，陰陽屈伸之理不可誣也。夫神道設教，先王之微意，吾何敢知？仰重育感者。璟之治濬也，越三年癸未秋，霖潦大作，衛流漲溢。城之西，故以河為隍者也，無事，則西陂之田蓄泄利賴。是年之決，當郭村、馬頭挾淇水下注，勢湍悍，不可禦。城西既以河為隍，即以城為坊者也。西岸大王廟堤且立潰，倉猝捍備無所措。予默禱於神力防護，得勿潰。嗚乎，非神之靈有以默贊之歟？廟舊在城外，明隆慶中重修，碑言神靈異甚晰。是年夏，余因其舊制，完葺而丹堊之。平時雨暘，禱靡不應，神之福惠吾民者豈有窮哉。予既感神之靈佑，而益信坊與水庸所以資保障、利疏泄者，非人力所及。宜乎！上自伊耆以來，奉為祀事，而歷代詔封，典制益隆，有獨超異於蜡之群祀中也。嗚乎，懿哉！

　　光緒八年。

（文見光緒《續濬縣志》卷四《建置志》。王偉）

創建黎南書院記

知縣黃璟

　　洪範既富，方穀王制，民安其居，然後興學。說者謂既富而教序，固如是也。君陳之書曰："惟民生厚，因物有遷。厚所性也，遷所習也。為民上者，將使之慎於所習，教可稍後乎哉。"濬南十有八里道口鎮，縮轂水陸，商賈懋遷，貨物駢坒，居民齦齦，頗有魚鹽之饒。考其經業，求富益利，能者輻輳，無慮數百輩，而詩書之澤，闃然無聞。禮樂不興，司土者赧焉。

夫濬，古濬都也。《風》詩所咏"彼姝娖巳"，而康叔治衛，牽車服賈之徒亦莫不雍雍孝讓，何俗之厚歟！抑物愛心臧所遷者善也。今道口鎮，誠狃於所習，未之教焉。邊曰："沃土不材，不已忍乎？"辛巳冬，予奉檄知濬事，甫下車，巡閱至鎮，廉諸父老，鎮故有義塾，勝衣之童群焉就傅，久而不講，心甚惜之。繼思義塾之設，僅以育童蒙入大學者，靡所造焉。亟思得地為書院，以廓其規。顧咄嗟無以辦，嘗一假鎮之大王廟為諸生講習地矣。綿蕞野設，大雅所譏，私心益歉。然嗣聞鎮當軍興時，斂金於商，築堡寨，後酌其宜釀修葺，資曰"寨費"，歲有贏羨。不覺色然喜，知是舉之成在於是也。爰進紳士，詢謀僉同。閱三月，遂得三官廟街張氏宅，值銀七百八十兩有奇，堂宇之屬三十有九間，院區為四，講堂、齋舍、儲書之樓，悉因舊制丹艧之。無畚挶之勞，無土木之費，而書院以興。延名師主講，歲奉修幣、諸生月課給獎金，悉資於寨費。贊是役者，汪君逢辰；而董其事者，武舉趙廷傑，增生趙廷翰也。借非鎮人勇於鄉學，出乎其誠，雖予與汪君勤勤勸導，能樂從若是耶？鎮據黎水之陰，院既成，顏曰"黎南"，因其地也。其義塾，別置火神廟及它寺院，釐然有大學小學之分。然則士之肄業於茲者，其各循循院規，勉於成人之有德，通經致用，而不囿於俗。而義塾之小子，亦各爭自奮發，率教唯謹。其有成也，且將進之於院舍，儗乎鄉遂之升焉。此一舉也，大成小成將並賴之，而回憶亂離，不且有投戈講藝之樂耶！詩書之澤，禮樂之興，璟不敢居。然於闤闠喧逕之區，一旦絃歌之聲洋洋盈耳，彼復有姝者乎？吾知其有以畀予也於其成，故樂為之記。他日人文蔚起，由是而恢之廣廈之，庇四方來學，是尤予之厚望也夫。

光緒八年。

（文見光緒《續濬縣志》卷四《建置志》。王偉）

重修學宮記

黃璟

自漢武敦崇儒術，興大學，置博士，卓然有意於文教。順帝用翟酺之言，更修黌宇，歷代相承，化民成俗，罔不繇此。我國家崇儒重道，遠邁前古，上自太學，下至郡邑，凡有庠序之地，莫不首建廟堂，俾士大夫得所景仰，歲時祭祀，地方長吏率其僚屬與博士弟子員咸瞻禮焉。猗與休哉，典至重也。濬縣黌宮創建更修不知凡幾，最後修於道光戊戌，至光緒乙亥，復就傾圮。彭澤歐陽君霖來攝是邑，瞻拜之下，愾然興懷，醵金如千兩，謀撤而新之。工甫作，以調去。後令尹閩縣程君光溥力踵修之，方次第營繕，既絀費，程君又溘逝，遂遷延至今。辛巳冬，璟承乏茲土，甫下車，以月吉展拜伏謁階下，顧瞻徘徊，堂楹苟完，門廡未備，采椽墍聖，闇然弗彰，心錯愕焉。廉得兩君去任狀，而不能無慨於興廢葺敝如是其難也。爰進邑紳董其事，自捐俸為倡，復籌資繼之，不數月工成。會舉春祀，禮拜獻畢，涉歷堂階，故址依然，宮牆畢起，序廡秩如，丹艧鮮明，煥然改觀。與祭諸君與凡諸生之在學者,僉喟然興歎,以謂事患因循,果鋭而圖之,夫何難之有?余謂不然。夫二君之為是舉既作而輟,此非能自為主也。即二君之後宰於斯者,非不樂速其成也。殆佗故不遑,若或使之獨諸生之為學,則可以自主而莫能為之作輟。使觀於此,而怵然鑒焉。毋紛於事,毋迷其途,毋廢於中道,層累曲折,務抵於成,有以副國家作人之化。則是舉也,其於勸學庶有裨乎?諸君粲然,以為說之不謬。因綴以為記。

光緒八年。

（文見光緒《續濬縣志》卷四《建置志》。王偉）

家海樓大伾山詩[1]

一日踏遍三山巔,懷袖拂拂生雲煙。浮邱山寺萬松繞,閉門何處求神仙?北山迤邐緣城起,雉堞高下隨蜿蜒。大伾獨出特雄秀,峩峩孤柱撐青天。俯視群山培塿耳,衛水一線清而漣。黎陽城郭大如掌,千村萬落春光妍。禹鑿龍門東到此,黃河故道三千年。至今踪跡不可得,沃野萬頃成桑田。名山依舊鎮中土,怪石遺自媧皇先。今昔事變幾經歷,玲瓏樓閣忽巍然。笑我中州苦留滯,風塵碌碌何為焉?對此心目豁然朗,仰止況乃多高賢。亟時進訪名流蹟,到門先飲劉公泉。劉公鑿石匠心巧,天梯石棧相鉤連。曉披雲霧見碑碣,姚江大氣真如椽。題詩作賦有深意,游魚應釣出重淵。誦公巨制仰公學,盛德大業惟公全。龍場三載困心慮,良知一悟得真詮。倡明正學事非偶,洪都擁謁人摩肩。廓清宇內蕩群寇,贛南大捷公當先。危疑震撼不足擾,一編講學猶拳拳。公功不在禹功下,東流障海馴百川。日星河岳自千古,不朽名與名山傳。

濬州西望,太行境內諸山起伏。大伾則為神禹所經,又有衛河繞城郭。歲辛巳,余宰是邦。越明年,始治官舍,面山臨水。公退之暇,作《濬州雜詩五首》、《衙齋十二詠》,呈於家海樓觀察。因以二十年前所作大伾山詩見示,胎息蘇陸,足為名山生色。且將舊令尹劉公事跡一唱而三歎之,劉公之名得不朽矣。來書謂念我舊遊,詁君新治,詢非偶然,余不禁感慨係之,爰刻石而藏之名山。後之覽者,亦將有感於此詩。

光緒癸未三月,南海黃璟並識於悠然亭。

（碑存濬縣大伾山紫泉別墅院內。王偉）

衙齋記

知縣黃璟

予始至濬也,登城周覽,喜其名山水而縣也。而是城跨南山浮邱而起,西俯瞰衛河,

---

[1] 標題係補加。

縮轂水陸。東挹大伾，北灡迤平原，田疇村廬，四望鱗次，一邑之勝，了如視掌，境內九山皆在城下。治所接山麓，西以城為垣。公暇，屏儔從，邀賓佐，偶一間寫，無輿騎之擾，遊攬輒便。時秋，田禾既登，納稼滌甓，穰穰在目，爰撤廢屋，取粢稅瓴甓以為觀穫之臺，又以其近水也，別為"先得月臺"。四方賓至，於是乎樂之。而舊令熊君再成之軒，樸質完好，足為緇衣之館。城下隙地可數畝，芟夷荒穢，太守李公遺菊適至，命曰"陶園"，得蘚硪剔視，知故有西園者。循跡求之，亭池雖廢，遺基隱然。於是，痛掃溉摧，翳圬匿者出之，傾者立焉。明張忠穆公宰濬時，有挹浮亭之建，謂其面浮邱也，其勝見張記。

浮邱，一名南山，張亭額僅存，今更築曰悠然之亭。由亭而南，花石雜樹，是為衆綠之園。顧所植榆、柳、桃、梅之屬，閱三載，城蔭絕少，樹木之難亦如是耶。園傍城，城下枕河，得西洋汲水具，委注口吐，蜿蜒如龍。就試之，隔城噴薄，滂沛如飛雨，灌溉之功亦勤且神矣。生卒不蕃果，土瘠不材而人巧之不足恃乎？要其地原而平，可弈，可射，可以投壺。風日清美，明月之夜，煙霏雲斂，於時尤宜，不必有薈蔚之觀，而平挹遠吞，豁然心目，於是，又為四望之亭。折而北，得隙地方半畝，更辟為園，以蒔蔬芛。過園為瑞鳳之樓。樓，內室也。其前則今所治簿書地，是為勤政之軒。稍西廳事，以境有九山也，額之曰"管領九山"，遂以名其堂。所向有三槐雙柏，葺其齋，延館賓，課吾子。又東為猗猗書屋，疏篁時露，幕客在焉。嗟乎！蘇軾之言曰："士大夫捐親戚，去墳墓，以從官於四方者，宣力之餘，亦欲取樂。"孟子曰："與民同樂。"范文正亦曰："先天下之憂而憂，後天下之樂而樂。"今海氛未靖，時艱方棘，而吾濬前年亦水患，苟幸乃治。官斯土者，果能後吾民之樂以與民同樂否？吾不自知。毋以宣力之餘，聊宴樂嘉賓之心云爾。

光緒九年癸未春三月，既成衙齋十二詠，因並記之。

（文見光緒《續濬縣志》卷四《建置志》。王偉）

重修溝洫記

黃璟

光緒丙子秋，予之京師過濬，聞父老蹙蹙恤恤惟水患。以謂二渠既徙，宿胥不通，其勢使然，固未能悉其梗概也。越六年辛巳，承乏來茲，矢以敉患為己任。時冬水涸，考圖志，咨耆舊，聞見皆影響。爰度山原，歷平隰、陂池、畎澮、堤堰之屬，躬履而熟察之，越同山，過白寺，躡善化之巔，廣視遠矚，邑西北諸山皆在掌握。陂陀起伏蜿蜒而來者，太行之分也。蓋蟠屈綿亙百七十餘里，平地出者成丘，陷者成谷，突然呀然不可勝狀，而同山、白寺二陂之間，彌望沙礫，浩乎無垠，實為長豐之泊。嗟乎，水之患其在是哉！

明年春，議渠之為導水入河。計工既作，或有梗之者謂：渠始明弘治間，歷嘉靖、萬曆令陸公光祖、董公元儒、徐公廷祼、魏公澧、任公養心，疏鑿之役無慮六七作。國朝張公中選復大修之，至於今堙塞如故，顧重勞胡補？不如已。予聞而歎曰："於乎，此所謂見其害未見其利，知其一未知其二者也。"卒不為奪，以勸以懲，躬督視工。閱四十餘日，南起蛟謝〔交卸〕村，北抵屯子鎮，七十五里而渠達於河矣。

又明年春，益濬治深廣之，視沿渠橋梁石底為高下，引溝悉備而渠工以成。其秋淫霖，山水交注，河流不容，堤堰故庳狹，於是，河決新鎮、郭村之間，泛濫及屯子碼頭，一望無涯，淹沒民田畝計逾三十萬。獨近渠之所，未有所泄，民始更獲，有效可觀。由是亭子、新鎮、道口等渠以次舉矣。且不待董勸而民爭請相度，唯恐後矣。方河渠未修，時值水潦，周道不通，由新鎮至道口無行跡，必迂走中寺。顧地勢亦窪，舊有樂輸等橋四五處，倡捐修之。循橋墊路凡五里，達黃河故堤無阻遏。又循大道種柳五千餘株，其亦氓旅咸便者。歔嗟！夫凡事作之難，持之尤不易。向自陸迄張，凡所興築皆不數十年，遠者亦不能百年，悉廢敗不治，有待更作，誠如所慮。然而一經疏導，利猶數十年，必久不治而後廢，而復水患。然則渠之開，固惟享其利，而害有所不任咎也。今予所為，誠不敢望於陸、董諸君子，顧目前之效，不庸有愈於已乎？若夫因勢力導，稍稍持久，不遽蹈廢墜之轍，是則有望於後之賢者。因記於石，以當息壤，濬之人以為何如也？

光緒九年。

（文見光緒《續濬縣志》卷四《建置志》。王偉）

重修河堤記

黃璟

自古治河，堤堰最下策。而今之世，惟此尤亟，然亦非實力不能有實效。去年春，予既穿渠，長豐泊陂不為患。比又濬新鎮渠，俾水自汲來者，有所泄矣。而衛河受淇、泉二水，異派合流，上接太行之麓，伏秋雨甚，河患迭作。入濬境者，南自雙河頭與汲縣界，北至五隆固與湯陰界，凡百七十里。中經縣南道口鎮西門、新鎮渠之所入也。稍北經縣城而西而北，曰屯子碼頭，長豐渠之所入也。凡境內溝渠悉達於河，二渠為尤著。

河故有堤，資民力。惜其制庳狹，兼日久冲齧，時白寺各所連年受泊患，而自淇門及新鎮，自大屯及中寺受汲患尤劇。以是故先之渠既通，乃倡議修堤。工且作，七月朔，大雨，城西堤頻潰大王廟。月梢又雨，稍南屬羅村堤，亦就圮，並乘夜防護得毋決。八月二十日，河漲郭村碼頭，挾淇水，勢益湍悍，撞激衝突，堤不能守矣。

予即悔綢繆之晚，未能彌患於未形。且近城大王廟、羅村之險，雖廑廑勿潰，而地屬小坡，在亭子坡、十里鋪二堤之內。今二堤既夷為平地，郭村之決，大坡北注，而河害皆波及也。立偕縣丞朱君澍馳騎往，民按田計工，通力合作，悉如舊章，既衆且奮。予復躬率堵築，目不交睫者兩晝夜。訖工料浩大，民力維艱，捐俸錢籌繼其食。越翌日庚午八月二十三日，堤工合攏，水歸長豐渠。田野涸出，麥種無失時。方工之亟也，泛濫茫茫，堤內外皆巨浸。予與朱君躬與沾塗，引長繩綿絡九十餘丈，屬薪實土，以治黃河者治之。夜以繼日，星月在水，燈火煜耀，千倡萬和，邪許之聲，泅沒之狀，迄今思之，歷歷在耳目。朱君少隨宦東河。是役也，謂險與河埒，殆非譀言。

先是戊寅歲，嗛轉漕於濬，餘麻袋數千，至是悉以載土，仍市褚棉之屬枷補之。既塞矣，已而，復潰，卒用朱君言，乃固。深維河決之由，若大堤鞏固必不潰。即潰矣，若十里鋪、亭子坡堤皆無恙，潰在郭村。彼近城西南，瀕險而固，何以坡水北下，沛然莫禦，一至於此？亟尋其跡，乃知二堤相屬，自乾隆五年鮑君志周增修以來，百五十年矣。爰以十月之望，一律興工，沿河大堤起訖依舊制，統高加五尺，厚倍之，合舊得若千丈。詳於碑陰。小堤南自亭子坡之晏傅莊，北接十里鋪，至東西侯胡寨，迤邐而東四十有餘里，悉踵鮑制稍廣之，以為南北塹，分捍河患。且東即以為河之縷堤，而西又以拒長豐之渠，昔人之創是，蓋其慮如是周也。

又大堤自雙河頭與汲縣界，今屬濬者，既培既築，而汲尚未舉。汲居上游，每秋水漲溢，利河淤肥美，又勢處建瓴，下注若瀧，故獨利無害。及瀉入濬，若淇門，若大屯，若新鎮，浸及中寺、道口，則久淹為大患，而雙河頭獨當其衝，莫可誰何？今創西自衛河大堤，由東而北，彎環十餘里為月堤，以衛雙河頭田廬。予既懲河患之劇，憫吾民之顛沛，而又喜紳民之輸趨踴躍，俾無久泛濫，其勤不可沒也。因悉書在事之姓名於石後，並詳堤工之段落，道里之遠近，高寬之丈尺，俾後之人覽而觀之咸有可指，進不掠美，退無諉謗，其亦徵實之微意也夫。

光緒九年。

（文見光緒《續濬縣志》卷四《建置志》。王偉）

誥授奉政大夫邑賢侯黃老父臺重修禹廟碑記

惟我黃侯之蒞濬也，問民疾苦，憫水利之不興，周覽山川原野，陂渠溝洫，東越大伾，望黃河故道，喟然歎曰："信哉《班志》所稱：河所從來者高水湍悍，難以行平地。美哉禹功，所為釃二渠也。"西登城，瞰衛河，極目白祀、同山之陂，宿胥之口，井固裴家之潭，則又喟然歎曰："今大河雖徙，非禹舊跡；陂陀起，壟斷而岡連者，皆大行支麓也。地庫河狹，堤堰不修，若山水驟至，溪豁塹灌，桑田滄海尚可圖乎？今且勿言水利，姑盡力殺水害。"周咨父老，長豐泊最巨，明年首疏濬之，引為渠，又明年乃成。又明年治隄，工作水至，瀰瀰洋洋，不可涯涘。侯督工益急，不解衣，冒雨巡視。民田淹沒殆不下數千頃，卒賴侯力，渠有所瀉，隄有所捍，決之排之，崇朝其涸，雨亦立止，殆有神應。向之茫然一望者，今犁然阡陌麥青青覆壟首矣。邑人喁喁感泣，歡欣頌禱。僉謂侯捍菑盡力，溝洫回東海，而南畝之功不在禹下，豈侈語哉！

大伾之麓故有禹王廟，久廢壞矣，康熙十八年，邑侯劉公移祀於此，《志》所稱東山書院者也。垂三百年，明宮齋廬亦就朽敗，旁風上雨，無所障蓋，不足以昭祀事。致誠恪意者，神不顧享，河菑衍莫之恤歟？水退，侯捐俸集資，治王庭壇。棟宇摧敗，撤而新之，加丹艧焉，翬如翼如，煥然改觀。三輪車時逾月，用材數百緡。董其役者：郎中銜在籍詹事府主簿王瑞麟，藍翎守禦所千總沈凌雲、生員王桂森也。工既成，咸願勒碑以揚神庥而著美政，乃爲詩曰：

禹抑鴻水，過家不入。已溺已饑，若是其急。導河積石，至於大伾。河流湍悍，二渠用釃。古之漯川，今之泉源。禹跡不復，籲嗟澶淵。我侯既至，是濬是距。手胼足胝，勤深伯禹。挽狂於倒，瀉甘於鹵。我溺侯援，我饑侯哺。袵席是登，播穫是務。易儉爲豐，孰知其故。既纘禹功，乃崇禹宮。永鎮河流，百川爲東。惟神德依，匪私我侯。伐石銘勳，與山千秋。

邑人開封府新鄭縣訓導馮步崃撰文。

生員王思溫書丹。

光緒拾年仲春之月。

（碑存濬縣大伾山禹王廟月臺東側。王景荃）

重修大伾魁星閣記[1]

光緒癸未，予謬從希賢書院遊。明年秋，諸生既新魁星之閣於大伾。或據《孝經》援神契"奎主文星"。且曰："五星聚奎"，見《宋史》。若甚惑乎"奎"之爲"魁"焉？是不然。夫北斗七星璇璣玉衡，以齊七政。"魁"褒然居首，戴匡六星，實維文昌之官，曰上將、曰次將、曰貴相、曰司命、曰司中、曰司祿者，"魁"實承之。其下六星兩兩相比，名曰"三能"。"三能"者，"三台"也。冠文昌而履三台，文明之主，不是屬而他屬耶？"魁"曰"封豨"，爲溝瀆，其胡取焉？彼《援神契》者，讖緯之書也。《宋史》之說，不主於"魁"而主於"五星之聚"，居非其所，烏足與"魁"爭人物之權而司文章之命哉！太史公學究天人，諸生讀其書以解惑焉，可矣。大伾禹蹟，文命所敷，今諸生新是閣，星迴杓轉，

---

[1] 光緒《續濬縣志》卷四《建置志》標題作"重修大魁星閣記"，其載文與此有異，錄之如下：

光緒癸未，予謬從希賢書院遊。明年秋，諸生既新魁星之閣於大伾，或據《孝經》援神契，奎主文昌，且曰"五星聚奎"。若甚惑乎奎之爲魁焉，是不然。夫北斗七星，璇璣、玉衡，以齊七政，魁褒然居首。戴筐六星，實維文昌之宮，曰上將，曰次將，曰貴相，曰司命。曰司中，曰司祿者，魁實承之。其下六星，兩兩相比，名曰三能。三能者，三臺也，冠文昌而履三台。文明之主不是之屬而他屬耶？奎曰封豨，爲溝瀆，其胡取焉？彼援神契者，讖緯之書也。《宋史》之說，不主於奎而主於五星之聚。居非其所，烏足與魁爭人物之權而司文昌之命哉！太史公學究天人，諸生讀其書以解惑焉可矣，大伾禹跡，文命所敷，諸生復新是閣，星回杓轉，瑤光曜臨，吾知魁奇俊偉，必有精通象應者，諸生勉乎哉。閣建康熙初，劉公德新重修之，久而復圮。今爲檻二，上文昌，右朱衣，左踏距鰲提斗載筆者，魁之精也。出錢姓氏、董其役者，並記于左。

瑤光耀臨，吾知魁奇俊偉必有精通相應者，諸生勉乎哉。

閣建康熙初，劉公德新重修之，久而圮。今爲楹二，上文昌，右朱衣，左踏巨鰲，提斗而載筆者，"魁"之精也。

出錢姓氏董其役者並記於左。

上元舉人李作霖撰文。

廩膳生員陶澤凝書丹。[1]

督工冷遷傑、周方濂、端木廣恕、朱庭弼、陶澤凝、傅金臺、張宗聖、朱之謙、劉士琳。

住持道人王太安，徒王宇屛仝立。

大清光緒十年十月吉日。

（碑存濬縣大伾山張仙洞外南側。王景荃）

重修真武廟記

知縣黃璟

余舊以母疾，嘗自宛以禱於均州武當山。山，所謂太嶽者也，其峯最高者曰"天柱"、"紫霄"。明永樂中，望氣者謂有所應，非元武不足以當宮而祀焉，因更名。嘗考元武北宮六宿，其象斗與女合屬乎虛、危。說者曰："虛危營室，陰陽終始之處，際會之間。"又曰："北方冬水，知也，聽也。"嗟乎！此人所為疾痛而呼籲焉者耶。次年，予再詣山申虔，感前十二年事也。

歲辛巳，承乏來濬。北郊故有真武廟，俗傳爭樂土國云云，蓋難言之。顧予謁武當廟，亦稱真武。其宮則曰元天也、太元也。今廟一曰元帝廟。意者如古五帝之祠。元帝者，其史所云北畤者乎？廟久漸傾圮，又用道家言夷於二氏，祀典不載。考志乘，不入於建寘。予獨感於禱疾之行，而不能無怦怦也。入廟伏謁，顧瞻徘徊慄乎！武當之游如昨日事，而所爲二十七峯與夫太和、玉虛諸境地，恍然目前。於虖！神之威靈，昭曜宙合。有明以來，廟祀遍海內，豈獨私武當一山也哉？今往事歷歷，而吾母棄祿養蓋十年矣。音容追慕，能勿怵然悲哉！然則向者之禱，神之知其亦聽焉否乎？倘所謂陰陽終始之處，固不可測乎，抑予敬畏之忱固有不能已者，爰葺其頹敗，並以誌予之重有感也。

光緒十年。

（文見光緒《續濬縣志》卷四《建置志》。王偉）

---

[1] 捐資人姓名，字多模糊。

重修金龍四大龍王廟記

黃璟

　　廟以移稱，移必有處。今李碑巋然，不言所自。志亦不詳，獨載明徐渭所為王傳，具姓氏，事實甚晰。吾以知王之忠憤而神也。《傳》：王，謝姓，諱緒，其功緒之緒，宋會稽諸生，曰金龍，因王葬地曰四大王，王生時行列也。方度宗十年甲戌秋，大霖雨，天目山頹，王會眾泣誓，卒赴水死宋難。明初，神異特著，詔封用王儀。迄今，江、淮、河、漢四瀆之間，遇險靈助，不獨黃河為然，矧在於濬。然濬之仰沐王休，有不可不紀者。璟治濬之三年，光緒癸未七月，大雨，衛河承西山挾淇水下注，湍流漲溢，城西隄岌岌將潰，即廟前石隄也。又南五里羅村隄亦就圮，並乘夜捍禦，得毋潰。非神默呵護，豈璟之所勤及也耶？厥後，郭村既決，勢益彌漫，淊沒民田逾三十萬畝。會璟所重浚長豐、亭子諸渠，先一年成，賴有所渫，橫潦立涸，播種無失時。其冬，禹王廟成，都人士碑之，備述其事，歸德於予。於虖！予滋愧已。夫職司民牧，不能先事預防，迨至又不克力捍，廑廑補苴其後，所傷多矣。都人士不以咎予，轉相歌頌之，以辱貞珉。然則神之默相呵護，城關居民得安然袵席，其受福於無形者，璟又烏可默默已耶！雖神之靈威廣運，不專在於濬，而吾濬之受惠於神，將使金隄永固，官與民常享無事之福，非神是懶而孰賴也？十年春，既重新王廟，爰制為迎享送神之詩，以貽濬人。俾春秋時饗歌以祀焉。其詞曰：

　　天目山兮江之滸，苕之水兮龍飛舞。篤生異人兮我王，山其頹兮王悲傷。從彭咸兮湯湯，帝下詔兮巫陽。炳靈光兮戰呂梁，蠻子慴伏兮金甲輝煌。河北流兮志遂，奠狂瀾兮千萬歲。康吾民兮利濟，永芘覆兮神之惠。

　　光緒十年。

（文見光緒《續濬縣志》卷四《建置志》。王偉）

重修禹王廟記

黃璟

　　予既修禹王廟於大伾，落成拜謁，望黃河故道而不能無慨然歎也。曰："嗟乎！河水之害，蓋自唐虞然矣。世言治河無善策，其信矣哉！"雖然，九河八海，禹之故道，天津是也。自是厥後，安瀾亦九百餘年，迨八河既湮。東漢永平時，河稍南徙，抵千乘入海。千乘，今之武定，由濟而下者也，安瀾者亦九百餘年，迨八河復湮。至宋南渡，乃折而南，吞淮入海，所謂南河者也。今南河復涸，復由濟而下，其殆復千乘之舊乎？異哉！向之安流者垂千年，今幾何時，患乃至此？嗟乎！是亦未得水之性而已矣。賈讓之策曰："決黎陽遮害亭放河，北入海。"當世難之，後之人亦訾讓。以為迂誕，不知讓之策非好為迂誕，亦順其就下之性，爰以復禹之舊。斯已耳！予向遊京師，取道津沽，見自分水龍王廟下，勢若建瓴。由德州至天津，其地勢何如也。今水之不北者，果水之性耶？其潰溢渟淤於東，重為民患者，又果水之性耶？南河淤矣，不可以復，折而東灌乎清濟。仰而受者不可遏，俯而注者無所歸，清者濁，濁者塞矣。欲河之不潰，弊弊焉增卑培薄之是務，是欲止孺子之啼而塞之口也，得乎哉！今河之勢，其亦欲復禹之舊乎？吾不敢知。顧嘗妄論導河之易，可以久安長治者，固無愈於由津入海之為便也。無他，就下則然也。孟子曰："禹之治水，行所無事。"豈不以是也哉？或曰："河北行無害，千年固已。黎陽東郡之役，非漢時事乎？嗚呼！是又不審時勢之說也。夫漢承周末，列國紛爭，各曲防自衛，禹功大壞。今聖天子在上，天下一家，河行南，南不免於害；河行北，北不免於害，亦權其害之小者處之耳。惟不與水爭地力，且可使地享水利，無曲防也，無淤塞也。水得其就下之性，尾閭泄利，仰而承者，有以翕受，何患之有哉！夫乃知禹跡之必不可改，而明德之遠，垂千萬祀而不朽，於虖，微哉！廟既成，謹書於石，願以質諸治河者。

　　光緒十年。

（文見光緒《續濬縣志》卷四《建置志》。王偉）

歇歇亭楹聯

到此依依莫不遠懷神禹，
請君歇歇且看對面太行。
光緒十有一年歲次小春。

（楹聯存濬縣大伾山歇歇亭石柱。王偉）

大名鎮徐道奎等八月會哨處

　　大名鎮徐道奎、曹州鎮趙鴻舉、河北鎮崔廷桂、開州協張桂芳、太順廣道許鈐身、大名太守國鈞、開州牧孫春溥、長垣令闞炯、東明令載華藻、滑令楊彥修、濬令黃璟。

　　光緒十一年乙酉秋八月會哨處。

（摩崖存濬縣大伾山紫泉別墅崖壁。王偉）

修河記

知縣黃璟

　　事久廢而工鉅者衆所避，衆避而獨任之，或疑焉矣，任之者非堅力忍持，幾何不作而復輟也。然其中有時焉，非可幸而致也。衛河出入濬境百七十有五里，而屯子碼頭至老鸛嘴為十八里溜,曰老龍灣,曰石柱,皆善化山麓,舟子視為畏途者也。中經三官廟、河灣曲、石粼粼,隐顯出沒。夏季,山水、泊水衝入暴漲,騰擲東注,俗云"坐灣"者是也。冬春,舟行石罅間,勢尤險。商旅苦之。昔豫漕起運,改設楚旺,為避此險。自後過是者,惟商舶鹽艘。遂視為緩圖,且畏難焉。顧利行旅,以通有無,亦富庶之要也。璟蒞斯土,固已熟聞而熟計之矣。吾斯未信敢任厎已怨乎?會商民重請,椙其地,可改築,乃毅然曰:"此其時矣。"急籌發二千金,督銷豫鹽之嚴太守信厚倡捐千金,並請於長蘆都轉籌發五千金,余勸鹽糧各商集捐,得金萬五千有奇。稟白大府改河道,築石壩。河長丈九十一,壩長則丈七十五者南北之,四十者東西之。工作於光緒乙酉年冬,迄丁亥春而竣。向之巉巖錯雜,篙工所目瞪力竭者,今則舉棹揚帆,款乃而過矣。其始值大府初下車,檄郡前太守陳公桂芬、今太守陳公希謙來驗,謂利濟也,何疑焉?使其地無可改築,則鑿石潛流有禹力乎?璟非六載於茲,敢遽興工乎?商民非久困於茲,肯遽集資乎?嗟夫!亦幸因其時而已。襄是役者,縣丞朱君澍、汪君逢辰、東河候補同知李君馨、通判郭君樹滋、王君佐清、虞君煊。

光緒十一年。

(文見光緒《續濬縣志》卷三《河渠》。王偉)

重修城垣記

黃璟

城,所以盛民也,尤所以衛民,故曰城。成也,一成而不可毀也。濬城跨山巔而起,險固甲佗邑。陸據其勝,楊、趙踵之。李修甃磚石,觀益壯,垂三百年。薄城下仰望,瑰麗如新。厥功偉,而獨其西城內垣所實土,坍塌竟數百丈,蓋年遠滲漏,為霖潦所委灌。譬諸病夫,其標塊然而中則枵矣。非及時補治,使之充然內足,標可恃乎哉?況其下逼瞰衛河,復隍之虞殆哉!岌岌乎自所跨南山起,北抵水驛門,圮覆甚者,履迹為阻。聞諸咸、同間,風鶴之警,民咸避城內。城者,架木懸度以守,亦幸矣哉。光緒辛巳,予下車,士紳即以請,心怦怦,顧信而後勞,敢輕舉乎?試以堤渠先之,喜吾民之樂從而有效可睹也。行舉之矣,歲值水毀,民顛徙不遑,中澤嗷嗷,苟幸安宅。越三年,歲熟民安,士紳復有請者,謂其勢不可再緩,與其毀而重勞,孰與補治易?遂為之約;小戶概免,有地五十畝以上者,每畝捐錢一十有四,可得萬緡有奇;另募商捐,可得二千有奇。又明年乙酉六月,鳩工興築,修內垣坍塌者二百七十餘丈,四城戍舖增其八,城樓、望樓各增其二,魁樓亦巍然高矗矣。其磚牆雉堞之剝落者,城濠石岸、土岸之塌陷者,靡不修治。功竣於丙戌秋七月下澣。

是役也,得贊勸之力居多。寅僚張千總朝柱及衆紳皆綜核精詳,費無虛糜,尚盈八百餘緡,議修邑之志乘。具狀陳於大府,檄杜大令元勳驗焉,以堅固報。大令即前邑宰傑魁子,先是大令監修省垣,予曾目擊。濬工將作,因以問津。大令薦良工夏連元者蕆其事。大府適以大令來,豈其間亦有因緣在耶?捐資之商民,監工之官紳,請於大府,給獎有差。

今復記其事，而以二十一所之捐數、監工官紳之姓名，泐諸貞珉，示不忘也。古人云：衆志成城，豈欺我哉！然非數年竊位，其能觀厥成功否耶？

光緒十一年。

（文見光緒《續濬縣志》卷四《建置志》。王偉）

重修魁樓記

黃璟

蓋聞舉廢興衰者，司土之職也。崇文重道者，士人之心也。濬城之東南隅，舊有魁樓，邑先達馬君大士所建。揆厥方向，殆為文運計乎？國朝迄乾隆間，科第連綿，乃明驗也。光緒七年，余甫下車，巡視至此，而高者夷矣。爰進父老訪之，僉曰："嘉慶癸酉，白蓮為孽，城者以擊賊，故揭內垣磚石殆盡，此樓遂不完。況又歷七十餘載，風雨剝蝕，其不蕩為沙塵者幾何也。"因念邑環山水，鐘靈毓秀，代不乏人。而嘉、道以來，登第者無幾，不可以思其故乎，周覽唏噓，竊有意焉，然倉卒未遑也。越三年，約邑紳議修城。城之內垣殘缺特甚，姑急彼而緩此。迨彼就理，乃鳩工庀材，循其陳跡，先建臺，次造樓，最上則置一亭。樓像文昌，亭像魁宿，亦曩賢遺意也。

是役也，始於十二年季春，越六月而竣。宏敞高朗，奎光之照普矣。人才輩出，揚國家右文之休，非斯舉所致乎，抑即斯舉所致乎？余不敢知。推有志者爭自琢磨一日爾。若夫奎司武庫，魁隸文昌，前人論之詳矣，茲從略焉，懼瀆也。是為記。

光緒十一年。

（文見光緒《續濬縣志》卷四《建置志》。王偉）

重修浮邱山文昌宮記

知縣黃璟

濬城跨浮邱而起，內踞其巔，巖石峭削。最高有文昌閣，久廢。今循其遺址，高瞻遠矚，四面諸山，衆星羅列，儼乎帝車之運於中央也。康熙間，開原劉君宰是邑，閣巋然尚存。用形家言，目大伾為青龍，而以此当白虎，慨文運之不昌也。謂白虎高踞，勢宜煞，於是，大伾山之巔太極宮起焉。瑳乎，太極者，中之極也。而實於東，此其所為西浮邱歟？夫濬之故城在黎山北，以浮邱當白虎猶可說也。今自宋、明以來，城徙據山，而俗又号南山，是城所襟，則曰南而內包於城者，中央次也。東漢大伾絕頂實青壇，青壇東方色，以当青龍誠允。然城西去二十里有白祀山者，劉君之為邑乘也，亦考知為秦祀西岳者矣。不以是當白虎，顧欲移中央之宮，不亦遠乎？《史記·天官書》："斗魁、戴筐六星曰文昌宮，四曰司命。"《晉書》："三台六星近文昌，二星曰上台，為司命。"《漢書·郊祀志》：荊巫有司命說者曰："文星，第四星也。五臣曰司命，星名，主知生死，輔天行化，誅惡護善也。"《楚辭·大司命》云："乘清風兮御陰陽。"《少司命》云："登九天兮撫彗星。"《洪注》亦據《天官書》定為文昌第四星。然則文昌之位枕乎魁履乎？三台、璣、衡齊政，招搖在上祀，以為文章司命，誰曰不宜？今特新是閣，仍其舊址。考之方域，斷為中央，未知劉君可作以為何如也？

　　光緒十一年。

（文見光緒《續濬縣志》卷四《建置志》。王偉）

再成亭題記

　　知縣黃璟

　　再成曰伾，光緒乙酉。為亭飛去，明年重修，因以名之。

（摩崖存濬縣大伾山藹藹亭上方崖壁。王偉）

義學記

　　知縣黃璟

　　塾於鄉，碑於公署，無謂也。雖然，吾以謀其久也。謀其久，胡以碑所在非塾所在，將謂塾不一塾，塾塾而碑之，不勝碑乎是。不然，夫事創自我，我詒之，我得而時察之。前令尹之所為，則吾非周咨熟考，未能得所持循也。公署者，令所起居。而署中之堂，堂下之道，又令所視事出入必由，目日與接者也，於是乎碑之，不下堂而了然心目。塾與鄉便。塾，鄉學也。以義名，蓋昉於宋，而制則三代之遺矣。塾之設，苟不遂廢，其猶有古之意焉。存乎奈之何？古為其實者，今為其名；古務其大者，今務其細。古之時自灑掃應對，進退以馴，全於格致修齊，循其序不殊其途。今也不然，教之者以是為發蒙而已矣。其上明者章句，考之以訓詁，茫然也；叩之以義理，益茫然也。其下粗知文字，授之以帖括，強應童子試，斯已耳。又其下，稍稍習書數，取足帳記，斯已耳。庠序之教，孝悌之義，弦歌雅頌之化，概乎其未之聞也。塾之設，其猶有古之意焉。否乎是，不亦大可已乎？雖然，予惡夫俗之鄙而不文，率其民室焉而不可通，諳焉而不可復明也。譬諸為溝者，夫不以川之不可遽達而廢夫遂於溝也。而大川之波，其浸淫涵潤，以美其田疇而豐其禾稼，亦非遂無以取於溝，非溝無以取於洫，非洫與澮亦無由以取於川。遂也者，挹川於田之初基；而塾也者，授學與蒙之始事。孔子曰："雖覆一簣，進吾往也。夫不患一簣之微，而患其不進。"孟子曰："為高必因邱陵。"言有借也。夫塾亦二三小子所借以為進者歟！今六年矣，其童子有誦畢《五經》者矣，有能為詩文者矣，有已入泮者矣。於乎！其效雖微，或亦攝土之培，涓流之引也夫。予以其遠在鄉鎮，竊恐久而廢也，勒石堂下，庶後之治於斯者，有以覽焉而增益之。俾肄業於茲者，咸循循於洒掃應對進退之，未由是而進焉，入於大學，是尤璟所俟諸君子者矣。

光緒十三年。

（文見光緒《續濬縣志》卷四《建置志》。王偉）

陳希謙郭炳新等遊大伾山記

大伾山始修於康熙年間邑宰劉公德新，至今二百餘年，流風善政猶有存焉。丁亥冬，余來濬，公暇一口遊之，有所謂"瀛州別墅"者，黃小宋大令監修也。屋數楹，兩面皆窗。窗以外即山之麓，平疇綠野，一望無際。萬戶炊煙，閭閻鱗比，則邑城也；五雲燦爛，文筆插天，則魁星樓也；西望則遠山浮翠，若近若遠，雲樹迷離，互相遮映，則對面之南山拱峙也。凡山以外之所有者，無一非室以內之所有也，登眺之餘，心怡神曠。同周勉軒大令向黃冠索觀劉公遺照，景仰前徽，鬚眉如見。勉軒又持來劉公賜物紀恩墨跡，筆墨之外想見當年熙朝君臣一體，神往者久之。飯後散步出遊，甫至寺門，見連騎馳至者，則主人少霞至矣。因與沿山東行里許，看大佛流連而返。夫山創修於劉公，閱多年凡數十任，而黃君小宋始來踵修之。山室初成，小宋又去。今而至於少霞，吾知其必踵事增華，不讓小宋專美於前而能繼劉公之後也，少霞勉乎哉！夫山其小焉者也。

少霞郭君名炳新，同遊周大令名元剑，袁大令名啓芬，王貳尹名兆奎，姚大使名琛也。例得並記之，是爲記。

光緒十三年丁亥小陽十二日，知衛輝府陳希謙誌。

署濬縣知縣郭炳新敬書。

（碑存濬縣大伾山霞隱山莊崖壁。王偉）

月有聲題記

光緒戊子九秋留題大伾山壁。

巖前煉石雲為質，檻外流泉月有聲。

雲龍舊衲紹謝。

（摩崖存濬縣大伾山霞隱山莊崖壁。王偉）

呂祖祠楹聯

黃河東去衛水南來兩派分流昏墊千秋存禹處，

凡嶽西橫太知北矗三峰遙峙登臨四顧豁吟眸。

大名府吳士口撰並書。

光緒十六年歲在庚寅春月。

（楹聯存濬縣大伾山呂祖祠山門簷柱。王偉）

重修碑記

【額題】流芳百世

嘗聞之《祀典》曰："神聖之德，其盛矣乎！"所以萬民感德，誠建廟以報之。濬邑浮邱山舊有三仙聖母廟九間，年深日久，爲風雨所損壞，而廟宇神像傾頹。自同治三年九月間，時有鍾寺所邢家口邢門張氏朝山，見廟宇神像傾頹，目睹心傷，頓興善念，願成盛舉，大捐資財，遂鳩工庀材，不數日而工成告竣焉。雖非雲蒸霞蔚，而棟宇炫耀，煥然一新；神像輝煌，頓覺改觀。庶幾幸酬神之得所矣。工竣之日，至今已二十餘年。母親已故，其女王門，善繼母親之志，重神焉，所謂以善繼善者也。迄今伊女王門進念母親之舉實屢艱辛，以告余，求爲文而記之。余才淺學疏，不能爲文，但難推阻耳，勉強從事。第即耳聞神聖之德與伊女之舉以述之，勒誌其珉云。

捐錢善人姓名開列於此：邢張氏、王邢氏捐ㄏ四十千文，王金鐸捐ㄏ六十千文，郭刘氏捐ㄏ十千文，南王氏捐ㄏ十千文，刘李氏捐ㄏ五千文，賈李氏捐ㄏ五千文，刘勞氏捐ㄏ五千文，耿南氏捐ㄏ五千文，張義合捐ㄏ五千文，耿王氏捐ㄏ三千文，莫克讓捐ㄏ三千文，欒雷氏捐ㄏ五千文，孟孝元捐ㄏ二千文，耿存良、高題名、王萬善各捐ㄏ三千文，孟王氏捐ㄏ一千文，劉薄氏捐ㄏ五百文，陳邢氏捐ㄏ一千文。

孫氏、王師、王姜氏、于師、周口口、張善人、赫氏、車勾氏、邢張氏、口邢氏。

興工人朱從善，子安仁、安義、安禮。

石工孟喜雲。

澄明童生南陽晉撰文。

淇邑附生竇樹梓書丹。

大清光緒十六年四月。

（碑存濬縣浮邱山碧霞宮三仙殿前側壁間。王偉）

壯遊

壯遊

光緒庚寅重九南海黃汝彭隨宦十年題。

（摩崖存濬縣大伾山龍洞南側。王偉）

鴻爪

鴻爪

光緒庚寅九日黃侯雅集賓朋於此，白下詹德藩酒酣紀遊。

（摩崖存濬縣大伾山龍洞南側。王偉）

直上青雲刻石

直上青雲

光緒拾有玖年季夏之月下浣，陽湖呂振萱題。

（摩崖存濬縣大伾山霞隐山莊。王偉）

重修大伾山送子娘娘廟碑記

【額題】重修大伾山送子娘娘廟碑記

特用道懷慶府知府嚴作霖撰。

隴西王梓書並篆額。

帝出乎震。震，東方也，泰嶽主之。泰嶽有神曰娘娘，然不知其所出也。或謂送子娘娘者是也。司人間育嬰，含靈吐異，恩澤遍於天下，古今之祀典最爲鉅然。故海內士庶尊崇瞻仰，咸乞子嗣，則民間之禋祀，亦王者所不禁。濬治城東有山曰大伾，即《禹貢》所載。山之中迤南有廟一楹，即泰嶽之尊神娘娘廟也。濬之士女嘗來廟乞嗣，剪紙焚帛，以冀神之靈佑，而神即應。日久歲逝，則神之靈昭焉。庚寅春，余守衛郡，聞神之靈，家人道余以孫嗣乞祝于神，余從焉。越三載而得兩孫，由是益信神之有靈矣。

乙未秋，余來黎陽爲蘆鹽局司長，嘗致于斯廟，以酬神庥。丙申春夜，忽一老人入夢，揖余而言曰："君昔守衛之言可在耳乎？今君孫枝邕茂，瑞應五世，今將又爲覃懷太守別我去，幸勿食前言耳。"翻然驚寤，老人不知所止。越數日，覃懷江太守以事去，果以余署其職，而始知疇昔之夜夢中人者即泰嶽神也。夫大伾娘娘廟僅一楹耳，歲久就湮，幾不堪支，斯廟南有地二十武，余就其地址，遂興工以廟遷修焉。廣爲三楹，四周以圍牆，高大宏整。地既爽塏，工復堅緻，規模雄壯，氣象喬皇，洵足以妥神靈而福吾民矣。是年秋，工告成，歲以春秋佳日醵金歌舞奉祀。從此，嘉禍口惠，其感佑于娘娘神者，寧有既哉。董其事者，東阿令黎陽李光華暨其哲嗣明楊並選貢生盧逢瑞，皆自備薪水，旋相督工，始終勤謹。廟成以文記其事，倩故人黎陽令之子王隴人書丹，壽石乃復爲詩以誌之，使後之來者讀余之文亦將有所考焉。詩曰：

巍巍高山，蒼蒼喬木。中有仙人，坐此邱壑。睹容壯麗，煥然婐婗。孩提嬰育，司主于我。舊有專祠，歲久寢敝。我來此邦，作廟奕奕。歌舞迎神，四海肇祀。福我黎民，澤及百世。詩以聲之，靈昭穆穆。保我襁褓，永綏厥祿。

東阿縣令李光華立石。

光緒二十二年十月五日。

（碑存濬縣大伾山霞隱山莊南門東側。王景荃）

岑春榮等詩碑[1]

公餘何事足消憂，小隊弓刀作壯游。
寄語山靈應識我，五年三度到瀛州。
予五年內，因公三至濬縣，亦三登大伾山，山靈有知，應笑我作生客矣。

雲山無恙霽顏開，妙選賓從徒步來。
認取依稀鴻爪跡，曾將屐齒印蒼苔。

綠竹淇園屢問津，太行青眼似含顰。
故鄉山水甲天下，悵觸東南萬里人。

無限峰巒拱帝畿，薊門煙樹望依依。
巡方豈爲貪游覽，笑問我民今瘦肥。
河朔使者西林岑春榮。

愛看山色着吟鞭，乘興來游一暢然。
感慨滄桑懷往事，摩挲碑碣仰前賢。
遙希神禹求遺跡，擬伴張仙學醉眠。
直到小壺天上望，萬家煙火翠微邊。

叨陪几席快登臨，勝侶翩翩集上林。
八卦臺高容嘯傲，萬仙樓聳豁胸襟。
浮邱嵐翠橫眉宇，衛水風帆入醉吟。

---

[1] 該碑左上角有殘缺。

省識主人儲偉永，巡方問俗到遙岑。
鑑湖漁隱朱慶礽。

小壺天邃似瀛州，攬勝來登最上頭。
疏鑿勤劬希大禹，追陪左右挹浮邱。浮邱在西，若相陪然。
巡遍足壯風雲色，省斂何妨山水游。
緯武經文先德在，多公壯□振箕裘。

□□影裡衆賓來，滿座松風入酒杯。
門下偏裨真□□，幕中記室自清才。謂朱筱艇先生
桑田不盡黃流□，萊□□□□栽。時滑縣正議賑濟
豈是流連好光景，憂時懷抱幾時開。

屬吏山右潘矩健。
光緒二十有四年仲冬之月立。

（碑存濬縣大伾山霞隱山莊。王偉）

奮步危巖詩刻

奮步危巖一振衣，
憑春灑酒亂花飛。
中興待撰河清頌，
不逐仙人入翠微。
辛丑花朝蕭遇春。

（摩崖存濬縣大伾山伟观亭北崖壁。王偉）

願天下盡讀有用書

願天下盡讀有用書
歲在辛丑，金輿將歸，同楊厚菴、端木奐若登大伾有感題此。
澶州李鴻儒。

（摩崖存濬縣大伾山霞隐山莊崖壁。王偉）

張心泰題記

皇清二十八年四貳月十四日偕同寅隨侍馮叔惠觀察遊此。
濬縣知縣江都張心泰。

（摩崖存濬縣大伾山霞隐山莊崖壁。王偉）

邑賢侯喬如陶老父台創設農業中學堂碑記

【額題】敦俗勸農

今欲圖存於優勝劣敗之世，獨立於競爭劇烈之場，其惟振興農、工、商各項實業乎？夫農以生物，工以成物，商以通物，皆財寶中所含之要素也。一人之能力，不能謀完全之生活，必合群同居，業品交換，而所需之物於是乎備然。其中猶不無先後緩急之別者，蓋以商資工，以營其謀；工資農，以施其技。世所謂農產不興，則工商皆爲無源之水，無根之木，其說誠爲不誣。遐想我國自開幕以來，即以農業立國，近世束西各國農業專家著書立說，皆推我國爲農業祖國。顧所以相沿至今，我國農業反致瞠於各國之後，而窳敗如是。推究原因，皆緣學術不明，人心迷惑。率以農業之豐凶，歸之氣候之順逆，而於辨土性，除蟲害一切預防補救之計，反付闕如。吾邑僻處偏隅，見聞尤隘。自我邑侯陶老父台蒞任後，首改高等官小學堂，繼立勸學公所，旋又創辦警察學堂。冀以廣開吾民智識，造就吾邑人才，爲地方自治立之基礎。此其苦心毅力爲吾濬籌畫者，固已日不暇給，而我父台之心猶未已也。以爲游惰多而盜賊斯繁，杼柚空而公私交困，救其弊者，非振興實業不爲功。於是日與吾儕同志反復籌商裕衣食之本源，闢農桑之大利。是以稟請北洋農業大學堂，札派畢業學員史君樹瑛、劉君承顏充當教員，發明農學新理。又復旁詢學界，選舉及門王生思溫、申生溥泉、韓生廷黻、劉生凝恩，管理堂中一切事宜，此浮邱山農業中學堂所由創設也。自開校後，不但本邑學生爭願從學，而大河南北各府州縣，以此校爲全豫講求農業之先導，所以聞風向化，遠道而來乞附者，尤爲實繁有徒。吾濬人民食福飲德，流連慨慕，方冀長宰是邦，永爲吾濬締造幸福，乃忽於去年冬月間，聞公奉調太邱，行將去濬。以故城而士商，鄉而婦孺，相聚而謀，爲借寇之舉。及奉憲示，以格於定例，不能俯如所請，而後知我父台之不可強留也。向之群聚而謀者，惟有涕泣彷徨，慨我濬邑人民運蹇命慳而已。雖然，公而留，固濬人之幸。公而去，實不僅濬人之幸，何也？濬僅豫省之隅耳，以我公之經綸幹濟，康濟群生，施之一邑，不過小試其端。措之全豫，行將大收其效。擴公益進文明，富國強種，將必以我父台爲首功焉！聞者乃破涕爲笑，相與歡欣忭舞。僅述當前之目睹而身受者，勒之貞珉，以垂永久云。

農業中學堂監學官升授濬縣教諭張霈篆額。

勸學所總董兼兩等官小學堂校長生員王恩桂撰文。

勸學所副總董兼兩等官小學堂庶務長候選教諭恩貢生李承治書丹。

警察學堂管理員癸卯科舉人趙五桂，勸學所視學員廩生劉化普監鐫。

農業中學堂稽查員兼農林會副會長廩生劉凝恩，庶務長兼農林會會長優廩生王思溫，庶務長兼文案員州同銜生員韓廷黻，試驗場場長兼管圖書儀器優附生申溥泉，暨全堂諸生仝立。

大清光緒三十三年歲次丁未三月上浣穀旦。

（碑存濬縣浮邱山千佛寺水陸殿前西側。王偉）

邑賢侯喬如陶老父台改建兩等官小學堂碑記

【額題】宏開學界

漢、唐以來，藝文競尚。我朝龍興沿明制，乃以八股取士。自甲午、庚子兩役後，朝廷知學非所用、用非所學之人才之不足以立國也，乃毅然變法，詔停科舉，立學堂。於是，南北各省，官民爭以籌款興學爲急。

濬居豫省上游，箋竹千旄，流風未艾，獨寂寂若無聞者，豈果此邦人士狃於故常耶？抑提倡無人，欲興起而無由也？

歲乙巳冬，我邑賢侯陶公權篆濬邑，甫下車，創辦新政不遺餘力，日孜孜於訓農惠工，尤以興辦學堂爲先務。遂乃預籌經費得若干緡，益以新收斗捐，歲有常額，爲之請於上憲，均報"可"。爰就邑希賢書院舊址，量加建築，補其闕而去其堙，先立高等小學堂一所，而初等小學即附屬其中。從此，由縣而府，府而省，省而京師，以次遞升。固即古家塾、黨庠、術序、國學之遺法外，此則又設勸學、閱報兩公所，農業、警察兩學堂。鄉里小學亦且漸次林立，何莫非以高等小學爲起點乎？是知高等小學者，所以開普通之知識，植專門之根基，下儲庠序之材，即上備國家之選。德之勝法，不歸功於將帥，而歸功於小堂之教師，良有以也。故凡爲學生者，宜何如仰承德意而思振奮以有爲歟！且爲之而成，則雖我公之賜，而我身、我家與我之社會，固皆有榮幸焉；爲之而不成，則我之心茅塞如故，我之學荒蕪如故，我之道德與技艺窳敗如故。要皆我終身之累，而我公固無與也，學生勉乎哉！勿以公在濬而加勤，勿以公去濬而稍懈，鼓以熱心，貞以毅力，斯終必有濟，惟在袪其私懷，結其團体已耳。若夫學堂之建置合宜，用品改良，功課完備，諳學務者類能言之，固無煩贅述。是爲記。

兩等官小學堂監學官升授濬縣教諭張霱篆額。

勸學所視學員廩生劉化普撰文。

農業中學堂庶務長兼農林會總董優廩生王思溫書丹。

農業中學堂庶務長兼文案員州同銜生員韓廷黻，農業中學堂試驗場場長生員申溥泉，農林會副總董廩生劉凝恩，勸學所總董兼兩等官小學堂校長生員王恩桂，勸學所副總董兼兩等官小學堂庶務長恩貢候選教諭李承治監鎸。

勸學所勸學員師範畢業生劉永思、劉鏡清、盛世英、郭澄清，暨全堂諸生同立。

光緒三十三年三月上浣穀旦。

（碑存濬縣浮邱山千佛寺山門東側。王景荃）

安陽市

沒頭巾

安陽市（彰德府、安陽縣）

媧皇廟記

王鳳九

沙陽唐王山之巔，有古媧皇廟。其山為太行之衍，中壙三洞。左元廣深豁，瑤閣宏敞，皇之神妥焉。腋石級而上，倚瓊樓，俯瑤閣，前岸築雉堞，如霞際赤城。右洞鐫石佛，菩薩迦葉安禪持鉢，或合十攜蓮花葉念珠，不一其狀。洞上削壁千仞，玲瓏疊黝，駁燦無元髓。史稱煉石補天，殆其蹟也。洞內鏤法華諸經，銀鈎鐵畫，質光堊壓鴉翎。篆殘處類蝌蚪，不能句讀。傍下為洞徑，徑覆以閣，俯示有關東任石刻詩，其對為鐘樓香積。由樓返望，空庭高岸，上則為舟舫疎櫺揖列嶂夕照，而泉出其中，觱沸從石眼如丹液，汲者量節以取。坐舫觀石壁，古栢森鬱，從石罅倒掛如虯龍，郊禖者覓罅得元屑如珠，歸皆應其下。出盤徑，至坦壙處為宮。宮高以麗，參錯連翬，環峰嵯削。仰視巍樓瑤閣，凌霄漢上矣！余薀涉溯漳河，詣皇廟祀事，如齊如魯，沅湘秦晉之士，咸敬共無外，始知皇德汪濊。余爰以八荒之享神者，以施以賑，以廣神庥，協建神殿，復以其餘。及余所捐者，貿水地十二畝，付道人張守初為廟中香供需。至於餐元氣，翼太和，以陰陽為宰，天地為庭，余又烏知神之終窮也。因敘其事而記之。

順治五年。

（文見乾隆《彰德府志》卷二十六《藝文志·碑記》。席會芬）

修建漳河神祠碑記

萬廷仕

《禹貢》曰："覃懷底績至於衡漳，此漳河之所由昉也。"其水有二，一出上黨沽縣大黽穀，曰"清漳"；一出長子縣發鳩山，曰"濁漳"。二水異源而下流相合，同歸於海。自大禹治水，時斬木通道，經營已始，誠古今來一大川也。今皇上御極之六年，余應詔入都，道經豐樂，見汪洋澎湃之勢，波撼氣吞震動天地，中有魚龍隱沒，雨吼風搏，窮奇萬狀，以沛澤此一方。而沃饒百里，青紫相錯，則又大河以北之膏壤也。今年春，予承乏茲土，薀治甫閱月，邑人有南郭廟事之舉，立碑致享，問序於余。余以受命漳邑，則漳神之妥侑與社稷等分不容辭，而又懼荒疏不克，道揚其盛。竊念漳之為利億萬斯年，民殷土沃生生有庸，邀神之惠匪朝伊夕。其頻歲以來，蕩析離居，罔有定止，豈神之怒此一方？抑亦守土者不修政事，不蠲祀享，致神之恫，以貽毒百姓。昨歲告水患於上，請蠲請緩，奔命不暇，而冊籍隱沒，里胥那移，小民不蒙實惠，良可浩歎！繼自今伊始，城郭人民，惟神是賴；年豐物阜，惟神是祈；商賈輻輳，惟神是祐。且雀臺岸磧之下，拍浪飛濤，天下之大，文章在焉。得數偉人應之，爲霖爲楫，則又河伯之助也。予初受職，愧未能修西門，令灌田之績而待澤下流，知恩將及，惟爾有神，尚克相餘，以無忘今日祝也。

　　清順治六年春。

（文見乾隆《彰德府志》卷二十六《藝文志・碑記》。席會芬）

崔國俊造像碑記

【額題】皇清

　　順治十二年歲次乙未二月上旬，淇縣功德信人崔國俊同妻趙氏，暨子門吉，捐己財，金當陽佛週圍卍像，以報天地日月、皇王父母之恩。復鐫彌勒睡佛一尊，造茲宝像，所爲永世供養，但願過去及見在並未來，一切浮生同獲此福。其工告成於仲夏之吉。

　　順治十二年。

（拓片藏河南博物院。馬懷雲）

重修儒學碑記

知縣程一璧

　　璧於乙未謁銓部，筮得相州之義陽於三月上旬。甫抵任，即齋沐進謁至聖先師。見其殿廡宮牆、堂齋、廡閣圮壞殆盡，不勝蒿目怦心之感。乃揖師生而詢所從來。悉知乙酉迄今，殆七十餘年，未復大起經營。嗟乎！隙影往來，旋客新舊，位居業官，可爲而不爲，俟之何人？況鷲峯鶴觀，丹碧輝煌，聖域賢關，忝離麥秀，將詩書絃誦，昉宗泒于何年？抑科第功名，本權輿於何地。籌計者久之。會軍興旁午，日思修葺未遑也。恭遇使君宋老大人熊軾府臨，方駐車褰帷，即環橋講藝，率以正文造士爲首務，允璧之請，輒勵意建修。進璧而申訓之曰："膠庠爲國家之本根，而中州尤人才之淵藪。今日之事，子爲政，若猶是聽其荒涼而不議增修乎？吾其相與有成，以匡子之不逮。"遂同參軍、別駕、司理諸老大人暨本學王先生，各捐俸資，以折簡致縉紳，洎諸子衿，齊赴明倫堂，溫言交勸，聽其量力捐輸，以同襄大工。故今椽甍甄石，設處粗備，一時揮斥成風，工竣不日。大殿兩廡，櫺宷榱題，肅然改觀。《詩》曰："經始，左曰有基。"從此次第布之，可通觀厥成也。雖然，璧趣裝有日矣，我後未遑恤也。抑又有說焉。凡事可與樂成，而難於慮始，亦易於有做，而難於令終。憶去秋與諸生會議學宮，璧感慨矢志，祈朝竣工而夕掛冠耳。迄今乃始克踐其言，向非宋使君鳴在陰之鶴，諸明公佐登高之呼，百執事急同舟之義，予小子樗材綿力，亦烏能追日負山，漫焉以從事乎。繼自今以往，凡我同心，永襄盛舉。先達者興懷源本，匪筌蹄之可亡；繼起者積累宏功，應菑畬之獲報。丹膴其罔替哉！今聖天子天亶神靈，猶下同儒士勤學考古，日以經明行修，勵天下英才。我多士沐皇上作人之化，遵先師學古入官之訓，存誠致行，在朝為名宦，黌宮為良子弟，則明德維馨，聖教王化，胥有賴焉。俟諸君子式觀大成，其尚式迪厥志。

順治十三年。

（文見嘉慶《安陽縣志》卷九《建置志》。王偉）

重修韓魏公廟碑記

毛際可

相州畫錦堂之西南，有廟數楹，故宋魏國韓忠獻公祠也。余任鄴李之明日，即肅衣登拜，見棟折榱崩，惴惴焉成禮而退為之愾息者。移日，因念忠獻公立朝大節，載在史冊，庸夫小儒皆知之，固無庸悉述。獨其流風餘韻，相人之尸而祝者，蓋數百年矣！乃一旦飄搖風雨，日侵月甚，及今不治，將遂蕩為荒煙茂草，後人欲求其遺址而不可得，安有起而重葺者乎？具俾凴弔俯仰之，溯其傾圮之歲月，而考其在位之姓名，是亦余輩之責也夫。遂竊不自量，捐俸以鼎建之。苦於官寒力薄，而又不敢以片甓尺椽之費重累吾民，以失忠獻公遺愛桑梓之意，故踰年尚未告竣。乃郡伯王君暨宏農司理黃君，憫余志之專也，咸樂輸以為倡，而二三僚屬諸公亦先後為將伯之助。屆甲辰之元旦，而祠以落成。父老羣黎咸瞻拜泣下，並欲余為文以紀。竊觀國家建學立廟，其列於兩廡之次者，曰名宦，曰鄉賢。而功德之尤鉅者則更為專祠以祀，凡以風示來茲也。然吏於茲土者，類多東西南北之人，而生於茲鄉者，又不必有父母斯民之責，故二者常判然而不能一。公自其先世來居於相，井廬墳墓翼然相望，而公又嘗領節知此州軍事，則所謂名宦而鄉賢者，惟忠獻公克兼之。夫人有一行之善，猶令人指其寢息晏遊之處，徘徊而不能去，況公之功德在民赫赫若此者歟！又況祠之廢於數百年之後，而一旦煥然改觀者歟！吾知吏於茲土與生於茲鄉者，必且感發濯磨焉！勉其不逮，以庶幾於忠獻公之萬一無疑也。則茲祠之興，其有關於風俗名教者非細，或者謂史冊之傳公者無窮，而數百年之後，安知此祠不復蕩為荒煙茂草，則祠之存亡為不足恃。余曰："秉彝之在人心，無古今一也。"夫以余之庸陋僿塞，尚能賴諸公之力以有成，若後之君子材德百倍於余，而又操得為之，勢有不以是為先務者耶！余不辭而書之，以告後之君子。

康熙三年。

（文見乾隆《彰德府志》卷二十六《藝文志·碑記》。席會芬）

重修大寒宮碑記

鄴下古大都會也，東南一舍許，有大韓集仙方之境，形勢最勝。昔人曾作觀音堂於其上。片石未遺，不知肇自何代。清朝鼎興，廟基悉屬徐主。而入難觀音、十二圓覺諸像，端嚴秀麗，且慈愍性變化無方，不假語言文字，自然顯見苦空無我無量刻義。考其源流，大抵不越法王七百，玄元五千，至聖之一貫無它道一故也。人恃道以立，道又待人而傳。有本村邢門賈氏者，求心靈山，湛然虛明，忽忽夢中，說法度人，為一方首於焉。化起門內邢以德劉氏、邢以才周氏，克紹聖善之母，能克般若之願，嗣是風礪虔節，操柏舟市庄之李氏，修入三昧。住持之玄重暨徒辯立、辯照，每於佛菩薩像前，朝夕作禮，因敬生悟。隨其根性，各有所獲。緣此寶筏，度迷濟人登岸，相得益彰，指不勝屈。尤有化主士女皆善。馬村張自成田氏、定隆劉孟陽宮氏，辛村程九萬辛氏，邵村段之才董氏、大王寨侯國柱王氏，于曹申國發、宋之耀，小營房寶，曲店李文奇，固城趙希豪之數人者，異地相感，一德協贊。蒙東嶽威靈之顯赫，廣南海慈航之菩提，凡沐恩光，歡趨舍施。或孔方是助，或朱提是輸。陸橐既盈，式廓始增。梁固山主張居寰，其姪張思禮，其男張尊禮，樂獻園地二畝有餘。本集領袖溫尚馬氏、高守忠、賈應朴王氏等，竭力庀材鳩工。殿宇創造，樓閣鼎新。所云竹苞松茂，鳥革翬飛者也，孰有加於此哉？至於四面垣墉，內壯宮殿，外聳觀瞻，抑何巍然崇隆也。落成允告，採鋼繼興。以大旃檀孫啟胤、孫啟業，閥閱名弟，二難齊芳，忘勢而好善，傾囊以捐金絲是衰多益寡。鎔煉漫昌鑄華嚴金像□六十六尊，進登其堂，法像甚是明煥，寶冠冕璪何必異何必不異；威儀極其顒邛，黼黻燙鏐將無同將無不同。所以三教菩薩在上，龍龕穆穆；祖母羅漢左右，法壇森森。碧霞君蒞珠居北，弗亞岱宗人簪峙；三大士紫府在南，何殊普陀名區；而且韋馱樂以奔走護法，効其馳驅；羣聖又奚怨恫虜尊卑，胥妥□祀，罔愆四方蘋藻，時薦一卷佛事，屢修願錫胤祚永綏無疆。合而觀之，工程盛美若斯，豈其觀偶然觀成耶。撫今逆昔，經始順治丙申初夏，蠱成康熙戊申仲冬。事竣工完，乞文於余，余智陋挈瓶，才短折線，敢曰猶人。雖然，文亦何可少也，聊據管見，以敘神人終始。爰取三山美石，特付剞厥工師鄭重鏤刻，以志不朽。俾後之觀者，玩文摭實，以為作善無窮之一助云。

相台安陽布衣張聞禮撰。

南務後學張緯謹薰沐書。

逸士楊景明篆額。

龍飛康熙柒年歲在戊申仲冬下浣穀旦豎立。

鐫石匠人裴國才。

鎔鑄匠人德醒、范後秋。

繩墨工師薛高、張志夏。

明觀地理段自成。

（碑存安陽市白壁鎮大寒宮。王興亞）

大中丞佟公復修萬金渠碑記

王伯勉

昔宋孝皇之讚蘇文忠曰："手抉雲漢，幹造化機，氣高天下，迺克為之。"此語不獨為文人黼黻，即事功亦不外焉。從來名臣用世，以氣為主，韞于莫窺，動于莫禦。如泉珠之垿地而出，其始泡涓耳，及其淳泓瀹浩，浴日稽天，溉灌飲濯者席其澤，罔識其功，若固有焉者。泉之莫窺莫禦者，澹如也。今觀于大中丞佟公益信矣。

彰德之有萬金渠，相傳為西史遺績。至唐，刺史李公景復開之；宋，忠獻韓公琦瀹之；前明萬曆丙戌、壬辰之間，郡守常公存仁、邑令劉公宇、劉公道亨、李公蒼門、朱公冠，先後疏治之，渠遂大通。郡人安侍御故碑可玫。然皆為灌溉計，地方之風氣災害不與焉。迨天啟丙寅大雨，水幾入城，亦二百餘年所僅見。今康熙七八年間，水害遂三至，堤岸皆沒，樹僅見杪，怒濤挾雨撼風，排西北二城之趾，甕半圮，水突入城闉者丈餘，居人之不為魚者幸爾。究厥禍本，由於渠道淤塞，輸瀉無歸故也。漂溺甫定，乃圖疏瀹，會當事者遷陟不常，持議築舍，渠且日濟。

壬子之歲，撫軍佟公開府中土，詰戎考牧，填惠兩河，凡境內之利弊，廉問而力行之，懇懇勧勧，如治其家事然者。于是，紳民合辭，以修復控陳。公隨渡大河，弭節洹澕，履溝塍，察形勢，謂此渠不修，地方之巨害不已，況一綫之水，旋分旋合，於漕流何損乎？亟繕疏入告，事下司空詳覆之，而行河使者亦以漕無害如公言。遂奉俞旨焉。疏詳《渠志》，不贅也。于時郡守邱公，祇奉憲檄，馳詣渠源，相其分殺，堅厥堰埭，煉鐵治石，計里鳩工。部署僚屬，各敬其事。起於季春，迄於初夏，工告竣矣。渠水東流，滔汩如奔，抱城環流，氣脈拱衛。耄稚豫悅，游泳鼓歌，相與加額曰："微撫軍之賜不及此。宜勒豐珉，以志弗諼。"嗟夫，造物之大，施而不德，民之恆性，感而弗忘，斯何可以無紀乎。

公曩督豫儲，駐節于彰，渠之利害悉之已久。今恭讀大疏，懇摯之氣溢於言外，上可格於一人，下不怵於浮議。蓋淵然而浩然者，更知公之善用其氣也。公方以五兵六蠹暢揚威靈，三立四維表率羣吏，望在廊廟，譽擅人宗，行且曳履泰階，施潤四海。莫窺莫禦之用，自當銘諸五熟釜，與嵩、岱同其高深。茲役也，蓋其餘緒云。

公諱鳳彩，字高岡，三韓名世也。

（文見錢儀吉《碑傳集》卷六十三。王興亞）

重修萬金渠碑記

王伯勉

昌黎曰："莫為之前，雖美不彰；莫為之後，雖盛不傳。"是天下事賴有能開之者，尤賴有能繼之者。如鄴南有渠，自郡西南高平來，名為萬金。究其所始，蓋開自唐刺史李景，日溉田千頃，民利其利云。迄于宋，歷年久而多壅，魏公韓琦重濬之，是以人謀灌溉之利者，頌刺史之功，並稱魏公之德而不衰。自宋以終明世，雖疏濬未嘗乏人，然皆於渠流少壅之日而濬之，未有於渠流既絕之日而毅然復之者。至我皇清三十年，蒞茲土者，悉皆良吏，每興懷民瘼，加意斯渠。申文上臺，雖經亟請，又以費無所出，美意頻舉而終止。至甲寅歲孟冬之月，我邱公來守茲土，下車之日，即以興利除害為己任，驅車郡南，覿萬金渠，慨然興歎曰："是吾之責也夫，是吾之責也夫！"爰諮耆民，議復渠流。然利於小民者，望之既切，知之亦審，衆皆曰："費得千金，苦無所出。"公則曰："苟有利於斯民，吾何恤乎千金？卜吉興工，費悉在我。"於是，經之營之，迨乙卯初春興工，不越月而告成。夫非我公愛民之深，不惜私藏，鄴民能復享此渠流之利也哉！衆佩其仁，爰有頌言，雖狀海繪天，難以肖似，若采風有官，則千載不磨矣！頌曰："渠水潺潺，民利無邊。伊誰之賜，共樂邱天。小民用祝，瓜瓞綿綿。百祿是荷，崇位大年。凡爾有位，宜式弗諼。立茲中石，以垂悠遠！"

清康熙十四年初春。

（文見乾隆《彰德府志》卷二十六《藝文志·碑記》。席會芬）

重修大成殿碑記

項皋

昔先王詔建學宮，爰命祀春秋，奉俎豆唯謹，蓋以誌不忘，且以期後之。俊髦登斯堂者，覩茲輝煌丹堊與夫車服禮器之盛，慨然想見其遺教焉！由是循序而進造之，優遊而漸漬之，上以育賢才，下以端風俗，誠盛典也。漳邑為古鄴地，昔魏文侯師事卜子夏，教行西河，至建安七子才名濟羡，稱為絕響。迄今雖徽音少歇，然士習絃誦，俗尚醇麗。流風餘韻，多有存者。

辛亥歲，余奉命來蒞茲土，見鄉賢、名宦與夫兩廡諸祠，頗皆整飭，顧而色喜，及進釋菜聖殿，覩風雨剝蝕，斷尾疏檽，有臥荒煙蔓草中者，又不禁愀然太息，深懼聖教榛蕪。相與學博李君學韓揖而謀之，李君曰："唯唯。"顧諸祠易營大殿，工浩力艱，難以猝舉，逡巡許久，有志未逮，尤恐人文寥落。先為之創，與義塾捐貲給脯，延師講課。一時負笈遠來，濟濟稱盛。亡何而戎馬生郊，羽書絡繹，神疲於奔應，力竭於征輓，又奚假向潁水池頭，而問荊棘銅駝耶！然日夕惓切，未嘗去諸懷也。丁巳，李君輒詣余而請曰："昔侯欲新文廟，有志未遂，今幸時和政簡，或可及時修舉。"余曰："咨是余之責也夫。"余兩人遂同志協力，各出己貲，以期共襄厥舉。既又請諸縉紳先生與博士弟子議，樂輸僉同。始令鳩工卜吉，以從事焉。天牖其衷，凡磚植瓦石、梓材丹雘之屬，皆慾遝鱗集。不數月，而工乃告竣。巍我金碧與日月爭光，猗歟盛哉！先是啟聖閣兩廡，雖云修葺，至是益增華飭美，前後輝映，允稱明備。戊午暮春，值新學博趙君光顯樂觀厥成，懽欣鼓舞，每以不及身親其事為恨，謂必勒諸貞珉。偕諸弟子請余以誌之。余曰："聖廟之不新，余與李先生責也。今既新矣，是在爾多士日新又新之。一以紹述古先聖立教之本旨，一以無負余師長作人之雅意。況今聖天子崇儒重道，臨雍釋奠，開一代文教之隆。蓋以致治莫如德，而進德莫如學。彼三代之盛，考諸經而可見矣。漢高帝東過曲阜，絃歌之聲不絕於耳，高帝遂不以全盛之勢，困秉禮之國。孝武表章六經，世祖投戈講藝，終漢之紀，四百餘年間，忠義椎魯之士史不勝書。無他，仁義之說行愈久，而固結於人心。此學聖人之學，明聖人之教之大驗也。舍是而訓詁已焉，漢以來陋也。舍是而辭章已焉，隋、唐以來又陋也。唐始濫觴，宋不能改，其去聖人也益遠。然則士當何學乎？立吾誠以往，希賢亦賢，希聖亦聖，無不可也。明道先生言於朝曰：'治天下以正風俗，得賢才為本。'學宮不治，後學無所興起以為造就之地，則風俗何由而正，賢才何由而得歟？"則今日之功成事紀，實始於李先生。余不敏，誠藉此以為得賢才，正風俗計也。嗣是而葺前人之所未葺，端有賴於趙君矣！趙英才磊落，與李君相佐並理，其有功於聖教正不可量，後之君子又從而誌之，可也。

清康熙十七年戊午暮春。

（文見乾隆《彰德府志》卷二十六《藝文志・碑記》。席會芬）

重修尊經閣碑記

王鼐

國家聲教覃敷，文德與武功並懋，東西朔南，罔不率俾，邇乃教化齊一。聖天子躬自臨雍，釋奠於學，命大司成講《尚書・堯典》，一時環橋而聽者稱彬彬焉！而因為之博選鴻儒以備顧問，《四子書》解久布中外，《六經講義》以次頒行，好古尊經，絜之往昔，未有盛於今日者也。鄴下為畿南股肱重郡，維林屏翰於西，俗儉而樸，士願而醇，沐浴夫師相之雅化，賢令尹之教養，以故芹藻片地，煥然改觀。關、閩、北平三父母實後先成之，獨尊經閣。向之傑然高峙者，今則頹然邱墟矣！昔夫子刪定贊脩，功在六經，垂訓在萬世，皎皎乎亘中天而炳日星者，而顧使之湮沒不傳，可乎？別駕趙諱天保，育五子，皆知向學，毅然有興復之志。爰鳩工庀材，任之己者十之七，資之眾者十之三，俾有基其勿壞，擬踵事以增華，庶宮牆一色增麗，巍巍大觀也哉！厥成之日，適虞山趙邑侯涖政之初，興賢育士，潔己愛民，成人小子漸澤於詩書禮樂之文，由此家不藏非聖之書，戶皆有可封之俗，上以襄興朝中和之治，下以增吾儒講誦之色，所關於人文之化成者，豈渺小哉？因鑴之石，以昭茲來許云。

清康熙二十年。

（文見乾隆《彰德府志》卷二十六《藝文志・碑記》。席會芬）

重修小南海三大士閣記

　　相州西南四十里地名小南海，乃今古勝區也。西來山色，千重翠黛映斜陽；東去洹光，萬頃琉璃溢皓魄。□□□之上，山碑之中，未識何時建有三大士香閣。秀峰左環右抱，列似屏風；蒼松上圬下櫟，茂若杪欏。累代以來，景盛神靈遐爾，黎叟婦女凡有禱求，莫不即應。幾年來，室家咸歌。碩鼠風雨相侵，綢繆弗暇，閣宇非盡頹也。榱缺繡殘烟深，而但耳鳥聲，朔望豈無謁乎？匆叩俄歸棘繁而久乏□□，時至我清丙寅菊月間，有山主楊顯文玉等，發願得修，自暫綿力，率領合村眾善人等廣布財資，群相經營，將聖像金粧，閣宇彩繪。兩廂房屋，圍墻門牖，亦盡修葺。至丁卯仲春，巍巍然壯麗而維新矣。是歲，余叨膺夏楚於茲地，眾父老榮秋顧余曰："大士閣功已告成，乞撰文勒碑，以垂不朽。"余□然曰："碑之體主於敘事，若以諺論雜之則非矣。況余冲齡文慚，白豹馬敎擅撰，以貽譏于大雅哉"。眾父老□空口讓曰：不然，眾等勒碑之意，非欲邀譽也。只求記重修之歲月，布金之姓名，但繼此之善士長者，因恒□□□恒心，勿惜□以之涓流，建大工以□大士，共結無上之良緣云爾。余於是不禁赧唯唯。謹記。

　　鄴郡儒鄭文奐沐手撰。

　　康熙二十六年歲次下卯仲夏望日立。

（碑存安陽善應鎮小南海廟。王興亞）

太極庵修建工成記

　　聞極治之世，明治以禮樂，幽治以鬼神。鬼神者，雖孔氏所不齒。然□服天下人心同歸於善，福國佑民，殊要典也。余自承簡命蒞之鄴下，見里巷中習尚醇樸，視履端謹，以孝節為本圖，以勤儉為急務，趨禮奉法，樂善好施，自非崇尚虛無邪說者比也。即如鄴東一舍許，地名大韓，舊有觀音大士堂一座，代遠莫稽。繼夏創建山門、殿閣、禪舍、拜宇，又建八卦樓一座，奉孔雀諸佛於上。其朝暉夕蔭，氣象萬千，誠中州之一大觀也。一時之瞻拜雨集，祈祝雲從。登其閣，閱其樓，洋洋乎如憑虛御風而不知其所止；飄飄乎如遺世獨立羽化而登仙。金碧焜煌，彩闥起而雲霞在戶；丹青掩映，淵窗明而日月臨軒。鳥革翬飛，龍蟠虎踞。離婁引繩正梗楠杞梓之直；公輸削墨成車牛在輦之材。今者大功告竣，勝迹難忘，欲勒碑以垂芳；思鐫石而識目。樓有八卦，碑有八面，而節八風；閣有萬神，竭有萬人，以志萬姓。庶朱宮具闕，藉剞劂以常存；銀榜璇題，賴蝌蚪而永著。茲當告成之時，敬致數言，以志不朽。

　　文林郎知安陽縣事加二級武烈撰。

　　旹皇清康熙貳拾柒年清和月吉日。

本集會首：溫恭、賈春恩。

（碑存安陽白壁鎮大寒村觀音堂。王興亞）

重修縣學記

陳灝

　　余就教九年，日留心學校，而志切於聖門。康熙十五年初，任東甌之樂清，為龜齡王忠文公故里。時值海氛初靖，戎馬方休，城郭廬舍多生荊棘，學宮鞠為茂草，固其然矣！余目擊心傷，刈草萊，除瓦礫，補頹垣，葺茅舍，為棲止。不二載以憂去。二十一年，補括蒼之慶元，學官遷城外，文廟亦壯觀，而基址狹隘，署舍在治內縣署之左，前學博屠君新搆五楹，未落成而去。余力不能繼，稅民居而館焉。嘗竊嘆曰："何儒教之衰，而佛老之教盛也！"吾儒所宗孔氏，孔子以聖人而為百世師，歷代帝王尊崇已極，典禮明備，置天下府衛州縣儒學教授、學正、教諭、訓導等官奉祀先聖，明倫宣化，養育人材，為國家重用。儒教之興，誠大矣哉！今皇上尊師重道，度越前古，幸魯者再，御書"萬世師表"樹碑闕里，復令天下懸額學宮，抑何隆也！

　　吾儒宜體聖天子所以尊師重道至意，以實心行實事，夫又何難！近見學宮多剝落不完，乃不若佛老家之翻修壯麗也。而佛氏尤盛佈施，動百千萬計，信從幾數千萬人，寶刹雲連，浮屠天插，莊嚴佛象，遍體鋪金，雕琢精藍，飛簷綴錦，諸般色相，炫目非空，各其聰明，蔽思盡惑，不識佛氏何術而能使人信從一至於此耶！噫！良可歎也！二十八年，余任茲土，下車二日，謁廟，見聖殿完整，兩廡及欞星門內外俱存，惟瓦級多殘缺，其藏書祭器齋沐房十二間盡圮，儒學大門尤傾頹不堪。顧謂諸生曰："此門為爾等進身第一關，胡不亟脩之？"一老生應曰："圮之久矣！年月不計也。"余又竊嘆曰："何天下學宮盡如是也耶！特吾儒信道未篤，尊師未直耳！余名列儒流，身膺民牧，非余之責也而何？"爰捐俸首倡，先後重新，今具告成。即有殘缺，不難再為補葺也。嗚呼！吾儒讀聖人之書，遊聖人之門，欲行聖人之事，必信道之心篤而尊師之意真也。豈曰漫焉己哉！抑考武邑列在魏郡，近拱神京，為中州首善之土。昔孔子沒，子夏設教西河，人尊視之擬孔子，而段干木、田子方輩皆為文侯師，豈武之儒者未之知而未之聞歟！噫！特未之思也，思夫聖人之教止，此君臣父子兄弟夫婦朋友之倫，不外孝弟忠信禮義廉恥之節。以之修身，必順而祥；以之治人，必恭而愛；以之齊家，必和而吉；以之濟天下，必無往而不利。則吾儒以實心行實事，志切聖門而有功于學校也，豈淺鮮哉！若夫昧禍福之說，附佛老之門，其志異趨，其學不固，非聖人之徒也。雖曰盜虛名，厠身黌序，其不為賢士大夫所笑也幾希。

　　康熙二十八年。

（文見乾隆《彰德府志》卷二十六《藝文志·碑記》。席會芬）

重修鯨背橋碑記

閻興邦

　　四方望京師為會歸，而豫適當其中。冠蓋輪轅往來如鶩，咸取途於相，以達於燕，是宜平道路，塓宮館，巾車脂轄，隸人牧圉，各贍其事而後可。而安陽之北門外有橋焉，架洹水之上，長四十餘丈，濶三丈三尺，名曰鯨背。橋建於元初，修於明季，龍臥清波，虹橫曠野，履之者視為康莊。而守土之官，亦不以稽使程怠職事，惴惴是懼，豈不慮周而功溥，遠至而邇安哉！迺歷年既久，水衝石齧，柱傾岸崩，聞有持節以過者，即撥夫填土，往往擾民，而商旅諸人紆折環繞，瞻顧生嗟，非一日矣。余於戊辰季夏，奉命撫豫，道經於斯，以簡書期迫，未遑進其民而問以疾苦。今歲二月，因視丹河閱萬金渠，目擊此橋為燕豫咽喉，時里民馮孝亦具情呼籲，隨檄府縣估值興工，計需六百餘金，或以饑饉洊臻，不宜時紲□□□告□曰否否。事有可以緩者緩之，而未為失策；事有不可緩者緩之，而益恐濡遲。今民力艱於食，使得出其□以食於官，亦可以濟朝夕，如必待秋成豐稔之日，彼范文正、趙清獻之所以行者，何為至今載之荒政哉！余不自揆，先捐俸百金，而彰德一府七屬之員，各量力捐助，財足矣。乃儌工砥石坦平，長欄廻護，有坊有額，如矢如翬，咸不日而告成。民乃歌曰："洹流湯湯，經我安陽。是究是圖，建此輿梁。風饕水怒，行者徬徨。神謀人謀，藉以賙荒。"又歌曰："此功既成，商旅歡呼，皇皇者華，六轡如濡，飽我黎民，不勞而愉。天子明聖，用賢大夫。"余聞而歎曰："夫民豈愛此橋哉！愛其一勞永逸，以安於田畝也；愛其起溝壑之衆，而飲之食之，忘其胼胝也。然則經之營之，何可緩哉！使余以絲粟煩民，將以歌為詛矣！使余惑於羣謀而待秋成，則千百之民欲餬其口而無由矣！凡作事必相時之急而力為之，民始無怨。因書之碑，知斯橋之成，未嘗厲民而民咸利也！"

　　清康熙二十八年。

（文見乾隆《彰德府志》卷二十六《藝文志・碑記》。席會芬）

重修儒學記

知縣武烈

　　鄴下自古稱才藪，咏朱華志片石，膾炙人口者，幾世幾年。是故山川淑秀，陰陽鍾靈，於事業如韓公琦，於忠孝如岳公飛，於理學氣節如崔公銑，歷代以來，指不勝屈。是聖人之道，守先待後，綿綿延延，不絕於天壤者，賴有以培之也。然培之則自學校始。夫學校者，所以導揚德化，廣勵人才，以裕儲公輔之器者也。使榲摧棟榭，雨餾風嘶，上無以妥尼父之靈，下無以崇駿奔之典，謂明禋何？安陽當子午道，予承乏茲邑，惟薄書鞅掌是務，每於朔望拜瞻之下，見夫殿宇頹毀，瓦甓飄零，殊爲悼歎。值蒞位之明年春，督學使林，暨本府董，有修學之役，俾飭行估驗，設法更新。予遂不惴譾陋，竭其薄俸，彙一二募資，擇勤慎生員王治太等倡興營建，庀材鳩工。如正殿兩廡，以及鄉賢名宦各司，逐一丹堊重葺，務令榱題煥然，有矢棘翬飛之勢。且泮池者，人文之所萃聚者也。往時寥廓不收，瀕納穢澌。今爲之鋪砌半壁，外繚以垣，使封鎖靜寂。無幾兩丁籩豆，聖祀尊嚴；一代宮牆，基圖永固。斯文之蔚，其在茲乎！至於禮以陶之，樂以淑之，俾士子學術精進，器識淵宏，莊莊恂恂，霖雨舟楫，爲異日之皋夔伊旦，以備朝廷之用。是有望於秉鐸之諸君子。

　　康熙二十八年。

（文見嘉慶《安陽縣志》卷九《建置志》。王偉）

題珍珠泉

　　一鑑標名勝，清泉百道流。翻飛晴雪噴，晶瑩夜光浮。
　　似有鮫人獻，將無蠙母遊。含情還非向，渺渺到神洲。
　　康熙庚午秋日。
　　襄平馬國楨題。

（碑存安陽市珍珠泉。馬懷雲）

河神廟碑記

吳肇新

　　河於天地間，視四瀆爲鉅，故其神亦最靈。彰郡當大河之北，吏斯土者，有事於省會往來必祀焉。郡城南郭外，舊有金龍四大王廟，明天啟四年，禮部儒士浙人楊春茂建。越我朝鼎革以來，迄今六十餘年矣。歲在戊辰，爲康熙二十七年，余來守是邦，顧瞻廟貌，湫塵卑陋，不稱於神明，黍稷馨香，靈貺昭格。而重霤之下陊剝不治，中堂之內甓礛未周，體薦牲牢、升歌象管，皆雜遝於軒楹欄楯之間。以更衣則無署，以登降則無階，甚非所以肅恭將事，揭虔妥靈之意也。爰因舊址是荒是癈，遂捐俸入，更於其南百步置地一區，改建正殿三楹，東西兩序，高其寀廇，廣其階除，而丹青塗墍之華、榱桷垣墉之美，煥然畢備，浸尋乎非故觀矣！是役也，經始於己巳之春，落成於庚午之冬。住持僧通慧實董其事，乃進而請曰："是不可無記，願得公文鑱之於石，以詔來者。"故書其改作之始末如此，若神之靈蹟燀赫，昭昭在人耳目間，固已廟食徧天下，無俟余言之贊也已！

　　清康熙二十九年冬。

（文見乾隆《彰德府志》卷二十六《藝文志·碑記》。席會芬）

重開青龍河碑記

王槐一

　　吾郡之東北，地多窪下，每水潦輒為民患。昔之人鑿渠曰青龍河，在安陽臨漳之交，雖大潦，水得所歸，患以息，歷久復淤。夏秋淫霖，田卒汙萊，為民患者累年於茲矣。郡伯湯公、邑侯馬公，竝負經濟才，來涖茲土，志合道同，百廢具舉。吾彰之民賴之，既而以青龍河為請。湯公乃率先蠲俸鳩工，馬公則發倉穀，給饔飧，具畚鍤。首事於孟村，告成於柴村，歷梨園、慕村、成村、沙堆、崔家橋、新庄、大小高村、馬房、郭盆一十三村，通計三十有二里。河腹深八尺，廣一丈五尺，役夫一千九百名，不兩旬役告竣。於是，水復歸故道，窪下悉為沃壤。民享其利，乃請記於予，以志兩公之德於弗衰。

　　予嘗以為水利者，生民衣食之原，國家貢賦所從出也。先王井田之制，一夫有遂，百夫有塗，十里為通，百里為成，溝洫之界，疏如也。故其時蓄洩有備，天不能災，自井牧溝渠之制廢，而沃衍之地棄為沮洳者，在在而是。司民牧者動謂先王之法不可復行，舉天地之美利，古今之成績，悉委於因循苟且之習。坐視生民呼號愁苦，絕不施一尺寸之功。竊嘗謂水利至今日不可不急講者此也。青龍之河，前人鑿之而為民利者幾何年？積久復淤而為民患者幾何年？今乃舉生民之害，一旦忽轉而為利，予固知非兩公之德不及此。然安知更數十百年後，能必其不復為民患耶！即安知更數十百年後，不更有繼兩公之績，而轉為民利者耶！且又以知吾郡之水利，其易興也。如此則夫九州之大，水土之廣，凡有利之可興，何必不如吾彰也！特視乎司牧者之為之耳。湯公諱傳楷，字素公，江南長州人。馬公諱國楨，字貞菴，遼海裏平人。兩公之為德於茲土衆矣。若斯之類，何可勝數。予固樂為之記，以見水利之所關非細，而兩公相與有成吾民之德之者尤深也！

　　康熙二十九年。

　　　　　　　　　　　　　　（文見乾隆《彰德府志》卷二十六《藝文志・碑記》。席會芬）

兵部督捕右侍郎安陽許公三禮墓誌銘[1]

徐文駒

　　理學者，國家之元氣也，為天地立心，為生民立命，為往聖繼絕學，為萬世開太平，得之者浩然與天地相終始。顧此心此理，未嘗一日或息於天下，而見道之明，體道之力，天大重任以一身為之擔當，則古今以來代不數人而已。相州許酉山先生，毅然以斯道為己

---

[1] 錢儀吉加案謂：《政學合一集》附此銘，爲仇兆鼇撰，蓋徐爲蒼柱屬藁也。蒼柱刪潤，互有得失，今仍錄此。

任，精明強固，身體力行。其學以事天為主，旦晝所為，夜必焚香告天，彷彿趙清獻故事。蓋天者，理而已矣。先生隨處體認天理，信心而往，無城府隔閡。儀吉案：仇改云："信心而往，多與理合，是不踰矩之學也。"非可以此稱許公？世之人庸有不盡知者，而獨皇上知之。故自出宰劇邑，入廁臺班，以至涖陟卿貳，其丰裁之峻整，名節之皎潔，政事之強毅，議論之光明，奏疏之鯁直，大率磊磊落落，孤立行一。意聖明在上，洞徹隱微，方且倚任，以為鹽梅舟楫之佐，而先生歿矣，是可惜也。

先生諱三禮，字典三，酉山其號也。許氏世居真定，有諱彪者，始遷彰德之安陽。高祖文深。曾祖宗禹。祖登仕，明萬曆戊戌進士，官至刑部主事。考純，贈大理寺少卿。妣韓氏、范氏、武氏，生妣傅氏，俱贈恭人。先生自為童子，穎悟迥絕儕輩。乙亥，傅恭人見背，先生甫十歲，即能撫棺號慟，躃踊中節，屏除葷酒，識者異之。乙酉，補博士弟子，試輒冠軍。

先生念帖括雖進身之資，而明體達用，務以聖學為準。於是，合彰郡之士四十餘人，共舉恒社，以相鏃礪。先生之學，以為學者，學天而已，乾吾父，坤吾母。董子謂道之大原出於天，學天乃所以學道也。學者始於告天，中於合天，終於達天，則盡性至命，其機在我。推之應事接物，無所處而不當。世之學者，非墨守訓故之習，則高談心性之理，及試之日用，四顧茫然，皆無當於事天之學者也。以此修己，亦以此告人，曰吾道當如是。謂勇配孟子可矣。

辛丑，登進士，需次於家，桑梓之利害，引為身痛，破胥吏之窟穴，正先賢之祀典。及贈廷尉公逝世，先生哀毀骨立，祭葬悉依古禮，中州士大夫舉以為法。

癸丑，赴京謁選，閉門卻掃，日以講學為事，名公卿多來問道者，而蔚州魏敏果公、崐山葉文敏公过從尤數。既而得杭州之海甯，縣多朝貴，先生矯矯自恃，一塵不染，悉屏請謁之習。賢者親之，強者亦不得而牽挽，於是，興利除害，雷動風行，無敢有梗其法者。故時，盜賊出沒，多事優容，先生以沈命法靖之，有取鄭僑火烈難犯之意。又為練鄉勇，嚴保甲，浚城濠，築土城於尖山、鳳凰山之間，土兵守之，防竊發。修築海塘十里，濬河五十里，俾城不苦囓，農不苦旱。然海甯大縣，百弊叢生，先生爬梳剔抉，既一一燭照及之，而尤以為風俗未醇，其大源大本由於民不知學。由是，特建海昌講院，與邑中士大夫按月訂期講道問業於其中。四方有志之士，負笈而至者踵相接，下至販夫市儈，環聚而聽，皆蒸蒸有所興起。又建告天樓於治後。每日行一事、發一令，夜必肅拜告之，其應至白燕來巢，朱露降於庭柏。適海潮大至，勢將穿岸，先生焚香拜禱，潮即迴瀾。故邑人記之為三異云。

入為福建道監察御史，請祀董仲舒於先賢之次，會議不果。太常以太祖北郊配位，應改坐西向東，疏下九卿會議。先生定議曰："陽生於子，而極於巳，故祀昊天上帝在冬至，位在南郊，坐北向南；陰生於午，而極於亥，故祀皇地祇在夏至，位在北郊，坐南向北。答陰答陽，義各有取。配位者，主道也，義在近尊者為上，故配天尚左居東，配地尚右亦居東。改之非是。"上從之。

武臣疏請守制，僉議本朝四十年來武臣從未有丁憂者，先生曰"宋高宗紹興七年，岳飛聞母訃，即解兵柄，徒步歸廬山，廬於墓側三年。此往代武臣守制例也。"上亦從之。武臣之守制始此。儀吉案：丙寅，湖北布政司員缺，九卿會推，楊司馬雍建保舉楚按察使范時秀，上諭內閣："范時秀做官不好，百計營升，朕已知之。楊雍建竟保，九卿遂推。御史許三禮，素稱道學，給事任辰旦，人稱正直，當會推時，何不面爭？並楊雍建做官好麼？傳問明白，啟奏來。"是日許公適告假，明日以實對。上問與九卿異否？公對："范時秀不聽見人說好，楊雍建不聽見人說不好。"奉諭："范時秀回京旗下當差。"見《掌道告神文》。

太學以宋儒橫渠、濂溪、二程、康節、考亭六子進稱先賢，位在左丘明下、公羊高上，外學則否。江南學使者題請朝議異同，時議者謂兩廡位次，自左丘明以下，當儒同論代，代同論年，依次定位。先生特疏爭之。儀吉案：宏治中，楊廉疏："周、程、張、朱從祀，位宜居漢、唐諸儒之上。"嘉靖中，呂懷亦言之。崇禎十五年二月，禮部議定以六子進漢、唐諸儒之上，以見七十子之後道統之傳，惟六子能得其宗。康熙二十五年云云別錄。又案家狀：時主照國學位次者，以顏、孟為例；主不照國學位次者，以李侗、朱子為例。奉旨著畫一。隨依府君奏，照舊例。謂聖門重道統，不重時代。試觀顏子年少特居配位之首，年何論焉？孟子生晚，超列及門之上，代何論之？且太學為天下之表，外學豈宜有異。上以為然。

丁卯，掌登聞鼓廳事，方巡視京、通各倉，內批陞通政司右參議。戊辰三月，陞提督四譯館、太常寺少卿。尋轉大理寺。十月，充武殿試讀卷官。初六日晚，上御乾清宮西慎幾微殿，召入讀卷諸臣，天顏溫霽，旋將名次定訖。上問曰："《河圖》、《洛書》兩篇，道治之源。二三四五，六七八九十，忽然金火易位謂何？"獨命先生敷奏。先生對曰："此即《大易》一陰一陽之謂道也。天地大德曰生，生物是天地之心，故《河圖》之序左旋，而相生是順數，《洛書》之序右轉，而相剋是逆數。一順一逆，所由易位耳。"上曰："何以順，又何以逆？"先生對曰："孤陽不生，孤陰不成。《河圖》自北而東，順則相生，木火土金水，就流行言也。《洛書》自北而西，逆則相剋，上下四方中，就對待言也。既五數在中，縱橫皆十五矣，唯剋乃所以生也。陰陽交則生，陰陽變則生生不息。"上又問曰："《洪範》九疇，皇建其有極，謂人參三才，此說是乎？"先生對曰："自天地開闢以來，賴有聖人，如古今有天下，但願長治而不亂者，乃天地之心也。自生民以來，有一治，不能無一亂，確是天地之數。數至此，天地果任數而無如何耶？隨生聖人，撥亂世返之治，裁成輔相，以左右民，則聖人建極會極歸極之功用也。所謂贊天地之化育在此，所謂補天地之猶憾在此。聖人既能撥亂世返之治，依舊圓滿天地長治之心，此人參三才之說，實理實事也。"上善先生對，深加賞契。

十月，陞順天府府尹。府學規制不備，先生一倣太學成法為之，祭器儀注考之古禮。京兆雖總轄一府，然近無刑名錢穀之寄，徒以體統相維繫而已。先生獨申明職掌，實心任事，輦下肅清。儀吉案：時有旗人盧偉欲進獄探親，為獄卒所沮，遂至奪門毆擊。公奏聞並請照五城司坊例，特設黑鞭以約束旗廝，京尹之有黑鞭自此始。

己巳，陞都察院右副都御史。先生念起家外吏，不數年遂陟憲臣之長，若毛舉細故，何足仰報萬一，當言人所不能言不敢言者。時皇上治益求治，勞心得賢，因疏薦熊孝感、徐果亭兩先生學行，可備公輔之選。而又有指名而彈劾者，其人亦一時賢者，物望所歸。儀吉案：疑其人乃彭無山也。古愚亦言。然彭為三河令，許為府尹，劾之不得。以唐子方、潞公為喻。或別有一人，俟考。先生以國體攸關，不憚身為怨府，一疏未已，至於再疏。此如唐子方之於潞公，當世兩是之。而子方直諫之名，遂震天下。部議降級調用，奉旨留任。不匝月，又陞兵部督捕右侍郎。維先生孤忠耿耿，忘身徇國，維皇上知人則哲，情殷魚水。方駸駸大用矣，而先生積勞成疾，忽有痰厥之證，勢不可支，方得請回籍。未及就道，歿於京邸。上聞震悼，特賜祭葬，以襃恤之。君臣之際，出處進退，生死之間，如先生真毫髮無遺憾矣。

謹考先生之學，不規規然摹倣程、朱，而按其所言所行，無一不與之合。程、朱之學，於性命之宗旨，道德之底蘊，澄觀默照，剖析毫釐，而要以躬行實踐為主。凡一切忠君、孝親、仁民、愛物，見之於設施措置者，一一自胸坎流出，所謂體用一源，顯微無間者也。江西之主靜，未免有體而無用；永康之事功，未免有用而無體。先生激昂磊落，遇事敢為，或疑其似永康者，而不知先生事功氣節，一一皆有根柢。至於研窮義理，致精極微，既非影響之空談，亦非功利之馳騖，有體有用，不可調非程、朱之系也。然明道在宋，一為太子中允權御史裏行，章數十上，為安石所沮，力請補外，竟未得一行其道而卒。考亭難進易退，與世齟齬，立朝僅四十日，屬韓侂冑竊柄，平生師友貶斥殆盡，亦未伸其致主澤民之素願也。而先生遭逢隆盛，君臣契合，千載一時。所言者皆佐佑聖門、扶植綱常之事。其言愈切，皇上之知愈深，所以寵待之愈厚。平生學術，約略皆見施行。海內望之，如祥麟威鳳，爭先覩之為快。使不為病困，皇上所以用公者豈一督捕侍郎而止哉！然則程、朱學統，五百年再續於先生，而所遇則加幸矣。先生所著有《聖學直指》一卷、《易貫》一卷、奏疏若干卷，藏於家。性好獎掖後進，人有寸長尺善，稱譽之不容口。其在海甯，四方之客日至，光風霽月，相對無倦容，然卒不可干以私事。及門之士尊所聞，行所知，隨其材之大小，各有所就。今去先生易簀之日，忽忽幾二十載，江河日下，墜緒茫茫，欲望如先生者，包舉藝文、擔當世教，豈可易得。九原不作，此責誰歸？執筆而銘先生，蓋淵源之雅，知己之誼，與夫人心世道之慮，百感交集，不禁痛哭流涕長太息也！

先生生於天啟乙丑正月，卒於康熙辛未正月，年六十七。娶沙氏，繼張氏，皆贈恭人。子迪澍，考授州同知。迪澍言規行矩，克守家學，於先生之葬，經營備物，心力告瘁，真不媿先生子也。銘曰：

國有與立，道以為歸。東山泗水，雲漢昭回。千載寥寥，程、朱繼起。得之遺經，形諸踐履。公生伊洛，上遡淵源。毅然任道，歸本乎天。天在心中，必嚴必畏。午夜焚香，至誠默對。盤根利器，無欲乃剛。拔其非本，烈日寒霜。柏府棱棱，梧桐威鳳。響振彤墀，百寮聳動。狂瀾獨挽，隻手孤撐。保全終始，天子之明。維帝曰俞，汝予夔契。古社稷臣，後先合轍。煌煌大節，炳彪楓宸。克忠克孝，萬古完人。何以致之，厥唯聖學。明道識仁，孔顏尋樂。龍蛇在歲，天不慭遺。松楸鬱鬱，百世之師。以式儒宗，以昭臣極。青史嶙峋，光垂千億。

（文見錢儀吉《碑傳集》卷十八。馬懷雲）

知縣馬國楨重建明倫堂碑記

邑進士袁生桂

自唐虞三代，以迄於今，一道之相傳而已。道無所不貫，而大者則在五倫。此五倫者，配乎五行，比於五事。其理具於人心，其事詳於日用。如日月之經天，江河之行地，昭昭乎與天地為終始者也。第愚氓日習而不知，賢智由焉而或過，聖人憂之。設以學校，董以師儒，浸灌以詩書禮樂，凡以使君臣、父子、夫婦、長幼、朋友之道，大著於天下，親義序別信之禮，不昧於人心而已矣。故唐虞命司徒之官，惟曰敬敷五教，而子輿氏論三代建學之義，亦曰："皆所以明人倫也。"然則學宮之有明倫堂，其本諸此歟。

安陽縣學明倫堂剏者無考。前明正德七祀，修而新之，太守林丹山之聯可指也。越今二百餘年，風雨鳥鼠，幾同瓦礫，未有過而問焉者。庚午之秋，襄平貞菴馬父母，以忠烈之孫子而為廷對之詞臣，出宰安陽。觀宮而太息曰："茲邑接壤燕趙，士質直慷慨，有古先民之風。惟是講學行禮之地，堂宇頹敝，蕭然僅存，豈古先王設學作師，樂育人才之意也乎。"遂毅然引為己任，積俸金，踰歲傾囊捐修，以錢鳩工，以餼傭力。經始於壬申初秋間，一月而告成事。又刊注《孝經旁訓》，置《十三經》、《廿一史》、《綱目》、《性理》等書，以資諸生誦覽。古人云："為政不在多言，顧力行何如耳。"公之此舉，謀不及乎同官，力不資乎多士，以數十年漸廢漸弛之敝宇，而一旦成美輪美奐之偉觀，俾士之隸於黌序者，揖讓則有地，肄業則有資。其所以培植人才，綱維風俗，翊斯道於維新，宣至教於無替者，為功豈淺鮮哉！因為記之，以告來者。

康熙三十一年。

（文見嘉慶《安陽縣志》卷九《建置志》。馬懷雲）

新設鄉鎮義學記

知縣馬國楨

昔周修四代之學，家有塾，黨有庠，術有序，國有學，厥制既備，而教化大行，菁莪棫樸之盛，千古為昭。迨其後也，鄭在畿內，而學校廢闕，詩人為刺子衿焉。然則人才之盛衰，詎不由學歟？余自承乏以來，他務未遑，兢兢以興學為急。堂宇傾圮者新之，典籍之淪亡者補之，以冀一時諸茂才知所趨向。顧又念無地非學，即荒村僻壤，皆學之地也；

無人不宜學，即負耒子弟，皆學之人也。而或教誨之無人，或束脩之莫辦，此父兄所無可如何，而子弟不能不淪於暴棄也。爰於四鄉，設學凡七，各延士之醇謹力學者為之師。每學為捐貲置良田若干畝，以佐薪水，名之曰義學。非敢以義自居也，欲使誦習其中者，顧名而思，不負作養之意。斯已矣，小子勉乎哉！毋荒於嬉，毋毀於隨。光明爾心，以為堂奧；主爾忠信，以為基趾；養爾厚重，以肅觀瞻。如是則學之本立矣。由是而潛心經傳，博觀書史，根極理要，折中于周、程、張、朱，講究體裁，范圍於于王、唐、瞿、薛，於以咀菁茹華，操觚染翰，鴻軒鳳舉，耀穎搏風，其何難之有？不寧惟是，異日者，青雲接武，皇路連鑣，或遠步忠獻之芳臣，或近繩文敏之令緒，使望丰采者咸歎美不置。因追而遡之曰："某某功施民社，某邑侯之所栽而培養者也，某某名高翰苑，某邑侯之所栽而成者也。"余不與有榮施哉！因為記。刊諸各學，以示勸勉，且使後之蒞斯土者，有所踵而行云。

　　康熙三十二年。

（文見嘉慶《安陽縣志》卷九《建置志》。馬懷雲）

修建長春觀洞閣碑記

　　嘗聞莫為之前，雖美弗彰；莫為之後，雖盛弗傳。前人能為之於前，而不能必之於後。後人能為前人所欲為，方不愧乎其為後人也。鄴西四十五里許，洹水發源之所，有白玉山者，左龍山，右龍洞，群峯拱衛，洹水映帶，羅然如列屏之狀，甚盛觀也。其初，有仙曰煙霞道人，恒棲止於山之石室中。此山有冬夏長青之栢，四時不謝之花，因名其地曰"長春觀。"明季以還，變遭流寇兵燹之餘，竟成茂草荒煙之場。順治初年，有道人汪守戒者，雲遊至此，覽煙霞之遺蹟，頓然起興廢之思，乃砍木於嶺，取石於巖。搬運斤泥之事，無不身親其勞。先創三教大洞，繼建三清高閣。規模甫就，資志登仙。其徒李太光憫師功未竣，發願完成，朝夕跪諷三官經品，會合善人蘇奇、田氏等募化十方信善。不數年間，贊成其緒。又欲創立左右配閣，有志未遂，遽爾遐昇。魏清山者，太光之徒，守戒之孫也。繼祖志，述師事，諷□經，三年不輟，募善緣而五載維勤。乃建左右輔閣各三間於大閣之兩耳，南北配閣各五間於輔閣之兩傍，上塑十二大士、東王母、母媧皇、泰山眾聖，下塑子孫眼光廣生王、皮殤王、藥聖諸神。棟桷巍煥，金碧交輝。覽勝者恍見廣寒宮闕，拜禮者如現崑崙仙境。善繼述於前人，壯奇觀於祀奕。清山之功，何其偉哉！雖然，此雖清山祖師孫歷代之功力，而非神祇之默助，衆善之資積，亦烏能臻此哉！聊敘創建之由，以為後世善行勸。謹誌。

　　彰德府知府前軍功加到正一品加四級湯傳楷，彰德府同知加一級翁年倫，彰德府糧捕通判加三級劉芳，安陽縣知縣加三級馬國楨。

　　河南丁卯科鄉試解元周載輔盥沐拜撰。

　　本觀淺學羽士趙陽惠沐手書丹。

　　　　劉□，侄李芝、申忠、李佩。
　　住持道人魏清山，徒謝一芳、孫趙惠、□陽、吳起。
　　　　秦福，侄侯位、謝善、張貴。
　　旹大清康熙三十三年歲次甲戌春月吉旦立。
　　石匠王希尹、王保民、王福元。
　　泥水匠崔化堯。
　　木匠趙先宗、郭自興。
　　塑匠陳敬修。
　　金匠陳自修。
　　油漆匠李國禎。

　　　　　　　　　（碑存安陽市小南海長春觀，拓片藏河南博物院。馬懷雲）

興陽寺口號碑

　　寺後寺前老栢森，興陽勝跡此登臨。
　　僧多會客偏無酒，蟬不解詩亦善吟。
　　吹笛牧童真達者，眠雲瘦鶴是知音。
　　晚晴繪出新秋色，斜倚松門三弄琴。
　　飽古人題。

　　　　　　　　　（碑存安陽市興陽寺，拓片藏河南博物院。馬懷雲）

知縣丁如璣建修尊經閣及兩廊碑記

　　胡煦

　　今上建中立極之四十六年，奠安訖於海宇絕域，奉其正朔，邃古以來，未有幅幀之廣、太平之休，如我國家之殊方服化，長治久安，若茲之最盛、最大者也。顧定亂則武烈重，經國則文謨顯。貧弱則富強之法令修，郅隆則師儒之教育設，勢所必至，理有相因，不能強也。況復優禮文臣，破格引拔，稽譽望於鄉曲，徵衆好於同人，不難特賜科名，直登詞署，寓激揚獎勸之意，於恩渥隆寵之中。一時讀書懷古之彥，靡不翹首引領，而心儀其盛。又於親民之官，悉引諸陛廷而宣諭之。徵才品，考言論，使知篤清慎以立本源，修教養以端經術。纖細必周，海内稱睿知焉。至於學憲授事，尤加警飭。然而循其名，不既其實，綜其綱，不求其詳，徒以催科為能員，視居官為傳舍，奉法度為虛器，卒致聲教不宏，人材寥落，詎不上隳明詔，而下黷職守乎？且夫文教覃敷，天子主持之，大臣旬宣之。而守土分職之庶尹，則奉此良法美意而滋培作養者也。自上下者重德意，自下上者重責成，司牧而棄置不講，誰爲越俎而代乎。安陽丁父臺，以四十三年躬膺簡命，來撫茲邑。方謁廟時，見所存者，止於文廟及倫堂兩廡而已，猶且傾圮剝落，幾不可支。碑亭雖創始於戴父臺，而未竟其功，此外則蕩然無有。不禁三歎。謂夫人材振興，以學校爲權輿。厚生正德，非有司之責，而誰責哉？越二年，計可以捐貨率其始矣。乃不憚經營區畫，身爲之倡，有不足，則以紳士之樂公捐輸者充之。始於丙戌之八月，暨明年七月以告竣。尊經閣東西兩齋及規矩門皆屬創建。他如門垣、坊屛、頹壁、碑亭諸項，缺者補之，傾者扶之，色敝敗者丹漆之，榱桷腐朽者更換之，橡下及於水道溝渠，丹墀甃砌，亦皆平之，直之，通之，達之。乃始炳耀改觀，巋然煥然，爲近今所希見。此固文廟之際會然哉！而丁父臺雲漢作人，響髦斯土，以仰答聖天子教養作興之雅意，亦慨可想矣。然吾聞之，天地之氣運，與天地之生人，未有不適相符合者，氣數之將治，則生徇齊天縱之天子，而使之治。事業之將興，則生奇材碩畫之偉士，而使之興之。所謂天降時雨，山川出雲，蓍龜之見，四體之動，見其然而莫知之其由然也。且夫安學之重建，前此有行之者矣。嘉靖之章公，一振興之，而即以台垣內召，此非氣機之感通適當其時，而相得益彰者乎！又見今之牧民者，果克殫志畢慮，盡能於學宮，非其科甲連綿，應時而起，則必其邑君榮擢不時而至，此固有藏之無朕，可以意解而不可以常理得者，引端而竟尾，見微而知著。非能究悉精微，直入理窟，默契道源者，未易幾此。吾固與丁父臺之寢食興處不忘學宮也，將遂執此以爲信篆，而徵幾先之哲云。公諱如璣，江南徐州人。

康熙四十六年七月。

（文見嘉慶《安陽縣志》卷九《建置志》。馬懷雲）

重修小南海石橋記

小南海者，鄴之名山水也。其地有至聖閣，居大士閣之右。辛卯春，沙河人趙貴率衆建石橋於泉流之上，囑予作文以紀之，且示以建橋之意，謂將以普渡四方之朝謁者也，亦以利濟居民之往來者也。斯其功德莫大焉。予曰："唯唯否否，不然。"予觀小南海之勝，山則巍然而秀，水則泓然而清，樹木蒼翠，殿閣參差，而其遠近村落，掩映此其間。更設一小橋，突兀玲瓏，路徑相通，殊覺山水為之增色矣。自是學士大夫來游於此者，或登閣而賦，或居梁而漁，應亦嘆橋之有功德一勝地也如斯矣，豈曰普渡利濟云云乎。

社首趙尚、高興□孫氏、[1] 張□□、□□□陳氏、常門□氏、張門賈氏、馮來儀張氏、靳門王氏、尚興法、李國林張氏、高門徐氏、孫九福、徐門賈氏、胡天佑、苗旺才、陳濟秀、張□祿、劉門朱氏、王門范氏、康烜愛、王瞿煥、李□法、張宗□、楊繼朝、楊□海、楊□江、田門張氏、王義成、□惠君、劉門洪氏、沙門徐氏、李門常氏、李門王氏、王門

---

[1] 此碑標題書於碑末。碑後所列施財善人一百二十餘人姓名，字跡多爲模糊。

申氏、王門賀氏、劉門王氏、王門王氏、张門劉氏、何門□氏、趙門孫氏、楊門朱氏、王門杜氏、耿門張氏、劉爾作、李分、張廷、馮□、馮吉印、盛顯□、馮恪標、張治寬、申門劉氏、申玉绣、申玉伐、潘杰、潘星、潘祥、王福永、趙旺、□□□、□□□、王德山朱氏、王基大。立石人：楊之玉、梁瑞岑、秦生、馮應洹、□玉秀、徐邦興。

　　守□祿衍佩、王紹先、馬行、馬文兊、王二倫、趙蹟許、侯加成、秦坤、魏□□、楊鋯、王加樂、楊邦和、申榮義、史有德、秦依貴、程永年、楊尚仁、王□□、秦□□、顯□旺□□□、申朝清、李經明、楊□辰、馬平吉、申珍、魏東洺、史斌、朱琳、豆英、豆章、侯宗益、□丙貴、王仁權、王香求、王鼎烈、王鼎国、楊在義、秦振安、楊□曾、李□□、申□□、□□貴、徐榮遠、申貴英、杜春福、楊立武、楊明太、李時蒙。

　　山主楊燵、楊邦來、楊文玉、楊廷臣。

　　旹皇清康熙伍拾年歲次辛卯夏四月吉日。

（碑存安陽市小南海，拓片藏河南博物院。馬懷雲）

重修城隍廟記

　　繆發

　　從來考室立家，先立户竈。聚人開邑，首起城隍。城所以盛民，隍所以衛城者，用資固護，必有明靈降而鑒治，擁雉堞以為雄，遵溝池而作潤，其利賴於民也，亦縶大矣！攷《周禮》所載，山林、川澤、邱林、墳衍、原隰，其有功於民者，皆有祀以報厥功。城隍之有神，而祀廟亦禮之，以義起而可因者也。明洪武二年，改正天下神號，凡前代加封旁王侯伯之類，悉除去。獨城隍特討鑒察司民之神，分府州縣為公侯伯爵，且歲下勑，責其理陰佐陽，捍災禦患，善善惡惡，憑賴明威，扶進人心，登於良善。更令置公案簿書，同於有司之視事例。新官到任前夕，必廟宿而與神誓，期相表裏。此又聖人以神道設教，佐政刑之所不及，用意亦深遠矣！彰德府城隍廟在府治東北，建於明興之三年，至景泰五年，郡首王公銳重修；萬曆之十五年，司李張應登再修，迄今已百有餘歲。當時雖云堅完，而造物之理，亦無平不坡，無往不復，安能必其歷久不敝哉！於康熙丁亥來守茲土，因雨暘弗若，歲事未登，數禱焉輒應如桴鼓。是以凡有疑難猶豫之事，非人力所可致者，求之亦無不應。然人有求而神無不應，則人有隱而神亦無不燭矣！故予於地方因革損益舉錯賞罰諸政，一動念凜凜然若鬼神之在左右，雖未必事事見信於民，亦未嘗不事事求無愧於神。每朔望詣廟行香瞻拜之餘，環顧殿庭寢閣，或榱傾桷摧，或丹腹脱落，或垣穨瓦裂，或甎糜土壅，岌岌乎有圮剝之懼。輒念風雨不蔽，則靈爽弗妥，廟貌几筵不肅，亦無以洽羣黎瞻仰之懷，豈所以重民社者乎！矧民者神所庇，神者民所依，神安而民始得即安。事神保民，守土者可以諉其責耶！志欲新之。第視事伊始，未遑及此。越四年辛卯，郡事亦稍稍就理，乃謀所以新廟之舉，量捐清俸以為倡，幸一時諸同人士民亦各欣然樂輸，以襄厥事。計所捐金適符估值之數。爰命鄉耆中之老成廉潔者東得花、馮如、侯千儀等分董其役。擇吉鳩工庀材，傾者正之，摧者更之，頹者興之，裂者補之，膸者丹漆而彩繪之甄之，糜者以石易之土之，壅者以填毿之。經始於辛卯年五月，告竣於壬辰年四月。廟貌几筵煥然一新。庶乎神靈以妥，百姓以安，有司亦以慰！於是，大集同城官民，設牲陳醴，伐鼓坎坎，再拜稽首。且敬祝曰：今而後，神其益顯，厥靈覃敷，威福幹霄，作峻習坎，為防扶佑，三時節宣時氣，雨暘時若，百穀用成，人無夭札，物不疵厲，樂利無疆，長享禋祀，億萬斯年，永守弗替。發謹以自箴，敢為神勗焉！不辭弆讟，礱石記其事。其輸財姓氏，則具勒於碑陰。

康熙五十一年四月。

（文見乾隆《彰德府志》卷二十六《藝文志·碑記》。席會芬）

墓誌[1]

康熙拾伍年拾貳月初六日，買到王星壽無糧荒地壹畝貳分，坐落吉家凹，長貳拾肆步，橫拾貳步。四至賣主。官牙秦吉同土工秦永壽說合，價銀壹拾捌兩，墳外賣主地內許拜掃走路，載明印契存炤。其吉地龍脈，自翠雲山起頂，由避暑城環繞而來，層□開帳，節匕換形，左分一枝作前案，右分一枝為後纏，中枝出兌，轉亥木星地盤。己巳，乃巽龍入首，內堂水口出乾正合，乙丙趨，或之局，宜立天盤，己山亥向。收生養官祿等水，謹擇辛丑八月初二日破土，九月初二日申时安葬。

先祖考承府君立祖遷葬先妣韓氏太，先考景齡府君於祖側。是日，立有石檈二張，石碑二甬，永為奉祀。

康熙六十年九月初二日吉旦。

承重孫璐薰沐敬誌

（拓片藏河南博物院。馬懷雲）

福會渠記

陳大玠

邑城自舊縣移建於茲，幾四百年矣！漳水忽北忽南遶四圍，退則泥淤積歲月而成膏壤，外地高半於城，城之形若釜、若甌、若出水荷。余甫治茲邑，即倍築護城堤，逾門額寬稱是。今歲夏秋之交，雨積水漲，臨堤者屢仰賴神庥慶安瀾，是堤之大有造於城也。惟城無出水處，久雨則室惟水宅，窪者蛆產蛗，居民患之。余勞心思，為民謀安衽席計，訪有舊

---

[1] 原注：共字二百五十六。

水關在城南西偏，因外濠高倍，內濠久已塞，復再四籌，北門差可出水。倣吾閩置水車五，募夫數十，俾更翻晝夜作將水俥。外濠乃堤為之障，潛滋暗潤，水由地中復湧內濠，遍度地勢於東南堤角，暫開一水道，自堤至於河鑿一渠，計長可四里，深廣各七尺，而後乃今得暢流。又慮途徑紆，於堤外元帝廟前，駕一梁，俾車馬得通。及乎水出地乾，即以內濠土培城，而城益厚；即以外濠土培堤，而堤益豐。自是居民有寢處之安矣，農夫獲灌溉之利矣，行旅免跋涉之艱矣。漳民賦烈文之章，曰："錫茲祉福，惠我無疆。"余更望後之君子，踵事增華，使斯民永歌樂土焉，則幸甚。

清雍正二年。

（文見乾隆《彰德府志》卷二十六《藝文志·碑記》。席會芬）

邑侯楊老爺創修涵洞永除水害萬民感德碑

【額題】流芳萬代

瓦查、辛莊、下莊、翟家莊、蔣八營等村地處霑下，水無波路，一遇霖雨，莊田受淹。居者有沉溺之患，耕者有汪洋之嗟。數村之民受害者，非僅百年數世而止。民不能去，官莫之除，惟坐受其困而已。

楊侯來蒞我湯，留心民瘼。受事未幾，遍尋水害，巡行至此，已□之心，嗟歎不已。以地界滏，即關滏邑。曾侯會勘於此，議建涵洞，以奠水利於湯，無害於滏。曾侯許可。楊侯即鳩工運石，建築高四尺，寬四尺，洩積水，以益我民。費清俸百金，不傷民財，不勞民力。繼此之後，水不停蓄，迅流而出，居者安堵，耕者收穫，去千百年之害，興千百年之利。我民生生頂之，世世戴之，云何而忘耶？涵洞開建於皇清雍正九年辛亥三月十五日，告成於四月初二日。紀之以昭後人，後之人知涵洞之所由開，水害之所由除，而楊公之功，蓋將與涵洞同此長久也矣。

楊侯廣東潮州府揭陽縣人，諱世達，號兼齋。萬民稽首立石，以紀長永哉。

雍正九年四月。

（文見《安陽市水利志》。馬懷雲）

楊公德政碑記

邺城秋水淋漓，坡水汎濫，南則害及辛莊、翟家莊、上莊、下莊、南小章、西小章、瓦查、蔣伯營、榆潤等村地畝；北則害及東柳圈、西柳圈、鄭家屯、璩家屯、西崗頭、窯會等村地畝。或十年而三獲者，或年夕不見顆粒者，空輸□課，府仰無資，官不問而民不能理。惟有坐以受困，仰天號呼而已！且不特地土之侵害也，而此路為水所占，往來維艱，人馬交瘁。歷數百年來，無有計拯之者。幸也楊侯蒞湯，愛民猶子，治邑若家。有不便於民者，如切膚之痛，皆圖除之。巡行至此，目擊情傷，徘徊籌度。南則於老鵝嘴官堤建涵洞一座，以瀉波流，使不彙聚於地以侵淫，而辛莊等地受其福，水害永除矣。北則於是路築堤一道，以障暴水，使不橫行於地以溺濫，而柳圈等村被其澤，水患也永除矣。種是地、行是路、平坦康莊，優遊稼穡，皆楊侯賜也。回思向日，環顧今茲，頂戴福澤，寧沒世而忘之乎。於是，南則豎碣曰："楊公涵洞"，北則立石曰："楊公柳堤"。使後之人，知洞之所由建，堤之所由築，害之所由除，頌楊侯於不已，蓋將與洞與堤相為終始焉。爰為之記云，楊侯諱世達，字兼齋，廣東揭陽人也。

  己酉科舉人選知縣楊兆麟敬撰。

  嵩陽生員潘侖書丹。

  大清雍正十三歲乙卯穀旦立石。

（文見《安陽市水利志》。馬懷雲）

修定寺重修天王殿碑記[1]

  粵自金身夢於明帝，佛教流入中土，日新月盛，名剎之多幾與恆河沙比數。鄴西七十里，後魏太和孝文帝年間，至明趙藩則更從而式廓之。寶塔插天，佛閣連雲，尤鄴西之巨觀也。□天王殿三楹，歲久將就傾圮。信士袁豹等慨然發大願力，而一時同志者亦樂相與以有成，□厥職。始於甲寅之夏，訖於冬十月。工竣，屬余一言以諗來者。余於浮屠之教，素不諳其源流，□禁而梵宮之設，歷久常新□。徒曰有其舉之，莫可廢乎。聞堪輿家每借寺觀以補坤維之闕，或中以增一方名勝，則斯舉也，所賴以培風脈者在是，所恃以山川者亦在是也。且世之人固明乾俾，愚夫愚婦甫入山門，瞻法像之莊嚴，凜然生恐怖心，有所畏而不敢為不善，有所畏而□□□數之意□耶。□□□/

  隆慮廩膳生員朱弘績撰文。

  隆慮增廣生員馬龍

  彰德郡庠生員袁斌書丹。

  石匠 /

  住持僧人 /

  旹大清雍正十三年歲次乙卯孟夏穀旦。

  袁貴芳施銀三兩。

  彰德府□生員□□暨任府庠生員袁斌、邑庠生員袁焴捐施銀伍兩。

  管事付有祿一兩五仚，牛上知施銀五仚，袁秉奇施艮三仚，桑如錦銀一兩五仚，趙國俊銀六仚，付有榮艮二兩仚，張進賢艮六仚，趙國佑艮一兩，牛應貴艮五仚，張進朝艮四仚，

---

[1] 該碑 / 下有缺字。

趙瑞艮二仐，桑如梓艮二仐，袁虎艮五仐，付再口艮六仐，袁貴禮仐五百。

(碑存安陽磊口鄉清涼山修定寺。王興亞)

義學記

蔣光祖

邑有學焉，崇以殿廡，董以師儒，釋奠有禮，發篋有書，于于而誦，蹌蹌而趨，士於此知所為教矣！何取乎義學？義學也者，凡以廣邑學之教，而豫其成者也。其遊於邑學者，自束髮受書，必父若師督課有素，以德造之選，列于章縫者入焉。而甿庶之家及窮山僻壤，家無賢父兄為授受，又力不能懷贄負笈，尋師請業，雖稟可琢之資，鼓必奮之志，不終於驟廢乎哉！是邑學之教之所不及者也。是故廣其教而豫其成，莫善乎義學。義學不設，設而不廣，與夫廣設之而非有實意與為倡導，舉未有能興其教者也。武雖山邑，以文學起者，代不乏人。數十年來，朝紳絕響，科第如晨星，落落可數。為舉子業者，前望進取之艱，亦罕克自振。里中子弟，厚貲者鮮衣，人馬酒食相徵逐；貧者獷悍不訓，惰遊自喜，彼固視絃誦為腐生，而管城楮國舉棄物耳！邑如此能復振乎？余自抵任，察知文教之替，銳意振興，月必課其邑士，遴選生童，拔其尤者，筆述口授，率以為常。因又思愛人易使歸本，學道欲啟禮樂之途，廣宣絃誦之響，端必有在。邑中義學舊有者二，不足以招來學溥教思。因為增設者八，二在城，六在鄉，各區其所。擇邑士之齒宿而知文者師之，修脯無所出，則捐養廉分給之，象勺之童，卯弁之雋，羣趨就業。日有程，月有校，其必敦者。學者口講手畫，心領神會，闡聖籍之精言，滌萎文之陋習。自是掇巍科、陟高第，華國之章，羽儀之望，悉基於此，又豈特子衿子佩米苑采芹？謂足以畢乃事哉！邑之前彥馬博士之講禮，開皇陳龍圖之見稱，忠獻胡狀元之才器，千里郭忠襄之三朝舊勳，宋都諫冀光祿之戇直敢言，孝友亮節，彼何人哉？必謂今人不逮于古，亦不可信矣！用告邑人，義學之設，官不以此博虛名，士勿輕此無實益也！

清乾隆元年。

(文見乾隆《彰德府志》卷二十六《藝文志·碑記》。席會芬)

重脩興陽禪寺碑記

嘗聞世尊初降於昆婁藍園菩提樹下，周行七步，自顧四方，左手指天，右手指地，曰："天上天下，惟吾獨尊"一句，默然而不語，他心覺悟，將以覺悟衆生也。統其教誨以修善，祥光現於周朝。夜夢金身，示化漢帝。教流東土，而慈悲方便衆生。為主大體大用也。西方有佛世尊，慈悲方便為衆生之父，菩提道心為衆生之母，慈悲濟與衆生，作四生之慈父也。非自言其慈悲方便，欲世人慈悲方便也。而世人能慈悲方便，即是佛之慈悲方便也。佛慈悲方便乎人，而世人迷失真性，流入濁海，不慈悲方便乎佛，將何謂能慈悲方便，何謂人能慈悲方便，即佛之慈悲方便也。是以舊有古剎，名曰興陽禪寺。茲今殿宇佛塔傾頹將圮，僧俗而思補葺重修之功，聖像晦暗，俗從善而偶發慈悲。僧能方便，同心恊力，共思去舊從新，人之慈悲方便，而佛之慈悲方便也。今有相州彰德毘西鄉離城七十餘里，古跡興陽寺，不記創造。今佛像無輝，殿宇虧損。今有本境善人李君諱之賓，僧人准汸等，僧俗共同恊心，早晚在念，目觀傷殘，而偶发慈悲方便致诚之意。僧同心協办，共遵先人之福田重修之善念，使前因後果之不昧也。有李君鳩首，破己慳囊，筵會約領衆等輸金，損者補之，舊者重新之。衆善公議無不允焉。見善思聞，無非慈悲方便而矣。

今之大雄寶殿以及佛塔金容，東西伽藍，給孤祇陀，左右□殿，一慨煥然重新，金色晃耀，誘引後輩擇善而當從焉。修飾莊麗，功完告竣，豎碑刻刊善名，列于片石永垂。命予作記，唯曰慈悲方便云爾。

　　菩薩戒弘法沙門比丘理文薰沐撰語虔誠并書丹。

　　大清乾隆四年歲次己未四月己巳拾伍辛卯日吉旦建立。

　　東崳村功德主社首李之賓，室人李氏，長男群修，次男沈修，從男洪修。

　　管事李魁佐，妻李氏，男之溫，徐氏孫男具修，次孫素修。

　　慈母郭氏 長次男李文 榜現，李文著，李魁才妻李氏。

　　李之彥 長次男臬允 修，李之林 長次男成福，史加福、李文修、李文星、李玉修、李天有。

　　崳後村管事王在國、王玉福、王玉金、王玉項。

　　李家莊管事任春貴、李進忠、李朝舉 長次男太才 妻王氏，孫男廣仁。

　　崳後村李朝銀、李大功、李治國、李新有、李朝見。

　　東崳村、□家莊募緣善人女化首李門王氏，李門張氏、李門周氏、任門李氏、李門趙氏、李門馬氏、李門段氏、李門王氏、李門楊氏、秦門王氏、韓門李氏。

　　當代住持僧人淶曉、徒湧寧、孫泠亮。

　　　　　　　　泠琰，徒淮岎，

　　東方丈住持比丘僧泠瑛，徒淮嵩，孫溟瓚。

　　　　　　　　從侄淮岐，孫溟瑞。

　　　　　　　　淮汸，徒溟澤，徒孫溰瑞。

　　西方丈住持比丘僧淮海，徒溟湯，徒孫溰珍，重孫溍成。

　　　　　　　　淮潮，徒溟□，徒孫溰琮。

　　後方丈住持比丘僧淮渚，徒□□。

　　岜

　　靈根已向先天栽，福滿四方不二臺。

料得誠心來極樂，青蓮何處花不開。
能工巧匠持玉鑽，現出芳名萬古傳。
列於片石碑陰跡，誘引後輩善心來。
復撰諸匠垂偈語。
金塑匠郝大璋。
刻碑匠：郝月、王現成。
木匠李文貴。
泥水匠宋福龍。
甄匠李魁望。
選吉李玉修。
典座師圓瑞沐手書丹薦石。
吉日，衆善同修建立。

（拓片藏河南博物院。馬懷雲）

重修玉帝廟碑記[1]

【額題】碑記

今夫神則無往而不在者也，而亦在于人有誠敬之心。記有之曰："致愛則存，致愨則著。"□□□□□，如東頭村家南有一土邱，上有玉帝廟三間，廣生廟三間，未詳創自何時，□□□□雍正初年，圮敗極矣。闔村人等目擊心傷，公議秦進金為首事，田炎共管□□□□□，咸謁誠修理，不數歲而告竣。屬余作文以記之。余思神之功德，入人之深□□□□，無聲無臭，非名言裕能罄，維第以天下之剥而復，復而剥，循環不已者，□□□□□□地靈，莫靈于人心，其理一耳。觀今茲之殿宇輝煌，煥然一新，固前日之墻□□□□于荒煙蔓草中者也。繼此數十百年間，亦必有傾頹之一日。顧人之心，禮□□□□□□息，居斯地，覽斯製，忍令舉之于前者，或廢之於後乎？衰則必盛，永與世□□□□□，或者謂神未必在是也。然焉知其不在是也？或又謂神固必在是也。然□□□其必在人也。神之格思不可度，思而實□乎不在也。惟宋儒程夫子有兩言云：□□□□□□有鬼神，人無誠敬之心，則無鬼神指亦最明。今而後，人能恒存誠敬之心，是之心□□之夫。乃援筆而為之記。

湯陰縣歲貢王林薰沐撰。
田逢源書丹。
首事秦進金。

---

[1] 該碑斷爲兩截，部分字模糊。

管事秦倫、田焱、李有榮、秦武，李秉直，蘇有、李存德、秦進彥、秦修、焦貴。

石匠宋□印、石匠高登。

塑匠王遇興。

泥水匠周其昌。

木匠李信。

乾隆六年十月二十九日立。

（拓片藏河南博物院。馬懷雲）

重修宋忠獻王晝錦堂碑亭記

【額題】重修宋忠獻王晝錦堂碑亭記

忠獻王德業彪炳，禩歐文忠公《晝錦堂記》，揄揚贊美，大非誇讀者，莫不興起。石爲蔡忠惠公書，學者奉如拱璧。憲□王祠徘徊瞻仰，肅然起敬。歎王與二公道德文章，一峕千古。嗚呼，盛矣！碑舊有亭，丁卯秋，高圮石臥地，幸而無恙。所謂兩閒異物，在在有神靈護之者歟。□之後人，謀重竪，力弗逮。憲爲成其事並祠新之，因請爲記。憲謭陋何敢以末學妄附□□。惟思王盛德大業，足以傳無窮而垂不朽者。文忠公既爲闡揚，忠惠公又樂書之，蓋欲昭示來許。□逖之人，聞風覩物，嘅然而奮乎百世之下也。此邦人士與王之子若孫，登堂皇而仰止，撫貞珉而流連，其亦動典型文獻之思，致桑梓水木之敬，以求有當於王之靈爽，而無負二公嘉惠後學之意，此則憲之所厚望也。夫因書以遺王之後人，雖僭踰，其奚敢辭！

閩中後學李峕憲敬書。

林在峨篆額。

大清乾隆十三年秋七月旬有八日。

嗣孫光祖、耀祖謹勒石。

（碑存安陽市韩魏公祠。馬懷雲）

重修安陽縣文廟碑記

李時憲

學校之設，所以培養人才，正人心，厚風俗。而其教之之法，四術六藝以端其心思耳目之用。鄉射飲酒，習射養老，以導其退讓恭順之志。復廟祀先師，釋奠釋菜、春秋合樂，以習其周旋進退升降俯仰之節，皆整齊而嚴肅焉。所以重學也，學重而教行，教行而俗美。人才之盛，德化之隆，其不以此也歟！

安陽先師廟，明洪武三年移建縣治西。再修於我朝康熙二十八年，歲久就圮。余與多士謀新之，咸爭先趨事，率其私錢若干萬以助。得任事者若而人。乃鳩工庀材，朽者完，欹者正，缺者全，施以樸斲，加以丹臒，殿廡堂宇，祠閣齋舍，燦然改觀。工成而賓興適屆。余觀宮牆崇煥，泮壁宏深，雲蒸霞蔚之盛，其爲多士風虎雲龍之應無疑也。既復進而告之曰：多士之重學，亦知學之所以重乎？學之設，合英彥俊秀之選，使之日觀摩乎古聖昔賢，相與鼓舞而不倦者也。試深原夫設學之故，專其心思耳目，自以沉潛於四術六藝之途，修其退讓恭順，以講求乎鄉社飲酒，習射養老之事，且入門而思美富，循牆而切嚮往，升堂見俎豆，聞鐘鼓而知禮樂。吾知多士必有所感於斯也。多士沐浴於聖人之澤，涵濡於聖朝之化，固已久矣。古稱學校之士，可爲鄉大夫。又曰：道隆而德竣，天子且北面焉。誠考諸古，返於身，盡爲學之實求，無負古先王設學之意歟！今聖天子棫樸作人之休，將見人才炳起，鬱鬱彬彬，人心之正，風俗之淳，胥由此也，豈止稱一時，光一邑哉！多士以爲然，請勒諸石。是爲之書。

乾隆十三年。

（文見嘉慶《安陽縣志》卷九《建置志》。馬懷雲）

重修寶山靈泉寺關帝祠碑

【額題】碑記

粵稽關帝尊神，精忠扶漢室，萃兩大火真鋼之氣，義植綱常，垂千秋不沒之靈。聖德懋昭，精英著於九土；神休浩蕩，莊嚴遍於八絃。歷代欽承，普天頂禮。行祠之設，無間於水湄山巔；修理之勤，相尋於前作後述。是以丹心秉青簡而常新，浩氣貫白虹而不滅也。矧我朝聖天子追崇愈隆，褒封愈盛，尤赫赫入耳目間哉！茲者古相州之西鄙寶山靈泉寺，舊有關帝祠三楹，式居佛殿東，岡巒四繞，泮水曲流，禽鳥綴幽，間之色雲霞呈輝媚之光，洵山環名勝區也。奈風雨所患，廢□頹垣，法像塵封，慘不再拂。爰有本寺住持僧人□□虔心起造，立願重興。謀諸同人，僉曰善甚。諮及廣衆，共曰都哉。各蠲貲財，羣襄工作。層修葺，尋固基址於桑苞；榱角丹楹，壯光華於翠羽。自此宮闕聿新，益見瑞兆重開；翬飛煥彩，爭看威靈顯赫。善哉！斯果足肅衣冠於萬姓休矣，此行堪承俎豆於千秋。而今而後，金繩開覺路，繫馬臺前，恍聞赤兔嘶風；寶筏渡迷津，洗刀池畔，定有白猿叫月。由是煙霞衲子，長瞻絳節之光；伏臘村翁，不斷白蘋之薦。神忻人悅，均沾潤浹於蕓階；瑞應祥徵，咸慶風調於鳳律。此日之重修，所關非淺；他年之葺理，應自有人。余不敏，敢瀝蕪詞，用勒貞珉，以昭來茲。

林州市儒學生員張南英薰沐敬譔。

安陽後學弟子白蘊章薰沐敬書。

首事善人儒學生員王盡臣、常連明、李大才、王弘有、王法賢、宗得召、史廷輔、洹魁虎、李文榜、邢思全、李大經、李繼臣、王端、趙光耀、申三木。

住持僧人□□。

砥匠呂大昆。

木匠徐。

石匠王魁標、王春標。

塑匠杜竒。

大清乾隆拾肆年歲次己巳乙亥上浣之吉。

（拓片藏河南博物院。馬懷雲）

□大生禪院看牡丹

午橋日暖送春寒，花事迎賓一探看。色映金雲圍似扙，香清玉露護蒲團。
上方鐘磬千緣靜，下界桑麻四畦寬。笑我尋芳情未減，東風含意且迓殘。
閩海李時憲。

（拓片藏河南博物院。馬懷雲）

堯公祠碑記

孔程

　　祀典，國典也。《記》曰：「有其廢之，莫敢舉也。」然而事關忠孝，當時啣冤名沒，奕世而下，猶為諸關哀訴，或蒙國贈恤，興滅繼絕，庇其宗而永其祠。矧夫精白之憂，感動同官；茂績所著，照耀青簡。若隋鷹擊郎將堯公君素者乎？公為隋死，於唐為仇。太宗皇帝異之，與以封典，慰彼幽魂。顧歷今千餘載，未嘗立廟專祀也。歲壬申，邑人士合祠懇為建祠，蘇生璽乃捐地一區，於湯水之陽，鳩工庀材，樹立表碣，咸以身肩之。且附祠購田若干畝，以供歲祀。

　　考公，故湯人也。而邑人士之請，不以湯人私也。人心不死，於此見矣！余感湯人之義，伏憲轅而達其情，曰：偉哉，堯公！懸孤軍而招之不來，視海島之田宗，相從並無五百俠客，處危城而攻之不下，比河南之嶽壘，指揮尚欠八百征人。既忠且武，於戲盛哉！各憲俯允所請，霜零露濡，俾世世享祀勿替。嗟乎！堯公不有其身，何有於身後俎豆。顧或者恥食唐粟，猶庶幾歟！故土之馨香，自今以往，以妥以侑。公其長陟降呵護於茲土矣！祠既成，謂記於余。余深維公心耿日月，事載縹湘，學士不能希其踪，而童稚咸能道其實，欲為揚挖，又何加焉！顧肇祠之由，不可以不誌也。乃誌此而勒之石。

　　乾隆十七年。

（文見乾隆《彰德府志》卷二十六《藝文志·碑記》。席會芬）

清釐宋忠獻王韓公墓田碑記

【額題】清釐韓魏公新安豐安墓田碑記

夫天地磅礡鬱積，而生一偉人，豈徒為一時計？蓋將以風示百世，警頑磨鈍，矜式無窮也！故不獨當時遇之，始為瞻山望斗。逮數百年之久，緬其豐裁，追其梗概，謁其廟貌，過其邱壟，皆足動人感發興起。若宋忠獻王韓公，其德業聞望，非所謂偉人者耶！

公產於相，晚年即建節於相，卒葬於相。墓田之上一草一木，雖婦人孺子皆戚戚有勿剪拜之思焉。莅官於斯者，置而勿問，夫豈人情？顧南渡以還，星移物換，子孫播遷，田廬蕩析，苟非公之所以入人者深，當不知若何漸滅耳！而廟宇如故，馬鬣依然，流亡漸返，烝嘗無替，公之德實足以永之也。然而松楸則已摧殘，界址不無混淆，古塚纍纍，子姓且不能辨其位次，良可嘅已！昔先大人宰安陽，早為清釐，復捐廉俸，新祠屋，置香火田。所以崇奉之者，無不至。逮余來守彰德，相去僅四十年，而墓田為他姓雜處者，紛然莫記。雖後裔之弗克振抑，亦官於斯者，難辭厥咎也。

按：公之祖墓，一在豐安，一在新安。豐安之西北，隆然起者，公之穴在焉。翁仲石羊未盡泯也。其墓東相傳為公之王大父、大父餘塚，錯落六座，俱莫考。新安西上為公之父諫議。公之兆有"富鄭公神道碑"可驗。餘塚十七，俱莫考。特委專員確勘清丈，豐安共地一頃八十五畝，南至路，北至溝，東至壽安寺，西至堰。新安共地一頃八畝，南至路，北至高堰，東至孝親寺，西至堰。界內私相授受，查出二十五戶，並飭償價退還，立案則丈步有稽矣。於每塚左右前後，各酌留餘地若干步，禁止耕犁，豎石為限，則防衛有藉矣。田糧仍令守祠生韓弼朝、韓錫爵承辦，則掌守有專責矣。有丈步之稽，有防衛之藉，有掌守之專，庶幾永永無斁乎。蓋惟有不朽於生前者，迺能不朽於身後。以數百年之久，而於荒墳折碑中，致其欽崇，勤其保護，其故安在？都人士聚而觀焉，當必有父詔子，兄誡弟者矣！夫豈不足以警頑磨，純矜式無窮也哉！

当清乾隆貳拾肆年玖月穀旦。

彰德府知府蔣希宗撰。

（碑存安陽市韓魏公祠。馬懷雲）

精忠廟創塑義士隗順碑記

黃邦寧

隗順者何，宋之獄卒也。獄卒，何為義之？以其負葬岳忠武王義之也。負葬何義之有？王之卒於獄也，權檜之謀耳。檜持太阿，異己者輒忌之，立致於死。王卒於獄，有哀王之尸，而殯埋之者，必觸檜怒。觸怒必死，人孰不畏死者。如是則王雖歿，固難全軀土中，保無他虞矣。順乃潛負王尸，出九曲叢祠中，葬北山之溽。順固大有功於王哉！且樹橘塚上，命其子識之，曰："他日朝廷必求岳公骸骨。求之不得，必懸官格賞購。汝以是告。"後果如言。夫官之賞不賞未可知也，其子之得官更難必也。而順預卜之，以王之忠故也。忠久自見，奸久必敗。然則順豈沾沾為其子謀者乎？即王之忠，以決其言之必驗於後。憫王之忠，獨行其心之所是於前。順何不畏權檜，不負泉壤，而為人所不能為也。嗚呼！順亦豪傑人矣。夫人之有功於人者，雖尸祝之可也。命岳氏子孫設順位，肖順像，以祔於八公施將軍之側，誰曰不宜？是為記。

乾隆三十一年。

（文見乾隆《彰德府志》卷二十六《藝文志·碑記》。席會芬）

重修天王殿碑記

【額題】靈泉片石

寶山靈泉寺，郡邑名刹也。然考其誌載，則五代、隋唐間稱極盛焉。爾來蓋千有餘年於此矣。雖重樓飛閣，神宮仙府，未嘗不具其基址而求巍峨之，堪竦輝煌之足敬者，蓋十不得一焉。即其間有王君邑庠生員諱藎臣者嘗有修葺之舉，首事之勤，然功程浩大，人不求存，而天王殿則未之暇修也。迄今遊覽之下，見其窺星透月，棟宇荒涼，吹風灑雨，泥金失色者，能不嘆其志之大而身之遠哉。幸也有其子諱重儒者，憫其廢墜，忽動纘繼之念，是謀諸寺僧，糾合善衆，捐金儲粟，於己丑春，從而更新之。七越月，而功告竣焉。囑予俚言，以序其事。予則以千秋古刹，興廢迭見，自爾有碑有証有誌可考也。高僧輩出，寶鐸爭鳴，昭然七級可參，佛圖可溷也。奇峯秀嶺，羅列如画，千古如斯，有目者自能共覩共見也。白霧橫空，清流邈潤，四季不絕，親之者自能成聲成色也。又奚煩理言之瑣瑣耶！亦惟取其殿宇之巍巍者，金紫之煌煌者，出之葺而刊之石，以垂其不朽之功而已矣。雖曰口徵前，其規模大小、精拙雕樸或有不同，然為創為繼，其經營則一也。嘻嘻！伊誰之力哉？詢之寺僧，寺僧不忍居其功；謀之善衆，善衆不欲任其力。吾舉而歸之為冥冥之感，昭昭之靈，與夫鍾奇毓秀之靈泉寺，以為後此之積功累仁者勸。

受業門人邑庠生員竇萬邦，国子監生常琮仝校。

郡西儒士靳梁薰沐敬撰。

受業門人應試儒童常悦初書丹。

首事善人王重儒，男化　鷗、麟、鵬。

副首事善人常連城、杜印、刘永興、宋國俊、李得宝、張太生、李肯堂、常晈、張洪德、李永吉、李相、李名良、申克昇、王承教、史魁標、杜起春、邢怀英、王弘有、李棟、潘萬根、楊魁富、王修文、常瑨、竇旺、袁清德、李名節、袁宗舜、趙京元、王文遠、王工、徐勤敬勒。

　　　　　　　　　　　　新、
　　　　　　　　　　　　珏、
　　　　　　　　　　　　旺、　和、
　　　　　　　　　　　　瑛、　蓮、　太、
　　　　　　　　　　　　琇、　高、　聚、
　　　　　　　　　　　　先、　宗、　寬、　倫、

本寺住持（功德） 道引永全，昌儒玄徹、妙顯、潤緒、澈（用明）、性□。

　　　　　　　　　　　　耀、　修、　旺、　臣、
　　　　　　　　　　　　富、　助、　□、　補、
　　　　　　　　　　　　　　　印、　達、　廣、
　　　　　　　　　　　　　　　興、　本、
　　　　　　　　　　　　　　　成、　憲、
　　　　　　　　　　　　　　　　　　世、
　　　　　　　　　　　　　　　　　　昇、

石作匠于得金、閆富。
泥水匠王得才。
木作匠常增、許世倫。
金塑匠宋暟。
本寺領社住持昌鳳、玄增。
大清乾隆叁拾肆年歲次己丑拾月乙亥中旬之吉合社立石。

　　　　　　　　　　　　（碑存安陽市靈泉寺，拓片藏河南博物院。馬懷雲）

趙太守傳

　　予於己丑按試惠州，得長寧趙子希璜文而奇之。比予歸之六□，則希璜以副榜貢生，應京兆試，持其尊甫袁州太守墓誌，來乞爲傳。

　　按《志》載：太守官於淮者二十四年，政績烜赫江左，歷四川順慶同知，而終於守袁州。予過西江西，江人猶言其在袁建唐李衛公祠事。初攝沛縣，水決石凌口。君晝夜立風雨中，督吏民築隄。民罹災者，不待牒覆，開倉賑之。曰："沛距省數百里，待覆至，則民轉溝壑矣。"其假分司假守淮安，攝海州、泰州、江寧、高郵諸邑，皆以賑務著聲。泰之北門，河水深廣，民病涉。君出俸錢造橋，州人稱"趙公橋"者也。江寧革生冤者七人，君爲開復之。前令袁不得於上官，將獲譴。君陰爲解而不以告。其任難任勞多此類。以雍正十二年□仕於淮，而乾隆二十八年以疾歸里，又二年卒。有男五人，孫男七人，享年七十有四。可謂勤民而食其報者已。予既爲表於墓道之石，希璜復以傳爲請，爲掇其略，書之史官。翁方綱曰："凡觀仕宦者，必履其治，交其鄉人。"予嘗見淮揚間人，稱述君政事不置口，而君有子篤學能文，克光顯無疑也。以此驗其治行，益信。

翁方綱撰并書。

乾隆三十四年。

（拓片藏河南省文史研究館。馬懷雲）

重修學宮碑記

董久霖

自前朝趙藩封於彰德，學使者按臨，皆移治臨漳。故臨漳學舍，最爲完治。今上即位之七年，學使改歸郡城，宮墻日漸不飭。己丑孟春，余承乏茲土。拜謁之日，目覩其傾圮蕪穢，庭無木蔭，墻無完堵。蓋前令王君方爲經始而未就者，余亟思所以就之。明年厚凝、集公相繼而來。司鐸厚凝余年友，集公余宗兄也。協心戮力，規謀厥功。雖紳士樂輸不乏多人，顧功大費繁，迄今數載，乃稍有就緒。門廡煥新，樹木鬱茂。而厚凝以引年去，余亦奉內召將束裝北上。集公請紀其事於石。余謂此守土分所當爲，無足置喙。惟是始末年月，不可使邑人不知，又齋房廚庫猶尚缺，然深有望於集公，因以告後賢而續成之也。

乾隆三十四年。

（文見乾隆《彰德府志》卷二十六《藝文志·碑記》。席會芬）

重修黃龍洞碑記

古之大有功于世者，莫如三官尊神。三官，固人之所當崇奉敬事者也。黃龍洞舊有廟壹座，三官行神三尊。至乾隆年間，殿宇風雨毀壞，神像塵垢蒙顏，不堪目覩。適有西善應村申君諱克英者，慨然以社首爲任，意欲重修，謀於衆，而衆皆樂從。自乾隆叁拾肆年起工，五月殿宇告竣。又創建大像三尊，至乾隆叁拾伍年秋，亦告成。合社公議，思欲垂後，囑愚誌之。愚因援舉始末，以書諸石。

安邑儒生李修賢撰。

陰陽學生杜發科書。

社首申克英妻韓氏。

管事武爵、杜玉、杜起春、申桂習、畢文義、申萬金、申克昇、杜魁、郭進忠、王文元、侯國玉。

化首侯門張氏、杜門徐氏、申門張氏、杜門馬氏、杜門吳氏、申門趙氏、畢門申氏、申門李氏、侯門楊氏、申門張氏、袁門劉氏、袁門郭氏、杜門武氏、宋門杜氏、王門武氏、郭门李氏、宋门袁氏、毕门袁氏、康门李氏、袁门杜氏、宋门徐氏、袁门赵氏、袁门秦氏、杜门秦氏。

　　置度村社首曹福等施京钱四千。

　　马头涧社首靳门杜氏等施京𫢸八百。

　　良玉村社首孙本成、樊义公等施京𫢸乙千。

　　东平村社首李永忠等施京𫢸乙千、妻郭氏施𫢸二百。

　　山主袁思宽、三起、三法、思全等。

　　木匠武爵。

　　泥水匠李大知。

　　石匠王加恭。

　　金塑匠杜琦。

　　住持张来贵。

　　大清乾隆叁拾伍年拾月吉日立。

（碑存安阳市黄龙洞，拓片藏河南博物院。马怀云）

重修天宁寺碑记

黄邦宁

　　天宁寺在彰德府城内西北隅，规制巨丽，肇建於隋，前明赵康王厚煜尝重修，寺塔有碑。王贤而文，史称筑思训楼读书者也。自时厥後，石刻琐细，无足剔藓而读者。盖寺之圮久矣。余守是郡，每惜巨刹就湮，勘厥基址，多为居人所侵，瓦砾蒿莱，荒凉弥目。塔虽巋然独存，而级甎盖瓦剥蚀大半。过其侧者，岌岌危之。龙象泣而信者，哀斯可哦也！乾隆三十六年辛卯十一月二十五日，恭逢圣母崇庆慈宣康惠敦和裕寿纯禧恭懿安祺皇太后八旬万寿，郡之士民柴恮等数十人合词以请曰："兹寺自昔为祝釐之所，援赵康王塔碑为据，宜亟修焉。"余乃捐俸倡之，经始於庚寅之冬，物情踊跃，刻日集事耶。许於嚘䁊蕒涌现，仪形靡蓑，七满八平。余与吏民届期祝嘏於斯，瞻望重霄，慈云霮䨴，灵心胁蟹，神物奔会，钟鱼梵呗之音，与舞蹈欢呼者相和也。洎壬辰秋而落成。殿宇而外，增置楼阁池馆，僧寮客堂之属咸备。仍旧贯者十之一，新构者十之九，计费二万金有奇。釐正寺址，蹊垣屹如，袤广共二百七十六丈。并极土木之壮，穷丹素之妍，未知於寺之初建时奚若，然庶几无废後观矣。於戏！余初倡斯举，亦岂敢料规制之至於如此？昔归熙甫为圣恩寺僧作传，谓梵宇处处蓁芜，非祸福之说，不信於今世。盖民力有不暇於此者，其感叹甚深。然则兹寺之成，良由我国家累洽重熙，时和岁稔，我皇上孝治之仁，锡类歆福，民气和乐，出所嬴馀，积纤成钜，勃动於称觥媚兹之盛，而因以结其福田利益之愿，民力之暇於此也。岂非丰亨豫大，千载一时之庆也哉！余为计其岁月，其捐赀者，锱铢必载姓名。凡刻碑十通，以次列於墀云。

乾隆三十七年秋。

（文見乾隆《彰德府志》卷二十六《藝文志‧碑記》。席會芬）

重修五龍廟碑記

李掖垣

古無祀龍者，虞帝有豢龍氏，夏后有御龍氏，皆畜而訓之，記所謂四靈為畜也。後世崇祀以廟，良以龍雖鱗族而出沒變幻、上下天淵，固神物也。且其噓雲興雨，潤物膏禾，有利於民事甚大，論功報饗，於義允協，是以祠廟徧布鄉邑。鄴郡城西隅有五龍廟，具東南西北中央，五方為象設，禱雨屢應。乙未夏，久旱不雨，民甚苦之。余齋宿步行，告於五龍之神，曰："天以好生為德，龍以行雨為職。十日無禾，奈蒼生何？"未幾，甘霖大沛，諸邑以次郵報均霑。夫合一郡七邑之地陌之苗與稿，歲之歉與登，八口之飽與饑，萬民之舒與慘，胥聽命於一雨而懸期於數日之間。噫嘻，危哉！守是土者，方惴惴皇皇，坐作靡寧，不知計之所出。龍乃丕昭靈應，若驟若馳，雲合風驅，雷轟電爌，倒三峽之水灌萬膡之田，上布天澤，下慰民望，如饑者之得食，如渴者之得飲，須臾之頃而景象一新，龍之功亦偉矣哉！蓋嘗論之，變化不測之謂神，變而不失其常之謂神。太平之世，五日一風，十日一雨，道其常也。若夫連月兼旬屯膏不下，勢愈蹙，望愈迫，忽然應念而施，以彰造化之奇，而錫農夫之慶，事至變，理至常，此龍之所以為神也。余不德，托神之靈，康佑我民，敢曰區區之誠，感孚如響，亦惟是事過，回想天澤之不易，憫稼穡之維艱，深思我國家屢豐，紀瑞所以敬迓天庥之由，益與諸同僚共相兢兢而已。秋獲之後，耋艾歡謳，欲酬神德，因廟貌就殘，鳩工重葺。今當工告訖，功余，計其事而勒之石。

乾隆三十七年秋。

（文見乾隆《彰德府志》卷二十六《藝文志‧碑記》。席會芬）

重修白龍廟碑記

李掖垣

安陽城西門外，舊有白龍廟，以其地居西，故曰："白龍"。乙未夏，雨澤愆期，余以香楮束帛，告於龍廟，閱日雨。又數日，大雨如注，四野霑足。方余之有事於廟也，或曰："雨可禱而致乎？"余曰："國之大事，成民致神。雨不可禱，是無神也。禱不以誠，是忘民也。《穀梁傳》曰：勤雨曰閔雨，言勤閔以求之也。昔成湯以素車白馬禱雨桑林，大聖人與天地合其德，與鬼神合其吉凶，豈平日之積誠感孚不足恃而反恃臨時之禱哉！然有所迫而禱，為所禱者，亦若有所迫而應。則夫奉天子之命，撫一郡之民，其敢以水旱為定數，祈禱為具文與！"或曰："是固然矣！龍獨無所受命者也。"余曰："龍以行雨為職者也。廟食茲土，以代天而澤物。"今四境之內，呼籲情殷，守土者竭誠走告，使其宴然坐視。是以屯膏靳澤，諉咎於好生之天。而聖明熙皞之世亦有恆暘，雖謂龍之冥頑不靈，可也？龍必不然，已而，雨果應祈，始信至誠感神。區區之誠，初非迂論，而龍之為靈愈昭昭也。郡人重葺其廟，周圍環以墙，期於完整，永受庇庥。余書是以紀之。

乾隆四十年夏。

（文見乾隆《彰德府志》卷二十六《藝文志・碑記》。席會芬）

重修關帝廟碑記

李掖垣

帝為漢壽亭侯，歷宋元各有封爵，至明晉封伏魔大帝。今上以稱名未協，改封忠義神武靈佑大帝。煌哉綸言！萬世為昭，蓋嘗敬而繹之，天地有正理而化源立，天地有正氣而化功宏，帝之忠義神武，天地之正理正氣也。其充塞與兩大同量。其不朽與兩大同久，是以神功磅礴，暢垓溯埏。而我國家承平日久，德協神人，實以至治之馨，為感召之本，固宜靈佑丕昭，寔力參贊，河澄海宴，風和雨甘，翊一代肅清之運，錫萬民康阜之休。此自然之徵，必至之理也。鄴城舊有關帝廟，建自前代。癸巳歲，余承乏是郡，適遇秋旱，率僚屬走廟虔禱，甘霖施沛。嗣是頻因禱雨有事於廟，立應無爽，歲獲有秋，郡人歡呼。皆曰："耿耿祉哉！我皇所謂靈佑者也。"乙未之秋，眾以廟貌日益剝剝，不足以揭虔妥靈，議新之，以答神貺。余嘉其意，捐俸金以倡，且告之曰："神降福於民，民酬恩於神，宜也。雖然，以神之故為民累，神將弗歆。其善為之，惟合郡人之歡心以事神，勿以神之所恫事神，斯可矣。"眾舉紳士中老成諳事者數人，分督其事。羣情踴躍，齊勷義舉，鳩工庀材，不懈益恭。一木一磚，不借奉神之名，省嗇其價。余聞而善之，因歎此邦風俗之醇，人心之厚，故能上迓天和，神降之福。而向者禱雨之役，感應如響，有由來矣！郡人士勉之。其深思獲佑於神之實，益用感奮，各安其業，交砥於善，則迎邀神庇，且未有艾也。舊廟制頗簡略，今於山門外增棬棚三間，正殿前增拜廈三間，左右廡各三間，鐘鼓樓二座，碑庭六間，關帝閣一座，配廡三間，羣房二十二間，樂樓兩旁門樓二座。外有三代殿大士閣，東西僧房，送子觀音殿、彌勒殿、土神祠各等處，俱因舊為新，規模宏廠，丹艧煥然。神像易戎裝為袞冕，以符體制，肅瞻拜。既竣事，咸願鐫石廟中，以誌盛舉。余為記其略云。

清乾隆四十年秋。

（文見乾隆《彰德府志》卷二十六《藝文志・碑記》。席會芬）

李掖坦張銘漫題珍珠泉詩

同張警堂司馬查看洹河水勢，至高平閘，枉道珍珠泉，小憩，即事。
邨塗曲折赴高平，水過村橋活有聲。
卻羨此間塵事少，遠山時帶碧煙橫。
從公野外之逍遙，山水多情亦見招。
領略泉聲倚古樹，冷然風味出塵囂。
水面浮光豁倦眸，衰顏相對覺含羞。
賴君新句如泉冽，一沁心脾便解愁。
老栢蒼髯狀復奇，根排雙幹俯清池。
珍珠滿斛憑跳擲，侶飲貪泉覺爽時。
樂亭李掖坦題。

奉陪南浦李使君赴高平查洹河渠閘，枉道珍珠泉，小憩，即是有作，因次其韻。
太守風流樂政平，公餘猶肯聽泉聲。
叨陪清賞兮遊興，了了溪山馬上橫。
柳風披佛路忘遙，況復攜樽辱雅招。
相對泉流難別去，十分清氣滌煩囂。
雲樹江南繫遠眸，嗟余薄宦亦堪羞。
何年得遂觀濠意，魚水相忘渾不愁。
古栢婆娑翠幹奇，斜陽倒影護珠池。
分明一幅澄江練，想見宣城得句詩。
盱江張銘漫題。
乾隆四十一年歲次丙申三月穀旦立。

（碑存安陽市珍珠泉，拓片藏河南博物院。馬懷雲）

重修珠泉亭碑記

【額題】重修珠泉亭碑記

郡城西四十里有珍珠泉，其境□□，村民之繞泉而□□□□□□□，泉流盤郁而水之瀆涌者，如鼎之沸□，如露之綴荷，如急雨之遊散於地。峽壁浮藍，勻闕□□，則以珍珠名也。因宜泉之上，古柏散植，疊秀雲天，芳□兩木交椅，宛如門闕，中通小橋，以至於亭。登斯亭□□□樹之芃葱，聽泉聲之清瑟，咸以為鄴下勝區也，子□遊焉，低徊留之不能去。又見夫亭之將圮也，乃量□□□□今樹之。耆衿董其事，規址仍舊，不為重事增華，輝足助林泉之色。亭外增建小橋數處，以免往來之一端云。夫山川孕毓，小則物產豐饒，秀異悉本乎靈氣所鍾，況茲泉之出流爲廣，遂□□□□□□□利亦溥矣。後之來斯地者，悠然有會於留連景物已哉。落成之日，適會甘霖注野，民慶□□□□□□□□，雲屯霧集，共暢夫昇平歌舞之情，尤予心之所樂也。乃援筆書之，以垂不朽。

　　大清乾隆四十三年歲次著雍閹茂壯月甲午日，誥授朝議大夫知彰德府事樂亭李掖桓撰並書。

（碑存安陽市水冶鎮珍珠泉。王興亞）

移建城隍廟碑記

彭元一

　　國家立社稷並建城隍。社稷以壇，城隍以廟，故城隍為一邑之保障。百里之明禋，土地人民，胥有攸賴。上自京畿，下達省會，莫不專立廟享，春秋有祭，朔望必謁，典甚鉅也。元一恭膺簡命，來蒞是邑，疑難相咨，受命如響，旱澇致禱，如願以償，蓋神之默佑者至矣！惟是廟宇之建，附於郡廟西偏，地基本自窄狹，殿宇又多傾圮，每逢誕辰賽會，濟孤出巡，士民宣闐，內外充雜，甚非所以肅觀瞻而妥神靈也。適紳民以移建新廟請，爰相度於學宮之西。經始於七月之吉，鳩工選材，共襄盛舉。凡材木之庀，匠石之勞，丹艧黝堊之飾，恭設儀像之資，除本縣捐俸外，闔邑紳民情願樂輸。越五月工程告竣。行見規模宏廠，廟貌巍峩。幽明感通，雨暘時若，仰邀神庇，正未有艾也。至修葺以時，騷擾有禁，後之蒞茲土者，應與余有同心焉。爰勒之石，以誌不朽云。

　　乾隆四十四年。

（文見乾隆《彰德府志》卷二十六《藝文志・碑記》。席會芬）

重修文廟碑記

武達觀

　　歲在戊戌之秋八月，余恭膺簡命，來尹斯土。至則謁孔子廟，見夫規模閎廠，氣象森嚴，前人之創建鴻已。迺歲久剝落，殿廡門壁多傾圮，雨洒風飄，虞其積而工劇也，謀所以修葺之。時值儀工漫口，需稭需秫需夫役。余亦奉調挑築無虛日，未遑也。越明年庚子，鳩工庀材。同城諸君子暨邑紳之家居者，咸樂觀厥成也。興於春日，竣於秋時。朽者易之，撓者正之，榱桷之失彩者黝堊之。自啟聖宮及櫺星門，無不煥然一新。廟貌既崇，因而苫省牲所，新名宦祠，若鄉賢，若忠孝，皆次第完整。濬澄清池，使水之入頖者，不污泥其餘也。溯前之重修在癸亥，距今將閱四十寒暑。自茲以往，緝而繼續之，又以俟夫後之從事於斯者。是舉也，督工有賈主政、賈評事、張別駕、李監司，助役有賀孝廉等，例得書名於石。

乾隆四十五年庚子秋。

（文見乾隆《彰德府志》卷二十六《藝文志·碑記》。席會芬）

重修菩薩殿碑記

辛丑歲，設教天禧鎮。課徒之暇，携友人登二龍山，見左高閣右禪堂，龍神藥三，巍然如在。正殿菩薩三尊，一曰文殊，一曰慈航，一曰普賢，載在《封神演義》者甚詳。殿後古洞，二仙奕棋，樵夫爛柯，其人為誰？所謂王質者近是。後殿老君曾騎牛过关，著《道德經》五千言，絕壑深山，闢茲佳境，俨若海島蓬萊，絕非人間物色，洵為隱者之所盤桓也。因涉其巔，凭高四望，東有洹水，引渠灌田。唐刺史李景之遺澤，膾炙人口不衰。西有太行、黃華、金澄諸名勝，若隱若見。金時學士王□筠講學之處，至今艷稱之。南有寶山，世傳唐王修寺，鄂公監理，不知邑乘亦傳其事否？北有清涼鼓山，彷彿在几案間。韓魏公之先塋巋然在矣。為問藺相如之故府，猶有存焉否乎？登覽之餘，萬象森列，遂低徊留之不能去云。後壬寅秋，會首諸公因工告竣，欲勒石傳後，問序於予。杯酒之間，向予而言曰："茲地本號爛柴峪神仙洞，俗呼為二龍山，舊有菩薩殿，規模狹隘，創建不知何時。攷殘碑所載，係前朝隆慶壬申重修，迄国朝乾隆壬午，上下幾二百年，風雨薄蝕，神像減色，有下堡村趙公諱景明，首發虔心，糾合同社人等，庀材鳩工，區畫經營，近二十載，始得規模廓大，金碧輝煌，以有今日。請先生作文，以紀其事。"予曰："此諸公敬神，如在善與人同之之雅意也。"是為記。

湯陰鄉進士候選儒學正堂王三畏字奉庵沐手敬撰。

邑庠生員趙玉琦字振庭書丹。

相村社首国子監太學生王福全字鳴岐篆額。

社首王福新、田三程、馬尚全、趙清福、藺成明、謝□、趙玉琦。

住持道人三陽寶、徒□□□、刘□建。

掌賬趙玉瑑暨合社人等仝立。

林州市張傑、畢洎銀鐫石。

甾大清乾隆四十七年歲次壬寅季秋下浣之吉。

（拓片藏河南博物院。馬懷雲）

補修安陽橋記

陰珦

安陽橋初建於元，重修於明，至國朝康熙年又修之。歷時既久，其欄杆十亡七八，北岸二洞顛隕過半矣！值疏濬洹河剩有餘資，遂搆石募工以補之。其不敷者，則圓通菴僧仰銘捐銀五百兩，以助成功焉。是為記。

乾隆五十年。

（文見乾隆《彰德府志》卷二十六《藝文志・碑記》。席會芬）

重脩龍母大殿碑記

【額題】題石

聞之山不在高，有仙則名。水不在深，有龍則靈。是山固神之所棲，而水乃龍之所居也。粵稽古相台坤方六十四里，有山名曰黃陽山，山下有洞，名曰黃龍洞。以地南接倬嶺，北壓洹源，上有殿宇之輝耀，下有谿壑之濚環，既層巒以悅目，復嵯峨而壯觀，猗欤休哉！誠鄴西一盛地也。然龍洞前舊有龍母大殿一所，不知創自何時，疊自何代。迄今時遠年遙，屢經風雨之摧折，墻糞木朽，幾為鳥鼠之巖穴，往來進香士女觀以形壯，莫不暗淡而神傷矣。幸有善士公諱扈法全、畢在倫者，慨然而興重脩之舉，謀及管事諸公，皆忻然而有樂從之心，遂尔擇期舉□□。自乾隆丁未歲起，同心經理，協力贊勷，或各出貲財，或勸化四方，雖經凶祲之屢廢，殊未嘗偶涉於怠荒。於是，選良材，命工匠，立堂構，勤黽聖。至甲寅春，乃與佛殿、聖宮相繼而維新焉。又何風雨之可憂，而鳥鼠之足慮也哉？不寧惟是，且有前歲工餘錢糧，即將大悲殿周圍墻壁並皆脩筑，不又見亓成功之無遺也乎！由是憑眺之餘，見其峯嶺聳然，廟貌巍然，洞宗幽然，神像煥然，將山之名，庶由此而益彰，龍之靈亦因之而弥顯。此固首□諸公經營之力也，抑亦聖母默佑之靈耳。功完，囑余為文，余不辭固陋，姑取以文之本末，而聊為之一序云。

安陽縣邑庠生員楊九官謹撰。

李三丙書丹。

仙家催布施艮五両。

社首扈法全畢在倫，施艮十両二両。

臨漳山主王在朝等仝施艮六刃。

管事畢文貴施艮五錢，扈名秀施艮五錢，李九福施艮一両五錢，趙起祿施艮五錢，趙起榮施艮一両五錢，孫進福施艮一両五錢，杜元祿施艮一両，杜秉成施艮一両五錢，張玉明施艮一両五錢，王國印施艮二錢，李張氏施艮五錢，孫方才施艮五錢，扈永勝施艮五錢，杜祥宇施艮五錢，杜懷倫施艮三錢，袁魁明施艮五錢，申克昇施艮五錢。

住持吳復宗，徒□□□。

石匠袁進孝、李宗顯、姬□□施艮五錢。

木匠袁文學施艮五錢。

泥水匠扈永煥施艮五錢。

金匠杜榮。

化首施主姓名詳列碑陰。

大清乾隆五十九年歲次甲寅三月戊辰越戊子朔十五日口寅穀旦公仝立石。

（碑存安陽市黃龍洞，拓片藏河南博物院。馬懷雲）

重修地藏王菩薩殿碑記

　　郡城之西，寶山之座，有名寺焉，曰靈泉寺。豹始於大魏武定四年。中歷唐，宋以來，屢經修葺。迨我朝數百載，其宮殿樓閣，又頗殘缺矣。而地藏菩薩之廟圮毀尤甚。蓋廟居離位，基坐山陂，每當大雨時行，則水之漸入廟中者，遂深尺許。此廟之所以殘毀獨甚，爲可慨也。乾隆己酉歲丙子月，單門張氏善人者來謁於斯，觸目感懷，不忍傾覆。敬請諸鄉善與本寺僧衆，共議重修。爰增舊制，起殿台三尺，於是，廟貌神像煥然重新。合社人等屬予作文以記之。

　　予觀夫靈泉勝狀，寔洹左巨觀。木茂林深，泉幽石古。其名山八座，巍然聳然，岈然窪然，潦然窈然，嶄然萃然，旁立向背，俯仰吞吐，連綿絡繹，呈巧獻怪，大略皆退之《南山》詩中所稱，或如云云者。而詩猶未能盡其狀，然則斯寧非菩薩之靈統天地造化之秀之所鐘耶！且吾念古先王神道設教，於今爲烈矣。呪蓮生鉢，素仰神通，吐飯成峰，亦稱仙術。況我菩薩本慈祥之德，爲冥司之主，賞善罰惡，而以覺世覺迷爲靈者哉。則斯廟之修之，大有裨於世道人心也。由是我方隅中縉紳長者，婦人女子，值煙霞澄鮮，相與入廟而成祀事。見我菩薩衣裳垂拱，諸閣君葵霍傾誠，疾趨而進，鞠躬而前，凝神屏息，當必有益動其爲善之心，而早絕夫怙惡之念者矣。余不敏，亦忝列諸鄉善後，得參末議。每瞻棟宇輝煌，神祠炳煥，固嘗有望而畏，畏而敬，敬而善念頓興者。蓋誠念金身寶相，靈爽式憑，而紫閣朱門，允屬斯人向善之區也，寧徒曰壯威武，肅觀瞻已哉！因不揣淺陋，謹於塵冗蝟集之暇，略陳管見，用以廣明神之惠，而揚功德之波。

　　安邑監生李克昌字盛德撰文。

　　長男國子監生千章字榮夏書丹。

　　安邑居士郭履安字維寧參校。

　　社首單門張氏攜男三元。

　　催錢糧信女常李氏、臧牛氏、謝王氏。

　　領社住持元助侄妙花。

　　任事住持傳臨濟正宗第三十六世人係相國充格有法徒際聚。

　　衆管事常胶、杜宗興、監生王化育、監生李克昌、常克溫、畢金章、邢代振、監生周宗武、李洪修、韓寬、監生申魁武、袁思仁、楊德宜、許加清、監生楊瑞生、王澤广、任玉成、史景元、王息公、靳椿、監生秦士英、王興周、袁思福、竇榮、常道初、王天秩、常王官、謝天恩、常春振、王萬鐘、杜魁元、竇宗聖、李進修、李輔壁、劉文學、李勇泰、任德福、楊明標、申天祥、殷湧明、王之屛、杜得功、常如格、李純、李得寶、李克謙、同一吉、竇發財、宋國義、邢湧金、王文元、楊萬成、邢進福、侯敏新、朱有年、劉清明、李體命、申復榮、楊得時、邢國友、趙福元、趙有富、賈有吉、趙湧敬。

金妝地藏王菩薩常李氏、郝劉氏、李劉氏、來姬氏、田郭氏、鄭李氏、彭張氏。

曉、
花、　竇、　遠、
修、　蓮、　洞、　雲、
耀、　助、　學、　寶、　明、　宇、　重、

本寺住持引湧富，昌寧元明，妙旺，潤殿，徹用，性　海亮，湛淵。

先、　學、　昇、　廣、　學、　寶、　潤、
成、　和、　賢、　惠、
□、　本、　達、　瑞、
天、　臨、

泥水匠邢世好。

刻字匠李儉、李存義。

金塑匠宋暄、李勤、陳君愛。

木匠杜三馗

石匠李克儉、李興仁。

大清乾隆六十年歲次乙卯十一月戊子望九日丙寅吉旦建立。

（碑存安陽市靈泉寺。馬懷雲）

禁止啟土開窰碑記

伏維東頭村前河後嶺，中山左峙，形勝風景岈然□然。而嶺之氣脈迤邐，自北尖山來，至村西北隅，直趨而東，環抱而南，前與河接，勢若虯龍，固宜培而不宜覆也。頻年以來，本村居民多於嶺下啟土作灰爐之用，或於嶺後開設煤廠，况於風脈攸礙。夫貪目前之利，不顧數世之安，便一己之私，至貽合村之害，大小得失，顯然衆明。今有本村秦有山、秦信、齊大體、秦浩、秦寶、李奉先、李聞遠，敬與鄉隣約，自茲勒石後，勿得啟土開窰。如有不遵約合，復行挑挖者，罰白銀一兩。貪利寫給人地者，鄰里共攻之。取土而不遵罰約者，亦如之。各戒子弟，幸勿蹈尤。

計開：

西至西路口，東至東路口，北使土至渣堆，開窰至二百步以外。

姬九苞、董玉炎、李乾仒二百，秦邦善仒一百五十，秦邦盛仒五十，齊大鳳仒二百，韓進文仒一百，秦有山仒一百，秦信仒一百五，秦浩錢二百，秦寶仒二百，李奉先仒一百五，

秦郅彥仐五十，秦邦相仐一百，齊大體仐一百，齊大倫仐一百，齊大成仐五十，姚建花仐二百，李誾遠仐三百。郭永郇仐一百，賈棟仐一百，秦守義仐五十，李進業仐一百，李進寶仐五十，齊大貴仐一百五，秦邦俠仐一百。郭有德仐一百，秦有吉仐二十，秦有明仐一百，秦有祿仐五十，李宗貴仐一百，秦郡仐一百五，左孝仐五十。于理仐一百，馮士友仐五十，秦有年仐五十，王遠仐一百五十，于簿仐五十，齊汶和仐二十，韓順仐一百，齊□賢仐一百。

大清嘉慶二年正月吉旦合村人公立。

（碑存安陽珍珠泉，拓片藏河南博物院。馬懷雲）

大清嘉慶四年重修黃陽山王母閣創建梅天母殿梳粧樓道院頂上南天門群墻九年告成總記

今夫重修廟宇，繼述維殷者，不沒前人之善行也。創建廟宇，踴躍爭先者，欲伸一己之善念也。□斯世之人，或吝己之財而不肯施布，或憚己之勞而怠於鳩工，求一重修廟宇、創建廟宇者，往往难之。今有臨漳縣章裡村楊重，知安陽西有黃陽山，花木繁昌，風景秀丽，遠近之人，罔不樂慕，其山前有坡，有廟院一所，舊日所貽之王母閣、南天門、群墻、道院，業已傾圮，一一為之重修焉。又應有之梳粧樓、梅天母殿，一一為之創建焉。自有此舉，但見廟之重修者，固已燦爛而改观也。□之創建者，不敢闕略，以□□也。仰視山巔，向雖之天門巍峩其在望也，四面之群墻周匝而□間也。道院有住持時拂拭祠像，洒掃廟庭，不永無塵蒙之患也哉！藉非不吝財，不憚勞之楊重，安得有此！事竣之後，問記於余。余嘉其好善，以成茲聖境，因援筆而撰其文。

臨漳縣新選新冶縣教諭張玉琢撰。

磁州劉士寬書。

會首張禎、楊重、陳董氏、姜月新，合會三両四。

催工善友：劉徐氏、劉包氏化銀二十六刄。白玉村袁思溫大仐一千四百，袁思溫大仐六百四十，袁宗堯大仐四百，袁文斗大仐四百。

管事申復榮一刄，申復永一刄。

西善應：申克秀一刄，申克鳴一刄，申克鳳、申克岐三仐。

臨漳山主張禎、王在祿、陳董氏。

山主袁、申。

石匠李克和□廿仐，李進祥□□□。

金匠趙青□。

木匠王文魁、袁文寶。

瓦匠邢□□、彭起祥。

石灰匠施□才艮□ 。

住持吳復宗，徒楊本荣。

嵓大清嘉慶十年十月初六日仝立。

（拓片藏河南博物院。馬懷雲）

候選郎中安陽縣知縣趙君（希璜）墓表

洪亮吉

維嘉慶十年，歲在乙丑，九月二十三日，吾友原任安陽縣知縣候選內部郎中趙君希璜，以疾卒於伊子惺淮安府高堰通判官署。遺命以墓表屬亮吉，而飭其子葬之於安陽。十一年十一月十九日，其子惺等卜吉於安陽縣士旺村之原，遂奉君匶窆焉。安陽之民，扶老攜幼，送葬者至千人。嗚乎！可云盛矣。《漢書·循吏傳》大司農朱邑，先為舒桐鄉嗇夫，廉平不苛，以愛利為行，吏民愛敬焉。病且死，屬其子曰：“我故為桐鄉吏，其民愛我，必葬我桐鄉。後世子孫奉嘗我，不如桐鄉民。”及死，葬桐鄉西郭外。民果為邑起塚立祠，歲時祠祭不絕。夫人之服官也，威令所及，祇蒞任之日耳。去官，則毀譽已有定評，毫髮不假也，況已死乎！故盜名者，可無所不盜。至百姓之名，卒不能盜也。君之官安陽也，頗屬威嚴。余聞而疑之。今君之卒，而克葬於治所，葬於治所，而民之俎豆之，愛戴之者，與蒞官日無異。於是，君之治行，益大白於身後。按狀：

君諱希璜，字珩父，一字渭川，系出宋燕王德昭之後，至十二世祖，由廣從端宗遷潮州。宋亡，匿閩中馬六山。傳三世，至始，明洪武時，官金牌指揮使，撥守河源，實為遷粵始祖。宏治時，析河源之長吉都置長寧縣，遂世為長寧人。曾祖生一祖廷客，皆以君父袁州府知府師質貴，封贈如其官。君，知府君第四子也。嫡母鄺，生母戴，皆贈恭人。先是知府君官淮安通判曰生君。君五歲入塾，十有五，通十四經，即補博士弟子員。二十九，以副貢生貢入國學。三十四，舉本籍鄉試。又八年，以《四庫全書》館謄錄議敘知縣，分發陝西，歷署延川、安定、署陽、平利、定康、永壽諸縣事。在平利日，以緝獲四川大寧縣逸盜，送部引見，留部，以知縣即用。選授河南夏邑縣知縣，調任安陽，又署濟源。君所至皆盡心於民，講求利弊，暇即以文雅餘吏治，以是士民皆愛戴之。其在延川也，刱建書院。在平利、安康也，勤緝教匪。在安陽也，值歲歉，加意撫卹，以是一境無流民。又以其暇，創修縣志，整厲士習。是君之才，亦稍見之於施設矣。然余獨以為不能盡君用者，實有數端焉。

君之甫蒞安陽也，值漳水漫溢，由洹入衛，勢洶洶不可遏。君由三臺履勘水勢既詳，請撫卹，又請嚴飭臨漳諸縣，堵築決口。時方議以漳水濟運，以是尼君說者百端。君急作《漳河舊渠圖說》，呈之上官。略云：按西門豹、史起導漳水治渠，實為古今興水利之祖。歷代率循之者，無不享其利，後漢安帝元初二年修豹所分支渠，及曹魏時修天井堰，北齊修河清渠等，是也。今希璜以勘災親履其地，地形高下，水勢緩急，以及土壤疏密，用功難易，無不悉心體察。又據康熙中彰德府同知李光型天平牖說，加以目驗，用敢為執事陳之訪得天平牐舊址，在西高穴村濱河高阜間，屬今安陽縣地，非臨漳也。其挿石前後、上下、左右，至今完具。牐設兩門，各濶八尺五寸，自頂至底，高一丈五尺，長四丈七尺。河發水漲流，可至牐門，退則不及。土人云：古於牐外開引渠一道，由漁洋渡口河身高處，引水歸牐，長二百六十丈。今以水平測量，水頭高牐門底二丈。其牐門內正渠，經東百餘丈轉南，舊有子牐一座，基石尚存。復轉東，至東高穴村正渠，長六百餘丈，兩岸高三四丈，寬二三丈，至四五丈，內有支渠一道，係張湖頂洩水之處；自東高穴至邵家屯，正渠長三百餘丈，兩岸高三丈餘，寬二丈餘，內有支渠一道，在張顯屯後；自邵家屯，由郭家小洪河村，至李家屯止，正渠長一千四百餘丈，兩岸高二三尺至七八尺，內有支渠六七道，經張家庄、劉家屯、後蔡。自李家庄、崔家庄，至後靜曲村，長八百餘丈。此二庄，有渠形，無渠道，渠道已為民所耕種，自大青龍渠，達青龍河，入洹河，共長四十餘里，現在疏通。自西高穴村至大青龍渠入洹河，共長七百餘里，滙歸衛河。大抵古人講求水利，必先明其水土之性。漳河水性悍急，而自漁洋以下，濱河之土極疏，所以設有子牐以護大牐，復設有小牐以防岡水。其措置之周密如此。至設小牐，在山岡高阜之上，因水勢之高如建瓴，開鑿小渠，引入山岡石骨之內，托基始固，而引渠分流，勢復紆緩。此尤其用意之精微，且有合於納水用山之說也。上官以為迂濶不用。

歲辛酉，顏侍郎檢奉命巡撫河南，君密親也。君時已以川楚例候銓部郎，遂例回避。瀕行，值教匪已蹂躪南陽。君以三事告之侍郎：

一曰邊防宜扼要也。豫省最緊者，鄧州、淅川、內鄉、盧氏四州縣，其餘次緊之區，亦不過四五處。合一州一縣之民，足以扼其害。即慎選一州一縣之官，足以得其要領。夫守令親民，下情易達。今賊曰官逼民反，民則曰兵甚於賊。官既能逼民反，是官亦能使民不反。兵既更甚於賊，是兵不能制賊不反，是不如仍寓兵於農，慎選守令，堅壁清野，各守一州一縣之足以制賊也。然獻堅壁清野之說者，類皆迂濶不經，無裨實用。壁乃非壁，何可言堅？既無堅壁，何可清野？夫所謂壁者，即以一州一縣之城池而論也。一州一縣之城池，即豫東九十餘州縣之扼要也。此其一。

一曰江防宜嚴密也。夫十圍五攻，志載之矣。今以少制衆，所恃者江防鄉勇，類皆遊手之徒，烏合之衆，緩急果足恃乎？以為宜築甬道，令江防鄉勇於無事之時，運石運土，凡可偷渡之處，多築甬道，既足以自衛，亦足以拒賊人窺伺，所謂守者自逸，而攻者自勞也。此其二。

一曰糧儲宜預畫也。夫善用兵者，役不再籍，糧不三載，取用於國，因糧於敵，遠輸則百姓貧，貴賣則百姓財竭。故智將務食於敵，食敵一鐘，當吾三十鐘。今以萬人之食，每月不過三千石，萬人之餉每月不過三萬兩，誠能於鄧、淅、內、盧四州縣，各儲糧六千石，銀三萬兩，以備不虞，賊至則堅壁守之，俾野無可掠，賊懈則悉萬人敵之，使追無可據，不出旬月，勢必解散。其餘次緊州縣，半其糧蓄，以待轉運，斯無遠輸之煩，而收賤買之效矣。此其三。

若夫臨機制勝，變化因心。縱反間者善用亡命，養壯士者不惜重賞，是固足下思之爛熟者也云云，侍郎亦竟不能用。嗚乎！夫世非才之難，而才之見用為難；非已有才之難，而能用人之才及盡人之用為難。如君之前策得施，則漳水之利，可以溉及數州；後若用君之言，則教匪之流毒，可以不波及河內外。而無如皆不用也。是則君雖歷官十餘處，而卒未竟君之用為可惜矣。君去安陽日，筮出處，得水澤節之坎，遂決計引退。時長子惺官河工，四子憛需次兩淮。因往來淮揚間，以詩文山水自娛。余自塞外歸，君賞買舟過訪，作竟日談，乃去。

君生於淮安通判署，卒亦如之，異矣。君得年六十，原配許宜人，繼配羅宜人，子九人，孫四人，所著有《研筱齋文集》四百三十二、《峰草堂詩集》，皆已刊行。君生平篤於友誼，與黃君景仁交，生則賙其急，死則刊其詩。武君億罷官歸，亦依君以居，至病亟乃返。與余為同歲，生齒亦同，長於余二月。其欲余表墓，則常州過訪，日邀必諾。乃去若已知其先余卒者。餘並詳君行狀中。

嘉慶十一年十一月。

（碑存安陽市西二十里士旺村，文見嘉慶《安陽縣志》卷十五《古跡志》。馬懷雲）

重脩玄帝廟碑記 [1]

神之為靈昭昭也。常家河舊有玄帝廟，其由來久矣。風雨漂搖，殿宇俱為損壞，是可傷也。會首常法周、常嵩現，不忍坐視其摧殘，糾合本村善士各捐貲財，募化四方，於癸亥歲，興功復脩。奈人事雖無敢荒，天時适遭其饑饉洊臻，績用弗成。越五載，不□雨暘時若，而民和年豐。始□紹前徽弗墜，新其殿，繪其神。再越歲，而工勳奏績焉。斯時也，微特寔又之□有怨恫。凡我居民□時拜謁，亦覺神彩如生，可告無憾云。是為記。

安學生李奉先、邑庠生員袁□撰文並書丹。

郡庠生員郭善圖。

金塑匠／

□□匠／

泥水匠／

木匠／

住持／

大清嘉慶十三年歲次戊辰六月十八日吉旦建立。

（拓片藏河南博物院。馬懷雲）

---

[1] 該碑／後字多漫漶。

創修戲樓碑記

從古春祈穀，秋報賽，□鼓鉦鐃，用以□神祇，迎神麻，甚盛興也。降及□□，梨園興而傀儡作，笙歌燕享，胥天下而一轍。此戲樓之建所自來歟。東水村後莊無戲樓焉。/[1]

不數月而戲樓落成，巍煥社慶，鳥革翬飛。誠此街之偉觀也乎！今而後，春祈秋報，演唱舞歌，休明賴以鼓吹，太平用以點綴，咸於斯樓。俔梗槃篤，/

戲樓上不許鋸木解板，編筐打篹。如有犯者，罰大錢五百文。

嘉慶二十年。

（碑存安陽縣都里鄉東水村後莊戲樓。馬懷雲）

代父自序修工記

余父王公諱國玉，字子耀，賦性純篤，樂行善事，每見事有未成功、有未就者，恒多方致力焉。以故附近廟宇，間有頹敗傾圯，則必修葺如故而後安。如鐘樓門外，兩薩菩堂皆是也。嘉慶十六年，有浮邱山住持僧道兩家，暨興工□□、朱文喜等，僉以碧霞元君宮殿為一邑之巨觀，萬民所托命，其如歷年久遠，風雨剝蝕，若不及時整理，必致棟折榱崩，但工程浩大，必須實心好善之人，可以勸善士而募四方也。因推余父為闔會首。父於是鳩工庀材，夙夜勤勞，幸托諸善人，慨捐資財，樂成盛事。本擬工竣鑴石，永傳不朽。奈十八年遭兵燹之殘，緣簿賑目，俱為灰燼，則姓名不知誰何氏，布施不知凡幾千，維時憂之而無如何。繼而思之，心既虔誠於已往，神自鑒察於將來，樂與好施，必獲餘慶之驗，亦奚庸沾沾沾名釣譽為哉！今余父已故，所化之緣，雖不可考，而與諸善士共成之工，殿宇輝煌，固昭昭在人耳目間也。謹將修創開列於左，惟願四方仁人君子，同諒余父之心焉則幸甚。

計開：修理碧霞宮一座，重修山左甬道一條，創修山右甬道一條，重修靈宮廟一座，施柏樹二百三十株，金裝兩廊神像。

王士元暨弟士魁，文仁子璣，孫體，侄璿，侄孫中仝立石。

大清道光元年歲次辛巳六月穀旦。

（拓片藏河南博物院。馬懷雲）

李粲題遊珍珠泉碑

蒼然古柏幾春秋，清籟吹衣曲逕幽。憑欄臨流審泉脈，鯈魚兩兩自沉浮。

---

[1] 該碑／下字漫漶。

傳聞華岳倚雲門，商栢周槐鐵石根。此樹一奇成一戶，居然無佛處稱尊。
　　春陰漠漠晚春天，一水縈行繞麥田。泉自有源珠濺沫，萍如碧玉帶敎牽。
　　李白桃紅春正濃，晴□拂天漾輕風。銅臺高揭漳流遠，懷古徘徊落照中。
　　清泉一曲漾晴沙，古柏生香更□花。小鼎細煙原雅趣，未妨陸雨癖於茶。
　　萍浮魚泳景澄清，湧地如珠細有聲。更得甘霖均四野，兩吱瑞麥應時生。
　　珠泉傳說最幽佳，盛日來遊興自驗。嘯詠一亭堪四望，依然水木湛清華。
　　遊觀清景勝於聞，不覺歸途已夕曛。柳正含煙桃正放，可知春色剩三分。
　　甲申暮春遊珠泉亭，讀壁間盧存齋太守詩，歸途次韻。
　　滄雲李桼草。

　　　　　　　　　　　　（碑存安陽市珍珠泉，拓片藏河南博物院。馬懷雲）

補修小南海至聖閣韋馱廟山門外石階南北岸路碑記

【額題】功記

　　道光三年七月初五日戌時，河水大發，洪波湧溢，直入廟院，至聖閣半被冲損。韋馱廟大岸盡頹，至石階南北岸路亦被冲斷。臨近諸父老不忍坐視，遂捐貲募化，即于本年九月初動工，按次修補。不兩月而功竣焉。屬記於余。余不揣固陋，就始末而為之序。

　　安陽縣儒學生員王天敘撰文。
　　安陽縣儒學生員王天校校閱。
　　□申明善參證。
　　彰德府學廩生楊冲元書丹。[1]
　　旹大清道光四年歲在甲申六月辛□□一日癸巳吉旦合□敬立。

　　　　　　　　　　　　（碑存安陽市小南海，拓片藏河南博物院。馬懷雲）

玄帝橋碑記

【額題】流芳百世

　　邑西四十里許，有村名曰常家河。村東南隅玄帝廟前南北往來之路有河，自西衝路而東，每逢水潦之年，行者至此，嘆其涉水履泥之艱，村人常法周見而憫之，慨然興其善心，與鄰人商議，建橋濟眾。自覺村小人寡，財力不足，又仰乞東頭村善士捐資助力，同興是工。乃修石橋三空。橋成，行人無水泥之患，常法周之善心始慰。夫以兩村之眾，經營三年之久，始成是橋。不可不勒於石焉。以橋當玄帝廟前，銘為之玄帝橋，眾善之姓名，俱列於左。

----

[1] 首事二十九人姓名和捐款數目，字模糊不清。

太學生李奉先譔文並書丹。

当大清道光五年歲次乙酉八月初五日吉旦立。

（拓片藏河南博物院。馬懷雲）

重修三佛殿碑記

【額題】碑記

　　自漢明帝遣使之天竺，得佛經四十二章，及沙門攝摩騰至京師，而佛教始入中國。至梁武帝三捨身於同泰，唐憲宗迎佛骨於鳳翔，梵王之宇，幾遍天下矣。寶山，相西名峰也。山有靈泉寺，佛之廟在焉。廟之建，始於大魏武定四年。隋開皇間，文帝召寺僧至長安，賜名"靈泉寺"，遂為相臺名刹云。有唐以後，屢經修葺，而古碑殘缺，多無存者。明宏治時重修之，碑尚約畧可考。迄今四百餘年，風雨剝蝕，廟宇傾圮，寺僧惻然心傷，謀葺而新之，糾合鄰村善士，共董其事。工費繁重，非一二人之力所能任。於是，達官長者、縉紳先生與夫信士義商，無不隨意捐貲，以勸盛舉。戊寅春，飭具庀[庀]材，剖剛圬墁之工，竭力將事。越明年己卯而廟成，粲桷垣墉之美，丹青塗堊之華，巍巍莪莪，朱碧輝煥。向之塵封草鞠者燦然亦新，而規模之宏壯，故較之昔日而有加矣。功既竭竣，屬文於余。余不文，僅紀其始末如此。至於佛之發清淨心，以廣度衆生，如何種利益福田，如何遊極樂國土，如何泛大圓覺海，前賢論之已詳，無俟予之言也已。

邑庠生員劉廷士撰文。

監生袁璋書丹。

儒童李天良校字。

彰德府正堂慶捐銀壹百両，安陽縣正堂貴捐銀壹百両，林州市學副堂李捐銀壹拾両。

本寺住持昌慶元善，妙　緒、　　□、　□、
經　泰、　潤□、徹九性□、海皇、湛□、偃
真、　言、　□、　　□、　次、　□、　童。
　　　　　　　　　□、　寶、　□、
　　　　　　　　　福、
　　　　　孝、　臨、

首事僧人潤寶，徒澈惠，孫性法，曾孫海緒，共捐銀一百両。

文、　春、
衝、

副事常珊、男克和、恩荣男□旺名、王化祥、男生員天□、監生韓吉兆、男□生天杰中、監生

杜三元、監生李祥章、男□玉、□玉、□玉，監生杜三元、監生李祥章。申魁舉、監生張憲玖、申天祿、監生李庚、生員袁珍、李天良、生員常作勳、申永錫、杜慶元、申永吉、謝朋祥、邢福林、李尚曉、張加才、袁思儉、李開元、王興仁、李旺林、張憲奇、監生周臨珊、李日章、武朝君、楊盛林、申光復、李大學、任中興、常儉、常賦詩、常今詩、武生劉千章、王永吉、武金玉、武有志、申克賢、楊作聖、張企顏、王萬吉、杜正學、劉萬增、申復安、高元文、王克明、侯民新、常作才。

　　同成窯銀五拾两，□邑復順窯五拾两，□□公興窯五拾两，□□豐興窯叁拾两，順成窯叁拾两，復興窯叁拾两，同成窯叁拾五两，協成窯式拾五两，協順窯陸拾五两，義順窯三拾五两，同順窯式拾两，協盛窯五两。

　　木匠李福銀七个五，

　　石匠王玉賓七个五，

　　石匠呂恭三个，

　　金匠張可容□个，

　　瓦匠謝□二又，

　　刻字馬清高、王法容二个，

　　□匠王玉艮五个。

　　井王村：鄒正一个，郭□明五个，外布施三个，郭大榮五个，張允方一又二个，王方□个，王太安□个。

　　大清道光九年二月十三日吉旦。

（碑存安陽市靈泉寺，拓片藏河南博物院。馬懷雲）

重修東嶽大帝廟碑記

　　東嶽大帝，世傳司冥間善惡。故建是廟者，兩廊皆列乎帝閻君，凡刀山劍樹，銀橋寶旛，使男婦觸目警心，庶知福善禍淫，昭昭不爽。其所以維風俗，正人心，不可謂非神之功德也。獨是斯廟之立，不知創自何年。歷代重修，碑碣可考。自道光庚寅地震，兩廊傾塌，惟大殿僅存。往歲殿東北隅有榱崩瓦解之勢，誠恐大廈之傾，非一木所能支。本村吳君永生首倡義舉，醵金庀材。不數月，功告竣，匪惟金碧輝煌，足壯觀瞻，且殿宇鞏固，亦足□遠。至於兩廊，功程浩大，急難補修，是所望于後之善人者。

　　文生李指南撰文。

　　谷步雲書丹。

　　本村社上大个三十五千文，東街社上大个八千文，官司矻道社上大个七千文。

　　社首吳永生上大个三千文。

　　南銅冶社上大个十九千文，李家崗社上大个五千文，辛莊社上大个四千五百文。

吳永明上大𢉛二百文，吳永盛上大𢉛二百五十文，吳永魁上大𢉛二千文，吳廷□上大𢉛一千文，吳學中上大𢉛一千一百文，吳學盛上大𢉛一千文，吳永元上大𢉛二千文。

管事：吳永山上大𢉛一千文，吳永恭上大𢉛三百文，吳宗文上大𢉛五百文，吳永敬上大𢉛一千文，吳廷法上大𢉛九百文，吳廷信上大𢉛二千文，吳永順上大𢉛二百文。[1]

化主

木匠李□□。

泥水匠高□□、張德。

道光十年。

（拓片藏河南省文物考古研究所。馬懷雲）

重修青龍寺碑記

【額題】流芳百世

磊口村青龍寺，未詳創於何時。有明以來，屢經重修。大清道光十年，地震成災。凡寺所有，盡皆傾圮。善人李永成、李如印有志重修，但歲歉民貧，艱於募化。因□本寺栢樹九株，來錢二百五十二千文。於是，鳩工庀材，補修堂殿及東西殿聖像、山門一座，周圍院牆，且又於寺東南隅建立禪房三間。另為二□，請僧人以供其香火。樹價不足，又各捐資財，完治其事。功成之日，囑余為文。聊□數言，以敘其事。庶後人覩之，而有所□云。

邑庠增生李□錦撰文。

邑庠生員李在公書丹。

社首李如舜施𢉛二千五百文，李永成施𢉛五百文。

管事李成福施𢉛四百文，桑九太施𢉛四百文，王國太施𢉛四百文，桑九明施𢉛四百文，李奉先施𢉛一百文，李天元施𢉛四百文，李舒錦𢉛四百文，李明先施𢉛四百文，李占元施𢉛四百文。

監工李之松施𢉛四百文，李思恭施𢉛四百文，李思義施𢉛四百文，李思德施𢉛四百文，李從林施𢉛一百文，李如苞施𢉛四百文。

住持法秀，徒界興施𢉛五百文。

石匠李成美。

大清道光十一年十一月初六日吉旦立。

（碑存安陽縣磊口鄉磊口村，拓片藏河南省文物考古研究所。馬懷雲）

---

[1] 以上捐資人姓名衆多，字跡模糊。

重修院牆碑記

　　嘗聞□勤垣墉，惟其塗塈茨，以是知牆之為制，非徒壯觀瞻，實以蔽內外也。杜家崗村東南隅，有九天聖母廟，周圍院牆，舊有數丈。院內又有戲樓臺基。因道光十年後四月二十二日地震，院牆臺基，一旦頹毀。幸有李君諱盡廉糾合社人等，欲以重修。再于東南角下創靈宮廟一座，又補修東橋，衆曰唯唯。於是，按畝捐艮，既如願以相償。計□施工，亦同聲而響應，爭先恐後。功之不日而成者，較之昔日而絕無少殊也。迨工既告成，□屬予文。予不敏，第述其事，以歌曰：

　　牆垣卑兮不碍觀，□眼□院□狹焉尚留看月台。亦不過聊以敘其本末，記其始終云。

　　社首李盡廉。

　　管事杜永□、李希堯、李盡孝、杜永和、張天魁、秦好古。

　　岐亭蔡恒昌撰文。

　　後學杜燦然書丹。

　　泥木作劉玉寶。

　　林邑石匠王明山、常進山。

　　管賬杜秉鎔。

　　大清道光十二年三月十九日合社公立。

（拓片藏河南省文物考古研究所。馬懷雲）

重修三教關帝碑記

　　為道光十年閏四月二十二日地震，牆屋傾圮，毀墟廟宇，勒碑為記。

　　社首王廷礼、郭進礼、楊太富、楊怀法。

　　管事楊維順、楊太聚、楊太印、楊三祿。

　　道光十三年九月十三日立。

（碑存安陽縣都里鄉東水村。馬懷雲）

重修廣生殿及修補龍神廟泰山行宮菩薩堂佛殿土地祠瘟神廟碑記

【額題】流芳

　　立廟妥神，自古皆然。本村東偏建廣生殿一座，此前世故老所以體先王神道設教之意，而欲昭茲來許也。迨道光十年，屢經地震，牆則崩矣，瓦則裂矣。若聽其頹敗，於理神明之義庸有當乎！本村馬祥林善人也，邀請村衆，捐資募化，鳩工庀材。至道光十三年十月而工告竣。於是乎廟貌巍然也，神像煥然也，而並於龍神廟、泰山行宮、菩薩堂、佛殿、土地祠、瘟神廟，亦莫不有修補焉，更為有其舉之莫敢廢也。然是舉也，豈敢借為禳禍祈福之地乎，亦以妥神明，便拜瞻焉爾。是為序。

林邑業儒楊曉山撰文。

邑庠生員趙中瑜書丹。

社首馬祥林，男誠財，孫百福。

管事馬鵬年男興讓，李全榮男建溫，馬天驥男守礼，馬得騆男如玉，仁、義、忠、

馬凌雲男子芹，馬德男占元，馬在仁男得祿禎，馬德聚孫萬金，馬玉孝男魁興，蘭、宝、和

李九經男春和元，王輔男國勳，馬重男永河。

金塑匠李建元。

石匠趙興成、謝文法。

泥水匠郭尚友。

木匠郭永吉。

大清道光十三年歲次癸巳十月十二日吉旦。

（碑存安陽縣馬家鄉馬家村，拓片藏河南省文物考古研究所。馬懷雲）

黑龍廟增修碑記

【額題】百世流芳

　　蓋聞雲從龍，風從虎，聖人作而萬物覩。我皇駕馭六龍，昭聖德於無外，瞻雲就日者在海邦，感天心以至誠，雷動日暄者遍中國，猗歟休哉！風不鳴條，雨之破塊，斯誠太平之景象也。夫飛龍在天，位尊九五，而能雲行雨施，使兩間之品物流行者，則龍之為靈昭昭焉。間嘗披覽舊籍，見夫麟里三百六十，而龍為之長，春分則登天也，秋分則潛淵也，其得水變化，而能幽能明，能長能短，小則如蠶蠋也，大則函天地也。夫豈徒三停之說、九似之形為常鱗？凡祭之所莫及哉！顧龍之功能久允塞於兩大，而龍之膏澤實默本於一人。所以黎庶日事農桑，仰君之德，而即思報神之功，作廟奕奕，以承祭祀，有洋洋乎如在其上，如在其左右者。

　　丙申春，都里村二客適予館，乃予昔年窗友之弟也。叩其意，咸曰村南舊有感致侯廟，

創於明萬曆二十三年，至我朝乾隆四年重修焉。自道光庚寅閏四月地震，廟貌神像一時傾圮，即基址亦不周全。幸有本村二善士趙君諱有朋、福廣者，倡議增修，量能授事。癸巳則捐化矣，甲午則起蓋矣，乙未則金粧矣。前後簷加椽，兩捲門户易以閤扇，左右添塑陪神，又於此廟之西，新造廚房一座。數年之間，功始告竣，而同社遂有勒石記事之想焉。嗟嗟！功程浩大，每慮筋力維艱，費用滋繁，恒覺取攜不便。而斯邑竭力輸財，共成盛舉，廟之內彩色輝煌，廟之外古柏蒼翠，將見神享其祀，而五日、十日，諒無旱乾水溢之災，天降以麻而不識不知，遂有東作西成之樂。當此雨公及私而時和年豐，固知龍之為靈矣。非有聖天子在上，與天地合其德，與日月合其明，與四時合其序，何以致陰陽和而風雨時哉？天道不言而品物亨，乾剛不言而美利溥，爰為之歌曰：

　　上帝監觀兮丕冒無方，大德建極兮令聞昭彰，龍或躍淵兮雲水蒼茫，靈雨既降兮澤潤無疆，耕田而食兮頌美難忘。

　　郡庠生員張鴻達撰文。

　　徒楊振奎書丹。

　　掌庫趙福昌。

　　社首趙有明子計成，趙福廣子玉堂、玉櫻。

　　監工路貴朝。

　　管錢糧買辦：張得財、路清雲、趙會德、趙有梧、楊思山、常玉璋。

　　催工岳成友、竇清、岳玉珍。

　　跟工竇顯合、岳天福、張起發。

　　路青雲施錢一千文，趙有梧施錢四百文，路天興施錢四百文，路宏春施錢四百文，路天貴施錢六百文，趙天英施錢一千文。

　　木匠李成章。

　　瓦匠卜文周。

　　石匠常永安。

　　金匠崔步青。

　　大清道光十六年歲在柔兆涒灘孟夏中旬三日。

（拓片藏河南省文物考古研究所。馬懷雲）

特調安陽縣正堂加五級記錄十次朱照舊優免差徭碑

　　洹泉出自善應，蒙各憲諭飭挑挖，歲經幾次，務使泉眼不壅，水勢暢順，以濟漕艘。漕艘者，上達天庚，所關至重也。初，各約同挖。值雍正七年，河廳許老爺諱彥穀詳請到案，念別約夫役路遙不便，獨著善應一約每年掏泉。善應附泉小磨亦與掏泉之役，又念此約獨勞，准免號麩號草、一切雜項差徭。至乾隆十三年，平復大金川，兵過軍需，善應約随各約辦理，恐嗣後雜項差徭在所不免，約頭王之賢，將每年均泉免辦差徭，據情稟案，蒙前縣主李太爺照舊准免。

嘉慶六年，該房誤派舖蓆，約頭馬纘之據情稟明，蒙前縣主吳太爺照舊准免，有碑可憑。迄今遵循舊章，並無妄派差徭者。道光十七年夏四月，忽有河頭李天臣扳善應附泉小磨與下游附鎮集，不挖泉水，大磨同辦麩斤，旋以抗不辦麩稟徐太爺案下。余與八家以不知誤派陳懇，照免訴案，蒙批。據呈該生等九家均在附泉界內，因運河挖泉勞苦，免辦差徭，是否屬實，著李天臣據實稟，候核示碑摹附金批示，下往交河頭。伊言善應有撥夫，鄉約盡知免派情由，何不着伊據覆？但未奉明示，鄉約不敢擅覆，將此情稟案，蒙批，前據李天臣以該生等，仍抗不辦等情據稟，已批差查矣。候飭差協同鄉約，查復核奪。鄉約楊名元遵批稟覆，蒙批，姑准照舊優免差徭。後值徐太爺陞轉，朱太爺榮任，李天臣又以抗不辦麩稟案，蒙差確查，餘九家水磨坐落，均據善應村一二里不等，善應村一約雜差，實在免派之內。蒙前憲飭令水磨之家辦理號麩，除別村約，均行辦理。惟善應約因掏泉勞苦，立有碑文，未行承辦，稟覆到案，蒙批既在善應約內，准其優免雜差。此一事也，百餘年來，各憲同樂同憂，惟平惟允，上無悞國，下無病民，忠愛之心，與洹泉而永賴。承宣之德，隨運水而長流。因復勒諸琪珉，以垂不朽。

安陽儒學生員王天柱謹序。

九家磨戶紀煥、生員王天柱、王澤者、天口磨王清泰、申霞、楊有吾、王同善、王永吉、四合號。

鄉約楊名元。

卷存兵房。

旹大清道光拾柒年拾壹月初九日。

（拓片藏河南博物院。馬懷雲）

重修金裝繪畫黑龍洞関帝白馬天神廟丹池碑記

【額題】流芳

窃思事貴有始，尤貴有終。故我南羊城村西邊，舊有黑龍洞一條，前建水綠殿，又有関帝廟、白馬、天神廟三座，丹池一所，重修創建已有人焉。不料至於道光十年閏四月二十二日，厥時為酉，忽然風起西北，地震如雷。轉盼間，居宅牆垣一並為之盡傾，而廟貌神像悉等於沙泥。衆驚之，曰："此地動也。"噫！今而後，孰是修殘補缺之人也哉！孰億迨至十六年，有本村信士人姓王，名寧，字祿者，觸目心傷，不忍坐視，浩然首出，爰請管事，邀約村衆，各捐資財，以勷厥事。衆皆悅之。未几，而厥功告竣焉。然廟貌既已補修，而金身簪草，又當畫素。又至二十二年，王寧者更發善念，邀約管事、村衆各捐資財，補素金身，繪畫簪草。是有始而必期有終者也。將見廟貌神像，自昔之殘然者，至今復煥然維新矣。於是，刻石誌之，永傳不朽。

　　社首王寧。

　　管事王聚滿、王聚玉、王聚祥、王聚孔、王奇、王賔、王謀、王大林、王大明、王國君。

　　安邑都里村居士趙福善撰文書丹。

　　泥水匠栗志。

　　木匠王行、王祿。

　　金匠高進庠。

　　石匠付占云、付存义。

　　大清道光二十二年四月初六日吉旦。

　　　　　　　（碑存安陽縣都里鄉南陽城村，拓片藏河南省文物考古研究所。馬懷雲）

重脩碑誌

　　【額題】流芳

　　供花大錢壹伯千凌［零］三千一百文。

　　蓋聞神道設教，大易昭垂。是以廟宇之設，所以侑神明而庇生民者也。東水西南隅，舊有玄武廟，不知創自何時，於道光十年閏四月二十二日，忽經地震，廟宇頃頹。有鄉人楊社首四人，欲繼前徽，爰集鄉衆，各捐貲財，興工於十七年二月，告竣於本年七月。不數載，而廟宇煥然，神像一新，仍然一村之保障也。工既竣，鐫貞珉，屬予為序。予本不能文，不過隨書其事，以為年月日之可考也云爾。

　　本庄儒童楊沿富撰文。

　　楊錫元書

　　社首楊朝元施仐十千文，又施仐二百十，上仐五百廿五文。楊慶申施仐一千文，上仐七十五文，長椽一根。楊怀志施仐一千文，上仐一佰廿五文。楊怀貴施仐一千文，上仐九百文。

　　管事楊太印上仐五千七百七十五，長椽一根。□大榮、楊明、楊朝可、楊朝□、楊□□、楊東龍、楊繼清。攅首楊太山、楊太惠、楊太樓、楊□水、楊玉清。楊志奇上仐一百十三，長椽一根。楊□穩上仐一千一百六十二文，長椽一根。楊怀法上仐一千三百六十二文，施仐三百文。

　　催工楊大銀上仐八百六十文，長椽一根。楊本旺上仐七百五十文，長椽一根。楊士亮上仐三百七十五文，施仐二十五文。楊東水上仐三千三百八十七文，長椽一根。梅東水上仐三千三百八十七文，長椽一根。楊錫元施大仐弍伯文，楊成生施大仐二百五十文。

　　鐫匠楊本林施仐一百，楊怀縣施仐一百五十。

　　木匠李興。

金匠徐進奇、楊東群。

道光廿二年七月十五日吉立。

（碑存安陽縣都里鄉東水村，拓片藏河南省文物考古研究所。馬懷雲）

重脩皮傷神廟碑[1]

蓋聞工施於民則祀之。祀也者，所以祈神佑而報神恩也。北段村震方，舊有皮傷神廟。挹□□之輝光，發洹水之秀色，其地既靈，而其神尤靈。故嘗以藥所濟人，遠近祈禱者，應之如響。是以劑散四時，功多橘井，花□三片，德邁杏林，則崇奉誠，宜汲汲已。是廟也，創自有明中葉，及我朝康熙十七年重脩，至今百餘年矣。久經風雨剝蝕，廈將傾而棟將折，岌岌乎不堪妥神，瞻拜者徒為之太息。本村善士有胡公諱德芳、字允脩，胡公諱永濤、字陶菴，胡公諱永治、字安久，高公諱慶元、字善□，許公諱喜睿、字臨莊，趙公諱國賢、字德脩，胡公諱培林、字冀秀，胡公諱培機、字玉衡者，目睹心傷，不忍袖手，於是，糾合衆人，募化捐貲，自嘉慶二十五年，起工重脩，大殿、拜殿陸續告成。又創立東西碑棚十間，功將告竣，奈道光十年地震之災，傾圮甚多。其時錢糧已盡，驟難營聚。自是厥後，諸君捐館者不止一人，以故停土數載，僉謂不能聿觀厥成矣。至二十年，給事中有胡公印永治者，忽夜夢神，警約云："爾衆不可坐視，仍當完結工程。"覺而祗懼，待旦鳴於衆。衆皆踴躍爭先，捐輸募化。既補脩完備，且改建山門。至二十四年，厥工告成。於是，規模宏廠，神像之莊嚴益尊；金碧輝煌，靈感之拜舞彌衆。

是舉也，或□或新，相延一紀，藉非為之於後，曷克終事。然而為之前者，其功□著而其志亦遂矣。所謂人有善願，天必從之宜也。非倖也夫。□□□幽冥，雖極□爽，苟無憑依，何以施德？然則廟宇之盛，□□□□□□將有允修，公之次子邑庠生印長源者，述其巔末，俾余為文。余不敏，然不□□□□□筆而紀其實焉。

辛巳科舉人南召縣儒學正堂高從應撰文。

邑庠生員胡長源文淵書丹。

監生胡培□段寧邑庠生員胡踣檃較句。

管事胡德芳，終事者長男郡廩膳生／次男已庠生員／

管事胡永濤，終事者胞弟□沄，終其事者男監生培楠／

管事許喜睿，終其事者男／

管事胡□林，終其事者男／

胡□機，終其事者男／

---

[1] 此碑／以下字殘毀。

赵明□，终其事者男／
任□绪，终其事者男／
泥作□国文、□□。
木作□□、□尚□。
金塑匠胡永洙。
石作杨克岐。
道光二十四年十月十五日公立。

（碑存安阳县水冶镇北段，拓片藏河南省文物考古研究所。马怀云）

重修珍珠泉亭序

【额题】重修珍珠泉亭碑记

环相之间，半山水也。相西有村，村名水冶，鼓铸创自明朝。村西有泉，泉名珍珠，酌礫钟于虎涧，曾作带砺于邺都；前韩陵而后太行，更启王图于殷国。据□□之上游，通马蹄之□□□□，则合洹漳为一渠，飞荛挽粟，赖其利溉田，则总广轮为千顷。因天乘地补，其功岂第野碚！自春省蚁磨之推挽渔人自乐，仿水国之全生也哉。爰有亭焉，不知创自何时，昉于何代，或殷王卜宅之年，与耿都而并筑；抑魏公引渠之日，与螺台而并兴。池则方也，鉴星璧沼之光；珠其圆乎，样借圭塘之巧。春则草圃青蛙，鼓吹两岸；秋则渔竿自水，薹笠叙阳。纳荷荫之凉，多登水心亭上；看山阴之雪，疑是月下人来。古柏门中，尽是题诗之客；浣花溪上，应让选胜之区。既已同乐之在兹，自当保守于勿替也。乃鸠工庀材。自古在昔，飘风骤雨；于今有年，烟销云没，霓断霞沈，鸟瓦欲飞，虹梁渐圮。俨栋折而榱崩，是忘召棣；必源微而流塞，立坏殷渠。分县霍目觌心伤，恨捐廉之不足；倡予和汝，愿济费于有余。果输币而纳财，必刻铭而勒石。上以慰为国为民之心，下以永灌圃灌田之利，庶几谅之是用勸焉。

敕授文林郎县正堂借补安阳县左堂燕平霍芳撰。

邑庠生员王景星书并题额。

首事梁大吉、许嘉铤、李绍周、李守元、王千福、林文榜、申起法、许执瓛、任标、赵秉彝、冯元润、胡光煦、宋安禄、张殿旸、韩清林、张清堂、李万昌、徐凌云、王景星、李哲堂、李丙甲。

河头任天吉、李文明。

石工白寿元刊石。

大清道光二十五年岁次己巳秋九月穀旦立。

（拓片藏河南博物院。马怀云）

重修鄴二大夫祠記

　　郡北瀕漳曰豐樂鎮，古大夫村也。北齊天保中，為西門君建祠。其祔以史公，則自明宏治年始。春秋祭以少牢，我朝因之不廢。道光九年，地震，祠圮。十七年丁酉夏，余奉命來守是邦，以時將享頹垣敧壁間。仰瞻神像，巋然獨存，心怦怦不自安。會漳河歲有遷徙，日事疏淪。復值潛儀圍田大工叠舉，無役不從。乙巳春，返自工壖，始捐貲重葺焉。為廡三楹，兩廊、垣屏咸備。夏五落成。越二年，乃為之記曰：古君子之賦政也，動為百世計。然當興創時，眾輒相顧愕眙，雖享其利者，亦憚煩苦。以昔賢之仁且智，尚為難於圖始，況後人材力遠不逮乎？自遂均澮寫之法壞，旱潦無所恃。鄴[鄴]下多平原高阜，每當春耕秋穫，恒苦雨不及時。洎伏暑甚雨，則漳、洹、湯、衛諸河同時盛漲。瀕河各邑，田廬淹浸。憶己亥秋，漳水挾洹擾衛，內黃鹽河阻閡，商人疏築弗成，眾情惶惑。余為相度機宜，析漳於洹衛，乃順軌。厥後安陽、臨漳時有漫溢，此堵彼潰，民不堪命。議者皆曰："漳河慓悍不常，故治無善策。惟釃渠以資宣泄，則害弭而利興。"二大夫距今遠矣。余嘗涉歷河干，搜尋遺跡。至安陽西高穴村，見有甃石，如甕渠形宛在。父者來告曰："此天平閘也。"雖非即天井堰之舊址，要亦師其意而潤澤之。觀夫納水用山，引流築墱，措置周密，宜若百世無弊。究其日就湮之由，或曰崗水所衝溢也，或曰沙土易淤而近渠私占也。夫閘基近麓，山水陸發，沙石並轚，勢不可遏，當求善術以避之。據淤自利，孰若濬渠遠溉之為利溥？蚩氓所見既隘，復靳己力，責以公匄畚鍤，鮮不畏難苟安，且多方沮闋焉。善為規畫，以要其必成。主夫敬事民信，惠義交孚，未可以旦夕期也。頻年僚友講求，方欲有以正經界，捍岡水而勸疏浚，會蒙恩擢，式遄行矣。念古人遺澤，不能忘陳脩疆畎。志有未逮，爰識於辟，以俟君子。

　　北河觀察使者錢塘俞焜記並書。

　　道光二十有七年歲次疆圉協洽橘餘月穀旦。

（拓片藏河南省文物考古研究所。馬懷雲）

嚴禁私開煤窰碑記

　　署河南彰德府正堂加十級紀錄二十次葉，為嚴禁私開煤窰以保墳墓而重水利事。

　　照得府屬韓魏王墳墓及珍珠泉等處附近地方，不准開挖煤窰，以護廬墓而濟漕運，久經示禁在案。茲據安陽分縣查有牛同雲等，在珠泉二里之外菓園村北，開挖煤筒等情到府，當經本府示禁。除飭縣查明封禁，並同牛同雲等一律填平外，合行出示，永遠嚴禁。為此，示仰闔屬軍民人等知悉，自此之後，凡距韓魏王墳塋及珍珠泉附近，東十數里，西十數里，南十數里，北十數里一帶地方，均不准開挖煤窰。如有不法棍徒，膽敢故違禁令，一經訪獲，或□告發，定行拘案，照例究辦。倘該鄉保得賄容隱，並不隨時具稟，查出併究不貸。各宜稟遵毋違。特示。

道光二十八年二月初四日示。

(碑存安陽市珍珠泉，拓片藏河南博物院。馬懷雲)

王儒穎題珍珠泉詩

余以訓讀至鄴，聞治西水冶鎮有珍珠泉，冀一遊而不果。嗣寇竄河北，移館鄉居，地適鄰，遘得恣遊興，而風景幽雅，徘徊不能去。爰視前人題詠，觸境情生，口占十絕，附泐於斯，以誌鴻泥。時咸豐癸丑歲荷月上旬之吉。

石渠盤曲小橋通，窗豁泉亭一鑑空。水底曾無魚沫混，珍珠萬斛出鮫宮。

天水溶溶闠境幽，栢門奇古俯清流。雲山四面開屏障，倒入澄江一色秋。

千年老蚌抱珠胎，誰向靈源剖腹開。一派澄波空玉鑑，圓光瀲灧湧將來。

萬竅通靈地脈滋，一灣流水瀉心期。江天海月渾無際，悟入空空色相遺。

雲影天光伴我閒，放懷眼底小江山。明珠混漾遺誰去，併入東流不見還。

滔滔天下易何人，此云珠泉敢問津。萬縷荇絲穿不住，隨滋灌溉入江濱。

靈泉潰玉靜無聲，環抱龍峰一碧瀠。月到風來添意味，出山還似在山清。

河溯伊人水一方，長松古檜老橫塘。驪龍不抱明珠睡，興出浮波徑十光。

五月涼生宿雨過，溪聲無恙答樵歌。茫茫世路胡休息，不作浮蘋嬾逐波。
時主人復移大梁，因兵阻未偕往。

洗我塵襟枕石眠，斜陽歸路意流連。馬貪山水因成癖，贏得閒身了夙緣。

析城山人王儒穎題。

(碑存安陽市珍珠泉，拓片藏河南博物院。馬懷雲)

重修佛殿龍宮碑記

　　從來麗牲諸作，幾等兒戲。此韓陵片石所以冠絕一時，聲稱千古也。今讀其文，大義炳然。所以戢奸萌而扶綱常者諸不愧大於筆云，然猶不免以抵鵲之譏。子升往矣。後之作者尚知把筆乎？蓋既云勒石非僅災梨矣，倘荒誕不經，既愧色於貞瑉；若但考據祀典，采摭故實，則又邯鄲再步，貽笑方家者也。請就是舉之有關於世道人心者，略為言之。孔子曰："性相近也，習相遠也。"孟子曰："人性之善也，猶水之就下。本斯旨以蒞民，則治達上理。尊師道以化民，則俗變醇熙。道不明，治術斯晦，謂民無知而思以術愚，謂民無良而思以法馭，卒之驅性善之民，而棄之于不肖之路，可勝慨哉：《記》曰："觀於鄉而知王道之易。"今以白壁集重修廟宇一事觀之益信。村樂頭北首，舊有佛殿、龍宮，兩廟並峙，舊碣猶存。而風雨剝蝕，垣宇頹落，殊非肅清妥神之道。緝而新之，誠善事也。去歲秋，本村紳耆諸公首議重修，而工程浩大，獨力難支，勢不得不募化他方。當此之時，未嘗不私心竊計，人心不古，習俗澆漓，安所得好善之人其勸善事。乃緣部甫投四方布施，刻期雲集。於是，庀材鳩工，期年而廟成。正殿之外，復益以山門二楹，蓋房四間，茶棚一所，以為異日義學計，斯尤善之善者也。捐資若是，督工若是，此豈術愚法馭之哉？義聲一唱而遐邇響應，性善故也。功成，勒石魏東黌堂，屬予作文以記之。予館是鄉，義不容辭，具因是舉而有感於民情之大，可見善教之大可為也。故略陳梗概，以俟觀民風者知焉。至於廟貌之威嚴，地勢之形勝，前碣之述備矣，予不敢贅。嗟夫，古今人不相及，斯邑去韓陵不遠，片石在望，子升可作得勿笑予之陋乎。

　　己酉科舉人韓慧質撰文。

　　邑庠優廩生魏邦舉書丹。

　　邑庠生員魏邦政。

　　郡廩膳生魏更新。

　　大清咸豐五年歲次乙卯十年十八日立。

（碑存安陽市白壁鎮白壁村佛殿龍宮。王興亞）

重修菩薩廟碑記

【額題】重修

　　鄴城西北九十里有村名南陽城，村西有黑龍洞，南臨峻嶺，北據衡漳，層巒聳峭，古柏青蒼，此誠天造地設之境也。其間有菩薩廟，不知創於何時，而考其舊志，櫺桷雕鏤，瓦獸琉璃，當時名為八角殿。至道光拾年潤［閏］四月二十二日酉時，地震如雷，倏忽之間，廟宇傾圮。有本村善人王大標，觸目感慨，意欲補修，因邀請村眾，共商其事，眾皆然諾。由是按地出粟，募化貲材。人力之為，更加以神明之助，不數月而神像廟宇煥然維新。遂刻石誌之，以垂不朽云。

安陽學增生王炳中撰書。

社首王大標。

管事王大朝、王大盈、王忠、王華、王大全、王宏泰。

木匠黃建元。

刻字匠付存義。

泥水匠栗志。

金匠藺廣恒。

西保障王好仁施錢六百文。

大清咸豐陸年伍月初一日立。

（拓片藏河南省文物考古研究所。馬懷雲）

佛塔重修碑記

蓋聞美盛之事，莫為之前，雖美弗彰；莫為之後，雖盛弗傳。以是知傳述之功，不少讓於創建也。即如我彰德府安邑西邊林慮東界，山峰聳秀，虎踞龍蟠，氣脈崢嶸，鷟翔鳳翥，名曰龍鳳山者，非特一方之保障，寔一時之勝地也。此山之上，舊有佛塔一座，下有神廟數間。峰上加峰，高若天中一柱；脈頭聚脈，秀匹海內三山。雲煙繚繞，石徑松柏蒼翠於林間。登其頂而仰觀日月，若咫尺之近；□其巔而俯視州郡，盡曬望之中。雖曰天開勝景，豈非人加巧力哉！無如年湮世遠，歷經風雨之漂搖，棘茂荊叢，數被鳥鼠之穿鑿，寶塔聖顏已覺暗然無光矣。又況道光庚寅之歲仲夏之時，地震中州，寶塔之頂峰傾陷，佛像之光耀亦殘。於此而不重修之，一方之保障雖存，而創建之美意何繼也？則天造之勝景，人力之巧工，不幾湮沒而不彰哉！幸有本村信士楊公諱克生者，目擊時艱，心動美念，慨然有重修之志焉。又覺功程浩大，獨力難成，願作首領，會合眾人，揀選管事數十位，裁排化手百餘人。秋攢夏斂，募化十方。日積月累，堆金百貫。經始於咸豐五載之仲夏，造作於十一年之季春。經之營之，庶工攻之，不踰月而佛塔告竣。佛像維新，奎光星君，文昌帝君之聖像，又創立於塔外之牆中。或者謂成功之速，人力不至於此。而所之貲財，取不盡而用不竭，更若有神助焉。於是，將山根之廟宇，舊者新之，廢者舉之，固覺煥然而改觀；廟中之神像，殘者補之，缺之壞之，更見燦然而生色。至於修廚造膳，蒸嘗之祭品有方，通眾鑒井，飲食之急需有自。神靈妥矣，人心安矣。龍鳳山香山寺之香煙，不由此而益盛哉！故為之歌曰：功成告竣，勒石流芳。神其有靈，保佑八方。

又歌曰：龍山蒼蒼，珠泉洋洋。兩相掩映，萬古流芳。後之覽者，率有舊章。千秋不朽，百世名揚。重修之功，奕世其昌。誰為創建，亦與有光。

社首楊克生施仚六千文。

管錢糧楊臨先施仚捌千文，楊保林施仚六千文，郭兆年施仚六千文，楊□潮施仚三千文。

買辦郭宗沫施仚五千文，楊建中施仚五百文，楊尧忠施仚式千文，楊光金施仚五千文。

監工楊玉璧施仚五千文，郭文忠施仚五千文，□□敬施仚一千文。

管事楊千章施仚五千文，楊保安施仚式千文，楊振全施仚五千文，楊□恒施仚一千文，楊安榮施仚一千文，楊紹先施仚一千文，楊光宗施仚四千文，楊聚林施仚式千文，楊耀先施仚五千文，楊中河施仚一千文，楊國明施仚五千文，楊忠德施仚式千三百三十一文，楊懷文施仚式千文，楊丕列施仚三千文，高武敬施仚一千文，□□□施仚一千文。

化手楊門郝氏、楊門李氏、楊門郭氏、楊門林氏、楊門王氏、楊門劉氏、郭門李氏、郭門牛氏、郭門李氏、郭門牛氏、郭門王氏、郭門楊氏、楊門朱氏、郭門楊氏、楊門管氏、高門楊氏、郭門常氏、楊門李氏、郭門李氏、郭門孫氏、楊門李氏、楊門李氏、楊門呂氏、楊門常氏、楊門徐氏、楊門呂氏、楊門李氏、楊門曲氏、楊門郝氏、楊門郭氏、楊門桑氏、楊門郭氏、楊門桑氏、楊門孫氏、楊門桑氏、楊門李氏、楊門郝氏、楊門卜氏、楊門郭氏、楊門桑氏、楊門郭氏、楊門李氏、楊門魏氏、楊門常氏、楊門趙氏、李門段氏、李門楊氏、楊門林氏、郭門管氏、楊門牛氏、楊門馬氏、楊門袁氏、楊門郭氏、楊門王氏、楊門趙氏、楊門王氏、楊門郭氏、楊門□氏、楊門李氏、楊門王氏、楊門李氏、郭門牛氏、李門牛氏、楊門李氏、楊門牛氏、楊門李氏、楊門郝氏、楊門林氏、楊門王氏、楊門郭氏、楊門李氏、楊門林氏、楊門李氏、楊門牛氏、楊門袁氏、楊門郝氏、楊門劉氏、楊門桑氏、楊門董氏、楊門郭氏。

河西化手：王門刘氏、張門田氏、王門李氏施 壹千文、王門趙氏、王門王氏、王門郭氏，施仚一千文。

監生楊中和書撰文。

儒童楊貴安郭金標並書。

住持道人合平。

金匠楊祿貴、李生德。

石匠魏永倉施仚一千文。路鳴洲鐫字。□□人合立。

大清咸豐拾壹年三月初貳日造修，十月十五日開光。

通共捐費官錢壹千弔零零捌千文。

（碑存安陽縣許家溝鄉上莊村，拓片藏河南省文物考古研究所。馬懷雲）

重修媧媓聖母殿關帝廟移修梳粧樓三佛殿碑記

嘗聞煉石補天，媧媓之神化莫測，仙桃結實，王母之盛事流傳，以及佛祖、關帝，此皆同天不朽者也。黃龍洞舊有媧媓殿、王母樓，樓下有佛祖三尊，年代久而棟宇傾圮。行人尚且動念，風雨殘而聖像剝落，居者能不驚心。幸有僧人冲顯侄徒澈儒，自丈八佛興陽寺來此住持，觸目感懷，不安寢食。爰請山主，公立社首三人，共起虔心，竭力募化，梳粧樓自東移改而西，樓下佛祖改而北，既而落成，煥然一新，刻楹丹楹，洹水為之壯彩，彫金琢玉，鏊山為之增輝。青鳥來以像儀色燿黃陽之頂，赤兔宛而俱耀光照興隆之峯，蒼松翠栢，非徒壯一時之觀瞻，林密山深，更足顯列聖之威靈也。是為記。

　　安邑歲進士候選儒學訓導趙廷獻撰文。

　　洹東儒童侯統緒校正。

　　本寺住持澈儒書丹。

　　社首侯統會、申斑童、王國盛。

　　總管袁文忠、袁發興、杜喜朝、申鳳翔、杜清泉、申乙元、申復本。

　　管賬侯統緒、袁誠德、申佳善、申建明、申玉珍、杜景林。

　　買辦申鳳□、武萬□、侯統智、袁廣德、宋永和、武金柱。

　　董管化首申興元、宋魁祥、申文元、申廷元、袁保祥、侯興元。

　　管錢糧宋永平、社永昌、申大明、袁得意。

　　監工申建魁、侯上元、申永吉、畢占元。

　　山主□、□、□等。

　　主持比丘僧冲顯，侄徒澈經、澈儒，孫潤普，曾孫潼朝、潼胡。

　　木匠武金喜施錢六百文，袁興施錢一千文。

　　刻字匠王章施錢一千文。

　　金塑匠李鳳林、李見□、阮礼。

　　石匠馮見勤、尚清□施錢三百文。

　　木匠宋吉昌。

　　大清同治肆年歲次乙丑四月拾伍日合社公立。

（碑存安陽市黃龍洞，拓片藏河南博物院。馬懷雲）

重修泰山洞王母閣三清殿梅天廟西仙殿玄壇廟移修靈官廟建修催功殿碑記

【額題】萬古

盖聞天下事，有人焉作之於前，必有人焉繼之於後，斯相得益彰，其功弗替者，類非偶然也。即如黃龍洞，南接牟嶺，北壓洹源。山勢嵯峨，層巒也而聳翠；廟貌焜燿，飛閣也而流丹。此固業西之勝地，實安邑之巨觀也。但年湮代遠，棟宇凋殘，雨敗風催，神像剝落，既無以壯一時之觀瞻，更無以顯諸神之英靈。登斯山者，能勿追創建之雅意，而慨修葺之無人乎。幸有住持澈儒，觸目感懷，不安寢食，爰請馬家窑杜興祿、鵝口集梁成、邱家庄张化新同力補修。而三人樂行善事，直任不辭。於是，或捐金，或募化，或鳩工，或庀材，凋残者則盡為修筑，剥落者則皆為繪畫。不數年間，而泰山洞、王母閣煥然維新，梅天廟、西仙殿巍然改觀，以及三清殿、玄壇廟無不殷然而重修焉。又移修靈官廟一座，建修催功殿一座。至丙寅冬，而功成告竣焉。猗歟休哉！蔚然深秀，不啻天臺之山；赫然威靈，宛若蓬萊之境。所云作於前而繼於後，相得益彰，其功弗替者，非此之謂歟。然前人創之，而後人實能承之，則後人固為前人所樂得；後人承之，而後人仍不廢之，則後人應亦後人所願有也。余於此盖不勝其厚望云。

廩生張式敬撰文。

湯邑貢生郭信成校正。

生員陳詔無書丹。

会首歲貢張池新施仝拾仟文，杜興禄施仝拾仟文，梁成施仝式拾仟文，焦袁氏施仝式拾仟文。

总管錢糧耆民郭程施仝拾仟文，杜丕林施仝伍仟文，曹邦全施仝四仟文，监生陳方施仝伍仟文，王同合施仝三仟文。

管賬蔣生香施仝三仟，陳稚施仝四仟，张齐賢施仝四仟，蕭味施仝四仟，杜恒昌施仝三仟。

管事龍安林施仝一仟，趙陞施仝三仟，赫連占施仝五仟，姬登仕施仝二仟，[1]

住持瀻經、瀻儒，徒潤普，孫潼□、潼□、潼□、潼□。

管事武萬林施仝八十，杜啟蘭施仝一仟。

旹大清同治陸年季夏上旬吉立。

（碑存安陽市黃龍洞，拓片藏河南博物院。馬懷雲）

重修龍母殿並及山門碑記

且變化莫測，乘雲騰乎九霄；屈伸難知，降雨倍乎萬物。人皆謂龍之為靈，甚昭也。然既觀其所靈，尤當知其所生，故或生於羽嘉，或生於介潭，或生自黃金之千載，或生自青金之千年，是龍之神妙彰彰，即其母之功又赫赫也。言念龍母，世之人可不竭誠享祀，以報其深恩厚澤乎。如黃龍洞舊有龍母殿一所，風雨剥而棟宇摧殘，時代遠而神像污垢。過此者尚且動念，居茲者能不感懷？幸有僧人瀻儒自丈八佛寺住持於此，起重修之志，爰請山主公議。社首申復本、劉名福，各捐貲財，共為募化。則丹楹棟宇，著炤耀之美；鏤金錯彩，神像呈輝煌之形。缺者補而穢者除，增色洹染；鼎其新而革其故，壯觀鰲山、不亞赤壁之勝境，共仰黃陽之名區。崖塹松柏，固可快斯人之遊玩；廟宇光明，實以表列聖之威靈也。因刻銘於石，以垂不朽。

---

[1] 以下十四人姓名字殘，模糊不清。

安邑儒童侯統緒校正。李蔭堂撰文。

本山僧人澈儒書丹。

社首申復本、劉名福。[1]

住持澈儒、澈經，徒潤普，孫潼行、潼參，曾孫福茂、福廣。

大清同治捌年歲在己巳十二月初一日合社重修吉日立石。

（拓片藏河南博物院。馬懷雲）

防止啟土碑記

【額題】萬古不朽

嘗思築城鑿池，地利為重；□□營宅，風脈所關。故我東頭村後廟內，舊有防止啟土之碑記焉。乃前人恪遵碑銘，莫敢或犯。而今人縱行無忌，置若罔聞，傷壞風脈，貽害匪淺。本村善人齊公等，目覩心傷，會同公議，嚴為防止，立石為限，使本村人等知不遵碑銘者，有碍風脈，合村不容，而莫敢蹈其故轍焉。是則齊公等所厚望也夫。

計開：村東以界石為止，村西以界石為止。村北以界石為止，如有違犯，□有地土者，每人罰伍十千。□無地土者，罰大錢二十千。看見□往者□□兩千。

管事[2]

石匠[3]

大清同治玖年閏拾月十伍日穀旦東豆村合社公立。

（拓片藏河南博物院。馬懷雲）

安邑東嶺西村創修戲樓碑記

嘗聞莫爲之前，雖美弗彰；莫繼于後，雖盛弗傳。今東嶺西村修戲樓之根基，歷有年矣。未從築石爲牆，峻宇高樓。每當春祈秋報之日，忽遇烈風迅雨，神戲不能演，敬心有所鬱。村中有韓永奇、王宜二人感慨不已，興起善心，備菲酌以請衆，同公議以經營，按地畝而捐錢，論門戶以納工。如有神聖之顯助，厥功不日而告成。功成之日，屬予作文，刻石以銘之。詩曰：

樓高數仞鷹飛翔，五彩精明勝日光。不惟獻戲雨弗阻，仰且保村富更詳[祥]。

---

[1] 總理、管賬、管錢糧、買办、監工等人姓名，字模糊不清。

[2] 十四人姓名字模糊不清。

[3] 姓名字模糊不清。

社首韓永奇、王宜。
[1]。
大清同治十年歲次辛未三月二十日吉立。
共花大錢二百二十千零二百文。
合村公議：官地不許賣飯聚賭。若有不服者，本年鄉約送官究治。

（碑存安陽市東嶺西村。馬懷雲）

恭頌邑侯子俊陳大老爺德政碑

　　蓋聞德惟善政，政在養民，養民之道多端，要不外為閭閻興利除害而已。若夫興一役，而即害可除，利可興，則尤善之善者也。邑有斷□河，其來已久。自城西北五里許之太和泉發源，南流，由城西，至城南，折而東，東而復南，逶迤三十里，以達於衛河。城西偏，有稻田數十頃，資以灌溉，亦頗有魚蝦葭葦之利，非不有益於民也。但河身狹淺，每逢大雨時行，或山水暴發，不能承受，往往泛濫為災。東南一帶數□莊村田禾多被湮沒，為害甚大。又城南五里橋，當南北通衢，地形稍卑，亦時有漫溢之患，阻塞道路。即有緊急公文，重大差務，亦須繞道而行，而要皆此水之不治為之也。今我縣公陳大老爺念切民依，下車以來，即審知其故，遂力懇上憲。請得帑銀三千八百兩，本縣又親捐俸銀一千兩，並上懇府公捐銀千五百兩，撫憲倡捐平餘銀五百兩，共折錢萬二千餘串，於本年二月朔動工。凡治河修橋濬泉所用夫役，悉係顧覓，但派各里紳士等監工而已。於是，衆力齊舉，狹者擴之，淺者深之，源來裕［淤］更為濬之，流或壅力為疏之。凡橋梁之損壞卑小者，又從而修葺之，高大之。□及十旬，而工已告竣，由源迄委，煥然改觀。其高深廣闊，大率視舊跡不啻倍焉。由是河之身廓，其有容自堪大，有所受河之道行而順。□從此原隰衍沃既可免泛濫沉溺之災，橋梁道路，亦不至有需沙需泥之苦。于焉而害已除，于焉而利以興，于焉而民各得其所養。然□此一役也，惠於吾民者豈淺鮮哉！因是合邑歡慶感戴，共願勒諸貞珉，以誌我公之大德於不忘云。

　　時年八十有一，本邑歲貢生陳心照撰文。
　　優廩生馮喜棠書丹。
　　闔邑紳士商民仝立。
　　同治拾貳年歲次癸酉荷月上浣。

（拓片藏河南博物院。馬懷雲）

---

[1] 衆管事及涉邑、磁州、林邑等捐資人和工匠姓名，字多模糊不清。

重修羅漢殿三官殿韋駄廟金裝關公像碑記

　　人無百歲身，花無百日愛。靡不有其物，終成有故志。物理自昭昭，豈能不古哉！昔我與你堂，前代□□代。鄴西清涼山，界居安林地。塔峰數丈餘，環山皆建寺。始創不可稽，舊僅有碑記。銘刻半無存，模糊不辨字。道光庚寅年，忽然動天怒。地裂山亦崩，傾倒房無數。鐵石雖雲堅，難言金湯固。因此廟宇傾，基趾不如故。因此廟宇傾，基□不如故。糾合四村人，占星更問卜。物料皆運行，搬取新土木。陝陝捄之多，登登又版築。百堵已為興，□廟皆於穆。唯此三官廟，後面古佛堂。關公咸嚴像，塵穢汙其裝。憶昔靈赫濯，目睹心亦傷。補修宜急急，始覺固蒼桑。於是思恢復，更為合四村。善男與善女，奔走已盈門。聖像雖無望，根基尚為存。勤勞不敢告，物料如雲屯。器具用新潔，木石皆良材。經營求盡致，絕不染塵埃。山木超塵俗，林亦倚雲栽。成之真不日，儼若有神催。厥功亦已成，神像猶有缺。更為塑神裝，堅固期如鐵。中間古佛修，羅漢兩邊列。巧匠合精工，各自顯功烈。去南有三官，面前韋駄廟。修像已高超，金裝吏合妙。豈獨精神宜，尊嚴宜相肖。本是神聖尊，地亦居其要。功程已完竣，眾屬余為文。所見本無多，況且又寡聞。但□未載後，錄此補葺功。若雲垂不朽，於我如浮雲。

　　歲貢生吳澄治撰文並書丹。

　　社首李宗仁、吳吉□、吳玉成。

　　庫首吳學、吳見、李宗。

　　管事石永成、吳可富、吳□□、吳見如、吳玉和。

　　住持麻九仁。

　　木匠李鳳□。

　　金匠李金重、李金府。

　　石匠申大雅、柴秀雲。

　　大清光緒元年乙亥十一月十五日西□佐村合社仝立。

（碑存安陽縣磊口鄉清涼山頂。馬懷雲）

重修二龍山廟碑記

　　二龍山為安陽名區，山勢蜿蜒，若二龍然，故以是名焉。舊說亦名爛柯山，相傳王質採樵於此，見石洞中二人奕棋，不旋踵間，斧柯為爛，即其地也。後人探其勝蹟，因而闢莽榛，依巖壑，建臺榭於山腰疊石之間，誠引人入勝地也。寺內舊建菩薩殿，左高閣，右禪堂，下蟄齊天大聖洞，後院老君廟，二仙奕棋石洞，其殆所謂山不在高，有仙則名者耶。然年湮代遠，莫詳創造之文。興廢補殘，尚悉重修之誌。奈多歷年所，棟宇傾圮，神像亦復黯淡，有心者不無荒涼之感。於是，合社人等虔議重修，各村首事，按畝捐貲，鳩工庀材，不遺餘力。又復增修禪房一所。是於可舊者仍依其舊，宜新者更制其新。喜竹苞與松茂，瞻鳥革與翬飛，豈非盛德事也哉！工起於同治十一年，閱四載告竣。工成之後，衆首事囑余爲記。余力辭不獲，爰爲述其巓末，以垂弗朽云。

林邑候選儒學副堂李澐、安邑後下堡村業儒王含章撰文。

安陽縣學附生王清源、林邑邑庠生李鴻文書丹。

社首田百朋、趙廷祥、趙廷瑞、藺德義、趙玉国、許長福、馮魁元。

首事監生李天祥、王加邦、王佑之、李萬林、趙文生、謝志成、登仕郎何鳳林、趙学禎、王德福、趙學先、監生李克義、馮玉琦、謝文榮、張魁成、王富元、監生劉成保、謝長清、王九蘭、楊成林、藺啟元、郭進學、王瑞元、王占魁、王繼仁、趙光郁、典藉劉萬成、趙文可、李祥林、劉宗興、張九林、張清旺、高進忠、趙學秀、李九思、李士成、張自學、藺佩璧、馬成保、王德祥。

木匠徐清明亻二百、劉煥金亻二百。

石匠韓景標、侯東。

金匠常德映、申天瑞亻二百。

泥水匠葛富成亻二百、徐保章亻二百。

住持徐合文，徒藺教和、趙教嚴，孫程永明、楊永治、盧永德。

後下堡徐日先刻鐫。

大清光緒元年歲在乙亥仲冬之月仲浣之吉。

（碑存安陽市黃龍洞，拓片藏河南博物院。馬懷雲）

重脩佛祖閆君殿碑記

【額題】流芳

環區皆山也。其西南諸峯，林壑尤美，望之蔚然而青蒼者翠栢也。山行里許，漸聞水聲潺潺，瀉出於兩峯之間者衡漳也。峯前巖穴對之，闇然而深幽者龍洞也。其間有佛祖殿三楹，閆君堂一所，年湮世遠，不知創於何時。迨至道光年間地震，傾圮久矣。孰是修殘補缺者哉？不意有善人王公宏禮，觸目驚心，惻起善念，爰糾鄉人，以商補修之事。衆皆然諾，咸效削築之功。既按畝以捐貲，復募化以備用。峻宇雕牆，丹楹刻桷，不數月而廟貌神像煥然維新焉。功成獻戲，屬予作文。

本村文童王鴻脩撰文並書丹。

社首王宏礼子双喜、王君、王炳中、王大有。

管事王大標、王宏儉、王永成、王永長。

管庫王章。

辛庄村施亻五千文，都里村亻四千文，硯凹村亻三千六百文，□家滩施亻三千文，東嶺西施亻三千文，北干城亻二千文，田家嘴亻三千文。幡河溝、观台村、東艾巨、楊家河，各施亻一千文。西炉村、都党村、樂意会、上寺平、石場村、上寨村、冶子村、老鴉峪、東水村、積善村、各施亻一千文。百峪郊施亻一千二百文，燕秤村施亻八百文。西黃沙、東黃沙、小井村、李家崗、北銅冶，各施亻一千文。八角村、楊家寨、申家庄、張村、上庄村、同復窰、同魁窰、皮郊村、丁村、西椒口、盧家寨、羊耳峪、羅廣村、西旁佐南庄，各施亻一千文。南黃沙河東、南黃沙河西、六台窰、正栢西、萬感村、乞伏村、北黃沙、郊條村、東栢洞、前後嚴村、西艾口，各施亻六百文。西保漳王清漣施亻六百文，大五里澗西辛安施亻四百文，東保漳施亻四百文，蘇村施亻四百文，水冶福興衣店施亻三百文，吳家河孟魁仁施亻六百文，黃家坡黃興瑞施亻二百文，南各平李林倉施亻三百文。

鞏荆：武平明、武子国、白宗好、王慶然、李万容，各施亻四百文。

寨峪村：韓起才施亻四百文，索有仁施亻三百文，韓起平亻二百文，暴花施亻二百文。

北油村：韓朝陽施亻四百文，韓国祥施亻二百文。

百冶郊：趙連相、郝言貴、王万庚、胡廣元，各施亻四百文，趙永康施亻三百文。

北□城馬士然施亻四百文。

東西嶺西：韓永中施亻四百文，王珺施亻四百文。王得珠、王春元、趙文伏、韓永章、王紳、王得全、韓計付、趙文花、王安、王九重、王得貴、韓辰時、韓永奇各施亻二百文，韓計□施亻三百文，王朋施亻三百文，王進忠、田振山、田成各施亻二百文。

黃家坡施亻一千文。

都里趙建才施亻五百文。

栲栳溝：刘风山、刘愷功、刘運功各施亻二百文，白增德施亻二百四十，刘有益、韓志立、韓志興、刘怀付、宋九容、万里程、武可喜各施亻二百文。

許家灘：王万富、王万青、王万林、王子明、白宗邱，各施亻二百文。

積善：王永裕施亻四百文。

本村：王法元施亻二百文，蔺瑞花施亻一千文，付金台施亻一千文。

泥水匠魏士成。

木匠黃見元。

鐵匠韓朝陽。

金匠蔺瑞花、趙建才。

刻字匠傅孟全。

大清光緒二年歲次丙子仲春吉立。

（拓片存文物考古研究所。馬懷雲）

創修珍珠泉石岸碑記

【額題】流芳

蓋聞莫為之前，雖美弗彰；莫為之後，雖盛弗傳。又曰：有其舉之，莫之敢廢。知事必謀始圖終，思深慮遠而後事乃集，功垂久焉。水冶城西有泉，曰珍珠。邑乘載，廣遂渠水湧而不竭，其以珍珠名者，以泉從水底躍出，纍纍乎如貫珠然，殆以其形名之歟。泉上有亭，四圍古柏環繞，參差掩映，與波光相動盪。中一株，雙木并峙，平列若門，故人以柏門名焉。斯泉固攬一邑之胜，而來遊者稱為安陽八景之一。比來增榮飾觀，豈徒騁眺覽縱之觀，流連俯仰，撫泉抒懷云爾哉！蓋以其流不竭，其用為無窮也。泉東北流漸衍為溪，更十里會洹入衛，其源不減百泉。故遠則通漕濟运，利益乎軍國。近則澆灌田畝，澤逮乎閭閻。他如跨溪作磑，挹注於菜畦瓜圃間者，其利尤難更僕數也。泉之闢，不知創始何時，故老無能道者。池廣約數畝許，計方百餘丈，彎環卜曲，週圍繞以土垣。雨後沙土壅遏，泉出不暢。司土者以時率夫疏濬，而民勞徒殫，終非經久善策。廳尊錢公蒞任有年，周知民間疾苦，於水利尤悉心講求，經營措置。每欲得善策，為長久計，非易以石不可。迺與郡伯清公、邑侯方公諏謀諮詢。意見僉同，遂聯銜上稟，並與近泉紳戶暨諸磑戶，妥籌經費，按畝攤捐。其邑紳部郎李公、國學張公尤踴躍從公。遂於壬午春興工，閱數月而工竣。無何，秋雨連綿，泉水暴漲。不移時，東南一岸，半就坍塌，而李、張二公不幸遽歸道山，其工遂幾幾乎中止。閱明年甲申，我廳尊慮創始之維艱，懼垂成之將敗，因不憚勞瘁，躬赴泉上，相度形勢。仍與紳戶商度，彷照原議章程，減成派捐，鳩工伐石，刻期將事，並委員以董其役。乃就原址開濶數尺，於土之浮處淘之使淨以植其基，泉之出處導之使流以順其性。夫而後石不為水阻，水不與石爭，不啻行所無事，而金湯鞏固矣。語云："善作者不必善成，善始者尤期善終。"是役也，夫非謀始圖終，安能有舉勿替如是？是則其利溥，其澤長，其足以導揚盛美，傳示無窮。茲幸工已告竣，爰將舉事歲月，並捐戶姓名，勒諸貞珉，以垂不朽。並紀我廳尊思深慮遠，為民興利之至意云。

誥授朝議大夫欽加四品銜在任候補同知大挑縣正堂借補安陽縣左堂加五級丁寶森撰文。

光緒壬午科恩貢生就教候選儒學正堂田運傑書丹。

石工徐日光、白好仁刊石。

（碑存安陽市珍珠泉，拓片藏河南博物院。馬懷雲）

重修珍珠泉捐施碑記

首事同知銜李學銘二共捐大錢伍伯仟零捌仟伍伯文，业儒張沂捐大錢壹仟伍佰文，提舉銜東河候補分府鄭文謨增生許攀桂捐大錢壹仟伍佰文，監生王天魁二共捐大錢貳拾肆仟柒佰伍拾文，貢生劉士林捐大錢貳仟□□文，从九吴瑞昌二共捐大钱肆拾捌千貳佰伍拾文，從九李學先二共捐大錢捌仟伍佰伍拾文，貢生劉生蓮二共捐大錢叁拾柒仟文，貢生李士廉二共捐大錢陸仟壹佰陸拾文，監生李念先二共捐大錢貳仟柒佰文，侯國選二共捐大錢玖佰文，呂來成二共捐大錢玖佰文，來廣林二共捐大錢拾壹仟捌佰文，從九劉生芝捐大錢肆佰伍拾文，耆民石思鳳捐大錢壹仟伍佰文，張榮捐大錢壹仟伍佰文，儒醫苗日佳捐大錢壹仟伍佰文，业儒苗中選捐大錢壹仟伍佰文，苗萬清捐大壹仟伍佰文。

監工劉同心捐大錢伍佰文，監生李天合捐大錢壹仟文李日齊捐大錢伍佰文，監生楊承桂捐大錢伍佰文，宇文焯捐大錢伍佰文，貢生任中成二共捐大錢肆仟叁佰伍拾文，監生孫枝榮二共捐大錢拾仟文，從九王永義二共捐大錢伍仟叁佰文，從九王金啟二共捐大錢玖仟柒佰文。管賬張清林捐大錢壹仟文。

大清光緒拾年巧月穀旦建立。

（碑存安陽市珍珠泉，拓片藏河南博物院。馬懷雲）

重修長春觀碑記

【額題】永垂不朽

環洹皆山也。其西南諸峰，林壑尤美。見夫山色空明，石室犹存，而古蹟顯然於石辟之上者，靈山寺也。山行二三里，漸聞水聲潺潺，而瀉出於兩峰之間者，洹水源也。峰回路轉，古廟翬然，而臨於松濤之西者，長春觀也。予常遊覽其上。時維十月，序屬孟冬，泉聲歇而水始冰，木叶乾而山如耗。欲即溫而愛日，因辭冷而避風。登斯觀也，暖氣布回，犹是明媚之日；寒光消盡，重逢載陽之天。因為之贊曰："日暖風和兮，堪修真而養性。山青水秀兮，能解忧而消凡。"面對洹水，臨溪賦詩者，洗淨紅塵之心；背依寶山，登高作賦者，不勝青雲之志。左望龍洞，木欣欣而向榮；右視龍山，泉涓涓而始流。若夫香烟縹緲，諸峰如北辰之拱；燭熖輝煌，□□神偕南山之壽。林間煮酒，恒懼無量之口；石上題詩，恐惊星斗之寒。青嶂陡絕，畫如鳴鳳之嶺；碧潭溫煖，不讓飲龍之川。層巒疊翠，樵夫歌高山之曲；清流激湍，漁人奏流水之音。泉石烟霞，別有無名之天地；風涼雲散，自成世外之消遙。登斯觀也，則有心曠神怡，其喜洋洋者矣。此則善應之奇觀也，前人之述备矣。其觀舊有玉皇殿、關帝殿、佛祖殿，迄今代遠年湮，幾經整理，風雨又壞，將見廟宇鮮輪奐之美，神明減森严之威。登斯觀也，則有徘徊往事，目覩心傷者矣。幸有善人孫公諱建安者，欣然首倡，殷然重修，因商於衆曰："玉皇覆物無私兮，都金闕而登九五；臨下有赫兮，居瑤台從通三千。關帝精忠貫日兮，屢授勅封；浩氣冲霄兮，數被皇恩。佛夢金身於漢帝兮，聖教東流；獻祥光於周朝兮，名著西域。又有至聖等廟，此皆不忍聽其棟折榱崩，神像靡依也。於是，捐工庀材，革故鼎新，廟宇共照俊□之彩；增華潤色，神明同著赫濯之光。經之營之，延三年而告厥成功焉。因從而歌曰：

長春廟宇策千秋，日暖風和景最幽。洹水滔滔飄玉帶，寶山巍巍壯金球。遠望鯨背瀾千頃，俯視龍山雪一溝。一時佳景觀不盡，煉丹採藥再來遊。

先仙永和撰文。

安邑監生王士芳篆額。

安邑業儒劉學澄書丹。

　　　　　　苗旺、

　　　徒

　　　　　王　明、　　施、　修　劉興、

住持胡永緒，　元　　孫李明奇，曾孫　致、

　　　　　楊　清，　　秦、　魁　王旺。

　　　侄

　　　　　王靖、侯貴

刻字匠王淇，侄純儒。

金塑匠常聚興、常祥興。

泥水匠程景禕。

木匠劉煥文。

大清光緒拾壹年十月下旬穀旦合社立石。

（碑存安陽市小南海長春觀，拓片藏河南博物院。馬懷雲）

彰德府督糧總捕兼河務水利分府為萬金渠各閘河頭立約定章碑

署理彰德府督糧總捕兼管河務水利分府即補軍民府、加十級、記錄十次于□為蠲除積弊事。照得萬金渠灌溉田畝，向為民間大利，乃積久弊生，河頭則鑽充濫，胥吏則藉端訛索，日甚一日，小民受累無窮，實堪痛恨。本分府自蒞任以來，剔弊除奸，凡有益於民生者，□不次第舉辦。況水利是所職司，豈容此輩匪徒魚肉斯民。六月間，據生員閻翰宸以河頭胥役苛派訛索，重擴正賦，稟請酌定渠規。當以一面之詞，未允所請，嗣後訪查屬實。正訪查間，復據曲溝、流寺、蓋村、孫平四閘紳首，先後以河頭藉差苛斂，有加無已，水利反為民害等情，並公議章程，稟懇定章永遵前來。事關河渠利弊，自應府如所請。除移府行縣立案外，理合出示定章，蠲除弊端，以俾遵守。為此，仰各閘紳民人等知悉，自示之後，即照各閘公議辦理，每年更換河頭，仍照舊章，由地方紳耆遴選保舉，不得以賄鑽充，亦不得藉差苛派，勾役殃民。倘再有賄鑽河頭、串役訛索等情弊，該紳民等立予扭稟，定行從嚴懲辦不貸。各宜懍遵勿違。特示。

右仰通知

光緒十八年十二月十九日示。

實貼孫平閘。

（碑存安陽市鐵西區梅園莊村。馬懷雲）

署彰德府分府于示

【額題】千古不朽

聖天子御宇之十有九年，于大老爺臨莅吾邑。夫其德盛故政和，政和故民蒙恩，今又澤被沫濱，惠及洹右，人說其德，誠望勒諸金石，永垂不朽。今將所頒示諭開列於後。

署彰德府分府于示：

水冶礶户河規。

河頭苛派妄索，前經出示嚴禁，積弊仍未除革。迭據礶户公稟，懇請定章究責。合宜酌定章程，徧行曉諭明白。規費隨礶核算，每盤兩串五百。兩署公項千貳，兩署差役三百。其餘下剩一串，作為河頭薪水。或有添設歇閉，隨時領銷照冊。礶添費隨礶增，礶減費亦減退。即行永遠定例，其各遵照勿違。

當事馮恒全、劉生懋、馬恒懋、苗發青、劉麓智、馬慎松。

催錢糧：李泰運、楊顯成、張鳳儀、許加福、程旺、胡魁、張合、馬吉同。

張守福捐佥壹千文，文錦堂共捐佥壹千文，萬順礶捐佥壹千文，雙盛礶捐佥壹千文，合興礶捐佥壹千文，合興礶、宋貴二共捐佥壹千文。張合、張田二共捐佥壹千文。趙五成，王德佳二共捐佥壹千文。張□儀捐佥壹千文。澄洹礶捐佥壹千文，常合礶捐佥壹千文，三盛礶捐佥五千文，運新合捐佥五千文。聚盛號、明元礶二共捐佥五千文。同興礶捐佥五千文。五福布店、三順礶二共捐佥伍千文。姬儀公捐佥一千文。均一堂、苗發清二共捐佥二千文。馬公盛捐佥一千文。馬永森捐佥一千文。馬恒盛、澄達礶，二共捐佥一千文。公興礶捐佥一千文。德興泰捐佥一千文。劉慧童、張保二共捐佥一千文。韓林茂、運興礶，二共捐佥壹千文。萬興銘捐佥六百文，旺興礶捐佥六百文，馬已信捐佥五百文，公義礶捐佥五百文，王全同捐佥一千文，馬合成、許加福二共捐佥一千文。三合同、福昌嶝二共捐佥一千文。[1]

石工井有泉。

大清光緒貳拾年荷月穀旦建立。

（碑存安陽市珍珠泉，拓片藏河南博物院。馬懷雲）

---

[1] 以下十人姓名和捐錢數額，字跡模糊不清。

重修小南海石橋記

　　鄴郡之西多山，而善應之小南海者，尤山之最著也。五嶺迴環，中峯層巒而聳翠，一水浩淼，萬松古櫟而標青，誠名山也。但往來此山者，舊有石橋一道。石蹟所載，創自前明。其後補修者，不勝紀矣。迨光緒二十年秋，洹暴漲，把橋沖壞。閱數年間，幸有善人楊公諱仲元者，見人跋涉，我心則憂，於是，合社商議，量力捐貲。兼六河之約附近之村，亦皆隨心施捨，不俟募化矣。故今春之初，開窩起石，趨事鳩工。建厥橋梁，橫跨西東之流水間；□其塗路，實便南北之行人。基趾孔固，氣象維新。不數月而橋已成者，豈非斯人之力也哉！並有靈官山神之廟，亦是同年被水所冲，今一一補葺增新，圖畫甚麗。庶與斯橋共傳後世，以不朽云。廿七年孟春起工，季春告竣。荷月囑記於余。余不敏，僅序其事而已。

　　儒童王書田、史吉臨撰文書丹。

　　首事善人楊仲元、男先恭，施錢伍千文。

　　管事楊富元、竇景元、秦九法、監生武德恆、竇連元、孫來旺、竇來旺、竇金合、楊先聚、李法合、李成文、竇太云、楊德揚、史全才、監生史全忠、楊□合、秦永才、趙忠元、秦永花、申萬春、韋萬章、李全忠、申萬富、申喜忠。

　　濬邑刻字匠張然。

　　石工武計周施个五百文，吳士福施个五百文。

　　住持秦明魁。

　　大清光緒廿七年歲次辛丑六月下旬八日合社立石。

（碑存安陽市小南海，拓片藏河南博物院。馬懷雲）

重修興隆山黃龍洞寺及創建關帝廟前欄并與後神門碑記

　　余鄴下之鄙人也。性疏放，好遊覽。邑中名勝諸峯，多展跡焉。獨梓里東偏黃龍洞寺，為一方佳所，未得造觀，生平深以為恨。適山僧潼江與白玉村、西善應、梨林頭諸董事等，以興葺落成，屬序於余，始獲一至其地。緣碧苔坳，歷石磴而下，見夫林木葱鬱，泉石幽清，出者突然成邱，陷者岈然成谷。窪者為池，而缺者為洞，幽閴遼夐之槩，莫可名狀。比之山蓁廟宇巍峩，金碧輝映，光景尤美。恍然有身到洞天，寵辱胥融，臨風寄興，樂而忘返之意。頃，午飯方熟，僧陪予覺悟齋中，諸村父老環坐其間。相與談寺觀創興所自始舉，不能對。因詢及今日募修事，僧潼江告予曰："吾聞之，地因神廟以靈，而神廟賴人以守。"是寺也，創建以來，雖亦累坠修葺，然風霜剝蝕，或十稔一敝，或數十稔一敝，主其中者，誠不可不亟為興飭也。茲以復就傾頹，爰與鄉耆侯清富、宋貞元、孫明智共謀所以新之，無不踴躍樂從。於是，除捐貲倡修外，募化十方，共得錢若干緡。自光緒乙未冬，鳩匠營材，擇吉開工，肇於三官廟，逮於關帝廟，次第及於王母閣、泰山洞、西仙廟，以至禪房廚房等。又慮關帝廟孤立寺後，與禪院不相連屬，遂謀起造欄干，設立荊扉，賴衆村協力贊勷，至丁酉春而蕆事。凡棟楹梁桷板檻之黑腐撓折者，蓋瓦級甎之破缺者，赤白之漫漶不鮮者，始一律改觀。而寺之前後，亦不至有隔離之患。噫，誰之功歟？殆非僧與諸公破慳破吝、殷勤籌辦不至此。余近以時命多蹇，知己未逢，將欲棄其舊而新是圖，求老農老圃而為師，應酬文字，久已擱筆不作矣。然既感僧與諸公樂善之誠，又喜山水深秀中已得載名其上有榮耀焉。故於登臨餘暇，畧敘其事，勒諸貞珉。後之人流覽勝概，指其石而慕之曰，某年月日，某僧某村、某人修某、葺某、新增某。嗚呼，豈不懿哉！

　　洹西邑庠附生武龍章撰并書。

　　會首宋貞元、侯清富、孫明智。

　　捴理杜景明、侯來元、申金榮、袁法成。

　　分理侯德元、侯花元。

　　管賬袁法富、侯奉元、侯清太、貢生孫見會、監生孫天良、王杏林、杜景祥、王金荣。

　　錢粮房袁廣明、宋永□、孫立福、監生孫繼先、監生孫奉先、孫立吉、田成禄。

　　買辦孫清德、宋芳元、武金有、許名富、侯清太、袁兴。

　　收布施申廷元、李松林、杜昰祥、孫其元、孫文盛、孫玉錄、孫花錦、孫天秀、孫天平、杜太元、杜金富、王賢、劉開孝、申玉凤、康文学、宋永荣、武天昌、孫清山、王天培、王天堂、王法堂、王法□、侯文元、袁永富、袁永生、杜安元、杜法元。

　　住僧潼江、徒溢瑞、溢華。

　　山主申、袁。

　　木工□□□个一千。

　　石工楊春年、楊中元各五百。

　　畫工王奉祥、孫□玉各一千。

　　濬邑張然刻石。

　　大清光緒二十七年歲在重光赤奮若皋月上浣穀旦。

（碑存安陽市黃龍洞，拓片藏河南博物院。馬懷雲）

重修寶山靈泉寺碑記

　　光緒二十年春，今鄂藩馬公講蔣村岐從受業，論及靈泉古跡，爲相壹名勝。因歸尋覽，游歷再三，恣觀山水人物之樂。時師奎文園大禪師，方糾合衆議，庀［庀］材鳩工，爲重修計。經畫凡六年，修治閱四載，工竣。越十餘年，屬記以文。辭不獲，乃忝膺斯命。窃觀夫靈泉勝概，在寶山一隅，八峰環衛，林谷清幽，靜似太古時代。而一水鏘然，响如夏玉於其間。考諸錫名之義，豈不以山岳靈氣書軒露於此耶！然而不足以語靈泉之大觀，何者？勝地不遭佳跡，雖蘭亭之清流，亦善沒於空山矣。是刹刱於北魏武定，而盛於隋之開皇。迄今千百餘年，窮崖峭谷中，猶見石纍纍，碑屹屹，像刊如來，經刻蓮華。古製輝煌，洵堪列圖書，補金石志。是即所謂亂佛洞溝者，低徊留連不能去。慨然想見古人勝跡，而知靈泉之昭著於天下，徒曰峰巒簪翠，泉石清奇，爲張山川畫本已哉！不然，北魏崇佛術，凡佳山秀水建立禪寺者與有幾？其昭著者亦與有幾？而是刹獨於古往今來風韻歇絕之餘，雖殘碑斷碣，不啻與岐陽鐘鼎、嶧山刻石並寶於文房墨林之間，亘古今焉。聞寺蓋跡愈古，地愈靈。每覽古昔遺留，其發顯在千百年之後，而湮鬱恒在千百年之前。當其養晦韜光，山同峙，水同長，樵牧混跡，不知幾經風霜兵燹，半銷磨於蒼崖墟莽之中。一旦發見有自，精奇光怪，炳耀陸離，雖剝蝕殘餘，亦煌煌而絢鍾毓之美。山因之而增光，川因之而益秀，禪林因之而改色。是則靈泉勝况，與黃華韓陵共輝映於行山鄴水之間者，豈不以此也夫！以此也夫！

  領事：主持師奎，徒五岳。

  邑廩膳生社人周建歧譔文並書丹。

  邑庠生社人常學禮題額。

  弟儒生社人周毓歧、侄儒生社人周鳴鳳、邑庠生社人常端宜全校。

  本寺住持占鼇、偘保、偘富、師重、業清。

  梁家張村梁毓刻石。

  齊村王全成、鄭廷信。

  大清宣統三年歲次辛亥四月建立。

（碑存安陽市靈泉寺。馬懷雲）

湯陰縣

湯陰縣峙灣村惠果里李氏家譜碑記

【碑陽】

　　李氏於吾湯稱巨族，士勤□□習稼，綿延數十世，而族益盛矣。高門閥閱，里人推重。揆厥所自，蓋由我明朝國初洪武太祖定鼎中原，因湯陰路當子午，人民稀少，遷山西壺關縣民庶附麗我湯，而李氏之始祖諱十三，亦就遷焉，遂有壺關而創業於湯陰之縣西峙灣村。鍾灵毓秀，祐啟後昆，至今凡十一世，瓜瓞相綿，不下千萬□。但遇之崇禎十四年瘟疫、荒歉，兩耗其數。又遇之大清改革，兵戈擾攘，族中人或不無輾轉遷徙之變。而從未係裔紀序，恐世遠年湮，不能訂考。於是，九世孫諱□□□岐□□者，乃本族中最英妙也，獨有老成之慮，遂但先鳩工刻石，序家譜於碑陰。凡今日□□輩，遇拜掃日一瞻仰焉。得所稽考，仍徵余文以序之。余亦忝李氏族中門婿也，遂不辭固陋，棄之於右，以志不朽云。

　　順治二年歲次乙酉孟冬吉旦。

　　□貢生門婿張正發謹撰。

【碑陰】[1]

（碑存湯陰縣文物保護管理所。王偉）

繼室董氏墓誌銘

【誌文】

刑部觀政進士王伯勉撰

都察院觀政進士從兄董襄書

都察院觀政進士和順縣知縣眷生蘇弘祖篆

　　嗚呼！子竟棄我而去耶。子姓董氏，家世修儒業。初勉之聘子也，以與子從兄倩思知最深。子從兄素以惇學潔行聞，勉師事之。讀書譚道，數年無間。既亦幸博一第，夙稱為益友。後前妻喬氏亡，以子從兄故，因求婚於子父泰河公。公雅尚學守，亦嘗以子從兄知勉，遂許適之。時子年尚幼，然頗識大體。事勉之父母能謹，處家和，御下寬恕有道，語嘿容止，俱不苟。漸及勉外事，亦知問其是非賢否。觀其意，類似得父兄之內訓者。自是，勉入則若獲良朋，出則與子從兄論斷古今，砥礪名行，朝夕以為常。雖友誼彌篤，亦以子益親厚故也。何未幾，子父與繼母相繼喪。而勉又以闈事遊燕，別子數月。既事竣，旋。

---

[1] 字多模糊不清。

子已送葬子父母歸。深傷其無嗣，內結已久。而勉初自外至，語意偶不相中。子遂愈加悲憤而卒。嗚呼！方向者兩相得之時，詎意其後忽相棄之至此耶。夫以勉與子之好，兼以與子從兄之素善，宜其同期百年，永世無窮矣。顧一旦莫救，競天不遂。豈子忍邃去歟？抑修齊未明而為夫之道失也？然則勉有負於子良深也。今子儼然葬矣，俱亡不能，獨生多慚。為子抆淚誌之。子祖父諱居乾，有文行。祖母趙氏。父諱三樞，號泰河，邑庠生。前母蕭氏，生母張氏，早喪。繼母周氏育之。無兄弟。從兄二人：長諱襄，即倩思，壬午解元，己丑進士。次諱袞，字仲山，邑庠生。子生於崇禎癸酉五月初五日，卒於辛卯十二月初一日。娶子時子年十有五，又四年而卒，得年僅十有九。又無出。其孤且夭，誠可哀憐已。卒之明年壬辰三月二十六日葬於祖塋。銘曰：

　　子長逝矣，曾不予慮。予深慟矣，難測子意。世或傷心，誰□不壽。子豈有命，予實多咎。予念子父兄，慚若難容，生徒負罪；子使予父母。思之不已，死亦無愧。予憐子苦，欲報何從。子知予心，請鑒諸銘。

　　順治玖年壬辰歲三月甲辰貳拾陸日丁酉納石。

（拓片藏河南省文物考古研究所。李秀萍）

故明顯考望溪吳公（從棠）暨妣李氏張氏墓誌銘

【誌文】

　　吾族于湯，從來舊矣。世序綿邈，莫可殫述。其先曾大父有諱守環者，兄弟五人，曾大父居幼。里有大猾，人人側目，莫敢誰何。曾大父憤其荼毒，搥之幾斃。會族人有私怨于兩家者，卒殄其命。曾大父恥赴官辯理，遂以死抵。人至今冤之。夫殺人為里中除害，以義理推之，尚可免死。且殺之自有其人，獨以身償，其可哀孰甚焉。曾大父子一人，為大父自恭。自恭生伯父從先暨先考，皆撫養于曾祖母韓氏。無何，而大父大母相繼去世。曾祖母獨理家業。即曾大父守環配。聞之族人。相傳曾祖母持家甚嚴，內外井井有條。馭奴僕以勤，訓諸孫以儉。故屢遭家難而世業不墜，吾家得以綿遠者，皆曾祖母之力也。於其逝，先考哭泣盡哀，喪事備禮。歲時伏臘，追慕之思與考妣等。迨其後，與伯同居，財物不以私諸己，鄉鄰無間言。少嘗賈於通津間，營運稍豐。置田數百畝，與伯共之，毫無吝色。比析居，伯疑其私藏，諭令發誓。不肖遇甫數歲，聞之甚駭，苦諫不從，竟慨然自誓。以常情觀之，鮮不以贏餘意我也。後貧窶益甚，人始信其無他。居恒人有欺侮者，任山鬼伎倆，輒付之一笑。既而人服其雅量，和好如初。當充裕時，或借貸頗多。及貧乏，家無擔石，絕口不言借者。取所立文券，悉焚棄無存。于書雖不廣覽，頗知大義。課手不遺力。嘗曰：吾家以忍讓為德。艱苦備嘗，後世必有昌大吾宗者。子其勉之。俾從師學，燈火之費不訾，以田繼之，勿恤也。其劬勞若是。不過望子之成名，鼎養以報爾。乃年僅五十，渺然長逝。不肖遇僅博一鄉薦，又不克親見。嗚呼痛哉！夫曾大父之負冤若彼，先考之壽命又若此，天道其有知耶？無知耶？有不可推測者矣。

先考諱從衆，號望溪，卒于天啟乙丑歲。元配母李氏，未朞年即歿。繼配母張氏，有丈夫風，閨門之内截然整齊。好施與，濟人艱難，撫養弱息，體恤備至。卒於崇禎癸酉歲，已合葬先考于先塋矣。至大清康熙甲辰歲，始克爲卜吉地改葬。子二：長卽不肖道遇，崇禎庚午舉鄉試。至清，仕至兩淮運同，以論罷。當遇官順天府治中，時值覃恩加一級，卽以四品贈先考暨母矣。以罷職不敢復用贈銜。次道光。不肖遇僅次其生平作誌，文词鄙陋，未足顯揚，聊以發其悲痛之思云爾。銘曰：

蒼然枕者北之河，鬱然望者南之坡。新墳起兮曷嵯峨，垂萬世兮永不磨。

大清康熙三年三月初九日。

不肖男道遇撰文。

同次男道光內石。

石工裴國才鐫。

（拓片藏河南省文物考古研究所。李秀萍）

清山東東昌府茌平縣縣丞錫蕃于公（弘道）元配李孺人合葬墓誌銘

【誌文】

邑庠生眷弟王贍撰。

邑庠生姪于瑶書。

從來葬必用誌，所以紀其時，載其事，傳其人。卽世遠年湮，滄桑遷變，可按誌而考其實也。□□既久，世不古若。每見喪葬之家，係本寒微無爵，可錄取同姓之顯赫者，冒爲支派。至於□誌之人，擒詞溢美，稱揚過當，以傳實之舉，竟爲作僞之事。甚而不書真名，假借職銜。□曰某官撰文，則曰某官書丹，炫耀於一時，欺瞞乎後世。不知有識者已從而竊笑之矣。予私心□之，而未能爲世懲也。客歲冬，予擁爐小齋中。有啟扉而揖予者，則姻戚于君衍秀率其姪於珀也。坐定間云：欲於春月舉其兄錫蕃公之柩而葬于祖塋。請予爲誌。予應之曰：親家誤矣。近今作誌皆借搢紳。予老腐青衿，且蕪陋之言，焉足爲令兄窀穸光？于君曰：不然，寒家與尊府桑梓相聯，累世姻婭。況予又與君有子女之姻緣，知寒家者悉，故敢以是請。若假仕宦之名爲粉飾之具，非予所願也。時聞其言，與予心有默契焉。能不就其狀而質言之乎。

按于公之先爲直隸東安縣人。自諱景者，於明洪熙元年随簡王封于趙，遂于湯陰縣之南長沙里卜居焉。景生全，全生安，安生大賢，大賢生鶴，鶴生攀龍。世有隱德，家多素封。攀龍生二子。長卽錫蕃，原諱傳胤。後以胤字犯聖諱，更名弘道。生而穎異，總角時，卽有遠大之志。于順治己酉歲見賞於督學使者借菴劉公，借弟衍秀俱補郡庠弟子員。順治十八年，以例入太學。康熙八年，選授直隸保定府清苑縣縣丞。下車之時，訪地方之利弊而興除之。其督修堤坊，協理驛站，善政種種，難以悉舉。至攝邑篆，潔己愛民，剔弊厘奸，爲本省開府金公所獎賞，而闔邑士庶莫不雅重之。康熙十三年，以丁繼太夫人艱回籍，營辦葬事，盡合典禮。踰年而元配李孺人亦以疾卒。孺人爲邑貢士李考祥女。自歸錫蕃公，事公姑以孝聞，處妯娌以和著。其相夫成名，御下有法，尤爲人所難能。及没之後，親友皆嘆錫蕃公之失内助焉。是歲附葬于先塋。次年春月，公卽赴京候補，已而，獲補山東東昌府之茌平縣。因積勞成疴，竟至不起。甫赴任而尋逝矣。嗚呼痛哉！以公之才能廉幹，使非天奪之速，則由邑佐而邑正，由邑正而□擢，其功業未可量耳。命實爲之，謂之何哉！

公生於明天啟五年乙丑歲十一月十五日寅時，卒于康熙十六年丁巳歲五月初一日巳時，享年五十有三。孺人生於天啟四年甲子歲二月初五日子時，卒於康熙十五年丙辰歲五月二十七日丑時，享年五十有三。合葬於康熙十七年戊午歲三月十三日。公生子一，諱琯，娶邑庠生王訥女。女一，適郡庠生張選子張慶良，先公卒。理宜附誌。銘曰：

是公崛起，門户攸昌。一行筮仕，善政彰彰。名媛作配，鍾郝齊芳。厥施未竟，世所咸傷。紹庭□子，食福綿長。

康熙十七年歲在戊午季春上浣之吉。

不肖男琯泣血納壙。

石匠張應祥鐫。

（拓片藏河南省文物考古研究所。李秀萍）

臧心一墓誌

【誌文】

臧公心一先生，余先夫子酈縣公之姻戚也。余與先夫子爲同姓，先夫子視之若子姪。凡素所稱至親厚友，莫不津津爲余道之。余是以側聞臧先生之遺風焉。今其令子雪差狀先生及恭人之行實，介余世兄儀九請銘於余。且謂雪差能生事死哀，願毋靳一言也。余受而讀之，血淚涔涔，情溢於文。余何敢以鄙拙辭。謹按狀：

公諱用，字體行，心一其號也。幼失怙，事母以孝聞。配本邑白公國勳女，卽恭人也，克相夫子，以盡子道。先生不屑屑於章句之儒，去而學萬人敵。應童子試，卽受賞識於郡邑當事。甫列膠序。次歲卽己酉武闈，而先生巍然舉孝廉矣。是時，年僅踰弱冠耳。白恭人勗之曰："大丈夫當爲朝廷立不世之功。目今滇黔告警，豈臣子家食時耶。"於是，先生奮然入司馬門効力焉。南征三年，臥雪飡風，馮河鑿嶺，辛苦備嘗。而忠君愛國之心，堅如金石。繼而獻捷天朝。大司馬嘉其奇績，奏授山東曹州營守府。視事之後，簡閱訓練，寒暑不輟。曹之部伍浸浸乎有勇知方，可與唐之子儀、光弼後先媲美焉。而且兵糧則按名給發，習弊則痛加革除。此又以名將而兼廉吏，尤近今所不易得者也。暇則與文武僚屬雅歌投壺，有羊叔子輕裘緩帶之風。在任十四年而後去。去之日，紳士軍民攀轅阻送。而後知先生之大有造于曹也。及在香山，無異於在曹州時。香山地瀕大海，海寇出沒不常。先生選健卒拿獲百十人，由是海寇咸知畏法而不敢復蹈舊轍。民害之所以蘇，地方之所以寧，實維先生是賴。四年之內，兵民和輯，文武相安。而先生急流勇退，書數十上而後得請。殆莊生所謂知足知止者歟！香山之軍民人等感恩不忘，鐫之於石，至今有餘思焉。旋里之後，日與邑之士大夫把酒談心，吟風弄月，一切酒餚，俱出白恭人之手。務必使先生盡賓主之歡而後即安。蓋先生之磊落不羈，更得恭人內助之賢，可謂兩相成者矣。至若敦友于以成昆弟，延名師以教子孫，解衣推食以睦宗族，此尤先生與恭人之至性，彰彰在人耳目間者也。先生子姓林立，榮遇不蔡，可知他時。雪差兄弟子姪聯翩鵲起，取紫泥白麻焚之蒿里。而先生與恭人在寒煙衰草中，有不悄然以悲，旋復欣然以喜者歟？

　　先生生於順治四年十二月二十八日未時，卒於康熙五十一年九月初十日酉時，享年六十六歲。以覃恩誥封明威將軍。元配恭人王氏，無出。繼配白恭人，生於順治九年九月初六日子時，卒於康熙五十七年七月初八日卯時，享年六十六歲。茲於康熙五十八年十一月初四日，合葬於新塋。先生有丈夫子三人：長廷璨，府學廩膳生員；次廷璣，國學生，先先生卒；次廷璘，業儒。女子子三人：長適府學生員閻諱如綸，次適本邑儒士尚諱文煌，次適本邑儒士王諱夢弼，俱白恭人出。孫男七人：鎮、鈞、鎬、鈿、鎰、鋼、鑑。廷璨出者三，廷璣出者一，廷璘出者三，皆少年英俊也。曾孫男一人，初桂，鈞出也。嗚呼！先生與恭人皆不可得而見矣。銘曰：

　　維嶽降神，挺生鳳麟。敦善日積，樹德維新。多男衍慶，國瑞席珍。東山著績，南海揚勳。期頤是望，倏爾返真。黃腸千里，言歸墓門。日月有時，同穴惟坤。卜云其吉，千秋孔安。

　　康熙五十八年歲次己亥仲冬穀旦。

　　萬壽科舉人四川夔州府通判加一級漢上年家眷晚生張坦讓頓首拜撰。

　　不孝男廷璨、廷璘，孫鎮、鈞、鎬、鈿、鎰、鋼、鑑，曾孫初桂，同泣血勒石。

（拓片藏河南省文物考古研究所。李秀萍）

稽公祠碑文

大學士稽曾筠

　　自始祖托跡稽山，固以著姓。公生於晉室，以父中散公之難，砥節不仕。泰始間，山公固薦官秘書丞，循陟侍中。諸王構釁，數切諫不從。至孝惠帝湯陰之戰，以身捍衛，血濺御衣，遂正色死。左右請浣衣，帝曰：“此稽侍中血也，存之以旌其忠。”因廟祀於湯陰至今，過浣衣故里，即公殉節所在，墓碣穹立，照耀白日，猶凜凜有英風生氣焉。

公子孫自南渡後，多居金陵、錢塘，由金陵而遷梁谿者，始我祖中翰公，當訓我父助教公曰："余家世忠孝，汝讀書必明大義，方不愧爲侍中後人。"助教公識勿忘，繼以書劍走四方。七閩總制忠貞范公辟掌書記，適遇逆藩耿精忠倡叛。總制罵賊波繫，吾父挺身相從，仗義不屈，於康熙丙辰年九月十七日，與范總制同時被害。逆賊削平，今皇帝襃嘉忠義，念吾父以諸生抗節，勅贈國子監助教，配享范忠祠。士論僉曰："助教真不愧侍中子孫也，在難所著詩歌，慷慨淋漓，以炭爲墨，圖於四壁，亦何異御衣之一點血耶？"宋文丞相曰："天地正氣爲日星河岳。"筠以日星尚有蝕薄，河岳尚有騫崩，正氣所鍾，原原本本，傳之數千百年，無論支屬遠近，宗脈盛衰，卒弗有改。嗚呼！自我父閩海致命之日，上遡湯陰立節之時，幾何歲月，而前後相望，正氣燭天，英毅卓烈之節，有如堂構，豈非一脈相傳，百世不易者哉？筠奉母教讀書，得濫官史局。每追念先烈，撫膺心痛。歲己亥，奉命持衡三晉地，近湯陰，未敢越境以展祠墓，而水源木本之思不能刻去也。謹溯宗係始末，略爲叙述，俾後人知侍中之血不朽，而我嵇氏之忠孝節義，奕葉相承，後先輝映，斯又其父在天之靈，所以承前啓後之志也。筠敢以代遠而弗上告耶？

湯陰令楊銘敦誼切姻婭托爲刊石，以俟後之子孫瞻拜於公之祠墓者有考焉。

康熙五十八年。

（文見乾隆《湯陰縣志》卷九《藝文志》。李正輝）

修文廟記

邑令楊世達

文廟遍邦國都邑，厥昉遐哉。曷以建？崇先師也。崇而建之廟，曷為乎？致如在也。先師日月江河，道高明博厚，德邁帝軼王，照耀古今上下，曷以致如在而必於廟。有廟斯有堂有室，有廊與級，鼓鐘懸几，筵設龍勺、雞彝、犧尊、象罍，靡弗秩秩纍纍乎燦列。時陟降而愾聞，時駿奔而優見。臨上質旁，悚然生敬，敬斯慕，慕斯興，興斯鼓舞於道而砥礪於德也。漢唐來，代隆肆祀，迨我國朝彌加尊禮，固環類璧，薪櫨自戀，僉有德有造矣。皇上御乾之歲，制"生民未有"額，遣官之曲阜，修餙先師廟，並令天下郡縣咸勒丹刻黝至，事甚盛典也，屬司地方者為可忽諸？達自宰中州，凡所蒞，首以修廟倡，詎謂風塵吏果克服。先師道德，惟是整之肅、飭之潔，得偕彼都人士，時瞻萬仞富美，以作其敬慕奮興之氣，上副聖天子尊師重道至意爾。所以鳧飛五六邑，此物此志，蓋蒸蒸如。己酉菊月，蒞茲土謁廟，皇皇如有所失，恐恐難以自懌，匪特傷尊罍、彝勺、鼓鐘、几筵之缺，若堂若室，若廊若級，行將顛躓風雨茂草。嗟乎！周道既鞫，胡能集師儒而致如在，以為鼓舞砥礪地耶？退就署，偕學博王君、李君謀，亦勃勃有修飾志。爰科其工，度其磚石土木材方在，議整議飭。值督學吳公檄至，飭以修文廟為聖訓所諄諄。達聞而謀益力，亟捐俸為紳士倡。僉曰：可。興作於庚戌春，越八月而工竣。環廟神主龕座以及楹桷櫺扇，丹之刻之，書之泐之,黝垔而拂拭之。黌序輝映,簪牙高啄。某顧而樂之,學博二君與紳士登堂入室,咸欣欣焉,謂繼此以往,懸業盧列宋器。堂事室事之交,乃廊拾級之際,陟降駿奔,洞洞屬屬,儼如先師道德輝光發越,凝旒端笏中而穆然罩然。敬慕奮興之氣,無分小大。雖曰修之云爾,抑亦創之云爾,盍記諸。達曰:"唯唯。"遂濡毫書於麗牲之石。

雍正八年。

(文見乾隆《湯陰縣志》卷九《藝文志》。李正輝)

開岡頭普濟河碑文

楊兆麟

邑東距城三十里許,有博望岡,岡左地漥,瀦而為湖,經年不涸。每秋雨淫行,水集為患,延及高原。北擴西河,南經柳圈,環東岡西岡三十五村庄皆為澤國。合大偏店、小偏店數百頃地畝均屬荒田,有經十數年不見粒者。舊渠既湮,新河無開,民歷赴愬,官畏難而問:"噫!害其烈矣,災何底焉。"余於雍正六年,設帳窑會,有望京樓在岡頭西,與博望岡遙相接,地峻起焉。筆墨之暇,時與羣弟子往遊其上,瞻禾黍之湮沒,睹雌雄之翱翔。天水一色,四顧蕭條,不見操鋤,但覷挾罩,未嘗不三致嘆焉。嗟嗟桑田,變而滄海矣。國課空輸,民何以堪?然非民牧徒托嗟嘆而不能拯,惟望仁人父母為之救焉。雍正七年九月,楊侯來涖湯,侯素抱經濟,念切民瘼,歷宰登封、宜陽、寶豐、嵩縣、永城數邑,均有興除。余聞之熟,仰之久,料其必悉心於此。乃謂衆曰:"水害自此去矣,爾儕勿憂。"衆訝曰:"何見也?"余曰:"我於楊侯卜之。"未幾,楊侯出巡阡陌,睹此滄茫,唏噓驚訝,急詢,民告以水害所由,開闢抵今。侯曰:"何為牧者之不恤民至此耶?余豈敢效焉?"隨踏勘竟日,觀水之勢,相地之形,以救下流,得所以去水之處曰:"鎮撫寨、金排寨旱,塌河順下而流,會於運河以出,既是以洩水之害,又可以濟運之淺。"繪圖繕文上請,列憲嘉獎,可其請。擇吉興役,祭土動工。被災之民因地徵夫,日以千計,不速而來,不呼而至。不兩旬,而河以告成,長十二里、寬三丈、深五六尺不等,計工一萬二千零,命曰"普濟河",蓋以所濟者廣也。河成以後,適大雨傾注,波水湧流,勢若建瓴,不惟無湖之形,并無涓滴之存,前之滄滄者復變而為田矣。犂者犂,鋤者鋤,荒者饒,蕪者熟,麥浪鼓花,秋禾搖穗。婦子饁畝,田夫荷鋤,咸相慶曰:"非其楊侯來,不得此。此固我民之幸,亦天之賜也。"余望之樂,聞之而喜,謂衆曰:"余料殊不虛也夫!"衆曰:"唯唯"。君何見之高而識之早也。懇余抶筆記之所由開,著侯之績,勒之貞珉,以示永永。因拜手而為之紀焉。河開於大清雍正八年庚戌歲之二月十一日也。楊侯者,諱世達,號兼齋,粵東揭陽人也。侯蓋將與此河並垂悠久矣。

雍正八年。

(文見乾隆《湯陰縣志》卷九《藝文志》。李正輝)

重修湯陰縣城隍廟碑記

楊世達

先王神道設教,所以佑民也。故令典所載,無論畿省州郡,以及百里之封疆,必立一城隍之神,而巍煥其廟焉。蓋城隍者,奉帝命以鑒察乎一方之善惡,而施其彰癉黜陟之大權,操乎福善禍淫之巨柄,居陰理陽,昭報應以淑世。其神聰明而正直,靈赫而顯爍,水旱必禱,疾病必祈,枉直必訴,曖昧必質。官有疑案難剖,則必之焉以告。啓其心,發其思,襄所不逮,洵乎居陰理陽,為官民之所倚庇,顧可不崇奉以祀乎哉?廟者,祀神之宮,陟降之所也。祈求於斯,陳獻於斯,使崩墜不肅,蕪穢不治,不惟無以棲神之止,俾之怨恫亦無以肅,民之觀而生其敬畏,豈為治者之所可忽乎哉?予歷任數邑,凡城隍之廟,無不修焉葺焉,以壯巍峩。俾神慶安止,豈于湯陰而不亟亟講乎哉?己酉季秋,予履任之,詰朝謁神於廟,見棟宇榱題,或有朽蠹墻壁,門庭多所傾圮,而神像尤闇淡無光。修之葺之,念已淳淳矣。顧履任方始,未遑講及。越明年庚戌春,捐俸以倡,而紳士之好義者醵金以應,百堵皆興,崩者起、墜者立、蕪者修、穢者治。棟宇榱題去其朽,易其新;墻壁門庭扶其傾,整其圮。神像煥彩,光煒四照,洋洋乎如在其上。我知神來戾止,顧茲色笑,而士民瞻拜之下,亦咸愉懌。神人協歡,禎祥必致,年穀順成,災祲不作,四境寧謐,盜賊不發,老少康安。熙熙然含哺鼓腹,以養以遊,吏偕人民不無疆受福於冥冥乎哉?廟既落成,爰為之記,以誌修葺。而士民之各捐工,貲以助者,勒於碑陰,以昭後焉。

雍正八年。

(文見乾隆《湯陰縣志》卷九《藝文志》。李正輝)

重修文王廟碑記

楊世達

湯邑城北七里有文王廟,廟之西有演《易》樓,即古羑里臺也,蓋文王當日幽囚之室,演《易》於此云。吾於此而知《易》之為易,而文之為文也。當日三分有二,王假有家,守地道無成之義。迨王聽不聽讒諂,蔽明囚之幽室。處蹇困之秋,際坎險之會,乃懷天王明聖,懼臣罪當誅,震而不驚,厲而益貞。卒之天意已回,明夷不傷錫馬,蕃庶勞謙終吉,是其敬止之心。歷泰否剝復而不渝者,故變易不易之理,文王備之。迄今觀其象,玩其詞,紬繹其意,而知《易》之義大矣,文王之德遠矣。夫聖人之生也不偶,必有以贊天地之化,闡天地之秘,彰天地之教。其或出或處,或顯或晦之間,莫知其然而然。故唐虞則君臣矣,成周則父子矣,春秋則師弟矣。時遇各有不同,要皆與天地相為終始。至文王當顯晦之交,處幽囚之中,演卦六十有四,上紹庖羲之傳,下啓周孔之思,造物若有默司其柄者,此豈偶然之故哉？子思曰："仲尼祖述堯舜，憲章文武。"是文作之，武述之，孔子法之，皆與天地相為終始者也。今孔子廟遍都邑，而文王止此一區。廟祠所專，靈必獨萃。而贊天地之化，闡天地之秘，彰天地之教，聖人之精神亦在乎此。迄今入廟者，未嘗不罣然思，慨然嘆，穆然而如見也。獨是廟貌傾頹，蕪而不潔，惻然傷之。於是，捐俸首倡，邑紳士醵金色應。工始於大清雍正九年辛亥二月十五日，告成於十一月二十七日。雖不敢曰鳥革翬飛，然奕奕然亦可以安神靈，時陟降，經百年而不敝。時鳩工庀材，董役督作者，貢生王夢熊、監生許岳秀、生員蘇垣也。石以紀之，後之守土者當思。歷年二千有餘，宇宙舍此無他。修之葺之，久而不廢，俾讀《易》者，得溯所自，廟顧不重哉！

雍正九年。

（文見乾隆《湯陰縣志》卷九《藝文志》。李正輝）

建普濟堂碑記

總督王士俊

昔子嘗走邯，經相州，望湯陰思賢之堂，低囘不能去。父老有能道其遺事者云："令惟以濟人爲亟亟焉。"嗟乎！由宋至今，歷年不爲久矣，且令耳非穿官重鎮比也。乃既去而思之，指其賢而若或見之，思其賢不置，且築堂以志之。何陸君之感人深，而入人摯也，則甚矣。濟人為要道，而所濟尤不可以不普也。雍正癸丑春，余奉命建節河東，恭念聖人軫恤民依，宵衣旰食，務令人人得所。于是，欽奉上諭，首舉開墾之政。既著有成效，復慮窮民無告，如孟子所指鰥寡孤獨之類，不特苦無立錐也。即予之田，猶拾瀋也，其曷以濟？有所濟，有所不濟，何以云普耶？爰令於養濟院之外，兼設普濟堂，而湯陰縣旋以堂成，告令云："堂建於縣治之西基，一畝五分，南為門，中為倉，前後堂各八，東西兩翼各七。倉以謀其食，堂以謀其居。有居有食，而濟之之實具矣。"令捐俸銀壹佰六十兩，本邑紳士商民各有所捐，而濟之之資足矣。凡鰥寡孤獨、窮民無告，驗實悉令之入，而濟亦云普矣。事始於本年之春，即竣於夏。嗟乎！其亦有感於思賢之緒者乎？且夫士希賢，賢希聖。曰稽湯陰為昔者文王演《易》之所，文王演《易》，首舉元字以立訓。元者，善之長也，其道為仁，普濟之義也。文王發政施仁，必先斯四者，是體元之實而惠鮮懷保又散見於書，至孟子猶能指之。而宋之陸令以濟人為亟亟，毋亦聞文王而興起者乎？孔子云："見賢思齊焉。"思之思之，豈以賢為不可幾及耶？然則百姓之思，思其遺澤；君子之思，思其遺範。遺範云何？仍以濟人為亟亟而已。鰥寡孤獨、窮民無告者，吾固有以濟之。即非鰥寡孤獨、窮民無告者，吾亦必有以濟之。是乃所謂普也。以推及為普，而不以究竟為普，又奉文王視民如傷之意云爾。他日予或再走邯鄲，經相州，望湯陰思賢之堂，父老感嘆濟人之澤，且以為不止一宋之陸令也。是余之厚望也。夫令楊世達，廣東揭陽人。其樂捐姓氏、義田畝數，俱書碑陰。

雍正十二年。

（文見乾隆《湯陰縣志》卷九《藝文志》。李正輝）

貽後額辭

楊世達

邑之東有東崗、西崗、大偏店、小偏店，延袤四十餘里，計村庄三十二處。水無去路，受災被浸，空輸賦額。自開闢抵今，民苦無告，告而不問。余蒞湯之次月，即具文上請開河一道，計長十二里，需夫一萬三千有奇，名曰普濟，蓋以所濟者廣也。第河之兩岸，非係堅土，悉屬流沙。水騰流急，沙即坍下，河道數淤。非時行疏濬，年積一年，則此河復變為平原，而昏墊如故矣。至於趙王溝，開自明藩，計長二十三里，與普濟河相為表裏，年久平滿，僅遺其名。余亦上請復行開濬，人夫與普濟河相埒，均關民命。然善創者不如善守，所望後之君子俯念民瘼，恤余苦衷，遞年飭令該地人民疏濬。俾流深通，永遠無患，民慶樂業，倉箱時咏。諒為父母者所樂行，而余創始之功，亦賴以不墜云爾。

雍正十二年。

（文見乾隆《湯陰縣志》卷九《藝文志》。李正輝）

創建育嬰堂碑記

楊世達

《周禮・大司徒》："以保息六養萬民：一曰慈幼，二曰養老，三曰振窮，四曰恤貧，五曰寬疾，六曰安富。"夫六者皆惠養乎民。大政而慈幼冠其首，聖王之寓意可知矣。漢唐盛時，均屬留意，獨育嬰一節，聽之民間，置焉未講。改之宋淳祐間，始有慈幼局之設，與《月令》所載養幼少、存諸孤之義為近。我皇上保赤之懷，超帝軼王，無微不計，常恐老幼有遺失之憂。御極之初，即令建堂收養無告窮民及失哺遺嬰，詔諭中外，意孔殷也。使行之不力，因循莫振，格口與皇仁於不沛而可矜者，無所依倚矣。黔南王公總制河東，下車伊始，頒發七條以愚牧令。首曰查極貧，次相度材力、廣開墾、給工本、稽勤惰、察虧折、興水利，俾吏有遵循，民有職業。旋即飭建普濟堂，存養疲癃殘疾之民，以遂其生。是即《周禮》"養老、振窮、恤貧、寬疾"之義也。復建育嬰堂，收哺遺棄之孩，以全其生，非《周禮》"慈幼"之道乎？父母斯民者，倘行之不力，因循莫振，其何以無負職守耶？況育嬰堂之建，視普濟堂為並急。蓋嬰兒襁褓未脫，或慈母見背，或無力存養，棄之中野，聞呱聲而堪憐；委之道旁，等鷇哺其可惻。夫胎卵有禁，方長不折，鳥獸草木猶應愛惜，矧茲五官百骸之赤子乎？下吏既為民父母，其又安忍坐視莫救耶？所以風雷令下，奉行惟謹。州縣倡之，紳士、嫠婦、好義者，捐田輸金，欣欣樂助。數月之間，中州各屬之堂俱建矣。

财用足，仓廪充矣，是又即《周礼》"安富"之义也。夫如是则茕独得所，乳哺有方。所济者多，所全者众，熙熙然与民共登仁寿，宣皇仁而布宪德，岂不休哉？某宰是邑，躬逢盛事，敢不竭蹶尽诚，以自蹈不职之愆？爰捐月俸，建普济堂于县城之西北隅。兹又建育婴堂于县庠之西南，缺楹五，绕以墙垣，告成于雍正乙卯年四月十二月。凡婴儿入堂，分养各乳媪家，月给以粮，时考其效，以仰副圣天子保赤之仁，督宪宣化之德，稍尽子民之职。邑人之好义者，皆踊跃乐输经费，积谷二百一十石，聚金二百两，出纳得息，以济岁用，俾无匮乏。则是堂也，盖将与普济堂普传不朽矣。谨拜手恭记。

雍正十三年。

（文见乾隆《汤阴县志》卷九《艺文志》。李正辉）

修龙王庙碑记

杨世达

先王建都设邑，必有事于境内神祇。凡以能为民御灾捍患，故载之祀典，以庙食百世，酬功也，报德也。然祀典虽不载，而能庇乎民者亦祀之。汤西栢尖山白龙王，为通邑倚庇之神。庙创建于明永乐十四年，葺于成化五年，再葺于万历十九年，又葺于国朝康熙七年，岁久复圮。远峙深山，未获时行瞻拜，而邑人多道王灵异显赫。余以未征，疑信兼半，故于王之崇奉缺焉，非敢慢也，意有未周耳。甲寅夏，亢阳两月，禾苗枯槁，人心惶惶。余亦忧心如焚，两赴隍庙虔祷，虽有微应，终未得甘霖之沛。闻王有求必应，斋戒虔肃，越日率同城寮友及士民赴王庙宿祷，许以得雨新庙酬。翼日天气晴朗，上无片云，忽焉电发雷震，不移时而倾盆如注。汤邑则然，邻邑鲜及。非王灵应汤民，其能得此甘霖耶？虽大小不齐，然亦无地不露矣。庇民如此，显赫如此，新庙其容已乎？酬报其容缓乎？爰捐俸倡，而邑之沾雨泽者，思有秋，咸欣欣然乐劝。醵金百余缗，鸠工庀材，彻底重建。周围绕以墙垣，悉砌之石，坚固整严，宏丽辉煌，非复曩□规模矣。神乐楼止，民庆重新。神人协和，天庥洊至。旱乾无闻，丰年常登。民感神之功，戴神之德，而所以祀之者益虔焉。工始于雍正十二年甲寅季秋，落成于雍正十三年乙卯仲春，纪以昭后，俾知庙之所由葺而扩也。

雍正十三年乙卯仲春。

（文见乾隆《汤阴县志》卷九《艺文志》。李正辉）

大堂铭

杨世达

朝廷设官分治，所以抚民也。夫抚者，拊循抚摩而鞠育之也。故邑令谓民之父母。传曰：子庶民，岂虚语哉？既为民之父母，则民之饥者，当思有以养之；民之寒者，当思有以衣之；民之屈者，當思有以伸之；民之愚者，當思有以教之。好民好，惡民惡，與聚勿施，無愧父母之名，而克副朝廷命官子惠元元之意。苟謀一己之便適，不念羣黎之疾苦，計子孫之久遠，不圖邑內之治安，催科是急，聚斂為懷，民饑不問，民寒不恤，民屈不伸，民愚不牖，是非顛倒，好惡私逞，將父母之謂何？不惟下騰民怨，上干國典，而且天道福善禍淫，必不輕恕。遠及子孫，近及其身，可不畏哉？況衣食器具悉出民力，受其值而不為之傭，其不見呵於柳子也，幾何矣？後之君子苟以余言為不謬，時行鞠育，拊循撫摩，以盡父母斯民之職，則卓魯龔黃日蒞斯堂矣。聲名洋溢乎四海，朝廷褒嘉於當躬，顯當時，垂後世，共得失，榮辱相去為何如耶！銘曰：於昭上帝，臨下有赫。鑒觀四方，報應不忒。民愚易欺，天譴難測。王道蕩平，無偏無僻。鉅今森嚴，萬邦維則。勿蹈匪躬，以干王辟。

雍正十三年。

（文見乾隆《湯陰縣志》卷九《藝文志》。李正輝）

辛莊隄碑記

邶城秋雨淋漓，坡水汎濫，南則害及辛庄、翟家庄、上庄、下庄、南小漳、西小漳、瓦查、蔣伯營、榆潤等村地畝；北則害及東柳圈、西柳圈、鄭家屯、璩家屯、岳家營、西岡頭、窰會等村地畝，或十年而三獲者，或年年不見顆粒者，空輸國課，俯仰無資。官不問而民不能理，惟有坐以受困，仰天號呼而已。且不特地土之浸害也，而此路為水所佔，往來維艱，人馬交瘁，歷數百年來，無有計拯之者。幸也楊侯蒞湯，愛民猶子，治邑若家，凡有不便于民者，如切膚之痛，皆圖除之。巡行至此，目擊情傷，徘徊籌度。南則於老鸛嘴官隄建涵洞一座，以瀉坡流，使不匯聚於地以浸淫，而辛庄等村受其福，水害永除矣。北則於是路築堤一道，以障暴水，使不橫行於地以溺溢，而柳圈等村被其澤，水害亦永除矣。種是地，行是路，平坦康莊，優游稼穡，皆楊侯賜也。囘思向日，環顧今茲，頂戴福澤，寧沒世而忘之乎？於是南則豎碣曰"楊公涵洞"，北則立石曰"楊公柳堤"，使後之人知洞之所由建，堤之所由築，害之所由除，頌楊侯於不已，蓋將與洞與堤相為終始焉矣。爰為之記云。

楊侯諱世達，字兼齋，廣東揭陽人。

雍正十三年。

（文見乾隆《湯陰縣志》卷九《藝文志》。李正輝）

修汪河堤記

楊世達

支村所有河三，一曰新惠，一曰姜河，一曰汪流。新惠為安水所瀉，姜河為湯河所趨，而總會匯於汪流焉。是汪流為衆水之所歸宿，關乎民生利害，守土者其可忽諸？奈河久淤積，淺而窄；堤久剝削，低而薄，不足以宣洩、捍禦。每逢夏秋，山水暴發，洶湧猛浪，漫溢四奔，口決南北。東西計三十里，南北計四十里，其地畝村庄，歷年受潯，無處不灾。偶遇水小，尚有四五收穫。若逢水大，顆粒無獲。啼饑號寒，空輸賦額，追呼遍户，害斯烈矣，民困極矣。湯陰為甚，安陽次之。蓋安地稍高，而湯地低窪也。自有明抵今，官不為之問，而民又不能自為理，惟有仰天長呼，坐焉受困而已。予蒞湯之初，遍歷阡陌，悉知湯陰水患，即為計除。或開河、或挑渠、或浚溝、或築堤、或建設涵洞，因地制宜，俾有所宣洩，捍禦而止，灾無從生。即或偶見，其患亦小。以故數年來，荒者熟，熟者饒，民慶有秋，處處可耕，家家獲食，聊告無罪而色喜。惟汪流東西南北水害仍舊，非予不念切民瘼也，非予不極力拯恤也，勢有所阻，施為莫展耳。蓋汪流安、湯連界，凡河道堤工，相為交錯。安陽不講，湯陰雖理亦屬徒然。何也？血脉相貫，利害相通，湯陰不得獨專焉矣。惟然，予歷向安邑會商，疏濬幫築以拯。于兹十載，其如秦越視何。予計無可施，長抱此痛，亦置之無如何之天也。乾隆二年，内黄令陳公錫輅，以才能著，調繁安陽。予喜曰："汪流水害除矣，我民幸矣。"蓋陳君夙悉予懷，素重予言，必恤我志。旋即以此告，歡然一心，並彎履勘計工，聯名工請。中丞上谷尹公會一允可，司馬安谿李公光型備悉利害，力為贊襄題達，給發夫役飯食，安、湯共一千二百有奇。計受患之村，按畝徵夫，民皆樂從，踴躍赴工。堤之低者培而高之，薄者築而厚之，斷者接續之。根基以三丈為程，頂面以十尺為式。安、湯一律夯硪交施，堅牢永固。河之淺者浚之，窄者寬之，北浚小溝一，南建涵洞二，以洩陂水之漫。又開倪家嘴渠，以殺新惠河洶湧之勢，及增堤以障。嗣是障水有堤，洩水有河，盛滿不溢。陂流有洞，瀉地有溝。彌漫無虞，水患悉除。相慶播種，倉箱時咏。衣食饒裕，饑寒不侵。歌帝德，誦皇仁，熙熙然以樂太平，其有賴于斯役也，豈淺鮮哉？工竣可不紀乎？然有興必有廢。歲月既久，安必長斯之高厚寬深，惟冀後之守土，督率夫民時省而時修，俾永享樂利于無窮焉。是所殷望。

乾隆二年。

（文見乾隆《湯陰縣志》卷九《藝文志》。李正輝）

重修湯邑岳忠武廟記

楊世達

岳廟多處，其大者有三：一在浙之西湖，一在豫之朱仙鎮，一在湯邑之城内。蓋浙為王致命之區，朱仙乃建武之地，而湯則發祥之所也。舊廟在城之關外，前明景泰移建縣治西南，賜額"精忠"，從侍講徐公有貞之請也。嗣後屢經修廢。廣其制者，弘治十年邑令周鎬。開拓殿後基址者，天啓元年邑令楊樸也。獨是宇則峻矣，而氣象不新；基則宏矣，而瞻仰不肅。蓋歷年久，而風雨漂搖，鳥蟲剝蝕也。爰為易其瓦，文其座，新其貌，塗其垣墉，修其階□。卧碣、斜碑、殘窗、倒几，莫不整飾而潔澤之。又於儀門兩旁，建亭有二，東曰肅瞻，使拜謁者整冠裳也；西曰觀光，使遊覽者得憩息也。於是，春秋致祭，令尹卒屬三獻奉爵，祝史陳詞，時陟降其在庭，時陟降其左右也。更有南北往來停車庡止，鄉城童叟入廟焚香，洞洞而屬屬，僾見而愾聞。又有好古文人，憑欄眺勝，既摹東壁之誌，復播芳馨之詞，觸景興思，傷心南渡，讀《滿江紅》詞，感慨欷歔，泣數行下也。抑吾聞之，觀海者，必溯其源；窮河者，務究其委。斯廟成矣，或跡不傳而守永可奈何，乃為之搜羅舊志，校訂重梓。更創立廟會，招來商賈。庶論古者遠而可徵；敬事者久而益盛也。

工始於雍正九年辛亥之□月，成於乾隆二年丁巳之□月。倡其事者，縣令韓江楊世達。董其事者，貢生王夢熊、監生蘇垣、許岳秀也。

乾隆二年丁巳。

（文見乾隆《湯陰縣志》卷九《藝文志》。李正輝）

修築五陵河堤碑記

秦樸

五陵地臨衛河，其沿河一帶堤岸殘缺已久，官斯土者不問，居斯地者不防，蓋皆習焉念之也。雍正十年己酉冬，楊侯來莅我湯，循行阡陌至此，輸悚然曰："危哉！斯堤及今不治，後必有患。"居民聞其言，疑信相半，且以工程浩大，僅于歲間晨隙補其罅缺，視以為常。所幸頻年水發不猛，其害未見也。至乾隆二年丁巳夏，大雨時行，河水陡長，奔騰汹湧，直薄長堤，猛悍激烈，居民莫禦。因老鸛嘴民舊有行車堤路一條，軋久低損，水即每乘此漫溢而過，防堵不及，致決口二十餘丈，洪波四溢，堤內村庄被漕，旁及故城，任固塌河，邶城、菜園等所田禾亦遭澆損。噫！害斯烈矣！居民於此始服我公之先見不爽，悔無及矣。公蒿目焦思，計度此工非五陵一隅民力所能堵築。爰鳩被水各所人夫，建築月堤一道，計長五十餘丈，底寬頂闊，日役夫千名。公不恤勞瘁，日駐河干，躬親調督，積工半月而告成焉。然猶慮曰："決口固矣，若全堤不加築，後仍有患。"越明年戊午春，復號召數所居民，將全堤之卑者培之，薄者厚之，殘缺者蟬聯而衷築之，復增堤七十餘丈，及于渚之蔣八管村乃止。又念翟家庄舊堤臨□之險不足恃以捍禦，若不早為備，亦將有患。添築月堤一道，計長八十餘丈，以防衛決。噫！公之計畫可謂罔弗周矣，公之備患可謂罔弗悉矣。居民既為田疇計，復鑒公純一無偽為民防患之盛心，故皆踴躍從事，不匝月而全堤告厥成功。從此金湯鞏固，民慶安瀾，永絕水患，倉箱時咏。斯堤之築，其有造于湯民也豈淺鮮哉？公諱世達，字兼齋，粵東揭陽人，性剛介廉潔，不事緣餙，其他政績，以及開渠築堤利益于民者，不勝枚舉。此特其惠民之一端。爰為之記，以誌公之功德，當與斯堤並垂不朽云。

乾隆三年。

（文見乾隆《湯陰縣志》卷九《藝文志》。李正輝）

經岳武穆祠

翠柏紅垣見葆祠，羔豚命祭復過之。兩言臣則師千古，百戰兵威震一時。道濟長城誰自壞，臨安一木幸猶支。故鄉俎豆夫何恨，恨是金牌太促期。

乾隆十五年御筆。

（碑存湯陰岳飛廟。王偉）

演易臺謁文王祠

洹蕩之間曰羑里，演易聖人昔拘此。天高地下皆易里，□辭闡發權輿是。天王聖明罪當誅，千載而下真知己。巍巍之臺近尺咫，夙凜師承惟曰字。無憂其常憂暫耳，王季為父武為子。牧誓諒非心所喜，叩馬村在河之濱。夷齊首肯吾斯語。

乾隆十五年御筆。

（碑存湯陰岳飛廟。馬懷雲）

題岳少保祠詩[1]

清高宗

翠柏紅垣見葆祠，羔豚命祭復過之。兩言□則師千古，百戰兵威震一時。

道濟長城誰自壞，臨安一木幸猶支。故鄉俎豆夫何恨，恨是金牌太促期。

乾隆庚午季秋月題御筆。

（碑存湯陰縣岳飛廟，拓片藏河南省文史研究館。馬懷雲）

癡翁自製（楊灝）墓誌銘

【誌文】

癡翁自製墓誌銘

堂姪邑庠生若楷書並篆蓋

癡翁者，邑廩生東嶺楊公子也，名灝，字企梁，號博菴，晚年自號癡翁。幼多病，頗貽父母憂。七齡受庭訓，質頑而鈍，賴督責嚴明，學業粗通，惜未能早成立。二十三歲戊子，東嶺公卒於□梁旅舍，徒步奔喪，扶柩旋里。庚寅，尊遺命營石壙葬於祖塋。選地以

---

[1] 鈐陽文、陰文印璽各一方。

妥，先□嗣□□□□孫氏媿尤殄承順，輒獲罪戾。二十七歲癸巳，遊泮水，科歲試，弗獲前列。三十三歲戊戌，丁母憂，至冬合葬。四十歲乙巳，食廩餼，忽動忘想，謂科名可□□，奈屢蹈棘闈，不能奮飛。五十歲乙卯，拔入雍□。聞報慚甚。旋自慰曰：例有朝考，有挑選，倘用是倖邀一命，亦可爲祖父□氣。遂赴部廷試。業蒙以縣職即用，旋被淘汰，候銓教諭。命也如何！自是不復作功名想。丁巳，邑侯楊夫子敦請教育義館，成就數人。一時人謂學田兩獲，庶可潤色貧境。究之十餘年，田產未增，房屋破壞，徒自付諸一笑而已。生平無他嗜好，惟涉獵經史，披閱先賢語錄。所與交者，六七文人耳。熱鬧場中，未嘗置足。雅重前輩蘇別駕、王淡水二位，每以不及見爲恨。嗚呼！勵志詩書，科第未博。留心勤儉，囊橐無餘。真天地間大癡人也。

生於康熙二十五年丙寅正月二十六日辰時，卒於乾隆十五年庚午八月初六日午時。本年十一月十五日葬於邑東路村先塋。以元配王氏祔。距生時享年六十五歲。娶邑貢生王公諱任長女，於乾隆五年庚申六月初七日巳時卒，得年五十有二。繼娶安陽章公諱奎次女。男二人：長若椿，娶邑監生張公諱愈長女。次若榛，娶邑監生申公諱鳳彩長女，繼娶邑于公諱棻三女。女三：長適邑武庠生王公諱繹長男監生鷟。次適邑武庠生張公諱文良次男璲。婦繼夫已俱亡。次未歸，長殤。俱王出。孫男二：曰百祿，若椿出。曰百福，未周歲而殤，若榛、申出。孫女三：一適邑魏公諱安民長男班，一適邑吳公諱侶男然，俱若椿出；一幼殤，若榛、申出。嗟乎！涸跡宇內六十餘年，自顧平生毫無□狀，敢□當代大人錫以鴻章哉！因自爲之銘曰：嗟□此老，實命不猶。功名艱於遇，家業拙於謀。擇配弗稱中饋，教子難振箕裘。□□每逢可服，□□莫與爲儔。抑鬱憤懣誰愬，含悲抱恨墓垢。三叔博菴公自製墓誌銘，時年六十四。命余異日書丹。依公年□終營葬、勒石。□將卒之年、月、日、時，葬之年、月、日，享年之數，並祔葬備填。至其抱負文墨自當□□□□不贅云。

堂姪若楷謹識。

乾隆十五年歲次庚午十一月十五日。

男若椿、若榛，孫百祿，同泣血納石。

（拓片藏河南文物考古研究所。李秀萍）

重修湯陰縣城碑記[1]

／時久多傾圮，前任羅君世德議修不果。道光庚寅閏四月，地震，城／
堞十不存一二，敵樓望櫓基址僅存，敵臺里隍塌卸殆盡／
過境無庸由門出入也。凡官斯土者，莫不望而蹙額。然／
匪忽陷楚旺鎮，偪湯界。適題補項城，令崔君承／

---

[1] 此碑上下均有殘缺，／前後有缺，今據殘碑上文字錄出。

赴省，邑丞景君父代理縣事。乃未幾，前令郭君景 /
未築，往來站立，只可架木支撐。目女牆尚多斷而不接 /
率紳商分門守禦。賊屯六晝夜，屢攻未陷，聞大兵將 /
容□視工，始於咸豐十一年，歷今兩載，尚未告成 /
派好義之紳商，分段料理，即□景君董其事 /
制苟完，此皆賴諸公勷勤之力，著謂□功 /
胥吏之手，故工歸實用，而 /
各里分修，卷宗其段落次序，均堪者 /
事長白雙林撰文。
教諭古杞王鎔年、訓導鎮平周劼、丞長白景文。
總史覃懷王榮棠、金陵劉紹鏞。
　邑庠增廣生員、邑庠生劉英□、歲貢生□□□、廩膳生張榮封、督工邑紳蘇喬年、恩貢生蘇唐年、歲貢生李存敬、奉祀生待詔銜岳奇對、廩膳生唐時若、生員張□均、附貢劉純□、職員許萬龍、生員申明正、從九胡楨、從九張臚奎、增生蘇鼎、府經歷待詔銜申養正。□□□、□□□、□□□、廩生□□□、生員李□□、從九申吉卿、鹽知事張延瑞。
　同治四年歲次乙丑仲冬穀旦。
　石工黎陽□。

（拓片藏河南省文物考古研究所。馬懷雲）

謁岳忠武祠

　四字銘心一字和，二杭氣數奈天何。中原父老香盆在，五國君臣雪窖過。半局已成金世界，豐碑猶勒宋山河。當年不朴生秦檜，終古英雄飲恨多。
　光緒辛巳清和月。越南陳慶溎子震拜題。

（碑存湯陰縣岳飛廟。王興亞）

內黃縣

荒年誌

一、記崇禎十二年，春，旱風相仍，麦減收。至六月，大旱，蝗虫遍残，五穀減收。至冬月，不降片雪。此雖荒年而人未死。

一、記十三年，春，紅風大作，麦死無□□。家家食野菜樹皮，受餓者面身黃腫，生瘟病，死者有半。至五月二十二日，方雨，綿花、高粮［梁］、穀、豆，一時播種。至六月三伏，無雨，旱蝗残食，五穀不收。至八月二十四日，降霜，蕎麦不收。當時斗麦價錢六百文，斗米價七百文，斗豆價四百文。民流為盜，蜂擁蟻聚，無不被害之家。窮者餓極，凡遇死人，爭剸肉以充腹，甚至活人亦殺而食。垣頹屋破，野煙空鎖，子母分離，赤地千里，誠可憐也。

一、記十四年，春，紅風又作，麦死無遺。乱扰不息，幸有大兵至。正月二十日，遍行剿除，良民始安。至二月，家家遭瘟，人死七分。當時有地無人，有人無牛，地遂荒蕪，賣地為食者每畝價止三百文。惟物類大貴，斗米價值一千七百文，高粮［梁］價九百文，斗麦價一千六百文，斗豆價一千□百文，獨蕎麦惟正當種時每斗價三千五百文，牛犋每隻三十千文。

一、記十五年，田禾微收，黎民小康。惟有綿花、牛畜大貴，子花每斤價二百四十文，牛大者價七十千，小者四十千。更有銀每兩換錢二千文，豬肉每斤錢二百五十文。至冬十一月，韃兵遍至，殺人民、官軍甚多。

一、記十六年，韃民重至。我中國自此大乱。至十七年，闖王獲京都，逼死崇禎，府縣建官，國號大順。後大明會合韃兵恢復。時土賊攻破黃池，搶掠鄉村。及韃王攝政，國號大清，改為順治元年，土賊稍平。特記。

（拓片藏河南省文物考古研究所。王偉）

御祭顓頊帝陵文

【額題】御製祭文

維順治八年歲次辛卯四月丁未，朔越七日癸丑，皇帝謹遣鑾儀協理事督同知喬可用致祭於帝顓頊高陽氏。曰：

自古帝王，受天明命，繼道統而新治統。聖賢代起，先後一揆。功德載籍，炳如日星。朕誕膺天眷，紹纘丕基。景慕前徽，圖追芳躅。明禋大典，亟宜肇隆。敬遣專官，代將牲帛。爰修殷薦之誠，用展儀型之志。伏惟格歆，尚其鑒享。

陪祭官直隸大名府滑縣知縣陳啟泰、縣丞趙攀龍、主簿賈志行、典史朱廷俊、儒學教諭吳用賓、訓導郭士俊仝立。

（碑存內黃縣顓頊帝嚳陵。王偉）

重修廟學記

邑令張爲仁

　　順治己亥之四月，余尹是邑。涖任後，謁夫子廟。殿宇傾欹，廊廡門垣，鞠爲茂草。余拜望低佪，竊嘆是邑之廢墜，至此極也。

　　越旬日，再詣廟前，將毅然改作是務。有黃生本昌、段生之麒、樊生之屏進而言曰，"此諸生之責也，苦無倡者。前任楊侯曾議及，未幾，以高陞去。釀金尚存如許。"余聞之喜，屬三生董其事，僦工庀材，卜日興築。三生復逡巡，欲有請。余謂："慮闕材也？需時日也？天下事無今日不爲而來日徐圖之理，亦無決意爲之而有不可成之功。二三子其克襄之。"余既退，亦慮工費不貲，勢難卒辦。爰集諸父老約曰："教爾孝弟忠信，世爲良民者，聖人之功。今工役方興，爾輩能無意乎？"鬻資輸材者，踵相接也。頃値可鐸胡君一鷗、厲君貞相繼至，會計、督理有方，甫期月而殿工竣。余觀之一快。

　　嗣校士明倫堂，率多磊落不羈之才。乃數科不第，諉咎地靈。爲延浙中興師，畢技畫指。是科庚子，李生滋舉於鄉，咸以爲風氣所召。先是，與童蒙課業，孺子能文，即優以諸生禮。茲亦競相鼓勵，效力門牆者，不在諸生後。閱三載，而兩廡、重門、周垣、層階，及啟聖、文昌、名宦、鄉賢諸祠堂，齋廚庫、尊經閣，無不易朽興頹，煥然一新。余觀之益快。

　　余與司鐸鳩工欂星門，顧左右二坊，僅存遺植，且雲路無坊，奈何？偶男婦數十輩，以邪教罹法，將赴恒郡伏辜，稽首廟前，嗚咽涕泣，大悔前非。余爲之惻然，詣郡請諸當事，得立釋。感激歡呼，各貢石木，助建青雲坊。余取其一念之誠，聽其畢工。及功成，觀止。邑人士撰文以進，詞近諛。余曰："廟學可修則修之，士庶欲輸則聽之，司鐸有議則行之，堪輿可采、孺子可進，則延納而獎掖之。皆因人爲功，余何有焉？"因序其始末，爲記。

　　順治十六年。

（文見乾隆《內黃縣志》卷十七《藝文志》。王偉）

亦樂堂記

張爲仁

　　黃舊有社學，已久廢。余立義學十處，每處庭三楹，廡六楹，門垣具備。先是以城西孔道，築烽墩。有弟連自里來，遂偕往。役者計尺丈，余倚馬指畫。連弟率從騎射，觀者輟耕。尋以烽弗均，馳視其地。偶憩古廟，見村童數輩，作伊唔聲。余入而驚走，因進而與之揖，爭以所業請援筆評閱，多可造者。余樂而忘倦，曰："人才不擇地而生，信然哉！"於是，欲立義學。度地庀材，託邑丞馮君昱董其事，兩月告竣。延師具廩餼，羣子弟肄業其中。在邑文廟告成，邑人士已應運蔚興。益以茲舉，窮鄉僻壤皆知讀書。觀風者皆稱快。

會余有事出郊，則其師率子弟迎道左，秀者斂容，頑者獻笑。余輒噱曰："是亦一樂。"因署其額曰"亦樂堂"。

順治十八年。

(文見乾隆《內黃縣志》卷十七《藝文志》。王偉)

創遷演武場記

張爲仁

視事黃池，見邑之諸務俱廢，相緩急而經營之。越二年，城郭完，學宮成，衙宇內外次第畢修。先是校射武場，止於廳址設浮棚。以民之方苦力役也，姑仍之。比見廳臺遙逼學宮，騎射者自北而南，有乘後凌跨之勢。因謀諸堪輿氏王子文翰。王子曰："然，維東有堤，障水北流，一往不返，黃池風氣其洩矣。盡移演武場爲砥柱，數年後，邑有厚藏。"爰諏日醮土神。余憑高遠望，見地壅浮沙，居河流之衝。恐夏秋水溢，且馳馬無走坂之樂，躊躇未決。王子復與邑人言曰："演武將以禦侮也，賊我風氣，較外侮滋甚。"堅請於余，遂命工人取磚石於舊廳之基，發土，得臥碑，乃余宗都憲華東公修演武場記。內云："逼城外弗，改門西向。"或亦與慮妨學宮之意若合符節乎？但歷來水患，築堤爲垣，臺高丈餘。逾年未久，廳舍迄無存者。況地勢歷東逾下，今之爲工，未必如昔，水患當益可慮。防潦修築之舉，俟諸後來。廳三楹，舊碑置左壁，新石附右，以並記歲月。

順治十八年。

(文見乾隆《內黃縣志》卷十七《藝文志》。王偉)

糧地足額碑記

邑令楊輝斗

嘗讀《禹貢》："底慎財賦，咸則三壤。"及《周官》所載都、鄙、縣、鄙之法，喟然曰："仁人體國經野，其憂之深而慮之悉也如此乎！"蓋自五家爲比，五比爲閭，人與地相守而不亂也，故無逃亡之戶，無追呼之擾。四井爲邑，四邑爲邱，四邱爲甸，四甸爲乘，地與稅相從而不紊也，故無逋逃之賦，無賠累之虞。今田不井授矣，而所爲則壤者無異也，所爲里甲者無異也。

輝不敏，蒞茲邑，樂其俗之朴以醇，而悲其地之瀉鹵，民貧以瘠而難支也。恭讀《賦役》一書，有所謂大地、小地之辨，有所謂小地之庄淤一等、清沙一等，且二等、三等、四等、五等之別。大地歲納銀一錢六分三釐有零，遇閏月，歲納銀一錢六分六釐有零。而小地則有五畝有奇準一畝者，有七畝有奇準一畝者，有十四畝有奇準一畝者，有二十八畝有奇，有六十畝有奇而準一畝者。析之爲三百四十甲，甲糧若干，總之爲三十四里，里糧若干。使地各遵所應納之糧，糧各守所應隸之甲，甲各守所應隸之里，歷千百年如指掌可也。科等既繁，詐偽多有；貧富無定，轉徙生奸。則有大地而反納小地之糧者，則有小地而反加大地之稅者；則有大地而竄於小地之內者，則有彼甲而攬入此甲之中者。甲經屢易，里非舊籍。重罹兵火，冊籍無徵。至懸地二十三頃有奇，不可究詰，屢丈屢清，空成畫餅。夫國賦不可以絲忽虧也，有懸糧則有逃戶，有逃戶則有賠累。賠累不堪，勢必流亡，而不惟懸糧之逋賦難足。昔日之舊額，且驅現在之實徵，更爲他年之逋賦。逋賦愈多，流亡愈衆，輝甚懼焉。

　　歲丁未，受事，即請命諸上臺。旋奉本府周委糧馬廳何下縣清查，仍諭以自首免罪之意。諄諄告誡，而民亦相與嚮化。不匝月，而首足原數，數十年之逋賦，遂復額焉。蓋緣數年前里民俱有匿稅甘罪之結存縣，輝效公孫僑故事，焚倉門之書而後定云。昔孔子曰：「君子學道則愛人，小人學道則易使。」又曰：「吾觀於鄉，而知王道之易易也。」豈不信哉！事竣報聞，而諸上臺又特諭申編明確，以杜習弊。蓋其所以慎賦則壤，體國經野，憂之深而慮之遠者，猶禹、周公之用心也夫。然則今之公私允利，藉手以報成功者，雖曰輝之心嘔神費迄有成效，而實諸上臺體察至公，暨闔邑諸紳士父老督勸之力也，輝何與焉？乃輝則又有所私計於此矣。思昔年之成賦，何以忽爲前此之懸糧？則今日之復額，何以保爲他年之允釐？懼輝與諸上臺之鞠爾謀爾於茲土者淺，而爾父老子弟之所以宅爾宅，畋爾田，世世子孫以有幹有年於此者長也。知復之之難，則知守之之不易。守之奈何？亦曰：「地各遵所應納之糧，糧各守所應隸之甲，甲各守所應隸之里，而不凌亂以巧法而已。」《記》曰：「廢，則埽而更之。」輝既職其勞矣，息則張而相之，是在諸君子及後之司牧也與！

　　爰將里甲若干，地畝科等若干，諸上臺惠茲土者之憲檄批詳，刻石如左，永爲式焉。
　　康熙六年。

（文見光緒《內黃縣志》卷十八《藝文志》。王偉）

御祭帝嚳帝陵文

【額題】御製祭文

　　維康熙七年歲次戊申，四月己巳朔，越十九日丁亥，皇帝遣內弘文院學士加一級周天成致祭於帝嚳高辛氏。曰：

自古帝王，受天顯命，繼天立極，功德並隆，治統道統，昭垂奕世。朕受天眷命，紹贊丕基，庶政方親，前徵是景，明因大典，亟宜肇修。敬遣專官，代將牲帛。爰昭殷薦之忱，聿修欽崇之禮。伏惟格歆，尚其鑒享。

陪祭官直隸大名府滑縣知縣孟繼美、縣丞陳廉、主簿李淑統、典史張一明、儒學教諭史士奇。

（碑存內黃縣顓頊帝嚳陵。王偉）

呂叔簡刑戒碑

呂叔簡刑戒八章

一曰五不打：老不打，幼不打，病不打，衣食不繼不打，人打我不打。

二曰五莫輕打：宗室莫輕打，官員莫輕打，生員莫輕打，上司差人莫輕打，婦人莫輕打。

三曰五勿就打：人急勿就打，人忿勿就打，人醉勿就打，人隨行遠路勿就打，人跑來喘息勿就打。

四曰五且緩打：我怒且緩打，我醉且緩打，我病且緩打，我見不真且緩打，我不能處分且緩打。

五曰三莫又打：已拶莫又打，已夾莫又打，要枷莫又打。

六曰三憐不打：盛寒炎暑憐不打，佳節令晨憐不打，人方傷心憐不打。

七曰三該打不打：尊長該打為與卑幼訟不打，百姓該打為與衙門人訟不打，工役鋪行該打為修私衙及買辦自用物不打。

八曰三禁打：禁重杖，禁從下打，禁佐貳非刑打。

康熙十年端陽前二日，三楚潤立。

楊輝斗錄刊。

（碑存內黃縣文物保護管理所。王偉））

新建書院碑銘

吏部尚書熊賜履

士君子讀書明志，務適於用。近以昭一代之模，遠以垂奕世之規，斯稱至焉。故宰一邑者為一邑，宰一郡者為一郡，宰天下者為天下，各靖其猷，各守其業，庶相觀而善，俗以不敝。

今內黃，古相邑也，治屬魏博，本京師夾輔。士樸而民醇，試宰其間者，謀所以安之，則奏最矣。然安之之久，樸者漸至於魯，醇者且變而愚，萎薾不振，伊誰咎歟？潤邱楊年兄，以鄉進士第一人聯掇春官。尹茲土，百凡俱舉，始修城築濠，建學遵經，清糧剔弊，諸善政誌不勝書。兩經考績，聖天子嘉其功，增厥秩，固廉吏亦能吏也。慨然曰："吾治刘敝久矣，不有以教之，則即於荒。然教之必自士始，故必擇其地，示之範，寓其意，使知所趨焉。"因割冰俸，興書院之役。土木之費，工糈之繁，毫不取給民間。以堪輿家言，於邑之西北隅，補其缺，爲興文。資市民地共計二十六畝有奇，周圍高其墉，壯麗與雉堞連，巍然大觀矣。首大門、二門，肅然聳矣；進兩廡，翼然雄矣；闢大堂，廓然華矣。上峙以傑閣，東俯講堂，廣可萃千人。西掖以觀德堂，仿古矍相之圃，以習射教有其地矣。於閣祀文昌君，曰多士之所憑依也。於堂奉理學名儒，自紫陽朱夫子、河南二程夫子、龜山楊夫子、陽明王先生，咸並祀，曰洙泗源流不可沒也。使邑之俊秀羣而趨焉，下而拜焉，曰典型在望，是則是傚也。復構別祠以崇名宦，自前朝迄昭代，令之有清節者，皆奉以不祧焉。胥作之範矣，範則法具焉。生者安之，學者勉之，毋隕越也。

至射之爲教也，從古已然。後人寖失其初意，以爲赳赳桓桓，習而專焉者也。不知雍容揖遜之儀，升降疾徐之度，以之觀讓，以之止爭，上以豫國家干城，次以養士儒德性，寓三代於一日，意深遠矣。且令有其意，士得而知之；士有其意，令得而行之。相忘於未始有意之先，篤行於既已有意之後，則此一射也，又不獨於射觀之矣。然吾猶有慮焉，事創則生妒，妒則害成，奸且伏於其間矣。夫猶是館舍也，肄業者及之，豪占者亦及之矣。猶是餼廩也，清苦者資之，饕餮者亦中飽之矣。猶是絃誦之區也，馬牧之，豕畜之，兵戎踞之矣。何者？竊共學之名，爲自便之私也。防之未嘗有變之先，杜之以漸不可長之勢，則年兄之功，天壤同敝矣。夫功既天壤同敝，則督學王公諱澤宏、觀察孔公諱蔭樾、觀察潘公諱世晉、太守顧公諱耿臣，獎勸之於前，皆因吾年兄楊公諱輝斗創之於始，故學博郝公鵬宇、少尹陳君彥從、縣尉李君如芝贊勸之於後，其功又何可少哉！

余特爲之記其事，而係之以銘。銘曰：

氓之蚩蚩，實藉覺先。如日始旦，如月而弦。光照天下，勿息其傳。既丹臒之，斯貞珉焉。同登覺岸，震盪萬年。

康熙十三年。

（文見光緒《內黃縣志》卷十八《藝文志》。王偉）

重修明倫堂記

邑令李子燮

歲乙卯春，馮翊李仲子來令繁陽。爰按邑志，考建置典禮之制，以舉廢起敝，長民者事也。咨之邑縉紳先生，僉曰："學校教化，風俗之本也。前令荊門楊君繕治有差，會以讀禮去，未既厥事。蓋明倫堂之頹敗久矣，請自堂始。"仲子曰："唯唯。"然國家方事軍興，賞用缺然，奈何？賴諸縉紳先生、邑人士暨共事諸君子之力，捐貲庀材鳩工，筮日董事。經始於閏王月之朔，迄二十有五日告成。從而落之。僉曰："是不可以弗記也。"何記諸？夫工木之役，非其務則民勞，非其時則民病。是役也，不唯亟乎？曰：否，否。於頌有之矣，獻馘獻囚，乃在芹宮泮水。俎豆之事，即折衝之略也。觀於秦、漢之際，兵甲相仍，而鄒魯諸生，絃歌之聲不輟。登廟堂，觀車服禮器，雖以雄略英武之主，不能不降心以相從也。方今羣寇交訌，即未能蹂躪而入也。而民之迫於鋒鏑，困於蜚芻轉餉，不可勝計。當今之急務，不唯恤民乎？苟厚風俗，起教化，舍此其誰從？繁陽故京兆名區，風教人文，氏族之盛，志不絕書。今海內驛騷，而畿南片地顧徼一席之安。農佃於埜，士誦於塾，得與諸君優游此堂者，可不知所自耶！官師之歲時迪率憲老賓賢恒於斯，諸生之春秋課習、飲射讀法恒於斯，以及通國之人環橋門而觀聽皆於是焉。是何可以不亟。僉曰：善。遂相與交贊，以竣其事，而並爲之記。

康熙十四年。

（文見光緒《內黃縣志》卷十八《藝文志》。王偉）

御祭顓頊帝陵文

【額題】御製祭文

維康熙十五年歲次丙辰二月癸丑朔，越十九日己未，皇帝謹遣詹事府少詹事王揚昌致祭於帝高陽氏。曰：

自古歷代帝王，繼天立極，功德並隆，治統道統，昭垂宇宙。朕受天眷命，撫禦鴻圖、懋建元儲，前徽是景。明禋大典，亟宜舉行。敬謹專官，代將牲帛。爰昭殷薦之忱，聿修欽崇之禮。伏惟格歆，尚其鑒享。

陪祭官直隸大名府滑縣知縣陳啓潛、縣丞陳廉、主簿李淑統、典史董榮、儒學教諭喬木。

（碑存內黃縣顓頊帝嚳陵。王偉）

黃氏家園記

邑教諭張增

余署黃之明年春，黃子維靜邀暨楊同寅浦水，再即其家園賞遊焉。至，則浦水先有詩粘壁，因憶自去春擬爲文以記而未逮也。維靜曰："今盍記之？"余曰："諾。"夫運會所徵，必有三數老成維持其際，履險蹈難，中外馳驅，朝廷尊爲典型，四海望爲閥閱。追功成身退，解組歸田，於其行也，天子賜以璽書，名公鉅卿相爲題詠，使得與鄰人野老酬嬉淋漓，顛倒不厭，士大夫出處無譏光裕前後者也，惟京兆黃公足當之。

公由明乙丑甲科，以大行晉烏臺，按浙歷邊，拜京兆沐焉。其治績之昭人耳目者甚偉。

今居南偏園曰長春者，公優游地也。中間題楣之額，揭齋之聯，如所謂不染亭、愛賢齋諸勝蹟，皆出於明焦公弱侯諱竑、黃公慎軒諱輝筆而椒官手書，神宗賜以寵公者，則又有月酒三人之語。吾於是知公結主之深，遴交之善，持己與人之不苟也。

茲公三世孫維福，曠懷高致，堅晦其光。維靜善氣迎人，形於衣紋，望而知爲詩書之澤所啓。吾又以知公積德者厚，而子孫之賢非偶也。嗟夫！中世士大夫以官爲家，罷則無所於歸，而後起有人，克自振奮，俾先世德澤綿綿延延、俞久俞昌如黃氏者不少概見，豈非其貽謀者未盡善歟！

余因維靜之請，爲道其先世之美如此。若乃臺池亭榭之適宜，嘉花美木之列峙，與夫煙雲杳藹，隱間於空曠有無間。入其廬，恍如桃園仙洞，幾不知人間有欣戚事，則宜覽者自得之。至其收藏之富，題詠之繁，輝映四壁而有可考者，皆不復道也。

康熙二十年。

（文見民國《內黃縣志》卷十二《藝文志》。王偉）

御祭顓頊帝陵文

【額題】御祭碑文

維康熙貳拾壹年歲次壬戌叁月甲辰朔，越拾玖日丁卯，皇帝謹遣通政使司通政使王盛唐致祭於顓頊高陽氏。曰：

自古帝王，受天顯命，繼道統而新治統。聖賢代起，先後一揆，成功盛德，炳如日星。朕誕膺眷祐，臨制萬方，掃滅兇殘，廓清區宇。告功古後，殷禮肇稱。敬遣專官，代將牲帛。爰修禮祀之誠，用展景行之志。仰企明靈，尚其鑒享。

太堂寺七品筆帖式畢鼎。

陪祭官直隸大名府滑縣知縣宋文英、縣丞柴汝蘭、主簿毛士弘、典史馬思拔、儒學教諭賈淑、訓導呂協陽。

（碑存內黃縣顓頊帝嚳陵。王偉）

祭二帝陵文

□□續典天□全，其悠久矣。我吳門姚老父母，於康熙甲子秋，承□□安帝靈以□，因視昔君子□觀落成之績，後先同□帝靈以柬長均、牡丹、大城、魏家里士民□□，以記新廟之盛舉，而志□慕不忘。余以爲巍巍帝德，與卓魯循聲，紳士豎貞珉□拱辰門外，遙二帝之聖子神孫，□□虞三代爲天下王者，皆其眷顧，有德依然覆載之無私也。今我□□靈爽，鑒我□□殷殷眷顧之無窮，以綿天保九如之福澤耳。我公之新廟，良有以也。廣文父母之爲公勤事，豈無□□難留也。是舉也，拮据於我公匆匆行色之餘，以公大澤之人人者，深如天罔極，予永修之，里民□□耶。士民交相歎曰：借恂無計赤子，何依攀轅臥轍，無限淒其堂蔭蔽苾思，補羽飛，貞珉鼎列，記公□□臺留賢以活萬姓，士民引領而切瞻依。是為記。

　　□□縣丞管主簿事陳雲鶯、典史馬思援、主簿改授巡檢鄒劍光、□海衛署教諭事舉人傅巖、□□董恒後、後學韓士璋書丹。

　　□□李沾潤、王廷猷、董九□、馬慶雲、董九齡、馬中驥、李沾滋、段雲彩、李其秀、王時中、王時太、王時成、于中洲、□□□中武秀子、劉五倫、劉□源、劉□、滑士俊、高星、滑啟聖、王國棟、段大用、韓廷瑞、丁之午、道吏段雲風、□□司正副武重祿、韓之全、李如花、常之翰、李國全、丁養奇、保長劉扳龍、喬中扣、董九德、郝國太、郭朝聘、□□。

　　揀選初任汀州府經廳康□，甲子夏補滑邑尹，本年七月二十四日到任。

　　康熙二十三年秋。

（碑存內黃縣顓頊帝嚳陵。王偉）

御祭顓頊帝嚳陵文

【額題】御祭碑文

　　維康熙貳拾柒年歲次戊辰，拾貳月乙丑朔，越拾有柒七日丙辰，皇帝遣官翰林院侍讀學士加一級四品鄔黑致祭於帝顓頊高陽氏、帝帝嚳高辛氏之陵。曰：

　　自古帝王，受天明命，禦歷膺圖。時代雖殊，而繼治同道，後先一揆。朕示眷佑，統制寰區，稽古禮文，肅修祀事。茲以皇祖妣孝莊仁宣誠憲恭懿翊天啟聖文皇后神主升祔太廟禮成，特遣專官，代將牲帛，敬申禋祀之典，用抒景行之忱。仰冀明靈，鑒茲誠悃。

　　陪祭官太常寺七品筆帖式杜□、直隸大名府滑縣知縣姚德聞、縣丞陳紹、主簿洪元懋、典史馬思援、儒學教諭賈淑、訓導袁象斗。

（碑存內黃縣顓頊帝嚳陵。王偉）

聖諭十六條

清聖祖

敦孝弟以重人倫，篤宗族以昭雍睦，和鄉黨以息爭訟，重農桑以足衣食。

尚節儉以惜財用，隆學校以端士習，黜異端以崇正學，講法律以儆愚頑。

明禮讓以厚風俗，務本業以定民志，訓子弟以禁非為，息誣告以全善良。

誡匿逃以免株連，完錢糧以省催科，聯保甲以弭盜賊，解仇忿以重身命。

康熙三十年。

（文見民國《內黃縣志》卷首《清代詔旨》。王偉）

王公捐俸修井碑記

貢生周丕顯

黃邑城西南十五里孔道旁有井焉。東距吳村，西距周家庄，南距岳村鋪，北距新張鋪，約一二里許，不知創自何時。故老傳聞，爲施茶湯設也。自茶湯廢，而井漸廢。其地則昔賈今張，亦已更主。每遇水汎井湮，行過是地者，驚相繞避，不受井之利，而惟懼井之害。

歲在丙子夏秋之交，霪雨月餘，一望彌漫，而井不可復識矣。適滑縣邑侯王公自郡歸，道經於茲，前後左右互相驚戒曰："此有井！此有井！"公聞之愕然，且惻然。至岳村鋪停驂，召居民周得珠、劉家祿問其故，慨出俸金付之，曰："爾爲我修此井，非爲我也，爲爾也。雖爾等自有修之之日，爾官長或有命爾修之之時，但當此舊令既已解組，新令猶未下車，倏有不虞，如目前何，何憚而不爲也？"二人以謀之地主及吳村近井者爲辭。公曰："天下事凡目之所觸，力之所能，心之所不容已者即爲之。余不以爲非己責也而不爲，爾輩亦何得諉爲非己事也而不爲乎？急將此金購物鳩工，高其基，隘其口，俾水不能爲之沒，人皆知其爲井，而不致有陷墜之憂，此其所係何如也？其勿辭！"二人唯唯受命。旋與地主及吳村人公議，皆義其舉，樂爲輸金，共襄厥事，修葺悉如公諭。往來于井者，微特不懼其害，而且受其利。莫不指而目之曰：王公井云。傳以爲美談。

首事周得珠等以工告竣，不可不泐石，用垂久遠，屬顯作文以記之。顯曰："若意云何？"曰："公頌公。"曰：是舉也，於公之德政爲滄海一勺、太倉一粟耳。況記也者記實也。公之德政，滑之人身受之，亦惟滑之人能言之。以鄰封而頌揚，恐傳聞失實則近誕，誕則近諛，諛則近諂，亦大非公無所爲而爲之之心也。夫無所爲而爲之，其心爲實心，其事爲實事。且即一事之心以推之事事，而其心不可勝用。無已，亦在井言井，以誌此興廢之由，以擬議公之德政於萬一，而因以寓頌禱焉，則《大易》、《井》卦六爻備矣。斯井之廢也，泥而不食者幾何年？谷而射鮒者幾何年？茲何幸而井甃也？非井之所由興乎？其井洌而寒泉也，可以思公之持己也，冰蘗自失也。其井收而勿幕也，可以思公之及物也，施受兩忘也。今聖天子在上，公以井養不窮之心，著勞民勸相之績，佇見特膺寵擢。泰岱之雲，不崇朝而雨遍天下，豈特百里霑河潤已哉！王明用汲，並受其福，亶其然乎！公不朽，斯井亦不朽；井常存，公亦千載常存也已。爰取輿人之頌而題其額曰：王公井，亦猶韓公井、耿公井云爾。

公諱來碩，字餘清，山東長山縣人。是爲記。

康熙三十五年丙子。

（文見光緒《內黃縣志》卷十八《藝文志》。王偉）

御祭顓頊帝嚳陵文

【額題】御製祭文

　　維康熙三十五年歲次丙子，正月戊午朔，越二十七日甲申，皇帝遣日講官起居注、侍講學士加一級王九齡致祭於帝顓頊高陽氏、帝帝嚳高辛氏陵。曰：

　　自古帝王，繼天出治，道法兼隆，莫不慈惠嘉師，覃恩遐邇。朕恤民作，永期殷阜。邇年以來，郡縣水旱間告，年穀歉登。早夜孜孜，深切軫念。用是專遣秩祀，為民祈福，冀靈爽之默贊，溥樂利於群生。尚鑒精忱，俯垂歆格。

　　陪祭官太常寺七品筆帖式馬達劄、大名府滑縣知縣王求碩、縣丞陳紹、典史王甲、儒學教諭王作肅。

（碑存內黃縣顓頊帝嚳陵。王偉）

御祭顓頊帝嚳陵文

　　維康熙三十六年歲次丁丑，八月戊申朔，越三日庚戌，皇帝遣左侍郎加三級阿爾輝祭於顓頊高陽氏、帝嚳高辛氏之陵。曰：

　　自古帝王，受天景命，制治綏猷，必禁暴除殘，以乂安黎庶，緬懷往烈，道實同符。朕欽承帝祉，臨御九圍。茲以狡寇跳樑，親征漠北，廓清邊徼，永靖兵革，以與普天率土，勒育太和。敬遣專官，代將牲帛，昭告古先哲後，虔修禋祀，式彰安攘之模，用展景行之志。仰企明靈，俯垂鑒饗。

　　陪祭官太常寺七品筆帖式龔儲、大名府知府耿文岱、直隸大名府滑縣知縣王來碩、教諭王作肅、訓導姚憲虞、縣丞陳紹、主簿洪元懋、典史黨心卯。

　　生員劉五倫書丹。

（碑存內黃縣顓頊帝嚳陵。王偉）

御祭顓頊帝嚳陵文

【額題】御製祭文

　　維康熙肆拾貳年歲次癸未，肆月丙子朔，越初拾日乙酉，皇帝遣太僕寺卿勞之辨致祭於顓頊高陽氏、帝嚳高辛氏。曰：

　　自古帝王，繼天立極，出震承乾，莫不道洽寰區，仁周遐邇。朕欽承丕緒，撫馭兆民，思致時雍，常懍惕勵，歷茲四十餘載。今歲適屆五旬，宵旰兢兢，無敢暇逸，漸致民生康阜，世運昇平。頃因黃淮告成，親行巡歷，再授方略，善後是期。睹民志之歡忻，滋朕心之軫恤。迴回鑾馭，大沛恩膏。用遣專宮，敬修祀典，冀默贊郅隆之治，益宏仁壽之休。尚鑒精忱，俯垂昭格。

陪祭官整飭分巡大名道加三級下三公直隸大名府知府謝淳、太常寺八品筆帖式郭穆柏、滑縣知縣吳元止、縣丞虞卿、典史潘文瀚、儒學教諭鄭廷俊、訓導劉接武。

（碑存內黃縣顓頊帝嚳陵。王偉）

御祭顓頊帝嚳陵文

【額題】御製祭文

維康熙四十八年歲次己丑，五月庚午朔，越十日庚辰，皇帝遣經筵講官、內閣學士兼禮部侍郎仇兆鰲致祭於顓頊高陽氏、帝嚳高辛氏之陵。曰：

自古帝王，正位臨民，代有令德，是以享祀千秋，用昭鉅典。朕仰荷天庥，撫臨海宇，建立元良，歷三十餘載。不意忽見暴戾、狂易之疾。深惟祖宗洪業及萬邦民生，所係至重，不得已而有退廢之舉。嗣後漸次禮驗，當有此大事時，性生奸惡之徒，名庇邪黨，藉端構釁。朕覺其日後必成亂階，隨不時糾察，躬極始末。因而確知病原，皆由鎮壓，亟為除治。幸賴上天鑒佑，平復如初。朕比因此事，耗損心神，致成劇疾。皇太子晨夕左右，憂形於色，藥餌心親，寢膳必視。惟誠惟謹，歷久不渝。令德益昭，□基克荷？用是後正儲位，永固國本。特遣專官，敬申殷薦。尚饗。

陪祭官直隸大名府加三級俞品、署通判事滄州州判顓孫好賢、太常寺筆帖式何其聲、滑縣知縣虞卿、典史潘之瀚。

（碑存內黃縣顓頊帝嚳陵。王偉）

王氏祖塋碑

王氏家譜，山西洪洞縣棗林村，乃余家祖居地也。自永樂建於燕，高祖王、溫高祖母始遷於州西邢固村焉。相傳王、溫一家，按戶當差，所有田產地畝，溫氏居東，而王氏居西。二世祖王玉，於正德年間重修本村興國寺。三世祖王彥民，於隆慶年間重修焉。四世祖王守玉、五世祖王明、六世祖王世朝，於萬曆年間又重修焉。碩德累善，世世相繼，刊之於碑，彰彰可考。以及七世祖，家業浸昌，人丁漸庶，凡此皆祖宗功德有以致之也。追遠報本，故因河地有祖產地十餘畝，除分給外，積其所有餘者，置石一方，以志木本水源之恩，以溯其淵源。銘載祖德而不忘序其世係，以垂子孫，勿忘其本，勿紊其序，庶祖德永垂，而世其昌大矣。

薰沐撰書。

大清康熙六十年歲次辛丑孟月朔日立。

（碑存內黃縣六村鄉溫邢固村。王偉）

御製訓飭士子碑

清世宗

　　國家建立學校，原以興行教化，作育人材，典至渥也。朕臨御以來，隆重師儒，加意庠序。近復慎簡學使，釐剔弊端，務期風教修明，賢才蔚起，庶幾樸樕作人之意。乃比年士習未端，儒效罕著，雖因內外臣工奉行未能盡善，亦由爾諸生積錮已久，猝難改易之故也。茲特親製訓言，再加警飭，爾諸生其敬听之。從來學者，先立品行，次及文學、學術、事功，源委有敘。爾諸生幼聞庭訓，長列宮牆，朝夕誦讀，寧無講究？必也躬修實踐，砥礪廉隅，敦孝順以事親，秉忠貞以立志，窮經考業，勿雜荒誕之談；取友親師，悉化驕盈之氣。文章歸於醇雅，毋事浮華；軌度式於規繩，最防蕩軼。子衿佻達，自昔所議。苟行止有虧，雖讀書何益？若夫宅心不淑，行己多愆，或蜚語流言，脅制官長；或隱糧包訟，出入公門；或唆撥姦猾，欺孤凌弱；或招呼朋類，結社邀盟。乃如之人，名教不容，鄉黨不齒，縱幸脫褦扑，濫竊章縫，返之於衷，寧無愧乎？況鄉會科名，乃掄才大典，關係尤鉅。士子果有實學，何患困不逢年。顧乃標榜虛名，暗通聲氣，貪緣詭遇，罔顧身家。又或改竄鄉貫，希圖進取，囂凌騰沸，網利營私，種種弊端，深可痛恨。且夫士子出身之始，尤貴以正。若茲厥初拜獻，業已作姦犯科，則異時敗檢踰閑，何所不至，又安望其所公持正，為國家宣猷樹績，膺後先疏附之選哉？朕用嘉惠爾等，故不禁反復惓惓。茲訓言頒到，爾等務共體朕心，恪遵名訓，一切痛加改省，爭自濯磨，積行勤學，以圖上進。國家三年登造，束帛弓旌，不特爾身有榮，即爾祖父亦增光寵矣！逢時得志，寧俟他求哉。若仍視為具文，玩愒勿儆，毀方躍冶，暴棄自甘，則是爾等冥頑無知，終不能率教也。既負栽培，復干咎戾。王章具在，朕亦不能為爾等寬矣。自茲以往，內而國學，外而直省鄉校，凡學臣師長，皆有司鐸之責者，並宜傳集諸生，多方董勸，以副朕懷。否則，職業勿修，咎亦難逭，勿謂朕言之不豫也。爾多士尚敬聽之哉！

　　雍正四年。

（文見光緒《內黃縣志》卷首《詔旨》。王偉）

新建義學記

同知李光型

　　余與聖巖陳君同官鄴下，聖巖為內黃令，每過郡，職事之外，尚有問學之講，昕夕弗去。

　　一日，移書與予曰："邑舊存有義學，地甚窄，欲因其地而新之，俱不足以容生徒，而鼓其來學之氣。故擇地於城之東南隅有所謂遽公祠者，不特視昔之規撫廣衍，而辨其方位據向，亦為良焉。"迺與邑之紳士張君允煓、黃君之衡謀治之。凡二十四椽，環之為垣，樹之為門，自講堂、書室、廚舍、游息之處，莫不具備。至於器用之需，皆有以供之，而一無所缺。令既捐金，營費不動於民，而士之好義者亦樂輸以助令。且欲得其觀壯而澤遠，故令尤樂與士共成之。營始於雍正十二年三月初三日，落成於十三年十月二十日。士皆峩峩峩然其冠，于于然來矣。茲將慎擇其師以主教事，屬予為記之。

余惟陳君之蒞內黃未及二載，善政為多，首捐俸教民樹藝，勤勤款款，以仰副今制憲王公先務足民教令；次則急於立學，以為育材之地。陳君於治可謂能得其本務矣。余聞之，古之教者，家有塾，黨有庠，鄉有序，國有學，所謂學校，至不一也。然惟國學有司樂、司成以主教事，而州閭鄉黨之學，則未聞有司職教之任者。及考《周禮·地官》，黨正各掌其黨之政令教治，孟月屬民而讀法，祭祀則以禮屬民。州長掌其州之教治政令，考其德行道藝，糾其過惡而勸戒之。然後，知黨正即一黨之師也。州長即一州之師也。以至下之為比長閭胥，上之為鄉遂大夫，莫不皆然。蓋古之為吏者，其德行道藝，皆足以為人之師表；故發政施令，無非教也。則今之郡守縣令，所以治民，非兼以教民也哉？邑之人何幸有德行道藝之表率為之依歸；而又喜是學之新建，有以豁其耳目；器之畢具，有以適其身體，為之擇師，而教以聖賢為學之方；使之優遊涵泳于燕閒之地，而後其業可專，而學可期於成也。

昔文翁在蜀，相如為之師；退之在潮，趙德司其教。陳君設誠聘延名宿之彥，吾知學問道德之感召，必有其人能明聖人為學之旨，以全體大為教，而不徒在於帖括文詞之末已也。其如相如、趙德之倫，與文翁、退之共弼其教，而日相與以有成乎！抑余聞邊公乃古之賢大夫，夫子與之為友。諸士列其門牆，覘其衣冠，思其好學寡過之心，千載下當有睪然遠望，而感慕乎中，以為奕世之師可也。

雍正十三年十月。

（文見光緒《內黃縣志》卷十八《藝文志》。王偉）

御祭顓頊帝嚳陵文[1]

【額題】御製祭文

維雍正十三年歲次乙卯，十二月乙丑朔，越十二日丁丑，皇帝遣詹事府詹事覺羅吳琴致祭於顓頊高陽氏、帝嚳高辛氏之陵。曰：

禮崇典祀，光俎豆於前徽；念切景行，薦馨香於往哲。維二帝繼天建極，撫世誠民，豐功焜耀於簡編，駿烈昭垂於宇宙。溯典型於在昔，凜濂監之常存。朕以藐躬，繼登大寶，屬膺圖之伊始，宜展祀以告虔。特遣專官，祗遵彝典。苾芬在列，備三獻之隆儀；靈爽式

---

[1] 民國《重修滑縣志·滑縣藝文錄》卷八加按：雍正祭文，為登極致祭之典禮。至嘉慶祭文，為皇上萬壽。又道光祭文，為皇太後萬壽。陵前三碑現今具存。因此三文典禮不同，故並收錄。

憑，仰千秋之明德。尚其歆格，永錫鴻禧。謹告。

太常寺三品筆帖式崔□。

陪祭官河南分守河北兵備道管彰衛懷三府布政使司參政馬□□、衛輝府知府趙之坊、滑縣知縣譚春光、縣丞董箴、教諭穀旦、巡檢李釗、訓導王君爵、典史□□□。

大清乾隆元年歲次丙辰正月吉旦恭鐫。

（碑存內黃縣顓頊帝嚳陵。王偉）

御祭顓頊帝嚳陵文

【額題】御製祭文

維乾隆二年歲次丁巳，七月朔丁亥，越十二月丁酉，皇帝遣內閣學士兼禮部侍郎雙喜致祭於顓頊高陽氏、帝嚳高辛氏之陵。曰：

自古帝王，憲天出治，建極綏猷，德澤洽于萬方，軌範昭於百世。朕纘承鴻緒，景仰前徽。茲於乾隆二年四月十六日，恭奉世宗敬天昌運、建中表正、文武英明、寬仁信毅、大孝至誠憲皇帝主配饗圜丘禮成。特遣專官，虔申昭告。惟冀永佑雍熙之盛，益昭安阜之隆。庶鑒精誠，尚其歆格。

監禮官太常寺衙門筆帖式加三級薩合泰。

陪祭官河南布政使司分守糧驛鹽道按察使司□事叔璈、衛輝府知府趙世勳、滑縣知縣譚春光、縣丞董箴、教諭穀旦、巡檢李釗、訓導王君爵。

大清乾隆二年歲次丁巳八月吉旦。恭鐫。

（碑存內黃縣顓頊帝嚳陵。王偉）

皇明始祖溫公諱整祖妣葛氏墓碑

皇明始祖溫公諱整祖妣葛氏墓碑
大清乾隆九年十月穀旦。

（碑存內黃縣六村鄉溫刑固村。王興亞）

御祭顓頊帝嚳陵文

【額題】御祭碑文

維乾隆十四年歲次己巳，六月丁丑朔，越十二日戊子，皇帝遣太僕寺少卿朱士極致祭於顓頊高陽氏、帝嚳高辛氏陵。曰：

惟帝王繼天建極，撫世綏猷。教孝莫先於事親，治內必兼於安外。典型在望，緬懷至德要道之歸；景慕維殷，心希武烈文謨之盛。茲以邊徼敉寧，中宮攝位，慈寧晉號，慶洽神人。敬遣專官，用申殷仰。惟祈歆格，永錫鴻禧。

太常寺筆帖式奇拉渾。

陪祭官河南布政使司參政分守彰德衛懷三府兼管河北河務水利兵備道加五級胡□署衛輝府知府覺羅西銘、滑縣知縣田天錫、巡檢劉天祿、教諭劉以義、典史陳紹光、訓導陶正輝。

大清乾隆十四年歲次己巳七月□日恭鐫。

（碑存內黃縣顓頊帝嚳陵。王偉）

御祭顓頊帝嚳陵文

【額題】御祭碑文

維乾隆十七年歲次壬申，正月初一日癸亥朔，越二十三日乙酉，皇帝遣侍讀學士圖山致祭於顓頊高陽氏、帝嚳高辛氏之陵。曰：

惟帝王繼天作極，受籙承麻。教孝莫先於事親，斂福用光乎繼治。是彝是訓，緬惟至德要道之歸。壽圖壽人，允懷錫類推恩之盛。茲以慈寧萬壽，懋舉鴻儀，敬晉徽稱，神人慶洽。爰申殷薦，特遣專官。冀鑒茲忱，永綏多福。[1]

大清乾隆十七年歲次壬申正月□日恭鐫。

（碑存內黃縣顓頊帝嚳陵。王偉）

重修城隍前殿後寢記

邑人進士王克勤

《泰》之上六曰城，曰隍，地之也，非神之也。其神之，何也？曰："即其地以神之也。"夫天下之地多矣，其別無，即其地以神之者乎？曰"有"。山川、社稷皆地也，當皆奉以神。然壇而不廟，獨城隍既神之而復廟之，何也？曰："爲其近民，不可以不廟之也。"曰："否，否。"夫近民之神，曰奧，曰竈，豈不伊邇，何以不廟？曰："爲其近民，而福善禍淫，靈應不爽，足以鼓天下於悔過遷善之路而不知倦，如是則神之也亦宜，則廟之也亦宜。"乃廟之矣，而復寢之者何？曰："此古制也。"古人之制，前曰廟，後曰寢。廟，尊之也。寢，親之也。夫既尊之而復親之，或云媚甚，亦云褻甚。曰："非爲媚且褻而寢之也。"聞之《記》曰：諸不在祀典者，曰淫祀。凡有功於民者，則在祀典。夫西天如來、東嶽碧霞與夫《封神》書所謂元君、真君者，果列何典？尚皆廟之而復寢之。矧大巍巍稚堞，蕩蕩深塹，日護衛夫斯民者哉！然則其記之也奈何？曰："有前任萬父母始欲修之，未立而去。既而闔邑人等共力合成，煥然改觀。始於乾隆十九年正月，落成於乾隆二十年七月。自首事至於隨心佈施者，不下數十百人焉。不可以不記，君子謂之不沒人善。"嗚呼！廟則

---

[1] 陪祭官職務姓名，字多模糊不清。

猶是也，寢則猶是也，而金碧輝煌則加進矣。

時在乾隆二十年歲次乙亥秋七月。

（文見民國《内黃縣志》卷十二《藝文志》。王偉）

御祭顓頊帝嚳陵文

【額題】御祭帝陵文碑

維乾隆二十四年歲次己卯，十二月丁丑朔，越二十有九日，皇帝遣通政使司通政孫灝致祭於帝顓頊高陽氏、帝帝嚳高辛氏。曰：

朕惟帝王，建極綏猷。經緯文武，誕敷德教。仁義備其漸摩，克詰戎兵，聲靈彰其赫濯。惟恩養之兼濟，先後道本同符。斯命計之。昭垂今古，功歸一軌。茲以西帥克捷，回部蕩平。緬駿烈於前型，敷奏其勇；遠祖征於絕域，遹觀厥成。中外歡騰，神人協慶。專官肅祀，昭鑒惟歆。

太常寺筆帖式神速格。

陪祭官河南分守彰衛懷三府兼管河北河務水利兵備道加四級紀錄五次吳虎炳、河南衛輝府知府加二級紀錄四次蘇春寧、滑縣知縣加三級紀錄記大功二次呂文光、執事官衛輝府儒學教諭季佩、滑縣儒學教諭高居敬、訓導邵籍、巡檢王源、典史陳紹光。

大清乾隆二十五年正月穀旦鑴石。

（碑存内黃縣顓頊帝嚳陵。王偉）

原安等九里士民感恩碑記

【額題】流芳百世

滑邑東北隅六十里，有顓頊、帝嚳陵寢。自大唐立廟以來，國有大慶，即隆祀事。歷代如斯，迄今未艾。然當祀事肇舉，所需夫役車馬，皆原安等九里士民承辦。至於官廳更夫、鍋甕、槽鍘，左右六莊照管，雖非軍需，亦屬皇差。以故一切雜差，概行蠲免。上下數百年間，未聞有一地兩役也。至若修□支費，俱係公項開銷，并九里民派辦。煌煌鉅典，於今為烈。時值乾隆三十七年，恭逢聖天子恩祀大典，蒙特授河南分守彰、衛、懷三府兼管水利河北河務、兵備道、軍功加一級紀錄七次朱大老爺，又蒙特授衛輝府正堂加一級隨帶又加二級軍功加一級紀錄四次陸大老爺，又蒙特調滑縣正堂軍功加一級隨帶又加二級紀錄八次記功五次楊大老爺，惟恐舊制漸湮，新制漸作，虔勤恤民隱之志，飭興利除害之條，使祭費依然公出，雜差仍舊豁免，由是朝廷祀典千載如故，小民蒙福百代如新。《詩》云："樂只君子，民之父母。"其斯之謂與。既蒙深恩，自應崇九里士民，因將革弊年月勒石，以垂不朽云。

乾隆肆拾年歲次乙未九月二十伍日吉旦。

迎陽里、蔡胡里、大城里、原安里、長均里、白毛里、高陽里、魏家里、牡丹里、九里士民仝叩立。

（碑存內黃縣顓頊帝嚳陵。王偉）

御祭顓頊帝嚳陵文

【額題】御製祝文

維乾隆五十年歲次乙巳，三月庚辰朔，越三日壬子，皇帝遣禮部左侍郎莊存與致祭於顓頊高陽氏、帝嚳高辛氏之陵寢。曰：

惟帝體元贊化，建極綏猷。澤被生民，勳垂奕世。簡編明備，累朝之治法相傳；弓劍留藏，千載之英靈如在。茲當鴻圖錫羨，風紀增綿。懋舉崇儀，特申昭告。緬當日之膺圖受籙，每深景仰之忱；撫此時之集嘏凝禧，彌切祗寅之念。冀佑郅隆之運，永貽仁壽之麻。式薦精禋，惟祈鑒格。

臣滑縣知縣黎溶、教諭安淮、訓導劉培和、巡檢肖鵬振、典史婁澄敬謹恭勒。

（碑存內黃縣顓頊帝嚳陵。王偉）

御祭顓頊帝嚳陵文

【額題】御製祭文

維乾隆五十五年歲次庚戌，三月辛巳朔，越八日戊子，皇帝遣內閣學士傅林灝致祭於顓頊高陽氏、帝嚳高辛氏之陵。曰：

惟帝膺圖撫運，建極宜民。澤洽當時，聲教動寰瀛之慕；聲垂奕世，典章昭方冊之貽。思英爽以長存，秩春秋而匪懈。茲以朕八旬展慶，萬國臚歡。懋舉崇儀，特申昭告。荷蕃釐於昊緯，益緬皇春帝夏之隆；仰景行於前朝，倍殷夕惕朝乾之志。尚祈來格，鑒此惟馨。

陪祭官分守河北道唐倚陞、衛輝府知府德昌、滑縣知縣陳堯官、巡檢韓善慶、教諭常洽、典史鄭德潤、訓導宋聖謙恭鐫。

（碑存內黃縣顓頊帝嚳陵。王偉）

馬氏先塋碑

木有本兮根深而葉茂，水有源兮淵源而流長。祖宗之功德既懋，則子孫之支派宜繁。憶我祖居宏［洪］通［洞］縣，村名標崗，自大明始遷內邑，事難盡述。是衆莫知之前，故弗傳於後耳。言念及此，每不勝悼悲傷心，感慨係之矣。我高曾祖勤儉著，其命億耕耨治厥恆產，凡我後人，孰不服先疇食舊德哉！使無所志，念卒盡耳，於心忍乎。今也樹碑傳之後世，俾子子孫孫觸目驚心，孝思彌篤焉。是為記。

邑庠生馬漢撰文並書丹。

乾隆六十年秋九月念五日立。

（碑存內黃縣東莊鄉西臺頭村。王偉）

始祖戴子成馬子才之墓碑[1]

【碑陽】

【額題】戴馬同墓

公始籍洪洞，至明洪武時，始遷小槐林村。後裔孫戴玉全、戴宗武、戴宗舜、戴聚、戴宗明、戴國興、戴宗禹、戴宗文、戴鳳朝。

始祖戴子成馬子才之墓

後裔孫馬天儒、馬檜、馬嘉選、馬煥、馬嘉賢、馬嘉俊、馬嘉祥、馬文運、馬文友、馬文平、馬文白、馬國興、馬嘉增、馬太元、馬會林。

後裔孫邑庠生馬書筆。

皇清嘉慶拾年歲次乙丑春三月二十日。

（文見內黃縣二安鄉小槐林村。王偉）

墳會記碑文

嘗曰思水源木本，上下有同情；報本追遠，古今止一理。是知尊宗敬祖，洵子孫本分事也。矧吾祖神化莫測，功德靡涯哉！自吾幼時，在宗族鄉黨間，往往於父老間言，吾祖所為類皆出人意表，如西山饋食，通州納豆，具功德為何如也。以故後裔感春露而悽愴，履秋霜而怵惕。按時祭享，未之或缺。迨乾隆末年，祭庚頻呼而其事遂湮。近余于伯兄檜、族兄文平、戴族玉全等約會族間，咸孝思族。春秋時，蔬果交羅，馨香畢焉，少長咸集，昭穆悉至，洞洞屬屬，匆匆其享之，將見上風下效，有開必繼無幾哉。後之子孫，均念水源木本之誼，咸切報本追遠之情，承承繼繼，萬世莫替。宗功祖德，昭茲來許。是尤余之所厚望也夫。是為序。

計開合會姓名于左。

後裔孫邑庠生馬書撰並書。

戴玉全、戴宗聖、戴宗文、戴宗明、戴國興、戴治朝、戴中朝、戴進朝、戴鳳朝、戴

---

[1] 該碑亭前左右兩旁分別為《馬氏祖塋碑記》和《墳會記碑》。

守朝、戴繼曾、馬天儒、馬檜、馬文白、馬文平、馬森、馬文友、馬煥、馬嘉賢、馬嘉俊、馬國興、馬嘉祥、馬嘉增、馬嘉選、馬嘉善、馬太原、馬惠林。

皇清嘉慶十年春三月戊申穀旦建立。

（碑存內黃縣二安鄉小槐林村。王偉）

御祭顓頊帝嚳陵文

【額題】御祭碑文

維嘉慶十四年歲次己巳，二月辛卯朔，越祭日戊午，皇帝遣理藩院右侍郎策丹致祭於顓頊高陽氏、帝嚳高辛氏二帝陵之前。曰：

握符御宇，徵一心一德之傳；建極宜民，差百王百世之等。惟帝王肇開鼎祚，遞席蘿圖。統元會以循環，書典謨而合揆。溯高廟寅承祖志，睿明窺升降之原。撫朕躬式纘丕基，治法契登咸之蘊。茲以陳疇錫慶，合寓臚歡。際重熙累洽之期，大衍之數五十。緬駿德豐功之辟，古史之紀廿三。昔年像展南薰，聞見本通乎禮樂；此□心齋左个，馨香佇洽乎人天。用薦景蕃，特申昭告。山陵不遠，尊俎宜歆。

陪祭官署衛輝府事懷慶府通判李三奇、滑縣知縣谷芳桂、教諭呂秉鈞、訓導李意、典史□□。

巡檢劉斌。

齎香帛官太常寺筆帖式何世誠。

（碑存內黃縣顓頊帝嚳陵。王偉）

御祭顓頊帝嚳陵文

【額題】御製祭文

維嘉慶二十四年歲次己卯，二月癸亥朔，越祭日辛卯，皇帝遣都察院右副都御史韓鼎晉致祭於顓頊高陽氏、帝嚳高辛氏之神。曰：

惟王肇握乾符，遞承太笈。制禮作樂，垂明備於簡編；騰茂蜚英，留聲靈於弓劍。茲以朕躬逢六秩，歡洽萬方。周甲籙以提厘，萃壬林而錫福。知其政，知其德，迄今欽治統之隆；作之君，作之師，稽古荷心傳賜。憶五旬之介祉，曾薦維馨；閱十載以升香，用昭有格。伏祈歆格，虞奉精禋。

陪祭官衛輝府知府王世臣、滑縣知縣張兆安、教諭趙謹、巡檢張燧、都司彭永吉、訓導馮文在、典史霍瑞蘋。滑濬分縣汪兆椿、齎香帛筆帖式世祿。

嘉慶二十二年二月。

（碑存內黃縣顓頊帝嚳陵。王偉）

顓頊陵

顓頊陵
清嘉慶二十四年滑縣知縣張兆安敬立。

（碑存內黃縣顓頊陵。王偉）

御祭顓頊帝嚳陵文

【額題】御製祭文

維嘉慶二十五年歲次庚辰，十二月癸未朔，越十八日庚子，皇帝遣河南河北總兵官西哩德克巴圖魯馬濟勝致祭於顓頊高陽氏、帝嚳高辛氏之神。曰：

功存宇宙，留百世之松楸；德在山河，有兩楹之俎豆。興懷往烈，肅奉精禋。朕纘承大統至今，日宵衣旰食，競業方殷。念古來帝緒王猷，典型不遠。既切景行之慕，宜修秩祀之文。敬遣祀官，虔申禮奠。睠藏弓之有地，邈矣風徽；問宰木以何年，佳哉蔥鬱。神其祐享，福我寰區。

欽加道銜陪祭官衛輝府知府熊開陽、都恒彭永吉、欽加同知銜滑縣知縣張兆安、教諭李貽楷、訓導馮文在、滑濬分縣汪兆椿。

嘉慶二十五年十二月。

（碑存內黃縣顓頊帝嚳陵。王偉）

御祭顓頊帝嚳陵文

【額題】御祭祝文

維道光元年歲次辛巳，七月己酉朔，越二十八日丙子。皇帝遣河南河北鎮總兵段琨致祭於顓頊高陽氏、帝嚳高辛氏之神。曰：

心源遞衍，球圖燦御世之謨；祀典常昭，俎豆肅侑神之禮。惟致治莫先稽古，斯率初宜重升香。朕纘紹丕基，奠崇先烈，廿五載神功聖德，聿符峻極於瑤壇。四千年帝緒王猷，遙企遺徽於玉檢。茲以道光元年四月初六日，恭奉仁宗受天興運敷化綏猷崇文經武孝恭勤儉端敏英哲睿皇帝主配享圜丘禮成，特遣專官，敬申昭告。累葉睠松楸之蔭；往績殷懷；兩楹薦黍稷之馨，懋儀再舉。式攄誠悃，庶格精禋。

欽加道銜衛輝府知府陪祭官熊開陽、教諭吳貽楷、調署衛輝府縣事封邱縣知縣馬祭表、訓導馮文在、都司彭永吉、巡檢張熾、滑濬縣丞汪兆椿、典史霍瑞蘋。

（碑存內黃縣顓頊帝嚳陵。王偉）

御祭顓頊帝嚳陵文

【額題】御祭祝文

維道光九年歲次己丑，二月乙丑朔，越初三日丁卯。皇帝遣河南河北鎮總兵官帶尋常紀錄三次楊明魁致祭於顓頊高陽氏、帝嚳高辛氏之神前。曰：

惟帝王治奉三無，功彰九伐。詰戎兵而肄武，駿烈綏戡；揚弧矢以宣威，鴻獸震疊。茲以凶酋剪滅，疆土孟安。昭耆定於極邊，共覘一道同風之盛；緬聲靈於列代，益著萬方向化之庥。敬存馨香，伏祈昭鑒。

陪祭官衛輝府知府廖文錦、教諭張玉華、巡檢張熾、滑縣知縣胡天培、訓導周文中、典史祝登瀛、滑濬管營都司王兆林、署縣丞俞邦績。

道光九年二月日敬謹刻石。

（碑存內黃縣顓頊帝嚳陵。王偉）

御祭顓頊帝嚳陵文

【額題】御祭祝文

維道光十六年歲次丙申，二月辛卯朔，越二十三日丙子，皇帝遣河南河北鎮總兵謝奎章致祭於顓頊高陽氏、帝嚳高辛氏陵前。曰：

惟帝王膺圖御宇，握鏡臨宸。澤被黃輿，勳垂青史。羹牆不遠，仰皇煌帝諦之模；俎豆常新，昭崇德報功之典。茲以慈宮萬壽，懋舉上儀，敬晉徽稱，神人慶洽。天經地義，紹百王郅治之馨香；日升月恒，申億載無疆之頌祝。彝章式敘，祀事攸隆。致蠲潔以明虔，庶神靈之歆格。

欽差承祭官河南河北鎮總兵謝奎章。

陪祭官河南衛輝府知府耿省修、知州銜滑縣知縣婁內、執事官滑縣教諭張玉华、訓導陳光湄，滑濬縣丞劉廷誥、巡检姚敷、典史祝登瀛。

道光十六年二月。

（碑存內黃縣顓頊帝嚳陵。王偉）

御祭顓頊帝嚳陵文

道光二十六年月日，皇帝遣河南河北鎮總兵官德建致祭於顓頊高陽氏、帝嚳高辛氏二帝陵前。曰：

惟帝秉乾握紀，御籙登樞，璣鏡呈儀，瑤華垂範。羹牆如見，竭高山景仰之誠；黍稷咸登，昭明德馨香之報。茲以慈宮萬壽，懋舉上儀，敬晉徽稱，神人慶洽。萬年有道，永垂郅治之鴻猷；百福來同，用協吉蠲之燕饗。綜靈囊而肇祀，陳秀簋以致虔。鑒此誠祈，庶其歆格。

（文見劉保才《顓頊帝嚳陵》。王偉）

御祭顓頊帝嚳陵文

【額題】御祭祝文

　　維道光三十年歲次庚戌，四月癸亥朔，越祭日壬午，皇帝遣河南南陽鎮總兵圖塔布致祭於帝顓頊高陽氏、帝嚳高辛氏神位前。曰：

　　功昭宇宙，千秋之明德惟馨；祀展陵園，曠代之隆儀備舉。緬懷前烈，敬奉精禋。朕以藐躬，繼登大寶。念天命民碞之可畏，夙夜不遑；開皇煌帝諦之同符，典型未遠。肅將享禮，特遣專官。靈爽長存，彌切景行之慕；馨香斯薦，用申昭告之誠。惟冀來歆，福茲億兆。

　　欽差承祭官河南南陽鎮總兵官圖塔布。

　　陪祭官河南候補道署衛輝府知府馮光奎、衛輝府滑縣知縣徐士琦、執事官滑縣教諭羅萬九、縣丞王寶德、訓導白承卿、巡史張俊卿、典史王琢。

（碑存內黃縣顓頊帝嚳陵。王偉）

常小汪等村豁減銀糧碑記

　　內邑常小汪等十八村，飛沙流行，田園荒蕪，五穀不生，百姓俱困。此則課民生之所失也。豈非淺顯！幸有尚書義、張殿臣、白進善、常清等各村繪圖稟明，以求豁減銀糧。咸豐二三年間，已蒙保大老爺批准勘驗，尚未詳辦。後有萬大老爺至任，採訪利弊，知有此沙壓地畝銀未除，遂傳示曰："地被沙壓，國課未完，甚有死亡逃户，累及地保人等，成為地方大害。縣不忍坐視。"於是，將十八村莊地應完錢糧課米，據實詳巡撫部院，蒙英大人德政，批准豁減。知恩。恐自投請無由，謹此勒石，以永垂不朽云爾。

　　同事村：高王尉、尚小屯、咀頭、常小汪、丁莊、五里店、工村、杜莊、董莊、李小汪、北王莊、東長園、王思莊、何莊、宛莊、東關村、高堤村、大黃灘。

　　首事人[1]

　　大清咸豐元年梅月念四日穀旦。

（碑存內黃縣尚小屯村。王偉）

---

[1] 字模糊不清。

御祭顓頊帝嚳陵文

【額題】御祭祝文

　　維咸豐二年歲次壬子，庚戌月戊申朔，越辛亥日。皇帝遣河南南陽鎮總兵霍隆武保致祭於顓頊高陽氏、帝嚳高辛氏神位前。曰：

　　淵源遞衍，前型昭方策之貽；緒相承，明德肅苾芬之祀。緬英靈之如在，稽彝典之宜遵。朕寅紹丕基，尊崇先烈。神功聖德，深翼載者萬方；帝緒王猷，紹心傳於百世。茲於咸豐二年四月初三日，恭奉宗效天符運立中體正至文聖武智勇仁慈儉勤孝敏成皇帝主配享圜丘禮成，特遣專官，虔申昭告。瞻松楸之庇蔭，往績殷懷；黍稷之馨香，明禋懋舉。尚其歆格，鑒此精誠。

　　欽差承祭官河南南陽鎮總兵霍隆武。

　　陪祭官河南衛輝府知府張維翰、知州衛滑縣知縣張廷璽。

　　執事官滑縣教諭風萬九、訓導王寶德、滑濬縣丞白丞卿、巡檢張俊謙、典史王琢。

（碑存內黃縣顓頊帝嚳陵。王偉）

六世祖高公諱文星字光華配太君之墓

　　余自戊申歲棄官為商，日遊河濱，與高生名魁者相友善。父印鳳嘗與余言，欲修家廟而力不足，有墳樹二株易錢十，不私用，亦不均分，乃于祖墓買石立碑。馬清文於云，義不容辭，遂為之序。聞之為善者昌，若高氏之居臺自頭也數百年矣，祖之功德已不考，至於生之六世祖諱文星，字光華。公有一子一孫，有曾孫三人，嗣後六七世，如瓜之綿，如椒之衍，其間學武士巍然挺生，皆公厚德之所致也。余嘗遊於是村，西北隅見有葬處，塋之所向，朝衛水、映恒山。東南一帶，茂林蔭密森，不忍處去，憶公厚德之徵也。人傑地靈之說，其在是乎？不禁信口而歌曰：恒山蒼蒼，衛水茫茫。先生之德，山高水長。是為志。

　　大清咸豐二年七月初十日穀旦。

　　增生蘭生華撰文。

　　附生馬雲書丹。

　　奉祀孫允義、成風、允合、桂美、書法、魁英、鏡榜、榮棟、玉寶、富海同建立。

（碑存內黃縣西臺頭村高氏祠。王偉）

明故始祖王二老暨配祖母之墓

　　大清國直隸大名府開州西六十里薛化莊後化村居住。始祖原籍山西太原府洪洞縣人氏。

自永樂二年遷居於此，至康熙二十六年始建碑記，迄今四百餘年。舊碑損壞，我後世子孫赴墳祭祖，目擊心傷，念□□之纖微祖功將泯□，故謁之。依稀宗德堪述，於是，重修碑一□□□人之靈魂有所享，亦以使後人之祭祀有其基耳。是為志。生一子名貴。

合族公立。

咸豐七年十月初一日。

（碑存內黃縣六村鄉後化村。王偉）

御祭顓頊帝嚳陵文

【額題】御祭祝文

維咸豐十年歲次庚申，六月癸亥朔，越祭日丙戌。皇帝遣河南歸德鎮總兵慶文致祭於顓頊高陽氏、帝嚳高辛氏神位前。曰：

膺圖撫運，創垂之統緒常昭；錫福誠民，嬗易而後先合揆。維帝肇開鼎祚，遞握乾符。典章窺製作之精，聲教永漸摩之澤。緬先民之矩矱，方策如新；奉累禩之馨香，羹牆可接。茲以朕三旬介祉，九寓臚歡。敷惠閭於遐區，企儀型於往哲。薪傳遙溯，益欽百世之隆規；禴合告虔，庶迓萬年之禔福。載陳芬苾，尚冀歆依。

欽差承祭官河南歸德鎮總兵官慶文。

陪祭官河南衛輝府知府何懷修、即補分府調補滑縣知縣徐振瀛。

執事官滑縣教諭張发揚、訓導韋對揚、滑濬縣丞陳秉信、巡檢王之珍、典史韓京周。

（碑存內黃縣顓頊帝嚳陵。王偉）

御祭顓頊帝嚳陵文

【額題】御祭祝文

維同治元年歲次壬戌，四月癸丑朔，越祭日壬申。皇帝遣河南城守尉富保致祭於顓頊高陽氏、帝嚳高辛氏神位前。曰：

寶籙斟元，奉三無以出治；璿璣協瑞，禪千聖以同符。惟帝保太垂模，乘乾握紀。在昔顯庸致治，早啟後人祖述之思；於今偉烈豐功，猶隆明德馨香之報。朕幼沖繼序，焭疚承基。惕艱大之遺投，奉典謨為法守。一二日事幾競業，方廑集蓼於當躬；四千年治法欽承，尚冀傳薪于先哲。爰稽彝典，虔奉精禋。道契羹牆，彌切憲章之念；儀陳鼎俎，用申昭告之誠。惟冀來歆，福茲億兆。

陪祭官花翎道銜署衛輝府知府厲文焯、花翎運同銜直隸州用調署衛輝府滑縣縣事、西平縣知縣姚詩雅、滿族祝官五品銜藍翎驍騎校福倫布、六□［品］頂戴筆帖式和隆武、漢讀祝官滑縣教諭張發揚、滑縣復設訓導韋對揚、獻帛官知縣用滑濬縣丞陳秉信。

司香官滑縣老安鎮巡檢王之珍。

捧爵官六品頂戴署滑縣典史劉和敷。

（碑存內黃縣顓頊帝嚳陵。王偉）

御祭顓頊帝嚳陵文

【額題】御祭祝文

維同治十二年歲次癸酉，十月丙子朔，越祭日癸未。皇帝遣河南河北鎮總兵崔廷桂致祭於顓頊高陽氏、帝嚳高辛氏神位前。曰：

寶籙斠元，奉三無以出治；璿璣協瑞，禪千聖以同符。惟帝保太垂模，乘乾握紀。在昔顯庸致治，早啓後人祖述之思；於今偉烈豐功，猶隆明德馨香之報。朕幼冲繼序，煢疚承基，惕艱大之遺投，奉典謨爲法守。一二日事幾兢業，方廑集蓼於當躬；四千年治法欽承，尚冀傳薪于先哲。爰稽彝典，虔奉精禋。道契羹牆，彌切憲章之念；儀陳鼎俎，用申昭告之誠。惟冀來歆，福茲億兆。

欽差承差官河南河北鎮總兵官崔廷桂。

陪祭官河南衛輝府知府來秀、滑縣知縣柳祖彝。

執事官滑縣教諭郭景泰、滑縣訓導李東暘、滑濬縣丞黃長春、巡檢□文俊、典史張應淇。

（碑存內黃縣顓頊帝嚳陵。王偉）

御祭顓頊帝嚳陵文

維光緒元年歲次乙亥，五月丁酉朔，越祭日甲寅。皇帝遣河南河北總兵崔廷桂致祭於顓頊高陽氏、帝嚳高辛氏神位前。曰：

光照宇宙，千秋之明德惟馨；祀展陵園，曠代之隆儀備舉。緬懷前烈，敬奉精禋。朕以藐躬，繼登大寶。念天命民碞之可畏，夙夜不遑；思皇煌帝諦之同符，典型未遠。肅將享禮，特遣專官。靈爽長存，彌切景行之慕；馨香斯薦，用申昭告之誠。惟冀來歆，福茲億兆。

欽差承祭官河南河北鎮總兵官趙鴻舉。

陪祭官河南衛輝府知府李德鈞、署理滑縣知縣張鑒堂。

執事官署理滑縣教諭慕玉相、滑縣訓導李東暘、滑濬縣丞黃長春、署巡檢傅潤梅、典史張應淇。

（碑存內黃縣顓頊帝嚳陵。王偉）

始祖考常公諱秉彝祖妣陽氏太君墓碑

【額題】萬古流芳

【碑聯】

星斗芒寒先人墓

風雷友護祖宗碑

前明永樂二年自山西洪洞縣遷於開州西前化村。

始祖考常公諱秉彝祖妣陽氏太君之墓

十六世孫後德，十四世孫法孔，十二世孫□□暨合族立。

大清光緒三年二月二十二日奉祀。

（碑存內黃縣六村鄉前化村。王興亞）

御祭顓頊帝嚳陵文

【額題】千秋盛典

維光緒十三年歲次丁亥，八月己酉朔，越十四日戊戌。皇帝遣河南歸德鎮總兵牛師韓致祭於顓頊高陽氏、帝嚳高辛氏神位前。曰：

惟帝剏元建極，撫世誠民。百代之神靈如在，顯謨懿鑠，千秋之統緒相承。稽方策以常新，秩春秋而匪懈。朕藐躬嗣服，庶政親裁。特遣專官，虔申昭告。播麻聲於後世，益勉皇煌帝諦之隆；仰景行於前朝，敢忘旰衣宵食之意。羹牆默契，俎豆之陳。庶鑒精誠，來格享祀。

欽差承祭官頭品頂戴記名提督河南歸德鎮總兵牛師韓。

陪祭官候補道衛輝府知府陳希謙、同知銜調署滑縣事柘城縣知縣余嘉谷。

執事官滑縣教諭李應春、署訓導袁桂、同知銜在任候選知縣滑滸縣丞汪逢辰、代理巡檢候補府照磨邵令阜、典史孫茂梧。

候補巡檢王瑞田書丹。

石工鄭朝彥刊。

光緒十三年八月十四日立。

（碑存內黃縣顓頊帝嚳陵。王偉）

重修蘧公祠記

邑人光緒丁酉拔貢孔憲虞

古來賢人君子其芳型足爲楷模，往往經數十百世，馨香勿替，況在故里鄉邦有爲其後裔者乎！先賢蘧伯玉，尼山老友也。粵稽生平梗概，知非寡過，與假年學《易》同，出仕卷懷，與用行舍藏同；不以昭昭伸節，不以冥冥墮行，則尤與慎獨之學同。故門第爲之增光，閭里因而生色。千載後遊茲土者，溯其流風餘韻，如見其人焉。

明萬曆間創建祠堂，迄國朝道光年間，邑侯王捐廉倡修大殿三楹，頭門三間。無如年深日久，風雨剝蝕，漸就傾圮，幾無以肅拜跪地矣。奉祀生仁衛目睹心惻，於是，謀及李公清舉等勸捐四方，葺而新之。又增東廂房三間，向之丹臒黝堊者，至是而煥然改觀，洵可以妥先賢之靈矣，而不式先賢之德可乎哉？竊願瞻拜斯堂者，仰遺型，欽雅範，以砥節礪行爲經始，以崇德廣業爲落成。先賢之祠一新，後人之德亦一新，庶不負重修之雅意也。是爲序。

光緒二十三年丁酉。

（文見民國《內黃縣志》卷十二《藝文志》。王偉）

御祭顓頊帝嚳陵文

【額題】萬代流芳

維光緒二十九年，歲次癸卯，用朔丙辰，越祭日甲戌。皇帝遣記名提督河南歸德鎮總兵剛勇巴圖魯藍斯明致祭於顓頊高陽氏、帝嚳高辛氏神位前。曰：

維帝王斟元御宇，贊化臨宸。澤被九垓，勳垂百化。皇煌帝諦，羹牆如接乎心傳；崇德報功，俎豆宜隆夫血食。茲以三旬之慶篤，用中一瓣之心香。地儀天經，總百世不祧之祀；禮煌樂備，馨一人昭告之忱。鉅典修闓，彝章式奐。庶神靈之來格，謨鬱潔以明虔。

欽命主祭大臣記名提督河南歸德鎮總兵剛勇巴圖魯藍斯明。

陪祭官直隸州用署理衛輝府滑縣事大挑知縣王喬、陪祭官滑濬分縣縣丞王其慎、掇饌官滑縣儒學訓導謝泰階、掇饌官滑縣老安鎮巡檢張鳳鳴。

（碑存內黃縣顓頊帝嚳陵。王偉）

御祭顓頊帝嚳陵文

維宣統元年，歲次己酉，壬申月戊申朔，越祭日，皇帝遣河南南陽鎮總兵郭殿邦致祭於顓頊高陽氏、帝嚳高辛氏神位前。曰：

緬懷洪業，丕基遞邅於累朝。景慕前徽，郅治漸臻於上理。維帝王建極乘時，綏猷御宇。裕繼綸於自古，宏啟佑於方來。朕以藐躬，繼登大寶。伏念膺圖之始，宣修致禮之誠。特遣專官，用申祀告。典型有望，監成憲發無慾。□□遙通，肅奉昭而有格。尚祈昭格，來享苾芬。

承祭官河南南陽鎮總兵郭殿邦。

陪祭官調補滑縣知縣呂相曾、滑縣儒學教諭謝泰階、滑濬分縣縣丞王其慎、滑縣老安巡檢張拱辰同立。

（碑存內黃縣顓頊帝嚳陵。王偉）

滑縣

明布衣鄉諡遺烈王公墓表

江蘇人董康

公姓王氏，諱宏德，明布衣，烈士也。始祖諱全由，洪武朝自晉遷滑，卜居邑東南張三寨，遂家焉。閱數世，至公父自新，生公昆仲五人，叔季早世；伯諱健德，邑庠生；仲諱有德，業儒，慟明鼎遷，發為詩歌，愴同麥雛，聞者感泣，因觸怒當道，興文字獄被捕。公悲兩兄鞠育妻孥，惟祖禰宗祀是賴，己年尚幼，無室家累，乃上言自承，從容赴義。事平後，葬村西南鄙，鄉人憫之，諡曰遺烈。是用克昌其宗，三百年中子孫千祀，公之賜也。會清社屋越有九載庚申，其九世支孫夢齡、樹清乃錄公狀，述其往事，欲勒貞珉，以垂不朽，可謂飲水知源者矣。嗚呼！勝清入主中夏，動抉私家撰述，目為謗書，誅鋤縉紳，靡有孑遺。而有明故老耆舊，往往結朋協好，貞諒同心，蹈危陵險，死生以之，寧肯亦族冒白刃而無悔者，固不可勝記。然年甫弱冠，激於天性，捨生取義，以全本支若遺烈公者，實亦未遑多見。方公兩兄眷懷舊君，造言騰布，絜亮風軌，禍遺覆宗，微公殺身成仁，固未有流傳至今，飈綿若斯之盛也。於是，援春秋顯微闡幽之義，以表其墓。曰：

於爍遺烈，奕奕王公。伯兮抗節，仲也偕同。

代兄赴義，載昌厥宗。粵稽名實，執德斯宏。

康熙九年。

（文見民國《重修滑縣志·滑縣藝文錄》卷七。馬懷雲）

重修觀音寺碑記

邑人劉源深

滑東南十八里有觀音寺焉，其莊嚴殿中者釋迦佛也。寺不知創自何時，歲久頹圮。庠生于君重華者，發宏誓，願親為導首，鳩鄉鄰善衆，舉而新之。於是，棟楹之橈者易以堅，甓瓴之破者易以整，丹碧之漶者易以麗。址雖故也，蓋自是而稱重建矣。予維佛法自永平流入東土，迄今千六百餘年，其間象宇之存廢者，不知幾何，而規模闊大、彩色焜煌者，不知幾何。茲雖盈丈，緇維乎自曠懷者觀之，亦居然一香城也。且佛以空寂為教法，凡宇發輪齒、寶月鏡花種種，不存生住相，又安所須於寺而居之？居之寺者，人心各有一佛使之也。心以有佛而崇寺，佛以有寺而顯教，故六賊沈迷，如來杳然。時或瞻望起敬，投體生悟，始而森然滿目皆佛，繼而顯然滿心亦佛。故曰佛者，覺也。開覺有情，如睡夢覺，是名為佛。由是言之，謂佛以寺之大小而殊感焉，固知其不可；即謂人以寺之大小而見佛有殊焉,亦知其不可矣。今此寺當滑之僻壤,彝塞之所皈依,女士之所禖禋,莫便於是。但使佛爲人見,即一時興善之機,但使人常信佛,即一方基福之始,而謂是役爲可已,又豈然哉!考昔佛居鷲嶺,固西域一區也。毗舍離爲佛作雁堂於大林,一切具足亦一區也。至六祖睹寶林寺院宇湫隘,以坐具求里人陳亞仙,袈裟一展,盡罩曹溪四境。彼鷲嶺雁堂之顯化,奚必不然。法輪常轉,則慈雲普護。吾知此寺之修,其覆佑我滑人者大矣。屬諸工告竣,將勒貞珉,于君以文來請,予因爲道衆教之攸關如此。異時有善知識矚目此碑,或以予言爲不謬也。則于君功德,固黃金布地之善緣乎!

時清康熙十五年歲次丙辰孟夏之吉。

(文見民國《重修滑縣志・滑縣藝文錄》卷八。馬懷雲)

康熙十七年創修送子白衣大士堂碑記

邑人呂夾鍾字南

嘗觀乾象,有傳說一星專主人間子嗣,六宮祀爲婆神。其星明,則子息蕃盛。其在佛書,則稱白衣觀音,疑即此神也。世之艱於子嗣者,崇之、敬之,而廟祀之。其所育之子白胞綠里,則其驗也。吾滑之東南域高平集,有善信高治家以祈子,乃於今上之十有六年春二月,創建新堂一所,丹艧塑像,廟貌巍然,屬予作文以記之。予曰:"唯唯"。夫人之富壽多男也,率本于存心忠厚,篤孝敦仁。神之福佑於人也,亦由於忠信願愨,慈祥樂易。吾願奉此祀者,孝友姻睦,於人無競,於物無忤,以菩提心作吉祥事。文人頌之爲大善人,好菩薩。而富壽多男之應,比戶可封。焉有祈子艱難之理哉?非然者,心慕菩薩之教,而不修菩薩之行,雖日誦白衣經文,曾何益於事?古之人欲修菩薩行者,作善事三千;欲修辟支行者,作善事五千;欲修無上行者,作善事萬千。至於萬千則天佑人頌,何爲而不可,何求而不得!有大善人、好菩薩而艱於子嗣,吾未之聞也。是役也,始于本年二月中,告成于本年之十月,費磚瓦、木料、朱漆。工匠楊錫鳳、楊錫文,尚志助工,首事則高治家也。例並記之。

中憲大夫題署肅州兵備道事湖廣長沙府知府邑紳呂夾鍾薰沐謹題。

康熙十七年。

(文見民國《重修滑縣志・滑縣藝文錄》卷八。馬懷雲)

皇清中憲大夫湖廣長沙府知府前署陝西肅州兵備道南呂呂公(夾鍾)暨元配恭人邵君合葬墓誌銘

【誌文】

欽授通議大夫大理寺正卿前太僕寺正卿都察院左僉都御史通政使司左右參議年家眷世弟蓋平陳汝器頓首拜撰。

賜進士出身奉政大夫欽差提督湖廣通省學政按察司僉事年家眷弟垣邑郜煥元頓首拜篆。
勅授徵仕郎内府行人司行人年家眷晚生同邑劉珩頓首拜書。

公諱夾鐘，字南呂，豐山其號也。呂之先自太公望，遷徒不一。後周顯德中，禮部侍郎咸休世居汲。迨正愍公大防。防孫思誠，爲元三史學士。誠孫甫遷於滑，是爲始祖。生仲彬，孝廉。數傳至俊。俊生佑。佑生釗，爲江州司馬。釗生茂，爲鄉貢。茂生璋，邑庠生，公之曾祖也。生實秋，以文學餼於庠。生克美，以孝行著，飲鄉賓，贈臨洮府通判。娶于王，繼娶鄭，俱太安人。舉丈夫子，即公也。公生而警敏，七歲就外傅。少長，工屬文，有儁譽。未幾，贈君暨太安人卽世。公執喪如古禮，復廬於墓。鄉人以純孝稱。服闋後，值國朝定鼎，公出就試。督學王公大收郡邑士。讀其文，驚賞曰："此經濟才也。"特以冠軍。戊子鄉闈，中副車。以別駕就選人。筮仕陝西臨洮府通判，督肅州兵屯茶馬諸務。肅自兵燹來，彌望荊榛，流離載道。公招集流民，假以牛種。而荒蕪者力請蠲除，使民得耕。不一年，丁增者户三千，地闢者頃兩千。肅兵三十六營，歲餉爲貪弁墨吏所侵蝕。公必躬詣，按籍呼名驗領，以除浮冒。又稽鹽醝之溢額，以佐軍儲。以其餘力飭學宮，聖廟圮敝者一新之。督諸生程課文義，爲購書都會，遍授之、天末荒服，始有絃誦聲。辛丑，以最舉卓異。世祖予紀錄，進一秩。時監司缺人，撫臣題攝道篆。爲嚴壁壘，飾戎器，邊庭肅然。吐番入貢，公宣布德威，示以誠信，予茶舊秤十六兩者，今倍以二十。衆皆羅拜，歲進良馬皆明馳上駟也。時當計文武吏，公所舉皆負時望，後多以功名顯。嗣輯瑞入觀，恭遇覃恩。贈太公如公官，太母王氏、鄭氏爲太安人。擢臨洮府同知兼理糧河于蘭州。肅人具牒請留，不果，建祠祀之。臨行，車軏不得發。蘭綜兩河，轄三衛，號稱難治。公至，則踏勘荒熟，宜徵宜豁，立與興除。而治屯之法，必使寓兵於農，一如營平舊制。河本龍門上游，怒濤衝激，輒害民田舍。公相度經營，塞埽口，築長堤，以防秋漲。又建立巨橋，長虹翼然，爲五鎮津梁。至今西人賴之。復請蠲屬衛，奏銷開載公車諸項暨節孝坊，價計千餘金，名曰冒濫。撫藩兩憲如公請。官紳咸戴公德。甘寧撫軍巡歷三邊。公隨之，請賑慶陽饑民，全活萬衆。釋錢糧註誤知縣劉怡等凡九員。政暇，興學教士，一如肅時。癸卯、丙午兩考武闈，皆稱得人。丁未，再以最薦，復以上計入觀。上賜宴大廷，予金幣。人以爲榮。未幾，陞湖廣長沙府知府。蘭之留公也甚於肅。長之兵燹凋傷，數倍秦中。公以廉正率僚屬，裁樣米，甦驛遞，黜修署夫役。諸弊嚴革，州邑奇羡，正額外無銖粒浮出者。楚健訟經欽案者三十事，株累至七百餘人。因上謁撫臣，請五日結一案。公一矢公慎，不十旬而囹圄空虛矣。時鼓鑄漕運之令並下，城市驚擾。公請置冶於藩署，購銅監造。又相江渚津要，決水灌漕以濟運。兩艱並舉，民乃安堵。歲歉，鄰郡衡陽、寶慶多徙入長沙。公開湖塘田八百頃，編饑民千餘户。流民以甦。人呼爲呂公塘。建祠於塘上，歲時祀焉。又海上諸降旅撥入長沙五營。公恐生不測，布置營房於湘西，設塘兵以禦之。至躬行教化，獎拔文士，咸彬彬也。適覆讞一疑獄。公將爲之理，吏以失出難之。公曰：苟得末減，吾何惜以一官易數人命耶。卒以此鐫其官。公怡然也。長之人數千人遮撫軍馬首請留。撫軍業爲疏以請，而公竟投劾歸矣。長人奉入名宦，復建祠於望湘門。泣而送者相屬於道。公歸，屛居城西。角巾野服，明農教子。日引親舊觴對爲樂。或時慷慨吟咏，築園名曰中隱，以見志焉。邦大夫見者有大利害，輒力白之。親族婚喪，周急之無怍色。爲善於鄉，有菩薩之號。念載而後卒。娶於邵，爲百戶三知女，有閫德。公數歷南北，皆隨，多內助焉。以覃恩封安人，進恭人。先公十七年卒。嗚呼，公起諸生，徒步宦學，屢踐巖疆，茂建勛猷，以顯庸於時。可不謂才乎！乃未老懸車，不竟厥施，功名之士未嘗不悼惜之。然士各有志，公之寄托者遠矣。

公生於前丁巳年十月二十八日申時，卒於康熙二十九年庚午二月十一日亥時，得年七十有四。恭人生於前丁巳年十一月二十一日申時，卒於康熙十二年癸丑六月十六日戌時，得年五十有七。有子二：長堉奏，吏部候選同知，娶同邑廩生孫公諱繩武長女。次篪奏，貢生，娶同邑庠生王公諱鼎隆次女，繼娶貴州威寧府知府、前戶部雲南司郎中燕山喬公諱謙已長女。女二：長適邑庠武生馬公諱三公次子協鷟，次適邑處士霍公諱三奇次子庠生起蛟。孫六：長文倩，邑庠生，堉奏出，娶吏部候選知縣同邑劉公諱瑜長女。次文俶，邑庠生，篪奏出，中殤，娶乙未科進士山東濟南府同知濬邑張公諱施大仲子貢生諱之綱長女。次文在，堉奏出，娶邑庠生趙公諱人銓次女。次文佩，太學生，篪奏出，娶濬庠生羅公諱繡女。次文儼，篪奏出，聘雲南尋甸州知州同邑禹公諱不伐長子貢生諱崑璘長女。次文瑛，篪奏出，聘廩貢生同邑劉公諱允樟長女。孫女三：長適濬庠生程公諱有道仲子附貢生正宗，堉奏出。次適濬庠生劉公諱大壯長子庠生佑，篪奏出。一尚幼，未字，篪奏出。今卜佳城，擇吉於本年十一月二十六日奉公葬于城東孔庄新阡，開恭人冢合焉。是宜銘。銘曰：

河流淇衛洋洋，大伾靈毓非常。中有伊人係姜，勛伐肇自侍郎。才堪師帥稱良，玉門嶽麓相望。朱旛皂蓋飛揚，亭平丹筆如霜。拂衣解組何妨，星沙畏壘庚桑。五馬歸來故鄉，念年林壑徜徉。里人義問孔彰，胡爲驂駕雲翔。巫咸欲問茫茫，一丘如堂如坊。哲人埋骨允臧，有媛儷穴珩璜。宜爾後嗣隆昌，千秋視此銘章。

不孝男堉、篪奏同泣血納石。四十年辛巳改遷於此，丁向。

（拓片藏存河南省文物考古研究所。李秀萍）

重修西李家村三教堂碑記

山海衛人滑縣流寓穆爾謨

余自東萊解綬，買田於滑之徐固營而耕焉。農課之暇，時因世人三教歸一之說，參釋仙教典，竊歎導善牖民以觀其用，未始不與儒者合也。蓋三代之隆，政教修明，賞罰嚴而綱紀肅。維時禮陶樂淑，仁漸義摩，足以葆茲民而有餘。自漢以來，時既非古，而風澆俗漓矣。儒者言正心誠意，舉不足以化其貪淫慘刻。又黨塾制壞，即月朔讀法，罔非虛文。於是，寂滅清淨之教興。而涅槃飛升，智者究焉；輪回符籙，愚者愓焉。雖其理爲儒者之所弗道，然頂禮資誠之下，收攝一心，彼貪淫念、慘刻念，要亦藉是而稍止。是儒教有時窮於賞罰之所不及、綱紀之不能持者，而釋仙固有以維之也。即是以論，三教歸一，亦豈非不易之說歟。乃或者謂三教之所歸則一，一在體不在用。不一其入路，而一其究竟，非若所云之淺也，而抑知不然。彼釋仙之所謂心，將自據之爲釋仙之心，而究與儒無二心也；釋仙之所謂性，將自據之爲釋仙之性，而究與儒無兩性也。心性既同，一必曰無，一必曰虛，是釋仙且不一，安得與儒而一之？陽明先生有言，佛必言無，儒豈能於無加之有？老必言虛，儒豈能於虛益之實？然辨毫釐判千里矣。是則三者之教，謂體三而用一，一可言也，必謂體一，究竟一。豈陽明苦心廿餘年而所見，顧出世人下也哉？要亦姑置其不能一者，論其所未嘗不一者，以爲導善機權而已矣。

是村舊有三教堂，歲久頹傾。余同本莊生員李道遠捐資，率鄉耆宋昆玉、蕭蓁、李崇錦募金重建。工竣，鄉衆乞余所以文貞珉者，余因爲論說若此三教。有明眼人展像閱碑，或不以余言爲謬乎！

賜進士第晉階中憲大夫山東萊州府知府前晉階奉政大夫禮部精膳吏司郎中穆爾謨撰文。

大清康熙三十四年乙卯孟冬日。

（文見民國《重修滑縣志·滑縣藝文錄》卷八。馬懷雲）

滑氏先塋碑記

水之流也長，君子思其源；木之枝也茂，君子思其本，而況人乎？滑東北距縣治七十里有滑氏者，戶口繁衍，有昌熾象。噫！誰種厥德而能若是哉？考其家世，知其始祖爲滑伯，本姬姓，乃衛康叔裔，封於滑，爵曰"伯"，尊崇王命，恪守藩職。及秦穆公遣三師侵鄭，鄭舘於滑，知鄭有備，入滑而還。滑伯遂爲神祠，在縣三堂西，每歲春秋享祀，護國庇民，是有靈驗。厥後子孫以國爲氏，始姓滑，居澶淵衛南縣北三十里許。迨有明衛南縣沒於水，遂分居滑縣與開州。其先世類多名人哲士，難以殫述，通計升於國學而列於邑庠者二十餘人。其壯者老成練達，而少年志氣凌雲。天之報施前賢其在斯乎！己丑歲，吳門二懷姚公尹滑，欽仰滑伯之靈爽，敬修神祠。又據滑氏譜係，部院奏請蒙准，以滑顯祿字御爵承襲本祠，世奉俎豆。雖姚公之盛舉，實滑伯之靈有以陰佑之也。令族滑士俊字吉人等，恐其歷年久而失傳也，於是，立碑於祖塋之側，上以昭祖宗之功德，下以示子孫之世守，請予爲文，以志不朽。余雖未詳其某年某代某月始祖享祀之由，而子孫改姓之故，以及承襲奉祠之有據，使人知賢者之必有後，亦如源深者之流必長，本固者之枝必茂也。爲子孫者，其亦惓惓然無忘其先世云。滑伯爲周公之後，見滑伯祠碑。

康熙四十一年。

賜進士出身候選知縣趙健年撰文。

（文見民國《重修滑縣志·滑縣藝文錄》卷八。馬懷雲）

創修半坡店永利渠碑記

　　滑州爲漢、唐來黃河故道。其邑本山少津多，窅窊卑坳，而半坡店猶邑地之最下者。偶淫雨不時，則汪濊畢注，如水之聚於盤盂者然。雍正七年三月，予牽絲茲土，夏秋交，經行其處．惟見漫漫溢溢，莽流無涯，原隰青苗，半入瀦海。父老告予曰："水患西成，於今七年矣。"予愀然久之，視其水自西北來，東南一帶隱耀渠形，疑世遠年湮，爲塵沙潰土所平積，而民未之知也。旋飭鄉保求之，皆以不可得來告。十月中，水落，再飭之，而覆者如前。予曰："宰是地，如不能彌是患，有是宰乎？"八年春，予復親臨其境，擇閑土，按高卑，相機宜，察形跡，卒得可謂溝渠者，約計程十里，即彙河身。亟指示居民並工開浚，俾各捐力以自衛，毋或怠惰而後時。自楊林村起，至半坡店河身止，開長七里、闊八尺、深五尺。工興於雍正八年二月二十五日，告竣於四月二十八日，逶迤蜿蜒而渠成焉。嗟呼！此時之民，猶未知其利也。忽是秋，洪雨淋漓，他莊水漲，而此數村者莽流灘灘，暢達溝中。舉昨歲之襄陵，變今朝之樂土。由是喜相請曰："是渠也，惟公之賜，請以姚公名之。"予笑曰："爾民力也，吾何有焉？永以爲利不亦可乎。"爰立石以永利號其渠。然後，知小民無知，可與樂成，難與圖始。創於始不免駭一時之耳目，得一當亦可獲數載之安居。當其初時，在牧民者具定力、定見以御之，而無爲其畏難所惑，斯得之矣！若誰疇誰嗣之歌，又何煩其贅疣也哉？因並錄其鳩工之日月、出力之莊村、道里之遠近、溝澮之淺深，一一刻之碑陰，以俟諸後來者。

　　文林郎知滑縣事姚孔鍚字象山江南安慶府桐城縣人撰。

　　儒學生員劉國寧謹書。

　　雍正十年十一月初三日吉旦。

（文見民國《重修滑縣志・滑縣藝文錄》卷八。馬懷雲）

創修沙河村順天渠碑記

　　自永利渠成，則渠之左右莊村，向爲瀦海者，盡變爲樂土矣。此處之民皆目睹心歡，僉曰："盈寧之休賴此渠。"越一歲，而沙河等村居民，亦即以開渠事請，衆意欲向東北通永利渠入河，予曰："不可。彼渠狹隘，難容浩淼之水。"是舉遂息。本年秋水泛漲，父老復爲予請。予即驅車遍覽，經行其處，惟見汪洋浩瀚，奔流無疆。予甚愀然，沿途視之，見水自西南來，東北地勢最窪。旋飭保甲，擇閑土，按高卑，相機宜，察形跡，卒得可爲溝渠者，約計程十里即彙河身。急示居民，興工開挖，自沙河村至前後長堽、劉家莊、馮家莊、石丘、柴虎寨東北入河，闊八尺、深五尺，工興不數月而告竣焉。是歲乃有水輒下，民皆欣然，爲予言曰："是利也，爲公之賜。"予笑曰："是天賜爾獲福也，予何功之有？爾等順天樂利，各宜乘時竭力修整，慎勿怠荒，以至塵沙壅漲，利斯溥矣。"爰是刻石永垂，因並錄其出力之莊村、鳩工之遠近、渠徑之寬闊淺深，一一刻諸碑石，以俟諸後來者。

再示：渠溝狹隘，水集難下，不許四境私開小渠。

知滑縣事姚孔鉐象山撰安慶府桐城縣人。

雍正十一年歲次癸酉仲夏吉旦。

（文見民國《重修滑縣志·滑縣藝文錄》卷八。馬懷雲）

薛公（泰年）墓誌

【誌文】

薛公墓誌

皇清邑庠生顯考薛公，諱泰年，字康阜，行四。享壽六十五歲。生於康熙十八年三月初六日戌時，卒於乾隆四年十一月十八日午時。元配邑增貢士候選縣丞誥封文林郎浙江按察使司經歷董公漢臣三女。繼配濬庠生劉公俊公次女。子二：長邑庠生諱鍈，娶太學生劉公君章次女。次邑庠生諱鏺，娶廩膳生袁公海若長女。女二：長適濬邑太學生王大立；次適儒童楊鶴齡。孫男二：長思溫，鍈出；次思淑，鏺出。俱未聘。今卜乾隆五年十一月十七日未時，葬於莊東南一里許祖塋之次。

男薛鍈、鏺暨孫思溫、淑、同泣血納石。

乾隆五年十一月。

（拓片藏河南省文物考古研究所。李秀萍）

重修滑縣文廟碑

國朝呂文光

蓋聞道與時，隆治由象，顯亘萬古而不敝者，聖人之所以立極，合四海而胥同者。斯文之所以聿新，是以興於啟宇，莫不尊師，下土承風，咸知慕學，自昔皆然，复乎尚矣。我國家鴻圖熙治，泰運昌明，崇禮先師，曠軼往代，神京首善，辟廱振鐘鼓之音；薄海名區，校序廣菁莪之化，覘至治者，樂太平之盛；望高山者，懷景仰之心。匹夫孺子，思奮跡於宮牆，負性含生，亦濯躬於禮儀。矧茲中土文獻為多，凡我士人觀摩最熟者哉。滑邑當冀、兗之交，扼三河之要，南瞻嵩、洛，西引太行。攷其封域，本辛陽元愷之墟；溯厥流風，食康叔武公之舊。昔我夫子屢至于斯。俯蚩氓而談富，教木鐸如聞，陳俎豆以悟，君公磬心斯揭由來，轍迹易感人心。粵自金源之代，始刱黌宮，值此異風之隅，儼觀廟制規模式郭，既如跂而如飛，祀事孔明，爰載燔而載灌。長人者，用敷在寬之教；勵德者，徐升由漸之階。顧已歷自元、明，迄於近歲，頻遭圮壞，時有振新。而土木無金石之堅，風雨有飄搖之患，觀瞻不肅，政教何施？

文光初縉符而入境，敬釋菜以升堂，周視徬徨，仰瞻怵惕，亟諮僚友，逮昉紳耆，迺咸告余前令甯海張君思教化之由，以興修為任。締構已以觀其一二，經營未底於克成，若東西廡及明倫堂，具有成規，可覘大槩。至於內之殿宇，功費浩繁。外之垣墻，形模卑陋，將飾舊以增新，思築堅而易久，司牧宰圖先務，邦人敢作旁觀。余曰善哉！前人之美，後人之義合成之。一邑之志，有司職在，先之無多冰俸，余願為嚆矢於前，不匱金錢爾易作眾擎之舉，苐匪徒乎築室，宜弗懈於道，謀於時。父老子弟鼓舞奉公，羣技百工紛綸集事，經始於庚辰春月，告成功于是歲仲冬。伐木必求其勁直，鑿石則務其精瑩，瓴甋黝堊之兼，資金鋞鑪冶之並用。雕楹繢梲，燭然焜燿之觀；阿閣重檐，赫矣巍峨之勢。於是穹然而峙於中者，大成殿也。翼然而拱於旁者，東西序也。南則欞星、戟門之間，頖水渟泓，芹藻馨也。北則明倫、尊經之次，齋房潔清，弦誦盈也。三坊矗於前，奎躔斗宿，接光芒也。高垣屛於外，宗廟百官藏美富也。以廣大聖之孝，故左有崇聖之宮也。以成後死之仁，故旁有名賢之祔也。若迺寅清在室，燔燎在庭，麗牲有碑，瘞血有坎，琴瑟柷敔，庫以司之犧象罍彝官以守之。或因或創，宜補宜增，莫不秩然其有章，燦然其大備也。而後長吏與諸生專一其心，肅恭其貌，相與登降，頫仰而有事廟庭者，報藏事於聖人也。嗚呼，夫子之盛，生民所未有學校，以教為政所必先，幸惟斯邑士人勇於向道，遂令積時頹隳，歘然改觀，自此炳炳蔚蔚，彝倫敘而風俗咸和；濟濟翔翔，政事懋而文章益顯。雖事關一邑，已足仰聖朝聲教之丕隆，苟從此百年，能無望繼起英賢之振作。

是役也，時不逾乎旬月，費僅越乎千緡。同志者博士高居敬邵籍、縣尉陳紹先。襄事者邑紳士盧兆麟、成朝彥、耿淏、常成文、馬考祥、霍彩雲、邵民望、李興邦等，及余同里文學倪日修，例得備書，永垂不朽。敬孜顛末，爰泐貞珉。

乾隆二十五年。

（文見乾隆《衛輝府志》卷四十四《藝文志·碑》。王偉）

王氏家譜序

嘗聞家之有譜，猶國之有史也，國無史則誰知興衰理亂之由，家無譜則誰知世係源流之辨，斯二者大小雖殊，而其為不可無則一也。思予始祖遷滑四百餘年矣，科第輩出，豈無譜焉以傳於後，但值明季之賤，譜遂失傳。昔予十世叔曾祖邑庠生諱宏統，與胞五祖歲進士、候選同諱用才，曾議修家譜一事。不意族大人繁，居住不一，或遠而百里，近而二三十里，有知其祖而不知其孫者，有知其孫而不知其祖者，費數月之功，終未能成其事，遂寢。洎後又有十世叔曾祖邑庠生諱宏績，與堂叔歲進士、候選訓導諱子建者，慨然以修譜為任，以謂合族既難全修，何不就本莊本支著為一譜以傳於後？其說甚善，不料修譜未幾，而二老相繼告終，譜又未成。至今歲在辛卯冬十月朔，祭掃畢，與合族同飲福酒，有從堂弟貢生永贊避席而請曰："家譜之修，先大人兩翻未成，今長兄年逾花甲，精神未減，何不及是時因大人之志而繼述之，以成其事。除合族願捐外，若有不給，弟願包修之。"予遂奮然興起曰：諾諾。人生世上，孝弟為先；尊祖敬宗，修譜為最。弟之所請，宴深中予之素志也。於是，不避三冬之苦寒，而援筆以書，條分縷晰，不三月而告成矣。遂質諸合族，合族俱忻然捐輿。從堂弟同心一德，採石於山，鳩工於肆，敬刻諸石，永垂不朽。非敢曰善繼善述，媲美先人，不過因其所見聞者以志之，使後之子若孫觀譜而動木本水源之恩深，展親錫類之親，庶幾一族之中，相親相愛，是則予之志也夫。

十三世孫國學生永焱纂修。

歲貢生永贊恭校。

邑庠生澤溥書丹。

乾隆三十七歲次壬辰三月朔二日清明吉旦立石。

（文見黃澤岭《大槐樹移民見証》。王偉）

郭氏塋誌

嘗聞始祖曰鼻祖，裔孫曰耳孫，所謂鼻者何？萬物先成形於鼻，始祖，人所自出也。所謂耳者何？孫之去祖也遠，不獲目見，惟有耳聞也。倘非考世系，序昭穆，將孝享延血食，亦疇知水源木本，不僅高曾瓜綿椒衍，悉備云仍哉。

小寨村東間外，始祖兆在焉。考之明天啟二年碑，滑臺舊族也。自五胡雲擾避亂山西，至有明自洪武，復遷於茲，歷年垂四百，傳世幾二十，其間支分派別，恒渙其居。余籍什村，有遷軍李，譜牒失敘，幾有不知誰，何之悲矣！於國朝乾隆五年，族伯歲貢生諱總與余偃師縣訓導諱琰，欲渙者萃之，爰糾族人，依次刊石，俾知原原本本，而篤親親之誼焉，其苦心何如哉！迄今五十餘年，族類日增，前碑之人，所存無幾，且族侄生員泰金亦移居浚邑二世，此又渙群宜萃之候也。惜余耄矣，無能為耳。幸有族侄五霞、族孫國寶，念切祖武，首督厥工，族侄生員甲申寔董成焉。余因命子增生醇與二侄大會合族，於前碑所有者接續之，無者增附之，俾少長咸集，昭穆有倫，春秋祭掃，各展孝思。始祖有靈，喜流澤之孔長，而誇保世之滋大也，其庶幾乎。《詩》曰：子子孫孫，勿替引之。更不能無望於後也。是為記。

十三代孫就職候選訓導歲貢生子昭謹志。

十四代孫邑庠生員泰金謹敘。府庠生員甲申、邑庠增廣生員醇。

十六代孫濡林國寶書丹。

十四代孫五霞督工。

大清乾隆五十七年歲次壬子三月之吉。

（碑存滑縣文物保護管理所。王偉）

滑縣令强忠烈公墓誌銘

清汲縣知縣劉廉樹

月三强公與予同仕衛郡，公既殉難之明年，其子逢泰，望泰以墓誌請，爰就所知謹述之。公諱克捷，號樸齋，月三其字。世居同州府韓城縣治南三十里趙莊。曾祖諱之魁。祖諱如權。父諱京鰲，國學生，昆季三，公行三。性質敦厚，穎悟過人，入黌宮後肆力經史，講忠孝大義，英氣輒勃勃見於面。幼失恃，奉繼母以孝，事寡嫂以敬，待弱弟以友愛。乾隆六十年乙卯登賢書，課徒不間寒暑，大旨以明仁倫爲宗。嘉慶十三年戊辰成進士。以知縣分發河南候補。丁繼母憂，回籍，講學於象山下紫雲觀，益崇篤實之詣。從遊者甚衆。服闋，仍赴豫。十六年辛未十二月，知滑縣事，出所學以爲政，嘗與友人言："忠國莫如愛民，但苦才鈍，所恃者此心無他耳。" 清以礪操，慎以勤政，淡以平氣，樸以全天。汰陋規，興文教，救荒恤旱，剔弊厘奸。未二載，仰若父母。十八年癸酉秋，近畿有逆匪白蓮教林清，潛蓄異謀，滑邑同教李文成、牛亮臣等隱相固結，約九月望日起兵應之。勢叵測。公密訪得實。九月六日，即率丁役往捕，盡獲渠魁，碎其兩踝，置之囹圄，定于次日解省治罪。而其黨更相嘯聚，即以是夜四鼓，劫獄入署。

當是時，署內外賊衆無慮數千，腰刃手挺，張白幟，列火炬，鼓噪聲徹於郊。公慷慨奮興，攘臂躍馬而出。率快役毛天榮、家丁祁升等，直前搏戰，轉至南關，身已經數十創，猶揮戈斃賊多名，卒以力屈死。闔署被害，惟兩子逢泰、望泰回籍獲免。自公以身殉國，而李文成等終以不及期敗露，不得與林清合。林清失外援，雖竊發，未克逞其凶，不旋踵與曹邑徐安國等皆就撲滅。向非公先期首發，懲其魁而擊其奸，彼篝火狐鳴之徒，將爭鳴於燕、趙、齊、豫間，而禍且蔓延矣。

嗚呼！生逢盛世，摩義漸仁，與斯民歌詠太平，臣之幸也。即不幸而捍大患，禦大災，至死弗避，亦臣之職也。而當逆跡未萌，出萬死不顧一生之計，使不軌之徒鳥駭獸解，救生民，奠社稷，謂非智歟勇歟？若公者可謂不負所學矣。配張恭人聞變不懼，視死如歸，長媳徐氏志凜冰霜，罵賊，死不絕口。此又公修齊之教及於閨閫，而能以大義相淬厲也。事聞，奉上諭：强克捷首破逆謀，功在社稷，賜諡忠烈，以知府例賜恤給祭葬銀各如例，入祀京師及本籍並滑邑昭忠祠，並特建專祠。淑配張氏賜恭人，孝媳徐氏諡節烈恭人，建坊從祀。長子逢秦，三代世襲雲騎尉，襲次完時，以恩騎尉世襲罔替。次子望泰，賞給舉人，一體會試，賜進士，以翰林院庶吉士用，加韓城文武學額，各廣五名。帝眷崇隆，褒封赫奕。所以獎勵臣子者備至。後世聞公之風，有不敢而興起歟？

公生於乾隆二十六年辛巳十一月二十六日戌時，卒於嘉慶十八年九月初七日，春秋五十有三。恭人爲張公慎女，生乾隆二十五年十一月二十二日子時，卒嘉慶十八年九月初七日，春秋五十有四。丈夫子二：長名逢泰，娶徐公雲衢女，即節烈恭人；次名望泰，娶生員杜公鳴鸝女。女子子四：長適段公福海子生員秉離；次適監生劉公得遇子有恆；三適監生王公賜業子國傑；四適嚴公振璽子三升。卜於嘉慶十九年十二月初四日辰時，葬於本籍某處，壬山丙向。銘曰：

　　處爲醇儒，出爲名臣。一門節烈，功著彝倫。龍門光煥，鳳詔繽紛。鐫諸壙石，草木長春。

　　嘉慶十九年十二月初四日。

（文見民國《重修滑縣志·滑縣藝文錄》卷七。王偉）

邑侯襄坡秦公去思碑

清邑人魏惠倫字次橋號東里

　　臨淮大尹去尚攀轅，北海司農歿猶奉祀。此有由然，非幸致也。竊維爲政首在愛民，移風莫先重士。襃德侯視民如子，民不忍欺。文翁以詩書化蜀，學校之盛，比於鄒、魯，其明驗矣。

　　邑侯襄坡秦公，以道光十七年，南召任滿，來臨我滑。下車伊始，即問民間疾苦，興利除害，計歸久遠。縣治東南隅，舊有歐陽書院，自滇南雲樓胡公卸篆後，章程廢弛。公特延名師督課，案牘之暇，屢進諸生面加訓誨。公之遺澤在人心者，誠未可以言語罄也。而一二大端，士民尤謳思弗衰。彼夫南國之人，不忘召、伯；襄陽之衆，垂涕羊公。流風善政，千載一時。公涖任數載，與民休息，未嘗矜才使氣。及斷一獄、除一暴，往往令人感服，泣數行下，秦鏡朗懸，固邑人所以志愛也。神明有目，上虞長之政嚴；圖畫留形，浚儀令之德普。其仁哲有如此者乎？丁酉，秋熟未獲，有蟊蝗，民大恐。公出郊審視，祭以蜡禮，竟東西散。虎雖爲患，曾負子而渡河；蝗亦能災，感化魚而入海，其感被有如此者。辛丑，河決祥符，州縣各輸稭料助工，輦送二百餘里，未易猝辦。公給民料價，按道里遠近給民車價，派令公正紳士分任之，民不知勞而事克舉。納稭納樶除其制，依然《禹貢》之遺；上地下地辦其方，不改《周官》之法。其因事制宜，實惠及民有如此者。

　　邑之文廟，自嘉慶二十年重修，殿廡無恙，而宮牆頹圮。公捐廉若干金，又募得若干金，葺而新之，周圍數百丈，不日告成。入門誰式空勞武叔之肩，進廟有碑共說韓公之蹟。其尊崇聖道有如此者。縣試，童子軍常滿千人，舊在署內，幾不能容，風晨雨夕，席號又不足恃。公慨然曰："此豈所以重士耶？"於是，首先捐廉，創建文場，都人士奮於義而急於公也，不數月得金若干。卜地於歐陽書院後面，規模宏敞，兀凳整齊。復以餘資修補書院講堂。後以試士，前以育才，至善也。金針暗度，聽馬帳之談經；玉尺量材，望龍門而疊足。其培養士類有如此者。蘇東坡云："有文不朽。"蓋求諸古今富貴壽考之人，未易多得矣。

　　公文章日富，著述孔多：《客遊詩草》、《樹柏山房文集》，膾炙人口，《四書注說輯要》一編，尤關身心性命。杜陵千首，借抒國士之心；鄴架萬篇，可補儒林之傳。其追踪古人、嘉惠後學有如此者。公賦遂初有年所矣，而士民謳思，言之不足而長言之，長言之不足而詠歎之，何深且遠也。抑又思之，公以名進士來豫，甲午、乙未、庚子分校棘闈三科，榜首胥出門下，非至公且明何以致此？然則公之所以致人謳思者，其至公且明不盡如斯耶。公之遺澤，固不賴斯石以傳，而里之人不能自已，抑欲使數百年後流連景慕，於此可見豐采。人思可愛之日，地留有腳之春，不與攀轅、奉祀同一愛敬無已也哉？爰濡筆而爲敍。

公名敦源，字深齋，襄坡其號也，湖北漢川人，嘉慶丁丑進士。

道光二十一年。

（文見民國《重修滑縣志·滑縣藝文錄》卷七。王偉）

北召集重修玄天上帝廟碑記

邑人韓鳴岐

天之以帝稱者五：水、火、木、金、土。一歲分七十二日，化生長育，佐上帝以成萬物。其氣謂之五行，其神謂之五帝。而水爲天一所生，於圖書數皆居一，位皆居北，序皆居首。故惟水之帝次爲最貴，在青、赤、黃、白四帝之上，號爲玄天上帝。在昔少皞氏之子修及熙爲元冥，列於五祀神也，而不可謂之帝。即顓頊以水德王上配乎帝，冬之令曰，其帝顓頊。而從帝號者，究不得爲帝之主。玄天上帝者，取北方之色而言之也。北方宿名玄武子名元枵，故天雖統謂玄，而玄天必歸水位。周家祀五帝於明堂，北則元堂，太廟以元繡禮，北方牲幣皆用玄，典至重也，義至肅也。降於後世，以水爲天地大用，幾於家尸而户祝之。予滑屬古衛地，下稽圖籍，帝丘在焉；上觀列宿，室壁分焉。地當高陽之壤，天直諏訾之次。玄天上帝之立祀於予滑也，亦固其所。城東北北召一鎮，素號蕃盛，舊有帝廟，規模宏敞。自嘉慶十八年秋，逆匪跳梁，人遭蹂躪，瘡痍不免，元氣難復，帝廟亦即就頹。至今二十餘年之間，天寵優渥，祥風甘雨，釀爲太和，五穀穰熟，既庶而豐。鎮中父老咸以大兵之後多有凶年，邇來水旱無傷，福祥屢膺，殆皆帝之水德不可忘也。於是，群舉廟宮而一新之，繡闥雕甍，巍乎煥然，較之前此之壯麗有過之無不及焉。予於是嘉父老之虔誠，而又歎帝成物之功過乎四帝，信得與顓頊合享於豕韋分野中也。是爲記。

（文見民國《重修滑縣志·滑縣藝文錄》卷八。王偉）

楊村重修玉皇上帝廟碑

邑人楊本昭

天下萬物各有一主宰，心是也。天下萬物之心各有一主宰，上帝是也。何言之？今夫天專言之，固道也。以形體言謂之天，以性情言謂之乾，以妙用言謂之神，以主宰言則謂之帝。夫萬物本乎天，帝且爲天之主宰，又何論乎萬物之心，又何論乎靈於萬物者之心？

然心當有生之初，帝固主宰之，以隱爲降衷；心在有生以後，帝尤主宰之，以默爲降監。《詩》不云乎"皇矣上帝，臨下有赫。"《大明》之詩曰："小心翼翼，照事上帝。"又曰："上帝臨汝，勿貳爾心。"言其究之詳也，則曰帝度，言其命之諄也，則曰帝謂。由是言之，衾影屋漏之地皆帝也，隱微幽獨之中皆帝也。一念之善，亦足動上帝之懷，一念之乖，亦足于上帝之怒。若是者何也？心在即性在，性在即命在，命在即天在，天在即帝在。修吉悖凶，理固然也。帝豈容心於其間哉？予村舊有玉皇上帝廟，屢頹屢修，今又革而鼎矣。屬余搦管記事，余惟詳推上帝主宰之實，而時事則從略焉。蓋亦寤夫徒知敬帝於廟，而不知敬帝於心者。

（文見民國《重修滑縣志・滑縣藝文錄》卷七。王偉）

瑩村王君墓表

清原武人姬漢字鐵君

  人之諟躬而葆其天者，性爲之也，學爲之也。性不篤則其行僞，學不固則其行龐。而嗜好紛之，而習俗誘之，而艱苦奪之，而倉猝撼之，鮮有不震動而變遷，莫能自主者。若瑩村守此綦嚴矣！瑩村舉道光丙午孝廉，世業儒，藩汎耀清公季子也。幼好學，廉介自勵，而大不廉於嗜古，寢饋卷軸，晝夜無少輟，經旬足不履戶外，慷慨嘯詠，聲出金石，家室蕭條弗計也。尤邃於《易》，悟盈虛消長之理，非徒事咕嗶，而務於進退動靜間身驗之。故與之接者，或憚之而懍不敢犯，抑或欽其豐采而以爲和易之可親，而瑩村自若也。樂引掖後進，宗族鄉黨間問字者，日常接踵至。其教人，以文藝爲後，以力行爲先，坐作語默靡不示之則，而動以古義相規誡。嘗攜門人及子弟負笈登臨，攬淇水、蘇門之勝，心好之。而卜廬於青巖山，以爲講學所，疊石編茅，羣相肄業其中，歷數年如一日焉。嗟乎！世之學者，競趨浮華，以詞章聲譽相標榜，本實先撥，所性不存。以視瑩村之潔清自好，襟懷落落，身世自有真我，而非一切所能加損者，其相去爲何如也！是豈性之所近歟！抑亦學有以成之使然歟？今瑩村逝矣，瑩村固邃於《易》者也。《易》之辭曰"高尚其事"，又曰"蒙以養正"，吾將於瑩村筮之。

  原陵姬漢撰文。
  受業秦寶林書丹。
  受業康兆民校字。
  咸豐二年歲次壬子四月上浣。

（文見民國《重修滑縣志・滑縣藝文錄》卷七。王偉）

楊全甫先生墓誌銘

魏惠倫

  公諱知方，字且卿，全甫其號也，行一。先世自山西洪洞縣遷於滑之丁將村，代有達人。太翁邦彥先生尤多潛德，以乾隆辛亥生公。幼而沈毅，及長，穎悟過人，不屑爲尋章摘句之學，援例入成均。遇事敢爲，雖艱且巨，當之蔑如也。固慷爽古烈丈夫哉！文謀武略兼之者難。公憂士氣不振，與官民之不相及也，請於邑侯襄坡秦公曰："城內創立義學，一育才，一奉公，何如？"侯曰："善。"道光辛丑，州縣承辦祥河工楷料，侯於此開設總局，紳耆分其任，民不知勞而事以舉。邑侯昆山徐公捐贈書院經費，善後事宜，一屬諸紳，公認眞辦理，歷久彌篤。其他，有利必興，有害必除，文事之優，未易悉數，觀於一二大端，亦概可知矣。咸豐庚申，悍民嘯聚，勢將滋擾，人情洶懼，莫可方略。公相機而動，具形稟官，設法鎮撫，境內以安。明年四月，東捻入境，肆行焚掠，無人敢攖其鋒。公糾合鄉衆，開陳利害，得敢戰數千人，鼓噪北行，群凶逃竄。於是，人人思奮，各整義旅，互爲掎角。是我滑之有團練也，實自公發之。邑侯玉洲徐公據實上聞，蒙恩給六品銜，賞戴藍翎，以縣丞敘用。其武略如此。視書生紙上談兵，臨機寡斷，孰得孰失，必有能辨之者矣。至若救災恤貧、排難解紛，世每以此多公，要皆公之餘也。公與人交，不解吝惜，而自奉儉約，布衣疏食，終身不改。蓋其清風勁節，固有相爲表裏者矣。公元配史安人，繼配徐安人，又繼配柴安人。子三：長邑庠生德本、次固本、三務本，俱徐安人出。孫七：巨榮、巨材、巨楫，德本出；巨植、巨槐、巨樟，固本出；巨梓，務本出。公生於乾隆五十六年九月二十七日戌時，卒於同治三年歲次甲子二月二十六日卯時，享壽七十有四春秋。即於是年十月二十七日，葬於茲土，壬山丙向。銘曰：

岳降嵩生，允文允武。公抱逸才，抗心希古。

未竟其用，大有所補。後人瞻依，一抔之土。

同治三年十月二十七日。

（文見民國《重修滑縣志·滑縣藝文錄》卷七。王偉）

中召鎮重修清源廟碑[1]

魏惠倫

凡有功德於民，民之敬之。雖國家載在祀典，猶欲於桑梓間立廟致祭，以自盡其如在之誠。然而莫爲之前，雖美弗彰；莫爲之後，雖盛弗傳。間嘗走通都，過大邑，以及山僻

---

[1] 民國《滑縣志》編者加按：隋趙昱，幼而英敏，智勇爲時輩所托，已而，從道者李珏隱青城山。煬帝聞其賢，起爲嘉州太守。州左有冷源河，內潛巨蛟，每春夏作勢使水泛漲，漂蕩民田廬。昱怒，列舟船，率甲士千人夾河鼓噪。自操刃入淵，頃之水盡赤，奔吼如雷，昱竟持蛟首躍波而出。時年二十六歲也。隋末隱去，不知所終。後嘉陵水漲，蜀人見昱雲霧中騎白馬，挾弓彈，馳驟波面，往來若驅剿之狀。於是，水不爲災，民立廟江口而奉祀焉。唐太宗慕其事奇偉，封爲神勇大將軍。明皇幸蜀、加封赤城王。宋眞宗時益卒亂，遣張乖崖往治，乖崖禱於祠前，及對壘時見昱靈威炯炯，遂克之，因急請於朝。其曰："清源妙道神君"，則其所崇奉之號也，至於二郎之名，特俗稱耳。

林表，見夫荒祠古刹零落凋敝。訪諸土人，類不能道創自何代，建自何人。摩挲古篆，又殘缺不可考。撫今思昔，感慨係之矣！吾邑東北去城七十里中召鎮，舊有清源廟，內祀關聖帝君、妙道真君像，右建財神行宮，規模宏敞，用昭尊崇。每至其地，輒瞻仰徘徊而不能去。考諸遺文，蓋自明至今，屢廢屢興，數百年間，不致蕩焉無存。乃者二三衿士與鎮之耆眾，事神加謹，謂與其張皇於既壞，何如整葺於未圮，鼓勵重修，不數月，煥然一新。曷志之同而功之易歟！余與本鎮多親故，與其父老遊，覺古道照人，而篤行之士，比比然也。則即其事神之謹，而知其人心之醇，即其人心之醇而知其風俗之厚。由是述先志，啟後人，繼繼承承，永傳無替矣。越今勒石紀事，囑為文，因志嚮往之意如此。至於神之功德，浹洽民心，豈後生小子敢以管蠡之見妄加窺測哉！且神之功德，炳耀天壤，又豈待後生小子以管蠡之見窺測於萬一哉？

（文見民國《重修滑縣志·滑縣藝文錄》卷七。王偉）

重修皮商王廟碑記[1]

滑邑城東北五十里呂家莊，舊有皮商王廟一座，中有眼光送生、牛王、土地諸神、地勢幽閒，林木陰翳，一方之保障，詢百代之雅觀也。自嘉慶十三年重修後，風雨□、□剝摧殘，宮殿臺階傾圮、□雖勝跡宛然而嚴翼□。昔□□故址，緬彼□□不勝太息矣。至同治丁卯□□□□□而葺之□於菩薩堂，創修配房數間，小廂一座，□□□□樓院牆，功竣之日，屬余為記。辭曰：尖記所以□□□□□奕里，素於諸神之精蘊，未能悉之，烏能道之，□□□□勒石以志不朽，無用是繁稱□行為也。余於是往而觀，烏見夫牆堊矣，室黝矣，神裝新龕，閣塗矣，回視向者，殊煥然矣。雖院無壺天之勝，□無丹臺之奇，其庀材鳩工，范金合土，實非易易。□□為之贊曰：雖茲首事為善之倡，糾合一村募化四方。□□宮殿復建配房，大功告竣百世流芳。是為記。

邑庠生申繼炎洗心撰文。

王相魁沐手書丹。

王金章、王金明、王廷安、王相穩督工。

會首王定乾、王成武、王淵然、王金聚、□□□、秦東河、□□□、王兆慶、王雪龍、劉庚寅。

大清同治七年歲次戊辰孟冬下浣立石。

（碑存滑縣呂家莊。王偉）

---

[1] 此碑上部殘，標題係補加。

順天府尹奏准旌表滑縣忠節士民碑[1]

魏惠倫

　　皇上御極之八載，環海波澄，綿區瑞輯。掃欃槍之逆焰，雲爛星輝；清慧孛之餘腥，民康物阜。梯山航水，千百國重譯來朝；磐石苞桑，億萬年根基永固。而猶寅承爲念，子惠勞心，既崇德而報功，復獎忠以厲俗。大帥靜而能鎭，位冠百僚；諸將奮不顧身，爵膺五等。嘉膚功之克奏，自有典常；示大造之無私，何論貴賤。侍臣橐筆，表下民養義之心；天子臨軒，矜壯士成仁之節。幸際恩垂湛露，兆姓同沾；敢云才愧勒石，一辭莫贊。憶夫蒼鵝遍野，青犢成群，滿目妖氛，釀成畛氣。狂風刮地，飄零一縣之花；飛雪灑空，折落萬家之柳。由是義旗高舉，歃血同盟，倡之者垂涕而陳，應之者荷戈而起。雷轟電擊，聲喧瓠子之濱；兔走狐奔，追出澶淵之境。既執俘而獻馘，將掃穴而犂庭。不意蠢爾么魔，依然嘯聚，謂指揮之可定；復跳踉其奚爲，乃因輕敵之心，遂陷返呑之計。名家子弟盡在戎行，大姓實從親摩敵壘。忽警矢盡，尙能奮手殺人，無奈路窮不肯曳兵退走。一門爭死，三尺何歸。此眞義若申胥見之動魄，忠如王蠋聞而消魂者矣。然而上達天聽，幸蒙天鑒，九重爲之改色，百爾爲之拊膺。趙氏有孤，競說忠臣不死；堯天共戴，能令亡者如生。賜之寵章，鐫諸貞石。巋然七尺高，爭日月之光。觀者萬人，猶奮風雲之氣。恭逢聖世，沐厚澤與深仁，更賴賢侯，能承流而布化，加以銀鉤鐵畫，惟茲一千七百之衆，姓字常昭。縱教物換星移，直與一萬八千餘年河山並壽。

　　同治八年。

（文見民國《重修滑縣志·滑縣藝文錄》卷七。王偉）

河京重修雷音寺碑記

邑人魏惠倫

　　凡道有造於人，使存其心，養其性，弗即於邪，斯不棄於聖人矣。昔子輿氏師孔子，而稱伯夷、柳下惠皆聖人，爲百世師。蓋其高風亮節，足以作民之志氣，道不同，有造於世一也。惟佛亦然。佛，所謂西方聖人也，自東漢時，其學流於中國，歷千百年而不廢。豈非清靜之風，無爲之化，通乎性命，而因緣果報應之說，尤足以戢人之邪妄，後人崇而奉之，貝宇珠宮遍海內，有由然矣。吾滑城東北，河京、大城、魚池、蔡胡四里接壤之處，舊有雷音寺大雄殿五間，前有拜殿，左廊伽藍殿三間，右廊祖師殿三間，山門五間，即金剛殿、鐘樓、鼓樓各一座，後藏經閣五間，東西禪室各五間，旁建經堂三間，以及香積廚

---

[1] 民國《滑縣志》加按：咸豐辛酉陣亡士卒，同治八年奉旨旌表，碑今失其處，俟考。

俱全。規模宏敞，結構整嚴。其地則北據黃河之岸，南臨白馬之津，靈秀天成，居然名勝。考諸遺文，知自創建以來，興廢補缺，代有人在。以迄於今，又有時矣。諸君子奮于義而激於公也，共捐資財若干數，又與青山上人共募化資財若干數，鼓勵重修。未及期月，輪奐聿崇，丹堊映彩，何工之巨而成之速，與此而知諸君子向善之心爲至誠。或曰佞佛者失之愚，不可以不辨。然學夷失之陿，學惠而失之不恭，其夷惠之過哉！是則衷諸理而不泥其跡焉。今天下民康物阜，儒學昌明，而貪竟凌厲之風，猶未盡泯。使漸之以清淨之風，無爲之化，佐之以因緣果報之說，安在不有造於一旦，而爲聖人所不棄？乃者樂成有日，諸君子囑爲序，鍥諸石，昭示來茲。倫不敏，無文詞，第紀其事，期有當于君子承先啓後之意，並少述所見，與諸君子共參。夫覺世牖民之旨，庶幾有俾於存心養性之學也。於是乎書。

（文見民國《重修滑縣志・縣縣藝文錄》卷八。王偉）

故朝議大夫奇才尚君遺愛碑

柳祖彞

　　尚君奇才，居滑東南鄉之高平，以忠信正直、急人之急有聲鄉里間。昔者，漢之八廚若度尚，若張邈，若王孝、劉儒、胡毋班、秦周、蕃向、王章等。注曰：廚者，言能以財救人者也。若尚君者庶幾近之。然八廚以名節相高，互相標榜，竟成黨禍，卒無益於國家。以視富比陶猗，信若曾史，遭逢盛世，爲鄉鄰表率，有過之無不及也。君少席父兄餘資，值家門鼎盛，恂恂盡子弟職，若無大過人者。道光丙午、丁未年間，河朔薦饑，道殣相望，君發粟以救鄉人，籌劃精密，措施咸宜，人賴以蘇者甚衆。自是物望歸之。迨至咸豐辛酉，君倡修堡寨，約數十村，團練鄉兵，謹條約，利器械。是年東匪渡河，至十月，西竄回巢。同治丁卯冬，南匪又自龍門渡河，河北千餘里，半被踐蹯。此區區一隅，俱以先期增修之故，完守入保，絕賊窺伺。出隊迎剿，群匪遁逃。是豈獨桑梓福星，抑亦家國保障也。乃者年近古稀，神明矍鑠，方冀天假以年，老當益壯，不期於壬申年，偶得疾病，遽至不起。其鄉人馮子春膏、高子金山等進而請曰："尚君逝矣！而其德之昭著於耳目者，鄉人莫敢忘也。願賜之序，以永厥傳。"余因跡其行事，撮其大略，以示將來。君諱穎，字奇才，以議敘至通判知府銜，賞戴藍翎。平日周濟親鄰，和睦鄉黨，解衣推食，排難解紛，有德於鄉里之事甚多，不具書。書其事之大者，轉覺漢之八廚猶有遺憾，而公實無稍愧焉。是爲序。
　　賜進士出身特授衛輝府滑縣正堂加十級紀錄二十次愚弟柳祖彞拜撰。
　　賜進士出身前貴州即用知縣彰德府學正堂世愚弟張時中拜書並題額。
　　大清同治十二年歲次癸酉陽月上浣穀旦。勇字高平團公立。

（文見民國《重修滑縣志・滑縣藝文錄》卷七。王偉）

潘張里重修開元寺碑記

臨潼人楊彥修

佛自東漢入中華，屢廢屢興，而卒不可磨滅者，誠以一空俗障施大慈悲，亦存心愛人之旨，而設像垂教，足以濟刑政之窮也。凡通都大邑名勝之區，莫不珠宮紺院，輝映其間。即僻壤遐陬，亦不惜脂膏而隆梵宇，豈徒侈觀美哉？蓋有所取云爾。滑邑潘張、韓村兩里接壤，有開元寺，規模宏敞，基址廿餘畝。考諸碑記，前明弘治、正德及我朝康熙、乾隆間俱各重修，嘉慶建元，復有修補。其由來者遠矣。今傾圮剝落，里人捐資募財，重興巨工，經始於光緒十年春，越歲告成。殿閣巍煥，客堂、禪室蔚然一新，《禮》云："有其舉之，莫敢廢也。"其得此意歟！夫葺寺宇，修橋路，恤饑寒，皆樂善之舉。里人既不吝重資，殫歲餘經營以復舊制，其好善之心勃發於中者摯矣。而一切濟人之事，不難盡力爲之可知也。則佛光普照，造福于一方者，不將食報於無窮乎？

光緒十一年。

（文見民國《重修滑縣志・滑縣藝文錄》卷八。王偉）

故朝議大夫運同銜補用直隸州峽江縣知縣暴君墓誌銘

浙江德清人俞樾字蔭甫號曲園

君諱大儒，字超亭，別字梅村，暴氏。其先山西洪洞人，明初遷河南滑縣，遂爲滑人。曾祖天民，祖宗昌，父荄，皆以君官贈中憲大夫。君弱冠入縣學，益自勵，夜讀，倦則伏臥凳上，轉側墜地，復起讀，肄業大梁、河朔兩書院，試輒冠其曹。道光二十四年，中式舉人。三十年，成進士，以知縣用，制簽得江西。咸豐二年，署都昌縣。縣濱都陽湖，湖有劇盜，恃其險阻不可捕。君雨夜馳九十里至其地，擒數十人以歸。三年夏，粵賊攻省城，賊船之往來於鄱陽湖者相望也。君聯合其民剪除其土寇，他邑糜爛，縣竟獨完。時省城被圍，文報隔絕。君密書上大府備陳賊虛實。巡撫張文懿公大喜，自是諸文牘皆密下都昌以行。四年，受代歸。六年，以親老乞終養。已而，連丁父母憂，家居久之。十一年春，曹、濮間十餘州縣奸民結會爲亂，擾及滑東，而團練大臣毛公所募勇，又潰於獲嘉驛，騷於新鄉、陽武、封丘而及滑南，滑人大聳。君飛書遍告諸村莊，期會於縣南之黃德集，至者數千人。叛者始謂滑無備，及至，見勢盛，籠東四散。滑人大喜。君曰："是非可長恃也。"創議築堡，堡成，四境安堵。於是，敘君功，加直隸州知州銜，賜鷓羽飾其冠。同治二年，免喪還，江西巡撫沈文肅公命赴袁州勸捐。會霆字營叛勇犯袁州，從者皆勸勿入。君馳入袁，袁守朱君與其令不相能，餉又無所措，惟辦一死。君曰："公患無餉耶？吾所勸捐具在。與某令齟齬耶？請和解之。"朱君曰："捐資可移用乎？"公曰："移緩就急，胡不可？"朱君起拜。君即往見某令，曉以大義，守御粗定，而叛勇至，攻三晝夜不克，袁州獲全。詔加運同銜，易孔雀翎。五年，署南城縣。七年，補授峽江縣。君爲政以通達民隱爲主，懸鑼於堂，有訴冤者鳴鑼以聞，立出爲判曲直。又以公正耆老充里社長，勸民輸將，不事敲撲，田賦畢輸。罷遣差役五六百人，使歸南畝，民以不擾。捐奉泉益膏火，士益以奮。在峽四年，以目疾乞歸，歸裝蕭然。其祖遺田宅，當析居時，又悉以膏腴讓兄弟。暮年，惟以教授生徒自給，然遇大祲，猶捐金以賑族人焉。光緒十四年十二月庚子終於家，年八十有一，元配宋、繼配徐，贈封皆恭人。子四人：駿圖，咸豐九年副榜貢生，歷任遂平、林州市教諭；驥遠，廩貢生，候選主事；蔚云，光緒十一年選拔貢生，十四年舉人，工部七品小京官；篆云，尚幼。孫七人：式昭，江蘇太湖甪頭司巡檢，蘇撫以賢員保舉，詔軍機處存記；式琦，早卒；式濂，國學生；式彬、式廬、式固、式輻，皆幼。孫女六。曾孫二。諸子以君與余同歲舉於鄉，同成進士，故其葬也以狀乞銘。銘曰：

　　君貌恂恂若無異於常倫，及遇險阻毅然如忘其身。神智煥發，膽氣益振，用能除暴而安民。峽江之濱，遺愛千春。欲知君子之澤，請觀其後人。

　　光緒十四年十二月。

（文見民國《重修滑縣志·滑縣藝文錄》卷七。王偉）

清彝亭尚公墓誌銘

　　偃師人光緒甲辰進士楊源懋字勉齋

　　尚公諱文鑒，字彝亭，河南滑縣人。曾祖諱俊，祖諱允恕，俱隱君子。父諱穎，多陰德，道、咸間，賑饑禦寇，惠延鄉里，以通判加知府銜，誥封朝議大夫，贈先代如其官。初配蕭氏，再娶於朱，有子四。公其叔子也，少具大志，委心經濟，學試於郡輒前列。衆謂能綿乃公躅。甫冠，朱恭人棄世，哀泣讀禮三年如一日，事繼母劉以順，佐父兄理家政以敬，族黨稱焉。連遭奇才。公曁伯仲兄喪，哀毀骨立，輯睦弱弟，抉植猶子，鄉人滋敬之。光緒戊寅，河朔大饑，邑令張公邀公襄辦賑務，以惠聞。益惴惴勵操修，鈎錄先儒名言以自警，不敢惰。丙戌，黃河漫濫躋滑，公倡爲堤障之，衆恃以不恐。其秋，河決長垣，悍流狂注滑境，剜廬舍，據田園，渺茫數十里彌爲河，婦稚老弱蒿目柴立，悵悵無所。公易賑以餌，不瘠而蘇，衆爲狂喜，聲大和。明年丁亥夏，河水盛漲。公鳩工奔走，與堤爲命，河以無患。而垣堤又決，公再捐麥數百石賑邑災。會鄭工成，征負薪費遍閭閻，公力乞邑令楊公以滑被水請，乃免。越翼歲，庚寅夏六月，竟以積勞致疾，卒於里第，光緒十六年也，年五十三。子四：葆德，優行庠生；葆初，舉人；葆書、葆源，貢成均。孫守真，以優貢生膺鄉舉。余皆誦讀，不習爲豪。公以國學晉光祿寺署正職，敕授承德郎。元配李氏、繼配袁氏封安人。銘曰：

　　滑故豕韋，濱河之涘，瓴水在廬，命隸穴蟻。丙戌之秋，河伯爲戾，餼激虩突，衆心栗栗。公思禹溺，視公猶私，鳩我悍夫，義師稰稰。菱以爲幹，楗以爲壘，棧匕緼幟，壁立屹屹。嵯嵯蒲堤，翰藩攸資，譁然奔潰，曉債其輗。砰磕鼓怒，鹽我腹臍，林礵廬陁，不虺之饑。公瘳鄉里，推餌相饟，人曰再生，非公孰畀。願祝我公，長爲滑砥，一朝梁壞，載歌以涕。令聞廣昭，迄今未沫，我銘此石，永詔無既。

　　光緒十六年。

（文見民國《重修滑縣志·滑縣藝文錄》卷七。王偉）

五峰臺記

　　孟津人謝泰階

　　乙未之秋，余承命司訓滑臺。學署傾圮，廳堂尤甚。再越歲，庀材鳩工，捐俸而理之。由廳堂而寢室、而門樓，莫不改觀。餘礫成隴，益之土而臺焉。暑月之夕，輒啜茗其上，望垣外武湖，瀰瀰洋洋，斜照明坡，垂楊係岸，漁者漁，漂者漂，芻者芻，牧者牧，形可見，聲不可聞，宛如畫圖中人物，洵可樂也。戊戌仲夏，吾族中長者貞甫跋涉數百里來訪，與之登而飲焉。臺頗狹，幾不可容二人膝。貞甫乃愀然曰："籲！此可獨樂而不可同樂，豈吾輩之量哉？若增其規模，某請任其勞。"朝爽而作，熱則已焉。周之以甃，方可丈許。擇石隆起者，置之四隅，石之稍平者，幾焉於中，名曰五峰臺。上可列坐七八。工既竣，暑甚。亟邀友人劉子惕庵、李子華亭、王子靜軒，咸登而引涼。既而，薰風徐來，雨腳遠注，雷音轆轆，電彩飛馳，花氣襲衣，茶香沁齒，秉燭夜遊，樂而忘倦。余乃愀然曰："某之來滑也、友人率贈以詩歌，咸以盡職相勉。苟不能使滑人斯各親其親，各長其長，熙熙然如登春臺之上，僅獲此四五人之樂也。噫！褊矣。"王子乃愀然曰："若農者之樂雨而後可。"越翌日雨。

（文見民國《重修滑縣志·滑縣藝文錄》卷八。王偉）

清旌表胡烈女碑

　　清開州人光緒乙卯舉人劉雲卿字瑞峰

　　烈女胡姓，名荔枝，開州庠生允崿字東巖之第四女。幼許字滑屬之時家寨時氏子。年十七，於歸有日，而時子殤。時光緒二十六年十一月初七日也。烈女聞訃，神如癡，越六日，乘間投環死。及棺殮，顏色如生，家人隱隱聞有香氣。殆昔人所謂以節義死異香滿室者歟。州牧唐公詳請各上憲，聞於朝，表爲貞烈。嗚呼！天地正大之氣，何不鍾于天下之士大夫，而獨鍾於一弱女子也？夫君臣、父子、夫婦，謂之三綱。誠使爲人臣者皆以烈女之心爲心，世何患無忠臣；爲人子者皆以烈女之心爲心，世何患無孝子；爲人婦者皆以烈女之心爲心，世何患無守志全節之名媛也。昔歐陽文忠公作《馮道傳》，引王凝之妻謝氏斷臂一事，非但使已死之馮道知愧，蓋並諷當時之士大夫耳。今朝廷褒一弱女子，亦欲使天下士大夫知所景慕，異日將扶大綱、仗大義，以維持世道人心於不敝也，豈非王化之大端哉？開之協鎮黃公與胡君爲通家，倡言以女屍歸時，合葬於其殤夫之墓、以成死者之志。時氏慨然許之。送葬之日，冠蓋雲集，四方來觀者填塞衢巷，咸嘖嘖稱羨，謂兩姓有榮施。余乃竊歎此事之足以磨厲末俗也，於是，作胡烈女碑。河間姜孝廉有范司鐸於開，聞烈女之義，爰爲之銘曰：

　　坤元毓德，柔順爲長。順行乎健，柔繼以剛。誓不再縷，雖死猶生。衆成厥志，卜吉同塋。鳥化比翼，枝成連理。蕭玉蛩聲，鳳凰臺屹。滅性還真，表正人倫。冰清玉潔，用勒貞珉。

　　光緒二十六年十一月。

（文見民國《重修滑縣志・滑縣藝文錄》卷七。王偉）

斷沙會碑記

　　嘗謂欲興利者必以除害為先，欲除害者必以立法為要。我滑以北，飛沙之為害，由來久矣。而舊有斷沙會，規矩嚴肅，鄰村□□。凡有採一薪，伐一木，以及牧牛羊，常放牧牲者，悉分晝夜，按規責罰，而後飛沙不起，美麗自興，田畝皆開也。斷沙之法，孰善於此哉？然而歲遠年湮，規矩疏忽，採伐薪木者甚多，牧牛羊者亦復不少，甚而無賴之徒，砍樹株，偷竊田苗，以致此害復啟，其怖種此□□麥也，冬日飛沙飄□，□二麥每因以憔悴，其播植此木□□也，春時沙吹噓，百□亦難以葱蘢。各莊首事目睹心傷，公同商議，欲以除沙之害者，非復興斷沙會不為功。於是，公懇邑侯呂大老爺出一告示，特為嚴禁，凡附近鄰村居民人等，一體知悉，自勒石之後，務將牲畜圈養，毋得任意牧放，周圍樹株柴薪，亦莫故意竊伐，倘敢故違，一經查出，或被指控，定即傳案究罰云。□則知今日之斷沙，以較前日私立者之更為嚴善，且也勒諸貞珉，以志不朽云爾。

　　邑庠生員盧宗銘撰文。

　　處士耿永平書丹。

　　清光緒三十三年十月仝建立。

（文見安陽市水利志編委會《安陽市水利志》。王偉）

林州市（林縣）

重修王相巖記

安陽許三禮撰。[1]

余祖司寇公，嘗攜余父宦蜀，躡峨眉、三峽諸峯，每時時作天半想。及歸，望太行山氣，顧謂余兄弟曰："此家山也。後十數年，吾當擇一勝處以終老，學山中草木養吾年。"後拉友探幽險，歷魯班門，遂登王相巖，喟然曰："峨眉、三峽之勝在此矣。"訪古人之遺蹟，知為漢夏馥避世處云。巖之上俯瞰王相溝，行其下者如畫中人，策者、負者、擔者、僂行者、仰睇者。長止寸。峯有九，朝夕變氣色，詭俶奇佹之狀，瞬目百幻。羣山蜿蜒，至巖而折，如螺之旋，磐然以深，而尖者盡出。羽士趙鍊師荒其巔，搆丹室，因以此號九峯焉。峯之西有泉，東流成河，奔注仰天池，形若瀑布，飛灑冷冷，六月沁人肌骨。池之南，山形壁立，林木葱鬱，怪石森立，突怒偃蹇，爭為異狀者，可坐可倚，環列池畔。縣盤谷鳥道而上，東行百餘武，有小庵，石穴天成，此趙九峯開山之始創也。又西北為棧道，斬水為之，半壁懸崖，越兩棧建小樓一，柳愚溪所謂譙門者近是。門內石磴參差欹剞，行者難並趾。門左蒼松一株，霜皮籀文，盤結偃蓋，狀如虬龍，下有石几，賦象天然，傳者以為仙真奕處。巖分上下，造井梯以通往來，架石梁以補山缺。上有靈源一區，取之不竭，置之不溢，投之以石，淵淵作金石聲。巖道古南為對山，九峯之丹爐在焉。愛其幽勝，慨其蓁蕪者久之，後羽士以關牒助遼饟於勒，因並得之，為余家別業。上有玉皇閣、老君殿、山神及土地三聖諸廟，以為巖主，故因並修之。夫山靈始於夏馥，後復荒於九峯，今則為余家別墅矣。數千百年以迄今，山靈豈不有作合之故哉！時甲申歲，家君攜余避於山，日飫觀此巖之奇勝，家君復道其得此巖為別業之始末與增修之事，命余記之如此云。

順治二年。

（碑存林州市石板巖鄉王相巖。孫新梅）

創修大路碑記

邑人明經蘇繼韓

林處嶔峯中，四顧青嵐矗矗，雖高矮層薄不一，總環塞莫可肇牽。子向抵涉，則有古城迤北曹孟德乘秋漲以運木之漳谿。午向隣共，則有岳武穆王戰侯趙川所度之八盤。其酉申迴澤潞，則有斷金橋南夏桂洲曾監剿留題之玉峽。是坎離與兌，尤岨而不甚切於往來，險固不可治，亦不必治也。獨邑東百有十里乃商河，亶甲之相都，魏武、石趙、高齊之鄴

---

[1] 康熙《林州市志》卷十《藝文志》作"郡人少司馬許三禮撰"。

下，於唐為魏博鎮，元彰德路，明改府，至國朝因之，林廼七屬之一。已往古路祇官民之所履，商旅之所經。週年來，大兵南征，多憩于滏陽洹水之濱，炊煙萬竈，錦駟雲屯，峙糇糧峙，芻茭麗動，不億其它荃具釜櫍與璞，需物事倍之，即暑雨祁寒，運送無間於霄晝。每歲漕額五千餘石，亦悉繇是挑負灘鎮水次，從無敢後期。此林終事之，民好義而激於朝廷之好仁，固未嘗瞻跂睆嘆，箕斗望助于玄象，奈之何崎嶇蹭蹬，而獨不見卹於坤媼也。我邑侯慨出百五十金，俾領其役者具畚鍤庀杵，鑿顧匠石，疆以展隘，夷陂刪巘葺缺剛乃磬矣，若磅礴必不可轉費，不至熾炭沃醯㱁乃窨矣，若谽谺必不可埋術，豈能梁黿駕鵲？則舍其舊而新是圖，但安林民之樂，割畝改涂者不聽，其捐無貧富必請庚之，而仍弗虧厥賦，是以不兩月墾而辟之，擴如也。初未募一錢，先是民間不無阻，固風氣利限，戎馬之疑，不知古人木拔道通，增乃式廓者應自有在。況《周禮・合方氏》"掌達天下之道路"，《記・月令》"季春有開勿障，垂明訓焉"。又何不聞南宮縚之駁辛寬乎？此仁侯所以矢志濟物而竟底于成。銘曰：

太行支龍，蜿蜒迤東。岡阜龍從，莎砢殘湊。鬅髽異獸，䮪蹲狖關。介然用之，蹊終匪逵。迫束傾欹，鄰鄰齒齒。艮腓齒趾，歷來莫理。王侯愷衷，捐貲鳩工。鼎革擴允，上旅偕作。摧撝磊硌，霜風捲撑。載培載除，可徒可興。坦蕩寬舒，陰雨冥礙。不輸爾載，歡嘑頌戴。右弔番禺，西取詢笮。遠御何庸，金牛糺亞。瑤鐘龐挶，誇傳智詐。試仰大清，霈慰農氓。斂寂無聲，大德不德。勞謙塞嘿，宜寢礱勒。第虞崩騫，成績變遷。用詒後賢。

（文見乾隆《林州市志》卷十《藝文志》。孫新梅）

澤陽山敕封靜居院重修前後佛殿碑記

夫石碣以記事永傳也。然事無益人心，何關運會？拮事者必目而唾之，深為佛教殃人於不日不陽，人於無可道。在帝治儒術外，另為爐錘，即浮圖創造，正神道設教，博挓天地，不虛耳。林邑太行麓有澤陽寺，肇不可考。自李唐大梁僧來，始為擇居，五代柴氏嘗與存焉。至大宋仁宗治平二年，敕封名淨居院。越二年，僧智選叩閻丐文為記，非憑率見之卓異者乎？至金季，天兵大興，凡寺皆回祿，茲亦不免。噫嘻！萬事前定，成毀無常，乃足開一大悟與！後有僧義公、義闖等人，自東姚徙此。師徒數人，力農持戒，緝理修擴，資悉已出，此殆苾蒭之德慧，並超魏僧知選之流也。傳及大明，山主屬我李氏，至崇禎元年，維叢讀書其中，訪高僧以圖久居，請金燈寺如雷焚修此，師上莊侯氏之子。師徒三人，勤若維謹，操持冰玉。未幾，增修廊廡。至十五年，重修後殿，遠邇咸願輸助。事竣，而雷公從葱嶺遊矣。至大清五年，其徒性偏、性衝，與其孫海臻、海聿、海平、海延相謀曰："後殿鼎新，而前殿頹殘，心曷能忍？"益淬志勵德，鼓舞衆善，血誠所積，天人共悅。師徒不避寒署，晝夜拮据焦勞，群工衆役，輻輳歡呼，不逾半年，而棟宇凌雲，詹阿映日，金像壯嚴，牟尼現光，誰不肅然仰鷲嶺而戴佛天哉？是為記。嗣後，拭觀者知此境經帝王封記存晉，歷德僧之創承修擴，非山之勝，概佛恩之廣大，曷克有此千秋？後尋古而興思倡善，以寵化此物，此至也。

林州市正堂呂應瑞，原任臨洮府推官楊呈彩，舉人郝履端、進士牛君藩、山主李等。[1]

舊朝汝寧府商城縣教諭李維叢書撰。

大清順治七年歲次在攝提上章姑洗上旬九莢穀旦。

（碑存林州市合澗鎮澤陽寺。王偉）

三山講堂記

邑人廣文牛孕傑

三山講堂者，邑侯李公講學課士之所也。公諱賡明，字伯颺，號筠仙，閩之侯官人。宋延平先生後裔，為明經碩儒，衡文饒有巨眼，崇正經術不愧理學。於康熙二年來涖我林，甫下車，觀風校士，特賞土子席儒卷首拔之。是秋，席儒果售。公謁廟日，覩頹垣敗宇，毅然以新學宮為己任。進林士子而謀之，首捐俸若干。鳩工庀材，俾諸生蔿一鵬、李武接、李武承、李成菜、傅璞等董其事，經畫畫制，凡門堂殿廡，先聖先賢之木主位次鼇然備舉，煥然一新。

按我林學宮舊缺，東北一隅外為邑民李珍隙地，諸生釀金購之，建講堂三楹。公朔望率諸生拜謁畢，即入其中講理學、課文藝，作養人材，以示激勸。一時人文蔚起，科第蟬聯，出其門者若劉澤溥。丙午丁未，聊捷讀書中秘田子發，司子一京登壬子賢書，王子襄中辛酉副榜，選拔則有王子瑜、蔡子魁，歲薦則有萬子兆龍、李子暘，諸如廩於府縣兩庠者，咸濟濟有科目望焉。既而公以憂去，諸生登公之堂，思公之教澤，儼然如在。遂於其內肖像而屍祝之，志不忘也。堂在尊經閣之東偏當日，取其便於諸生徃來肄業，因於明倫堂相通，基址非學宮之地，是為記。

康熙二年。

（文見乾隆《彰德府志》卷二十六《藝文志·碑記》。席會芬）

珍珠簾詩

田本沛

匠心何事費神功，手摘銀河掛巘東。光映碧翁渾瀉日，聲掀天柱豈驚鳳。
玲瓏恰向秋前好，清冽偏從雨後朦。入眼靈奇貪不盡，靈奇更想月明中。

---

[1] 以下字模糊不清。

鬟煙翠嶺水淙淙，任是珠飛讓此融。百盡冰簾誰絡素，半天銀浪巧飛空。
潺浮盡出雲迎月，淅瀝敲成雨送風。醉後憑車閑著耳，滿山聞徵複聞宮。

珍珠簾前掛鏡臺
深山許我暑明光，玉女簷前坐與詳。杏字如台疑待月，梨花作雨不凝霜。
隔簾正合窺清影，對鏡偏宜數滑璫。莫是妝成初浴裏，金盆高揭水湯湯。

珍珠簾次前韻三首

邑令李廣明
錯茫曾無貫穿功，長垂不卷小亭東。巧飛玉芠非關雪，輕控銀鉤可待風。
跡密月涵光細碎，蕩搖煙散影空朦。水晶宮闕當前是，誰許淩虛到此中。

石樑瀑布響淙淙，誰似濱紛此更融。千丈冰絲聯複斷，一行瓔珞色皆空。
承來欲借仙人掌，散去時隨天女風。何幸追陪俱上馹，恍疑身在心珠宮。

珍珠簾次前掛鏡臺次前韻
簾前銀樹漾珠光，斜倚妝台照更詳。石壁千丈懸寶月，孤峰一片敞秋霜。
霞天掩映勻脂頰，嵐影參差點翠璫。豈是乘鸞仙子去，史留環佩響蕩蕩。
大清康熙癸卯委季上浣。

（碑存林州市下寺院牆上。王偉）

重修儒學碑記

督學張九徵撰書。

　　林為邑，在太行彰、衛萬山間，故趙魏地也。當漢之季，而杜太尉、郭孝子以名行顯，聞鉤黨事起，林慮之山遂為棲隱之神皐，洎典午迄金源，若庾叔褒、王子端之徒，買田讀書其間。木實、石蓋與夏子治爭烈矣。沿及有明，而馬氏父子風節矯矯，襲其通顯，視彼伏劍，都市變形毀貌者，榮悴固殊焉。事亦有幸有不幸歟！東漢之士好言名節，而不能一出于學校。出于學校，而又能取聖賢忠孝之理，參互辨晰，不至于為之而不知其義，則養成人材之功不可誣也。然則修學以飭治，可不亟歟。

　　余按行中州，所至學舍，或庀或否，甚者道蕪不治，幾罿為馬矢之肆。其治者，殿堂門廡，蛛綱苔封，則亦鳥鼠接跡，無人士之履焉。今夫浮屠、老子、儒者之所欲焚其書，而廬其居者也。然而為二氏之學者，其居甚飭，其書甚設，其威儀進退、俯仰升降、雍容嫻雅甚盛。今號為儒，于是，數者無一焉，而顧乃浮屠老子之為詬厲。可歎也，浮屠老子之宮不治，則無以處其徒。其宮治矣，而為之徒者，或望而去之則怒，然而不敢以寧。今自博士而外，有司朔望，循故事而已，戶外弟子可數也，則何以異于二氏之崇，侈其宮而塵埃其像設者也。余嘗舉此以告守令。

丙午之夏，校士鄴中，則林令李君以修學之牘上，余省而異之。嗟！夫今之長吏有能為政，而知所先後者，難矣。林又僻處，确瘠而貧，芻茭供億，旁午郡國之間。李君為令，獨能導其紳士耆秀以從事，于世之茀而不治者，抑何難也，君固已為其難者矣。林之士將有慨慕於叔榮文舉之事，而欲以學問自廣者，君亦不可不加之意也。夫叔榮之正色何如？子治之親爨煙炭。文舉之供饌何如？敬臣之自為師友。二者非學弗辨，辨之道在于立師，而羣萃之丹青，棟宇之煇煌，未足以塞令責也。使夫士不知學而城闕佻達，學舍雖具，與頹敝等，是嚮者浮屠老子之所羞也，林之士尚勉乎哉？國家道著《由庚》，士既抱材無取，充隱諸生術遵斯路，將有奮其行業而進于公卿者，林慮之肥遯不足為多士告也。是學也，成會諸生，劉子澤溥中鄉會試，選讀中秘書。李君之為功于學也，信矣。

君名廣明，字筠仙，閩之侯官人。

康熙六年。

（文見民國《林州市志》卷十五《金石》。孫新梅）

邑侯李筠長生像贊

牛應徵撰。

劉澤溥書。

王鼎題額。

贊曰：猗歟其公，象賢延平。秋月外朗，冰壺內清。有道之容，仁心為質。既愛且威。允溫而栗。勞勞撫字，灃灃恩波。民歌愷悌，士樂箐莪。高山在望，霽月光風。十載瞻仰，永壽泮宮。

康熙八年秋。

（碑原存林州市三山堂，文見民國《林州市志》卷十五《金石》。孫新梅）

創立藥王五瘟廟碑記

蓋聞作善獲慶，理所不爽，壇土遺之設，自古皆然。其村之東，地傑人靈之所也。自順治十六年立廟一間，基址卑隘，實不堪以棲神也，宮殿狹微，亦不足以壯觀也。而忽有本村人等悲流兩淚，惻然議曰："惟神坐鎮一方，威靈感應，忍此卑隘而棲神乎！吾何忍以坐視哉？"遂領衆善人等復發虔心，捐資命匠，建大殿三間，諸神充塑其內。中則藥王、藥聖，左右五瘟矣。尊神金妝點口，光彩輝煌，廟貌煥然一新，精宇俞美前烈，單向之卑隘者而有重修之盛，狹微者而有象魏之勢。觀其外視其內，神威凜凜，聖像巍巍，則其繪事之人，咸良工者也。由是自茲以後，此廟立，家家安樂，戶戶康寧，而神之庇佑，抑豈淺淺者乎！是功也，起於康熙八年之冬，完於十一年之春。今因厥功告成，恐其世遠年湮久而泯也，刻石彰善，以垂不朽矣。

康熙拾叄年柒月立。

（碑存林州桑耳莊藥王廟。王偉）

重修湯王廟碑記

豐潤人縣尹陳如升

今皇上御極之十有六年，余奉璽書尹茲隆慮，夙夜飲冰，思所以和神人，格幽明，欽翼祗承敢隕，越今治，民祀神三載於茲，不敢云以成績上之彤廷，自矢告無罪於此邦山川土田，念國家以屢豐為上瑞，小民以墉比為幹，年政不節歟，吏不謹歟，作奸犯法者眾，而利弊興除，協於輿情歟，欲其三時不害而時和年豐也實難。在昔成湯六事自責，禱乎桑林，以惠我蒸崇祀於帝王廟中者。惟天子得而祭之，獨邑南關東隅舊有王廟三楹，歲久傾圮，舉囊之丹碧輝煌，鳥革翬飛者，半淪於衰草寒煙，余歲一展拜其中。捐貲更新之，經營規畫，不煩庶民。甫五六越月而工竣，輪奐改觀，塘垣軒舉，增其式廓，聖敬靈爽，赫赫在茲。己未，步禱昭格，今歲境憐壤憂水旱，此邦獨祥占大有，安知非智勇，天錫之主所潛浮而默佑者耶！吾民擊土鼓，舉蠟祭，報賽有歌，而後螟螣無恙，亦惟於盤銘幾杖間尸而祝之可矣。踵其事而光大之，春秋匪懈，享祀不忒，是在後之君子。

康熙十九年。

（文見乾隆《林州市志》卷十《藝文志》。王偉）

柏尖山廟砌崖碑

柏尖頂自大宋以來，古剎仙境之地，年深日久，崖潤崩勒［裂］。三仙聖母廟宇毀壞，本方善人郭金玉、郭許水發誠心，串化四方，二十四年，包崖到頂。二十五年，重修廟宇，勒石傳後。

大清康熙二十五年丙寅歲四月二十日立。

（碑存林州市原康鎮柏尖山。王偉）

重修尊經閣記

王鼐撰。

趙廷珪書。

五曜燭天，而天心不晦。五嶽鎮地，而地軸不傾。五經與人，而人心不泯。故遞嬗古今之統者，道也。垂明聖人之道者，經也。經之於人，如五曜之於天，五嶽之於地，不可一日滅沒，其為萬古之所尊也，尚矣。經始於羲堯，備於夫子，後火於秦，黃老於漢，蕪漫龐雜於唐，至宋而濂、洛、新安倡明聖教，天下後世始知尊經，是以郡國學校咸藏其書於聖宮，尊經之閣所從來遠矣。國家聲教覃敷，文德與武功并懋，東西朔南罔不率。俾週乃教化齊壹，聖天子躬自臨雍，釋奠於學，命大司成講《尚書·堯典》，一時環橋而聽者萬餘人，因博選鴻儒以備顧問，頒《四書講義》於學宮。猗歟！休哉！崇儒重道，好古尊經，絜之往昔，未有盛於今日者也。鄴下為畿南股肱重郡，林邑屏翰於西，俗儉而樸，士愿而醇沐浴，夫師儒之雅化，賢尹牧之教養者久矣，而尊經閣歲久基頹，鞠為茂草。瞻仰於宮墻者，慨為缺典，顧起倡鼎新之舉者，實為邑人趙氏，諱天保。趙君昔固遊於學宮，薦於上庠，候選別駕者也，有五丈。夫子能以《詩》、《書》紹其家，此一尊經之明驗也。閣成，適值常熟趙父母令茲邑，登斯閣而喟然曰："美哉！教養之地也。學道愛人，竊有志焉，敢不佩宣尼夫子之明訓，以治斯邑。"蒞政以來，案無留牘，堂有鳴琴。俾農安於畝，商安於市，士安於學校。行其野，如古壽丘焉。行其庭，如古中牟焉。遊其學宮，聞古絃歌之化焉。其於尊經之典，不啻三致意矣。復修梓潼閣，與尊經閣并峙，將使文教聿興，儒風大振，所關於人文之化成者，豈淺鮮哉？閣成，而未鐫石，以俟吾父母之政，成報最也。今公之政已成矣，最已報矣，學道愛人之教已盛行矣。邑之士子同請勒諸貞珉，以傳不朽云。

康熙二十五年。

（文見民國《林州市志》卷十五《金石》。孫新梅）

湯右曾詩碣

湯右曾撰并書

將遊黃華，會病不果，寄題四絕句：

世緣道味本難兼，方丈維摩病轉添。夢到西山看飛雨，一條倒掛水晶簾。

避暑宮猶故址存，炎天冰雪瀑流翻。晉陽萬騎圖中見，霸氣西風賀六渾。

何處天花引佛幢，數弓閑地拓春窗。此身只合鍼鋒隱，底用山僧四十雙。

片石莓苔劫火餘，王郎妙墨此何如。林慮山下秋風早，滿谷黃華夜讀書。

（文見民國《林州市志》卷十五《金石》。孫新梅）

修濬桃源黃華洪峪渠道記

建昌人熊遠寄

元至元五年，知州事李漢卿鑿渠導天平山水，自西南引入城濠，人汲甚便。明弘治十七年，提學副使王勅鑿渠，導黃華山水，自北引入城濠，與天平山水合，立碑曰"廣會泉"。後二渠皆塞。萬曆十九年，分巡河北道李公廷謨開渠鑿池於舊南池之右，引天平水注之。至二十一年，知縣謝思聰以本池狹淺滲漏，捐俸加濬，鋪砌灰石，蓄水不涸，題名"阜民池"，民咸便利。十九年，知府何鯉以黃華水分引，灌溉者十一，入池中者十九，榜示修舉，自源頭開至城外西北隅，建引水石橋二空，買民地一畝，鑿池蓄水，以便城西汲取。曩之所謂廣會泉，又分而為南北池矣。北池久廢。順治十七年，知縣王玉麟濬黃華舊渠，重修過水橋，引入北關，注於城濠，東北流。時南池亦廢。順治十六年，府經歷洪寅署縣事，引桃源水，由元都觀前東流，注南關阜民池，引入南門，過縣衙，注學宮泮池，流出東門城濠。堪輿家言，闔邑風水所關，往時長流，科第極盛，後壅塞不利。康熙二十七年，知縣徐岱詳請疏濬，照舊灌注。未幾，黃駿果登賢書。又新濬洪峪澗渠，下注辛安池內。嗣因連年亢旱，桃源、黃華、洪峪三水，斷絕不流。康熙三十一年，知縣熊遠寄修濬，渠道堅固，三水復注，有便民汲，次年，牛孟圖又捷秋闈。士民立石紀之。

康熙三十二年。

（文見民國《林州市志》卷十七《雜記》。孫新梅）

重修觀音堂碑記

嘗謂廟之設，風脈賴以坐鎮焉。士女藉以祈禱焉。林邑迤北五十里許，曰桑耳莊，以前舊有觀音堂一所，係古剎也。百煙之下，石梯之上，東有花山，西有滴水巖，岡嶺圍護，澤水邊〔環〕繞，沐其及矣！歲月屢更，不覺年深日久，晝夜之棱，難禁風雨損壞，塵土滾滾，弗辭神像殘毀，目睹心傷。適有本村善人桑居洪、桑居法惻然念，謀於眾人，同議修理。盡心竭力，各捐資材，出放數載，集聚成功。修於康熙四十柒年。眾曰從前不知創自何代。幾口乎一間。眾曰□□□欲寬回洪，終日躊躇，不憚其勞法，忘食忘寢，不辭其艱。募化眾人，或施木植，或助米麥，或舍資財，同德同心，不數月而殿宇告成。一以見人力之所為，尤以是神中之默佑，猶慮焉。於是，命匠鳩工塗丹之，不數月，金碧輝煌，煥然一新。恐日遠事湮，托文於予。予亦歡然，聊表數語，以垂後世不朽云。

馬天泰撰文。

桑秀榮書丹。

康熙五拾叁年陸月拾玖日仝立。

（碑存林州桑耳莊觀音堂村觀音堂。王偉）

重修普濟橋序

嘗聞夏令曰："九月除道，十月成梁。"乃知橋梁之役，所以通商賈而便往來，盡人力而補造其利，人之念誠公以普濟世之功，猶深切遠也。我馬兒平村之東鄙，有茅涔河一道，東南澗水，共趨於茲。時逢陰雨，洪流浩瀚，行其塗，歎厲揭維艱者有之；至其涯，嗟停驂莫渡者有之。故先是有生員王君諱塤者，與善人牛如麟慨然首倡，於康熙三十四年，約本村諸善士，同心戮力，創建石橋一孔，闊丈餘，長則十步有奇焉。所以四十年來，此有安驅之樂，彼無險阻之憂，雖遇河水彌上，儼若履道坦上矣，可不謂一勞永逸哉！迺不意雍正十一年六月十三日，會大水暴怒，汹湧澎湃，將橋之西半，遂衝突殆盡，斷岸殘壁，道路莫通，行人依然苦之。於是，傅君諱生萬，生員王君諱鳳圖，與傅韓、孫相、趙二君，復糾合同志，踵事增修。廣大其制，壯麗其觀，自春徂秋，閱六月而工告竣焉。是役也，不墜先王之典，義舉也。克繼前人之志，孝解行路之艱，仁也。一事而二善俱備，顧可湮沒而弗彰乎？因不揣愚謬，謹序其始末，以俾永垂不朽云。

邑庠生員程大儒撰書。

皇清雍正十二年歲次甲寅十一月丙子日吉旦。

（碑存林州市東姚鎮馬平村東。王偉）

天險刻石

雍正乙卯仲春

天險

觀察使滿雲鵬

（原刻在林州市姚村鎮寨底村寨門、山腰、山頂三處，今無存。王偉）

修湯王廟碑記

丁永琪

方今聖天子嗣大統，四海乂安，百神效靈，猶念萬方赤子永享樂利。凡地方嶽瀆社稷，為民禦災捍患者，加封追祭，無不虔潔仁孝繼承，彌篤彌光，時和而神降康，理不爽也。更荷院憲尹大人暨各憲勤恤民瘼，有典必興，飭各守令搜尋名祠，倡捐修，舉嘉德，交孚同一，輯寧撫綏之至意。林邑城南半里許，舊有湯王廟，村民旱潦疾厄，求禱響應，多歷年所矣。夫何棟宇傾圮，聖像露處，春秋例祭，瞻拜於榛莽瓦礫中，官斯土者，其何以安？丁巳四月，余涖任茲土，即思塗茨之，丹臒之，以妥幽靈。公冗甫集未既厥心，越戊午請之院憲，報曰："可。"爰捐俸倡率會議興工，而同事紳耆六七人慨然襄事，庀材鳩工，閱五月而落成。嗟夫！成民而致力於神，以神之惠我民也。商家五遷厥邦，不離大河南北，王之視中州老幼宛如故鄉子弟焉！憑依而棲若居，拊摩而給若求，息機相通，不比緇黃，結搆明矣！我林人敬王愛王，集絲成錦，安其殿新其像，百諾一呼，尅日告竣。殆有啟斯翼斯，默默相之者乎！樂堂殿之興復，彰憲仁之留遺，而並以忻余志之不虛，爰載筆而為之記。

乾隆三年。

（文見乾隆《彰德府志》卷二十六《藝文志·碑記》。席會芬）

重修下覺仁寺記

環隆慮皆山，而西麓行山者為最高，層巒雲橫，秀壑屏開，邑諸名勝咸於是在，而黃華谷則其猶著者也。大凡宇宙之名勝，雖天造地設，非人為不備三才之道。然則黃華谷中，山之高，水之秀，景之奇，胥由天地生成，而覺仁、王母諸祠，皆人為也。遠莫考所由創矣。自順治二年，有邯鄲縣宋君諱天喜、磁州郭君諱如好者，來此重修焉。後又與邑人孫君諱昌徹者，重修數次。黃華名勝非諸君盡人之力，則天地鍾秀之區，何其不蔓草荒煙也哉？近年未，下覺仁寺又殿宇傾圮矣，郭君之孫鶯、孫君之子鰲用，繼先人之志，捐資效力，募化興建。自丙寅年四月起，至丁卯年十月止，中佛殿、天王殿、兩配殿，依次落成，煥然一新。下覺仁寺居山之麓，列谷之口，游黃華者欲觀玉峰而會金仙，上珠簾而沾飛雨，仰鏡臺而望春色，窮避暑之宮厥，賀覓之遺迹，於是乎始斯寺不廢，其為名谷增勝多矣。其敢忘兩君重修功哉！造物開置名勝，必待有人焉為之修飭。人謂此造福也，豈知亦氣使然，而三才之道所由備。於是為序。

時乾隆十二年十月吉旦立。

【大雄寶殿柱聯】

佛生西域天運開泰

聖教東流地氣效靈

（碑存林州市城郊鄉黃華寺。王偉）

水陸五佛雷音以及伽藍達摩諸殿序

嘗考之邑乘，隆慮名寺雖多，而最上者唯四，姚社興國其一焉。樹林環抱，泉水瀠洄，其西南諸峰，隆崇律崒，勢若連珠，尤堪入畫。然不唯寺外之景況頗佳，而寺中之規模亦畢巍然。端居者，雷音及水陸也；屹然對峙者，伽藍與達摩也。其地宏敞，其致清幽，與治北盤陽、武平諸勝概，並垂不朽。洵有司來矣，故說者謂帝堯巡幸，嘗憩息於斯。竊思此地，當堯時荒僻殊甚，荊棘叢中，鸞輅何由而至？其說似未可深信。又有謂偽晉姚王諱萇者，曾於是，就梵宮作避署處焉。此在明帝以後，佛入中華，寺宇漸啟，其說庶乎近之。但盛衰無常，興廢不一，水陸殿經明季流寇火焚，殿宇神像悉為煨燼。一修於順治十年癸巳，一修於康熙三十三年春月，碑銘備載，可考而知也。至五佛殿，自元時大定至大明成化亦重修，至再唯雷音之修，並無殘碑片石可據，僅見之檁枋，時康熙二年癸卯歲也。迨今上乾隆御極以來，歷年久遠，昔之鳥革翬飛，金像莊嚴者，幾墜頹殆盡矣。於是，寺僧祥印與祥昆、登望、清朝、清陽等十餘人，盡傾公田所積之糧，乾隆三年，補葺水陸，始於仲春，告竣於季夏。越明年己未，復會集姚川諸善士，或司庫，或督工，或募緣，同心協力，共修雷音，迨五年庚申夏四月，五佛殿亦告成焉。伊時，伽藍、達摩二殿，非不欲相繼而並營，第念三年之間，工役浩繁，動槖已久，故延至乾隆十四年，始更其制而廓大之。獨雷音殿廟貌雖新，佛像猶舊，因於十五年庚午麥秋後，復為金妝之舉，前後左右，金碧交輝。此雖衆僧之辛勤，實諸檀越贊襄之力也。爰命工勒石，以旌善良，俾後之踵事增華者，亦將有感於斯文云。

邑庠生員程大儒撰書。

大清乾隆十五年歲在庚午季秋丙戌吉旦立石。

（碑存林州市東姚鎮南庄村。王偉）

打井碑記

林邑山高石厚，水缺者多。東姚北灣村歷村亦無井。始乾隆十三年春，合村共議穿井，欲興水利於無窮。有善人李抱瑞、李瑞才、李樸等慨然所首，事烏己任，故徵延慧眼潯猶吉地。衆戮力不單其勞，至乾隆十三年夏月，水泉湧出，功成浩大，利永千秋，故刻石以垂不朽。

計開井地八分，係索姓原業，井成合村公買擴值，大錢六千一百，交足不欠。摘糧四分．永無差池。

大清乾隆十九年四月二十四日吉旦。

（碑存林州市東姚鎮磁選厂北機井房西牆上。王偉）

立賣契碑記

　　洪山者，乃謝公管道之所經也。渠源出自甕洪，開於有明萬曆丙申歲，其間興廢不常。至大清雍正八年庚戌歲，渠又壅塞無跡。合渠士民公稟張公重修管道，其水伏注辛安池。後衆村欲為久遠計，各出齒積，買到洪山山場一處，收其所出，以為每歲修渠之助，恐年遠無稽，爰勒買契於左。乾隆二十年八月十九日，立賣契□王國寶，因照理不便，今將買到磁州張易庵洪山山場一處，東至洪王堤，西至金燈，南至二道山，北至北山凹，四至明白，土木石相連，原地原糧，同官產行李榜說合，情願賣於邑南謝公渠永遠為業。時估價銀壹佰兩整，當日交足，其糧照捌拾畝下地過摘，兩情兩願，各無異說，恐後無憑，立賣契存證。□□生員李鴻績正，此碑與辛安碑同。

　　邑庠生員鄭國良書丹。

　　大清乾隆二十三年歲次戊寅年仲春。

（碑存林州市合澗鎮南庵溝謝公祠院內。工偉）

庚颰劉公墓表並銘

　　公姓劉氏，諱獻表，字賡颰，太學生。始祖諱世佳，明初，自山西壺關縣遷林州市之石陣村，有隱德。世佳生輔宗，輔宗子諱失傳。孫，諱升。升生璋，璋生文喜，文喜生臻，葬村東。臻生滿餘，滿餘生永清，永清生啓文，壽百歲。生敬，字欽吾，皆以義行聞於鄉。欽吾公生子三，公其仲也。欽吾公治家儉樸，蓄積維厚，其老而倦於勤也，出所蓄分給諸子以觀其才。公承受後，早作夜思，經營有法，數年家益昌大。公溫仁醇厚，於人恂恂，雖奴僕不加辭色。樂施濟，遇歲歉，族聆賴以全活者千百家。嘗有遺金於道者，公爲守之，以待其人。其人至，擬析金以報公。公曰："子以吾爲金而待子歟？"弗許。其人受金感謝，稽首而後去。公哲嗣三，晚年亦析產授之，以試其勤惰。有稱貸於公之子，貧弗能償，心常抱歉。公爲代償之，其子弗知也。夫不爲子討而爲人償，非好行其德者其孰能之？及公之疾也，自知不起。出其生平人負之券，盈尺許，將火於庭。或勸止之，公曰：烏是非爾所知吾子孫也。才留之，無以加吾子孫也。不才留之，則遺累於人。於是，焚之，經日不息。遠近聞之，咸刻銘心，感激至有泣下者。乃不旬日而公卒，時乾隆十九年九月初三酉時也，距生於康熙十二年三月初二日子時，享壽八十有二。既卒之，九年十月二十一日卜葬於石陣村之南岡，以德配宋孺人祔。子長文光，太學生；次國光，太學生；又次觀光。女，適生員張勉。至今諸孫或策名成均，或螢聲序，或就傳肄業。濟濟英俊，未可量矣。始歎公之積德厚而流澤長也。銘曰：

　　富而不驕，積而能散。義重鄉里，髦椎悉感。

垂裕後昆，子孫蕃衍。佳城永安，芳名不卷。

乾隆二十八年次癸未小陽月，汝州訓導晚生于執中頓首拜撰。

（文見《林慮劉氏族譜》。王偉）

清朝國學生田公（畇）之墓

【蓋文】

清朝國學生田公之墓

【誌文】

國學生田公諱畇，林州市人。父諱發，字其祥，康熙壬子科舉人，原任廣東清遠縣知縣，歷任廣東石城縣知縣。皇清勅封文林郎。母王氏，封孺人。葬南營村莊南。生於康熙七年五月二十五日卯時，終於雍正元年五月初一未時，葬於下陶村東北二里，壽享五十六歲。娶閻氏，歲貢生閻壽祺長女。繼娶樊氏、梁氏。子二人：長光宗，監生，娶己卯科舉人江南建德縣知縣張騰鳳三女。次光祖，監生，娶生員李清泰四女。女一人，適儒童楊泰。孫四人，光宗所出者二人：長中孚，監生，娶監生李斯恭五女。次中芳，娶監生黃獻庭次女。光祖所出者二人：長中南，次中山，未聘。孫女十一人，光宗所出者五人：長適監生劉一元，二適儒童李栢齡，三字儒童郝永儀，四字王國壁，五未字。光祖所出者六人：長適儒童薛珩，次適儒童劉銘，三適儒童董乾輝，四、五、六未字。增孫二人，中孚所出：長祁貴，娶生員劉一士長女。次祁祿，聘監生元琮次女。

乾隆三十三年二月誌。

（拓片藏河南文物考古研究所。李秀萍）

補魯班壑路記

隆慮魯班門，天造地設一巨壑也。其間出入之路，雖非康庄衢道，然雌雄新蒸，奇香異草、仙藥遍山矣！一切木材物料，日取給予其中，以往來輿途者，前呼後應，趾接肩摩，不可以記數也。人云要道也哉。邇來，陵谷變遷崩塌，且往來之人苦於攀緣，誠濟人利物者之所以宜惕然動念也。維時蓋古曆丙辰，詢課於衆一呼百應，募糧鳩工，三月告以斷乃□矣。費不至熾沃，醯念乃睿矣，術豈須龜梁架鵲，由是居高下入蕩平，平行以夷，幽人貞吉矣。此舉徒驗人心之善、風俗之厚歟！即工維艱道路之修理，先人懷除道之遺意，亦并見其恪遵而克□也。是為記。

大清乾隆三十三年歲次丁亥孟春吉日。

（碑存林州市石板巖鄉魯班壑東口巖下山神廟內。王偉）

重修牛王五道土地神創建石臺碑記

　　林慮南西獎村，舊有牛王、五道、土地神祠，不知創自何代，國朝重修者數。迄今年寐日久，風雨傾欹，廟宇傾覆，神象剝落，過斯地者，莫不目睹而心傷焉。有本邨逯天培復念重興，鳩合衆善人，各捐己資，翻瓦廟宇，金妝神象。復于祠前建立石臺，以為春旗［祈］秋報歌舞之所。不一月而告竣，勒石垂後。遂爰筆而寫之記石。

　　邑庠生員于渭撰書。

　　乾隆肆拾年歲次壬寅暑月吉旦。

（碑存林州市澤下鄉西獎村東戲樓內。王偉）

重修雨花寺碑記

　　儒釋既分，世人或佞佛或謗佛，各相持不下，皆非也。漢明帝遣使天竺求佛，中國始有空門。其後，唐憲宗懿院遞迎佛骨，其來已久，儒者多詆之，何哉？釋與誠不敢謂宗旨合一，而會而通之，存乎其人。昔周茂叔與胡文恭同師鶴杯寺僧游，夫之學，原本禪理，雖吾元晦朱先生曾有坐禪詩，佛不喜佞，何容謗耶？予束髮受書來，家訓謹嚴，去此僅三里許，未嘗偶至。逮己丑天貺節，同里中諸父老攜酒為避署飲，攀陟洞中，賦"一徑凌空險，群峰入野低"之句，已而，訪尋故址，第從方丈內，金像五尊，始知精舍凌誇於今，已百有餘稔。愴然曰："鹿苑獅林，竟為豺狼窟穴，奈梵音絕響，白馬悲鳴何？"諸父老惻然有鼎新意，爰是善念勃興，四方協助，丙申自春徂秋，而廟已成焉。禱神拈鬮，得名雨花寺。蓋自舊殿廢，而神奉置南平民舍八十年，遷興復寺者三十年，又迎歸方丈近二十年，而今始得攸居。予來游其地，謂社人云："盛剎清幽，可供游覽。"自今後，或過竹院而談心；或烹井泉而啜茗；或借讀傳燈，剪髯蘇之燭；或臨書貝葉，籠逸少之鵝，足令人欣然忘返。矧松間鶴韻，山外鐘聲，更清人鹿冑也。因囑余作記，余何能為記哉？佛之廣大慈悲，余無庸贅；僧之浮林車錫，余不能言。至讀其書，若三昧、六如、三十二相之說，如以葉舟泛滄海，茫乎不知其涯，於是，自慚孤陋矣。不過窮顒溯霞委詳其一時起造之由，記事列名，綜厥十方檀那之力，俾後也知厥考焉，如是焉而［爾］。

　　大清乾隆四十一年歲次丙申仲冬上旬吉旦立。

（碑存林州市采桑鎮狐王洞村雨花寺佛殿前。王偉）

大駝嶺修路碑記

【額題】萬古流傳

　　竊以林邑北陲前降厚而陟，獻後厦坦，而歷山名之曰"大駝嶺"。地當南北之衝，多徑求之苦，坷羅磅礴，為徵人所憾，而竭力修治，實賴有人焉。爰有大駝寺僧人德林勳激善念，同諸徒真福，遂欣然而喜曰："予蓄心久矣，乃無力修補。"於是，募化十方，同歸才善，命工鑿石，險補平鋪，從此而率彼周道，行君垣途縣城，余師徒一快心事也，聊刻石以誌，不敢云誇爾哉。

僧人德林暨徒真福。

涉邑儒童牛沛林撰。

大清乾隆五十六年五月二十八日。

（碑存林州市任村趙家墁村。王偉）

修渠告示碑

若林州市正堂加五級紀錄十次王且禁約事：

縣治之南十里許，有謝公渠一道，源出自甕洪。明萬曆丙申，邑侯謝公諱思聰始開渠，引水便及民活。石其歷年久遠，興廢不一。雍正八年，渠道後塞。前後張公諱受長，從士民之請，為修濟利民如故。乾隆二十年，沿渠村衆，欲為久遠，公買鄭國良洪山山場一處，課其所出，於資修葺，誠善事也。至乾隆五十年，邑人飲水思源，相與釀金。請於前宰曾公，初建謝公祠。又□人廟祠，招僧人清福住持。其所置山場，向係生員鄭國良等經理。今鄭生年老，□□住持清福□司，誠恐無賴人等視弱門業可欺，將祠產樹木侵越戕伐，亦未可□，合行示禁焉。此示附近鄉地及居民人等知悉，謝公祠山場，東至窰頭頂，西至獅子山，南至分水嶺，北至梁嶺頂，場屬祠產，所有林木果樹，不得擅行砍伐。倘敢故違，該鄉地住持等即指名具稟，以處追究。該鄉地如有徇容，一併究處不貸，各宜稟遵毋違。特示。

大清乾隆五十八年六月二十日示。

實貼洪山祠。

住持僧清福依奉公立。

（碑存林州市合澗鎮南庵溝謝公祠院內。王偉）

重修三皇廟碑記

天開於子，地闢於丑，人生於寅，三皇氏其或仿此而得名與。然唐以前，荒遠不可考矣。《祭典》云：能抑大患則祀之，有功於民則祀之。天皇出而輕清者上浮，地皇出而重濁者下凝，人皇出而芸生者遍天下。夫廟者，肖也。立廟以祀，豈為過歟？邑東北十里許有村曰賢城，邑北門孝感因之而得名者也。村北偏舊有三皇廟，年深日久，風雨飄搖，頹毀矣。社首等念莫為之後，雖盛弗傳。僉謀於村衆，□□者□之，缺者補之，不無有光前人哉，亦以存繼矣之意云爾。是為之記。

乾隆五十九年歲次甲寅季冬吉旦。

（碑存林州市陵陽鎮西賢城村。王偉）

重修黑龍廟碑記

　　天下事，有其舉之，不可廢也。況神變化水下，出而為沛，澤民生之神祠哉！雖莫為之前，猶當擇地以供馨香，幸而遺址，竊然其不可使之零落於荒煙蔓草中也。林邑西南離縣城二十里，有桃園村，又西進五里許，有黑龍潭。黑龍潭勢接行山，峭壁千尋，形居深澗，幽崖百丈，臨岸俯觀，淵深莫測。父老傳聞，神物處其中，時逢亢旱，禱無不應。舊立神廟三間，拜殿三楹，所以妥神靈便禱祈者也。創建不知何時，重修七次，皆有碑碣可稽。迄今風雨剝蝕，殿宇頹殘，神像罔依，行者生悲。有墨灶村金公諱學士者，念龍神興雲布雨，萬民荷澤。不忍坐視，頓興善念，欲為修葺。奈功程浩大，孤掌難鳴，約周村諸公議，諸公從蓄此念，慨然樂從。派桃源村郭公諱湧為社首，又派副首數人，共舉善事。因年景屢荒，難於募化，特具呈邑侯王太爺，侯以已舉沐奉牲，往禱四次，無不立應，欣捐俸金，以為衆倡。於是，遠近村鎮，無不樂施，同襄盛舉。自甲寅年二月二十五日興工，十月初三日告竣。至今廟貌巍然，神像炳若。衆皆鼓掌而歌之。歌曰：

　　瞻彼清潭兮，淵乎莫測。施我甘露兮，欣然咸悅。於此興作兮，羣志竭蹶。而今落成兮，聊酬德澤。爰志貞珉兮，不可磨滅。

　　大清乾隆六十年歲次乙卯閏二月下弦合社仝豎。

（碑存林州市城郊鄉郭家園村黑龍潭廟內。王偉）

重修望仙橋記

　　戚學標撰。

　　余數以公事至林邑，南鄉主三井村郭姓，主人貢生士冠，邑詩禮家也。環村前後，桑麻陰翳，廬舍相望，有橋穹然起，高三丈餘，長二十八丈，闊亦幾三丈，俱甃文石，遠視如虹跨水，瀺灂鳴其下，計費億萬，築需數年，甚難。其工之巨而能成。訊貢生，水何名？曰洰水。以來自山西淅水村，又稱淅水。南小山何？曰神山。其前則龍堤嶺也。橋何名？曰望仙。以媲於蜀之升仙也。訊橋巓末，曰是為自北而南之孔道。每秋潦發，水勢坌湧彌望，為行人阻。康熙七年，里人募建，以濟往來。乾隆間兩修，旋齧於水。今嘉慶二年又重修。問修者何人？曰某世家。此先人董此役屢矣，茲工之興，又堂兄名士超者首創捐輸，因以告助遠近，積五年心力始就。倚北阜為柱基，錮以西山之石，堅固視昔有加，難亦視昔而倍，願得公文記之。余讀《衛詩》有云"在淇之梁"，又云"在其之厲"，解者據《水經注》云，《段國沙洲記》"吐谷渾於河上造橋，謂之河厲"，厲即橋之屬。《匏葉》

章云"深則厲"。《說文》作"砅"，履石渡水也。據此，砅、厲古今字，亦橋也。沾水出壺關，東入淇，並見《說文》，蓋與淇異源而同流。人慮行道之阻，於有水處，必為橋以濟。今淇流所經，故跡盡湮，見邑誌者，為斷金橋一記。感今思昔，此橋當與淇泉永傳矣。若郭公者，其功抑又不可沒已。

嘉慶二年。

（文見民國《林州市志》卷十五《金石》。孫新梅）

移建送子觀音閣碑記

蓋教術之分也，儒釋道分焉，即釋與佛又分焉。觀音大士乃慈航道人，興釋門而成於佛教，則禪院之皈依大士，宜哉！洪峪山自謝公開渠因建刹居僧，俾修治水道送出山口，興水利非以崇釋學也。然非住持則無以治水，非梵宗則無以蓄僧，一時香花備盛。雖幾經兵燹，而塔下之遺像猶留。天甯寺禪師清公掛錫此山，議鋪石渠二十七里，直注水辛安池。功雖未畢，而兆造有基。邇者匯清檀越，募化四方，建閣五楹。移觀音像於中，又塑佛祖於上方。奈功程浩大，起自戊午，越庚申春，錢糧中匱。幸有善人侯伏現，身先倡衆，竭力維持，閣乃告竣。其他墓廟，留為異日之舉。姑為落成而問記於余。余曰："前事者，後事之師也。終事者，始事之望也。"茲閣之建。因待踵事增華，使墓廟無美不臻。然而，余之意猶不止此，必寺之興萬古如新，而後渠之建，亦萬古如新，必寺之盛，增修盡善，而後渠之成亦增修盡善；昔許景山修蕭何之故堰，趙尚寬修召信臣之故渠，其事何再見於後世哉？況神功普濟衆生，固將分南海之波，以興西江之涸。大士之供奉，尤非無與渠事也。興功之首，年餘以驗。看就教事至省垣，讀相國寺碑文，以謂佛教非治政所關，而公廨居中意，主於課吏。觀音閣之再造，興水利非以崇釋學，此物此志也。勒石以志，斯則謝公之所。嘿！鑒而余援筆應命之意也夫。是為記。

大清嘉慶五年歲次庚申九月吉旦。

【佛閣石柱聯】

出南海駕祥雲霞光萬道

淨水瓶楊柳枝灑遍乾坤

（碑存林州市合澗鎮南庵溝北坡上觀音閣東邊。王偉）

射斗劉公墓表

歲庚申，余妝館林慮，攜青藜社友，偶憩柏墳之旁，因讀庚颺劉公墓表，種種義舉，美不勝收，不禁悚然起敬曰："善行如公，後之人必有克肖其德者乎？"今歲夏五月，為射斗劉公立墓碑，其孫聘三君囑余為表墓。考其世係，公諱文光，射斗其字，即庚颺公之長子也。善人之後，復生善人，固不問而可信者。但恐不得其詳，舉一漏百，是欲表之而反掩之也，烏可以不慎。適余社友青藜在座，而對曰："吾嘗聞諸父老而得其大凡矣。公賦性醇樸，有古人風。與人交，訥訥然如不能出諸口。事無大小，一以敬慎出之。"其持己類如此。余曰：是有合於謹言慎行之道也，可表者一。又善於持家。賫颺公傳世後，早作夜思，外而課桑問麻，內而訓弟教子，俾父得以優遊餘年，毫無牽累。余曰：是勤儉而兼孝慈者也，可表者二。至其於物相接，藹如春風，不為疾言遽色，即有忤之，怛然受之，不與較。人服其器量，故遠近稱為長者。余曰：在醜夷不爭得禮讓之意焉，可表者三。更有不可及者，與兩弟同居時，一切勞苦艱辛之事，力任不辭。田園賴以擴充者不下數倍，終無一毫私蓄。迨析產後，其子騰霄公稍稍成立，遂急流勇退，與二三知己放懷山水間，家計瑣屑，一概弗問。余曰：不薄弟而厚子，能勞始而逸終，是所謂至公無私知足不辱也，可表者四。有此四可表，誠足以肖賫颺公之德，而無愧為善人之後矣。其子孫之世享豐厚，克振家聲者，大抵射斗公之力居多。青藜曰："唯唯。"余因敘其事而為之表。

公生於康熙三十三年十二月十七日，卒於乾隆二十年七月十三日申時，春秋六十有三。配潘孺人，早卒。李孺人。子一，步雲，太學生。女二：長適王，次適張。孫二：抱珍，候選直隸州州同；抱金，候選布政司理問。或英偉異常，或賦質忠厚，蓋能世其者。

嘉慶八年歲次癸亥六月上浣。

候選直隸州州判世再侄賈銘頓首拜撰。

（文見《林慮劉氏族譜》。王偉）

修建戲樓碑記

凡神前戲，感靈應也。演於樓，防風雨也。我村自乾隆十年，有社首李曉，同社眾創造戲臺一所，周圍短窄，律□難排。至五十五年，為社首田廣奉，同社眾改作戲樓一臺，內外寬展，千羽可舞。功成告竣，而歲序凶荒，奈社中之錢糧未完，所以碑記不立矣。越至嘉慶捌年，始刻石流芳，囑余作文。余又見貞珉有限，書不盡言，言不盡意，止此耳。

文童李文成撰書。

胞弟李文花、門人張善並較字。

啟初社首李曉，子李有德、李有全。李漳，子李有九。

皇清嘉慶捌年拾貳月初捌日良辰合社同立。

（碑現存林州市采桑鄉棋梧村小學校內。王偉）

皇清誥封奉直大夫直隸州州同太學生騰霄劉公墓表並銘

建甫劉公，余之同年友也。歲乙丑，以母喪服闋，會試來京，相聚於中州之鄉祠。是時，公將重修族譜，欲輯其累代行誼，載之譜首，以爲之子孫法。其大父騰霄公墓志已納諸幽，遺稿散失無存。嘗侍其先君子，得聞一二大端述，求余爲詞，以垂厥後。余愧弗文辭，不得已，謹即所述而爲之表。

公生而英敏，有異質。年弱冠，父射斗公授以家政。公體父志，竭力經營，鉅細咸理，家道日豐，無貽堂上憂，俾父得放懷山水，毫無掛累。其居母喪也，擗踴泣血，哀毀過甚，遂得疝氣病，終身不愈。其孝行有如此者。公寡兄弟，有女二，長適王，次適張。適張者，家中落，度日維艱。公置田以養之。歲時饋遺不絕終道，其友愛有如者。而其接人也，曾不少設城府。素樂施與，嘗有求助爲資本者，慨然指困，弗與較。旁觀或危之，謂所托之非人。公則曰："我無負彼心，彼詎忍負我耶？"卒之，人果不負，而且善成其事。其誠於接物有如此者。及其臨終也，于易簀之夕，將生平所歷，足爲家病者數大端諄囑之，以爲子孫戒。命書諸紳，以示不忘。至今子孫傳爲家法，垂百年不敢變此。又其貽謀有如此者。即此數者，亦可以見公之爲人矣。始歎其子孫之繼繼繩繩，克振家聲者，有由來也。

公諱步雲，號嘯巖，騰霄其字也。太學生，封奉直大夫。生於雍正五年八月初六日戌時，卒於乾隆五十五年五月十三日子時，春秋六十有四。配石氏，太學生黨公女，封太宜人，有婦德，明於大義。副室單氏，恭順，教子有法，贈太宜人。子二：長抱珍，候選直棣州州同，單太宜人出；次抱金，候選布政司理問，石太宜人出。女三：長適侯紹祖；次適生員張對揚；三適監生徐錦堂。孫六：震峰，廩貢生，光州訓導；華峰，工部屯田司郎中；廷勳，刑部四川司員外郎；嵩峰，候選直隸州州同；曉峰，候選同知；樹勳，己未恩科舉人，揀選知縣。曾孫十：際昌，壬子科舉人，署山西汾州府知府；世昌，候選布政司經歷；芝昌，廩貢生，候選訓導；會昌，邑庠優廩生；俊昌，候選直隸州州判；福昌、祿昌、甫昌、泰昌，俱業儒；運昌幼。元孫十二：葆絨，候選都察院都事；葆緇，廩貢生；葆蕁、葆綸、葆緯、葆綏、葆善、葆緒、葆哲、葆恬，俱業儒；葆吾、葆績，俱幼。六世孫七：孝基、孝業、孝模、孝楷、孝祖、孝武、孝貽。銘曰：

行山蒼蒼，淇水泱泱。中有哲人，至德孔彰。子子孫孫，長發其祥。

賜進士出身翰林院編修年再侄李嘉樂頓首拜撰。

嘉慶十年。

（文見《林慮劉氏族譜》。王偉）

創造渡濟善船序

從來陸行車而水行舟，而水路之險阻，更甚於陸路崎嶇，故湊有來，公孫之乘與渭溪，垂西伯之舟梁，所以通往來之便，弘利濟之仁也。漳水發源於鹿谷山，自西北延迤而來，受上黨諸郡之水，張家頭適當經歷之地，又為中州山右，兩省通衢，道若縱經，水若橫緯，是誠往來一大阻隔也。每當夏秋之交，百川共貫，萬壑爭流，波濤洶湧，浮浪浩瀚，雖有神勇，誰能飛渡乎？惟有望洋而歎，向若而驚耳。有申宗舜、申宗長，心焉憫之，欲為舟楫，獨力難成，遂大會鄉衆以祈，交勸者曰："義舉也。"於各村倩首領數人，量力捐貲，或輸木鐵，或輸金錢，或輸穀粟，采大木於他山，覓良工以庀材，規其長短，量其廣狹，雖無青雀黃龍之觀，亦桴鼓世鳴，撓之制繪。河伯於北岸，所以為默相也；搭房於南涯，所以便牽挽也。經營月餘，及以觀成，從此而坦途往來，臨流歡渡，無俟牽裳揭衣，第一構榱之，而泳游無不如意矣。可以免跋涉之勞，可以易淪胥之危。雖曰水以載舟，亦偕德音而俱載，而諸君之美意，將與河水之洋洋而并永矣。謹擴兼詞，備述終始，以垂不朽云爾。

山西潞城縣下馬踏拔貢生張世寵遺留撰文。

大清嘉慶十二年七月十二日。

（碑存林州市任村鎮盧家拐村。王偉）

禁止開場賭博立石

賭博之禁，律有正條。嘉慶元年，又鎮新刻，凡賭博者，拘號兩個月，杖一百。凡開場會賭者，杖一百，徒三年。如本處有會賭之家，其鄉總保甲及左右兩鄰不首者，笞五十。誠教民守分之意也。逆河頭田畝窟薄，衣食本無贏餘，若再浪耗不貲，勢必倍多窮困。夫賭博之人，又荒正業，故之貧無立錐，深可痛恨。至於開賭場，其家欲覓蠅頭，更多奇禍，少年習見生心，其父母深受其人之害。凶徒無端滋事，被審問曰："在□□之家。"事連官司，身為財犯。貪賭者，破產之家所自取也；會賭者，辱身喪德，不亦傷乎？又何等得不償失之事，□壞了子弟之名耶？鄉總有鄉俗之責，保甲亦有稽察之用，今與首事人及全村人等公立禁約，其有開場賭博者，左右兩鄰會同鄉保首事合村人送究，上有王法，下敗身名，各宜自愛，專此立石共戒賭也。

首事人同合村人等公立。

嘉慶己巳年孟春吉旦。

（碑存林州市城關鎮逆河頭村廟檐下南山牆上。王偉）

黃華山碑記

環林皆山也，邑西二十餘里，太行稱最。望之蔚然而深秀者，黃華也。其間古迹流傳，名賢題詠，載在《縣誌》者甚詳，姑不俱論。而獨有王母祠一區所，以女神靈，亦可以憑登眺，仙客騷人多會於此，不可謂非黃華之一大觀也。粵自有宋創始，以迄我朝，重修者屢矣，而規模猶若有未備者。然而踵事增華，固必賴□繼起，而因時起事，乃可觀厥成功。苟時會之未逢，姑遲回以有待此，遊斯境者，群歎為有志焉而未之逮也。至嘉慶戊辰年間，時和年豐，家給人足，修造之舉，所在不乏，豈名勝之地而可因陋就簡也乎？爰有住持常永泰者，毅然動念，而有增修之意焉。於是，恭請社衆，凡在十甲長之中者，各捐資財，又復募化十方，與一切善男信女共勸盛事則於焉，經營於焉，相度鳩工庀材，而事功舉矣。其後院，創修廣生樓三楹，以安神明。其前院，又立明樓五間，以供遊息。次及一切祠宇，無不更新，行見煥然改觀，燦然大備，峻宇雕牆臺榭依層巒以葺，翠丹楹刻桷藻繪與霞彩而爭輝，時所稱天開圖畫，引人入勝者，乃於斯而益信也。雖不敢謂駕軼前人，庶可以昭來茲許乎。事自大清戊辰年春月肇功，至己巳秋杪而功竣。

清嘉慶十五年歲次庚午夏榴月十甲長合社同立。

（碑存林州市城郊鄉黃華寺。王偉）

黃華寺王母祠柱聯

［王母祠大門石柱聯］
瀑雨滴珠廉石洞不磨今古
蟠桃植丹競鯉湖無限春秋

［王母祠門庭廊石柱聯］
三千界上蕊闕瑤臺九重諸天開宮殿
十二樓前紅腔紫韻衆仙同日詠霓裳

［王母樓上石柱聯］
天香飄渺祥玉容整肅如逝九府
寶殿巍峨瞻金像壯嚴已按三天

［廣生樓石柱聯］
父道嚴恩垂燕翼
母儀淑慶衍螽斯

（碑存林州市城郊鄉黃華寺。王偉）

禁賭碑

從來鄉間之動作，云為風俗之美惡所關，家道之盛衰攸係。聖人云："里仁為美"。我村縱不能如聖人之望，奈何自趣匪薄乎？邇來，我村賭風盛行，有因此取利開坊設局，誘引遠方棍徒，日夜聚會，一入其套，百計圖謀，致有典莊賣產，甚而拋妻棄子者，誠為可惜。因合村公議，嚴立禁規，願我衆悔過自新，各務本業，銷費日儉，囊橐自豐。下可以養身家，上可以完國課，兼可以得好人之名，是誠一舉而三善備者也。嗣後或有犯者，按例罰錢，倘敢不服，稟官究治。因刻石以示永遠云。

　　鄉約。

　　大清嘉慶十五年歲次合村立。

（碑存林州市任村鎮木家庄村委會堂屋後牆上。王偉）

重修廣濟寺碑記

　　林慮山，天下之盛境也。黃華、天平、洪峪諸峰，雖衡嶽名山皆不能及，墨灶亦最著焉。古名墨灶寺，後改為廣濟寺。其山，每日久望之，自然生煙，說者以為呂公煉丹之所，其信然耶？否耶？然已邈乎不可復識矣。惟廣濟寺，在宋稱為極盛。其後漸至頹廢，罕有存者，只留佛殿三楹、東西二殿、禪房三間。僧人某毀伐林木，又典寺產，以償私債。嘉慶十三年，十八郎村公議重修，先逐僧人，各捐錢穀，將寺產贖回，并為完固之計。猶恐財力不給，復募化四方以助，鳩工庀材，乃曁乃塗，廟宇神像皆從新焉。木甓瓦石之物，費錢數百千有奇，用人之力積至百千工，越二年而功始成，寺外植柳樹百十株。斯時也，榱梁壯麗，與嵐氣齊飛也；金碧輝煌，共霞光具燦也；凝眸以望，蔚然呈秀也；盛服以祀，肅然起敬也。登探者咸以為盛。或者曰："崇正教，黜淫祀，諸不載祀典之中者，皆置勿道。"邑之有古蹟以為探奇覽勝可耳，奚為役？於杳冥若此？然寺以廣濟名，必非無益於人世，豈惑於禍福之說哉？況福善禍淫，天道之常，即此飭人心也。亦宜寧，惟峰巒聳翠，林木陰翳，雨霽風收，煙雲變化，足以娛目騁懷，供人遊觀者為無窮哉，故撰其事以刻於石。若夫左右山川之美觀，曩昔僧會之盛事，以及累代之重修，固前人所備詳，余言所不必贅也。

　　甲子舉人李鴻撰文。

　　邑庠生員李岐書丹。

　　大清嘉慶十七年歲次壬申小春吉旦。

（碑村林州市城郊鄉木皂寺遺址。王興亞、王偉）

新廟修路碑記

　　竊思廟以禧神，宜靜不宜塵垢。西賢城村東，舊有玄帝廟，雖經修理數年來，塵垢狼籍。村中人以為此不足以尊神也，則必為之重新夫廟貌，妝塑夫金像，而乃威然赫然儼然如在其上。是廟也，西有通街大路一道，東通橫水，北近姚村，是亦一要路也。奚奈東西二水皆由此廟前而過，歷年剝削，幾成坑坎，往來行人悉歎艱難，於是，村之父老咸相共議，各捐己貲，各出人工，取南山之石，填缺限而補砌之，未幾而崎嶇不平者，一旦而康莊坦如也。由是而車馬可以並行，即肩挑背負者亦無失足之慮。厥功告竣，因勒石以志不朽焉。

嘉慶二十年歲次已亥仲夏吉旦。

（碑存林州市陵陽鎮西賢城村。王偉）

打井碑

周《易》坎巽合體卦象為井。坎者，險也；巽者，入也。倘無法而入治焉，則其險有不可漫嘗者。茲井於乾隆五十年間中截甕石灘陷，村人議將修之，乃彷煤窯編甬之法，中掀甕石一重，旁編木條一重，下可五六丈許，而條摧土簸，適彼夫出憩，未罹其禍，抑止危矣。發設一法，日初必須開井口，從展勢深，則旁通谷道以出土，中宜常懸木盤以救險，於徑鑿兩丈，直出八尋，後乃漸窄，而下掀至灘處，絕無危歷，此撤甕之也。第高深十餘丈，周圍二十數武。而土石得曷以出入焉？因於其窄處架木棚板，設置滑車轉輪，上下遞增，修與架木平，乃撤出架木，用石塞其旁孔，則作為計號，嗣是而中甕一層，旁填一層，復險如矣。唯有法以治之也。或者曰：茲之法，與昔之修井者，實暗合焉。然井不可考矣。夫有成必敗者，物理之常也。前則後因者，人事之宜化，況改邑不改井，養而不窮，尤非他事物之比哉！是為敘。告後之修井者。

嘉慶二十二年七月初六日合社仝立。

（碑存林州市茶店鄉大坡村大井旁。王偉）

挖池築路碑

河南彰德府林州市東姚里西窰崗，自宣德年間始村焉。在前人苦於取水之艱，因挖池聚水以備日用。今池西岸水口一併灘毀，以致古路不平，且池東邊尤為風氣所係。今合村公議，按地出錢，創修石廟，補修路岸。一以壯觀瞻，一以通往來，一以防旱潦。終以告竣，列之珉石，以垂不朽云。

農夫郝永恆、郝振寶。

大清嘉慶二十五年五月西窰崗下庄村仝立。

（碑存林州市東姚鎮西窰崗村池東邊北牆上。王偉）

創修玄帝廟碑記

嘗考有功德於民者，祀之。魯有公輸君，神聖作木仙。以禍起，造雲梯以攻守，神乎技矣，巧几絕為，固百工之祖師。凡居肆者，各賴其教育之功，以成其一藝之名者也。不為享祀之所，何以昭報功之典？爰是善人紀亮，首倡群工，各自效力，創修廟宇，金塑聖像，以為享祀之所。功成，囑余作文以傳後。

大清嘉慶二十五年歲次庚辰季秋。

（碑存林州市橫水鎮東趙村玄帝廟內北牆上。王偉）

候選直隸州州同晴嵐劉君墓誌銘[1]

君諱抱珍，字聘三，又字錫三，號晴嵐。先世自山西壺關遷林之石陣村。曾祖國學生，諱獻表。祖諱文光。父封奉直大夫，諱步雲。君幼穎異，喜學，以父篤疾，當代持家政，不獲卒學，入貲為直隸州州同。事父孝謹，或夜不交睫，數年如一日。父垂沒語君："若弟抱金幼，若教之當如我教。"若君泣受命。後勉弟學，輒誦父言，相持泣，弟以有立。姊適侯者，家中落，迎與同居。適張者早世，遺三子一女，君撫之、教之、婚嫁之，皆視己子。故邑人言內行醇備者，曰晴嵐劉君。君性質素，無嗜好，自奉甚約，然視人之急，必赴之，不復顧重費，或來償謝弗受。邑子貧不能學者，招之家塾，使與諸子學，成就者甚衆。而團鄉勇禦寇一事，鄉人尤德之。方滑縣逆匪竄入輝縣司寨也，司寨距石陣五十里，衆洶懼，一夜數驚，皆啜泣，欲絜妻子遁。君宣言於衆，曰："不遁亦死，遁亦死。鬬亦死，知死而鬬，鬬或可以無死。賊易與耳悖天犯順，失魄而蠢，其衆烏合，不知步伐擊刺，與鄉民等。且意在粟帛，子女無必死志。又聞官軍即至，故其勢外張而內悸。里中少年有願從吾為鄉勇者，吾與器械，吾與糗糒，吾贍其家，吾恤其死傷者，吾厚酬能殺賊者。"衆皆奮然。願從者，得千餘人。已而，賊至，距村八里不能前，相持三日，而殲於官軍。是歲，余奉使貴州歸，聞諸道路皆曰："賊利林州市之富久矣，微劉州同，事不可問。"爾時不知劉州同為誰，讀君行狀乃知君也。嗚呼！不傾家團練，則賊必至，村必破，縣城可慮。賊勢益蔓，故團練鄉勇得計之最者，然非忠義奮發，又其言平日為人所信，則人不敢恃焉。而定計於倉卒之間，此古所謂鄉先生殁，而可祭於社者乎！

君生乾隆二十四年正月八日巳時，卒道光三年三月二十八日丑時，春秋六十有五。配張恭人，考國學生，諱國棟，柔靜淑惠，舉一女一男而逝。繼配徐恭人，考諱振遠，其來歸也，女甫四歲，男方晬，撫之恩逾於己所生者，里黨賢之。再繼張恭人，考武生，諱洛賢，如兩恭人。子四：震峯，廩貢生，汲縣訓導；華峯，工部虞衡司郎中，前刑部直隸司主事；曉峯、月峯幼。女六：長適武生閻貴宗，次適郝清標，三早卒，四適郭，五、六，未字。孫三：際昌、世昌、魁昌。孫女四。震峯能文，華峯在官，以勤練稱，此足以觀君之教矣。墓在牛家岡，為竁三，張恭人居左，徐恭人居右，坐□向□，葬以道光年月日時。銘曰：

---

[1] 民國《林州市志》加按：此誌銘因改葬出土。其子孫倩某文士，另撰誌文，納入新壙，將原石嵌祠堂壁間。石前題《皇清誥授奉直大夫候選直隸州州同晉封朝議大夫刑部直隸司主事晴嵐劉君墓誌銘》。

玉粹斯瑜，銅律不渝。孝友愉愉，昔榘今模。猖猖獅羣，索死而奔。屹我閭門，鉏櫌成軍。頤沖繕質，乃瑟乃栗。為子作式，豐根俟實。後祿蟬嫣，彰君所延。庇休崇阡，於無窮年。

誥授奉政大夫文淵閣校理翰林院編修撰進奉文字國史館纂修起居注協修教習庶吉士莆田郭尚先撰并書。

道光三年。

（文見民國《林州市志》卷十五《金石》。孫新梅）

重修關帝廟記

關聖夫子，昭烈之盟弟也。相尚結義堂。其伐魏征吳，守荊衛蜀，夫義昭垂足以古矣。而世猶以失荊州短之，以為不聽武侯之言，致失兵好。豈知魏國漢賊，而吳受職於魏，亦漢賊也。軒使在己無保身之哲，不可一時有容賊之心，則失荊何病？失荊而後，見志節矣！古人建祠崇祀，良有以也。在國家則取其忠貞之大節，在商賈則取其結義之同心，在居民則取其有功名教，靈應常昭玉泉之魂，迄今猶思慕焉。按斯廟也，不知創自何時，越道光癸未秋，天雨數日，廟宇傾圮。善士王占元、李□□以重修溪念，爰約邨衆，募四方之資財，用督群工，效五丁技力，□□修扇三間，餘皆如故。繪出雕梁五彩，煥然維新，曾明幾何，而功成告竣，於□□是昭魂來。

大清道光陸年歲丙戌季冬之吉旦。

（碑存林州市陵陽鎮北陵陽村西關帝廟前。王偉）

補修菩薩關聖廟碑

【額題】流芳　永矢弗諼

嘗考地震之說，歷代有之。所關山崩地裂，倒壓民居者，誠可畏也。雖然，但聞其說，而實未見其事也。迄今我朝道光十年又四月廿二日戌時，地震。身所經歷，目所親覩，其聲璘璘，即如人馬之奔騰，戰兢恐懼，亦似波濤之洶湧。是時，東崴之石齊墜，而西山之猿亂奔。迫至廟宇宮牆，一時而化為灰燼矣。噫！時值夏令，大雨施行，余甚懼焉。及之村人無不目覩心傷矣。幸有李佩環、梁茂忽發善心，而動補葺之念。功程浩大，獨立難成，遂請數人恭議，菩薩殿、關聖廟，牆垣缺陷者補之。而衆無不唯唯。于是，各捐己資，共襄其事。不數日，使危者安焉，傾者覆焉。衆欲勒石，以垂不朽。屬余為文。余不敏，不敢以為文，僅序之以示後世云爾。

儒生李九如薰沐敬撰書丹，施仌二百文。

社首梁茂施仌二千文。

李佩環个二千，石茶桌一塊。

管糧梁天德个一千六百文，李得才一千文，何患一千六百文。

買辦何隆興个一千文，梁成个一千文，李太全个一千文。

催工：李九齡个一千四百文，何順興个一千文，梁天貴个一千文，梁有个八百文，李九陽个八百文，梁如璋个八百文，賈興个八百文，吳三元个八百文，梁聚个六百文，何安興个六百文，李金山个六百文，梁餘个四百文，何花个四百文，梁盛个四百文，吳三振个三百文，何玉興个四百文，李佩玜个四百文、何超个四百文，梁俊个四百文，梁金个四百文，何聚个四百文，梁彩个四百文，李得名个三百文，吳三才个三百文、何銀个二百五十文，吳三標个二百文，梁喜个二百文，梁天錄个二百文，何金个二百文，李金琥个二百文，李金陵个二百文，李得祿个二百文，李得州个二百文，何明个二百文，李金蘭个二百文，李九金个二百文，梁□□个二百文，李得修个二百文，李九祥个二百文，李九恒个二百文，李天榮个二百文，李得安个二百文，梁申个二百文，李金山个二百文，何富个二百文，李九平个二百文，李興个二百文，秦有□个二百文，李佩容个二百文，梁天玉个一百文，梁如易个一百文，梁如庫个一百文，何門李氏个二百文。

牆外樹木或起土捐傷廟宇，地主包修，後世若行雨澤，斷不可習演社夥，僅示勿違。

石匠紀明法个二百。

瓦匠郭文興。

大清道光十年歲次庚寅七月三十日合社仝立吉旦。

（碑存林州市橫水鄉吳家村，拓片藏河南省文物考古研究所。王偉）

西石券重修碑記

道光十年，地震二百餘日，坍塌民房廟宇無數。而此券西北兩面，廟前後牆，亦俱瀕扑焉。考此券創於前明天啟元年，吾遠祖應登公昆季同建。繼至我朝康熙壬子年重修，則我太高祖志公倡也。乾隆丙申年再修，又我祖盛寧公倡也。今復傾圮。如是，則修理補葺，非異人任矣。方慮天災告警，人無暇心，不謂聚族合謀，僉有同志，鳩工飭匠，匝兩月而券與廟復完好如初。夫衛之俗漓，家師巫祝，貽譏千載。吾倡此役，則非效尤媚灶諛鬼神而冀獲福也。聊以當左史右監，為幽獨之帝天警目明之戲，諭以繼我先人，貽戒子孫之志云爾。

社首邑庠武生張耀先撰。

子壬午科舉人鴻逵書

買辦張鐘岳、張鐘林、武生張□年。

催工張丙吉、張鐘用。

管搭木張進庫、張萬祥。

攢首張雲行、張□孝、衛守備□城張鐘彥、張鐘和、戊子科武舉張鴻舉、張立金。

大清道光十年歲在庚寅臘月中浣吉旦立。

（拓片藏河南省文物考古研究所。王偉）

三大士菩薩堂重修碑記[1]

【額題】重修

　　嘗聞南海神人，茲航普渡，人之敬信也□矣。自漢以來，多廟堂焉。今盧家寨崗頭村有一菩薩堂，建於東方水□之下。一則曰□風水，再則曰消災殃，但不知刱自何代，立自何人。迨我皇清道光十年閏四月二十二日戌初酉終時，地大震，自西北響如春雷，空如驚烏，頃刻墙傾瓦解，宇宙昏迷。其餘州郡坍塌，人民壓斃者不可勝數。以後或一二日五七震，或三五日一二震。刊石之時，地氣未審，但不若初震之甚也。際斯時而睹斯景，莫不心傷恐懼，泣下沾巾者矣。幸有善士傅秉運輩，叹廟貌之頹隳，有重葺之舉。於是，會集衆人，捐貲募化，鳩工庀材，不數日間而堂廟輝煌，□音耀彩，雖非落伽之巔，亦同重新日月，特□乾坤。是何知之□□□□□成之日，屬予為文，予慚無識，□誌大畧，以傳後世云。

　　大清道光十一年六月十九日立。

（拓片藏河南省文物考古研究所。王偉）

重修祠堂碑記

【額題】碑記

　　嘗聞立家廟，以荐烝嘗。設家塾，以課子弟，可知家廟之不可不立，家塾之不可不設也。先祖居是鄉於茲有年矣。此地有家廟一所，創立於雍正之甲寅，重修於乾隆之庚午，豈非先人之尊祖敬宗，光前裕後也哉。乃歷年久遠，廟宇已頹，又加之道光十年後四月二十二日，地大震，廟宇益以傾頹，垣墻益以崩壞，於此而不修，其何以妥我先靈乎！今有本族崔可成，慨然以重修為己任，因而糾合族人，各捐貲財，庀材鳩工，即不日而厥工告竣焉。迄今瞻廟宇之輝煌，視垣墻之鞏固，庶幾我祖我宗是依是憑，斯可幸荐烝嘗之有地，課子弟之有基也夫。是為序。

　　後開拔錢之方，□聞之《易》曰：“損下益上。”故斯時重修祠堂，不無酌損之意焉。雖前此興功，未嘗聚斂，然時至今日，前人之蓄積已盡，欲由舊何以由之？崔可成通權達變，所以別立法制，按丁拔錢，凡我族人每一丁，拔大錢一百。本村族人，每糧銀一兩文，加大錢四百文。事合天理，人心悅服。雖損下而下之於上，未有不願益者也。日後殘破有重修者，或踐前人舊跡，或用自己嘉謀處之，當其悔自亡，慎勿袖手傍觀，竟忍裁我祖廟，

---

[1]　此碑後列捐資人姓名，字漫漶。

有若城復于隍焉。
　　南山底生員崔蔚然撰。
　　崔之傑續拔錢之方。
　　本村監生崔振宗書。
　　族長崔法孝、崔有才。
　　管事崔万保、崔福祥、崔礼興、崔松、崔之礼、監生崔振宗、崔振太、崔文書、崔可用、崔發云、崔之安、崔可文、崔云行、崔起旺、崔付興、崔永興。
　　馬家山：崔寬、崔尚、崔文興、崔永太。
　　本村捴料理崔可成。
　　石工魏興爵、崔體公鐫。
　　大清道光十一年歲次辛卯六月十五日合族仝立。

（碑存林州市順河鄉上石村，拓片藏河南省文物考古研究所。王偉））

重脩鍾樓記

　　嘗思前人之立斯樓也，念此村四面環山，獨東南稍闕，立鍾樓以補風水。至大清道光十年閏四月二十二日，地震如雷，民房倒塌，不可勝數。鐘樓亦然。爰有善人傅保全，意欲重修，會合村衆各捐貲財，共勷善事。不日而工告成矣。
　　會首付保全、王國標。
　　管社付丙運、付聚寶、付人和。
　　收買王丙才、付玉崑。
　　攢首付理才、付三多、王之魁、王清元、付玉興、付夢林、付文成、付登元、付瑞中、付九思。
　　跑道付玉才。
　　巡木植付登全、李成興、付三陽、王進喜。
　　石匠付玉春。
　　刐匠付喜順。
　　大清道光十一年仲秋立。

（碑存林州市東崗鄉東盧寨村，拓片藏河南省文物考古研究所。王偉））

庚寅地震後修補昊天觀內外一切神廟記

　　人嘗謂天災流行，何時蔑有？而水旱疹癘之外，惟地震為尤酷。幼時不經事，讀《資治通鑒》，見書某州地震。竊以瑣細間，又其下線註，了不經心。及經道光庚寅，乃知地震之為災劇也。初聞有聲，自東北來。仰見鳥雀竄飛，俄而山岳搖動，地下若轟車馳，倉猝之間，黑氣飈起，屋宇齊頹，而此觀內外，神廟相與俱壞焉。考諸廟創建，或明或清不一。其時，要皆里中人祈晴雨，禱柴麻，迓貓祭虎，飲蠟吹豳，春秋報賽之所也。傾圮如是，誰不過而心惻乎！辛卯春月，里中父老乃相度而修補之。玉帝、關帝殿重修，龍母、五龍佛殿全塌，撤底重修，更修觀外兩河濱二龍、女媧廟。匝三月，工竣。囑余記石。余居密邇茲觀，愛此間殿宇宏敞，花木清幽，誦讀之暇，頻來遊賞，或坐石看雲，或臨池戲鴨，或聽談經，或聆絲竹，日暮流連，樂而忘返，自地震廟壞，不復遊者，殆將半年。今復修理補葺，雖未繪松雲，煥藻采，而潔靜整齊，亦頗堪涉目矣。惟愧余學識譾陋，於諸神名號，未能盡悉，又不工祝詞，不能補張神麻，揚厲神烈，故僅綜修補起緣，以泐諸石，用昭來許焉。

　　舉人張鴻達撰。

　　生員常中安校。

　　童生楊文炳書。

　　社首武生楊成章、武生張耀先、監生岳紹廷。

　　管木料陳見福、蘇永和、程萬興、張忠良、張萬金、程萬銀、程大香。

　　買辦武生張萬年、武生程鵬舉、守備張金城、岳會年、程萬年，張中岳、元會貞、陳玉坤、楊見福。

　　監工收買胡玉棟、武舉張鴻舉、武生張武魁、程見玉、楊見武、張中彥、張丙吉、程立恒、蘇士傑、程萬祥、張萬祥、元祿、程見榮、蘇士遠、蘇士崇、陳聚新、岳文成、張進功。

　　催工張中月、程見魁、陳廷璽。

　　僧道清。

　　大清道光拾壹年歲次辛卯拾月吉旦。

　　石工張立金、王九富鐫立。

（碑存林州市北任村鄉任村昊天觀內，拓片藏河南省文物考古研究所。王偉）

程氏藥方碑記

　　父在時尚得仙方，濟世活人，固擇數方，勒之於石。一治汗後中風不語：子蘇、防風。一治男子中風小便不通：防風、仙茅。一治婦人傷涼難產：大腹子、覆盆子、遠志。

　　皇清處士先考程公諱廣字體胖暨先妣石氏之墓

　　因考起事端，而今猶依然。不為人知道，無上已傳然。

　　子男保林，孫萬章、萬善、萬吉。

　　大清道光十一年。

艮山坤向。

（碑存林州市任村鎮井頭村。王偉）

重修澤陽寺碑

【額題】萬善同歸

　　澤陽寺始於李唐，存於柴周，興於有宋、元、明，延及本朝。一重修於順治七年，一重修於雍正十三年，一重修於嘉慶十五年。凡山川之形勝，地主之來由，碑碣言之詳矣。茲因道光七年，天大雨雹，瓦解獸崩，寺長老緒官以重修之意，謀於山主李勳，勳約同族六七人為首事，復請王公某及李公、傅公共為首事，以成大功。於是，施功有人，捐錢有人，越四載，功已告竣。西方丈地近幽潔，文人學士多讀書於此，因又置西樓三間，以廣厥居。余不能文，僅敍其事以為志。

　　大清道光拾貳年歲次壬辰桃月下浣穀旦。

（碑存林州市合澗鎮澤陽寺村。王偉）

杜家崗關帝廟碑

　　今夫浩然之氣，充塞天地而無間者，求之古今，惟關聖帝君一人而已。故上自邦國，下及鄉黨，罔不奉祀焉。杜家崗村東首，舊有關帝廟。因道光十年後四月二十二日地震，毀傷。今有李君諱桂興，糾合同社，按畝捐銀，以為重修之費。因列姓名以左。

　　共捐使錢六十五千零四十文。

　　大清道光十二年四月二十七日同心社立。

（拓片藏河南省文物考古研究所。王偉）

重修龍王廟碑記

　　龍王廟者，嘉慶丁巳歲所創建也。建之者誰？予先考率南村人等也。地亦廣矣，易為建於斯以報功，以補形缺也。但沿及道光十年以地震之故，牆壁傾地、神像埋光，使無人焉繼起而重葺新之，則□之功將自此而不能報，形之缺將自此而不由補矣。予也目擊心傷，有志未遂，越明年，始會眾而議之，眾曰：善。由是財出多門，功捐比戶，牆之傾圮者繕完而聚，曁神之埋光者補塑而裝飾之，同心協力，不數旬而厥功告成。今而後甘雨及時，享祀不減，神之功固可以永其報，而廟貌之巍峨靜鎮，雨水交流之際，則形之缺也亦復備之，而使全村地靈人傑之效，知必將繩繩弗替也。余不文，謹敍其事，蓋極望後起之善人君子攢修不替云爾。

大清道光十二年嘉平月中旬吉旦。

（碑存林州市南郎壘村南流沙河東岸龍王廟前。王偉）

補修脩真觀碑[1]

【額題】修真觀

　　林之為邑在四山中，故歷代羽客逸士，多栖隱於斯者，如漢之夏馥、晉之庾袞、支遁，周之盧子綦輩，世代雖遠，其結廬修鍊之處，故址尚可考焉。而其間最著者，則莫如姚鎮之脩真觀。觀之始創，自大漢永平年。雖莫考創者姓氏，然基址寬裕，結構宏敞，為高人所託跡無疑。元至治中，有住持會真子，與吾鄉人踵而修之。迨及有明，鄉先達馬柳泉、李輯夫俱載重修碑碣，逮我國朝嘉慶三年，居民韓景奇等，復率鄉人踵而修之。然殿宇重叠，未暇徧及。至道光二年，已有敗瓦頹垣之恐矣。於是，韓景奇之孫韓貽，謀與鄉人等，復率舊職，寢宮三楹，廢者舉之，戲樓三楹，危者安之，其他殿宇牆垣，以次修葺，亦庶幾蕆事矣。忽值地震之變，而前之修舉者，又不無毀廢焉。貽謀等未及舉事，而吾鄉中不期而會者復有十餘人，捐貲效力，登登憑憑，不匝月而煥然改觀焉。然是役也，不舉之於前，則規模未立，不繼之於後，則觀成無由。故者興義舉倡之於前者，則儒童韓貽謀也。繪□其事，督率其功者，則貢生許渡、監生吳清學也。分任其責實勸其事者，則監生許澍、生員常□成、監生常三桂也。至變故偶興，垂成復敗，而卒收其功者，在東街則有常三會諸人，在西街則有許景花、楊奉君諸人，在南街、北街則有王化慶、常三程諸人也。功竣矣，苟無文以紀之，將有滅沒人善之失，有文矣而言之無文，將任貽笑方家之咎也。然則甯任其咎，而必不忍沒人之善也。任其咎者為誰？生員郝慶嵩也。

　　生員郝慶嵩撰文。
　　儒童許溶書丹。
　　大清道光十三年歲次癸巳孟夏上浣吉旦。

（拓片藏河南省文物考古研究所。王偉）

重修牛王廟碑記

【額題】流芳

　　舊有東廟一間，牛王廟一祠，重修數次。又有官房五間，建修始于十耕秋，因庚寅年地震，廟房皆頹，有牛耕年等率衆議其事，始于辛卯，終于癸巳，而厥功告成。是修也，一間則增為三間，牛王廟官房則廣其基趾，非好為勞力傷財也，蓋一鄉之報神，惠在于斯，

---

[1]　此碑斷爲兩截。

講親睦在于斯，訓子弟、明人倫亦在于斯，是不可不深為修補也。凡來此地者，存心必求質神明，行事必求和鄉里，訓子弟必求得賢師，使知父子有親，君臣有義，夫婦有別，長幼有序，朋友有信，則人傑也而地亦靈矣。若不此之務，而效匪類，遊宴于此，博戲于此，或崇淫祀以邀福，或挾神事以欺衆，是皆盛世所必誅，不可不深為戒也。

再敘：此地門外也，工西有地一段，西屬石文德，中屬石為崧，東屬石懷本之子孫，家數甚多，皆願施於社。為善者又有石奇、石貴、石太、石中，池西有地一段，願施為獻戲之所，記之于石，永垂不朽。

七十歲老人石斌撰文。

石文明書丹。

社首牛耕年，石建慶、石文奎、牛林輔。

摠理侯萬林、生員牛林□。

管錢石文明、牛有年、石廷選、石文太。

管工石建福、牛有禮、石見、常有興。

石門楊氏子文祥仒一百，侯門宋氏子青雲仒一百，侯門蔡氏子萬明仒一百，石門王氏子文太仒一百，石門蔡氏子文香仒一百，石門王氏子文俊仒一百，石門畚氏子抱之仒一百，石門呼氏子思林仒一百，石門栗氏子思興仒一百，常門張氏子有金仒一百，常門田氏子有庫仒一百，常門宋氏子有春仒一百，石門常氏子文金仒一百，石門王氏子抱琨仒一百，侯門紀氏子尚成仒一百，牛門李氏子永山仒一百，石門郭氏子見玉仒一百，石門牛氏子抱興仒一百，石門管氏子石安仒一百，石門岳氏子思秋仒一百，石門王氏子文貴仒一百，牛門楊氏子永清仒一百，石門王氏子文保仒一百，石門王氏子石瑕仒一百，牛門李氏子玉成仒一百，石門薛氏子為峯仒一百，牛門郭氏子光禮仒一百，石門楊氏子石珍仒一百，牛門王氏子□□仒一百，牛門石氏子文清仒一百，牛門郭氏子永福仒一百，石門蘇氏子文容仒一百，牛門路氏子牛周仒一百，石門王氏子石敬仒一百，石門王氏子石魁仒一百，牛門劉氏子玉合仒一百，石門楊氏子思文仒一百，石門黃氏子思義仒二百，石文德施獻戲之所西段，石為松施獻戲之所中段。

隨心佈施王永清施仒三百，牛耕年施仒二千五百，石文才施仒一百，石聚施仒二百，侯萬林妻宋氏、子青雲，施仒五百。

石工侯萬明、常有容。

木匠石奇、牛耕明。

瓦匠段國新、元志寅。

畫匠王文富、孫為。

大清道光癸巳十三年孟冬中旬之吉旦立。

（碑存林州市橫水鎮石家壑村觀音寺內。王偉）

重修洹橋記

　　洹水發源上黨洹氏縣，伏流過林，平地涌出，瀠洄四五里，而六水匯合，沙漲彌漫，煙波浩淼，當夏秋之交而濁浪排空矣。是以往來行旅涉於風濤之險者，不可勝記。前知仁有慨乎此，積石成梁，廣通跋涉。自有大明以迄國朝，重修維補，蓋不知幾歷艱辛矣。迺者橋漸傾頹，行後磋跌，倘嗣理無人，將有基勿壞之謂何？於是，我陵陽集兩村之衆，為重修之謀，各出資材，分任艱巨，並募四方。自道光辛卯鳩工，壬辰告竣。用工一萬有奇，需資千五百貫有奇。

　　是役也，雖曰重修，實係創建。蓋前佳石殊鮮，梁多湊合而成，鋪底也未牢實，故易於墮敗。茲則橋梁寬整，底石渾堅。維古知壩岸天津，或亦未知能過。當穹日清美，與二三同志臨溪遠眺，見夫波光蕩漾，流而不息，洹水也；復道行空，若長虹者，洹橋也；前者歌，後者應，絡繹連綿，歡呼載道者，涉不病而行人樂也。籲戲！而憶斯橋方修之始，士不暇讀，農不暇耕，以及鄰近村落督工來助。勞苦艱難，幾以為成功無日，而詎意不數月間，雁齒重排，龜梁復起哉！於是，朱雀伴曦，重賡麗日，綠揚新月，更詠佳詞。送仙子於蓮花，聽吹簫於廿四。此固我陵陽不辭勞費之所致，亦由四方樂善君子有以共助厥成也。余不敏，竊為撰記，爰就其事之始末，求之於石，將所以紹前而啓後，焉知來者之不如今？

　　大清道光十三年在癸巳清和上浣之吉。全社仝立。

（碑存林州市陵陽橋北。王偉）

重修關帝廟碑記

　　昔先王以神道設教，而廟貌設之遍天下焉。亦謂神有憑依，其為靈乃昭昭也。況精忠大義充塞兩間者，可使廟宇傾頹乎？邑北逆河頭村有舊廟一所，創建年月不復記憶，自道光庚寅年地震，牆傾脊摧，難以言狀。有劉鎮清、劉聚、余成林為首，申九成、李楊、劉金旺，申常文副之，公議修葺。按戶捐資，鳩工庀材，不數月，廟貌維新焉。是帝之忠義不至湮沒弗彰者，賴有此舉也。因為撰記，勒諸貞珉，後之覽者亦將有感於斯文。

　　大清道光十四年歲次甲午仲冬下浣穀旦立。

（碑存林州市城關鎮逆河頭村關帝廟檐下北山牆上。王偉）

重修戲樓碑記

　　獨是戲樓之設，胡為也哉？曰助廟威、壯觀瞻而已。迨歷年久而風雨侵毀，瓦畫塤有焉，纏綿補葺，豈容已乎？爰有善士傅三陽輩，興重修之念，會衆公議，捐資庀材，不旬日間而樓宇然矣。本廢弛之敝宇，成華彩之偉觀，洵鉅功也。故刊石以昭後世云。

　　會首／

　　管工／

　　收掌／

　　買辦／

　　攢首／

　　工匠／[1]

居士傅夢松沐手撰書。

大清道光十五年四月十八日立。

（碑原存林州市東崗鄉蘆寨村戲樓，現存蘆寨村供銷社門東。王偉）

皇清誥授奉直大夫候選布政司理問加三級馳封朝議大夫刑部直隸司主事加三級誥贈中憲大夫刑部四川司員外郎加三級約齊劉公墓誌銘

【誌文】

　　公姓劉氏，諱抱金，字維三，約齊其號也。先世山西壺關人。明初，有諱世佳者，遷林州市之東南石陣村。以耕讀世其家。十二傳逯庚颺公諱獻表，國學生，嘗焚卷還金，人稱盛德，公其曾祖也。庚颺公生子三，長諱文光，字射斗，國學生，謹言慎行，為鄉里所推重，公祖也。射斗公子一，諱步雲，字騰霄，國學生，封奉直大夫。好善樂施，義聞於鄉，公父也。公生而醇樸有至性。年方冲齡，父騰霄公因居喪過於哀毀，染篤疾，久不愈，公侍湯藥數年無倦容。事母竭力奉養。先事承志，備得其歡心。與兄抱珍友愛篤摯，同居五十年，無幾微毫髮間。後家口日眾，始異爨居。公以兄諸子已長，度用尤繁，多讓與焉。姊適侯者，家貧不能度日，公請於兄，迎養於家，事之維謹。適張者早世，撫育其孤，為子延師教讀，畢其婚娶女，厚具資妝，遣嫁無異己子。其內行醇備類如此。又明於外科製藥，不惜重資，廣施醫治，全活甚眾，饋謝弗受。宗族有婚葬不能舉者，為之經理，至再至三。里黨中有急必以告，告必慷慨應其求。邑之修書院，補道路，葺橋梁，嘗解囊助工，弗不少吝。故當時有好義之稱。而號召鄉勇禦寇一事，邑人尤德之。當嘉慶癸酉歲，滑匪倡亂，逆首李文成竄入輝縣之司寨，分掠臨淇鎮，窺視邑城。距石陣村十餘里。眾恐懼，欲棄家遁。公謀於兄，出資備械，倚間呼召，得千餘人，與賊相持。適官軍至，賊就殲。斯時也，利害之機，間不容髮，微公傾家團練，賊必至，至則鄉里殘壞。而邑城可虞，則其保全數千家生靈，陰塏豈有量哉！

　　公貌魁梧，聲如洪鐘，有威儀。自奉儉樸，身無華服，食不兼味。暇時則怡情花鳥，

[1] ／以下所列姓名，字多模糊不清。

放懷山水以自娛。不慣爲世情款曲，而接人必本於誠，處世悉歸於厚。嘗曰："寧人負我，我無負人，此吾家家法。"敢即於涼薄以傷累世忠厚之遺。恒以幼年失怙，與兄掆當家務，不獲卒學爲憾。每於課子教孫時，唏噓悼歎，謂爲學當務實際，不徒以文詞博虛名。實至而名自歸，急宜勉力，勿以歲月方長，少惰乃志。後其子孫多成立。其長子廷勳官刑部，相交最厚。公往來京師，故其事知之詳，而樂爲詞。嗣以公副室王太宜人尚存，暫未刻石。茲將合葬，復爲誌。

　　公生於乾隆三十八年閏三月二十九日寅時，卒於道光十五年五月十三日午時，春秋六十有三。太學生誥授奉直大夫候選布政司理問，以侄華峰官封朝議大夫。以子廷勳官贈中憲大夫。配馮氏，太學生秉乾公女，封宜人，貤封恭人，贈太恭人，孝慈柔順，明於大義。撫諸子恩逾己子。繼配王氏，處士有監公女。再繼侯氏。處士有國公女，封贈如例。副室王氏，勤儉持家，教子有方。以子貴封太宜人。子三：長廷勳原名碧峰，貢生，刑部四川司員外郎，出爲東河同知。以防河勞績，奉旨遇缺即補。馮太恭人出。次嵩峰，貢生，候選直棣州州同。三樹勳，原名翠峰，己未恩科舉人，揀選知縣，議敘國子監典籍銜。副室王太宜人出。孫七：芝昌，廩貢生，候選訓導；會昌，邑優廩生；俊昌，候選直隸州州判；福昌、祿昌、泰昌，俱業儒；運昌幼。女孫五：長適汲縣翰林院待詔銜閻知性；次適候選縣丞徐潤琴；三適業儒索玉堂；四適業儒張紳書；五適汲縣業儒閻瑞麟。曾孫四：葆善、葆哲、葆恬，俱業儒。葆吾幼。曾孫女六：長適汲縣業儒王澤廣；次適輝縣業儒付維均；三適業儒趙金釗；四適輝縣業儒付維型；余幼未適。墓在石陣村南，坐癸向丁兼子午。銘曰：

　　公之仁足以傳於世，誠足以信於人。品足以型其族，德足以潤其身。而銘之以此，足以遺其子孫。

　　賜進士出身兵部尚書都察院左都御史世愚侄倭仁頓首拜撰。

　　道光十五年五月。

（碑存林州市文物保護管理所。王偉）

增修黃華書院記

　　周起濱撰并書。

　　林慮舊有黃華書院，金學士王庭筠讀書授徒處也，在縣西門內。明萬曆間張君應登、國朝康熙間陳君斌如相繼修治。百數十年來，鞠爲茂草矣。至嘉慶元年，鄒君蔚祖購田氏宅，於縣署東，移建書院，仍以黃華名。正廳三楹，書齋數楹，屋宇湫隘，未足以萃多士。道光三年，周公百順復集闔邑紳耆，釀金改築之。又買丁氏地基，添築齋房、講堂、號舍數十間，以書院兼考院，規模宏敞，翼翼如也。然未議及束脩膏火、修葺諸費，且遇歲科縣試，文童號舍不敷，武童射圃亦無定所。

戊子春，余蒞斯土，下車即捐俸錢，延師訓課，每課擇其優者獎賞之，因語學博曰："安得號舍擴充，射圃設立，經費籌備，與都人士咸覩厥成乎？"時有大梁貢院勸輸事，恐竭民力，計稍待。越癸巳，歲大稔，迺會僚友，集紳耆，屬之謀，僉曰：可。即偕學博郭竹圃遍告諸紳，共襄此舉。不數日而得制錢數千緡，於是，就書院之西又買閻氏、莫氏宅十二間，庀材鳩工，添號舍二十間，石棹、石橙六百座，射圃三間，旁舍六間，庖室四間。自八月始事，十一月工竣。正值奉檄縣試，則見繚垣綿聯，犖而固也。雲屏爛汗，會以文也。左階右礆，平如砥也。堂構巍然，號舍鱗次，郁郁乎魚貫而進者，更雀躍而興也。事後核計，餘緡若干，議為子母計。又邑庠廩生金天培捐龍頭山地二十畝，譬如為山，先施一簣，即此現在，以冀將來。今秋，仰蒙恩旨，擢升信陽州牧，余之行有日矣。林治山川挺秀，如前賢李、杜、馬、劉諸君子彪炳邑乘，後之人踵而行之，見養其德行，儲為經濟，發為文章，不朽之業，不難媲美於前，是則余之所厚望也夫。

道光十五年。

（碑原存林州市黃華書院，文見民國《林州市志》卷十五《金石》。孫新梅）

麒麟堂詳核碑記

邑人李叔鸞

附於城，則為市；寄於鄉，則為村。熙朝休養百餘年，村莊林立，而所以得名者，各有故也。近乎山，則以山名；傍乎水，則以水名；寄托偉人，則以人名。獨我村麒麟堂名，何自而昉乎？蓋周圍四五村，其中有菩薩堂一楹，旁塑麒麟遺像。考之縣志，前明萬曆十九年，城南牛產麒麟，其在我村無疑矣。而像則藏於堂中，是麟之跡賴堂以留，而村之名亦賴堂以起也。顧代遠年湮，不知興於何日，建自何人。核閱鐘文，國朝雍正三年，社首郝振之母李氏、廟主劉儀之母田氏，其或即創於是與，未可知也。越五十餘年，及乾隆壬辰，村民李克均等重修。又越三十餘年，及嘉慶庚午，廩生金天培之母王氏，惜堂基之狹隘，歎梁棟之摧崩，乃獨捐貲改造，廣一楹為三楹。其東則配以送子觀音，其西則配以龍神祠，而廟宇為之一新。且堂前有臺，臺下有池，池週有路。又越二十餘年，及道光丙申，監生李琛會同合村，按地畝以捐錢，逐門戶以撥工，於臺則護之以欄，於池則環之以石，於路則建之以橋，因名其池曰"浴麟池"，橋曰"麟趾橋"，而麟之跡愈顯，斯村之名愈著矣。吁！菩薩，慈神也。麒麟，仁獸也。凡吾儕之居是村者，其均以菩提為心，麟趾不行，雍睦不墜，此仁讓之風焉，則幸甚。

道光十六年。

（文見民國《林州市志》卷十六《雜記》。孫新梅）

文峰塔碑記

　　從來文風之盛，視乎人才；科舉之隆，關乎地利。地失其利而人才反受其困。相厥陰陽，補偏救弊，形勢家往能言之。林，僻處山隅，太行西峙，綿亙數千里，高插雲際，而東南諸山堆阜起伏，羅列如部婁，不足以抗衡，僉稱宜建塔以培形勢。龍頭山之巔，舊有三層，係乾隆十二年知縣事伏羌鞏君敬續所砌，惜規模粗立而締構未成也。按說無文塔字，其見於梵書者，皆佛氏佛屠之說，後世相沿，不知創於何人。自會垣而郡邑各建有塔，名之曰"文筆峰"。事雖不見經傳，實文風相為篤。予丙申秋來涖茲土，下車伊始，興地利、植文風為先務，與黃華、桃源諸渠次第修濬。暇時，進多士論文，資以膏火，使之相互觀摩。而能文之士類皆英英秀出，宜其連掇巍科以去，乃檢閱志乘，捷鄉闈者聯翩接踵，而進士一科，國朝僅得五人，則科第之未隆，固非人才咎也。爰首先倡捐合邑紳耆而共謀之，即仍龍頭山舊基，累石壘七層，始於丁酉夏初，四月而告成。顏曰"登龍"，高標聳之，卓然與太行相對峙。昔唐人登進士第者，皆相率遊慈恩寺，題名於雁塔，歷代傳為盛事。此塔成，林邑人士登第來歸者，相率而題名，即以此為慈恩寺之雁塔也可。予將拭目俟之。

　　道光十七年。

（碑存林州市城關鎮龍頭山文峰塔內壁。王偉）

重修墨灶寺碑

　　且自古者神道設教，凡有功德於民者則祀之，後之人援以為辭，梵宇因之半天下。及詢以神之司與其所宜祀之神，卒亦鮮有知焉者。是豈禍福之柄，神盡操之耶？抑人之始終，為其所泥也？竊以為神道遠，人道邇，惟夫善惡戒懼，不求於神而求於心，斯為見之通而無滯已。邑西南玉泉山之陽，有古墨灶寺焉，後名廣濟院，谷轉溪回，九峰拱揖，洵極林壑之勝矣。尤奇者，後有石穴，隱隱留爨痕，世相傳為洞賓煉丹處，此墨灶生煙，所以為隆慮八景之一，而寺之得名，又安知非以此也？寺前舊有水陸殿，東北有環碧亭，久圮。門內關帝、彌陀也。後則中為佛殿，西三仙也。東皆精舍，又東亦僧院也。創始於宋，自元、明以至我朝，罔不因時修葺，然風雨寖[寖]蝕，迄今祠復漸頹。在崇佛者曰："法雨注於西方，慈雲覆乎中夏，使任其傾圮甚，非所以妥法靈也。"而識者曰："佛，方外人也。自漢時引入中國，以及五季之衰，奉佛益謹，得禍轉蹙。則無益之舉，正宜息耳"。或又從而兩解之，謂"夫神也者，聖賢敬而遠，閭閻畏而服，矧自宋以來，相承罔替，苟及今墮之，使為樵牧之場，其增憑弔之感者何如哉？尚其仍之，俾勿壞。"道光十二年春，郎村社因公議重修，改東廡為子孫殿，以祀文王，佛殿左右加禪房六楹，西建碑棚一，東復增山門，構間室，餘悉仍其舊而重新之，伏惟德如文王尚矣。關公忠義，亦足垂不朽。若夫飛升遐舉事，固幻而又難，憑貝葉天花道亦杳而難信。然不可知者，神也；得自主者，心也。諸廟之森嚴，安必不深旦明之戒？瞻梵宮之幽靜，安必不清嗜欲之緣？望林樾，觀源泉，洗滌之念又安必其不生？陟層巒，俯村落，胞與之懷又安必其不動？無庸有神之見者，存而返，借鑒夫亦靜存之一助焉。爾第以為有求必應，是諂也；第以為有舉莫廢，猶淺也。

道光十九年歲次仲春上浣吉旦。

（碑存林州市城郊鄉木皂寺林州市化工廠院內。王偉）

重修拜殿碑記[1]

嘗聞缺者補之，廢者修之。凡人情之常，而今昔之所同也。南屯村北舊有關帝廟，嘉慶八年，補修拜殿三檻，戲樓一座。至道光十年，經地震，將拜殿傾倒，又拾數年，□□□□族人諱□修者，慨然興修廢之意，倡率村衆，鳩工庀材，不數月而功告竣。此亦人情之常。□□□□誌人之善而已。雖然善，豈可易言哉！有真心好善者，有名為好善而寔未可言善者。□□□□□念皆善，而無一念之不善，事事皆善，□□□□□，此誠一鄉之所仰望，而神□□□□者也。若名為好善，或一念偶善，轉一余□□□□□□□善易一事，而即不善，□□□□持之響，而實無十心之慕。此而為之善得[2]兀天上帝□居紫宮，星應北斗，其於□□□□□□□□，今之瞻斯殿也。即謂上帝之賞善罰惡，赫赫可畏也，亦無不可，豈徒勒[3]。

原任西華縣訓導己卯科舉人□□□□□趙藩模書。

從九趙文錦題額。

社首趙名修、趙文修。

副首趙家修、趙學修、趙臣修，趙士瑜、趙文祥、趙維基、趙維模、申起林、

趙元章、趙文台、郭永金、王在興。

瓦匠刘萬欽。

木匠李源。

刻字匠刘宗魁。

大清道光十九年仲夏吉旦立。

（拓片藏河南省文物考古研究所。王偉）

---

[1] 此碑正中，爲後人鑿一圓孔，右下角字多漫漶。

[2] 此殘。

[3] 此殘。

重修觀音堂碑記

【額題】萬古流芳

世傳菩薩普渡衆生，豈以其煦照為仁，孑孑為□者。菩薩，吾未悉其由來。第□□□則必經□也，聖人之好惡也。人豈有生為聖賢，死為□神，而顧不論善惡而普渡之者乎！其說未可盡信也。我□山南隅，舊有菩薩堂、白衣大士殿、碧霞元君宮各三間，其創建重修，舊有碑碣者可考。不論道光十年閏四月二十二日地震，觀音堂□倒神像破壞，村衆目擊心傷，公議重修。乃共推楊青山、楊治、楊炳雲、□□□□人慨□應□□□□□，按地畝數捐貲，又募化四方，志在成功，無何，未及告竣，而治與炳雲□□相繼棄世，兩家子克繼父志，圖□前功，誠年豐糧足，究工庀材，將宜地興改作□檁格□□□垣，餘資重修東院禪房五間，馬棚兩間，□年功成告竣，囑予為記。予思□□無私者，天之所以為人□□□□□□神之所以為神，孝弟忠信者，人之所以為□，其有仁人義士，孝子悌弟，人之所欽，即及神所佑□之，□□也，況□士□□□□，豈有不福□□□而是□救□之□乎！用告大衆，其豫敦實心以求我菩薩之普渡焉也。是為記。

邑庠生楊寅□撰。

儒童楊守貞書。

社首楊奇山子□□捐仝四千文，楊占子景富、景福、景文捐仝十□千文，楊炳章子守貞、二標捐仝十千文。

副首楊永□捐仝三千三百文，楊舟捐仝三千三百文，楊□全捐仝二千一百文，劉□捐仝八百文，楊舒如捐仝一千一百五十文，楊舉章捐仝一千五百文，楊日章捐仝一千八百文，楊景淳捐仝六千九百文，楊□言捐仝一千八百九十文，楊清連捐仝七德六百五十文，楊景瞻捐仝一千九百文。[1]

瓦匠楊景清、楊亨。

木匠張克林、楊□□、楊孛濤。

刻字匠劉萬欽。

画匠劉延礼。

住持道人張教行、僧人緒寅。

大清道光二十年歲次庚子仲冬吉旦。[2]

（拓片藏河南省文物考古研究所。王偉）

---

[1] 以下開列捐資者一百五十餘人姓名。僅錄其中可識者。

[2] 此行橫排書寫於碑額之下。

重脩烏雲山廟宇碑記

　　重脩烏雲山功成，有客問碑文于余。余曰："此山因何而修？"客曰："此山西連墨皂，東映白雲，南臨淅水以爭輝，北與龍山而齊秀，登斯頂也，真有寵辱皆忘者矣。"無奈道光三年歲次癸未，大雨連月，而牆垣墮矣。道光六年丙戌，大風異常，而瓦獸壞矣。至道光十年庚寅，又地震非凡，而廟宇更為崩裂矣。如之，何不修？余曰："誰起重修之念，而完此功矣"。客曰："有舊社首特起善念，覺力寡難成，因請社首三十一人，又請副首五十五人，副首又請化首一百七十餘人。重修六年，內有凶歲，募化七季。秋麥賣錢一千串零五十三千文。社首、副首又捐錢一百八十四千文，因此而功始完。"余曰："此錢用在何處？"客曰："瓦工使錢一百八十千，石工使錢三十七千八百，木工使錢六十千零九百，畫工使錢九十六千，物料共使錢八百六十二千。此上所用之處也。"余曰："是即碑文，何須再贅。"

　　社首萬宗洛捐錢十二千，貢生侯立邦捐錢十千、王儀捐錢七千，路從直捐錢六千，萬春先捐錢七千，萬中岳捐錢七千，萬文瀾捐錢六千，侯青奇捐錢五千，萬紹瑞捐錢六千，王伏林捐錢五千，萬朝宗捐錢四千，李建榮捐錢五千，生員劉浩捐錢五千，趙建倉捐錢五千，武生李芳捐錢五千，王吉捐錢四千，監生郭起瀾捐錢三千，耆老王德倉捐錢三千，萬魁捐錢三千，秦萬福捐錢三千，李仲颺捐錢三百，張福捐錢三千，萬春元捐錢五千二，李叢捐錢五千，趙維捐錢五百，王清吉捐錢五千，萬明聚捐錢三千，李芝捐錢二百，張先捐錢二千，張志善捐錢五百，萬楊清捐錢一千，王珠捐錢二千，秦玉清捐錢二千，路周魁捐錢一千二百九十，高崇於捐錢三千。

　　石匠路廷元、路玉太四百，王述善、王有宜二百。

　　木匠萬貞元、萬安元、李青標、王方四百。

　　瓦匠秦伏興、宋克魁、路萬興、路玉通四百。

　　畫匠郭正林、郝春林、李明六百。

　　刻字匠路玉太、路玉安、路玉長、路明平、崔振南、王述善、王向銀、五向朋、李珍。

　　記開地段畝數：

　　羅圈莊北一段十畝，石古洞一段二畝，老倉溝三段九畝，老倉溝東岸一段八畝，椿樹坡九段二畝，騎路地一段一畝，桃樹凹七段一畝，裡溝地三段二畝。

（拓片藏河南省文物考古研究所。王偉）

創修河神黨將軍廟碑記

王建泰

　　自辛丑歲，余從江右改官洛下，三襄事於河壖，謁南北兩岸河神，黃大王廟俱以將軍從祀，且有專祠。虔攷之南河所刊《黃大王事蹟全誌》，內載：將軍黨姓，諱住。我朝順治二年，金龍口決，三月不治。天使問策於王，王令稽叁築者見將軍至，王曰："是將為神，贈金卹其家。"裸將軍於埽中，入水少頃，一藍手如箕出水面，王許以封將軍職，手遂隱，而堤工成。是誠禦大災，捍大患，有功德於民者也，以故沿河人感之，稱為攩埽將軍，享祀不忒。

相傳將軍為河南彰德郡林州市人。治河時，甫十二齡，余以為將軍家於林，人與地俱未遠，當更有軼事可攷者。癸卯春，適官於此，檢志乘未之載。縣南五鄉有黨家岡，殆即將軍故里，户族既微，又忘於數典。乃遍詢都人士，謂："嘉慶初元，前縣石公昂為勾當公事渡黃河，舟幾覆，相隨多林之人，賴將軍護持，不及於難。石公歸，於城隍廟為位以祀，議立廟，未果而去。嗣修隍廟，眾以餘金於西院建數楹，梁棟苟完，又以費不貲而中止。"余恭諸西院，謁荒宇，慨然曰："將軍以甘羅為相之年，即盡元冥勤官之節，廟貌遍河干矣，烏可於故里轉乏明禋之奉，且以石公濟河事按之，是將軍於梓鄉之吏，若民眷眷焉。廟既有基，踵而成之，有司之責也。況余又數役河壖，烏得無情哉！"於是，偕僚寀捐廉以倡，近郊紳士、商民以逮庶人在官者咸欣欣解橐，庀材鳩工，增户牅，塗丹腹，拓月臺，肖像裝金，不浹月而蔵理。從此神歸里第，得所憑依，而石公未竟之志亦可慰矣。兹工既訖，謹記其大畧如左。

道光二十三年。

（文見民國《林州市志》卷十八《補遺》。孫新梅）

創建學署記

衛濟世撰并書。

予司鐸隆慮之二年夏五月，撤前任亡友郭竹圃道南舊齋，建學署於明倫堂後，得三十楹。董其役者，邑太學生石君士標、李君賓如、廩生李君萬秋也。冬十月，落成。進諸生而告之曰："僕家汧濱，廉吏之後。環堵蕭然，四方糊口。濫竽講席，廿載山右。十上公車，垂楊生肘。老博儒官，來依林藪。故署傾摧，居藉良友。主人自賢，深愍處久。酉竭觫薄，夙夜經營。鳩工庀材，百堵斯興。自夏徂冬，厥功乃成。如營家室，惟固惟誠。"言未已，客有笑於側曰："先生迂哉！官為傳舍，署如置郵。雪泥鴻爪，過而不留。矧兹冷宦，何安是求。不為巢燕，乃慮居鳩。愚公之計，杞人之憂。鼓瑟膠柱，求劍刻舟。徒貽姍笑，妄費綢繆。"先生喟然嘆曰："吁！是何言與？人生如寄，何物非虛。以公而言，天下廣居。以私言之，吾愛吾廬。但念居停，夏屋渠渠。久假不歸，心實愧予。而況來者，更將奚如。舊室既頹，僦屋莫假。寒儒艱難，妻孥馬舍。誰復似我，寄人宇下。湫隘暴露，保無怒罵。予雖固陋，推己及人。以我之恕，成友之仁。我友竹圃，購寓艱辛。今我為此，爰得所因。敢將衷曲，為君直陳。"客聞喜謂："不予欺先生之意，我殊未知。今發吾蒙，誠有如斯。願以此意，敬告來兹。"

道光二十三年。

（文見民國《林州市志》卷十五《金石》。孫新梅）

創修戲樓碑記

夫戲樓之設，非丹楹刻桷，鳥革翬飛，侈為金粉，徒壯觀瞻之謂。其謂作善降祥，冥漠中自有神助，故思其功德，以為演戲酬神地也。況吾邑境僻風醇，群峰環拱，古木叢生，登斯樓而或歌且舞，以格幽明，以和神人，尤為至順□哉。是為記。

鄴郡優廩生路鳴鑾撰文。

秦家莊儒童馮士奇書丹。

大清道光二十四年冬歲次甲辰孟冬吉旦。

（碑存林州市任村鄉尖庄村。王偉）

重修昭澤侯廟記[1]

【額題】碑記

天堂皆山也，其東南一峯，林壑尤美，望之蔚然而深秀者，昭澤腦也。上有昭澤廟焉，不知創自何時，當順治年間，已經重修一次。後因地震傾圮，暴露神真，過者目之，有不勝其慨嘆焉。適有本約善士馮大元，會請約眾而言曰："昭澤腦山環水抱，毓秀鐘靈，淘神谷仙巖之所，若不有重修，何以副繼往之志，惟能補葺，始可遂開來之心於焉。"五約募化數日，功成。棟宇停雲而耀日，神像佩玉而按金。約眾囑予為文。予不才，僅敘功程之起止云爾。

郡庠生申逢甲撰文。

邑庠生李庚棠書丹。

十月十九日上工，八月十三日下工。其地廟後有水始出，功成即止。

會首馮大元捐仐三千文。

社首貢生王金和捐仐二千五百文。

料理監生魏大俊捐仐一千五百文，生員田逢甲捐仐一千五百文。

收掌魏大花捐仐二千文，曲守貞捐仐一千五百文。

監工監生李自道捐仐二千文，武生李麟書捐仐一千八百文。

買辦耆老韓文章捐仐一千四百文，李加揚捐仐二千文，監生馬維騏捐仐二千文。

催錢李人榮捐仐一千六百文，申萬寶捐仐一千五百文，郭治郊捐仐七百文，李興校捐仐七百文。

---

[1] 該碑斷為兩截。

泥水匠劉有德、牛永法、栗智、高廷林，木匠李人法，石匠，王三綱，各捐亼二千文。大清道光二十八年仲冬月立。

（碑存林州市順河鄉天堂山，拓片藏河南省文物考古研究所。王偉）

皇清誥授中憲大夫東河即補同知前四川司員外郎兼直隸司事加三級蓉帆劉公墓誌銘

【誌文】

道光戊申二月，東河即補同知劉公卒。九月既望，其嗣以書來，謂先人之葬有日矣。思以志其墓而垂厥後，屬詞于余。余與公同官十餘年，而交又最深。公之事知之，公之志尤知之，奚以辭？謹按狀：

公姓劉氏，諱碧峰，字蓉帆，後改名廷勳，字伊臣，惺庵其別號也。始祖世佳，自山西壺關縣遷居林州市東南之石陣村。曾祖文光，太學生。祖步雲，以子貴封奉直大夫。父抱金，封中憲大夫，皆以義行聞於鄉。

公生而岐嶷，七歲入學，過目輒成誦，及長，應試俱列前茅，乃以未獲青衿，而急欲自效也。歲丁亥，納貲爲郎，分刑部直隸司，除四川司員外郎。辛丑、癸卯間，河兩決開封，公又以桑梓之地宜宜力也，援例改府司馬姓焉。方公之未改官也，海方不靖，天子下詔求奇技異能之士，公數爲余言，勃勃欲自試，扣格於事，不果。行於邑，見於詞色，以此見公之抱負磊落，而其志氣爲何如也。其在刑曹，未嘗妄笞一人，綜檄案牘，恒宵深不寐。洎乎奉使河任事實心，嫌怨弗避，棧暑嚴冬，僕僕風沙中；又夫口通力疾從，公無稍畏難色。事父口以色養，遭大故，擗泣血，水漿不入口，煮菜是數日。公兄弟三人，公居長，次名嵩峰，又次名樹勳，友愛甚篤。教子則以敦本崇實爲務，嘗示用功之序如行路，日日徐行，心靜而神自恬，終能邁乎其極，鹵莽以赴，心亂而力易疲，必至廢於半途。與人交不設城府，與同里二三篤行士，立責善約，先正日記，互相砥礪。戚族里黨間，扶危濟急，排難解紛，事難枚舉。值歲歉，偕從伯兄構屋施粥，以養流離，存活以千萬計。

嗚呼！觀此數者亦可得其爲人矣。曩者余每與篝燈晤對，侈談當時之務，與夫身心性命之旨。家庭交際之間，或投筆欲起，或容以息，又或欷噓嗟然，若不自足。蓋公之所志者，大不肖於庸衆之所爲，乃卒不克竟其長，而僅以法言懿行揄揚於士儒鄉曲之口，甚可惜也。

公生於嘉慶丁卯十二月二十日戌時，享年四十有二。元配張宜人，太學生士魁公女。繼配蕭宜人，湯陰縣泌公女。再配張宜人，生員于鎬公女，恭順孝慈，嫺閨範焉。皆先公卒，今於十二月初二日合葬於南活村之東，坐卯向酉。子一，芝昌，議敍國子監典籍銜，廩貢生，候選訓導。孫一，葆恬，幼讀。孫女三：長字輝縣傅維均；次字輝縣傅維型；三未字。芝昌能讀父書，循循有法度。劉氏之興未有艾矣。銘曰：

太行之麓，淇水之濱，靈氣斯鍾，聚於其人。不豐於貌，而豐於心。胡天不弔而不永其年而耀其珍，公則已矣而心常存。佳城安且吉兮以招公，魁來且豫兮將降福穰以利其後昆。

賜進士出身欽加同知銜東河即補通判前刑部江蘇司主事愚弟唐簡頓首拜撰。

道光二十八年十二月。

（碑存林州市文物保護管理所。王偉）

重修玉帝廟碑記[1]

【額題】重脩

嘗聞聖人以神道設教，謂神固不可不敬，而敬神尤不可以無主，況玉皇上帝，其尊無對，萬神朝禮，豈於神主而可忽哉！是以我敝村舊有玉帝廟一所，廟內神雖不一，而春祈秋報，要必以上帝為主焉。爰稽其始創修，由來久矣。乃廟宇修理，現有碑銘可考，小民日食其德，歲報其恩，豈非奉祀之常理哉！不意於大清道光庚寅歲四月，地震如雷，廟宇傾崩，揆之善繼之說，本當修理，無奈連年荒旱，亦徒嘆息已耳。幸遇本處善人郭君諱士昌，忽興重修之念，且曰："好善之情，人所同具。"又有郭君諱進興，善心有感而動，曰："創立拜殿於廟前，以便祈報之所，亦理所當然。"二人均為主事，糾合村眾公議，分派社眾，各司其任，或按地畝門頭，攢秋歛夏募捐，本村人等出其貲財，以啟其機。二人猶恐功程浩大，力難勝任，故復會本村化首，募化四方善人，共捐其貲財，方可鳩工動眾，則經始於昔夙，告成於今茲。蓋郭君進興、士昌主持之德，與諸君子贊助之善心，豈忍湮沒而弗彰。是以為之記。

  郭振清書丹。

  金粧神像郭進興、郭丙祥、王貴保。共使大錢四千五百文。

  社首郭進興、郭士昌。

  庫首郭永名、郭士法。

  收掌王大興、郭進午、郭振清、郭士文。

  攢首郭丙告、郭進奉、王貴興、郭士松。

  買辦郭永法、王貴秀、郭丙魁、郭士花。

  催工郭丙祿、王貴保。

  監工郭永清、郭丙興。

  刻字匠郭士荣施香炉一個。

  瓦匠常玉□施个一百文。

---

[1] 標題係補加。

木匠郭丙祿施仒一百文。

鐵匠郭□興施仒一百文。

大清道光弍拾玖年二月二十日吉旦。

（碑存林州市順河鄉北郭家莊村，拓片藏河南省文物考古研究所。王偉）

重修拜殿廟碑記

嗚呼！風俗之敗壞可勝慨哉。孝第之不講，忠信之不篤，禮義廉恥之盡喪，其居心皆欺詐，其作事皆往悖。上不畏乎官長，下不憚乎正人，桀傲自恣所不至，甚可懼也。余鄉向稱醇厚，其或子弟非深之以詩書，即率之以稼穡，雖在歲晚間，亦絕無窺雞走狗之人，吃酒賭錢之事，所以人心樸實，民氣協和。數十年來，□□□□□庭者而今安在哉？今歲饑饉洊臻，民不聊生，村中不法之徒，竟將石廟樹□□□□□□之不善何以至此？或曰："彼因饑餓使然。"何伐樹者未聞餓死，而餓死者皆□□□□□之，所以不平也。或曰："彼伐其枯者，將易其生者。"然何以未枯者，盡行所伐？□□□□□懼患之，不止此也。於是，會同合社送官究治。人因鄉鄰之情，憫其窮□□□□□，補栽樹木，增修廟牆。勒之貞珉，以懲後人，庶是以挽風俗於萬一云。

各廟樹木禁止戕伐，亦不許官地會賭，私留閒人，違者送官究治。

大清道光二十九年暑月合社公立。

（碑存林州市橫水鎮南屯村。王偉）

紫氣東來

今夫一村之中，春秋獻戲，倘戲房不設財，戲子無以安身，□香首管事終以為患。故吾村於二十八年有傅金珍所賣莊基一處，社中公議買此以為戲房，每年隨香首管事承領。自買之後，則戲子之安身有所，而社中之患除矣。又將禁例開列於後：

一、不許停喪。

二、不許會賭。

三、不許圈牛羊。

若有犯者，罰大錢一千文。

道光二十九年七月初一日立。

【碑聯】

勤儉黃金本

詩書丹桂根

（碑存林州市東崗鎮南坡村。王偉）

重修大殿拜殿戲樓廚房碑記

　　神之為靈昭昭也。藥王、藥聖、五瘟諸神之功德尤甚，匪特默佑黎庶，陰庇蒼生已也。龍點眼而澤秸井，虎挑牙而守杏林，恩膏及物，豈淺鮮哉。《記》云：山川五祀而外，有功於民者皆祀之。本境舊有藥王、藥聖、五瘟諸神廟宇。粵稽順治十六年立廟一間，康熙八年迄十一年，增建大廟三間。自立廟棲神以來，遠近鄉村有求必應，不可枚舉。無如歷年久遠，瓦將解而榱將崩，坐視圮塊，豈情理乎？廟院中有松樹一株，枝枯乾死，賣錢十九千文。積之數年，本利無多，爰是合村公議各捐資財，復為募化，又積十餘年，本利約有二百千餘，廟可修而功可舉也。於道光二十八年夏起功，二十九年春，厥功告成。囑余為文。余曰：天下事不過情理而已，神有功於人，人不修廟以祀，乖乎情即逆乎理。今增臺起宇，黝堊神象，向之卑暗者，今則高明矣。理順情安，勒石以志，誰曰不宜。

　　桑麟撰文。

　　桑朝舉書丹。

　　道光三十年七月吉立。

（碑存林州市桑耳莊藥王廟。王偉）

修渠碑

　　隆慮當太行之麓，石厚水深。邑人常苦乏水，而西南一隅所患尤甚。自萬曆丙申歲，邑侯謝公始創水渠，歷年久遠，屢經重修，碑碣詳言之矣。迄今堰頭洩漏，渠道壅塞，陂池橋梁亦多灘塌。有主持長老印珍環者，深以為慮，因以重修之意，謀之辛安首事，又謀及眾村首事，同到謝公祠商議，無不欣然曰："斯渠也，前人不能復修，而後人修之；後人修之而不繼，何以使後人復繼後人也。"於是，按村庄之遠近，地畝之多寡，酌量捐輸，共成厥事。自春徂夏，漏者補之，塞者通之，灘塌者疏鑿更新之。復於管道最要處，為石槽數十丈，更如高屋之建瓴矣。茲者工程告竣，勒諸貞砥，俾後之覽者有感於斯，以繼盛事，庶甘棠得永蔭南國焉。

　　大清咸豐元年歲在辛亥季春之月下旬吉旦合社仝豎。

（碑存林州市合澗鎮南庵溝謝公祠院內。王偉）

柳石灘碑

　　柳石灘泉水，當呂姓賣于侯姓時，謝公渠已買入社中，載在碑碣，由來久矣。嗣後地主屢換，渠道改移，越道光三十年復修渠道，上達於聚池。合社人等與地主光裕校明，日後牛羊入池，汲水入池，永不許地主人阻擋。恐後無憑，因刻石為證。

大清咸豐元年季春之月吉旦仝立。

（碑存林州市合澗鎮南庵溝謝公祠院內。王偉）

皇清誥授中憲大夫東河即補同知前四川司員外郎兼直隸司事加三級蓉帆劉公墓表

道光庚戌，謁倭艮峰先生于京師。先生曰："汝鄉蓉帆劉君執友也，臣節塞制行卓卓，不幸早世，其居心處事，不可使就湮沒。吾軍政旁午未暇及引導汝輩，□□責也。"瀾謹志不敢忘。甲寅，與公嗣君瑞堂訂交，既又延瀾家塾，因請公行述，嘗讀數四，敬承艮峰先生美意，為文表墓，且使吾鄉後學共得所仰止云。

公遠祖自山右遷林州市，隱德相承，世傳耕讀。公祖諱步雲，封奉直大夫。考諱抱金，候選布政司理問，以姪華峰官貤封朝議大夫，以公官晉贈中憲大夫。公生而英敏，齠齔間，授以詩書，過目輒成誦，老宿奇異，知為遠大器。弱冠，應童子試，屢試列前茅，以數奇不售。慨然曰："文章性命，不可強爭衡也。"遂以納貲為員外郎，簽掣刑部直隸司，明慎公達，獨見材能。嘗寓書家人曰："廷尉為刑名總匯，所關甚鉅，稍有錯誤，人命呼吸，良可畏也。"每審案件無鉅細，必詳悉推求，務得真情。少有未安，反覆不寐，三年中，蓋無日不懍懍也。乙未，四川司中員外郎缺出，以公充補。越日，即引見矣。而太封公在籍猝卒。使至京邸，欲匿書不以聞。公見家使，心動盤詰備至，乃以實告。

公驚□氣屢絕，號泣奔喪，眠食俱廢。服闋，復宦京師。戊戌，仍除四川司員外郎。人以為孝子之報。公益矢勤心□□，日間所理案卷，夜必攜歸寓所，精心校對，每雞聲喔喔，猶端坐未眠也。其嗣君，每以節勞進勸。公曰："朝廷霄衣旰食，方欲勵治升平，每決一囚，必為減膳。我為刑官，獨不能為主上分憂耶！不惟無以對心，且無以酬聖明也。□□□覺忠之一字，深自愧歉。但此勤勞不懈，頗堪自信。汝輩異日立朝，無忘此寒燈獨坐時，便是承家令嗣，勿以我勞苦為念也。"

辛丑，河決祥符，公桑梓念切，遂改同知投效，隻身奔馳，不間寒暑，事甫竣，接辦牟大工。爾時，中土多故，公以敏幹受知各寧，或委辦壩務，或承挑引河，又承修賈魯等河，防汛黃沁等廳，及各屬勸捐、催科、施綿衣、散賑粟，辱暑蒸蒸，寒風僕僕，氈帳沙堤，幾番霜雪，而公黽勉從。公為寮采先，久之，積勞成疾，形神委摯，然一經差委，即勇往恐後，不敢告勞。其御眾嚴而有寬，所至皆感戴不忘，至有泣別者。故其任事功省而易成。丁未，安瀾奏績，蒙寧保奏，遇缺即補，宣廟降旨俞允，語方喜報，稱有日矣，而竟以積年勞瘁，一病不起，中外聞之，罔不悼歎。

公素性慨爽，遇義行不計貲財，嘗修族譜，創家廟，拓地輸財，為族眾倡。丙午、丁未連遭荒旱，哀鴻遍野，公偕昆仲闢地構屋，贍濟困窮，左設粥廠，右延醫藥，名其園曰"冀生"。親身經理，夙夜不暇，自冬徂春，費米八百餘斛，全活數千，及今頌德不衰。性孝友，事親色養，前後居喪，哀毀逾禮。公兄弟三人，公居長，友愛倍至。先是家本裕，既而公宦洲，度支頗繁，慨然曰："我不欲累我弟也。"遂定議分炊。然在外恐兩弟廢學，郵筒相戒，切諄諄以近君子遠小人爲諭。弟以有立。故人於劉氏兄弟無間言。公之與艮峰先生交好也。當在比部時，訪湯潛庵志學規日記錄，互相質證，共敦實學，同志者咸謂公敏毅不可及。嘗諭其子侄曰："立身以綱常名教爲主，讀書以身心性命爲先，勿徒事章句也。近日風俗衰薄，宜敦本，尚實力，崇古道，不得少從習穀苟且避謗，以博時譽。"又曰："讀書須無間斷，能息體會，刻刻不忘，自有進境。若一設篤張之氣，必至一蹶，謗以博時譽又行遠，日日徐行則氣靜神恬，終造其極，鹵莽以赴，心忙力疲，必至半途而廢。"此皆見道語，豈淺近者能言及耶。性嗜讀書，家藏萬軸，公務之暇，史軸未嘗釋手，即奔走河干，必以數種自隨，曰："此人說也，安可一日離左右也。"與人交，直言無隱，而謙恭和藹，使人敬而生愛。故到處有好人之目，且慷慨濟急，於財不少吝。沒之日，遠近聞之，莫不漣洏。

公生於嘉慶十二年十二月二十日戌時，卒於道光二十八年二月十六日辰時，春秋四十有二。諱廷勳，原諱碧峰，字蓉帆，號惺庵，一號伊臣。元配張、蕭，再繼張，俱誥贈恭人。今已以廪貢生候補儒學訓導矣。固知積厚者流必光也。識者于令嗣有厚望云。

世愚侄徐清瀾頓首拜撰。

咸豐四年。

（碑存林州市文物保護管理所。王偉）

重修魯班廟碑記[1]

【額題】永固

【碑聯】

爭先恐後為善最樂

此唱彼和有志竟成

蓋聞善作者不必善成，善始者不必善終。是創修難而重修尤不易也。我東趙村舊有公輸君廟堂一座，乃紀公諱亮者，創立於嘉慶二十五年，經道光庚寅地震，磚瓦崩頹，牆壁傾圮，而神像亦闇淡而無色。設無人焉為之補修，前功不盡棄乎。爰有紀明義者，目擊心傷，謀諸衆曰："人之好善，誰不如我。使莫為之後，而為之先者，雖美弗彰矣。"於是，極力勸捐，各施貲財，工以梲來，廟立而根基永固。人以心競，金塑而神像重新。從此有基勿壞，不至終於崩頹而傾圮也，則前人善作善始之念，亦庶乎其不泯矣。功竣，囑余作

---

[1] 此碑後半部分字多殘毀。

記。余不敏，直書其事，以誌不朽云爾。

　　社首紀明義仒一千，紀大□仒一千。

　　文童紀□俊撰文。

　　紀經邦書丹。

　　□錢壹拾玖仟壹百文。

　　大清咸豐伍年歲次

（碑存林州市橫水鄉吳家井村，拓片藏河南省文物考古研究所。王偉）

方圓井碑記

　　自古耕田而食，即繼以鑿井而飲，井之由來非一日矣。此井掩過幾次，掏過幾回，地主與族人屢次爭吵，經人処明：井臺以上入公，井臺以下属私。以自古以來，許掏不存掩，庶幾同井證哶之聲不復聞，睦姻任恤之風可以復，世世子孫其永守而勿替哉。

　　大清咸豐六年夏五月。

（碑存林州市東崗鎮西盧寨村。王偉）

自衛防盜碑

　　從來有文事者，必有武備，是武雖有時而不用，而不可一時而不備也。況今盜賊公行，穿窬時有，為農家者流，能無思患預防之雅意乎？以故父老子弟勸捐資財，因買白蠟杆，以防黑夜耳。除此外，絕不計輕舉妄動而滋事焉。爰刻諸石，以示來者。

　　計開：

　　本村人等以及四方親友不許擅自假借。

　　大清咸豐六年秋八月仝立。

（碑存林州市橫水鎮東趙村玄帝廟內北牆上。王偉）

重修黃華山上下覺仁寺碑記

　　黃華山是隆慮之勝景，又一邑之奇觀也。內蘊上下覺仁寺，不知創自何年，而重修屢屢，猶不計其數耳。迄今蓮臺瓣落，畫壁塵封，游斯地者，孰不動易舊增新之念焉？住持善安率徒慈吉，延社公議，上下重修。於是，公會化首，募化十方，衆鄉村各捐資財，十甲長共勸聖事。大佛毀狹而復廣，觀音堂舊而增新。帝君宇竹苞松茂，天王廟鳥革翬飛，諸聖祠盡皆改造，兩廊房一蓋重修。梳粧樓居廟西北，仰止石在寺東南。而其間山還水抱，地僻林幽，名人筆墨甚多，學士詩賦不少。隱逸入斯，意欲匿迹，高明到此，心懷修真。

不知幾為經營，方能功成告竣。惟恐年深無憑，因此刻石以志。

大清咸豐九年孟夏月吉旦。十甲長合社仝立。

（碑存林州市城郊鄉黃華寺。王偉）

增修花姑崖記

東海麻姑，方平之友也。青溪小姑，蔣侯之妹也。若花姑者，伊何神歟？雖然有之，衛夫人之弟子黃令徵善種花，號花姑，為花神，此花姑者是耶？非耶？其非也，無兩花姑。其是也，則亦取造化清粹之氣，不鐘於人而鐘於物者，為朝華之敷榮，夕秀之競爽而已。而芸芸眾生，蕙蘭不茁，禱而輒應。又何說焉？雖然亦有之。梁范縝曰："人生如花樹同發，隨風而散，或拂簾幌，或薦籬牆"。人也，花也，本同而末異者也。豈花姑者，具大神通，遊戲三昧，令人世璋瓦之祥，有同蒔藝，眾生歡喜，亦即神拈花微笑時耶。果爾，則崖名花姑，像花姑耳。而謬者必指為觀世音。佛也，男也。花姑神也，女也。然則人之生子得之佛男，顧勝於得之神女者耶！癸丑秋，余隨納節帥營奉差旋里，買山西圉，近於崖鄰。崖在桃源西北之半，臥柳鳴泉，境極幽勝。濟里人等登陟之難也，適為之螺旋其石磴，病崖居之隘也，又為之帶，展其山腰。繼復門其東，欄其外，拓其崖，宏其殿。計為工三千五百又五十焉，增於昔矣。其襄事勸劬之人泐之不復贅。余因幸結此芳鄰也，為計其略而附以詞，庶里人歌以祀之，姍姍其來享乎。詞曰：

柿子丹兮桃紅兮，湑醴兮靈之宮。靈之車兮辛青經，瑤池兮花容之望。靈不來兮惆悵，疑天柱高兮崑閬湜。水山綠可飲兮硐芳可食，黃花北兮墨灶南。紅鸞為駕兮白鳳為驂，招來朵朵夕稅駕兮小西天。裊裊兮玉笙，咚咚兮獸鼓。水佩鏘兮風帶舞，擁梨雲兮飛桃雨。忽冉冉兮揚靈，目渺渺兮愁予。眾香國兮天之涯，問下女兮歸何時。抱蘭情兮蕙意，獨徙倚兮相思。

丁酉科拔貢本科舉人直隸候補知縣邑人劉福齡撰。

儒童郭周書。

大清咸豐九年歲次己未年七月吉旦，桃源村合社仝立。

（碑存林州市城郊鄉桃園村北花姑崖。王偉）

皇清誥封恭人節孝王恭人墓表並序

王恭人，誥封奉政大夫晉封朝議大夫卓然劉公之德配。同年筱舫君之嗣母也。丙午歲，余從家君官京師時，同鄉健堂先生與家君同官儀部，持王氏節孝紀實一編，商為旌表。余時侍側，喟然嘆貞節之可風也。而終未詳其門楣。至丁未春闈，余歷閱同年譜係，因而知前商旌表王氏即筱舫之嗣母也。筱舫謹錄事實囑余為傳。余後奔馳戎馬不果就。庚申，筱舫襄事皖營，談及年伯母已葬，墓尚未表。吁，余之咎也，遂不揣譾陋，敬爲之表。

恭人姓王氏，克君公之三女。賦性溫厚，少嫻女儀，年十八歸劉公卓然。克修婦道，能得舅姑歡。越三年，卓然公逝，恭人時年二十有一。慟而欲絕者再，苦塊絕食，幾不欲生。因念雙親在堂，恐重悲戚，乃勉奉舅姑，儀容不希，益以禮義自閑，逾年而舅復逝。哀慟迫切，事姑愈謹。然憂鬱成疾，柴毀骨立，數十年醫藥罔效。丙戌歲，以胞三弟荷舫公長子爲嗣，即同年筱舫君也。時筱舫甫五齡，恭人養之如己出。及就傅課讀，維殷時以親師力學，承乃父志，光厥門第爲訓，每訓時聲淚俱下。後筱舫英年入泮。登賢書，品學爲同人推重。其獲益於母訓者居多。

甲寅春，恭人棄世，年五十九歲。生於嘉慶元年四月二十六日子時，卒於咸豐四年正月二十四日寅時。筱舫既服闋，官中翰，滿任得旨外用，以同知分發江蘇，援例乞封典授宜人封。後筱舫隨營剿匪出力，保舉以知府用，賞戴花翎，得旨晉封恭人。嗟乎！恭人以青年苦節，無愧母儀，厥後得膺榮封，以光泉壤，天之報施爲何如哉？余與筱舫誼係同年分居猶子，知恭人之行實頗詳，遂表諸隧石，以彰節孝。

賜進士出身日講起居注官詹事府左春坊左庶子賞戴花翎伊勒圖巴圖魯年愚侄袁保恒頓首拜撰並書。

咸豐十年。

（碑見林州市文物保護管理所。王偉）

創建帝廟碑記[1]

世擾攘不忍三綱淪九法斁也，以 /
帝廟祀遍天下，威靈顯赫，佑國庇民，千七百 /
予罰賞。蓋上天牖民之意。維帝實承之，立廟 /
於異地，創建帝廟。嗣因重修造，遷于溝南之離位 /
薄蝕棟宇，為之摧折，地震崩裂，形勢因以損傷。每 /
惻誠敬也，謀重理之，仍卜遷於東南故址。於咸豐 /
前廣闊，鑄鐘建樓，門垣炳煥，落成後，首事者以誌請 /
文林郎辛亥恩科舉人吏部檢發知 /
郎辛亥恩科舉人吏部檢發知 /
身朝議大夫戶部山東清吏司主事加三級 /
功德主 /
首事人 /

---

[1] 標題係補加。此碑殘，上下均缺損，僅據存文錄出。

咸豐十一年月穀旦立。稷

（拓片藏河南省文物考古研究所。王偉）

八蚱廟改修戲樓碑記

梨園之樂，雖非古禮，然亦歡幽飲蠟遺意，不可謂非太平盛事也。余邨戲樓創自康熙甲午，緒修兩次，規模頗狹。延至同治壬戌，因重修擴而大之。北廣四尺，東西各廣二尺。工竣，聊記年月並陽四韻於後。

落落層臺對碧霄，雕梁畫棟債誰描。

為教柳曲行雲過，卻遣梨園舞雪飄。

翻舊不妨聊展布，增新畢竟得寬饒。

昇平一奏神人悅，鼓吹還將和九韶。

監生呂惟一樓記。
貢生蘆字□參校。
錦雲書丹。
大清同治貳年六月後石村合社同立。

（碑存林州市河順鎮申村八蚱廟前戲樓內。王偉）

嚴禁偷神嫁禍碑

欽加知州銜署林州市事加五級紀錄十次為嚴禁偷神，以杜嫁禍，以安閭閻事：

照得龍神之尊，策之天府輝煌，建廟祀典優崇雅。有四海之分，而無各村之別，其興雨有澤，定之於天，非一日所能私。以理而論天地和合而成雨。人心乖戾則致旱，此又一方之善惡而定。近有無恥奸民因蓄小忿，遂偷神像以置人家門首，不雨則以偷神之故，論詐百端，既雨則以謝神為詞，需索無已，以致籍此小事，傾家敗產，貽害匪輕，此林邑之惡俗，亦林邑之俗習爾也。揆之憲典，凡於妖言惑衆者等，王法嚴禁，萬難寬宥，為此，出示嚴禁。自示之後，如有偷送神像於人家者，除本縣立即訪拿外，其家即以其神送入城隍廟，以享祀典。有從中阻滯者，即係偷送之人，立稟來縣，捆拿重究。如此，訛詐之風庶息，和睦之雅立敦，熙熙攘攘，昇平共樂，本縣以言立法，各宜懍遵毋違。特示。

偷神嫁禍，林邑惡俗，相沿已久。陶大老爺署林州市，洞悉其弊，立碑隍廟，嚴行禁止，此除莠安良之政也。霍曲等村恐日後漸馳，因共立一石，以便遵守，以垂久遠云。

艾家庄、北采桑、東窰頭、常路郊、張家屯、范家庄、秦家窰、晉家坡、西河北、東屯、橫水、河東、呼家窰、西窰頭、九家庄、東下洹、蔣壑、辛庄、喬家屯、東河北、焦家灣、橫水河西、翟曲、東橫水。

儒童郜士先書丹。

刻字匠李都成、王聚。

大清同治四年歲次乙丑荷月中旬焦家灣村立。

（碑存林州市橫水鎮焦家灣村。王偉）

重修三皇廟玄帝廟普救堂碑

夫廟者，肖也。立廟以祀神功也。我村西賢城街北舊有三皇廟，街東有玄帝廟，街中有普教堂，創無稽而重不一，年深日久，風摧雨崩，頹毀甚矣。善士六品軍功王公諱麟與靈等不忍坐視，謀於村，按地捐糧，兼募四處，除費有積，村東南角又修石橋三孔，以屬來氣，壬戌舉事，乙丑告竣。敢□□有光於前，□过聊繼其美意云尔。因勒石以志之。

大清國同治四年歲次乙丑季秋吉時立。

（碑存林州市陵陽鎮西賢城村。王偉）

創修永定橋碑記

粵稽升仙普渡，名傳司馬之題；下邳遙通，書紀留侯之受，以及魂銷情盡，感懷幾等於天津；朱雀綠揚，聯句不殊於灞岸。是橋之建，自古曾垂，而橋之名，至今難數，從未聞以永定命名者。昔惟此間崗臨二道，地接孤山，平時則溝壑崎嶇，行人浩嘆；陰雨則污流淤塞，征馬踟躇。此過客往來形神所以靡定也。有黃公名進福者，慨興善念，欲便征途，特以獨力難成，因望同心共助，爰是約會耆英，共商議舉，捐資濟美，夏令以成梁，積累層補，計周行之如砥，數十日化險為夷，共羨堤倚之固，千百年熙來攘往，孰嗟跋涉之勞。向之形神靡定者，因之而俱定，且無時而不定焉，此永定之名所由昉歟。余謹志其事，以示不朽云。

大清同治五年歲次丙寅仲春之月上旬吉旦。

（碑存林州市東姚鎮西窰岗村東。王偉）

皇清誥授奉直大夫候選直隸州州同加三級誥封朝議大夫刑部直隸司主事
加三級晉贈中憲大夫工部屯田司郎中加五級累贈通奉大夫
山西候補知府加四級晴嵐劉公墓表並銘

【誌文】

冬官尚書郎劉西屏，豫省官，部署之最著者。方其在部也，勤敏案牘，及遷水部，勤勞益著。同僚稱之。余與西屏相交最契，而知過庭之訓，有從來也。既而，西屏迎養公於都門，余獲時親色□，氣象淵涵，談論篤摯，信乎當代偉人，宜西屏之廷獻有徵，後卒於家。遠近聞者，莫不哀腕。益見公之流澤及人深且厚矣。又四十餘年，其冢孫春熙以郎官改守山西，書囑爲文表其墓。念世誼之情篤，感封公之德長，曷以辭焉！

公諱抱珍，字聘三，又字錫三，號晴嵐，先世山西壺關，遷林之石陣村。曾祖國學，諱獻表。祖諱文光。父封奉直大夫，諱步雲。公幼穎異，喜讀書，以父篤疾，當代持家，不獲卒學。入資爲直隸州州同。事父孝謹，或夜不交睫，數年如一日。父垂殤語公曰：若弟抱金幼，孝之當如我教。若公泣受命後勉弟學，輒□父言相持泣。弟以成立。姊適侯者，家中落，迎與同居。適張者早世，遺三子一女，君撫之、教之、婚嫁之，皆視己子。故邑人言，內行淳備者曰晴嵐公。公性質素無嗜好，自奉甚約。然視社人之急必赴之，不復顧重資，或謝之弗受。邑子貧不能學者，招之家塾，使與諸子同學。成就者甚衆。而團鄉勇禦寇一事人尤德之。方滑縣逆匪之竄入輝縣司寨也。司寨距石陣五十里。衆恐懼，一夜數驚，皆啜泣，思挈妻子遁。公宣言於衆曰："不。遁亦死，鬥亦死，知死而鬥，鬥亦可以不死。賊易與耳，悖天犯順，失魄而蠢，其衆烏合，不如先伐擊刺，□□□□且意在粟帛子女，無必死志。"又聞官兵即至，故其勢外張而內悸。里中少年，有願從吾爲鄉勇者，吾與器械，吾與糧糧，吾贍其家，吾恤其死傷者，吾厚酬能殺賊者。衆皆奮然願從，得千餘人。已而，賊距村八里不能前，相持三日，而殲于官兵。道路之人咸相告曰："賊利林州市之饒久矣，微劉公事不可問。"嗚呼！使公不傾家團練，村必破，家亦不保，縣城可慮，賊勢益蔓。故團練鄉勇，得計之最者也。然非忠義奮發，又其言足以爲人所信，則人不敢恃焉。而能定議於倉促之間，此古所謂鄉先生歿而可祭於社者乎！

公生乾隆二十四年正月八日，卒道光三年三月二十八日，春秋六十有五。配張太夫人，考國學生，諱國棟，溫敬柔懿，舉一女一男而逝。繼徐太夫人，考諱振遠。其來歸也，女方四歲，男方晬，字之恩，逾所生，戚黨賢之。再繼張太夫人，考武生，諱洛。賢如兩太夫人。子三：長震峰，廩貢生，汲縣訓導；次華峰，工部虞衡司郎中前刑部直隸司主事；次曉峰，候選同知。女六：長適武生閻貴宗；次適郝清標；三早卒；四適生員郭三才；五適李宗堯；六適國子監典籍銜傅煊。孫三：際昌，壬子科舉人，以郎中改守山西署汾州府知府事；世昌，布政司經歷；甫昌幼。孫女五。曾孫八：葆綖都察院都事；葆縉廩貢生；葆純、葆綸、葆緯、葆綬、葆緒俱業儒；葆績幼。曾孫女八。元孫七：孝基、孝業、孝楷、孝模、孝祖、孝武、孝程。元孫女四。公之長嗣以司鐸，能文章，啓佑後學，次在官，以勤練稱。今其家孫春熙出守山右，又卓有政聲。冠裳累累，孫元綿綿，此足觀公之庭教，而驗公之世澤矣！初卜葬于牛家岡之東，咸豐十年，以其地傷水，奉移於北河村之石阪新塋。銘曰：

　　玉粹其瑜，銅律不渝。孝友愉愉，昔架今撫。猖猖狍群，索死而奔。屹我閭門，鉏櫌咸軍。冲頣繕質，乃瑟乃栗。爲子作式，豐根侯實。後祿蟬嫣，彰君所延。芘休崇阡，於無窮年。

　　經筵日講起居注官文淵閣大學士弘德殿行走翰林院掌院學士廂白旗蒙古都統總理户部事務加三級世愚侄倭仁頓首拜撰。

　　同治五年歲次丙寅四月穀旦。

（碑存林州市文物保護管理所。王偉）

皇清敕授修職郎坐補直隸光州儒學訓導貤封中憲大夫工部屯田司郎中加五級誥封通奉大夫山西即補知府加四級廩貢生曉巒劉公墓表並銘

【誌文】

　　公河北林邑人也。其善行義，舉信於鄉，播於兩河之間者久矣。道光初年，余以翰林與公仲弟西屏公官京師，以其子授□館其第。公往來京邸，因識公，納交焉。厥後，西屏卒於官，子誤以命案羈縲絏，公匹馬赴京，立爲昭雪，當道者皆手額謂引導。公明强示可誣，余亦深信其性忠直，心醇正，學優識超，爲當世之偉人，宜設施名於世，乃竟以司訓卒於鄉，甚可異也。咸豐十年冬，既葬公，同治四年五月，其子際昌奉差查辦軍務，旋豫郵書，請表其墓，以余與公交最深，公之存心行事，余知之□也。既爲之志，復爲之表，並以寫余之所以惜公者。

　　公姓劉氏，諱震峰，字東藩，曉巒其號。先世山西壺關籍。明洪武間，始祖世佳遷于林，卜居石陣村。曾祖文光，太學生。祖步雲，太學生，以子貴，封奉直大夫，直隸州州同。父抱珍，太學生，候選直隸州州同，以子官封進議大夫，刑直隸司主事，贈中憲大夫，工部屯田司郎中。以孫官贈通奉大夫山西知府，皆以義行聞於鄉。公生而醇摯，甫周失恃，七歲入塾，不與群兒戲。即知講究孝弟，讀書務實踐，不得其解者，恒徹夜思。父師奇異，以爲未可量。弱冠名噪庠序，補郡弟子員，旋食餼，廩貢成均，侃侃然論天下事，而數奇不售，遂遵例授訓導，選汲邑，署新野，補光州，所在有聲，士風丕變。嘗謂士人，立身端自秀才始，教化不行吾之咎也。勿謂職任卑微，遂於朝廷無關欣戚。其在汲邑，太守廉得其品學，多所委任，謂非百里才。其在新野，士多向慕，人深愛戴。道光癸未，以父艱去職，居喪哀毁以禮，自抑不飲酒、不茹葷、不聽樂、終制無少異。繼補光州，以季弟曉峰子際昌幼，恐失學不之官，寬嚴並濟，弟以成立，子領鄉薦，亦足見公之教矣。尤善事繼母。

公年七十餘，怡怡承歡，不啻所生。張太夫人卒，擗踊泣血寢苫枕塊，無殊壯年，遠近有孝子之稱。又嘗修家譜，建家廟，敦宗睦族，春秋全拜，勸善規過，有古人風。丙午、丁未歲大浸，河朔尤甚。石米制錢八千餘。比冬，道殣相望，公慨然軫念。闢園構屋以養老弱，設廠煮粥以贍，因窮病則延醫藥以治之，死則立義塚以葬之，名其園曰"冀生"。次年，麥秋按口給米，勸歸鄉里，全活者數千人，名著河朔。太守汪小孟、邑令康韶山交欲薦聞，公亟止之曰："吾冀民之生耳，豈忍借民命以沽名？"邑之南有淇水石橋數百丈，多就傾圮。公倡為捐修，復築石堰數千丈，半出己囊，士民便之。此特其著者。跡其居，恒端謹方直，嚴氣正性，不慣為世情款曲，人亦無敢幹以私，然接人甚恭，雖深夜端坐無倦容。遇善士尤加敬禮，不善者深疾之，直言規勸，不避仇怨。親話之間以長厚稱。貧者濟之，恒為婚娶，至再至三。治家嚴肅，務勤儉，至惜一芥。遇善事，則不惜千金，義所當為必為之。利害不能搖，威武不能屈，扶危濟急，排難解紛，一鄉依賴。故其逝也，遠近聞之，無不流涕。謂泰山其巔，追念不置。嗚呼！若公才與之決大疑，定大計，拯濟時艱，其高施必超乎庸衆萬萬矣！惜乎！其卒於司訓而未得大展其經濟也。噫！命也夫。

公生於乾隆四十四年正月二十日，卒於咸豐八年十二月十三日，享壽八十歲。配閻氏，封恭人，贈太夫人。考郡庠生，諱六庚。孝慈柔順，內外無間。道光壬寅先公卒，壽六十五歲，生子一，際昌，壬子科舉人，由郎中授山西知府署汾州府事。女二：長適監生張懋官，次適九品銜徐岱雲。妾楊氏，生子一，甫昌，幼。孫男九人：葆絨，候選都察院都事；續，幼。孫女八：長適浚邑庠生候選郎中王斌成；次適浚邑業儒孫樹屏；三適浚邑業儒李金章；餘俱幼。曾孫七人：孝基、孝業、孝楷、孝模、孝宜、孝武、孝程。曾孫女四：俱幼。十年庚申十月初六日，葬公於臨淇鎮北河村北石阪。新銘曰：

行山嶽策，淇水湯湯。中有哲人，令德孔彰。彭城之話，代發其光。綿綿及公，有熾其昌。在鄉為人望，傳家孝與忠，出仕秉鐸政，如化雨春風。其孝行周之老萊子，其長厚漢之陳仲弓，其廉幹嚴明推為汲長孺，其富貴壽考媲美郭令公。宜天予以全福，所以報善人者，永世以無窮。至今仰河嶽靈秀，獨毓墓門。有杉檜垂，蔭鬱蒼蘢。永依吉地，有悶其宮。子孫翼翼，世享滋豐。

經筵講官太子少保禮部尚書實錄總裁加三級愚弟李棠階頓首拜撰。

李棠階同治五年歲次丙寅四月穀旦。

（碑存林州市文物保護管理所。王偉）

皇清誥授中憲大夫工部屯田司郎中兼虞衡司事西屏劉公墓表並銘

【誌文】

道光壬辰、癸巳間，余濫竽都門。爾時同鄉中若艮峰、倭仁、逯坨、丁彥儔諸公，方以名節忠貞交相砥礪，而西屏公其最者也。歷仕既久，天眷殊深，朝野方引領頌得人之慶，謂劉公出守一方，雖古之賢，二千石不是過。不幸以疾卒於官，寮采傷之。又數年，余亦以疾退休林下，迄今廿有餘年矣。今皇上御極之初，迫於召命，再辭不獲，復應密勿。時公之令侄春熙守山右，以公行述郵寄都門，謂佳城再卜宅永安，囑余數言表其墓。讀之數四，如遇故人。既傷公之才略不獲大展於時，復喜公之人制行實堪貽謀於後。因不辭固陋，謹爲之表。

公姓劉氏，諱華峰，字西屛，先世由山西壺關遷林州市。曾祖諱文光，國學生。祖諱步雲，封奉直大夫，直隸州州同。考諱抱珍，授奉直大夫直隸州州同，以公貴累封中憲大夫。中憲公三子：長震峰，次公，次曉峰。公幼而敦厚，有器局，事父母能得其歡心。事兄恭謹。居喪獨居外室，不飲酒茹葷，終制無少異，弱冠，援例爲刑部主事，晉郎中，改補工部屯田司郎中兼虞衡司事。所蒞勤於其職，凡隨扈木蘭者三。嘉慶庚辰七月，仁宗睿皇帝升遐，行在倉卒。承辦諸務，悉心竭力，事無不舉，梓宮回京後，奉移奉安諸大事，大司空皆倚公。公益矢勤愼，事皆立辦。司空益重公。於是，鑄局木廠及軍需硝磺等庫，咸次第賴公清理。公所至，悉心勾稽，吏不能欺。積資累二十餘年。道光癸巳，俸滿，截取以繁缺，知府交部記名。召見時，有知汝資格最深，勤勞素著之諭，行將外用，而君殤矣。人咸哀之。

君生於乾隆四十八年六月初五日，卒於道光十四年十一月十六日，年五十有二。配傅恭人，繼錢、繼許，皆有婦德。子一世昌，布政司經歷。女三：一適蘇上元縣原任雲南雲龍州知州董宗超；一適湯陰九品銜申吉卿；一適淇縣國子監典籍銜段金修。世昌乏嗣，以胞侄春熙之五子葆緯爲嗣，敦厚沈默，蓋能綿其世澤者。道光二十一年葬公于牛家岡中憲公之側，以其地傷水，咸豐十年遷葬於茲。銘曰：

惟君敦篤，至性斯全。孝友於家，恪共在官。惜有遇合，嗇於歲年。佳城鬱鬱，勒此貞珉。

經筵講官太子少保禮部尚書實錄館總裁加三級愚弟李棠階頓首拜撰。

同治五年歲次丙寅四月穀旦。

（碑存林州市文物保護管理所。王偉）

勸世人勿因雨晚誤種秋記

嘗聞俚語云："天誤收，人誤丟。"斯言信然也。歲在丁卯，春夏大旱，赤地無苗，沿河汲水遠或三十餘里，米價昂貴，一斗七佰有零。節過小暑後數日，猶未落雨，人皆恐曰："即現下有雨，秋亦無望矣。"至六月十八日，時值初伏，落雨一大犁許，農始播種。人猶恐曰："今地雖耩，去立秋僅二十日，秋殆難豐矣。"孰意見苗之後，時雨時晴，苗長異常。至中秋僅六十日，黍稷、躁穀，皆已成熟，每畝收成少八九斗，多石二三。及九月初間，各樣雜糧，一幷成熟，笨穀有石六七收，黃、黑、綠豆、玉麥六七斗收，蕎麥一兩石收，惟小豆僅一二斗收。此去東去南十數里許，落雨早六七日，比此處收成較盛；去西去北三五里外，有二十五六日落雨者，有二十八九日落雨者，獨各色豆禾未有收成，谷黍蕎麥亦有石數多收。但遲至十月初旬，始成熟耳。又訪查三陽村廟前石香亭刊文，七月秋前落雨，民賀太平，並鐫於此，以望後人甚勿因落雨時晚誤種秋禾云。外計社買小東坑地一畝有餘。

大清同治六年歲次丁卯嘉平月中旬刻石。

（碑存林州市小店鄉南屯村供銷社內。王偉）

暑後雨晚種秋碑記

諺云："種在地，收在天。"誠哉是言也。同治六年，從未何騰昂，人心大恐，咸歎："西天無雲望矣。"六月二十二日大暑，越四日，大雨滂沱，始獲播種焉。七月初九日立秋，八月十一日白露，通計四十日有奇，其間雨晴優佛，時若不意。是秋，黍稷大收，穀豆亦收，蕎麥異收，蘿卜、蔓菁更收。今而後，知主宰有天，人事不可不盡也。僅勒碑石後之傳，遇降雨逢遲者，來覽於茲。

桑清貴、桑希和書。

桑永會刻文。

大清同治七年孟春。

（碑存林州市任村鎮桑耳庄村。王偉）

重修昊天觀碑記

夫燔柴於泰壇，祭天也；瘞埋於泰坼，祭地也。古先王定地制祭，無非所以妥神靈而報神德也。豈愚民戴天，社頭覆地，而不思為報賽田事之所乎？況仁村為林邑北一鎮，南至墳頭村，北至漳河濱，東至王家溝，西至介碑，其間六十餘村庄，南北分為十一約，平時籍任村為交易之區，有事聚任村為會議之所。乃知古人於村西北修昊天觀數十楹，由來久矣。至今世遠年湮，歷代不乏重修之石，原始實無創建之碑。蓋此觀乃重地，相傳已久，隨時增修，不徒為村壯觀瞻，而實為衆村作首領，可任其傾圮，而今為之前者盛而不傳乎？此廟自道光十年地震後，本社略為補修，四鄉未及通知，及今大殿脊頹瓦毀，拜殿棟折壞崩，戲樓也復倒塌。因請四鄉公議，共願捐錢重修，於同治四年□月中旬，鳩工庀材，大殿、拜殿翻瓦重修，戲樓徹底重建，其餘廟也皆修補，年底而工告竣。但見諸神皆煥彩，殿亦呈輝。此後，春祈秋報，鄉人之享祀不皆有其地乎？若為講約說法，衆村之觀光，不亦有其所乎？是為記。

大清同治七年仲夏月上溯。

（碑存林州市任村鎮任村。王偉）

立秋前半月落雨種穀碑記

　　大清同治六年歲次丁卯，大旱，自五年八月不雨，麥種三分之一。至六年二月二十九日，低雨一犁，麥每畝三四斗。三月至六月中旬，點雨皆無，穀苗盡皆旱死，米每斗七百有餘，麥每斗六百有餘，當此暑盡秋來之時，尚能望苗之秀而实乎？不意二十一日，沛然下雨，秋苗皆種。七月初九立秋，或三日一雨，或五日一雨，或夜雨晝睛，雨潤田喧，則苗淨然興之矣，秀而且實矣。六七十日皆熟矣。九月收穫穀稷，每畝石五六收，豆亦二三斗收，蕎麥石七八收。十月十三日立冬後，五六日麥始種完，十二月初，間始見雪雨，至七年春月，雨水不缺，五月小麥每畝六、七斗收，大麥二石有餘。誰知立秋種穀，五穀豐登；立冬種麥，二麥大有。六年秋後，獻戲三臺，共賀太平。因此為序，以昭來世，永志不忘云。

　　大清同治八年歲次己巳立春三月。

（碑存林州市合澗鎮王家村供銷社牆上。王偉）

無糧世亂碑

　　同治五年大旱，秋薄收。九月雷鳴，至六年二月二十八日，下透雨一場，種上直穀，未從見雨，麥薄收。至六月十二日，下冰片一場，七泉村打壞房屋無數，隨時種穀，七泉地方，晚穀一石有餘。十八日初伏，下雨三指，種穀一石有餘。二十三日，下雨三指，穀一石有餘。二十五日夜間，下普雨一場，耩地。七月初九立秋，至十月收秋，直穀二三斗收成，晚穀有七斗的，有一石。黃、黑、綠、小豆、玉麥收成均可；黍稷有一石的，有七八斗的；蕎麥有兩担的，有担四五的。六月初間，麥六百，米七百有零，雜糧各五百。初十至二十五日，集希無賣小米之人。縣公姓裘，出下告示，言說叫糧坊勸大戶出賣糧食，不許高抬價值。又言有人訪明，大戶糧食不賣，或有人搶他的，或有人將他告下，案律徵罰大戶。次後來，自縣起頭均搶，以後各處均亂搶，後有户人上縣告下均搶之人。官又出告示，再有均搶者，或斬或殺，出差拿住送到縣內，有受着打的，有花小文的，不計其數。後縣公定下官價，小米價六千二，黑豆三百六，麥四千四。本地無米，外縣小米亦貴，不能進來，有不難以賣米。每日集上買米之人亂亂紛紛。十數餘日，米私賣七千有零，令人可驚可怕。立冬種上麥子，來年春雨不缺，收成有石七八的，有一石有餘的。數年之光景，自古及今所罕有也。故刻諸石，以示後人。

　　大清同治十年歲次辛未時屆十月焦家灣社立。

（碑存林州市橫水鎮焦家灣村東戲房西牆上。王偉）

謝公渠碑記

【額題】修渠碑

　　縣西謝公渠，其源出於甕𨫼，下注城西南之辛安池，為辛安等四十餘村炊汲所資。乃前明萬歷丙申年，任是邑之謝邑侯創築。邑人感德不忘，屆即以謝公名渠，並建祠以祀，志感也。嗣後屢淤，又經熊、張、楊三公復修于康熙、雍正、乾隆間。人力既盡，足補造化之闕，而辛安等村遂不可一日無此渠矣。歷年既久，道塞堰傾，涓涓細流，其來不暢，依是渠以為生活者，其能無今昔之感耶！同治壬秋，黃公奉謝林篆□□□旬日，集資若干，鳩工修理，去其壅閉，□其堰□，數十年淺、陰、斷續之泉源，鄉民往往臨流興歎[1]

　　元守經撰文。

　　楊耀清書。

　　清同治十二年立。

（碑存林州市合澗鎮南庵溝村，文見《安陽市水利志》。王偉）

建立戲房馬棚記

　　蓋聞春祈秋報，禮也。我村有戲樓，以為歌舞之所，卻不可無室，以為樓處之方，並不□□□□，以為哭馬之地，此三者，名雖□而用則[2]。

（碑存林州市采桑鄉棋梧村小學。王偉）

重修觀音堂碑記

　　從來作善興功，故賴有創之者；克建厥勳，尤賴有繼之者。丕承前烈，蓋繼之無人，前烈皆盡廢，此固勢理所必然也。如柏樹庄舊友[有]觀音堂一座，龍王廟三檻及厨房三間，創自崇禎二年。數百年來，幾經重修，迄今遲延又久，或為地震傷毀，風雨傾覆。望之者，未有不目擊心傷也。村中有楊□□，情篤摯之隱衷，起行茸之雅意，又恐獨立難支，募化四方，則率衆捐資，各勤其事，不數月而厥功告竣，廟宇輝煌矣。此固賴創之者不可無，繼之者尤不可無其人也。是故刻石，以垂不朽云爾。

　　文童王廷英王偉撰書。

　　大清光緒元年歲在乙亥暮春中旬。

（碑存林州市任村鎮柏樹庄村。王偉）

---

[1]　此處下缺。

[2]　以下疊於牆內。

福緣善慶

　　人無百歲身，花無百日愛。靡不有其初，終久成故態。物理自昭昭，豈能千百載。肯構與肯堂，前代望後代。鄴西清涼山，界居林安地。塔峰數丈餘，環山皆建寺。始創不可稽，舊僅有碑記。銘刻半無存，模糊不辨字。道光庚寅年，忽然動天怒。地裂山亦崩，傾倒房無數。鐵石雖云堅，難言金湯固。因此廟宇頹。基趾不如故。糾合四村人，占星更問卜。物料皆運行，搬取新土木。陝陝捄之多，登登又版築。百堵已為興，諸廟賛於穆。惟此三官殿，後面古佛堂。關公威嚴像，塵穢污其裝。憶昔靈赫濯，目覩心亦傷。補修宜急急，始覺固苞桑。於是，思恢復，更為合四村。善男與信女，奔走已盈門。聖像雖無望，根基尚為存。勤勞不敢告，物料如雲屯。器具用新潔，木石皆良材。經營求盡致，絕不染塵埃。山本超塵俗，林亦倚雲栽。成之真不日，儼若有神催。厥工亦已成，神像猶有缺。更為塑神裝，堅固期金鐵。中間古佛修，羅漢兩邊列。巧匠合精工，各自顯功烈。去南有三官，西前韋駝廟。修像已高超，金裝更入妙。豈獨精神宜，尊嚴恰相肖。本是神聖尊，地亦居其要。功程已完竣，衆屬余為文。所見本無多，況且又寡聞。但冀千載後，錄此補葺勳。若云垂不朽，於我如浮雲。

　　歲貢生吳登贏撰文並書丹。

　　社首李宗仁、監生吳吉兆、吳玉成。

　　庫首吳學秋、吳見恒、李宗虞。

　　管事石永成、吳可富、吳孟興、吳見加、吳孟和、李鳳呂、吳見州、吳玉龍、麻周、吳玉廠、李報宗、吳登安、吳玉章、生員吳登芳、吳登雲、李宗國、吳興富、吳登奇、吳吉昌、吳三省、吳吉順、監生吳興禮、吳吉甫、吳吉慶、麻九州、吳吉星。

　　木匠李鳳圖施仝二伯文，李鳳紀施仝一百文。

　　金匠李金府施京仝一百文，李金重。

　　石匠申大耀、柴秀雲施京仝弍百文。

　　住持麻九仁。

　　大清光緒元年歲次乙亥十一月十五日西傍左村合社仝立。

（拓片藏河南省文物考古研究所。王偉）

災荒碑記

　　聞之天災流行，國家代有。斯言良不誣矣。咸豐六年八月而過，叭蜡飛蔽日光，落障地面。虫雖至多，而秋禾已熟，未得大受其傷。秋後麥耩三回，皆吃不留。十月多，麥始耕種在地。來年三月，舊子復生，漸漸興旺，遍地稠密，走如水流一般。各村挑溝、土埋、撲打、火燒，無可除滅。吃盡春苗，咬斷麥穗。然麥子方熟，亦未大折收成。麥後地耩數次，皆吃不留。二伏殆盡，叭蜡四散，始敢耕種，秋後猶慶大有。同治六年，大旱，食水維艱，米貴七百有零。六月二十八立秋，十八下雨，十九耩地。後此，雨水勤施，苗皆疾長，秋天又歌豐年，唯芝麻、豆子收成甚小。光緒三年，旱災太甚，三月二十五，雨下三天三夜，春雨已定，豐年疑可卜矣。乃春苗一尺，又為叭蜡所吃。立秋下雨三指，始將地耩。苟自此雨水不却〔缺〕，亦可望有秋成。不意天終不雨。五月既極薄收，秋禾皆不見子〔籽〕。吃水無方，各糧昂貴，斗米一千四，斗麥一千文，玉米豆子九百有餘。七八歲俊女祇賣一百、二百，十八九佳婦不過一千、兩千。傢俱田產並無售主，人皆起吃白土，采吃柿葉，竊食鄰家雞狗貓羊。十月以後，多有掀房易食。來年二三月，柴草亦無人買。易食無路，或剝吃死人，或殺吃活人，或白日打劫，或黑夜暗搶，騷擾如此，誰敢日間獨行，夜間安寐哉！大旱之後，繼以大瘟，人無病、家無死者，十不得一。本村戶名五十一二，死絕了二十七家，人口三百有餘，不死者祇有百數。由此而推異鄉，同轍絕賣土地妻女。不過光緒九年，官許賣主抽贖，若無錢抽回，買主得再增價。記其大略，以示後人。

　　再遇此凶年，絕宜早逃荒。若不舍故土，命不得久常。從前逃荒輩，後皆回故鄉。光緒三年間，時景太凶惡。國家屢放糧，民人多難活。後人知積蓄，庶免凶年殺。凡為搶奪人，各社皆除盡，非私行刻薄，官早有示命。守分且安平，餓死亦得正。若逢此凶歲，休念妻子情。早將人口賣，庶不命歸陰。留此數俗語，提醒後世人。

　　清光緒五年立。

（碑存林州市小店鄉流山溝村村民委員會院內。王偉）

備荒歌碑

　　同治十三年，歲次甲戌，六七月雨雹兩次，秋禾未收。光緒元年歲次乙亥，夏頗有麥。自夏以後至戊寅夏月，三年間無麥無禾。大米一斗，大錢一千六百文；小米一斗，一千三百文，麥一斗三千文，黃豆一斗一千文，黑豆一斗九百文。人若無錢，難買糧食，衆所食者，樹葉野菜，更有非人所食之物，亦皆和榆皮為末食之。光緒丁丑十月賑一次，戊寅四月一次，七月一次。每一次，極貧次貧，大口八合，小口四合。額外賑生員各一斗，蠲免糧銀。惟戊寅上恤而已。人物失散，畜類凋零，當困苦之時，而能自植其生者，蓋亦鮮矣。有饑而死者，有病而死者，起初用薄木小棺，後用蘆席，嗣後，即蘆席亦不能用矣。死于道路者，人且割其肉而食之。甚有已經掩埋，猶有刨其屍、剝其肉而食之者。十分之中，死者六七，言念及此，能不痛哉！戊寅秋月，幸而有禾，且見自生谷、黍，不多勞力，也有收成。當今之人，經過前此痛苦，可不更務勤儉乎！耕九有三年積蓄，耕三有一年積蓄，非殷勤儉省而不能此。一經饑饉，即難得生。惟有平素勤儉，乃能防備凶荒。鑒於茲者，可不畏乎！

歌曰：饑饉薦臻，人難食粒。從有賑鬻，鮮能自立。痛哉死者，十之六七。今時漸轉，勤儉乃吉。耕九餘三，耕三餘一。唯有贏餘，庶可無失。

大清光緒五年立。

（碑存林州市文化館。王偉）

劉公晴初墓表

姓劉氏，諱樹勳，號晴初。世居林州市之石陣村。天性孝友，父維三公絕鍾愛之。道光乙未，維三公病痰，暴卒。公年方弱冠，盡哀盡禮，鄉里稱焉。服闋後，一志向學，朝夕劬勞，至咸豐癸丑，遂受知於學使張子青先生，乙未恩科舉於鄉。座主華堯封、孫穀庭生嘗為功深養邃之士。當析居時，公生母王太宜人在堂，公同蔭環公奉之，遷於岡別墅，曲意孝養，三十年如一日。同治壬戌，王太宜人棄世，公哀毀，瘠形鵠立，見者莫不垂涕。公勇於為善，尤好施與。道光丁未、戊申間，歲大浸。公協諸兄闢荒園一所，設廠煮粥，全活以數千計，歡聲載道。咸置祀田制祭，立家塾。迄今春秋祭掃，宗親畢集，勸善規過，雍雍然有古人風。自咸豐中葉迄同治初年，捻匪屢竄河北，邑宰臨淇鎮設局團防，推公為總辦。計畝派費，按戶抽丁，於要害處設立卡房，以嚴巡查。有警，則親率壯丁堵禦山口。數年之間，鄰封多遭蹂躪，而林境獨全。臨淇鎮團遂著名一時。鄰村有黨家崗，為河神黨將軍故里。公以縣城雖有專祠，而故里反付闕如，揆諸桑梓之義，似有未盡。因謀之父老，首捐地址一所為廟基。衆皆踴躍，越數月而功竣。屋宇輝煌，神像巍然，南遊渡河者無不入廟叩拜，至今享祀不忒。公之力也。公家居恬靜，怡情花鳥。於村東闢園，中建小亭、斗池，於傍蒔蔬果花木，春秋佳日與二三知己煮茗其中，談論古今，勸善規過，雖曰遊賞，無非學問焉。光緒庚辰，逢大挑，日料理公車，克期就道。因事不果行，遂於是年進疾不起。論者謂公有用世之才而不獲一試，深悼惜之。公卒於光緒六年十一月二十九日酉時，春秋五十有九。原配徐氏、繼配李氏、副室李氏。生子一，連昌。女二。孫，葆銘。曾孫，其瀛。曾孫女四，婚嫁詳族譜，不備書。

賜進士出身湖南永順府知府姻愚侄李見荃頓首拜撰。

（碑存林州市文物保護管理所。王偉）

皇清誥授中憲大夫晉封中議大夫欽加道銜山西候補知府署汾州府知府戶部正郎壬子科舉人春熙劉公墓表

公姓劉氏，諱際昌，字春熙，號菊畦。先世山右人，自明初始祖諱世佳，始遷林慮。世服隴畝，積功累仁。至公祖諱抱珍，候選直隸州州同。以子官累贈通奉大夫，畸和碩德，載在邑乘。子三，長諱震峰，是為公考，以廩貢生捐教，歷署汲邑、新野訓導，坐補光州訓導，以公貴晉封通奉大夫，種德無方，制行有素於此。見公家之積厚流光，其篤生哲嗣，豈偶然哉？

公生穎悟，七歲就傅，凡師所傳，體行必力，故弱冠入邑庠。道光辛卯，入貲爲郎中。以母病，不克供職，告養歸家，親視湯藥，累月之間，衣不解帶。既遭喪，水漿數日不入口，哀毀三年，骨瘦如柴。丙、丁之間，河朔連年荒旱，餓殍載道。公請于父，築冀生之園，贍養老弱。疾病者，構屋煮粥，調藥儲材，皆親自撿點。自冬徂春，全活無數。壬子科，公領河南鄉薦。癸丑、丙辰，兩試禮闈，皆以額滿不售。遂由京秩改外任，簽掣山西知府，疊奉憲委。凡有盤錯疑難者，非公莫辦。丁巳冬，公在晉，聞太封公疾，星夜抵家，親爲延醫不離左右。無何，太封公辭世。公晝夜哀號，絕而蘇者數。其明年，髮匪兩竄河朔，賴公讀禮家居，延請紳耆，倡捐錢穀，設局堵禦，按産抽丁，賊遂未獲闌入。服闋，赴晉。癸亥，奉委署朔平府。因有要，公廩請上憲，另委他人。甲子，復委署汾州府事，公以君恩憲眷之隆益勵，夙夜匪懈之志，凡決訟獄，胥准公平而於判斷。董家莊河渠一案，尤見廉明。蓋此案曾經前三四任未從了結。而公能片言折服，且又毫此不納。至今合郡感德，勒石頌揚。去之日，士民遮道攀轅，送數百里，越境不舍，多至流涕曰："青天去，吾無父母矣。"斯公之仁德及民如此。己丑春，奉委回籍，坐探賊踪，馳赴河朔三府，會同官紳督辦團防。明年春正，捻匪竄入彰衛，多被蹂躪，而林獨安然。而勞瘁過度，病由此基。蒙豫撫保奏，欽加道銜，單車赴晉，各憲特加恩眷，擬以大府委公。而以積勞日久，痰喘泄瀉，竟以不起。公生性孝友，胸懷坦易好施。凡有告貸者，慨然指囷無吝色，絕不計償。而且視人事如己事，生平排難解紛，扶危濟急，難更僕數。至若修橋梁，以利行人，築城垣以資保障，建家廟，聯族譜，焚積券，掩露骸，種種美行，尤難殫述。余與公爲世交，幼侍先大人于都門，即知公之器識非凡。每相遇京邸，或篝燈談心，或銜杯論事，未嘗不服公之蘊蓄爲甚奇，不肖與庸衆伍也。方期與公共建勳業，澄清寰宇，而公已矣。執筆銘公，不自知泣下沾襟也。

公生於嘉慶十三年三月初五日丑時，卒於同治九年七月十八日卯時，春秋六十有三。配誥封淑人原配李淑人，武生淇源公次女。繼配郭淑人，耆賓文蔚公次女，婦德夙嫻，母儀克樹。副室邰安人，持家井井，內外無間，先公卒。於同治十年並葬於北河村塋。其再繼段淑人，淇縣布政司經歷銜福壽公三女，孝慈柔順，壺儀悉備，後於光緒六年復祔葬焉，其生卒之日，俱詳族譜。又繼副室李安人，時尚康健，日於諸子督理家政，延師訓讀子孫，悉受福蔭焉。公之子九人，女八人，孫十九人，孫女二十人，曾孫十二人，曾孫女五人，其名字與婚嫁，戚氏，族譜悉備，無煩再贅。嗚呼！若公之立身制行，不誠克媲乎前賢，而遠邁於今人也哉！故後嗣蕃衍，家運丕昌，亦足驗公之積德厚而流澤長矣。

賜進士出身經筵講官日講起居注官翰林院掌院學士吏部尚書世愚弟毛昶熙頓首拜撰。

（碑存林州市文物保護管理所。王偉）

滴水巖碑記

　　蓋聞勝地名區，鍾毓雖出於天工，靈巖異谷，各修舉特資乎人力。行山之景況，不少概見，未有如我桑耳莊滴水巖清幽秀潔者也。是巖之創建重修，載於舊碣，不煩再敘。後值年荒，寺僧散沒，人跡罕稀，香火幾臨於斷絕。廟宇頹塌，棟榱漸及於崩□，古跡與蔓草同湮剝極，賴碩果不食。光緒辛巳四月初三，佃户張立興見諸夢寢，詫傳神奇。信士秦永昌、原得福仗義施財，倡為善舉，由是村衆感激，承領社首六人，時值農忙，苦於水缺道路遠，恐謀不協，合社僉議，衆皆欣然樂從焉。遂即序派衆役，克日興工。本村各自捐資，外鄉隨緣佈施。斬棘成徑，盡皆鳥道而羊腸。砌石為梯，無用攀荊與附壘。鳩工庀材，靈秋顯聖，塗戸建楹，彌月告竣，丹黃彩塑，□日落成。咸神靈之赫濯，巍然遠應，廟宇之輝煌，煥然一新。雖未達敬鬼神而遠之旨，聊以志先王神道設教之云爾。

　　大清光緒七年九月吉日穀旦立。

（碑存林州市桑耳莊滴水巖。王偉）

重修雷音寺碑記

　　蓋聞佛生西域，寺名雷音，由來久矣。自漢時武帝好道，佛始入體，唐以後其數甚盛，故招提遍環區。為吾鄉象之陽，有寺曰雷音寺，得毋以寺本奉佛名也由舊與？雖然，寺也者，豈地祀佛已哉？自生民以來，凡有功於名數福蔭我斯民者，人皆擇地以祀之。是寺也，背崇崗，面滌澗，淇水行山映帶乎左右，其銘即神地相宜者乎？故寺之中正殿以祀佛祖，前殿以祀□關帝，而□觀音大士背座與前殿之後，又與寺之東偏建□火帝廟三間、大仙閣一座。古剎生輝，松柏挺秀，城大觀矣。創建莫詳，重修屢見。自元、明以迄於今，隨壞隨修，莫使墜廢，於此見世人好善之志，代異心同。而服教畏神之心，久而於堅也。週來連歲不豐，寺田典盡，住持逃之，風摧雨折，旋就頹敗。登斯堂也，第見門外一渠水，牆頭數點山耳。而荊棘滿除，金象露處，能不動人於今昔盛衰之感？有近村者君子觸目心驚，處心修造，既捐□己資，復募化於四方，頻傾囊貲，爰資輸□之斤，少解枚頭，用助劉□之巧，鳩功庀材，修殘補缺。工起於同治癸酉年，告竣於光緒乙亥。基址仍舊，寶殿維修。是可知為之於前，而美始彰；為之於後，而美弗傳。由今憶昔，前後比隆矣。奈厥工甫竣，而起荒，適逢饑殍滿道，户半流離，遂至捐項不濟，錢財損耗，無資立碑，徒為慨惜，此久迺之功竟虧於一簣也。越歲壬午，距乙亥又八年矣。諸公曰："碑本旌善垂後耳，若不勒石，其有初鮮終，何復拔資財勉竟其事？"於此見諸公是雖勉後事，不敢告勞，切喜其志之有始而有終也，是為序。

　　邑庠增生閻俊□撰文。

文童張書田、郭魁書丹。

大清光緒八年歲次壬午十一月十五日立。

(碑存林州市臨淇鎮後寨村北。王偉)

光緒三年人吃人碑記

光緒三年，春雨連天。浸地三尺，苗長齊全。以後大旱，秋景可憐。穀不見籽，豆苗旱乾。麥子未種，搶劫多端。四年春夏，糧長價𠆤。小米一斗，價長千二。小麥一斗，價長一千。豆子一斗，長到九百。蕎麥一斗，七百多𠆤。庄產田地，並無買主。柿葉甘土，具當飯餐。幼女出賣，一兩串錢。人吃人肉，遍地不安。皇上放賑，人死萬千。荒年如此，刻石流傳。

清光緒九年。

(碑存林州市河順鎮東皇墓村塔珠山。王偉)

重修崇福寺碑記

今夫剝復者，天道之循環也，否泰者人之乘除也。西賢城村舊有崇福寺一所，由來久矣，佛殿乘坎，龍官鎮乾兌建，祖師震起，關閉而居中，應離者又有韋馱，猗歟盛哉！誠一村之保障也。但訪諸父老僉曰：創自晉代，歷我□朝二百餘年，補修者不知凡幾，迄今光緒乙酉歲，風雨剝蝕，瓦裂榱崩，亦剝極必復，否極必□之一機也。于是王君、劉君、崔君、張君、魏君等，慨然興為善之舉，筵請執事，復議重修或更新，或由□粟捐□□，二載而告竣。斯寺也，南應龍山人文毓秀，昆門臨洹水，地脈鐘靈。是寺也，成吾鄉人受其□□者甚大也，肇錫嘉名曰崇福，有由來歟。爰稽工興於丙戌春，功成於丁亥冬。此天道也，亦人事也，並以前記所載特詳，故謹敘其大略云。

大清光緒十四年歲在戊子荷月吉立。

(碑存林州市陵陽鎮西賢城村。王偉)

滴水巖重修碑

蓋聞誠則靈，斯言信不巫也。吾村滴水巖舊有祖師廟，係石砌為之。奈冬春懸水隕墜，夏秋滴水浸陵，以致廟宇滲漏，神像殘頹，眾共閔焉。僉議略移基址，以避毀敗。鳩工命匠，旬日工成，丹黃彩色，彌月告竣。勒石志之。施財善人勒名於石後。

桑青貴敘。

桑兆庠書。

光緒十四年七月十六日，桑耳莊合社全立。

（碑存林州市桑耳莊滴水巖。王偉）

重修魯班門關帝廟碑序

聰明正直之謂神，而神之最著其要者，必精心大節炳耀於星前，斯浩氣英光煥發於生靈，故有感即通，有求必應，其靈爽，無日不存於天壤，即無日不存於人心。於是乎崇之奉之，立廟而祭祀之，凡神皆然。聞帝光盛，上自通大邑，下通僻壤窮鄉，莫不有關帝之神，所以隆崇奉亦以便祈禱也。邑西北二十五里許，有魯班門，門東崖底有關帝石廟一所，歲冬傾壞，拜禱者咸切改作之思，適常路交村孝子張□□，倡眾修魯班門路，規劃經此，觀廟惻然，因默禱於帝，曰："保佑路成，為新斯廟。"後，果人心效順，路功告成，雖曰人為，實由神助迫成。於是，施捨米粥，多方勸募，本期如願相當，不意經營方始，祿命告終，賴有賢子春等，仰承父志，不惜奔走之勞，勸捐勸募，選料選材，廟院神像煥然改觀，其址雖去，仍廟棟宇靡，又重新宿貌。孟春，囑余為文，以記其事。余何能文？猶憶胞伯進士升庵公，撰《孝子莊關帝廟碑記》有云："新斯廟者，非徒以壯觀瞻也，必將想帝之扶漢興劉，因而識君臣之義；想帝之秉燭達旦，因而正男女之別；想帝之桃園結義，因而篤兄弟朋友之情，奮乎百世之下，百世之上，聞者莫不興起也，非聖人而能若是乎？"余紬繹久之，恍然於關帝維持世教，振起人心者，固不以廟□百□榮，張公父子之新斯廟者，亦當其有深意，豈區區為其默佑路功云爾哉？

大清光緒十六年清和月。

（碑存林州市石板巖魯班壑東口崖下山神廟內。王偉）

始造戲房馬棚碑記

且人非至聖，不能動出萬全，益不漸增，亦難盡美皆善。我三村莊南，舊有三仙聖母廟宇，前有拜殿歌臺，左有鐘樓一座，非不足以妥神明。但戲房、馬棚未有，每至唱畢，戲子憚其奔走之勞，馱箱不便飲喂，好日猶可，陰天更難，往往多費戲價。是以三村合議，按門户地畝捐錢，又出材木，各盡心力，爭先恐後，不假外助，不終自而石板房棚工成告竣。是以刻石，以垂不朽之爾。[1]

大清光緒十六年五月吉日。

（碑存林州市任村尖莊村南廟戲樓。王偉）

---

[1] 社首工匠等姓名，字多模糊。

清故庠生觀海劉君阡表

候選直隸州州判恩貢生郭鍾祥撰。

士之膺偉望播鴻稱者，必其才足以應變，勇足以赴義，然後，能不爲威，怵不爲利，惑濟人爲利，惑濟人之急，紓人之難，息人之爭，卓然特立於衰微之世，前振古，後轢今，俾閭里鄉黨無論乎識於不識，莫慕而謳思，此則所謂豪傑之士也。求之於今，蓋寥寥焉。庚辰歲，予設帳于平嶺村，得故東劉君之爲人，其庶幾乎。君諱文瀾，字觀海，其先林慮石陣巨族也。至君太高祖寬，乾隆初，始遷共北汪溝村。曾祖興遷南滺。祖守禮，字體恭，八品，耆老，遷平嶺。父珍，字席聘，從九品。子二：君居長，君生而英敏，甫弱冠，入邑庠，聞時人之嘲曰："秀才聚謀，三年不成"，躍然曰：秀才者，以天下爲己任者也。青衿被體，而不能爲天下興一利，除一害，負此衿矣。曷怪人之議其後乎？生逢季世，天理滅而人欲肆，不爲中流之柱，孰挽狂瀾之倒。當斯時也，匿旨私徵，污吏之罔上殃民者有之，攪泥攪沙齮商之市偽濟奸者有之，鬥合鷸蚌，刁紳之誤人破產者有之，以及紅花添行，油麻加稅，皆民所痛心疾首而無敢誰何也！俄而革者革，斥者斥，虐政弊芟夷殆盡，微君之力，一方塗炭矣！而且憫遠汲之艱，而開鑿飲直爲造化，補其工，慮山行之險而倡捐修，且爲生成，彌其憾數十載，情殷利濟，不避豪強，而既躓復起，雖衣頂三褫而不恤，其素所蓄積者厚也。三休而下，幾見斯人哉！是以輿論歸之，物望歸之，遇有糾葛，經數吏而不決者，得君片言立解，人謂於公治獄不是過也。嘻，異矣！因之行益著，名益彰，道途傳播無遠弗屆，河朔總戎崔季芬公，慕其高誼造訪焉。適君饁諸野，偶相值，崔已詢知其爲君也，就與語，君實不知其爲崔也。立談多時，益知非常士，欲辟作幕佐戎機，而君年逾知非，行將作世外人矣。辭不就，使者往返再三然後已。自是之後，深自韜晦，短衣草帽，時與庸工共操作，非有公足不履城市。此與時偕行之道也。方之疇昔，衆人固有不識者。配魏氏，生女三：長適李，次適趙，三適馮，早寡，勵貞節，蒙邑紳表揚，賜匾立坊，遠近榮之。繼張氏，生六子：長樹本，太學生，有父風；次樹勳，邑庠生，有遠志，奈天不假年，與兄早逝。惜哉！三樹聲，殉父難，雖古之殺身成仁，何以加焉？妻楊氏，守節待旌；四樹基，篤信，僅守狷者也；五樹檀，熟《朱子綱目》，工貨殖；六樹杞，處事精詳，有用才也。孫十五人，曾孫十二人，非公盛德所致，烏能克昌厥後若是，振振繩乎！卒之歲，六十有三，卜葬平岑村南之新阡，迄今幾三十年矣。每回憶生平，猶凜凜有生氣，蓋行止容儀，時懸於心日，而未嘗一日忘也。歲甲子春，檀與杞謁予，請爲表厥阡。予念君交也最深，且知之最悉，義不容辭，爰摭其行之表，表在人者，免強成帙，雖不能如坡公爲昌黎作廟文，潮深海闊，兩雄相當，要已枯腸數盡矣。九泉之下，君其以予爲知音否，乃爲之銘曰：

方滑對峙，中産奇英。激昂慷慨，性本天成。讀書養氣，義重身輕。懲貪揖暴，遠近知名。解紛排難，誓削不平。卓哉高誼，卻聘□□。表而志之，藉慰幽情。永重不朽，方滑同貞。

（碑見林州市文物保護管理所。王偉）

皇清貤封中憲大夫晉封中議大夫國子監生劉公墓表

公諱思升，字雲階，號半癡，耀先公之次子也。先世山右壺關人。自明初世佳公遷隆慮石陣村。累世積德，宗支繁衍，至公已十五世矣。公生而篤實，就傅時，即不事嬉戲，勵志儒業。以早歲失怙，家務羈縻，不暇應童試，援例入成均。既而胞三弟荷舫公漸，謹厚有才克典外事。公又乘暇肄舉業，兩戰棘闈，薦而未售，遂肆志書史及諸子百家，歷代名儒文集，學問淵博，為吾鄉最。然公所以過人者，在器識不在文藝也。公孝友直樸，臨事有卓識，治家肅然，延師不吝脩金。暇即講學，董勸約束至嚴矣，故胞姪啟彬，英年入泮登賢書。啟章食廩餼，啟中獲選拔。胞長姪孫桂堂，余門下士也。春月入泮，秋即中副車。長子布經歷。啟彥少年老成，能讀父書。次子啟和，早歲入泮，克勤儒業。公之訓誨何如也，且家設義學，延師訓族子弟卅餘年不輟，余課士劉乃貞賴以采芹，邑西縣道村王生，恩詔，少貧輟讀，公招之來給脩金膏火，訓同子姪者六七年，俾獲入泮，迄今猶感公之德。謹述梗概，表公素行。

歲貢生候選訓導世愚姪王石安頓首拜撰。

丙午科舉人武陟縣訓導陞用知縣年愚姪張開泰頓首拜書。

（碑見林州市文物保護管理所。王偉）

重修元武池碑記

聞之禹漢六府，水為首；《洪範》五福壽居先。是民生之有賴於水者，非淺解矣。況我村浙潤之遙，大川莫利家食，謝渠非邇，麓澤難占同人，饑渴莫慰工秋，未有不動鑿飲志也。因善人崔仁龍慨然以修池為念，糾合村衆，有願隨心施錢者，有僅按人口、地、畜捐錢者，功略三年有餘，乃告成焉。迄今池岸峻嚴，觀臨其稱幹健，鐘水洋溢，瞪視無慮淙離。是問之旅困莫有者，今則既濟可占矣；問之昏暮以求者，噬嗑有度矣。井渫不食坐享，未明不記乎？故起而歎曰：池之水清兮，清無央欽而食兮。壽而康無不足兮，奚所望乎？南山蒼蒼，池水泱泱，鑿等之功，萬古流芳。

一、禁擔水灌井。

二、禁入池浮水。

三、禁投石入池。

四、禁入池淘菜。

五、禁入池洗東西。

六、禁入池漚物件。

七、禁就池淨濯。

八、禁取淤泥丟下碎石。

九、禁洗衣水入池。

十、禁牛羊入池。

大清光緒十七年歲次辛卯春月上旬林州市合澗大南山村立。

（碑存林州市合澗鎮大南山村。王偉）

皇清貤封奉政大夫國子監生劉公墓表

士君子有隱德者，雖終身不求聞達，往往沒世而名益彰。蓋其德之型於家庭而昭示於後人。既卓卓可傳後之人，又克承先訓，而蘊爲學問，著爲政事。斯因子之賢，愈顯父之德，表以文章，被之貞珉，粲乎可信，今傳後矣。荷舫劉封公司馬啓彬之本生考也。今年司馬將爲公植墓碣，狀公行誼，屬余爲文表之，余與司馬同歲舉於鄉，誼何敢辭？按狀：

公諱思齊，荷舫其字也。河南林州市人。國子監生，以子啓極貴，貤封奉政大夫。公早歲隱於賈顧，好誦《四子書》及先儒語錄。課其子爲學甚嚴，而族之貧不能讀者，爲築室延師教之。又集里中子弟，月課其藝，而獎勵其志行，歷十餘年不倦，成就甚多。夫公固淡於榮利，乃獨孜孜爲此。而司馬昆季之工文藝，應科名始此，有以致之歟。司馬入官，恒勉以矢清廉，務勤慎，處事貴不欺，爲治貴盡心，又兢兢以近正人，親益友爲勖，一皆粹有道之言。乃知平日讀《四子》及先儒之書，能得其意，非徒事占華者比也。垂家訓，爲官箴，德行可覘經濟，故其生平，雖未嘗出而設施，雖于居鄉時，輸粟以賑饑，施藥以療疾，建塚以掩骼。仁者愛人，心力周至，所謂施於有政，是亦爲政者。公蓋無愧焉，是可書已。公曾祖考諱大士，歲貢生。祖考諱子春，考諱光宗，俱國學生。配李宜人，嫺禮義事，姑以敬接娣姒，以謙御僕婢，以寬族黨，交稱其賢。繼配宋宜人，亦有淑德，皆先公卒。公卒于同治五年十月朔，年六十有五。子三：長即啓彬，道光丙午年科舉人，由內閣中書出官江蘇淞江海防同知，候補知府，嗣公之兄思化後；次啓章，廩膳生，議敘訓導；次啓中，咸豐辛酉科拔貢生，就職州判。孫十六：長桂堂，同治壬戌科副榜；次柏堂，庠膳生，淮寧縣訓導；次楷堂、榮堂，國學生；松堂、樸堂、樹堂、棣堂、根堂，俱庠生；餘多讀書世其業。曾孫九：長乃煜，廩膳生。同治五年十一月初六日，啓彬等合葬公與李宜人於邑之淇東澤下村北阡，宋宜人附焉。嗚乎！世之欲顯揚其親者，多務爲增飾誇美之詞，以誣親爲孝，爲之傳志者，又益爲揄詞。以侈張之文愈繁，其真愈失。諛墓之文所以譏也。司馬狀公悉從質實，雖言與事寥寥數端，足以敦古處厲末俗。謹如狀書之，以表懿美，俾其世世子孫永法焉。

賜進士出身誥授光祿大夫振威將軍前兵部侍郎右副都御史巡撫山西兼提督監政和州鮑源深撰文。

光緒十八年正月。

（碑存林州市文物保護管理所。王偉）

皇清例封八品孺人晉卿劉公德配石孺人墓誌銘

【誌文】

　　孺人姓石氏，國學生鳳臨公五女也。繈褓失怙，年未笄失恃。道光甲辰歲，孺人年十七，歸於晉卿劉公。時晉卿讀書攻苦，恒深霄不寐，孺人以紡織佐讀，每至夜分，必具酒食果品，幾悉必備。數十年來，未嘗一日廢也。光緒庚辰，晉卿由明經以教職謁選，孺人愀然曰："吾始望群爲霖爲雨，即不然得一郡一邑，亦可爲民興利除害，庶不負讀書一場。今僅以教職謁選，豈妾所望于君之初心哉！"唏噓悼歎，於邑見於詞色。當孺人之來歸也，生祖姑王太宜人及繼姑路太宜人在堂，王太宜人性嚴毅，路太宜人性謹約，孺人周旋其間，一以柔順處之，能備得其歡心。晚歲翁姑既葬，晉卿兄弟以家口日繁遂析，感激路太宜人，亦異竈而食，孺人每得異味，必竭誠以獻，而後心安。其處妯娌也數十年未見有疾言遽色，御下寬而有恩，遇勞瘁事尤格外體恤，爲其下者莫不感恩戴德，至於不齒不忘。勸晉卿以退讓處家，曰："家道興替，不爭些須，宜退讓以釀和氣，庶吾子吾孫有所觀感。"教子孫則以忠厚爲主，嘗曰："吾爲汝家婦五十年矣。見汝祖汝父行事，大率以人寧負我，我勿負人爲家傳。汝輩宜恪守之爲子孫法，勿即于涼薄，以傷累世忠厚之遺。性勤儉，平昔純帛之衣，兼珍之味未嘗一御，而祭先享賓必致豐腴。嘗以早失怙恃爲宜藍田公所鍾愛。暇時述之姓，淚涔襟袖，慕親之心無已時也。孺人一生，以無才自任，不知丈夫以才見長，婦人以才爲忌，孺人以無才自任，正孺人有德處也。噫！足多矣。孺人生於道光八年正月二十日亥時，卒於光緒十八年正月初七日未時。春秋六十有五。生子四：葆善、葆哲、葆和、葆吾。和、吾俱殤。女四。孫二：孝恂、孝悅。孫女二，婚嫁皆名族，詳家譜，不備書。銘曰：

　　敬以事夫，孝以奉親。接娣以睦，御下以仁。任恤足以型閭里，忠厚可以法子孫。

　　不以才見，卻以德聞。孺人已矣，而心常存。佳城鬱鬱，以招尊魂。魂其有知，號將降福。

　　賜進士出身刑部主事世年愚侄史緒任頓首拜撰。

　　光緒十八年正月。

（碑存林州市文物保護管理所。王偉）

皇清誥授通議大夫賞戴花翎欽加三級銜特用道江蘇候補知府松江府海防同知劉君筱舫墓誌銘

【誌文】

　　林慮西南諸山，重疊蜿蜓，蔚然深秀，靈奇鍾毓，意必有偉人傑士出乎其間。夫偉人傑士者，非必有異人之行也。居家才德足樹鄉閭之望，居官謀猷能解政事之紛，斯已過人亦矣。於同郡筱舫劉君見之。

　　君諱啓彬，字文圃，晚號嘯放。其先世有世佳者，明初，由山西壺關遷河南林州市石陣邨。曾祖子春，太學生，妣張。祖光宗，太學生，妣侯。父思化，妣王，旌表節孝。本生父思齊，太學生，妣李。兩世皆以君封通議大夫，妣封淑人。君幼穎悟，長力學，研求經史，旁通九流，卓然學有根柢。年十九，入邑庠。道光丙午舉於鄉。咸豐戊午援例官內閣中書，益示經世之學。時毛文達公、袁文誠公、巡撫衛公榮光、薛觀察書常、蘇太守佩訓，官京師悉重君。事親以孝聞。先後丁李淑人、王淑人，本生父憂，哀毀過度，嘔血，病黃疸，忌日，杜六茹素潔誠致祭，村南建宗祠置祭田。書孫夏峰先生孝友家規，訓族人。兄弟三，君居長；啓章，廩貢生，署長葛、中牟、河內訓導；啓中，拔貢生，候選州判。兩弟成立，君力也。迄南遊，弟往視，寢食不離。瀕行揮涕，僮僕感泣焉。姊適馮德先，失明。君食必先見，必作甥共兒學如一家。妹適秦汝欽，愛如弟筬。仕卅餘年，宦橐蕭然，少有必分潤弟姊妹戚，尚告貸無吝色。立義塾文課教里中寒畯。道光丁未，豫大饑。君與族侄孝廉春熙捐募粥廠，全活無算。次年春，大疫。施藥舍棺建義塚，惠周存沒。咸豐戊午，充順天鄉試彌封官。己未，俸滿外用，以同治分發江蘇，請咨回籍。

　　適捻匪大股竄淇、浚間，逼近村。君選戶丁教以步伐，親率馳風露中，攸訛言賊至，衆恐欲遁。君宣言曰：我能往寇亦能往，不如守且安。知非好事者驚駭，以煽亂乎？賊果退，咸服君。同治丁卯，捻復竄彰、衛，君讀禮家居，邑侯屬練募鄉兵防要隘。縣境獨全，其孝悌忠信感孚於家，捍患禦災惠及鄉邨。至今嘖嘖稱道弗衰。君之初赴蘇也，袁端敏公留君皖營，條陳十六事皆中竅要。庚申春，賊張元隆授首，張落刑棄城走。奉旨補缺，後以知府用，先換頂戴。

　　同治壬戌，湖溝滄北一律肅清，奏賞戴花翎。甲子回蘇。巡撫劉公郇膏以松滬監鰲痼蔽深密，諭君往稽察。同官以美差賀君。曰：受上憲知，稍存私意能勿愧心。至則先詢商民確實，稟復弊始戢前後委辦金陵城北象儀鳳站保甲局，君懲賭訟，平物價，振窮困，立義學。行旅小艇，苦多沉溺，君立救生局，造大艘，以便民。上臺知民依戀久其任。癸酉，李公宗羲督兩江，過儀鳳門，謂君才識老成練達，何久限於此？委仙鎮鰲局，手定鰲章，有益鑛源，無病商旅。歲溢解額數十萬金。光緒丙子，充江南鄉試受卷官。委辦江北河運，水淺船閣，群議莫定。君謂接運驗船，兌米挖河。工鉅，日久慮誤期。東昌上皆乾河，恃一渠水套塘恐立涸，惟拖壩之法，五六日可入衛，原水一分不瀉。用其議，全漕抵通。奏加隨帶二級。旋委辦口岸界河鰲務，恤商剔弊如仙鎮。

時補松江府海防同知。庚辰夏，履任蘇屬漕運。洋輪沙釣各艇雲集黃浦，催兌解運羽檄飛馳。文翰悉手裁，沿海萑苻出沒，嚴設戒備，境賴以安。大吏知君能，委總巡城廂，經理諸善堂書院，日不暇給。或勸節勞曰：逸片時弛一事，負疚神明不能安也。癸未，越南兵起，吳淞各口戒嚴，君同觀察邵公練漁團，議城守，人心始定。歷辦海運出力，奏賞三品銜，特用道加八級。丙戌乞歸，大府慰留。以積勞咯血，解組旋里。

君生道光二年九月初三日，卒光緒十八年十二月三十日，年七十有二。余嘗謂山居人多篤實，澤以詩書，類成偉器。如君歷應繁劇機宜，洞密至誠，惻怛之念。時洋溢於倫常日用，軍民間可稱無愧此心，無負所學矣。元配傅淑人，繼配孟淑人。子六：桂堂，副貢生；柏堂，廩貢生，淮甯訓導；楷堂，太學生；樸堂，庠生，俱傅出。棣堂、根堂皆廩生，孟出。女三：適崔保元，適蘇斯儆字路，乃煊。孫十一：乃煜，廩生；乃照、乃煦、乃炳、乃昆、乃煐、乃燦、乃炎、乃焯、乃櫂。孫女七。曾孫五：仁培、仁坊、仁基、仁坤、仁垜。曾孫女九。著有《管蠡集》、《江淮雜詠》、《金陵覽古》、《滬上新聞》百餘卷。書學顏。平原所至，索者紛集，喜購書叧一室。顏曰：貽耕垂老猶勤，披覽為兒孫講說。劉要義謂：讀書求益身心，非專博科第。歸田六七年，足跡不履城市，亦可見君之為人矣。余夙慕君，癸巳秋，奉諱在籍。樸堂以十月二十二日，葬君及傅淑人於村東祖塋。持狀來請銘，乃序而銘之曰：

淇水漪瀾，太行鬱蟠。惟君篤生，開濟艱難。鳳閣翱翔，佐郡松江。治秉經術，榮施家邦。仁惠忠謇，厥宗蕃衍。陰德在人，後必光顯。松阡青蔥，黃華之東。我銘昭之，永奠幽宮。

賜進士出身光祿大夫頭品頂戴前廣西巡撫安陽馬丕瑤撰文並篆蓋。

賜進士出身朝議大夫翰林院侍講學士上書房行走祥符李培元書丹。

輝邑馬凌雲、齊雙鈎刻石。

光緒十九年十月。

（碑存林州市文物保護管理所。王偉）

劉公開陽墓表

公姓劉氏，諱曉峰，字開陽。早歲失怙，與胞兄東藩公、西屏公，同堂而居，數十年無言居恒。喜慢不形，踐履篤實，與人交恂恂然，如不能出諸口。時家門鼎盛，兩兄皆宦遊於外，閉戶讀書，視富貴蔑如也。嘗語人曰："人生惟清福不易得耳，今上有兩兄支持門户，吾嘯詠自適，足矣，他非所望也。"道、咸間，兩兄相繼卒，以食齒繁始議析居。公廉讓無所爭，華屋良田悉歸兄子，自攜眷遷石官村別墅，所得家產才十分之二耳。所居村與嫡堂兄蔭環公居甚近，策騎姓謁昕夕聚談，恒數十日，不忍言歸。家人以有事請邀，輒周帳見於辭色。淇水亘臨淇之東，爲晉魯通衢。大溜東趨，夏秋之交，泥潦特甚，行人苦之。公出資修石堰數十丈，約費數千緡，毫無吝色，至今稱道弗衰。性恬淡，好清淨，不治生產。晚歲惟延請名師課子讀書，親族中子弟多就讀公家。飲食教誨，待之如己子。所嗜古文詞，皆手抄裁訂，蠅頭楷字極端整。與人書劄，從不肯作行草。又好花草禽鳥，雇書僮數人，專伺其事。於客廳之東偏，構室一所，書畫鼎彝，佈置幽雅。暇時靜坐其中，或摩挲古物，或披覽典籍，志趣瀟灑，無庸俗氣，古所稱不求聞達之隱君子，公殆其流亞歟！光緒十六年，無疾而逝，春秋七十有一。以姪官司封通奉大夫，山西候補知府加三級。元配路太宜人，端莊沈毅，相公持家數十年，井井有法，後公一年卒。子彌昌，楊孺人出。光緒二十年，合葬本村之東阡新塋，乃爲銘曰：

　　行山之麓，淇水之濱。秀靈鍾毓，□有達人。家門鼎盛，由義居仁。雁行雍睦，楊氏椿萱。捐金捍水，壑不以鄰。栽花蒔竹，富貴輕塵。五福兼備，積善在身。略舉大概，勒諸貞珉。

　　賜進士出身湖南永順府知府姻愚姪李見荃頓首拜撰。
　　光緒二十年。

（碑存林州市文物保護管理所。王偉）

補修廟宇禪房記

　　蓋聞補闕之詞，吟詳雅什修陳之典，載在《中庸》。是補修大義，自古及今亦不易矣。北陵陽村西北隅有關聖帝君廟宇，創造莫稽其始，重修各記其時。越光緒癸未，風雨大作，數日乃止，廟宇凋零，禪房圮毀，牆傾瓦墜，石裂簷摧，居是邨者，能不瞻望感動乎？社首王景鳳、王吉目擊神傷，慨然而起修理之意，會約村眾，各捐資材，後爲募化十方，出入行息，約銀錢充足，於是，鳩工庀材，闕者補之，廢者修之，不數月而功成告竣。第見古殿祠，扉五彩爭光於昔日，禪房浩刹，一時頓啟其大觀。事縱補修，功非淺鮮。謹錄事之始終，勒諸貞珉，以示後人，庶感發興起，相傳勿替之耳。

　　大清光緒二十一年歲次乙未孟秋之月朔合社立。

（碑存林州市陵陽鎮北陵陽村西關帝廟前。王偉）

合同碑記[1]

　　[2]倘遇祈雨之年，誰先祈俟出壇後，即許回請。若不禱雨，不准妄請。無壇事焚香獻

---

[1] 此碑係竹林和西陂兩村爲祈雨請神事所訂之合同。
[2] 前殘。

供，無戲者不為祈雨，凡祈在後者，進三簷傘一對，隨帶龍神。

大清光緒二十五年七月吉日。

（碑存林州市石板巖鄉漏子頭村蒼龍廟內。王偉）

重修五龍洞碑記

嘗思廟以妥神，自古有然，況有功於民生者乎？清風山上有五龍洞，洞內堂殿一間，供龍母娘娘；西殿三間，供五龍神。遇歲旱，祈雨者紛至，求輒應，故香火之盛。但廟宇歷年久遠，旋興旋廢，而修補之資，每苦無所出。庚子歲，河北荒旱，前邑侯石麗齋公，名庚，時任安陽事，仰神之靈，遠來祈禱二次，病山路之險峻，憫廟宇之傾頹，願捐廉百金，為修補計。董其事者，量力捐資，運瓦石，輝棟宇，並神像而亦新焉。以及殿前石磴，山上盤路，皆刪巖補缺，因其勢而修之，閱數月而功告成。是役也，始於庚子夏，成於辛丑春。社人乞余為文，余不辭固陋，謹記其巔末云。

邑廩生劉乃煜撰文。

邑庠生劉佩堂書丹。

大清光緒二十七年歲次辛丑清和月中浣穀旦立。

（碑存林州市五龍鎮五龍洞。王偉）

誥封宜人路太宜人秩晉五壽序

余與劉君佑五同官保陽，每當風雨晦明，蕭館岑寂，評當代人才，述家山故事，稱快者久之。既而道家常，則喜懼交感，幾不能一日居。嗣乃檄分天雄爲省親，便官其名耳，於斯時也。歲在己亥，我母年七旬，太宜人則八旬有二矣。劉君常屬爲文以祝太宜人壽。謂我兩人情相同，言必不浮，余雖弗辭而匆匆，久未報。是歲旋里。劉君贈余書，仍以壽其母請。夫人子之事親也，凡百可致，惟壽不敢，必世之享大年，綿家慶，如太宜人者，誠不數覯晚近文勝。年至五十後，頌祝聯篇，詞多溢美，轉無以考其實。余夙聞太宜人懿範久矣，其敢撫拾浮詞以進？

伏惟太宜人，乃開封府教授丁卯科孝廉次卿公女也。年四齡，隨侍郾城學署。道光十三年，歸誥授奉直大夫蔭環公。性敏毅，嫻於禮法。侍誥贈中憲大夫約齊公，能得其歡心。約齊公元配馮太恭人早卒，繼室侯、王太恭人暨副室王太宜人。姑婦之間嫌隙易生，太宜人事之無間言。道光年間，蔭環公因生齒繁，昆仲析居，僑寓牛家岡。太宜人持內政，眠食衣服務求其適，使蔭環公無內顧憂，二十餘年如一日。同治季年，洎光緒丁丑，連荒大浸，家極窘。一歸簡約，課子讀書甚專，入泮猶嚴督，稍弛且撲責不貸。丙戌，蔭環公仙遊，太宜人經營殯葬悉依於禮。嗣因家政過煩，恐年老力不逮也。命諸子分膳田百餘畝，以耕以緞帶，朝夕督奴僕，勤苦如初。度支儉樸，其天性也。屏甘美弗禦，嘗曰："疏糲自供足矣。"窶且貧者，輒分以財，賙以粟，無吝色。鄉親族賴其舉火者數十家，以故村中無遠邇，咸頌太宜人德。其孝慈溫厚，有如此者。《易》曰："坤厚載物，德合無疆。"至哉言乎。太宜人之固將享無疆之福，添無算之壽，使子子孫孫羅侍於側，怡然訢然，慶彌永，壽彌長，豈幸致哉！其所由來者漸矣。余雖不克稱觴而為之賀，故執筆為言，以祝不以諛。庶幾乎閨範昭垂，足為子孫法。謹序。

賜進士出身誥授奉直大夫同知銜直隸即用知縣世愚侄張鳳臺頓首拜撰。

賜進士出身誥授中憲大夫四品銜刑部主事世愚侄靳學禮頓首拜書。

光緒二十有八年桂月中浣。

（碑存林州市文物保護管理所。王偉）

謝公渠重修碑

【碑陽】

欽加四品銜賞戴花翎調署林州市事遇缺先補用縣正堂加三級紀綠三次曾

楊寶善、郭日昌等知悉，照得縣屬有謝公渠一道，自洪峪谷起，至辛安村池內止，長十八里。通共渠底闊二尺，深三尺，附近四十餘村均賴此渠吃水，定章應由臨渠各村自修理，歷經遵照在案。乃近歲以來，舊章漸廢，渠道淤塞。現值天時缺雨，居民汲水維艱，以致爭水鬥毆之案屢見疊出，殊非安民之道，亟應查照問章，克日疏濬，以資利賴。正在飭辦間，即據舉人呂秦初、增生楊夢齡具稟帖單請示前來，除批准並出示勸諭臨渠各村按段興修外，合行諭飭到該首事楊寶善、郭日昌等，應即督同臨渠村民，趁此春融，立時各地段分認興修，仍以寬二尺，深三尺為度，能再加深尤臻妥善，俾得水勢暢行，均資挹注，是為至要。如有互相推諉阻撓抗公者，即指名稟究。該首事等，誼關桑梓，務須和衷商辦，以利水道而便民汲水，本縣有厚望焉。切切此諭。

大清光緒二十八年歲在壬寅建己之月穀旦立。

【碑陰】

謝公渠，沾溉四十餘村，載在《通志》，仁人之利普矣哉。合社感德不忘，每值修渠之時，必就祠宇而補葺之。丁酉、戊戌間，已將祠中正房三間、東西樓兩陪房、與後大樓逐一補修，未得告竣。今年春，奉邑侯曾公諭，重修渠道，又將關帝、祖師各廟殿祠中，過亭外大門樓、牆之周圍，悉仍舊而更新焉。急我公及時之諭，因以完同人未竟之功，至此次督理渠工，均係諭派，已於諭下臚列姓名，無煩贅述，敘此以志。祠渠本自相依，前修後補，亦取古人合傳之意云爾。

（碑存林州市合澗鎮南庵溝謝公祠院內。王偉）

重修藥王廟碑記

　　乙巳季春，訪友於任鎮南路，經夫桑耳莊北，觀廟宇一所，屏列三山，帶結兩河，誠一方之保障也。時有父老邀予為序，固辭，因強之。將入門而仰視，見大書"藥王廟"三字。及拜跪殿中，則藥王、藥聖、五瘟神座，遂不禁喟然歎曰：五瘟，《封神演義》所傳也。夫《演義》鮮實事，茲不具論。藥王、藥聖，史鑒確有可稽。夫藥聖後漢張仲景也，藥王隋唐孫真人也。各具醫國之手。惜其屢徵不就，未得大展經綸，僅著《傷寒》、《金匱》、《千金方》諸書數十卷，馳行天下，濟世活人。然後，岐黃事業燦然，照著於世，苟非天下之至神焉，能法立當時，澤被後世哉？宜乎德稱藥聖，功爵藥王，立廟奉祀，萬古英靈不爽也。因而約略舊碑，知其廟自開國以來創立一楹，至康熙，而大殿、拜殿、戲樓起焉。烏迄於今，變一楹為三楹，其餘仍舊重新。又創修東西禪房十餘間，問其錢糧何自而起？則曰本村捐資，四方募化也。問其經營何年為始？則曰癸亥興工，乙巳告竣也。以故聊措俚辭，以志不朽云爾。

　　郡庠牛憲章撰文。
　　李震平評。
　　郡庠張浮嘉校注。
　　業儒桑步昌、桑凌魁書丹。
　　大清光緒三十一年榴月吉立。

（碑存林州市桑耳莊藥王廟。王偉）

皇清誥授奉直大夫候選州同蔭環劉公墓表

　　繄醫惟古君子讀書礪行，無論在朝在野，必求有濟於世。今之所謂儒者一行作吏，此事便廢，不幸而困厄，則輕世肆志，詆謗時流，豪以自奉薄以待人，求一潔己好施之士，足以砭針流俗、羽翼名教，如我林廬蔭環公者誠不數觀。噫！可慨已。公先世山西壺關人，洪武二十一年，世佳始遷林，卜居石陣村。世傳儉德，十二傳曰賡颺公，還遺金，焚積券，譽溢鄉間，是為公高祖。由高而曾而祖，皆以義行著。父抱金，寬洪大度，嘗以人負我勿負人為家教。去世五十餘年，稱者至今不絕。公承祖、父訓，一以樂善好施為汲汲。道光丙午、丁未兩年，歲大浸，河朔尤重，饑殍塞途，公設粥廠，築園室，以贍流離。病者藥之，死者棺之，全活無算。從兄東藩公謀建家祠，祭高祖以下，公慨助五百緡，落成，復捐置祀田，以備祭掃。淇源之側有石橋，豫晉通衢，大溜東徙，公倡輸築橋，為閭時先。此天性醇厚，不待矯持而解囊無吝色。幼為馮恭人鍾愛，恭人卒，甫九齡，哀毀如成人。道光乙未，父猝逝，兄廷勳官刑部，弟樹勳年未冠，公視含殮必誠必愨。嗣因生齒繁兄弟析居，奉生慈遷別墅，四十餘年以孝聞。性不喜動，而嗜稼圃。村東築小園，挑菜蒔花木，猶愛菊，有靖節風。兄之在京邸也，公匹馬姓省，歡聚數月。時與倭艮峰、丁用坨、楊蘭士諸先達締交。僉曰："若劉公者忠厚直樸，不矜才，不使氣。不拘拘於學而益進。"此可以想見其爲人。公諱嵩峰，號潛庵，蔭環其字也。例貢生，候選州同，誥授奉直大夫。配李太宜人，繼配路太宜人。性均和淑，事翁姑孝。合葬於村之西北阡。光緒三十一年，奉移村西塋。子五，女三。行名詳族譜，茲不贅。故撮大概，揭於墓，綴以銘。

　　行山之脈，隆慮森列，有望氣者，曰生賢哲，誰實當之，維公斯烈，恢豁乃量，峻厲其節，有子抗宗，綿綿不絕，幽德潛光，請視諸碣。

　　賜進士出身誥授中憲大夫特授束鹿縣知事軍機處存記升署吉林長春府知府世愚侄張鳳臺頓首拜撰並書丹。

　　光緒三十一年。

（碑存林州市文物保護管理所。王偉）

重修玄帝廟碑記

　　且夫經營伊始，創造維難；補葺於終，重修匪易。此古語所謂莫為之前，雖美弗彰；莫為之後，雖盛弗傳者也。本村東頭，坐東向西舊有玄帝廟一所，創自順治十六年，由雍正五年以及嘉慶三年，重修已經二次，迄今多歷年所，風雨剝蝕，牆傾檐摧，每不禁目擊而神傷。幸有善人劉門王氏暨紀立德、紀臣廉、紀生蘭、紀會文，慨然興起，抱重修之志，動補葺之心，念獨力之難成，知衆攻之可據，因面謀諸村衆，僉曰："善哉！此盛事也。"於是，老幼協力，少長同心，合約村衆，各捐貲財，方舉功以動衆，復有神以來臨，村中有紀姓名墩者，代仙行道入廟，監工敬問："何神？""吾南頂老爺也。"嗣後，施藥濟衆，捐資日豐，人且驚且懼，功易舉而易成，臺基仍舊，棟宇更新。廟貌輝煌，如翬飛之有狀；神像燦爛，與日月而爭光。雖非盡美而盡善，以較前此更堅。功既落成，囑余作文以志之。余想：夫剝復者，天理之循環；維持者，人事所當盡。故謹述其事之終始，勒諸貞珉，永垂不朽，亦以望後之人覽斯文而興起也云爾。

　　大清光緒三十三年歲次丁未三月上旬日立。

（碑存林州市橫水鎮東趙村。王偉）

望重鄉里碑

　　公占鰲，字化龍，號江溪。林邑東南崔家溝人也。幼從西良村程先生受業，先生諱金銘，字儒珍，歲進士。循循善誘，公受益良多。後習文演武，弱冠，入武學，旋中武舉，既而連任□、武、湯三縣武營正堂。彈壓匪類，所至有聲。光緒二十六年，拳匪肇亂，鑾輿西幸。次年，主上回鑾，道經河南，公當護送，故敕授為隨駕武衛郎、騎尉大夫。今解組歸田，賦閑自樂。性好排難解紛，鄰里親族有嚳□者，輒為和解。其父監生，字厚德。公性至孝，執親之喪，磕墓三年。故公嘗言，子之功名，實藉先人餘慶。馬平村趙公敬業，字樂群，科考佾生，素行端正，齒德兼全。其子趙成仁，字善德，與張公中華、郭公仲魁、李公川雲、薛公中元等議，恐公之事迹湮沒不聞也，於是，邀集同志為之勒石，以垂不朽。

大清宣統元年歲次己酉仲冬上旬豎。

（碑存林州市東姚鎮馬平村西。王偉）

黃華十曲

童正蒙

掛鏡臺
石磴螺盤掛鏡臺，台巔紅杏傍雲栽。
花開不解隨風落，常帶飛泉作雨來。

珍珠簾
萬疊雲屏敞翠微，珍珠簾卷雪花飛。
漢家仙掌承將露，漫道玉龍行雨歸。

上黃華
招提遠插最高峰，水繞溪回抱伏龍。
下界鐘聲知客到，雙松猶帶白雲封。

下黃華
半山高結小祇林，古村荒台歲月深
若到上方山更好，水雲間處澹禪心。

可枕溪
山前流水河潺湲，山上幽人高隱間。
洗耳溪頭雲作枕，濯纓月下玉為顏。

仰止石
太行迤邐發崑崙，界破中原起孟門。

蒼翠萬千皆突兀，誰言五嶽獨為尊。

振衣崗
飛巖亂水共芬芬，山色隆聳紫翠文。
綠玉頻拋登絕頂，沾花欲濕惹殘雲。

倒流水
瀑布高懸天際頭，珠飛玉瀉漱龍漱。
盈科漸達層崗去，浪說黃華水倒流。

避暑宮
如龍豪氣五胡奇，石洞深藏事可知。
最是行宮今泯滅，倩人指點令人疑。

紫石梯
丹崖百丈引危梯，軟溅珠花濕紫泥。
此處紅塵應不到，芙蓉天削故成溪。

（碑存林州市城郊鄉黃華上寺牆上。王偉）

入黃華谷

趙貫台
黃華千仞削芙蓉，沓嶂迴崖積翠濃。猿嘯不逢深树密，马蹄直上亂雲重。
珠簾凍雹宜披絮，鐵鏡蒸霞欲掛笻。踏破芒鞋渾插腳，秋高擬掘紫參茸。

（碑存林州市城郊鄉黃華上寺牆上。王偉）

重修六聖祠碑記

【碑陰】
光緒三年人食人，男女餓斃逃出門。東村不敢西村走，娘食兒肉不心疼。
米價每石十七串，麥價十五串有零。瓜秧豆秧白坩土，剝去樹皮刨草根。
二八婦女不上串，十歲女兒換燒餅。出賣田產沒人要，牛犢更比賣地行。
指望春暖修絮菜，天散瘟疫可不輕。貧富得病皆泣死，連病帶餓七八分。
秋去冬來才安平，數載之後換新君。

三年去後不太平，又經冰雹又經虫。二十六年遭大旱，閏者八月動刀兵。
天津起手紅燈照，義和拳反在鄉間。六月中旬降普雨，初伏耩地才安然。
每畝谷合二石五，雜糧也有石四三。口說後世人不信，刻石流芳萬古傳。

二十五年遭虫災，宣民兩元連次來，抬籃携筐成斗捉，三番吃我好不該。其時米一斗八百，麥價七百。
民國元年立。

（碑存林州市小店鄉琅沃村。王偉）

濮陽市

濮陽市（開州）

午月五日謁仲衞公墓題記刻石

午月五日謁仲衞公墓

先賢祠宇半凋零，兵火曾爲幾度經。斷篆常照荒徑月，忠梁時墜曉天星。雨淋穴塚穩狐兔，風過巢林危鸛鶒。道義爭傳千古重，陰雲五月颼颼泠。

朱國治

老樹如龍冷露零，長纓斷處耐霜經。荒天白劍心揮日，野景朱琹血染星。自是孔門歌曠虎，誰言衞國逐飛鶒。情肝七十唯君重，不必求我共淚泠。

關西楊□

怔栢倉松風雨零，荒烟茂草老然經。當年義氣凌霄漢，此日精誠貫斗星。夜籟瀟條泣鬼蜮，朝雲慘淡友仙鶒。尼山片席皆千古，何用潜潜血淚泠。

三秦高光龍

順治壬辰，余承乏澶淵，仝楊高二盟臺謁先賢墓，見祠宇荒涼，滿目淒然。有感於懷，隨唱和三律，於癸巳孟秋。因伯父仲弟國弼再祀先賢，閱余殘稿，勒石以志之。

三韓朱國治題。

順治十年七月。

（碑存濮陽市子路墓祠內。王偉）

子路墓朱中元題記刻石

澶淵，考古爲衞藩地。中元膺戎佐，歷茲六載，署冷雀羅，琴書多暇，因訪仲夫子墓而憑弔焉。惟見虬松古栢，峻宇頹垣，瞻仰之餘，英風赫赫，爰肅恭再拜而爲之頌曰：

天地正氣，至大至剛。公稟全副，弘毅直方。遇事擔荷，發言慨慷。肝膽節義，上薄穹蒼。千秋萬世，日月爭光。長松峩峩，清風矗矗。公之一坏，龍潛虎伏。明星在漢，神劍在嶽。青霓白虹，盤旋起陸。維元愚昧，誦法先賢。宮墻泮水，瞻斗多年。佐茲守土，肅拜墓前。焚香作頌，華表荒阡。後來觀者，片石蒼烟。

旹皇清順治十六年歲次己亥孟夏吉日。

署州事承直郎開州同知雲間朱中元拜撰，男庠生實穎書。

（碑存濮陽市子路墓祠內。王偉）

重修子路祠碑記

　　河內公季路，仕衛治蒲有三善，蒲人德焉。追結纓於悝，天下後世莫不痛而惜之，感而義之。惜其仕于衛，義其食不避難也。夫有功德於民則祀，爲人所痛悼感慕而不能忘則祀。余嘗謂聖門弟子季路宜得專祀，非同顏閔諸賢，才未有所試，節未有所顯，配享先師之廟而足也。今余蒞任茲土，詢訪古蹟，開距城北數里，果有仲夫子墓。墓前有祠，居民環護，有司春秋致祭。始信公之節烈難泯，而斯人之慕義無窮矣。未幾，躬謁焉。則見林木森菀，其中有翼然者祠也，隱隱突聳者仲子墓也。高山仰止，儼在望中，及履其庭，而廊廡不無荒穢，垣牆不無傾頹。瞻拜之下，心焉愴之。念余于開無事，不從地方起見，思與振節，豈以先賢靈寢忍令缺畧乎？于是，捐俸修葺，不逾月，而荒穢者新潔，傾頹者整齊。嗣是大夫學士凡遊息于斯者，當共以爲此舉之不可沒也。雖然余又何敢邀功于先賢哉，亦曰勿愧守土，以附慕義諸君子之後云爾。

　　順治辛丑孟夏吉旦。
　　三韓王撫民題。

（碑存濮陽市子路墓祠內。王偉）

子路墓祠題記刻石

　　澶郡本古衛地，出北郭十里許，蒼松古柏，丘壟鬱然。仲夫子墓是也。德淑自己亥即晉謁，以慰仰止。越兩載，祠宇已就頹矣。刺史王公憑弔傷感，遂捐俸修葺，不一月而工告成焉。德淑復謁墓前，歷覽享殿禮器，煥然一新。低徊其下，愈令人烈烈有壯士氣。深愧職微，不克勷此盛舉，因假管以效寒蟬之噪，爰再拜而爲之頌曰：

　　於維先賢，氣塞兩間，光昭日月，秀競山川。翊扶聖道，果敢當先。升堂不愧，歷聘周旋，祿養思孝，三善稱傳。結纓蒙難，龍伏深淵。緬懷面目，片石蒼煙。牧豎無知，載跽載虔。維淑庸愚，景仰如天。一辭莫贊，謹述殘言。宛如親炙，依依墓前。英風凜烈，億萬斯年。

　　峕皇清順治拾捌年歲次辛丑孟夏吉旦。
　　從仕郎判開州事稽山王德淑拜撰。
　　弟庠生元鼎書。

（碑存濮陽市子路墓祠內。王偉）

明承德郎户部四川清吏司員外郎加贈中順大夫太僕寺少卿赤城王公（璣）墓誌銘

【蓋文】

明承德郎户部四川清吏司員外郎加贈中順大夫太僕寺少卿赤城王公墓誌銘

【誌文】

賜進士第文林郎湖廣道監察御史年弟梁天奇撰

賜進士第文林郎刑科給事中年弟楊文昌書

賜進士第承德郎户部浙江清吏司主事眷弟張抑之篆

公諱璣，字用齊，別號赤城。其先晉之洪洞人也。始祖剛遷於澶淵，遂家焉。剛生興，興生海，海生志，名志，名生，以道號吉菴□仕河南南陽府南召縣知縣。吉菴公生三子，其仲諱萬春，是為鶴徵公，即公父，仕河南汝寧府息縣丞，娶妣胡，無出，繼娶李，贈孺人，生子三：長璽，貢生；季環，州學生；公其仲也。天性孝友，秉心坦夷，寬宏以遊。□□□明□□□□鶴徵公最奇之，謂□大吾族□汲皇子學。日與二三知契談文觴咏，從無半字干時。貴其高雅如此。族人有鬻女自贍者，借給之糧。有貧不能娶者，貨代之娶，其恤族如此。庚子，舉孝廉。嘗從鶴徵公宦遊於息。李孺人卒於任，扶櫬歸里，痛不自勝。迨□□□公車成進士，而封翁訃音至都，蓬跣南奔，抵家成疾，其純孝如此。辛酉，除授南直寧國知縣，潔己捐俸以增壘。脩志課士不輟，月季聽□，正令自拘，士民相安無事。議改宣，宣人欣而寧人戀，赴上臺保留討調之詞，幾充棟焉，而部符竟殳宣矣。宣賦多詭，有有產無糧者，有有糧無產者。公下車即躬親陟降而簿正之，宿弊一清。時淫雨飄沒且多疫，公為之步禱勸輸，仍具鬻藥，請蠲□，全活無數。搆訟有累年不決，公竟坐論如法，巨家斂手相戒。考滿課最，當事者上其績，勅贈父如其官，母孺人。兩邑立祠，無不尸而祝之。真有古惠人遺愛峴山睢涙之風焉。丙寅秋，有部主政之擢，即趨赴任。無何，有山海督餉之差。會奴氛之熾也，宦鎮之橫也，邊事燃眉，司農仰屋畏此差者如赴湯火。公直任之而不辭。乃抵任，拘□索餉且多預支，而窮軍枵腹，時勢岌岌。公不畏權貴，按簿序，杜預支，金穀應手，士飽馬肥。已而，有□□□，羽檄星馳，擒□雲屯。公坐卑濕之宇，籌畫給散，心力俱瘁，以無悮軍需。比寧錦捷至，擬有不次之擢，而公竟以勞瘁不起矣。昊天不弔，嗚呼，痛哉！真有古鞠躬盡瘁，死而後已之貞焉。榆關軍民扶櫬遠送，號泣悲戀。維時大司農嘉其沒於王事，特疏請贈□□□□，贈中順大夫、太僕寺少卿。嗚呼！公之作令也，寧感之，宣頌之，及其卒於榆關也，軍悲之，民哀之，計臣惜之，皇恩旌之，真無愧於為臣者矣。公以六字訓子曰：孝弟謙恭寬仁。公以詩詠名世，有《雪湖文集》藏家。公以救苦□瘵，道經□□，有楊姓者誣徒幾死，則子而釋之。宦抵山海，有任姓者誣戍幾死，則白而釋之。公蓋孝於親而忠於□□，於□而仁，於衆□，其天性然矣。

公生于萬曆八年九月二十五日，卒於天啓七年七月初六日，享年四十有八。配劉氏，舉人盛名女也，贈孺人，無出。継配劉氏，養初女也，封孺人。子二：長之鄰，府學增廣生，娶平陽府通判吉贊女，継娶山東濮州學生陳□驕女；次之□，娶户部主事張抑之女，生女一，未許聘。孫女二，未許聘，俱鄰出。將以庚午三月初四日卜葬於柳村之南，其子之鄰以□□第吉所為狀來乞誌銘。余恭年誼無以辭，乃為銘。銘曰：

維公純忠兮軍民不忘，盡瘁國事兮寶璽褒揚。君恩隆重兮奕代輝煌，令名傳播兮百世流芳。陰功浩□兮蘭桂發祥，瓜瓞綿延兮地久天長。

勅贈劉孺人本王氏，為郡廩生王佑才女，幼失恃，嗣於姑母，故姓劉，附記。不肖男之鄰、之□□□立石。

侄之臣沐手摹勒立石。

大清康熙元年三月初玖日歸葬赤田原祖塋之次。

（碑存濮陽市王助鄉施屯村村南興福神寺舊址。王偉）

重修仲子墓祠記

聖門仲子路，平生以忠孝律身，及其結纓蒙難，衛民感德，獲其元首，葬之澶北數里許。歷代祀典不絕，迄今二千餘年間，令人起高山之仰者未艾也。癸卯春，郡司馬吳公署開篆，視事往來，遂晉謁，見其堂廡傾欹，門垣圮壞，喟然嘆曰："先賢之祠，鞠為瓦礫之塲，吾不忍觀。"爰謀重修，時大名兵備道尊許巡歷至開，中途值雨，偶避林中，目激而心傷者，乃進吳公而議修葺之。公曰："此職之事也。"即鳩材量工，卜期經營。而郡伯邑侯與夫州之紳衿樂輸者爭先，以故巋然其堂，翼然其廡，麗然其門，煥然其坊，百年頹廢，一旦次第改觀焉。費不及民，月餘告竣，蠹然一茂林也。蓋可以妥先賢之靈矣。噫！英烈剛正之氣，百世可師，秉彝好德之良，一時俱見。許、吳二公之成是舉也，大有功於聖門也。己治士民乞余言，托之琬琰，用垂不朽。余惟二公文章政事，冠絕當世，尊賢重道，其趨一也，即泰山喬嶽不足為其高，將使後之人萬代其瞻仰矣。許公名熙宇，號我位，江南金壇人，己丑科進士。吳公名鼎鉉，號司衡，中州溫邑人，戊子科副榜，恩貢。故並記云。

旹大清康熙二年歲次癸卯秋八月吉旦。

奉訓大夫陝西平涼府涇州知州澶淵後學生吳抱六頓首拜撰。

（碑存濮陽市子路墓祠內。王偉）

謁子路墓祠

一抔戚城畔，萬古矗高原。吾子蒙難後，衛人瘞其元。塚畔有遺臺，舊址彷彿存。是為蒯聵登，吾子輒欲燔。從容危結纓，成仁敦大倫。輝光爭日月，英爽動乾坤。慨言逝者多，湮沒詎復論。茲塚獨巋然，陟降依精魂。遐想負米時，冠雄佩豻豚。升堂入聖域，容與逦齊騫。爲政著三異，然諾重片言。殺身忠已矣，覆醢聲斯吞。生氣尚凜凜，松楸藉以蕃。苔斑翳斷碑，字蝕猶可捫。我來覯祠宇，結軫停方轅。仰止肅琴謁，致詞酹芳樽。徘徊不忍去，薄暮鳥雀喧。逡巡徒返響，清風起丘園。

康熙二年歲次癸卯仲秋吉旦。

承直郎開州同知雲安程正性敬題勒石。

（碑存濮陽市子路墓祠内。王偉）

四鄉墻濠記

孫榮

今夫天下之大，而使鄉自爲衛，家自爲守，則衆志成城，而奸宄自無所容，故深溝高壘，堅壁清野，所以禦敵也。而村落之禦盗亦然。按澶境形勢，一望平衍，鮮崇山邃谷之險。東接曹、濮，西襟滑、濬，北枕清豐，南則東、長二邑分勢犄角。環州三百餘里，其間村莊、堡寨、鎮店、屯塢不一，要皆星羅棋置，大小森列儼然，有土有人，勤司牧之宵旦焉。時直屬間有不軌，矯虔攘竊，致廑當路殷憂，遂以築牆濬壕立柵，爲萬民周防家室計，特疏上請，得旨報可。乃下郡邑，俾農隙償工，莫敢不飭。榮奉功令不遑寧處，介馬戴星，周歷隱僻，雨蓋風帷，徧稽勤怠。每詣一鄉，輒聚父老子弟，而曉以綢繆牖户之意，率皆踴躍趨事。村落大者，令於室廬之外，周以高垣，依墻濬濠，深闊如式，而又豎立柵門，嚴司啓閉，俾得樂有寧宇，而安宵寐矣。村落小者，則督其合力築垣，兩道安柵，濠雖濬，諭令徐謀終事，不欲竭民力也。至若八九比居、六七零處者，皆窮簹竇人，盗意所不屬，止葺牆垣，亦可屏蔽。而榮更以爲策廬舍而不計道路，設有禦人於野者，奚以使行旅出其途乎？則又計程量工築垣於大道，縱橫綿亘，蜿蜒二百餘里。如是而防維謹，毖之慮庶無不周，誠可使鄉自爲衛，家自爲守，而奸宄無所容足矣。是役也，上以副敉寧之至意，下以立捍禦之永圖，而榮亦得自盡牧守之職焉。爰是記之，蓋不忍忘前勞，且欲我民時葺而屢省之，以保成績於勿壞也。

康熙。

（文見嘉慶《開州志》卷八《藝文志》。王偉）

州治墻垣記

孫榮

《易》曰："王公設險以守其國。"險固貴乎其設也。澶城寥闊，鮮修內衛，州治西偏，率皆曠土。前此迭經修葺，而未及繚築高垣，有司獄庫所寄，若同露處。余來是邦，晨興經畫，簿書手口，卒瘏向晦，或將偃息，而怵怵中宵目難交睫，擬勤垣墉爲孔固計，如我民力役何。逮爲政之四年，而民有室廬矣，野有蓋藏矣，器不苦窳，而物無疵癘矣，曰斯可矣。爰始庀材，有事版築，爲授餐於荷鍤者，俾之勤力焉。於是，不終旬而高墉屹屹，回環四周，雖百堵之作而儼然獲藩籬之固，庶幾有合於設險之義。獄庫廨宇，其少虞乎。更以餘力增造兩廡掾曹，並廳事儀門，咸加整葺。規模宏峻，非復舊觀。凡此皆不擾民，不傷財，而余親爲經理以集事者也。是用記之，以垂來者。

康熙十年。

（文見嘉慶《開州志》卷八《藝文志》。王偉）

墾荒記

孫榮

古云："爲政者，務盡地利。"又云："善爲國者，措國於不涸之源。"則裕賦要矣。《禹貢》納總納秸之制獨詳。甸服則言裕賦於畿輔，尤爲要矣。開額地二萬頃有奇，經流氛蹂躪，黃水衝沒，至我朝定鼎，僅徵熟地五千頃耳。民氣重創，生聚維艱。迨康熙六年冬，榮來是邦，簡閱《賦役全書》，荒地尚有六千餘頃。先是朝廷曾下限年督墾之令。旋虞有司亟考成，勒溢報，累包賠也，爰更令曰勸墾。蓋不欲急切以傷民力，而使之寬然獲耰鋤之樂，漸闢污萊耳。爲有司者能不奉上德意以徐施勸誘哉。榮又曰鰓鰓焉懼民力易竭也。既已休息之，而更欲使之乘時荷鍤畢趨於農。乃六年遇災矣，至九年又災。即已熟者尚虞其荒，安能使荒者盡爲熟耶？此時責以力墾，猶責尩羸之夫而扛鼎也。故三四年中，雖加意招集安插，而墾地止十之三。洎乎十一年，災傷不作，雨暘時若。天時得矣，地利可興。於是，循行阡陌，屢咨田畯，保介而勞徠之。南畝之內，耡鈘雲興，而向之彌望榛莽者，且轉爲油油禾黍矣。第州中地勢遼闊，兵燹之後，魚鱗冊籍既已不存，又經流亡，業戶主名無可根究。其間報墾者固多，而未報者亦不少。榮復嚴諭里甲，逐里清勘，按甲核查。是以一歲之中，陸續報出，仍俟之三載以後起科。計增墾地共四千頃，復正供缺額銀萬兩餘。自此菑畬得播，遊惰有歸，畇畇原隰，可漸成沃壤矣。夫以流亡之衆，而招之使來，聚之使墾，數年中所經營不敢少怠者若此，然而非敢云榮之功也，皆賴聖朝寬大，天氣協和，故戶口日滋，瑞穗被野，民有餘力，地無遺利耳。倘觀風者入是國，以爲穢蕪治，田野闢，可匹於昔之李悝、張全義者，榮且敬謝不敏。

康熙十一年。

（文見嘉慶《開州志》卷八《藝文志》。王偉）

建文昌閣記

孫榮

澶淵地近畿甸，聲教所蒸，涵濡尤近，且星分東壁，應文章之府，宜乎人才輩出，蔚爲國華，而年來科第寥寥，何歟？說者謂城中形勢，署舍、市廛、梵林、神觀咸集巽區，而坤隅獨成曠莽，非特位置偏欹，抑亦地脈弗聚，仕籍之未廣，或以此故。余從政是邦，思有以振興之。考州治之西南向有文昌閣，歲久頹廢，議加鼎新，謀之鄉大夫、都人士，僉曰可。乃擴基址，搆傑閣，培堤植柳，祀文昌像於其中，俾平衍寥廓之區，一旦飛甍高棟，聳然特出，洵足增坤隅形勢矣。歲在壬子，更建堂三楹，立東西序齋，階廡靚深，籩豆有秩，用以妥神明而集多士。因榜其堂曰"敬業"。令學者以時校課其間，得淬勵自新，益奮其志，而應當世之求。余於此則更有說矣。夫士之克自振拔者，恒不藉地靈而顯。昔人以學問之道比功稽事，謂如農之有畔，朝耘夕籽，是蕘是襄，無越思焉，而後有獲。記曰：君子修禮以耕之，陳義以種之，講學以耨之，本仁以聚之，播樂以安之。古人致專其業如此。然則士之加勉者，固自有在，形勢之說，宜不足限之也。況澶夙稱文藪，偉人間出，古無暇論，即勝國名賢如紀僉憲之耆德宿學，王冢宰之質行高文，朱太僕之直節讜言，董少保之崇勳偉伐，皆凌邁一時，踔絕後世。繄豈盡藉地靈，要惟克自樹立，以振拔流俗耳。繼自今，多士尚益力於其業，毋徒爲咀華含英已也，必期涵泳指歸，究極要渺，冀應朝廷之選，爲時偉人，追踵鄉先哲，斯可矣。余不敏，愧未能廣菁莪之化，樂育英賢，而率捐冰俸，襄以羣力，所屬望於多士者良厚。工既竣，聊記其經始梗概，並以敬業之意，爲都人士勸焉，務期以人重地，勿使以地重人也。

康熙十一年。

（文見嘉慶《開州志》卷八《藝文志》。王偉）

先賢祖墓誌

【誌文】

英資擅兼人，升堂入聖門。負米人稱孝，聞過喜維新。治蒲多善政，知方能使民。折獄無宿諾，縕袍不恥貧。結纓堪致命，臨難志彌伸。慷慨丈夫烈，從容社稷臣。松柏含正氣，荒坟百世禋。我來勤瞻仰，萬古識君親。

六十二代孫世襲翰林院五經博士加二級仲秉貞、六十二代孫原署理開州印務現任州同仲應甲仝立。

（碑存濮陽市子路墓祠內。王偉）

重脩衛國公仲夫子墓祠碑記

【額題】重脩先賢仲子墓祠記

賜進士出身奉直大夫原任開州知州今調滄州知州閩中徐時作撰文。

候補同知原署開州知州西蜀毛振翧校字。

特授奉直大夫開州知州加一級紀錄七次記功三次嚴陵毛覽輝篆額。

開州分防州判記功四次京山熊繹祖書丹。

直隸大名府開州儒學訓導署學正事記功一次宛平雷滋、開州吏目加一級山陰吳文烜監脩。

州治北七里許戚城屯，有墓巋焉。於道左者，乃先賢衛公仲夫子之墓也。喬木摧折，堂廡傾圮，瞻拜之下，莫禁咨嗟。蓋以先賢靈寢何堪荒廢殆盡。爰攷舊制碑銘，始自宋真宗遣官致祭，廣規模，建堂廡，已經數百餘年，中間歷元及明，時興時廢。迨我皇清定鼎，聖明相繼，屢昭天下有司，凡古聖賢祠墓，各加整理。世祖章皇帝時，則有朱公諱國治者振於前，聖祖仁皇帝時，則有孫公諱榮者継其后。歷今又數十餘年，樵獵往來，狐兔棲伏，加以風雨飄搖，河水泛溢，不免摧折傾圮也。己未秋，余奉命來牧是邦。集同城僚友議興脩復之工。衆乃答曰："乾隆元年，前牧謝公諱應魁，奉歷天子詔諭，詳請興脩，因調任趙州，遂不果。今公起而成之，寔興廢舉墜之大端也。"然適值秋雨爲災，急務賑恤，未克如願。越明年，復蝗蝻生發，各以撲滅爲事，又不克從。至八月，始得請帑金，屬奉祀生仲耀業等購料鳩工。閱三月而告成，祠宇垣墉以及石表、門坊，俱各煥然一新，悉復朱、孫二公之舊制。

是役也，戚城士民寔與有力焉。攷其前，春秋祭祀供應不怠，歷數千年如一日。故昔觀風使胤樾孔公以本邨奉祀先賢，常任勞費，免其徭役。凡牧是州者，俱遵奉不違。毋亦謂先賢沒於戚，葬於戚，戚之人護其塋，供其祭，因而推恩優恤之，是則皆不忘先賢之意歟。余特紀其領帑興脩之縣，與豁免夫役之例，勒石垂久，所望後之君子嘉惠而不替也。且以勸戚之士民終始無懈云。是爲記。

特恩考授世襲翰林院五經博士加二級六十四代主鬯孫仲蘊錦，戚城邨監生王廷元，劉聲洋、王宗玫等協脩。

都察院左副都御史前翰林院檢討六十五代孫永檀、奉祀生弘章、衍楨、衍錦、善凝、耀業，六十六代孫奉祀生憲和。

乾隆七年歲次壬戌嘉平月上浣之吉立。

吏房賀光訓，户房芮宏升，禮房王殿，兵房呂相臣，刑房劉昊。

木匠楚展。

工匠高健、張錫義、袁超凡、劉深。里民：楚丕宣。

石匠李文燦。

（碑存濮陽市子路墓前。王偉）

謁先賢仲子墓

昔聖門有仲子子路稱高弟焉，嘗仕衛宰蒲邑，赴孔悝之難，卒於戚，墓於戚，春秋特祭，其來舊矣。乾隆七年秋，奉命陞開入祠饗祀，仰遡負米之孝思，遐念結纓之忠貞，方欲整飭祀典，以副我皇上重道崇賢之至意也，未果。越明年二月，其裔孫襲五經博士諱蘊錦者，選戚士靳璉、崔應選、王崇哲、楚名成、崔潤、王開蒙、楚公哲、田國梁，堪作贊禮，申文請補，更懇優卹，以爲激勵。予惟照文存案，永行勿替。後之司牧君子踵事而增飾之，是所厚望焉。

附詩一首：

先賢廟祀古城隅，丹堊重新睪步趨。列鼎何時忘負米，結纓無愧竟捐軀。

上公圭組封仍衛，小邑田疇政在蒲。翠柏陰森靈赫濯，如聞風雨便馳驅。

開州知州嚴陵毛覽輝盥沐敬題。

清乾隆九年二月。

（碑原鑲嵌於濮陽市子路墓祠舊享殿內壁，今置於墓祠內。王偉）

衛公墓記碑

【額題】衛公墓記

奉直大夫知開州事加三級紀錄八次南蘭莊學愈撰文。

開州分防州判濰縣姜希尚校字。

吏部候選知縣署開州學正事潞河宗一鵬書丹。

開州儒學訓導宛平雷滋篆額。

開州吏目山陰吳文烜監修，城生員劉聲洋、王得戊協辦。

嘗考稗史，先賢衛公仲子有三墓。一在開州之戚城。仲子嘗仕衛，赴孔悝難，卒於戚，戚其結纓地也。一在長垣境內。長垣本古蒲邑，仲子宰蒲，有善政，蒲人感之，取其衣冠塟焉。一在清豐之趙讓邨。清豐爲古頓邱地，與戚壤相接，□□□慕其德，亦招其魂而塟之云，所得於傳聞者如此，然則墓雖有三，唯戚城爲先賢殉義之所，其精氣所結，千古常新，非他邑可比。余受命涖開，甫下車謁文廟，旋禮仲墓，見其門坊、堂廡煥然聿新。讀碑記，知爲前牧徐公時作帑所飭，但規模粗具，而屏藩闕如。時交春夏，蒿萊森長，牧豎樵夫往來蹂躪。即以季墾之禁禁之，而民不應，余心愴焉。特捐俸鳩工，周以垣牆，固以鎖鑰，所以嚴啓閉，杜樵採，重節義，敬先賢也。至於春秋巨典，仲子專祠例設禮生八人，因明季蓮妖之亂而廢。乾隆九年二月，其裔孫襲五經博士諱蘊錦者，選戚士靳璡等司其事，申文請補，遵行勿替。余進靳生諸人而詔之曰："執豆籩，駿奔走，爾等責也。其各襄厥事，以毋負乃職。"而諸生亦若濟濟蹌蹌，殊執事有恪者。於是，墓無缺制，祠無失禮，在天之靈其眷於斯也。夫是舉也，余敢謂有功先賢，而重道崇賢之心用是少展云爾。是爲序。

特恩考授世襲翰林院五經博士加二級六十四代主鬯孫仲蘊錦，暨六十五代孫祀生弘章、衍楨、衍錦、善凝、耀業，六十六代孫祀生憲和立石。

戚城屯贊禮生員靳璡、崔應選、王崇哲、楚名成、崔潤、王開蒙、楚公哲、田國梁督造。

吏房張永慶、户房芮宏升、倉房劉盈、禮房李方元、兵房呂相臣、刑房任淮、工房汪福、承發房王球琮、庫房□□□、柬房胡世榮、□房吳曇□、王治國、常□□協督。

大清乾隆十二年四月中浣之吉。

本庄監生王廷元。

總理鄉長牛開□、劉□平。

地方楚福□、□□□。

木匠楚丕宣。

石匠胡友信、李登。

（碑存濮陽市子路墓前。王偉）

謁仲夫子祠

忠孝賢聲遠，干城道望尊。結纓殉國死，負米及親存。一邑稱三善，千秋仰片言。陰森留古栢，風雨護籬藩。

古滇楊自强州牧

報國勳名壯，升堂氣象尊。英風未之見，古塚巋然存。志節凌千載，精誠重一言。干城何所寄，道德以爲藩。

析津翟夢磷學博

巍然一古邱，守護二千秋。不負知方志，寧貽避難羞。幽光馨俎豆，生氣凜松楸。風烈於今在，洋洋衛水流。

清河王克昺學博

耆齡誦讀仰英風，駐節澶淵古墓隆。鬱鬱松楸空在望，巖巖氣象竟誰同。親恩念切存亡摯，國難身殉俎豆崇。自是成仁復何怨，不須含憤泣幽宮。

寶山楊占魁宣鎮都司

嘉慶二年孟秋穀旦勒石。

（碑原鑲嵌於濮陽市子路墓祠舊享殿内壁，今散置於墓祠内。王偉）

修復先賢蘧子墓記

李符清

　　開州城南有瑕邱，即伯玉從公叔文子所升處也。其南五十里曰蘧村，相傳爲伯玉故里，墓亦在是。年遠湮沒，無識者。
　　歲癸亥春，余來牧是州，州人始得墓踪跡，集金而封樹焉。請余爲記。余嘗讀曹大家《東征賦》云："蘧氏在城之東南兮，民亦尚其邱墳。"李善注《陳留風俗傳》："長垣縣有蘧鄉，有蘧伯玉塚。"《長垣志》，城南八里有伯玉墓，列入祀典。府志、通志皆同。是伯玉墓應在長垣。又閱《三國志·魏志》，中山王袞疾困，敕其官屬曰："昔衛大夫蘧瑗葬濮陽，吾望其墓，常想其遺風，願託賢靈，以弊發齒，營吾兆域，必往從之。"濮陽即今治，墓又當在州境。此二說者宜何從焉？或者謂曹大家爲東漢時人，去古未遠。子穀爲陳留長，長垣屬陳留，見聞應不謬。中山王袞去曹大家又百餘年，傳聞異詞，或有未確歟。然余考《魏志》，袞於黃初七年由贊王徙封濮陽。太和二年就國，六年始改封中山。是袞在濮陽者凡四年，境內之事，考證必真，且其言曰："吾望其墓，常想其遺風。"當時濮陽之有伯玉墓，尤信而有徵。視曹大家從洛至陳留，道出長垣，征車蒞止，僅得之道路之言爲足據也。且古之賢人君子遺跡之所存，後人傅會者多矣。即如州北戚城有仲子墓，仲子死于戚，墓宜在是，乃長垣亦有之。仲子嘗爲蒲邑大夫，墓在是尚有說。而清豐、滑縣亦皆有之，載諸志乘。長垣之有伯玉墓亦猶是也。因曹大家一言，沿誤至今。今州人獨能於二千餘年之後，求其邱隴而修復之。雖桑梓之地，先賢之靈爽實式憑之，亦州人景仰之誠心有以感召之耳。夫政教之本，在順人心而端趨向。以州人之慕賢貴德如此，將董之以教化，澤之以詩書，衛多君子之風，庶幾其再見矣乎。此固司牧者之所樂予也，因爲辨其疑似而記其歲月。蘧村莊人捐資以若干崇其墓，並建享殿廡門如制，以若干建祠於瑕邱。春秋祭祀，以州判官就近主之。余並爲是莊免其雜役，惟大役如舊，亦勸善之意云爾。
　　嘉慶八年。

(文見嘉慶《開州志》卷八《藝文志》。王偉)

瑕邱記

李符清

　　開州古爲衛地，城南十八里曰瑕邱，即《檀弓》所載，公叔文子與蘧伯玉同升處也。嘉慶癸亥暮春，余來牧斯土，公餘訪其跡。遙望邱高數尋，巋然獨峙。至其隈，林木交蔭，清流環繞。度以石橋，立寺門，四野空曠，千里在目。是日也，雲斂氣清，天無纖翳。西望黎陽大伾，樹石可辨。東南泰岱亦在雲煙飄紗間。開境界中州，其地率平衍，無崇山峻嶺、大陵高阜，茲邱獨負土而起，誠勝境也。邱縱橫十五丈。西附小邱，斜通略彴，中有宮有廟有樓閣，獨無文子伯玉祠，亦無遊人憩息之所。意甚歉然。因建二賢祠于邱東，並構層軒于小邱上。四窗洞闊，可以宴息遊覽，詢足樂矣。昔文子曰："樂哉斯邱！"伯玉曰："吾子樂之，則瑗請前。"其意，蓋有諷焉，以樂之私於己也。夫爲民牧者當以民之樂爲樂，而不自樂其樂。余牧開半載，即遇河決，黃河漫溢，東南境民之田園廬舍悉被淹沒。祗奉聖天子德意撫綏而安集之，惴惴焉惟恐民氣之不和，民心之不樂也。今者時和年豐，盜賊屏息。斯邱之亭台花木增勝昔時，文人逸士遊詠其上而樂之，田父野老、樵夫牧豎徜徉其間而樂之，則民之樂即余之樂也。余既賦詩泐石，以志余之樂，而復爲之記。

　　嘉慶八年。

（文見光緒《開州志》卷八《藝文志》。王偉）

謁仲夫子墓[1]

　　食祿焉逃難，高賢此結纓。一抔墳在戚，千載氣爲城。
　　古欝松楸色，悲涼烏雀聲。我司籩豆事，瞻拜敬心生。
　　嘉慶甲子暮春，合浦李符清。

（碑原鑲嵌於濮陽市子路墓祠舊享殿內壁，今散置於墓祠內。王偉）

開州西文昌宮碑記

李符清

　　皇帝御極之六年夏五月，以文昌帝君主持文運，福國佑民，崇正教，闢邪說，靈蹟最著，詔每歲春秋致祭，頒行天下，典至隆也。而開州之西文昌宮，適於是時創修。先是紳士等於城東建文昌宮，其地空曠，縮版而陿度，塗墍而丹膲，望之偉而榱題堅，而瓴甓翔，而簷阿嚴，而階陛煥然奪目。或曰開舊有文昌宮在城西，其遺址尚存，宜復建之。黔南張君創其始，略具規模，以終養去。吳興孫君攝篆復謀之，工未成又受余代去。余自癸亥來牧，與紳士多方經營，又捐貲以勸之。今甲子春工方竣，因求余文爲記。余按文昌六星距西北去極三十四度半，曰上將，曰次將，曰貴相，曰司命，曰司祿，曰司權。在北斗魁前，其形如筐。《天官書》所謂"斗魁戴筐"是也。六星爲天之六府。六府者，六經之府也。其星大小均明，則王者致太平而天瑞臻。光芒潤澤，則文事修而萬物咸和。蓋國家之風化上應天象，其理不爽有如此。我朝重熙累洽，教澤龐鴻，凡所以正士風，開文運者，莫不鋪張而揚厲之。況文昌帝君專祿命之權，司斯文之化，九州四海可勿體聖夫子之意而虔其崇

---

　　[1]　光緒《開州志》卷八標題作"戚城謁仲夫子墓"。

祀也哉！或疑開城有二文昌宮似近於贅。余以爲不然。昔東坡云："鑿井得泉。"水不專在於是。夫神固無往而不在也，又何嫌乎東西哉！是役也，闔州紳民釀金數千金，功僅成十之六七，夾堤莊紳民繼任其事，功始克成。余因免其雜役，復泐諸石，以爲好義者勸也。

嘉慶九年。

（文見光緒《開州志》卷八《藝文志》。王偉）

創修祠堂記

開州古澶郡也，澶之南六十里孟居村，我鄭氏自前明遷居此地，歷有年所。始祖之墓，舊置祭田四十餘畝，歲給拜掃之費而已。隆廟貌，設几筵，肅瞻拜，崇祭祀，以示子孫未之及也。道光丙午春，纂修家譜，事既竣，復有立祠堂之議，事屬創始，前無所因。鳩工庀材，費用頗繁，衆咸難之。時有識者念於衆曰："本之祭田，置其地基，令各輸金，蓄其物材，積之數年，必克有濟。"父老子弟皆是其言。由是，議始决。越明年，於村中得地一區，寬平宏敞，地勢秀美，誠可壯其棟宇，美其輪奐，安先靈於風雨，高享祀而□忒，復以祭□所出鮮能備物，遂量族人之貧富，酌費用之多寡，俾出資以蔵事。族散居他鄉者，聞斯舉也，亦皆欣然從之。至咸豐丙辰，諸材具備。於是，卜吉日，略基趾，集群工，簡物材，計日量工，祠事告竣，不愆於素。夫孝子之於親感春露而怵惕，秋霜而淒愴，有觸於外難已於中，亦人必至之情也。祠堂立，祖宗之靈實式憑之。入斯祠者，豈惟報本追遠於是乎？在歲時致祭，入廟興思，孝子仁人之心，庶油然以生焉。使世之爲子孫者，省不急之費，以營家祀，節有用之財以隆孝享。既有以動其水源木本之思，因所思而勉爲仁人孝子立人之道，不外是奐然，則祠堂所係，豈淺鮮哉！我鄭氏既立宗祠，落成之日，族中理事者使浩然爲記，因敘其事，以志於石。

二門長盈字世浩然撰文。

長門長盈字世鶴鳴書丹。

大清咸豐七年歲次丁巳十月初一穀旦。

（碑存濮陽市渠村鄉孟居村。王偉）

前合村太原郭氏遷升與溫家同宗與西街郭不同宗原由

我太原郭氏之遷開也，肇於始祖諱宏圖，本籍山西省平陽府洪洞縣□□□□□人。前明初，奉旨遷民，由洪洞縣遷於開州城東溫家莊，現有墳墓可考。彼時想爲農家者流，不識字，不知記載原由。或前有記載，遭亂離失迷，亦未可知。至我高高祖諱巽公不知幾世。但有始祖墳墓及始祖以下墳墓數十封，世係宗派，莫有能記憶者。龔祖充應里書，想因辦公不便，自溫家莊遷居城里北大街八都坊迤南路西。巽祖兄弟三人，公爲長，子有五人，丕承、丕基、丕智、丕業、丕烈。次門諱先，絕。三門諱旺，有子二人，丕緒、丕時。丕緒公因家貧逃往河南，病故，遺一子，名登山，隨母回開州原籍瀛上。五世祖丕業，字繼善，公留心譜係。手書先世名號，自高高祖起，未有丕緒公一門，想因外出，不知下落。謹記丕時公一門。授我五世堂伯見龍公於嘉慶十五年庚午春，創修家譜，自高高祖始。今重修家譜，得丕緒公四世孫克明公手冊。續丕緒公以下世係甚詳，遷續入譜內。克明公又言，異祖兄弟既從溫家莊遷城，溫家莊乃根本之地。所有郭姓乃我之真同宗也。況相傳至今，與溫家莊輩數不錯，何妨請溫家莊年長識字者進城詳細追溯。倘能緒入譜內，豈不甚善。於是，請瀛宗弟郭含輝推問原由。伊有手冊，上自七世續起，層次亦甚清楚。七世以上伊亦無所考證。僅知同一始祖。議及異祖遷城，伊亦有所傳聞。但不知異祖與伊七世祖門第遠近。觀伊六世祖俱以單字命名，想與異非堂兄弟，即縱堂兄弟，於是，共同商議，續成一譜。城里自六世祖續起為一門。溫家莊自七世祖續起為一門。至我本街北頭南頭尚有數十家，先世概失傳無考，礙難續入，祗好從缺，呼為宗家而已。若西大街郭姓，彼自有譜。從唐代汾陽王郭子儀敘起，號汾陽氏。相傳與北街不同宗。豈知汾陽王之先世亦太原氏乎！既已代遠世系謂不同宗亦祗好不同宗耳。況前輩少讀詩書，不曉大義，更有同姓結婚之弊，愈難再聯宗焉。北街杜家□猶有一郭姓狀役郭東山之祖先，乃北京人氏，寄籍於此，則真不同宗矣。今我北街，合溫家莊譜係既修，緒次詳明。必須後世子孫傳之十世，傳之百世，相繼續修，庶幾千百載無紊亂矣。是所望於後之讀書明禮者，爰為之別詳辨。

大清同治十二年歲次癸酉二月中瀚，六世孫連登字瀛瞻謹志。

太原郭氏命名定式序：

十世汝、十一世念、十二世秉、十三世敦、十四世敏、十五世肇、十六世修、十七世履、十八世謙、十九世良、二十世紹、二十一世述、二十二世作、二十三世彝、二十四世訓、二十五世欽、二十六世佩、二十七世卜、二十八世其、二十九世昌。

大清同治十二年歲次癸酉二月中瀚六世孫連登謹識。

（碑存濮陽市文物保護管理所。王偉）

重修祠堂記

從來修祠堂者，是以追尊始祖而序昭穆，以永傳於無窮者也。我鄭氏始祖，自明初來遷安居此所，傳聞未立宗室，及本朝咸豐六年春，予族祖芝蘭等創修宗室，所以敬祖宗、垂久遠，不誠有賴也哉？

至同治二年，黃水泛濫，淹沒我村，而宗室因小墊隘，雖未傾危，而我祖在廟不免有容膝之嗟矣！幸光緒三年二月清明節，祖前祭饗，予族叔玉豐目擊心傷，欲起而修之，質於衆，衆咸應之曰："宗室墊隘傷心以矣，子欲起而修之，固衆人之所甚原者也。"於是，從此地所積之財，本村族人與散居外村者又微排地畝門頭，起修宗室，創修兩廂以及門樓垣牆，約其工程，度其用費，包於工師，遂乃經之營之，修蓋補葺，丹楹刻桷，月餘而廟貌爲之一新焉。落成之後，欲勒石以示來茲，因以碑文質於予。予學疏才淺，焉能爲文？衆固委之，不得已，乃即其顛末，聊爲之序，以永垂不朽云。

　　清光緒四年歲次戊寅三月清明節。
　　二門長辰字世建安撰文。
　　二門二辰字世文德書丹。

（碑存濮陽市渠村鄉孟居村，文見《鄭氏族譜》。王偉）

恭祝大閫范王母趙老太君七秩晉八榮壽碑

　　恭祝大閫范王母趙老太君七秩晉八榮壽。蓋聞桃開千歲，地靈王母之宮，桂實三秋，丹種姮娥之府，賜來黃玉□說。僊姬望去赤城，競推天姥，要知上界還遜人間。遍覽九州，富貴之家，奚誇三島神靈之窟，如我王母趙老太君者，乃文軒公之德配，即茂齊先生之尊慈也。問其年曰大年，綜其福曰全福。幸通家能知大概。為壽母特表芳□，富則多驕貴，尤易挾大君禮承降祚，義篤同牢布素著，其雍和蘋繁，昭其齊潔，鹿車共挽，雅賦同心，鴻案相莊，不形矜色。其倡隨有如此者。翳維婦德，首重孝思。太君處中閨，早嫻姆教，既竭誠而盡慎，復下氣而怡聲。箕帚親操，佐夫子晨興之志，湯羹諳性，博姑夕餕之歡。其奉養有如此者。制事宜勤，持躬貴約。太君天水明宗世家賢媛，性本淑貞，行同寒素。龍梭夜月，鳴軋軋之寒機，鳧弋曉星，聽珊珊之襟佩。其勤儉有如此者。處常猶易，履變則難。太君際遇多艱，遭家不造，雙庭繼逝，偕老雲亡鬒以當門萬石之家聲，不墮屖焉。持戶三遷之母教孔彰。其經書有如此者。立德如斯，報食自遠。太君以□柔之質，登耆耋之年，耳目聰，明精神，強固庭。前理事邵夫人志氣不衰，漆下承歡。謝道韞談詞愈妙，其身體之康健有如此者。人易餘慶天，或靳祥太君鈐玉投懷，瓊瑤滿室。長君茂齊克承懿訓，力服先疇。次君祥聲博通醫道，尤精眼科，用妙術以救世，共仰國手之能，施靈丹以明目，咸稱佛心之善。現孫數輩，歡濟一堂。奇數人間，玉樹祥□，天上石麟，擬燕山之五寶。僉曰其然，比洛下三張，咸云有是。其後起之□異有如此者。茲屬律偕太簇之時，飛當帨設絳帳之日，一門鵲起，五福蟬聯，繪王母之山川，瑤池煥彩，沐天家之雨露，寶嫠增光。某等或□葭親，或重蘭契飫，聞六善敢閟徽言，敬祝千秋，不為華語。喜此日錦堂花簇，三明七穆，咸稱觴洗。竚而來待他海屋，籌添十叟八公。仍控鶴驂□而至。

　　誥授文林郎壬寅捕行庚子辛丑恩正併科揀選知縣五品銜劉漢文頓首拜撰。
　　五品頂帶福建省候補縣生員張彬尉頓首拜書。
　　大清光緒三十三年歲次丁未孟春穀旦。
　　石工楊平、陳福榮鐵筆

（碑存濮陽市郎中鄉展邱村。馬懷雲）

南樂縣

重修漢壽亭侯廟碑記

魏憲

漢壽亭侯關公廟,在南樂縣治之東,殿廡傾頹,階所欹側幾廢矣。浙中方竹友先生奉簡書,承乏茲土,乃諏吉遴工,選石庀材,率邑之人從事焉。先正殿,次圍廊,次門樓,次碑坊,次橋梁,後峙以三義閣,不幾月而告成,以記屬余,余因得而進論焉。凡國家祀典,法施於民者祀之,以死勤事者祀之,禦大災,捍大患者祀之。侯鎮荊襄,威震中夏,編户至今尤德之,可謂法施於民矣。至曹瞞聽司馬懿之策,東聯孫權,並力以攻侯,江陵之敗,引頸受戮,義形於色,以死勤事,抑何壯也!至於一見昭烈,死生以之,顛沛流離之際,未嘗一刻離,其禦災捍患有不可沒者,宜其汲汲焉,祀侯不敢須臾緩也。然侯之廟額果孰從歟?吾聞士君子之立身也,必不負所學,以不負天子。侯讀《春秋》,守大義於君臣之分,講之有素。當下邳失守,曹挾侯以歸,侯對張遼數言,詞義嚴正,決不背漢以留魏。至斬顏良,解白馬圍,以報效曹公,強其不負魏者愈明不背漢。豈今日代經數易,靈尚耿耿,其肯以壽亭侯之職去漢而他從乎?世之稱侯者,曰武安王、曰伏魔大帝、曰關聖帝君、曰天尊、曰關夫子、曰關將軍。義無所取,職非其舊,吾知侯有所不受也。嚴廟貌而敬祀之,曰此漢壽亭侯關公之廟也。大書特書之旨也、春秋之義也。侯之志,即侯之所學也。侯安之也

康熙九年。

(文見光緒《南樂縣志》卷八《藝文志》。王偉)

重建義倉記

方元啟

聞之積貯者,天下之大命。凡以拯旱潦、備盈絀也,躋斯民而安全之,其道莫踰乎此也。昔西漢耿壽昌設常平倉,增糴減糶,民食其利。隋長孫氏條議所在,各建廠舍,勸民輸穀,備賑凶年,存活者歲常億萬計。唐興,踵而行之,尤稱盛焉。至於準土俗,協人情,歷久而不弊者,惟朱考亭社倉為最著云。其間雖有官民捐輸之不同,要皆出於義舉。備於有年之先,而濟於必需之日,良法美意,昭炳史冊,斑斑可考也。

庚戌春,余下車南樂,見地瘠民稀,知歲無餘蓄。一或不登,必至飛鴻遍野。不逾年,而旱災洊告,邑人士顛苦流離,莫可言狀。余亦惟是請蠲、請賑之不遑而綆短漫長,徒切殷憂,乃捐資煮粥,繼以散米,又繼以給錢,盖几心力殫竭,終非長策。夙夜仰屋思維,

则莫若酌古準今，建立义倉之为得矣。爰披邑乘所載，得舊址焉。一在大屯，一在韓張，其二元村及岳村，共四處。雖年久湮沒荒草，而按圖索步，遺跡宛存。余不禁勃然起曰："邑中廢墜業已次第釐舉，顧茲民命所係，邦本攸關，不謀所以創興之，將積貯之謂何，因具文申詳，蒙巡撫僉可其議。通行直隸各郡縣，悉如余行。"隨解俸金若干，就地鳩工庀材。各集居民，咸荷鍤縮版，懽忻子來，無事擊罄而登登馮馮，削築維勵。不閱旬餘，而四倉落成，庚分兩翼，周圍亙以垣墻，整若官舍，仍捐粟千石，分貯其中，為士民樂輸倡問，民之無饘鬻子者。遵古補助法，計口以賑。餘則春貸秋償，不權子母。嗣後，推陳易新，崇墉櫛比，雖藏富於虞也，不異藏富於民，安全之道，孰善於此者。或饑饉不測，籌者可無陳詩繪圖之慮，待哺者亦免扶老挈幼之勞，以視漢、隋諸君子瞠乎後矣。考亭余師也，即謂社倉遺制，庶乎至今存可耳。工完之後，適郡侯周重修《府誌》成。閱載南樂義倉共八所。其大清、東侯、留固、西邵四處，邑誌所未載，故未及議建。然觀前人創設周到，星羅棋布，四鄉無偏枯遠近，余將次第興舉，勿使有缺略遺憾也。

康熙九年。

（文見康熙《南樂縣志》卷下《藝文志》。王偉）

茹公詩二十首[1]

剝啄誰叩門，相看各歡喜。念汝涉雪來，登頓已千里。
南樂鄉三老張如章等，持韓溶札徒步省予，來京師，正當酷寒。

庭槐蔭雙影，三載曾濫竽。慚愧桐鄉民，每飯懷嗇夫。
南樂訟庭有槐樹二株，簾垂晝靜，青陰鬱鬱可愛。

當此太平年，村閭集和藹。為問諸父老，相將俱好在。
黍禾薄有獲，雞犬亦漸繁。子壯當得婦，婦賢當得孫。
今歲為大稔之年。

樂邑無所苦，所苦瀦龍河。秋霖未十日，蕩潏亦已多。

---

[1] 光緒《南樂縣志》卷八加按：乾隆二十九年，三樵茹公諱敦和來宰茲邑，善政不可枚舉，詳見本傳。後以卓薦擢任京職。樂之耆老，不遠千里入都問起居，公為作詩廿首，使攜歸，傳示邑人，慰勉殷殷，不忘舊治之心，流露於吟咏。凡土地、水利、風俗、人情篇中三致意焉。當日已勒於碑，樹於城隍廟殿陛西偏，而季公嚢之跋。剝蝕即久，字多模糊，恐愈久而愈失其真也，撥蘚諦審，僅得十九首，然亦不能無疑字焉，錄之以志不忘云。

河水自開清而來，至城南而至。並無下流。氾濫於平地，數十里皆被其災。

兼之水所過，斥鹵盈頃畝。鹼花白如雪，芃芃出檉柳。
潞龍兼有硝河之水，窪者常淹，高者多鹼，所以南邑之民，較他邑為更苦。

東南最荒瘠，幸有西北鄉。風吹沙磧遠，梨柿紛成行。
樂邑西北兩鄉水患差減，然亦未能殷富。

自我來京師，終日恒閉門。閉門何所事，挾策勤討論。
余嘗閉門，以讀書為事。

受祿雖不多，聊以給晨夕。清白本素風，未覺異今昔。
聞樂民有念予貧者，故一及之。

麥莖入夜添，盤縚茸成笠。獨鄰茆簷中，辛苦換升合。
樂民能茸麥楷為斗笠，每笠可賣三四十文，貧者恒藉此以為食。

况復事飲博，三五相邀嬉。上集猶未歸，悉殺妻與兒。
賣斗笠者，或得錢嬉遊飲博，不顧其家受餓。

憶昔在縣時，殷殷勤告語。舍前並舍後，勸汝栽桑樹。
前在縣時，力勸民種桑，鄉民亦多有聽者。

蠶桑古所重，其利偏東南。衛土本宜桑，法亦古所傳。
樂邑本衛地，土性宜桑。

魯桑固豐腴，荊桑頗壯偉。法應相嫁接，乃以兼二美。
一人得十樹，十人當得千。村村徧濃蔭，為益自綿綿。
不五六年自可漸收其利。

汝今苦憶我，願得一見之。有言不見聽，相憶亦何為。
四鄉種樹者，西鄉較為多。為我寄聲問，長短今幾何？
水患唯道治，嫁禍乃不可。謂宜勤講求，無為事莽鹵。

有任生之《圖說》[1]在，宜更研求而博究之。使動出萬全，縉紳先生勿以卤莽貽禍。

西鄉並北鄉，厥疾聞已瘳。小懲固為福，頗憶蒲鞭不？
乾隆三十二年。

（文見光緒《南樂縣志》卷八《藝文志》。王偉）

樂昌書院碑記

趙鍾麟

歲壬申，余任學職來樂之七年也，會制憲爵閣李公檄飭通省郡邑建修書院，仰體朝廷作人之至意，丕樹鄉學造士之宏規，誠盛舉也。樂邑特蒙道憲祝公委員勸辦，並札學署，俾參末議。又邑侯張公悉心籌度外，虛衷下問，務求盡善而後已。偎以微材，過蒙推任，勉竭駑鈍，集本邑城鄉諸同人商酌辦理，勸捐資財，買地鳩工。賴商民之踴躍，紳董之敏勤，自是年仲冬，迄次歲癸酉春三月，輪奐榱桷，丹漆黝堊，煥然一新。洞主束脩，諸生膏火，亦各有所出。張侯又以事屬創始，流弊宜防，慎裁條款，務期周詳，並申道府各憲，懇祈鼇定，揭之講堂，以垂永不朽哉。此畿輔文運將昌，而我國家所以收養士之報者，將益無窮矣，豈獨一邑之盛事云爾哉？功既竣，諸同人將勒石為記，而問文於余。余既幸與其事，而樂其有成也，不辭譾陋，略述其顛末如此。抑余又有感焉，夫鵝湖、鹿洞，講學明經，所以延道統於千秋，裕經綸於一世也，豈第飾文詞，沽名譽，博取人間富貴，以誇盛於一時哉！

樂邑為倉聖肇造人文之域，名儒碩彥，代有聞人，卓卓先型，昭然在目。又非徒甲科之盛，擬跡江南而已也。今爵閣始議興學，樂邑以開創之舉，首先應命，不期年而百務告成。固風俗人心之厚意者，亦上應文運鬱而將發之機乎？從此科第聯綿，日新月盛矣。夫復何疑？尤願凡諸君子講學明經，勿徒慕鵝湖、鹿洞之名，而務求其實；凡所讀書皆與身心性命、日用倫常間，親切體驗，必使無愧於己而後已。將文章根於德性，學問裕為經猷。處為良士，出為良臣，則所以光我畿輔，福我國家者於是乎在。夫而後，無負我侯經營之苦心，即無負上憲造就之盛意矣。可不勉哉？余既與其事而樂其有成也，故敢輒為是言，以祈有志進取者共勉哉！

同治十二年。

（文見光緒《南樂縣志》卷八《藝文志》。王偉）

---

[1]《圖說》，即任生所撰《潴龍河圖說》。

創建蒙養學堂碑記

武勳朝

辛丑夏五月，少遊施公以滇南名進士來治於樂，會廷議亟亟煥新，猷將更易學校之制，維時歲比不登，盜賊充斥，事多棘手，未易圖功。公曰："治貴因時，予知所從事矣。"因剔積弊，修捕務，數月之間，法立而令行。吏民懾服，盜賊屏跡。曰："是可以興學矣！"於是，因書院之舊，添購書籍，獎勵來學。凡所以課士者，皆隱示以時務之宜，使知維新之治其道，不外於六經，而本六經以為治，又不得不博采羣書，講求實事，以推廣經書之用，而人知指歸矣。曰大學之教，自小學始。今貧家子弟力不能就學，將何以廣教思乎？於是，先借館舍，設小學二所，自備館金，擇諸生之可為蒙師者教之，科頭垢衣者，羣聚而咿唔矣。曰學無專所，恐未久而廢也。於是，倡捐集款，擇地建修。邑中有義學舊基，廢而圮者且百年。公親歷其地，相其方向，酌其規模，計其用度，召工人而命之購材興作，正室、配房各三間為一院，環以宮牆，別立外門一間，黝堊丹漆，煥然維新，命之曰"蒙養學堂"。指其中隙地曰"待擴充也"。蓋以公署任來才期月耳，而其所設施如此，今瓜期逮矣，猶以不能盡其所欲為為歉，故情見乎詞者，然也。落成之日，邑之士進而頌之曰："斯學也成，大道其行，寒畯之子，亦多奇英，今人人為學也矣，其能測其所到之程。而今而後，有崛起於其間，而裕實學成顯名，為民之望，為國之楨，非我公之所培植，而誰與任其功？"公曰："否。此未盡之說也。莫為之前，孰開其先；莫為之後，功亦不就。今日者，室成矣，座盈矣，其在斯邑，則全體之一毫，未足慰樂育之情也。況乎立之課程，日省月試，策勤警惰，以勵其志。勿棄樗櫟之才，用造菁莪之士，是皆繼我而來，賢於我者之所有事。至於立教無方，因其材質，循循善誘，激勵裁抑，使出其門者咸卓然而自立，是又在爾諸生以成己者成人，而無負乎為師之職。今事方創始，而遽期乎功效之集，何其言之易易乎？"衆聞之，悚然而起，曰："唯唯。"鄙陋之見，慮不及此也。時勳適在座，因述其事，次其語，俾樂之石，以為是學箴銘云。

光緒二十八年。

(文見光緒《南樂縣志》卷八《藝文志》。王偉)

南樂城工善後記[1]

陸維炘

南樂蕞爾邑，城垣周袤僅數里。夷考舊制，始以版築，繼以磚，雖小而固。自前明萬

---

[1] 陸維炘附注：城工碑記，武常卿先生撰于庚子年，其時邑侯恭公方倡議以工代賑，未籌及善後事宜，故文亦闕。如維炘撰是記，即本先生碑文而爲之補其闕，庶城工善後始末。後之覽者，得有所考證云。

曆間重修。歷國朝殆三百年，承平日久，就漸傾頹，僅存基址而已。咸豐辛酉，東匪之亂，寇入，大肆焚掠，災及堂皇。寇退，官紳始謀修築。遠鄉之民，倉皇驚竄，且各謀立寨自保，勢難就役。因約近城二十里內，各村以官城作私寨，通力合作，不日而成。九月，寇復至，鄉民入城，登陴守禦，卒無恐。同治戊辰，張宗禹自河南竄入畿輔，過城下，居民賴以安堵，則保彰之功大也。然中間更數十年，風雨摧殘，日甚一日。庚子之變，中外構釁，盜賊蜂起，剽掠載途。加以天災流行，年穀不登，群情洶洶，饑民嗷嗷，不可終日。於是，官紳集議，倡修城垣，以工代賑。邑侯恭公請於大府，以支用倉谷及平糶谷價為之，乃選擇邑紳，設局開辦。自六月經始，迄於九月落成，雉堞女牆，煥然一新。款不虛麋，民不坐困，一舉而二善備焉。雖然修矣，而無以善其後，終非計之得也。自近城二十里內修城沿為例，每有興築，民輒苦之。嗣是有七十二村捐資八百千，請發商生息，以作歲修，永免其役。又西四社捐資四十千，東十六社捐資一百千，皆請援七十二村例。合三項計之，共得九百四十千。然工多而資少，所生之息不足以備歲修。且二十里內計一百三十餘村，捐免者僅八十餘村，於政未為平，於事未為順。施邑侯蒞任，鑒及於此，思為一勞永逸之計。因集各村會議，令已捐者續捐，未捐者增捐，共得三千數百千。又請款津貼七百千。益以舊捐九百四十千，約可得五千緡，分存富紳，按月取息，以為歲修之用。其有抗不願捐，及捐而未繳者，勒令自行補修，以昭公允。惜其事未竟，而施邑侯去任，維炘承乏權是邑，邑紳懼其功虧一簣也，復請于余，俾已捐未繳者，一律催收，集有成數，將勒石以垂久遠，並為之記其顛末，刊入邑志，俾知人情可與樂成，難與慮始。事非經久，則勞而無功，政非持平，則擾而滋懼。舉數十年所經營而籌畫者，一旦得臻厥成。然尤願邦人士毋忘始事之艱，相與協力一心，謀所以持其後而垂於久，則豈惟有司之幸，抑茲邑之幸也。是為記。

光緒二十八年。

（文見光緒《南樂縣志》卷八《藝文志》。王偉）

黃氏始祖之墓碑

【碑陽】

【額題】萬世流芳

黃氏始祖之墓

【碑陰】

【額題】報本追遠

始祖舊居洪洞縣，本李姓也。乃永樂年間遷居南邑，遂改姓黃。何哉？想其實祖大避遷，各更姓名，既而不免此役，故遷於邑東十一社堤口村者姓趙，其遷於一社東吉七者亦姓趙。惟我始祖姓黃，乃守故典不忘之父，沒後歸宗，誠至孝盹篤之心也。世或異之而勿庸異也。

有取義而我始祖既遷以來，支族甚繁，居亦於獨遷開州城東蘇家莊村今黃蘇莊，及後遷清豐北張家也者，沒後姓黃不從李也。所以刻銘於石永垂不朽，足見先祖追念本源之志，千古不磨。

後嗣傳流姓於據萬世常昭矣，是以數十世長門長孫□□□□。

長門清豐北張家，次□□□□□、三濮陽黃蘇莊。

清光緒三十二年歲次丙午小陽月朔。

（碑存南樂縣楊莊鄉黃莊。王偉）

清豐縣

重修中心閣記

楊燎

　　中心閣，舊名攬秀閣。舊令河東李公諱汝寬創建於嘉靖之三十六年，而成之者為鄉人高世文等。自時厥後，承平日久，香火歲修，土人忘其故名，但以其在邑之中央，皆謂中心閣。因稱其下為十字街。令斯土者，亦遂土人之名之者名之，而其秀未嘗不可攬也。屈指創建迄今，再易朝市，兩更甲子，不特甍闠殘毀，且柱礎西傾，土人僅楮巨木以扶其危。過其下者疑懼不能久站，而整舊鼎新之人，自李公後無過而再問焉者。余守茲邑半載，目覩心愴，即擬新之，而王師南征，軍興不暇，兼恐重勞民力，故越二年，而危者始扶，傾者始直。然後，塗飾金容，修舉廢缺，兩月之工，可了三秋夙願。爰是登臨四顧，城抱如玦，堞粉末乾，憑震方而望泮宮，殿堂輪奐，門闕初新，而後察院峙其艮焉，巽離之位，是宜向明。有縣治櫛比，而前察院列左焉。自離而稍坤，則伏魔大帝之崇寧宮也。正坤則普照寺也。古刹巍峨，為邑人來遊來觀之福地。乾則城隍尊神式靈焉。衙署盡在東而理陽，神廟盡在西而理陰，此閣則停分而中立，如太極之為天鈞而令百體。當年建置，必有倚伏彈壓之理，宜乎！形家以為邑之鎮星，不可一日頹廢者也。今已復舊觀矣。而將來化日舒長，歷年久遠，繼余而重修者，冥漠中已為此閣待其人，而百二十年來，余幸叨為李公後之一人云。

　　丙辰仲夏。

（文見同治《清豐縣志》卷九《藝文志》。王偉）

重修前後兩察院記

楊燎

　　頓邱駐節之公署有二，一在縣治東，直指使者所停驂也，一在學宮東北，舊為冏伯之行台，後改察院，以備來往星倌者也。自龍飛十五年來，巡方久廢，當道行旌，不過信宿之憩，於是，土木之工既曠，風雨之患漸深，墉垣就傾，榱棟日腐，兩署之待新，已有年矣。余自涖茲土，軍需羽檄，半載無寧晷。及民力稍閒，又以增修城垣為首務。以次而重修學宮，又次而整葺神閣，而兩署之廢壞，其工終不可已。使此工而可已，則將來力役必數倍于今日，而皇華輶環，幾于馬首。靡託折腰，小吏即安乎！余故於日涉之縣署，除扁額題識外，未嘗輕益一椽片瓦，以興無益之費。而於設而常關之堂構，不敢委之後賢，以重困我民力。故庀材鳩工，尚節省，不尚浩繁，取完固，不取文飾，使達尊車馬不至徘徊於嚴牆破壁間，未幾守土者之所樂觀也。

時康熙丙辰五月之上浣。

（文見同治《清豐縣志》卷九《藝文志》。王偉）

修清豐縣學記

知縣胡欽

邑之事，城池、倉庫、獄皆其大者，而學為重。令之職，錢穀、兵刑、禮樂無不總攝，勸學尤先。學宮固涵育人材，成就後學薈萃之所。凡有教養斯民之責，莫不當鼓舞作興，加意振勵，無俾廢壞。國朝承明之制，府州縣皆設學而相沿，各因其吏之勤惰以為廢興。余令清豐，初至，首謁先師。見學舍規模，宮牆堂廡布置歷然。而歲久不葺，漸成傾圮。喟然曰："是何以妥我聖靈，為而諸生所講肄乎！"於是，銳意更始。約二三同志經營相度，黽勉從事。始周遭外屏，繼午門，繼兩廡，繼明倫堂，中間復經多故，伺水圍，解軍需，轉漕京東，入簾襄事，羽書絡繹，奔走道路，計四年中，山程水驛，靡有寧居。其得身在邑署與士子勤講課，習禮器者，蓋已無幾。則夫較最於竹頭木屑摒擋於垣墉堲茨，其亦僅矣。然而猶得以其間，乘暇日積梓材，鳩工庀事，用力幾年，積物料盈千萬，而氏不知工，匠不病，銖積寸累，次第告竣。則諸君子協謀效力，朝夕助理之勤，固不可忘也。今年秋，與學博密雲陶君、苑平朱君、縣尉山陰章君偶步學宮，相與屈指，昔日之敗瓦傾垣，及及乎勢將傾壓。今得落成，與二三君子從容俯仰，周旋揖讓於其中，度自茲以往，少亦可支持數十稔。倘後之涖斯邑者，無待其朽蠹而繼長增高，歲歲葺治之不懈，雖由此而擴充廣大，以垂永永，容有既乎。惟是余年來修城、濬池、築庫、謹倉獄，諸務具舉，茲幸邑學之得無廢墜，多士之有所仰止，庶皇上作人盛治與各憲殷勤鼓勵之盛心，或借手告無過焉。余所以念今致此之不易，而不能無望於繼之者補余所不逮也，遂援筆記之如此。共事者教諭陶竑、訓導朱光祖、典史章恩謹。總理者今雲南大理知府程珩、候補內閣中書李元昇。而董其事者太學生杜崶、李元昇、諸生張爾坤也。督工當商李景福也。

旹康熙五十七年戊戌八月吉日。

（文見同治《清豐縣志》卷九《藝文志上》。王偉）

郄陳兩先生敷教記

貢生趙爾昌

學校之設，由來久矣。職教以兩正、副協贊，亦非朝夕之故矣。膺是任者，率皆躬列鄉薦，經義明達之儒，其品誼卓犖，學文浩博者，實大有人。然或循故事，或彼此參商，未免遺白璧之瑕焉。求其同寅協恭，靖共爾位，以耳所聞，目所見，未有如我郄、陳兩先生者。郄先生諱勳，字偉功，常山阜平人也。詩禮舊第，簪纓故家。為人恬靜讓退，寡言笑，慎取與，以歲進士出身，初授甯津訓導，善於其職，遷陞清豐教諭。陳先生諱天培，字篤予，世居燕翼之昌平州。和以處心，誠以動物，接談之頃，博論宏詞，足驚滿座。亦由歲薦筮仕，則始釋褐而訓導乎吾邑者也。郄先陳後，相間期年。謀面之初，如故相識，久而愈敬，絕無彼我之嫌，是其合志同方，已堪表率多士矣。而其厚遇吾儕，尤有足為式法者。月課限以定期，無遠近召之使至。其飲饌不便者，則出俸薪以為膏膳。論文表諸先生，以程、朱為標的，以成宏為模範，勿論平奇濃淡，惟期不悖於理，不詭於正。取士衡品，專尚實修，敦倫飭紀者，則優禮以獎之。童子入庠，例有贄敬，兩先生亦不矯情鳴高，然厚薄多寡，聽其自便而不為勒逼取盈之事。廩增幫補亦有規例，二先生概置弗問。議及規禮，則笑而曰："功名事重，何必計此區區為匪直此也。"近奉縣令，國學生不坐監而家居者，俾受約束，品定優劣。或有視為奇貨之可居者。二先生曰：奚至是哉。國學之士，與邑庠無異，寧可過作威福耶。居常以道德相勸勉。即間有過舉者，惟從寬開導，冀其改絃易轍而遂已。此其重道義，輕財利，又孰非不相謀而有同揆者乎。嬉正志彰教，務期同心而共濟，礪節砥行，悉本躬修以率人。二先生之德盛矣。洵可謂同寅協恭、靖共爾位者矣。凡我生監躬沐教澤，快睹和衷，如羅馬帳，如履鄭氈，即極為表揚而終虞難久也。爰是僉同眾議，共為俚詞，勒諸貞珉，昭示來茲。而邑之先達亦皆心賞是舉，共助厥成。凡以使二先生之德教永垂而不朽云爾。

乾隆二年十二月吉日。

（文見同治《清豐縣志》卷九《藝文志上》。王偉）

重修寶川寺碑記

康熙壬戌進士侯溥

余聞西文身毒國有異人焉，生梵王家。生也從脅下出，出也即兩手指天地作獅子吼。及長，辭宮闕，入山林，修真煉性，百折不回，卒之心空三藏，道識六如，因登正果，其名曰佛。佛之教，以四大俱空，六蘊非有為主。故清靜無為，屏棄一切，號為極樂世界。其大慈大悲，恒欲舉有生之倫，盡登覺岸。是佛既嘗慈悲人，人亦自當敬奉。自漢明帝夢丈六金人，往而訪之，始立胡神，於是，中國知有佛。開叢林，建禪院，奉而祀之者，在在皆是矣。

吾邑東北離城三十里許法營村，有古剎曰寶川。是剎也，四野松風，一方蓮社，晝則曇花散彩，夜則舍利生輝，香烟繚繞，燭光燦爛，依稀淨土拈香勝會也。週來地址猶是，景象頓殊。見夫鐘塵皷網，拭拂者何人？豆缺籩殘，潔理者何人？落花封徑，殘燈將滅，灑掃燃續者何人？此佛之無靈乎，抑人之不敬佛乎？夫佛亦何靈，靈於人心。人心敬佛，佛即有而靈。人心不敬佛，佛又無而不靈。人心各有一佛，隨地皆為淨土，又何必入天竺、登靈山，始為拜佛也哉。信人孫化鵬等睹佛場之冷落，傷佛事之曠廢，憫佛教之不明，頓起敬心。九合善眾，於朔望吉日則禮拜之，於誕辰令月則祝禱，誦咒諷經，以宣佛教，施食齋僧，以廣佛惠，獻優孟，演奇劇，又無非代佛而說法。由是一唱應遂成一大因果。然猶慮有於今時，不無廢於異日。爰命工伐石，鐫之以文，以告來茲。是誠燈燈相續，永照無窮之勝心也夫。即此觀之，非由一人之心之敬，啟千萬人之心之敬。本一人之心之佛，動千萬人之心之佛也乎。即心即佛之說，夫豈虛語。余不佞佛亦頗知敬佛。茲以鄉親索文於余，故述所聞所見者，以為之記。

（文見同治《清豐縣志》卷九《藝文志上》。王偉）

修橋免役碑記

知縣四川庚寅舉人吳蘊珍

蓋聞天下事，踵修者不易，而創始者尤難。即如橋以濟人，往來行旅良甚便也。特慮經始無人，思欲濟而無從，是知創建之功，所關者大，而慰勞之情亦烏容已哉。茲頓邱東北距城三里許，有豬龍河一道，南北通衢，車乘旁午，絡繹不絕。當大雨時行，水勢汪洋，欲渡者不免臨流興嗟耳。自前明本邑上村善人李養泉，見有冬寒涉水，惕然心傷，始施乘馬以渡行人。嗣即輸己囊，倡率村眾，創修石橋三孔，亙數里長。其工費不給者，復與楊世光等募化四方，共襄厥事。勞心焦思，數年告竣。宰斯邑者，念其利濟者眾，諭免此方差徭而勒於石。但日久年湮，石碑殘缺，倒陷泥中。承辦差役與他鄉無異。前之舊規至此廢矣。不意嘉慶五年夏，掘土碑現。想亦天心至公，不沒人善之意也。李養泉後裔生員李昇感舊碑之猶存，念先人之勤苦，以修橋源委，免役由來，一一告余。余亦不沒人善。遂挾抄呈碑記，對驗確切，復令遵昭舊規，上村地方所有雜派以及差徭，准予豁免。於嘉慶五年六月初間，抄呈碑記，附卷存案，以備查驗。此因公心之所不昧，而亦直道之所當行也。余故為之撰文，俾書於碑。願後之繼守斯土者，不廢舊規，而相沿之，於以示來世而垂久遠焉。《書》曰："彰善癉惡，樹之風聲。"《詩》曰："民亦勞止，汔可小康。"古有明訓，忝蒞斯邑，得不彰其善而憫其勞哉。故特示優免，以復昔日之舊規，亦以見修橋之功，不可沒於後世云。是為記。

嘉慶六年四月吉日。

（文見同治《清豐縣志》卷九《藝文志上》。王偉）

誥授中憲大夫賜卹太僕寺卿清豐縣知縣王公墓銘

大學士賈楨

嘉水鐘英，眉山孕秀。突生偉人，超前邁後。鬱鬱三槐，世德栽培。孤忠亮節，為守兼賕。殺賊如麻，愛民若子。裂眥奮呼，創痍皆起。大吏嘖嘖，僉曰令能。誓清羣醜，掃穴犁庭。兵勝賊撫，兵撤賊叛。當事伊誰，養癰貽患。河朔安堵，僉惟公功。灼灼丹忱，帝謂可通。賊去復來，惟有戰耳。蒿目瘡痍，臣拚一死。墨雲下垂，赤日高懸。碧血滿腔，生氣凜然。賊畏公威，民哭公節。黃河東流，如助嗚咽。天語煌煌，予嘉乃勳。祠廟千禩，肇起人文。汗簡長青，天地不壞。移孝作忠，英靈長在。山屈水蟠，松柏蒼蒼。清豐片石，日月同光。

（文見同治《清豐縣志》卷九《藝文志上》。王偉）

王公祠碑

正陽舉人吳清俊

咸豐十一年八月十八日，代理清豐縣事王公戰賊於山柳砦，死之。事聞，賜卹太僕寺卿，世襲騎都尉，建專祠。祠在縣東關外就葬地也。歲辛未，潛邑高子佩司馬宰清豐之三年，聘余來修縣志，始訪公事略，問余文，鐫麗牲之石，闡敷忠烈，敢辭不敏。謹拜手書之曰：

公姓王氏，諱懷清，字鏡泉，四川定遠縣人。父誥封中憲大夫，刑部主事，壬戌科舉人，今清河縣知縣鏞。母胡太淑人。公天挺豪邁，志立事功。秉清河公之訓，以都雅韜英鋒，筮仕開州州判，見器上游，蔚然有年華冠帶家學弓裘之望。時河東逆賊劉占考、王來鳳狎獝其羣，狎蹋郊保，新舊令尹去速來暮，公適捧檄撮籥，以其年五月到官。到即籌守禦方略，民莫不畏而愛。未幾，賊大至。公悉封內之師，分統各練董，留什之五守陣備更調，乃娖隊躬自督率，建旗鳴笳，飛騎往擊。次於瓦屋頭戰之日，自胐明至隅中，紅巾摧堅與濺血午，賊鳥獸竄。公馳之，馬逸不能止。賊反噬。公槍殪賊十數人，猝中槍墜馬。自度不救，大呼"我清豐知縣，今死此，將請於上帝，聚殲鼠輩。"言迄，遂致命。年二十有六。尸歸，面如生。士民哭而葬之。繇是掃境滅賊，又請官軍剿盪，賊旋平。嘗讀《宋史》唐重父報重書汝能以身殉忠，含笑入地矣。楊震仲言："死而有子能自立，即不死。"聞清河公來哭，亦援公死忠自慰。而邑人歲仲秋社祀公。公配何淑人於前年社挈遺骨秀豐來祭。僉謂忠臣之後必昌。唐、楊皆蜀產，今古輝映，而公同鄉茲土，又與南沈並烈。自軍興迄解嚴，前後陣亡鄉男七百九十六人，殉難士庶千四百十八人，並附祠祀。我國家旌忠有典。公英風壯節，信凜凜千古哉。爰製迎送神之曲並勒之，俾被聲歌以侑有神。辭曰：

顥沆碭兮秋露繁，肴蘭蕙兮桂醑穌。越釃邁兮城東傳，苞添公琴土兮擽公祠，下炳荃蕪兮公日鑒汝。迎神。

以暘兮以陰，輿馬森兮雲風。金歙導兮幡蓋翻，兩旗兮夫容健兒，林林兮義民叢叢。為公後先兮公率之以來，歆青珠冕兮雀繡衣，臨我民兮慈之以威。絲竹哀怨兮謹皴鼙，緬騎箕兮雨瓊，瑰式燕娭兮勿悲，光日月兮小醜塵灰。降神。

夜天碧兮鶴唳，太虛兮聘轡。招南八兮從青霞，共朝真兮請命萬家。五行順兮年歲熟，翰邦圻兮皇人壽，穀生為民爹兮神為民福。送神。

（文見同治《清豐縣志》卷九《藝文志上》。王偉）

勸捐進賢書院並建立留養局經費碑記

知清豐縣事武林吳積壆撰。

今上御極之十一年，歲在壬申夏四月，余奉檄權篆清豐。清邑為古頓丘地，於天文在室壁之次，室主營建之祥，壁為圖書之府，宜其士風儒雅人物富庶也。比來年穀順成，四民樂業，宰斯土着幸矣。然為政之道，教養為先。古人樂育為懷，痌瘝在抱，曷敢以年豐物阜，稍荒厥志。前年大學士肅毅伯合肥李公由兩江奉命移督燕畿，下令各屬興修書院，勸辦留養。養士愛民之政，次第舉行。清邑進賢書院，建自道光十五年。其前為崇寧、為廣陽，旋興旋廢，邑乘舊牘載之甚詳。今屋宇僅存，經費支絀，雖有田三百餘畝，有發商城本銀百金，而租息無多，院長之修繕不豐，生童之膏火不給，不足以嘉惠士林、振興文教。至留養，則餼羊僅存，大都形諸稟牘，奉行故事而已。余下車之始，即奉道、府兩憲面諭，諄諄焉以此兩端為急務。復委前代理縣孫君復菴襄理其事。余與孫君各先捐銀百兩，同城寅好均出廉俸以為之倡。邑人士急公好義，踴躍輸將，不三月，積貲至京錢萬四千八百餘串。乃以萬串發在城之泰合興等三錢鋪，長年分半生息，以益書院修繕膏火雜項之需。而以四千串交在城之散益隆等六鋪，亦長年分半生息，以濟冬春留養之用。其留養局則於城西南隅普照寺迤東，相度基址，建平房二十間，其款則取之發商餘羨之京錢八百餘串之內。而置備器具，建碑工價，房書紙筆，亦取其中。另立章程，存案備閱。是舉也，在籍都司馬學孟、知縣王殿忠首先出巨貲為闔邑領袖，故樂輸者多。而在事紳董如洪鵬海、林養源、程惠遠、魯秉中等，宜勤經理，實力實心，故能迅速蕆事，共成盛舉。余上秉憲章，下賴眾力，幸無叢脞，曷敢言勞？

茲將捐輸姓氏、捐款數目，臚列碑陰，以垂久遠。後有來者積累而擴充之，則幸甚矣。是為記。

同治十一年冬十月穀旦。

（文見同治《清豐縣志》卷九《藝文志上》。王偉）

創建孚佑帝君閣碑

邑人副貢胡魁鳳

歷覽《列仙》諸傳，盛稱伐毛洗髓，化羽御風凌，白日升青天。言之鑿鑿，乃渺然湮沒而不神於後世，殆荒唐者歟。而遇怪方士謬為鼎鑪諸書流播人間，無識煉服愚毒而傾壽命者十常八九。此顏之推所謂學如牛毛，成如麟角，華山之下，暴骨如莽，不願汝曹為之，蓋深以神仙為謬悠矣。誠若茲則乎佑帝君之神而靈昭昭於人之耳目者，何信而有徵也。帝君以唐宗室第進士，憫唐之亂，忠孝所結，精誠不減。年歷久，靈蹟益著。通都大邑，窮巷僻壤，有問斯答，有禱斯應，若影之隨形，響之應聲。所謂塞天地之間者非耶。普濟生靈，功侔化育，馨香焉，俎豆焉，宜也。自古在昔，此邦人士欲崇廟祀而未果。前司鐸陳公字鏡川者，虔奉帝君，祀之其室，欲廣功德而難其所，乃別繕箋簿靈方，懸帝君像於城隍之寢閣。茲值重修，爰建閣於茲，懸帝君之像於其下，而自前閣移日月之神於其上。古者崇祀明德，若社則以勾龍，若稷則以列山。其功蓋在有生時也，德普於沒世，彌于八方，惟帝君為烈。丹鼎家指為服食導引所致，其為寡識，更無足論矣。茲廟成，士女之挾所懷而來者，獲所求以去。迓景福，荷繁祉，此其所也，此其始也。後之君子續而葺之，勿使傾圮，有厚望焉。

峕光緒二十三年吉月日。

（文見民國《清豐縣志》卷九《藝文志上》。王偉）

創修馬公橋碑文

胡魁鳳

今天下奉明詔，舉行地方自治。夫自治者，以地方之財力，謀地方之公益，用佐官治之不及耳。而地方員紳因固有之費而變通之，莫善於化無益為有益，斯費不加而事可略舉矣。橋梁道路，地方之公益也。賽神演劇，地方之浮費也。不借官府之督迫而以賽神演劇之浮費，易而為橋梁之公益，是亦自治中之一端也。

三施菴，舊館驛也。前臨古官道，為南北往來衝途。自前明及國初，星軺迎送於此，二百年來，岸谷遷移，瀦為坡澤。每值大雨，阻塞不通。隆冬沍寒，猶須涉履冰水。行旅苦之久矣。

閣石莊舊有賽神演劇之會，積資頗饒。經前署縣事盧公藎臣提存發商，以備公用，未幾去任，此款尚無歸著。自光緒庚寅大水以後，出此途者，咸思橋梁以利行旅，而難其財力。戊申春，諸同人不約而合，謀所以成此橋路，乃先請諸縣尊馬公秋賓，抽盧公提存之項，以作橋路之款。幸蒙慨許，樂為贊成。復謀諸城關內外，無不踴躍輸將，以襄盛事。茲幸觀厥成，而諸同人之心力亦瘁於斯矣。此舉也，與地方自治無關，而其事則在自治範圍以內。而以地方之財力，謀地方之公益，與自治之意義亦相符合，不過化無益為有益而已。數百年已廢之官道，至今而復。往來此途者，何幸如之，後起仁人君子維持修補，無使陵夷，庶無負今日之苦心焉耳。是為記。

峕宣統元年歲次戊申二月上浣之吉。

（文見民國《清豐縣志》卷九《藝文志上》。王偉）

范縣

邑侯黃公德政碑記

　　范當生則飛鴻，羽公自遼陽來涖茲土，年未冠，備嘗厥苦。維仁維明，允文允武。鶚懷好音，人遊春圃。既富而教，豈曰小補。胡奪我天，俾守西蜀。三巴騰歡，二東失怙。立茲片石，蓋有餘慕。作甘棠思，作德政譜。與岱永存，芳垂千古。

　　諱標，號鑄寰，遼東海州人。

　　順治十六年五月吉日立。

（文見康熙《范縣志》卷下《碑文》。王偉）

涖范碑記

知縣黃標

　　余世籍遼海，戊子歲，年十有七，皇清定鼎之五祀也。以從龍蔭例庸恩薦。己丑冬，奉部銓來令茲土。長安中詢山左先達，即知是邑庶自明季辛巳來，困于歲，殀于疫，死于賊，斃于兵火者，僅存千百之一耳。荒殘屬天下第一也。及抵東郡，復詳本年八月杪，被土寇刁官屠城，撫剿莫施，尚蔓據城南一帶。郡守韓公令余僦屋郡內任事，招逃難。吏胥三人，值督學歲試，邑之生童殺擄殆盡，無憑彙送。幸司訓薛徵泰于失城前三日，以公務偶羈郡寓，存儒學印信，令其招集避難者，得儒童十有八，生員四十有五，悉鳩面鵠形，捉襟露肘。余力陳其苦狀于當事，生免劣等，童咸克附。學使鐘公許可余議。生童胥踴躍而稱快焉。

　　越明年庚寅，尚未請印，猶然無任可任。諸上臺憫余煢年，委署本郡之河糧，復令代庖兗安平鎮之捕河。斯時也，會通兩岸盡屬榆園巢穴，烽烟四起，漕運梗塞者三年。余偕紳衿士庶日夜坐臥城頭，憂勤惕勵，與民相守。事竣，余貨李氏之舍而居焉。是年秋，督憲張公擒賊渠梁敏等，獻馘燕市。不意河決荊隆，邑當中泓，汪洋千里，無復人烟。至辛卯春，水勢就平，余乃單騎入城，草木芃蔚，徑無蹊間尺。率二三從役芟柞剗除而通之。且邑無半廈，止存三五頹祠。葺吳氏之圮樓居焉。食脫粟茹葵菽，朝夕偃仰眺望其上，見城以外，桑田化為滄海，賊舸出沒無常。城以內，廬舍盡為瓦礫，狐兔假蓬蒿為狡窟。余即百方招徠，鮮有冒險而返样里者。余遂力請鎮兵，繼請戍營，復赴部請印。是年，臨兵來鎮。

　　壬辰，禮部發給縣印。守備孫維統奉旨領登州健兒五百名，卜居城內之西北隅，號令嚴明。向之流離他鄉者聞之，始有墳墓田廬之思，築土編茅，傍余署前後而營居者數十家。然時值冬作，苦無牛種。余復請帑金千兩，躬為給散，俾吏胥罔得上下其手。又念墾田之初，輸納維艱，為之申請寬征之例，果邀皇仁允行五六兩年開墾，俱起科三年之外，凡以人代耕者。愚夫愚婦無不仰戴天恩之浩蕩。不特本邑人士輻輳歸業，即寫遠州縣之人，亦望聞風而附我版圖者，蓋接踵至也。癸巳、甲午，魚利繁興。余又大弛禁綱，四方駢集如水就下。

越兩紀，乙未春，撫叛黃三胖倚恃洪濤，嘯數百眾，復叛水中，□□□□□□□渠魁而戮之天雄，余亦同附驥尾，多方撫恤，羣醜解散，僉曰："永不復反矣。"丙申、黃河泛濫，六載始歸故道。范土多成肥沃。向之離井來歸者十之八九矣。余又為之連村落，嚴保甲，開市廛，徠工商，簡詞訟，課桑農，雞犬之聲漸達四境，紳衿之避地寫遠者亦相率而至止。余又造廬請蓋設學延師，絃誦之聲復聞。今之且思民之不古，由教化之不先也。每每隨人勉勵，不厭其詳。凡遇高年，則勸之孝弟，導愚氓禮法，約子弟勿侈談叔季覆轍，惑人視聽也。遇子衿則勸之恪遵臥碑，攻苦下帷，人傑地靈，造化奏巧，忽徒謂山川之氣，果足限人也。遇鄉民則勸之深耕易耨，安全守己，上以供　賦稅，下以養人口，勿徒優游歲月，自損身名也。遇相訟則勸之恕以居心，忍以持己，和鄰睦族，處地原心，勿徒逞虛誕之詞，自致蕩敗也。遇胥役則勸之急公奉法，持身潔己，脫有不戒，三尺隨之，勿徒憑城社之窟，自罹法網也。諸如此類，諄諄幾于舌敝，亦可謂頗盡苦心矣。尤慮錮欲難以驟易，復手勒善俗俚言三十餘款，令鐸人朔望講解。不敢自謂移風易俗之盛舉，庶幾盡我家諭戶曉之婆心云爾。

今己亥，選余知四川之廣安。第思余飲水茹蘗，數年於茲，其為民之苦心，又代受參隨二十有九次，余亦自謂必沉淪於斯也。幸公道未泯，皇天默佑，際遇諸上臺皆正直廉明，深鑒余苦，有解衣衣我者，有推食食我者。至督都李公，惜余十年心勞，又破格薦剡，撫台耿公題名，四大部誤參又漸次開復，念余所遭之厄，皆千百年未有之厄，所遇之奇，又皆千百年未有之奇也。余西行伊爾，恐嗣余而來者，不知余與范從前之苦，乃勒石以告之曰：余之初來涖茲也，民無一丁，今則二千七百八十五丁有奇。地無一畝，今則二千七百九十頃有奇。稅無一分，今則五千一百二十兩有奇。漕無升合，今則一千三百二十石有奇。士子廖廖，今則一百五十人有奇。邑無一椽，今則千百十間有奇。鄉無一村，今則三百六十庄有奇。噫嘻！凡此者，皆二十年來歲疫兵火，尤死一生之餘也。余十年內，費如許生聚教訓，而今方得有此致之，詎易易耶。唯望來涖茲土者，三復余言，留心撫字，則自茲以後，愈蕃愈盛，詠歌不衰矣，范邑之幸也，余言之幸也。

順治十六年己亥桂月。

（文見康熙《范縣志》卷之下《碑文》。王偉）

重修關帝廟碑記

知縣施端教

庚子春，奉命令宣范，入其郊，一望平蕪，絕無草痕穀族，類石田然。入其郭，土匡一圍。入其治,宮室、宗廟、民舍、官衙盡滅沒傾垣蔓草中,莫可識記。故事謁廟必及協帝廟,煥然獨恃,異之。詢諸父老,言帝故有廟,廢久矣。賊滅治,以兵趾週營。守府孫委趙總司緝之,民未旋集,倡喜捨心,因自兵始,民歌中澤,百堵甫作。趙搆之。陳守府至,加丹臒焉,故煥然獨峙也。余撫然曰:協帝英靈震旦土,莫弗尊親,何有范。范民水火餘生,百事未舉,急先帝宇。管子曰:治國之民,明法而畏神。民未生其,其執法者徒取之萑莩,其何能治茲。靡室靡家,羣藐神而祀之,咸有肅心,此明法之漸也。且范民知帝之所以統馭百靈,鬼然三教之故乎。以帝性生忠孝,敦篤懿倫也。人人以畏帝之心,日生其忠,愛親親長,長知孝悌,為順民,安肯犯上作亂,甘為□民,人人知為順民,乃不失其畏帝之本心,而帝□亦大悅樂矣。將時和年豐,雨暘奉若,凡境內之禦災捍患、崇教粒民之祀,皆繼嗣而起已。雖然,敬祀神明,倡明教化,長吏之責也。范之宜極修如帝祠者不一,長吏不為之勸而興,慨於已竣之俞奐,而百姓且曰:非我也,兵也。余則創首於帝前而不敢為之辭已。泗蠙施端教,典史繆有仁欽依統理。范營守備榆陽王國瑜、左司賈洞然、右司李茂盛、城守趙得勝同立。

康熙元年四月。

(文見康熙《范縣志》卷之下《碑文》。王偉)

邑侯霍公德政碑記[1]

李簡身

聖天子龍飛御宇,嘉惠瑤圖,日簡循吏而表異之,使出為神君者入為良弼。范邑侯霍公奉旨內擢。邑人沐侯之化,佩侯之德,醵金建生祠於舊縣治之左,貞侯德於石。適余承乏來署庠篆,徵言於余。余則何能言。雖然,竊聞之矣,夫德政碑至今日濫矣。官而遷則碑遷,而得美秩則愈碑,官遷而其人好為名高也,又不得不碑。是碑以官不碑以人其實固不可問,故不能不為侯辨也。侯之德澤深矣。邑人之碑侯不惟非碑以官,並非碑以人,乃碑以德也。先是范經兵燹,蓬蒿滿目,幾無人烟。侯至,則多方招徠,墾闢相繼,示以三年後起科之例,官吏不擾,鄰民入境者踵相接也。邑自土寇蜂起後,鼠偷勢難革面。侯則嚴律令,滌繁文,犯者必治以法,因是皆胆寒化為良民,幾於不閉戶、不拾遺也。侯見事明決不事苛察,有質成者率朝投牒,暮輒得是非去。無拖逗,無罰鍰,公庭寂如也。均徭之編從容顧問,老稚貧富輕重維均也。前此里長之苦累不堪言矣,公為之均里甲,汰使用,

---

[1] 康熙《范縣志》卷下《碑文》跋稱:霍子蒼翁先生令范,綽有賢聲,邑人沐其德,建祠於舊縣治之左,兼勒石以志,勿諼甚盛事也。余下車日,晉謁拜畢,誦其遺愛,喜與溢美辭真堪垂不朽者。及翻閱縣誌,意闕焉未載。余因思碑石傳之又久,代遠事淹,或淪沒於荒榛蔓草中,誰復起斷碑而視之。碑亡則政亡,余滋懼焉。爰命判劂壽之於梓,俾可廣曁可永存,且使令茲土者知所世守,是則余之志也夫。三韓知范縣事黃秉中虞菴父廑跋。

而里下省千百之費。抑前此里書之弊竇固多端矣，公為之嚴編派，清詭寄，而士庶無飛洒之虞。驛道倒斃矣，自乘之馬匹悉斃荏山而不取償，較之去官留犢者何如也。所尤難者，范雖以縣名，而城垣頹敗日久，基址纔可辨識，侯下車，則與邑人謀，皆絀於力。侯毅然捐資六百餘金，不坐乘，不張蓋，櫛風沐雨，經營指顧，不越兩月而城成，邑民每夫纔五日也。

歲乙卯，以滇黔之變，郡縣例轉輸草豆供大師，人心苦煩擾。侯乃捐己貲，殫心力辨之，事已集而范人不知也。至若纂邑乘以垂法戒，修學宮以動仰止，優士紳以隆教澤，賑粟起溝中之瘠，虔禱感靈雨之零，又美勝書者。雖然，此其略也，侯大約淡樸，深沉廉靜坦易，遇事敢為而不矜名，不騁氣，以故歷范邑七年來，實心任實政，蓋得之涵養者裕也。茲入其境，向之污萊者，今芊芊被野矣。向之不聊生者，今歌樂郊矣。向之轉徙靡定者，今安土重遷也。然侯則殫心竭慮，心血幾枯，以健偉強幹之軀而今且髯鬢蒼蒼，霜雪強半也。余寓范僅旬日，習見范人士為余言，吾范固凋殘已極，得侯來民風大甦，今遷矣，嗣後蒞茲土者稍能繼武，范元氣可復也。語畢，輒欷歔色動如嬰兒之離慈母。嘻！有君若此，固宜庸不次之擢，為海內治行勸，且范人之瞻仰召杜者，莫不切切若怙恃而乃遷耶，而僅以中行評博遷耶。然以今日有司之累，文法之嚴，循資按序陞轉之不易，而侯獨以脫然去，行將為朝寧柱石，霖雨億兆，皆由此發軔，則又烏得謂非天相吉人哉。邑人欲為是舉也，侯立止之。蓋實盛德自下之心，亦深疾夫近日德政碑之濫然而莫能止也。余實不文而重違范人意。幸自慰此碑之與溢詞而操觚者並不失於誶，於是乎不能不言也。

侯姓霍氏，諱之琯，字蒼璧，山西大同府馬邑縣人。為直隸學院萬曆丙辰科進士霍公諱瑛之長孫。由戊戌、己亥科進士，初授廣西柳州府推官，後裁缺補蒞范邑。今以內擢陞去，是為記。

康熙四年。

（文見康熙《范縣志》卷之下《碑文》。王偉）

張舞陽墓誌銘

茌平給諫王日高撰。

公諱蓋，字獻彤，拙庵其別號也。先世為山西洪洞人。明初，有始祖也先公者，偕孺人來濮，居張寺固堆，後遷柳林村家焉。四傳至高祖思武公，慈祥好義，一鄉推重。思武公生一方公。一方公生述田公，諱綬，即公父也。在鄉間有直方之譽。輕財樂施予，衆咸德之。配劉太孺人。年近六旬，尚艱於子嗣。後以單邑宋太孺人乃育公及弟弘翬。自公之生，產少挫，九歲始就外傅，即知學，不與羣兒嬉戲。鄉先生每以偉器目之。後應童子試，偶不利，即日夜悲憤益攻苦治書。宅後有果園數畝，躬自灌植其中，吟咏不輟寒暑。至己巳，年二十一，推擇為博士弟子。辛未，學使者試輒前茅，食廩餼，述田公色喜，曰："吾五十八歲育兒，何敢有他望？今若此，吾死無憂矣。"

壬申春，述田公歿。公晝夜號泣，鄉里皆為流涕勸勉，幾欲滅性，拮据營葬，咸易儉至。嗣是家益貧，懼無以承太孺人甘旨，乃授業雷澤，得館穀以供菽水。劉太孺人教以存好心做好人，公遂書之座右，佩為格言。辛巳，歲大祲，避居城內。宋太孺人與劉太孺人相繼殞逝，公哀毀倍至，病轉增劇。數月後，杖而復起。戊子，綠林蜂起濮、鄄間，公攜家而西，歷黃池、安陽、鄴下地，凡三遷，卒免於難。有時遇豪客，咸相戒勿驚張善士也，有王燭、蔡順之風。雖在倉皇瑣尾中，手一卷不釋，每讀書，苦吟悲哀，淚痕遍書策間，知其志苦已。

庚寅，以歲貢廷試，學士鐘陵熊公特為稱賞，援置上上。辛卯、壬辰，果聯捷南宮。乙未，殿試，工部觀政。歸來，卜居回隆鎮。課子之暇，即詳閱清律、仕錄諸書，曰：“吾學，吾用也。”戊戌，授舞陽令。地瘠民貧，公設法調濟之，數月後漸有起色。遇大政事，不獨任己意，皆令鄉耆父老議出萬全，乃毅然行之。其有不便於民者，必一一請命上官。雖被沮抑，弗為惰，至再至三，必如所請而後已。三年夙弊盡清，風俗為之丕變。諸凡興學校、疏鹽法、均地糧、弭盜賊、築河口、修城池、理行市、革土工、禁漁戶，凡有利於民者靡弗舉，其末便者靡弗革也。先是舞陽人有“受無益苦，高無益節”之謠，公聞而笑曰：“苦雖無益，吾為百姓苦節雖無益，吾為朝廷節，亦復何害？”行之踰年，舞民有“十好”之歌，俱詳載《去思德政錄》。辛丑秋，乃以代丈葉邑地事，為人受過，降調解任去。邑人士如失慈母，極請於上官乞留之。公切諭止之，怡然不以為意。反以為如釋重負也。去之日，父老牽裾遮道，涕泗號泣百餘里不絕聲。時鉅鹿冀司空手題《攀轅圖》，有公“以遊刃之才，勵冰潔之操，真所謂安靜之吏，去後令人思者”云云。闔邑人士，追思不已，並錄其德政，上請入名宦，立生祠及遺愛碑記云。

還里之日，遇鄉里族黨有困苦者，即量力周給之。凡貧賤之交，待之一如平生。無幾微貴倨意。婚娶必贈衣飾，孤獨者日與我養。里有任海岳者，公之故人也。歿於凶荒，未得營葬。公偶過其里，惻然動容，隨訪知其處，瞻拜悲傷，儉禮葬之。未遇之時，凡有一飯之德者，靡不厚報焉，其篤於友誼率若此。先是壬辰登第時，值寇亂方平，有里人之流離失所者，公咸竭力周濟之，令其完聚骨肉，被德者若某某，不下數十家。

蓋公之為人，慷慨好義，大有祖父之風。孝友出自天性，篤於一本，與弟析箸時，凡田產器物，悉取其瘠且敝者。與人交，公正無私，不欺然諾，不忘取與，不代請托，不干獄訟。嘗曰：“寧人負我，勿我負人。”其存心長厚類如此。平生所快意者惟讀書、教人兩事。居恒以課其子侄輩，終日亹無倦。嘗戒諸子曰：“吾平生口無偽言，身無妄行，正恐失吾家祖德耳。”壬寅春，繕治邑居. 先立家廟，每旦必謁，朔望必祭，即一豆一羹必親薦齋，言及祖父及兩太孺人甘苦，輒流涕。丙午五月，以足疾逝，壽五十有八。原配呂孺人，同郡耆德會軒公之女，性婉淑，幼嫻內則，及於歸舞陽公，事姑舅盡禮，處娣姒以和，始終無閒言。經營兩太孺人大事，維時舞陽公病不能起，孺人竭力措治，艱苦萬狀，終身無一齒及，若或忘之者。居家勤而能儉，教諸子以義方，待子婦以禮，視側室所出男女不啻若己出。待臧獲輩嚴而有恩，其一言一行皆足為壼內法。平生不佞佛教，並一切巫覡尼媼不令入門，尤為閨閣所難及。旦起灑掃家祀堂，焚香拜謁，至病篤，猶以未得躬奠為憾。蓋天性仁孝如此。壽五十有四，以康熙壬寅病，歿于甲辰冬十月。葬濮城南四十里許洪河之原祖塋之次，于戊申冬十一月，奉舞陽公之柩而合祀焉。日高為之銘曰：

祖功宗德，發祥有因。哲人應瑞，與時屈申。承家體國，學道愛人。甘棠芰憩，服教畏神。三年報績，奏最上聞。清風兩袖，一道香塵。桐鄉遺愛，恩過三春。維配儷德，內則循循。宜其室家，葛藟螽麟。齊眉偕老，相敬如賓。卜云其吉，歸於其窀。崇崗鬱鬱，浩波鱗鱗。源深流長，奕葉彬彬。佑啟光裕，玉樹麟峋。千秋萬祀，視此貞珉

康熙六年十一月。

（文見康熙《濮州志》卷六《藝文志》。王偉）

重建東嶽廟碑記

霍之琯

邑南四十里羊二莊西北，舊有東嶽天齊廟，固邑民祈報之所，而商販牧夫朝夕瞻仰，時虔奉以供香火者也。自故明崇禎辛、壬以後，燬於兵，復泛濫於水，所遺惟敗壁頹垣矣。我朝定鼎三十年來，生聚教訓，物日以蕃，地日以闢，小民謀生之餘，思以仰答神貺，保釐斯土，因即其舊基而重建之，殿廟樓垣，不逾歲而告峻。鄉民郝前等率眾登堂而祈言於余。余以為五嶽之尊，首推泰嶽，其用著乎發育而其理主乎仁壽。夫仁壽之理，乃爾民秉彝之常，而人人好德之懷也。仁以生物為心，物以能仁斯壽。神人感應之機其間不爽毫髮，安見孝弟忠信行於家，而神之正直聰明不應於上哉。間或夭札疵癘，陰陽時有愆伏，而究其捍災禦患之功，僉盡登斯民仁壽之域而後止。洋洋海邦，普濟威靈，又不獨范邑一境為爾也。惟是余叨蒞范土，五載於茲，見爾民於水火盜賊之後，深自悔禍，返樸還醇，故年來雖豐歉不常，而戶無逃徙，人安耕鑿，修廢舉墜，物力亦綽綽乎有餘矣。倘由此而識善惡之門，審禍福之機，守王法即所以邀神惠，具報施即所以保身家。一念無私，即是帝天降臨之日。一事涉邪，即干幽冥殛誅之條。爾民試能入廟而思敬，神之威靈有赫赫在人耳目間者哉。余知敉寧庶物，鞏固萬年，神且貽爾民無疆之休矣。是為記。

康熙十三年歲次甲寅。

（文見康熙《范縣志》卷之下《碑文》。王偉）

邑侯霍公捐俸建城碑記

邑貢生石堯欽

范自故明洪武徙築以後，高城深池，崇樓峻堞，號稱金湯。迨崇禎辛巳、壬午間，饑

饉洊臻，土寇蜂起，不八年而城三破焉。榆園渠首盤踞城內，門臺墻垛、官衙民舍，焚毀踩躪百無一存矣。我朝定鼎三十餘年，守土者不乏賢令，緣以水火盜賊之後，土曠人稀，物力維艱，雖屢請不修復而屢未果也。歲己酉，侯以粵西司李改涖吾范，憫茲荒城，即毅然有修舉之意。政暇，嘗進邑紳士而謀之。僉曰："嘻嘻，難哉。"城舊制周六里七分，聚廬而處城內者，煙火幾萬家。今廖廖數室，城廓不滿百戶矣。垣高二丈二尺，厚一丈五尺，為垛三千三百三十九。今水潽土卸，頹落無餘。牧豎樵奴往來如履坦途矣。城門原設六座，後改為四樓。臺一十九座，今一望平蕪，所遺惟敗瓦殘基矣。某等綢繆桑土之計，固願我侯毅然為之。然而，名雖重修，實則再創。物料不知費幾百千金也，工役不知費幾千萬人也。非請國家內帑金錢，勞我侯數年心力，恐未易。倉卒辦此，嘻嘻，難哉！侯曰：天下事為之而誠見其難，未有諉於難而遂可不為者然。邑紳士亦知事之所以難之故乎。經制維定也，而別無額外應動之錢穀；正供孔急也，而曷忍小民重竭夫脂膏；成例可循，捐輸者未見盈千累百；漏卮中飽，估計者不遺毛髮秋毫；駁勘申覆，徒糜有用之精神；拘礙遲疑，空嘆過隙之歲月；無米吹爨而朝懸夕望，不啻畫餅之充饑；發言盈庭而此是彼非，有同道旁之築室；官以傳舍為職，遑問舍外之荊榛；更以營私為懷，肯傾私家之囊橐。今以三十餘年積驟積惰之人心，而一旦修舉於此日，不誠戞戞乎其難之，然而不可不為也。余待罪五年，無一善狀於茲土，但區區樽節愛養之婆心，或亦見信於吾民，及此不為民，何賴焉。因袖出一帙，以示眾。度道里之遠近，測墻垣之高界，衡量丈尺而定版築之工。每工應用夫若干名，稽查保甲而均力役之征，每夫應用力各幾日。垛豎以坯，坯復以磚，永免風雨之濡陵。墻外塹濠，濠外樹柵，用絕樵蘇之踐越。西門遺址尚存，而南北東三門，僅餘土筐半堆。須創築包修，重標廩丘之勝。概大北門宜建文昌閣，而小南門更為饗宮，巽峰務嚴整壯麗，大啟有道之文明。暨諸樓臺鋪舍，楹棟垣墻應用磚灰，土木工價傭值，靡不纖悉備列，井井有條，且以為鏊奸人之隱占，禁胥蠹之包折，役各五日而足也。工圖堅緻為可久，切勿喜功而好大，用力少而成功速，為期不越三月也。眾雖懽躍稱善，而迴思蜀道之難，終難於上青天矣。侯乃通計所費若干，而捐金六百以助之。工興於甲寅二月之念五，至五月朔而雉堞高峙，崇墉頓起，版築之工已竣。民之已役者歸休，而未役者復訂期於場圃既築之後。不兩月，而四門濠塹俱告厥成，視昔日之高深殆有過焉，創未嘗多費民一日力也。嗚呼！君子信而後勞其民，我侯樽節愛養之實政，與經營慘澹之苦心，為民素所深信者，不於此見其一班哉。至其風簷露處之下，暑雨烈日之前，時與諸紳士宋君鉉等，陳生愫等，及余小子與鄉耆董周詳區劃，手口卒瘏，凡一日之內，數刻之中，而四城俱躬親指揮，僕僕城頭，每至竟日而後歸，未嘗一刻偃息也。後之人享有寧宇，庸知我侯今日之焦心勞力，不動官帑，不費民財，而厝一邑於磐石之安哉。余小子目睹其事之難，而又習見我侯毅然勇為，凡事無畏難苟安之態，故備記其事之始末而不自覺其不文也。

侯諱之琯，字蒼璧，山西大同府馬邑縣人。為直隸學院萬曆丙辰進士、霍公諱鏌之長孫。由戊戌、己亥科進士，初授廣西柳州府推官，以裁缺改補是邑。是役也，補築城四圍凡一千六十一丈二尺，高三丈五尺，上闊八尺，下闊與高等，每一丈開垛口一個，凡九百零一垛。創修南門一座，重修北、東、小南門三座，補修西門一座。門各有樓，垣各有鋪，角各有臺，凡二十二座。城內修築馬道四路。城外剗修濠塹一千七十七丈。路口濠口俱各有柵，凡八座，內外柵門俱嚴扃，用大鐵鎖八把。凡用磚四十三萬六百個，用瓦一萬八千五百個，用灰一十七萬五千六百斤，用土坯二十一萬四千二百個，用大小木料八百四十根，用生熟鐵三千三百斤，用石六百塊。由我侯清俸十之八而士民捐輸一二也。用夫年六十以下，十二歲以上者凡九千七百名，止用工五日。

康熙十四年歲次乙卯。

（文見康熙《范縣志》卷之下《碑文》。王偉）

教授毛色彩墓誌銘

郡人方伯南洙源撰。

東魯郡學教授毛公，諱色彩，字凝白，於康熙十四年十二月十五日卒於家。踰年三月，諸嗣君奉公柩先故元配郭孺人，繼配田孺人，合袝東郊。禮成，長君歲進士公簪，字玉衡，哀毀未已，廬於墓側，朝夕載簣稱土增其塚，三載無虛日，而猶以隧道片石鮮誌及銘，子情莫慰，戚戚然自為狀，謀欲表其阡。諸昆季顧余曰："惟君一言，為能不沒吾親。"噫，孝子之志欲顯其親，應以成其志。況余素以師事之者耶！謹按狀：

公先世晉洪洞人。始祖諱慶寶，明洪武四年遷濮。數傳而生聰，聰生鳳，鳳生景，景生世臣。世臣生寅亮，號方澤，多讀書，善騎射，登前甲午科武榜，享年九十八歲。曾有詩云："願天假我兩年壽，世上方知百歲人。"觀此生平，學識根器，可概見矣。配韓氏，於萬曆十五年九月十五日生。公甫四齡，太公負之，夜行失道。草木蒙茸，雷電交作，仿佛傍有古廟，默祝之。俄而，公見金衣神自廟出，擁數甲士，引白犬導之數里，太公未之見。公語之，及偽居停，具悉以狀，則驚曰："此古戰場，鬼魅之鄉。廟神乃二郎也，汝其有浚福乎？"

公偉幹山立，質任自然，高不戾物，卑不詭俗。髫而能文，長，博稽羣書，以壁經補弟子員。文譽嶒崒，試者拭目，俟其顯達，乃卜"皂有官至，老方來之"語。後果數奇不偶。四十四歲，韓孺人卒，擗踴號泣，數日始就食，既禪猶戀戀也。四十八歲，始食餼。五十四歲，太公卒，葬祭情文如前。服闋，足不窺園，務穿鐵硯，以勵大材晚成之志。前後科舉七次，六十八歲為順治八年，歲薦為雍試，大司成嘉之，咨銓衡，授東牟司訓。

海濱積亂之時，政教闕略。公蒞任之初，集諸生講學，先以孝弟為本，而後督其文藝，至所甄拔皆名士，二千石嘉其端方。試以蓬萊篆，公廉謹自持，卻羨平獄訟，至五越月而萊民大治。未幾，振鐸海豐，士子奉為儀型。官紳有謀則就之。三仕兗郡教授，諸所作為皆足移風易俗，迄今甑防亮嶂間，儒生絃誦不衰。八十三歲，致仕歸，開三徑種花竹，賓客過從，倒屣相迎，進返無躊躇狀。興至，浮白二十碗，神氣自若，為飲社祭酒。若夫俗尚往來慶祝壽捐奠之儀，雖耄年必躬親之。每晨起與諸孫講《尚書》，聲聞於外。時年九十餘矣。豈非神仙中人哉！至若敦仁講義，濟厄扶傾，一切善行，如憋仳離之女；延後嗣而青其衿，救急危之婦，保三子而全其生，所謂史不勝書者，不多及焉。

公生於明萬曆十五年九月十五日，卒於清康熙十四年十二月十五日，享年九十四歲。元配郭孺人，生於萬曆十四年，卒於萬曆四十七年，享年三十四歲。繼配田孺人，生於萬曆三十二年，卒於康熙三年，享年六十七歲。郭母生一子，曰公簪，歲貢生，湘陰縣丞。田母生四子：曰公符，己卯科副榜，先卒；曰公第，庠生；曰公塸，歲貢生；曰公笏，廩生。女一。孫十四人。為公簪出者二：長增生，錫齡；次夢齡。為公第出者五：長庠生，伯冀；次庠生，伯揚；三增生，伯豫；四庠生，伯雍；五監生，伯梁。為公塸出者：長增生，詢；次廩生，誦；三增生，詮；四拔貢，試；五誐。為公笏出者二：長廩生，元昭；次廩生，元贓。女八，俱幼。蘭芬桂馥，毓萃一門如公者，允稱一郡望族矣。為之銘曰：

直如弦，清如泉，德懸人鑒，學富珠船。係綿周《雅》之瓜瓞。《詩》作衛武之遺篇。玥氣鬱白虹，精神見於山川。風廻雲抱，公之墓道。如有龍吟，應聞虎嘯。孰曰顯功則鞭，幽光弗耀。歲月悠哉，福星永照。

康熙十五年二月。

（文見宣統《濮州志》卷八《藝文志》。王偉）

邑侯黃公禱雨誠感碑記

魏希徵

壬戌夏五旱，冀、青、兗、豫四州之地，亘數千里，彌望皆赤土，置火田間，苗盡燎，民思勺水若甘露醍醐，然三黃公宰於范，罹厥災焉，戚然曰：苟無雨何有歲，苟無歲何有民。尚安用吏，吾其可以晏然坐食於斯土乎。於是，齋居露宿，自五月望肇事，日禱於城隍之宮，辰而出，午而入，時盛夏炎爇，公徒跣赤日中不息，陰不揮扇，不以病懈，不以公事輟，逮六月十三日酷暑愈烈。公形色悴甚，邑士民咸泣涕頓首於前曰：吾父母之為吾民者至矣。吾不忍吾父母之勞悴至此極也。不聽，居恒奉太夫人命惟謹。太夫人見其如是憂之，諭以少間亦不聽。其禱益虔。復走妙應侯廟所。廟舊為黑龍潭祠，夙稱靈異。距縣治十五里而遙，途中烟塵如火，雖畦子役夫咸畏暍不敢出。今以王謝少年，肌膚玉雪，赤足行砂礫焦土中，五步一拜，從者皆揮汗喘喝不能語。公於道旁見草木委黃，婦子疾苦狀，輒哽塞泣數行下。至廟，則左右酌潭水以進。公念民之饑渴，欷歔不下嚥者久之。

是日也，天高無雲，長空皎然。公入廟，焚青詞加所著貼體衣於其上而祝曰："職今日以衣代牲，不應則以身代矣。"禱畢而出，則片雲自頭上起，中有黑龍，天矯行空，攫拏萬狀，頃之，膚寸達於千里，澍雨如注。邑之紳士以及農工商旅戴白垂髫，觀者如堵，莫不舉手加額，踴躍歡呼，謂公之精意感神，故神之為靈昭昭如是也。越明日，雨既霑足，萬物皆甦，一時騷雅之士，作為喜雨詩以頌美之，遠近父老稱道其事有流泣者。公曰："是奚足哉。古人為政，至於却蝗、驅虎、返風諸神異事，猶且曰偶然耳。今之雨，諸郡邑皆有之，諸郡民牧豈無禱者，即吾邑助吾禱請之，諸君子甯邊乏人而獨歸美於余，非所謂貪天之功以為己力哉，余可敢？"鄆城魏子聞而喟然曰："諒哉！天人相與之際，其不爽也夫。"是歲，禱雨而得者不止於范，即范之相從而禱者亦不止於公，乃范人獨信公之深，感公之切，頌公德一如其稱神功者則何也。傳曰："天視自我民視，天聽自我民聽。"蓋公之所以信於民與其恪與神者一而已矣。一者何誠也，觀於此，而可以知天人相與之際矣。遂援筆而記之。

公名秉中，奉天之海州人。治范多惠政，以見任，故不書。

康熙二十一年。

（文見嘉慶《范縣志》卷四《碑文》。王偉）

邑侯黃公生祠碑記

臧大受

今上御極以來二十有八載，綱紀必張，首重吏治。凡守令考成，必曰無科派，無濫差，無酷刑，無淹禁，無擾行戶，無輕用民力，無失察姦究，無誣善良。又必曰興教化，崇師儒，勸積貯，重農業。此十數言者，上以是求，下以是應，毋亦所謂平平無奇者乎。然謂此十數言之外，別有所謂吏治則無是理也。今日親民之吏，其誰不自謂我能此十數言者，乃長厚或失之姑息，武斷或失之嚴酷，明察而不能不蔽於煬竈，勵精而不能不曩於末路，求其克副，此平平無奇之十數言者，又何少也。

今我黃公之治范也，惠而能斷，察而不苛，忠信而有禮，其催科首革藪姦，懸納戶投匭之令，則打印勒索之需無有也。其徭役重，甦民相減，各里幫貼之規，則漏巵中飽之蠹無有也。其詰姦興事煩擾省、朔望甘結之費，則吏胥誅求之苦無有也。詞狀令原被自拘，不以勾攝累窮簷，決獄俾情罪悅服，常致囹圄遍青草，則覆盆冤抑之慘狀無有也。而況不榷市貨之直，不養城社之姦，不興無益之役，不惜稂莠之誅，人盡懷其恩威焉。不辭勞而展績，不拂民而從欲，不私金矢之入，不通環琨之餽，人盡服其廉敏焉。修黌宮而文學丕振，創義倉而豐歉有備，繕城濠而牧圉無驚，不吝解囊捐俸，人盡蒙其教養焉。講鄉約而親為訓導，嚴保甲而夤夜躬巡，緝強暴而懸金重賞，從未養尊靳費，人盡樂其惠愛焉。苟有利於民生，則竭誠拜禱，旱魃變為甘霖，懇免繹夫，窮黎不疲供役，則人盡神明仰之矣。倘有害於民命，則自盡不究，愚氓不致輕生，免累窩逃，良養悉邀解網，則人皆父母依之矣。且也忠孝節義大加獎賞，風化賴以維持，月課歲試，冒藉必嚴，多士藉以作養，則人咸師傅尊之矣。乃若兩攝朝篆，一署莘政，孰不羨脂膏可潤而終凜冰壺三尺之操。凡所以興利除害，起弊扶衰者，一如治范之日，事事先後布施之，則鄰封莫不頌神君稱保障矣。自公下車之始以迄今，瓜期已屆，並未裯一青衿，陷一赤子，闔境農工商賈與夫黃冠緇衣，靡不日夕尸祝而頌祝之，總由其以實心行實政，歷八載如一日，不屑為一切苟且詰名之術，故庶政咸修，百廢具舉，萬民悅懷。上而朝寧宰衡，嘉其清介，下而童稚草木，誌其姓名，是果何德何修而臻此歟？意者，公之為政，固有出於前此所云平平無奇之十數言乎！抑公之積誠感人，而才足以濟之也。公涖范八載餘，今陞黔牧，行有日矣。患士民留之不得而謀所以俎豆公者，卜地於義倉之右，以祝公釐。公聞之，堅辭不可。於是，邑士民走鎬署謀於余。余曰：公惟不矜不伐耳。公之意，其遂□然於范哉，且義倉為公所經營，尤極不忘者。今是舉也，既以見士民之不忘公，亦以見公之不忘士民。又安知後來繼公者，不瞿然思公之足法而推廣公之善政於無窮，而因以見吾范之猶足以為治也。則所以覆被於范者，豈遽有限，而是舉又烏可已乎！余忝寅朋之末，又托公宇下，沾潤已非一日。今於其行也，簿書匏繫，不克歸送公，第為俚言，以應邑士民之請。俾持此以進公，當不河漢余言也。

公姓黃，諱秉中，號虞菴，為遼東世族。其家世德望，舉具別傳不及書。是為記。

康熙二十八年。

（文見嘉慶《范縣志》卷四《碑文》。王偉）

重修東南東北門記

范之城，相傳龍象也。故設六門，以仿其形。東門類首，西門類尾，南、北二門肖其二足。前人創制取義亦微矣哉。迨明正德辛未，歷嘉靖甲午，巨盜兩次圍攻，患門多力分，遂開東南、東北二門。寇退，復啟之。至崇禎辛巳、壬午，土寇聚眾，難以撲滅，遂又塞焉。迄今五十餘年矣。予受事之次年，境內紳耆公籲復開，謂二門之閉，為一時權宜計也。今時際昇平，四郊安堵，自應仍復前制，以昭盛治，而便出入。邇者人文凋謝，謂閉其二門，是龍縛其二足，既難展舒，無由發越也。矧東南文明之象，東北陽明之區，豈宜久閉。雖風水之說未可全憑，而邑之士民大半居東南，東北又達省通衢，均不宜久塞。因據情詳情各憲。蒙諭復闢。於是，捐俸興工，偕邑紳耆庀材卜吉，康熙三十三年四月，先開東南門，各因舊者而新之，而門則新制也。至東北門，則久經坍塌，大起而更張之，復建城樓一座，中供北極真武神主，更其額曰"開泰"。經始迄今，閱數月而告成。爰立石以誌其事。然城之閉者開，墜者舉，邦人士類能言之，何獨不倖言之？特念重開啟秀、開泰二門者，自有厚望乎。吾邑山川靈異之氣，蓄久必發。邑諸君子果篤其學養，以答天眷而乞地靈。俾人文蒸蔚，甲第輝煥，應泰運而響臻，是則無負乎重望爾。用是忘其譾陋，誌諸石。

康熙三十三年。

（文見光緒《范縣志續編》，《藝文志》。王偉）

卓氏始祖塋並題名碑記

【額題】萬古流芳

　　距縣治六里耿王莊中間有卓氏塋，歷年久遠，相傳數世，恐口耳誦記，不能持久，欲勒諸琪珉，以志不忘。因詢訪於予，囑予書撰。予沐手敬題序而言曰：纘緒以光前業，垂統以貽後昆，先後相繼，乃為交齊其美。今按縣志所記，卓君諱晟，足當此而無憾與！蓋當洪武年間，自晉遷范，經營多艱，斯時陶復陶穴，尚未有寧宇矣，奚暇教子以詩書哉？而卓君則別有遠志，迴思西溪家聲未遠，即流離患難，不忍失也。於是，奮志膠庠，從師受業，積學數載，取青掇紫，指日可待。果然，天福善人，始而采芹，繼而食餼，繼而歲薦，名登士籍，翱翔天府。厥後，遊任大同，□經歷司經歷，勤以修政，惠以撫民，現任數載，群稱仁明。即倦勤之後，黃髮童稚，猶感歌其德惠於不衰，所謂纘緒以光前者，此也。且夫作者借述者，益明刱者，有繼者益昌使後，此不繼，詎為交濟其美哉！然而卓君之德，則不惟光大於前，且以發祥於後。子諱耀，景泰年歲貢，任白水縣丞。長孫諱鎡，正德五年歲貢，任白水縣訓導。次諱鈺，例監，任撫州府照磨所照磨，父子相繼，祖孫並美，一堂之上，繼繼承承，正所謂印累累而綬若若者也。予序至此，因不禁擱管而歎曰：卓氏自遷塋以後，脈脈四世，歷任三代，西溪家聲均無失墜也。後來書香宜流傳於不替云。

　　清文生仲貽訓撰書。

　　乾隆十一年歲次丙十一月十九日穀旦。

（碑存范縣顏村鋪鄉楊耿王村。王偉）

邑侯屺來吳公陞鶴峰州序

范自新貢生

　　范邑袤延六十里，半為黃河故道，水潦降，則澶濮諸流交匯，為澤國。或經旬不雨，則斥鹵，墳起風沙獵獵，故其民少蓄積。盛朝休養涵濡，保其生聚者百有餘年，其間守土之吏宣上德而達下情，居使人樂去使人思者，後先相望也。然其寬大政積於中而著於外，感之者有淺深遠邇之不同，固不得而強也。惟我父臺屺來吳公，其感人之深，所謂近悅遠來不由勉強者歟。公由進士涖茲土，下車訪民疾苦，知報充牌頭之害，其役一人將受代。主事吏先列多名以進，以次需索，已乃更移諸他，如是者無寧歲。公首為革去其敝，人皆如釋重負也。邑之有水患非一日矣。公詳視地形，以清河為經流，其岸左抗右卑，開五頃窪以瀉其東南，築福金堤以防其西北，歲得麥田四萬餘畝而民困以蘇。其為治和平簡易，務在與民休息。捐重幣，迎良師，擇邑子弟而教之，而士競於學矣。籲免鱗地一萬四千餘畝，格於成例不果行，代輸其租之半，導之開墾，以紓其力，而農勸於野矣。商有同夥相竊者，事發，不藉手於胥吏，假他故而遺之歸，以全其行而愧勵生於賈豎矣。崇祀典，肅學宮，所以作敬也。弛罰鍰，絕苞苴，所以興廉也。齊魯不乏強幹之才，而公獨以循良著稱。繁劇資乎擊斷，貧瘠賴於拊循，亦各從其宜也。蓋自州縣為親民之官吏民不相習，雖欲治無由也。公留心保甲而熟於村落之大小遠近，其人之貧富賢愚，可指名而數也。凡有徵發，皆親檢定，務在因民之力而酌其通，故事集而民不擾。

初少司馬高公讞獄曹南，邑無辜應逮者三十餘人，按牒索捕甚急。公據牒請曰，某某非為惡者，但須一到門，喚之即出耳。使者初不信，方往捕，雷電大作，平地水深一尺，時乙未閏十月四日也。使者大駭，乃聽公區處。公夜秉兩炬，歷抵數村，呼其姓名，即裹糧以從，如赤子戀慈母無肯離邊者。使者嘆曰："明府周察之哲，小民親附之情，俱見之矣。"事竣，今撫憲國公時司東藩，與前憲楊公以熟練地方民情愛戴，交章卓薦，則知公之所以治民獲上而事無不舉者，其操之為有具也。公之既薦也，上憲屢以繁劇相待，公辭謝益力。酉戌之歲，自秋至於三月不雨，民嗷嗷待哺。公通計倉谷若干數，按其戶藉，節次出借。主倉吏執額以諫。公曰："因災黎而受過，是所甘心也。豈因駁斥而不救吾民乎。"是時，邑多逋欠，以奏銷期近，羽檄星馳，督促之員日相屬也。公知斯民拮据狀，慨然曰："撫字關乎民命，催科係乎考成。苟獲下考以紓吾民而全其命，吾有何求。"遽停催徵之令，出廉俸二百餘金，募勸衿民呂珊等，其得粟八百餘石。按旬以給窮民。使員至，惟謝不敏而已。伏遇我皇上覽東省奏摺，以夏津、范縣雨澤減他處一寸，特命加恩緩徵。公於是免於議而甘澍隨降矣。夫前之微潤與後之均沾，相去無幾時耳，而分寸遲速之間，竟以全良吏而甦窮困於此。仰見聖天子軫念民瘼，明見萬里，真千古所未有。而公之所以動宸聽與其孚輿望，受憲知者奧若有默相焉，非淺見所能窺也。夫可窺者人也，不可窺者天也。感於此，應於彼，命天人而一之者，誠也。忠恕可以學誠公之謂矣。公庚寅抵任，辛丑乃進州牧。邑之人士為公之將行也，聚而會者數十人，欲遮道以留之不可，乃相與鏤金製錦而丐文於余。余觀公以實心行實政，官民相親如同一體，即四鄰之獄皆願質成於公以為定。其所全活及旁觀感激者，聞公將去，焚香結彩，羅拜於堂下，絡繹不絕。況范邑親受飲食至於十二年之久者，宜其不忍釋也。於是乎序。

乾隆四十八年。

（文見嘉慶《范縣志》卷四《碑文》。王偉）

烈婦鄭王氏傳

邑貢生范來鼇

氏觀津名族王選士之季女也。生而穎異，賦性貞靜，幼時即能守母閨範，循循有規矩。癸丑春，父母皆嬰疾病，常在床蓐。氏年十四，日夜侍湯藥不廢離，俟無恙而後間。蓋孝敬之心出於天性然也。丁未，年及笄，歸吾范邑鄭連琚為繼室，相敬如賓，孝事霜姑，諧兄嫂，承顏慰志，甚得姑歡心。原配卓遺女尚在襁褓，携持顧復如己出。能盡婦道，一時稱閫德者，內外無間言。連琚賦質孱弱，左右扶持唯謹。癸丑春，患嘔血。氏以是病足隕生，哀籲悲戚，加以調護，越數月，得瘳。而氏猶惴惴，懼其疾之未盡除也。次年二月，病尋作。至四月二十八日，仍以是疾終。斯時也，氏仰天搥心，淚盡繼之以血，死而復生者數次。以姑有兄嫂中倚而誓死之志堅若金石矣。姑窺其志，溫語寬慰，朝夕使人防守，延月餘，命歸寧，使其父母解勸。不越宿而返，次日，乘間闔戶自經而卒。嗚呼！慷慨赴死易，從容就義難。計烈婦殉節之日，距夫亡之期越兩月矣，使柏舟之志，或出於矯激，必不能歷數十日而不渝，且屢經舅姑父母之慰誨而卒無以回其志，此烈丈夫之所不能為，而婦人女子乃安然為之，其節義之堅貞，非偶然矣。余忝在姻親列，與鄭村居相去數里，聞其事，慕其節，嘆息泣下，不欲湮沒無傳也。於是為之傳。

（文見嘉慶《范縣志》卷四《碑文》。王偉）

通判雲桐葛公墓誌銘

嘉定侍講學士錢大昕撰。

葛氏之先有諱海者，自山西洪洞縣徙居山東濮州之紅船集。數傳至明崇禎戊辰進士吏部考功司郎中，入祀鄉賢諱含馨，遷州城東南之萬全莊。考功生順治辛丑進士江南桃源縣知縣諱鼎元。桃源生贈中憲大夫候選知府諱正心。中憲生贈奉直大夫廣西永康州諱銑，君大父也。奉直生廣西永康知州諱沛，君考也。

君諱建桐，字雲桐，號介圃。至性過人，甫齠齡，而母劉太宜人即世，擗踊號慟，儼如成人，親黨咸聳異之。事繼母曹太宜人，先意承志，尤能得其歡心。永康每撫君謂族人曰：「是兒孝吾有望矣。」年二十有四，永康捐館，侍疾數月，目不交睫。自含斂以迄祥禫，既成易簀。遺命卜葬大父母考妣，皆塋高敞地，銘識封樹，纖悉畢舉。性喜聚書，往來通邑大都，必入書肆，購求善本，不惜重貲。暇日，輒手一編，鎸小印一文，云「恨不十年讀書。」其雅尚如此。厥後，仲弟魁圃、仲子若耀，先後登科，論者以為積書之效云。

君儀觀豐偉，坦懷接物不設城府，尤篤于根本。凡建宗祠、修先壟，立石封表，皆一身任之。州地窪下，每夏潦上游泛溢，輒壞民廬舍，妨禾稼。君創議小流河以東設立堤岸，首解橐金，眾心競勸，乃請當事立檔案，至今數十年無水患，君之力也。植品高潔，從不輕詣州守。或長吏延訪政務，必敦請始至，指陳鄉邦利病，焯然可見諸施行。迂儒泥古而僻俗生喜事而躁。得君一言，渙如冰釋，故當時皆重君之經濟。以川運例授府通判，當赴吏部銓，以曹太宜人年漸高，不忍遠離膝下，晨昏眷戀，有南陔詩人之意焉。

為家督三十年，敬長慈幼，內外井井。延師課子弟，供饋豐腆，而自奉極約，田產日增，而私蓄無錙銖之入，咸陽言家範者以葛氏為第一。春秋五十有二，以乾隆四十五年八月十日卒。配毛安人，州太學生毛書潤之女，事尊嫜有禮法，親調甘旨，不假手婢媵，嘗謂人曰："中饋，婦人之常，豈可以不潔者奉堂上膳乎"？與弟姒處，分甘代勞，不分爾我，數十年無纖芥之嫌。教子以慈兼嚴，稍有惰嫚，即呵叱及之曰："爾等少年失怙，苟不自立，不可以為人，即不可以為子，勿自暴棄為也"。生二子，若炳，若耀。及二女，餘皆側室出，撫視如一。以乾隆五十六年四月十日卒，春秋六十有四。子若炳，太學生，娶侯氏；若耀，癸卯舉人，揀選知縣，娶王氏；若燮，州庠，娶張氏。女，長適朝邑丁酉拔貢日照縣教諭謝嘉穎，次適州廩生蘇鐘瑞，次適觀邑李嘉林，次未字。孫六人：啟塘、啟堉、啟壋、啟壇、啟均、啟墥。孫女四人。君之仲弟魁圃，筮仕江左，稱循良吏，與予相善也。若耀亦從予遊，茲卜葬有日，先期踵門，乞予名其藏，乃按狀而書之。銘曰：

　　仕於必登朝，惟善行之敦。年未躋老耆，而餘慶在後人。其在家庭，則少節孟嘗之匹。其于鄉里，則仲弓彥方之倫。作堤護田，利及於一鄉。惜未施於政事，而大展其博濟之仁。窀穸既卜，同六誼存。左林右泉，土沃且醇。封崇四尺，識為躬行，君子之墳。

　　乾隆五十六年。

（文見宣統《濮州志》卷八《藝文志》。王偉）

重修忠義孝弟祠碑記

　　州人葛予敏撰。

　　皇帝自御極以來，屢詔忠、孝、節、烈及耆年碩德者歲以聞，薄海內外，還醇歸厚，莫不涵濡德化蒸義彝倫矣。而吾濮陳常之士，代不乏人。嘉慶二十三年，郡庠生張文釗首倡重修忠義孝弟祠成，偕同志來告敏曰：子其以文紀之。敏固辭不獲，因慨然曰：夫天地一氣所磅礡也，在天為日星，在地為河嶽。而萃天地清淑之正氣則為人。人克養其剛大之氣，樹為名教，著為倫常。而忠義孝弟之名以立，其人雖死不朽。《詩》曰："尚有典型。""又曰："高山仰止，景行行止。"祠之建，烏可已乎？

　　祠基在學宮東偏，國朝定鼎後，奉旨敕建，雍正間重修。乾隆二十年之修，則張君之曾祖儒士作梅倡也。乾隆三十九年之修，則君之祖庠生維炳、父其剛倡也。嘉慶二十年，君設帳其中，見屋宇榱桷，剝剝不治，歎曰："余獨不能承先志，妥靈爽耶？"勃然有葺新志。君因寒素非獨力所能支，乃商諸同志，作疏親募，經營跋涉，風雨饑寒，趾裂履穿者數矣，而君之志益堅。次年，移帳郡北董氏，董允貸五十金。君幸有所資，即鳩工庀材，移舊宇後數武，擴而大之，樹以磐石，繚以周垣，使堅且敞也。君親董其役，日令其子饋食，夜則宿祠旁。以所募不足，又懇諸同志分募郡之巨家，慫勸出資以濟之，自三月迄六月告竣。登堂而矚，黝堊光明，門墉森列。西跨頖橋，東瞰魁室，北負鄉賢之宇，南抵文昌之宮。濮之秀氣，咸萃斯祠。遂以吉日良辰，享祀祠中。粢盛牲醴實於庖，俎豆樽罍潔於坫；樂既奏，人冠裳，肅穆彬彬焉。升降之數，拜跪之節，獻酬之儀咸備。神具醉飽，來假來享禮也，抑更有進焉。忠義孝弟，人心同具，聞風興起，獨張君能然哉！誠使後之人盡如君志，閱時而修，修而勿壞，俾過者流連慨歎，感發天良，以求敦夫人紀，為聖世有本有用之材，則祠之所關至巨，而天地不息之正氣，亦於以長存矣。君之功固不僅紹先繼志已也。祠中爵諱，前碑具詳茲不贅，同志姓名詳載於左，以志好義之公云。

嘉慶二十三年六月。

（文見宣統《濮州志》卷八《藝文志》。王偉）

東嶽廟序 [1]

州庠生員趙一峯撰文。

焦振東篆額。

焦振午書丹。

竊聞廟宇之建廢而不修，無以紹前烈。修而不紀，無以勸後人。按東嶽廟，自嘉慶二十四年重修，至道光三年，尚依然無恙也。乃是歲霪雨霏霏，連月不開□□□□地出泉，至秋七月甲子夜，廟西南隅地陷，將磚封臺基崩去數丈有餘。廊房六司，亦與具墜。道路之上，木石縱橫，鬼神狼藉，誠可哀憐。因之大殿□廊，莫不□動，□廈□門皆將傾頹。此誠修補之至急，又慮工大之難成也。八年冬，有廟傍諸子共起義舉，磚瓦土木俱係親運。風雨晦明，莫或休息。三月之間，廟貌一新。夫以莫大之功，而告竣如是之易者，以人之衆而力勤且和也。吾願後之君子，次及於事，亦仿此而行焉。庶功無半途之廢，而人無累年之困矣。是為記。

皇清道光十年歲次庚寅桐月中浣穀旦。

總理會首焦子泰捐大錢二十二千，總理會首王正捐大錢□五千，總理會首焦國興捐大錢□五千。

會衆公請官理帳目。

贊理會首趙森捐大錢四千，贊理會首王得志捐大錢四千，贊理會首趙興□捐大錢四千，贊理會首謝敬捐大錢五千，贊理會首蘇松捐大錢五千，贊理會首劉岱捐大錢五千，贊理會首侯章元捐大錢一千五百，贊理會首鍾鶴年捐大錢一千五百，贊理會首劉雙木捐大錢一千五百。

□昌號大錢四十千，同興號大錢十千，永茂號大錢乙千，全興號大錢乙千，長順号大仈乙千，和興号大仈乙千，德聚号大仈乙千，長興号大仈乙千，張玉成大仈乙千，□金齋大仈乙千，劉琬大仈乙千，焦名世大仈乙千，張志非大仈乙千，毛□大仈乙千，何仲大仈乙千。

（拓片藏河南省文物考古研究所。王偉）

---

[1] 此碑後半部字多殘毀，上列捐資商號及個人姓名，字跡多模糊不清。

張莊村張氏祠碑記

【額題】述先傳後

元故孺人赫老太君之墓

相傳吾張姓始祖，幼遭危難，仰蒙慈德保抱報攜侍，遷至吾濮時，逢李門嗣，遂引為婿。後有兄弟二人，一嗣李門，一仍張姓。迄今皆號巨族。溯厥恩誼涓俟報，是認立之碑碣，永垂不朽。

蒙恩後裔張鳳林、李桐率兩族奉祀。

大清道光十二年歲次壬辰仲春花朝之吉創修。

（碑存范縣文物保護管理所。王偉）

重修路烈女祠碑記

州人張似古撰。

州治東南四十里許，有鎮曰董原，南北孔道也，而南隅則烈女墳在焉。烈女者，明萬曆年間，庠生路道遠女。年十七，許字於庠生房範字雅操為室，未成禮而房卒。女聞訃，欲行衰服往哭之禮。父母不可，因而涕泣號慟，不進飲食。越三日，家人防之稍懈，竟乘間扃戶自頸以死。當事聞於朝，勝國神宗皇帝賜祭葬，建坊立碑，且制為挽詩，典綦盛矣。乃至明季兵燹之後，綠林嘯聚，百餘年來，樹木既已斬伐，祠宇既已剝落，坊碑既已傾頹。學士大夫稅駕斯土者欲弔幽靈，而荒煙白露之下，荊榛狐兔已不可復識矣。兼之路氏衰微，塋地不無侵佔之處。歲在丁亥，路裔松偕侄廷弼，攜其斷碑遺文，來謀于古。古與故增生許存仁、附生李如式等，白于前任潘公。公率諸生親詣丈量，計得地東西二十四步，南北四十六步，共地四畝六分，栽石四至，而諭路氏修葺焉。不敷，則尚義而有力者募錢以助之。於是，採買磚瓦、木石、麻灰等項，繚以四壁，建以高門，嚴嚴翼翼，亦既始基之矣。

未幾，潘公以壬辰升任去，募者因以懈怠。而路氏業已凋落，役遂中止，古甚惜焉。越五年己未，曹君琮、杜君鏞目擊其事，慨然歎曰："莫為之前，雖美不彰；莫為之後，雖盛不傳。"因重稟州主潘公，公極加獎勸，再捐義錢以終厥事，並刊神宗御製詩、譚克玉、克寬懸李學使匾礱石紀事，豎之墓道。雖建祠立坊，未能克復舊制。而螭首龜趺巍然道左，鴻章巨筆炳于丹青。從此樵牧有禁，松柏無虞。烈女在天之靈，亦可無怨恫矣乎！

夫廉頑立懦，風在古人，而顯微闡幽，事在吾輩。是役也，起于丁亥，訖于丙申。經兩賢侯之風諭，首尾十年始克，蕆事亦云艱矣。闔州紳士，涓吉設祭，以妥淑魂。古誦《楚辭》以誄之曰："成禮兮會鼓，傳葩兮代舞。姱女倡兮容與，春蘭兮秋菊，長無絕兮終古。"於戲！長無絕兮終古，是又望于後之尚義而有力者矣。凡輸資諸君子，與路裔之奔走經營者，例得書名碑陰，以垂不朽。

道光十六年。

（文見宣統《濮州志》卷八《藝文志》。王偉）

鄉賢祝泮源墓誌銘

侍御閻臨川撰。

祝公，諱泮源，字聖溪，一字雍泉，號翰藻。始祖諱榮，明初，自山西洪桐縣遷居濮州。科第相仍，世有令德。傳十世諱鑰，貢生，積學砥行，為郡表率，郡守給"孝義"匾額獎之，是為公父。

公骨秀神清，風采凝峻。幼時，即通知孝弟大義，事親先意承顏，無故未嘗輒去左右，溫清膳修無幾微。或間偶外出，歸必詳問廚婢侍者，以參驗親意悅否，故雙親壽大耄康健如常，養志之實信有徵也。遭親喪，哀毀骨立，致慎如禮，時有孝子之目。讀書務求心得，為文本性靈闡明聖賢義蘊。入學食餼，屢試優等，十應鄉試，俱薦輒罷，人多為帳悒，公恬如也。嘉慶元年，詔舉孝廉方正，長吏采諸輿論，以公膺其選，考取召用，送部引見。公以太安人年高，面乞終養，辭不就職。賜六品銜，以孝廉方正歸班。夫功名富貴最易動人，公當銓選時，爵位已在分內，而孺慕情重，利祿念輕，截然舍置，克全孝道。高爵之榮，不移天倫之樂，是非志行極高，識力極精者不能也。以視夫熏心富貴奔走，形勢相去真不可以道里計。於戲，卓哉！公誠超出尋常矣。

嗣後聞望益隆，德行益勵，一舉動、一取予，念念必求無愧。燕居終日，端坐無惰容，無論識與不識，望之皆起，敬畏猥褻之念頓消也。生平好善樂施，周濟饑寒，鄉里賴以舉火者甚多。有貧乏不能讀書者，即瞻以膏火。教人必本於明倫敬身，尤醇諄以行已有恥為第一義。門下士發祥者，率能以廉隅自持，不負所教焉。接物一出於誠，鄉里感化，有小失輒相戒曰："此何可令正人見？"因深自改悔。公庭無私謁，或長吏延訪政務，必敦請始至，指陳鄉邦利弊，卓然可見諸施行。當時皆欽其品節，重其經濟。及歿，州人思慕不已，並詞公舉崇祠鄉賢。非甚盛德，孰克當此！

德配杜安人，庠生奎壁公女，負性端嚴，能識大體，事翁姑，教子媳，孝子俱盡，又性甘淡薄，勤儉持家，一切事務俱予謀周詳，不貽公以內顧憂。公益得肆力於學，品修學問，出人頭地，安人內助之功居多。勤紡織，主中饋，雖身處殷富，不惜與家人同作苦，積儲益饒，子孫衣食有資，悉安人力也。語云："夫唱婦隨，以德配德。"其公與安人之謂歟！

公生於乾隆二十二年八月初八日子時，卒於嘉慶二十一年八月十一日戌時，享年六十歲。道光十八年葬庄前新塋。安人生於乾隆十八年二月初八日亥時，卒於道光二十一年五月十一日申時，享年八十九歲。子一，友彬，廩生。女二：一適監生陳一元，一適庠生蘇鎬。孫三：燴，庠生；燁，監生；焴。孫女六，各適名門。曾孫五：孝壒、孝坦、孝埔、綱基、綱基。曾孫女二。道光二十二年十月，友彬奉杜安人柩，合葬公墓。先期持狀來征銘，爰為之銘曰：

　　姿性純篤兮事業光明，學深養遂兮實大聲宏。生既磊落兮沒也崢嶸，狀厥素履兮可為法程。俎豆饗序兮允協輿情，山水鞏固兮安此佳城。

　　道光二十二年十月。

（文見宣統《濮州志》卷八《藝文志》。王偉）

河灣張村永言思孝張氏祖碑記

　　粵自唐、漢以來，勒碑者不計其數，皆以銘功昭德，而示不忘者也。我始祖張公諱茂，乃貢生思讓公之子也。當大明時，自山西洪洞縣遷民於此，跋涉山川，不憚風霜雨露之苦，披荊斬棘，遑計道里間關之阻，其與始祖妣聿來胥宇相厥居也。迄今於多歷年所矣。歿後，遂卜葬此地，數傳而歷，孫支眾多，或遷居於河灣張彌宅寺張，或遷居於蔣莊窪張茨園張，且或遷居於上戶張、大尚營張、塔梁張、周莊張、鐵佛寺溝張，甚有徙居他鄉者，渺不知其所之，孫裔之繁衍，後嗣之昌盛何？莫非始祖考與始祖妣累仁倍義孔厚，有以致之乎。使不勒貞珉，則世遠年湮，亦誰知其為一木所出而支分派別也哉！

　　茲特豎石碑前，使後之興墳拜墓者，舉目了然，於之歎世係之源淵有自，先祖之流澤孔長，而相傳千古，永垂不朽也云爾。

　　大清同治十年歲次辛未。

（碑存范縣文物保護管理所。王偉）

濮州北隄碑記

　　中州孝廉葉道源撰。

　　咸豐五年秋，河決銅瓦廂。自直隸東明、開州溢入山東境，破壞州縣以十數，而濮州首被其災。

　　洎同治十三年冬，巡撫丁公寶楨奉命治河。塞賈莊口，沿河以南建長隄。其明年，當今上元年，隄工告竣。而夾築北隄之議，卒以工大餉絀，竟不果行。當是時，河勢益北趨，蕩漪靡定，歲比不登，民多饑乏。二年，明府王希孟、司鐸南寵橋等，私議築北堤，白諸州侯恩公。恩公遂召僚吏，諭州民及鄰邑臨河之眾。規模粗定，克日興工。先是河患幾二十年，民生重困。中丞創南隄時，而濮州跨河南北。河北之民，莫不戶出丁，田出租，畚鍤相從，惟慮不終，蓋民力竭矣。及聞此議，然猶不敢告勞。河北十六里父老相勸戒，役夫萬餘，枵腹從事者其十有八九，不數月隄成。上自開州小辛莊起，下至范縣廖家橋止。

隄長五十三里，通九千六百三十餘丈。是歲也，民乃有秋。恩公以狀上中丞，中丞憫州人勞苦有成功，發白金三千兩恤下情也。厥後李中丞元華慮隄薄不可恃，欲加築，仍發白金如前數。費不足，則稽民田多寡以差任工作。又令上下游諸縣，各接隄萬餘丈。戊寅、己卯，連歲水漲發，胡家樓將潰。曹總鎮王正起，躬率士卒防護，河乃無患。朱公世俊蒞是州，謂隄闊狹無長，諭民加修高一丈，寬頂四丈，根八丈以為度。又請帑築套隄於范家屯，亦有千餘丈。及恩公再任，築套隄於羅家莊，如范家屯故事有千餘丈。比年以來，增卑培薄，延袤數百里，無泛濫之虞，可謂厚幸矣。然而始事之難，則以區區一州之力，障蔽洪流，經營竭蹶，官民一體，觸風雨，犯寒暑，以訖于成，此其犖犖大者，不可使後世無傳焉。追紀崖略，勒石示後，亦都人士意也。其在事諸人，則州侯恩公名奎存，營千總劉玉升，吏目左延齡，於例得備書。

光緒二年。

（文見宣統《濮州志》卷八《藝文志》。王偉）

重修文廟碑記

訓導崔贊襄

萬物日覆於天而不知天之健也，萬物日載於地而不知地之順也，萬物日育於中和而不知中和之率於性也。自生民未有之聖出，以陰陽闡天道而後天道明，以剛柔闡地道而後地道明，且以仁義闡人道而後人道明。夫是以天位乎上，地位乎下，人亦裁成輔祠其中，而與天地為三。偉哉！明道之功，雖堯、舜莫與爭烈矣。蘇子曰："匹夫而為百世師，微孔子孰能與於斯。"范之立廟而俎豆之也，自有宋始。其改建於茲也，自前明始。迄今五百有餘歲，或大修，或小補，或新聖像，或鑿泮池，俱碑之以傳諸久。惟同治間邑侯吳公邦治之修兩廡也，未勒諸石。蓋以河患頻仍，材無所出，擇傾圮之甚者葺之，其未甚者，將有待也。嗣後姚侯延福來視篆。慨黌門之就圮，駭殿宇之將傾，迺與兩學博楊君政敏、沈君葆澂，屬董事附貢張光祺，貢生袁華國等告之曰：學宮剝蝕，邑宰責也。吾為汝倡，諸生其釀金卜吉，大興土木，以培道脈而振文風。僉曰：唯唯。於是，由大成殿而戟門，而欞星門，而東西華門，以及周圍宮牆與照壁。工未竣，而姚侯量移。陳侯愈元踵其事而成之。是役也，計自光緒四年五月起，至五年八月止，蓋重修也，而不啻創建矣。嗚乎！莫為之前，雖美弗彰；莫為之後，雖盛弗傳。姚侯之去也，諄諄以建啟聖祠、奎星閣、名宦、鄉賢兩祠為囑，是以所及修者任諸己，復以人未及修者望諸人。范人之低徊往復而不去諸懷也宜矣。爰敘其功之顛末並及遺囑，以為後之君子勸。

光緒五年八月。

（文見光緒《范縣志續編》，《藝文志》。王偉）

訓導崔子思先生德教碑

朝城訓導余朝梅代作

儒行尚矣，其大要在躬蹈其實，蹈其實在殫誠竭勤而有以自克，苟如是學則篤學，在官則能其官，特求之於今所見良尠耳。然若吾師子思先生之行義奚慚焉。

先生姓崔氏，名贊襄，籍隸青州之壽光縣。庚午併丁卯科舉人。性質愨和易，少受書胞伯祖式唐，長從保舉知縣崔椅園先生，肄帖括，又折衷於邑學博蓬萊辛少雲、邑令保山吳筱亭、昌樂閻協唐諸先生。比教授生徒，輒溯嘗所聽受者以為言不背本也。整學規，相諭以道，邪僻者拒不納。貢廩諸生或有踰越，初微詞諷正色戒，繼乃施夏楚，無所假借。雖盛夏隆冬，未嘗解衣炙炭，其嚴敬類如此。昧旦，興為門弟子立課程，區能否，信賞罰，自辰及申，不停講說，日以是為常。談制舉業，條舉津津忘倦。主邑講院及治監院事，皆如之。建魁星樓，督工朝夕，風雨靡間，往來驗勘無寙墜，其勤類如此。弟子無脯脩者眾，念其力絀，教誨外，分予飲食。凡所以代謀其生而成就之者，重以周也。他所為執經問字，受德滋深者，不可勝記。閒居，危坐終日。有詣門者，童子褐夫無不禮貌接，其容色辭氣溫如也。遇事必博咨有眾，惟善之從，慕宓氏子之遺風，用私淑焉，此其虛牧卑受者然也。詢訪節孝婦女，循例請旌。尤加意貧窶之族，嘗緩步行，親造鄉里，又屬及門，相率廣搜，以是累年潛滯者悉上聞，此事揚芳闡幽者然也。且夫先生一儒官耳，事其所事，乃心厥職，儻充之而致遠，舉大行政而加民，何事不可立，何功不可就，豈儒官已哉？而其權之足以設施者，顧不求有補益於世，視此何如也。且即以儒官論，其倚席不講，素食饕位者比比矣。而所以律己者，日用瑣細，辭其非惡勞苦，無能斷斷以自克取其所利，別其所患，視此何如也。若先生者，殆所謂實之允蹈者與！

（文見光緒《范縣志續編》，《藝文志》。王偉）

明故處士諱道字由斯張公之墓碑

【碑陽】

【額題】水源木本

明故處士諱道字由斯張公之墓

【碑陰】

蓋聞之行莫尚於義，仁親莫要於宗族。故自仁率親順而推之至於族，自義率祖等而下之，至於宗親親故，尊祖故敬宗，敬宗故收族，收族則莫如述已往之軼事，示將來以不忘，石志鴻圖，謀開燕翼，洵盛典也。自吾氏居是鄉繽於今十三世矣，始遷范者公，而始遷夏者玉林公。玉林公固公之高祖也。實蘇州太倉衛，從剛公囗印後，因家焉。持鐵杖掃靖中原，攘除群寇，當南北爭立之會，獨能相時而動，以功封鎮海大將軍，非所謂文武明備，智勇兼全者乎！卜居河南夏邑後，因名其村為鐵棍張家集云。是以一傳瑾公，再傳而從禮公，又再傳而貴公，愛親敬長，修德履行，有光於前，即克昌厥後，蠡斯麟趾，擬六子於乾坤，曰通公、曰達公、曰逵公、曰運公、曰道公、曰連公。豈非積善之家，必有餘慶耶！族大難容，故貴公既沒而道公來遷於范焉，創基張大廟村，即置地千有餘畝，而且傳家有方，耕讀並務，睦鄰存仁厚，有無相通，幾今之食舊德服先疇者，誰非公之賜歟。長子福公歟子，平公善紹箕裘，克承堂構，帥而行之，不敢有加。所以胧綿椒衍，碩大而繁滋。荊秀棣華，群處而和集。聚首而居者，有若張大廟、張中萬、張建功。散居而處者，有若三里營、教場、馮固、侯家莊、胡家窪、龍王莊、王子虞莊、南召縣。我族之生齒日繁，莫遠具邇，良有以也。無如地形，且一水患迭經，先祖之墳陵相憶不復相識，秋霜春露，能不慨然？於是，闔族本祖功宗德之思，為率仁由義之舉，細尋墓所，勒諸貞珉，而問序於余。余不敏，聊志與顛末來去爾。

計開世及字：汝效時揆京，行壯古去封，理真延仁廣，命齊桓弈興，鄂吾秉□□，體敏本嗣永，充學朋應采，亮矩方序中。

十三世孫監生揆奇熏沐敬撰。

邑庠生杜均平書丹。

鐵筆王興。

大清光緒拾柒年歲次辛卯暢月穀旦。

鐵棍張氏合族同立。

（碑存范縣龍王莊鄉張大廟村。王偉）

清故王公諱泰來字坦然暨德配王陳氏合葬墓碑

【碑陽】

【額題】報本追遠

清故王公諱泰來字坦然暨德配王陳氏合葬墓

【碑陰】

【額題】源遠流長

古人云："莫為之前，雖美弗彰；莫為之後，雖盛弗傳。"凡事皆然，而況子孫承繼似繼，綿其所係，尤重且大者乎？濮北鄉野陳村王公諱泰來，字坦然，昆季二人。公居長，配王氏，生女四。弟貴來，有一子成立。王氏卒，親族欲為公議立嗣子，公不允許。又娶繼配陳氏。其時，鹽鹼不毛之地，約有三十畝許。越數年，陳氏復無出。公仍未立嗣子。及公卒，領重無□。親族念長門宗支終不可絕，一支雙祧，世所常有，遂乃商王陳氏欲以成立為嗣子。陳氏許，成立亦許，於是，開弔肅賓，以成殯事；後又殯其繼配陳氏，葬畢，除衣衾棺槨及待客一切支費外，餘地僅六七畝許，迄今六十餘年矣。但成立一身雙承，免起遠族紛爭之意，茲於光緒二十年十一月十八日，蒙恩州主金斷。今成立長子士彥，建立貞珉，永遠承嗣。事畢，求余記其事，余謹就其事之終始而敘之。

公親王兆榮撰文。

郡庠生王培楨書丹。

大清光緒二十一年四月中浣穀旦。

（碑存范縣王樓鄉野陳村。王偉）

重建奎星樓碑記

知縣陶振宗

從來科名之發越，視乎文運之亨通。孰主宰是？僉曰："上應星辰。"孰鍾毓是？僉曰："下關地脈。"此奎星樓之所由建也。玫人多以奎星即魁星。余嘗玫之《星經》，奎迺西方白虎七宿之一金星也，為天子之武庫。又《天官書》載曰：封豕為溝瀆，則以金為文星者似屬非是，實則《星經》所載：文昌六星，其形如筐，為天之六府司祿命、主文章，以其在北斗魁前故曰魁星。又士人多崇祀文昌帝君，亦曰梓潼帝君，謂即周之張仲司福祿，掌文衡，然則帝君與魁星其一而二，二而一者，與抑各有所專屬與，要之祀之者總以振起文明為主。

玫范邑城東南隅，舊有魁星閣，建自康熙戊辰，乃經兵燹水患後，蕩然無存。不獨無址可仍，抑且故蹟難覓。邑人蓄意踵建，蓋已有年。然必物阜民殷而後資可集。歲癸巳，姚公恩溥尹是邑，慨然以修祀典，振文風為志。政餘，進邑人士而問之曰："范邑近乏科第，盍建魁星樓以培之乎？"邑人欣然樂從。姚公即捐俸為之倡。邑人繼而醵其資，爰卜吉於城之東南隅應巽方，距城堞數百武，購土一方，計地三分三厘七毫五絲，乃召匠氏，鳩工庀材，刻日興工，規模意匠，胥自姚公發之，平地甃磚為臺，每方廣二丈六尺五寸，高二丈，洞下為圭門，行人道於下，前顏曰"奎星樓"，後顏曰"步雲閣"。臺上建樓三層，高三丈七尺，共高五丈七尺。樓每層建門，顛覆以碧瓦，飛簷刻角，螭吻張風，塑魁星像於其上，歲致祀焉。過其下者，矯首而觀，但見峩峩焉高矗雲表，金碧交輝，莫不怵目竦心，脩然意遠。拾級陟其上，覺層雲盪胸，星辰可掬，臨檐憑眺，則閭閻櫛比，煙樹蒼茫，胥遍眼底。若遠望焉，有如長劍倚霄，采章插漢，誠邑之勝概哉。余忝任茲邑，適值斯樓一新，將勒諸貞珉，以昭來許。邑人士徵辭於余。余不敏，烏能文。然嘉前令創修之功，諸君子襄助之力，暨邑人之能成勝舉也，固不揣蕪陋，爰為覼縷顛末並書於石。但願邑人士念經費之重，締造之艱，且思所以仰企前修者，行遠自邇，登高自卑，勿壞始基，務臻上理。既修廢而舉墜，必盡人以合天。睹斯樓而力圖上進，以祈暉光射斗，應日星河嶽之占。庶茲後，人文蔚起，翔雲路，步天衢，胥於是樓券之，是則余之厚望也。

光緒二十一年。

（文見光緒《范縣志續編》，《藝文志》。王偉）

故明庠生貤贈文林郎諱掬字香儂黃公暨德配孺人之墓碑

【額題】皇清春露秋霜

故明庠生貤贈文林郎諱掬字香儂黃公暨德配孺人之墓

蓋聞木有本，水有源，本固者枝榮，源深者流遠。吾族自山西洪洞遷居於范，幾二十餘世，而宗係之貫續，支派之詳明，僅自香儂公諱掬祖始，其上若文之公諱質，雖以政績學行崇祀鄉賢祠，而舊譜散亡遂失。其世次此亦後人之微憾也。然族類之繁昌，寔稱盛焉。黃樓、黃海、黃岡、黃莊、三教堂諸莊則於明季國初分遷者也。楊集、李魯元莊、馮垌、鹼廠、范莊及古北口、黃家窩鋪、郭家屯則於康熙、道光年間自此遷居者也。其自山西同遷于曹郡者無論矣。而又賴祖宗之栽培，累世之教澤，代有傳人，文則有肇興伯勳邦攀月貢木雪翎可願筱山及孫祖玉堂，孫父執齊諸公，武則有仲白、子祥、平遠、萬九、潤西、季勳諸公，皆以學行顯於邑，今十四世孫廣乾，以少年登武進士，孫亦賴祖蔭得受選拔，而且文文武武，大有蔚然興起之勢，非列祖德澤之深厚，曷克至此，不可與木本水源媲美乎！己亥春，族人以舊碑殘蝕，林墓荒涼，復欲樹碑以志不朽。余不揣學識淺陋，謹遵所知為序，寔不勝惶愧之志云爾。

十一世孫廷筠頓首謹序並書丹。

十世孫庠生生介、增生譽、武生鳳鳴、廩生舉、庠生廷忠、武生興國、大賓廷芝、貴讓。

十一世孫武生廷傑、武生廷梅，庠生廷獻、庠生登鰲，增生登庸，武生廷蘭、武生廷標，庠生廷筴、庠生廷掄，武生廷魁，監生廷衡、廷恩、文俊，介賓茂典，監生廷欽、介賓清起，增生伯浚，監生伯傑、監生伯謙、監生廷燮、監生登捷、監生登耀，庠生鳴康、廷位、廷岐、同禮、永昌、茂修、廷智、乾元、廷雨、學堂、廷海。

十二世孫國用、國彩，監生國珊、監生國瑛，大賓國珊，增生國珍，介賓國平，庠生國緒、監生國銜，大賓國阿、景華、國修、國泰、國隆，監生國領、國進、國思、國堂、庭會、新祿。

十三世孫繼德、繼勇、繼昌、繼伍、鳳儀，監生繼顏，武生繼芳、武生繼龍、武生繼宗，監生繼領、監生魁申、監生繼武、繼春、繼為。

十四世孫庠生志孔，監生廣知，武生廣麗，監生廣孚。

大清光緒二十五年歲次己亥蒲月上浣穀旦。

（碑存范縣顏村鋪。王偉）

濮州重修五祠碑記

知州蔣楷撰。

去年冬十有一月，楷承乏茲土，謁廟，見大成殿及兩廡尚具規模，而崇聖祠暨名宦、鄉賢、忠義、孝友、節孝四祠闕焉未備，謀之新城伊佩南學博。學博曰："是若衍之責也。"乃集鄉賢、忠節之裔與州之諸生，或輸資焉，或襄厥事焉，再閱月而落成。楷於是屬鄉賢忠節之裔與州之諸生，逮七十二里之父老而告之曰：濮，衛邑也。堯之靈台，舜之雷澤，實在於是。自黃河北徙，被浸者五十年，民日益困，俗日益媮，人材日益消乏。問有直如汲長孺，廉如吳處默者乎？無有也。問有貞如李文定，剛如張乖崖者乎？無有也。問有孝女出於忠臣之門，如李翱之所記高愍女者乎？則更無有也。其父作子述如唐杜氏之世為相，明李氏之氏為戶部尚書，殆亦闃焉無聞。至漢成陽令呂亮之慈惠，唐濮州刺史嚴廷之之威重，又楷所惶愧汗下者也。夫州之有學舊矣，其自鄄城來遷也，創於景泰，再修於宏治，三修於正德，四修於嘉靖，惟隆慶四年，兵部尚書蘇公祐率其鄉人，祝副使堯煥，李少卿先芳等，各職一工，稱美備焉。爾時修啟聖祠者陳副使忠翰，修鄉賢祠者桑知縣紹良，修名宦祠者蘇尚書諸公子，今者水災之後，無尚書之宦達，無副使少卿之贊成，而趨事赴功，靡祀不舉，楷願州之人有文有行，與汲長孺相輝映也。楷願州之人學聖賢之學，心聖賢之心，如李文定、蘇尚書之有子有孫，至於今不絕也。既畢，祠學博曰："是不可以不記。"因次其語而刊之石。

光緒三十二年。

（文見宣統《濮州志》卷八《藝文志》。王偉）

教諭牛文榮先生德教碑

賜進士李鳳書代作。

校官設始於漢，所以副郡守、縣令教化之不足。初名文學掾，不僅司文學也。後世守令治獄訟、捕盜、催科事繁。終歲講倫理，明道德，正人心，以善風俗者，校官之責最專。然春秋潔祭祀、輶軒至則簿諸生徒應試者上之以外，無所短長，斯為尋分盡職之良師，又不自今始矣。吾師文榮牛夫子諱蔚堂，來教吾邑，未至，名已噪。既下車，課士無虛期。優劣士卷必曲全其文之長，擬程至十數首不止。是時，朝廷變法興學，先生主校士館。又次年，主學堂教習，博採羣書，資講解《七經》、《四子》，尤高聲拍案，以振聾聵。先生工詩詞、漢隸法，浙東西、燕、薊、齊、魯留題幾遍。門人輩之才者，不憚夜繼日以語其奧。遠近生徒至，則飲食之，宿之，貧不能試，資遣之。范城形象龍，古號龍城。前明為禦變計，改六門為四。不祥後，又搏東牆而西。先生言龍傷其首，士無興者。或由於此，先生創議補修。觸官紳啟以告鄉曲好善者，幾忘舌敝。范學田薄，先生應得百餘畝，其六十畝湮於河。先生至，田忽涸出，先生曰："是為吾有，吾不願有之，以給士薪可也。"告上官，捐入學堂。此數端雖有成有不成，其用心之苦，見理之真，已極校官之難，事非近今所恆有。又性熱而篤於行，好人善如己善，成人美如己美，愛人子弟如己子弟，其不知敦品立行者則視如仇人。有急難，無貴賤必委曲調護之如己事。是以遊其門者，莫不尊且親焉。然則先生之為校官也，豈僅司文學已哉。經師易得，人師難逢。先生其郭林宗之流歟！獨恨年甫週甲，天奪哲人。乙巳歲除，以微疾歿於官。蓋先生之精神血氣盡消耗於講學課士、濡毫弄墨而不自知。歿後，人痛之至罷舂杵，況親炙者乎！丙午二月，吾黨隨公子送葬之青州泊鎮。先生家人知先生之好善，悉本家法而誨人不倦之德，久淪浹於鄉黨從遊不從遊者之肌髓，而子孫更守此風不越也。鄉　謚"敏憲"。以長子貴封朝議大夫。吾歸，語同邑，不忍沒先生之芳型，爰立石以誌。

光緒三十二年。

（文見光緒《范縣志續編》，《藝文志》。王偉）

劉邵氏節孝碑文

廩生杜均平

嗟乎！死生也大矣。然死或重於泰山，或輕於鴻毛，非惟勢分之相懸，亦心迹之各異也。古來自經溝瀆者，何可勝紀。惟仁義兼盡之人，稱為烈婦。劉邵氏，朝邑邵清蘭之女，文生劉宜之四子元傑妻也。性端莊，善事父母。年二十二歲于歸。奉翁姑和妯娌，琴瑟靜好，允稱宜家。迨二十四歲，元傑竟暴病身亡矣。氏哀毀逾恆，敦請夫兄之子為嗣，撫靈輀至塋入穴，殉葬者再。此時，尚未能伸其志也。次日，歸省父母，言動若生平，還語姒輩曰：盡孝須及時耳。嫂等伉儷，相宜順親，各具先資，正努力承歡。時也其勉旃似妾之零丁孤苦，風草驚動，輒貽翁姑父母憂。雖先意承志，轉增對媳思子之悲，烏能孝。至夜，尋吞金自盡。家人啟戶視之，衣服整，瞻面如生。嗚乎！人情之易偷也，昧從一之義者固不足數。即聞有捐軀殉葬，亦多含怨懟觸，情慾忿激乎崇朝死亦輕於鴻毛耳。若氏之從容赴義，恃有伯叔兄弟足以奉親，而又臨終囑咐，情辭悱惻，偕老之懿行，發於愛親之至性，其仁心義氣有功名教，有裨世風，是較泰山而倍重者也。余謹詳其顛末，表其心迹，以為貪生輕生者箴。

光緒三十三年。

（文見光緒《范縣志續編》，《藝文志》。王偉）

田氏三世孝友碑記

清豐孝廉馬際太撰。

田氏，濮陽望族也。其先世在中公，以御史顯，宦績昭然，載在州乘。厥後名宿輩出，科甲連綿，迄於敬直、明德、徽猷諸公，而其德彌盛焉。

敬直公，字熙原，為州廩生。世居城南田家鋪，乃廩生協敬公之仲子也。學問文章著名一時，而內行純備，人尤嘖嘖稱之。嘗念崔太老安人、龔太安人、趙安人三世貞節，不忍埋沒，籲於當事合詞公舉，卒能奉旨旌表，垂諸貞珉，以為門楣光。兄嫂沒後，遺侄明德甫六歲，公憫其孤弱，與兄側室同撫育之，愛憐過於所生，復為延師教讀，命與子慎德共事筆硯。明德公性穎悟，讀書以廉、洛、關、閩為宗，不染腐儒章句之習。故慎德甫掇青衿，而明德早以優等食餼矣。敬直公視明德尤子，明德即以事父者事之。所以敬直公捐館時，明德方肄業濟南。聞訃，遽連匍歸，執叔之喪，哀毀過禮，勺漿不入口者累日。既葬，義服三年。又庶母趙氏春秋高，晨昏需人，遂無意舉子業，竟以歲進士教授義塾。循循善誘，四方俊秀多出其門。慎德公三子：曰作猷、曰徽猷、曰嘉猷。嘉猷歸農，代理家政。明德公一子，曰壯猷，亦令歸農納粟成均，未嘗卒讀。惟作猷、徽猷從而受業焉。卒之，作猷捷賢宮，徽猷食廩膳，皆明德公力也。

是以徽猷公近承乃叔，遠紹厥祖，生平博極群書而立身制行，得力於《孝經》一編者為尤多。科歲兩試，屢擢冠軍。應重華與瀼源書院課，亦恆列前茅。奈數奇棘闈，十薦弗獲售，遂以明經終事親長，以孝友聞。胞兄作猷素耿介，公奉之唯謹，兄或小有督責，輒曲意從之。侍兄疾湯藥親嘗。年逾五旬，兄弟怡怡始終，未嘗有違言。故上憲以匾旌之曰："荊茂蘭芳。"知州萃其行誼，亦贈以"三世孝友"匾額。《易》曰："積善之家，必有餘慶。"信哉！

余距濮頗遠，素聞田氏遺風，心嚮往之，每以不得其詳為憾。丁未年四月，濮州知州蔣公楷、學正伊公若衍創修五祠落成，表微闡幽，詳請敬直、明德、徽猷三公入孝友祠，以勵薄俗，四方縉紳皆讚歎不置云。時余偶客曹南，假館鎮署中，適候選縣丞。田君子信、貢生子臧、田公之裔，余筆硯交也。欲為敬直、明德、徽猷諸公立石，以志不朽，屬余為文。余喜，因索田氏家乘，熏沐讀之。而後歎田氏自在中公以來，既有三世貞節，復有三世孝友以繼之。家法流傳，後先媲美，求諸往古猶或難之，異日登之史冊，此蓋邦家之光，非僅閭里之榮也。余故不揣固陋，略抒管見，以聊志全豹之一斑云。

光緒三十三年。

（文見宣統《濮州志》卷八《藝文志》。王偉）

重修張公祠碑記

蓋聞有公於民則祀之。張勤果公幼起身行伍，其在軍時與士卒同甘苦，故將士用命而隨，在有戰功。及晚年巡撫山左，崇儒愛民，政尚寬大，在任數年，辦工辦賑，惠濟貧民無算，濮州尤感戴而建祠焉。論者謂公多糜鉅款，殊不知，以中國之財，養中國之民，利不外溢，洵係以工代賑之意，以致財散而民常聚。去歲，劉直牧廷璋知州事，見祠宇殘破，慨然捐廉重修。囑任遊府廷英、陳千戎玉山、韓把戎恩殿、伊學博若珩、林別駕邦憲、恭少牧儉共襄厥事，所以崇武功，懷舊德也。今春，余承乏濮陽，適值功告成，陳君囑余為記。余譾陋不詳知張公事，謹攝大略以志顛末。總之，張公蒙朝廷予諡"勤果"，必其克勤於邦，果于從政可知矣。即斯二者，可見張公亦人傑矣哉！是為記。

知州高士英撰。

光緒三十四年。

（文見宣統《濮州志》卷八《藝文志》。王偉）

禁止董口毀學碑記

知州高士英

國之強弱，視乎人心之邪正，人心之邪正，在乎官長之振興。本州下車以來，時時以教育普及為念，乃訪聞董口一帶，巫風其熾，迷信最深，曾經出示嚴禁。詎料本年六月，陡有愚氓李興時率領巫婆百余人，藉天旱乞雨為名，擅入學堂，毀壞聖象，並毆擊學生若干人。經勸學員稟送前來，本州一再研訊，從重責押，李興時等深悔前非，願捐助學堂經費若干。本州為體恤民艱，不受其錢文，罰其立碑一尊，以示懲戒。為此，示仰董口一帶居民知悉，須知國朝尊崇聖道，力拒邪說，與其燒香演戲，耗無益之錢以酬神，何如孝敬父母，崇尚實學，養成國民完全之性質。況我孔子，本孝悌忠恕以立教，本詩書執禮以立言，道冠古今，德配天地。中國二千年來，得以稱為禮教之邦，而為全球第一大國者，胥我孔子之力也。方今特奉明詔，遍立學堂；所以禦外侮，所以興內政，悉本孔子之道為宗旨，斷無絲毫沾染外洋之說。爾百姓等食毛踐土，具有天良，此後務須破除迷信，尊崇聖道，將來民可以富，國可以強。若執迷不悟，一昧迷信邪說，他日必蹈印度全國好佛，卒亡於佛之慘報。

本州為爾父母，不憚苦口勸導，望爾百姓深信予言，異日必可以自立。不然，為奴隸、為犬馬，禍不遠矣。縱有後悔亦無及矣。刻下濮州漸知學堂為國家之學堂，所學皆聖人之道，創立學堂已不乏矣。倘爾董口經此番告誡，從此力學，痛改前非，著重精神教育，尊孔尊親，尚忠尚實，養成文明之國民，是則本州所厚望也。

光緒三十四年。

（文見宣統《濮州志》卷八《藝文志》。王偉）

農桑學堂實業記

知州高士英

實業所包者廣，若農桑特實業中之大部分。我中以農立國，天子躬耕，後親蠶繅，何重視農桑也？況自神農、后稷以來，我中之農事，開闢最早，《禹貢》九州於蠶桑尤詳言之，知我國所由來久矣。第農桑皆不知改良，以致數千年來，故步自封，反若遜於泰西者，良堪太息！今朝廷立圖自強，立農商部、設農官矣。將來農事必日發達。絲為我國獨一之美產，苟種桑得法，則絲亦可望冠絕五洲矣。濮州舊有農桑學堂，惜款不足，忽作忽輟。鄙人忝膺是邑，擬重修整頓，大事擴充，又擬設實業公司以佐之，無非化遊惰，興教養也。孔子策衛，庶而後富。管子治齊，倉廩必足，大都於實業三致意焉。今因濮州農桑學堂第二次告成，故喜而為之記。

　　光緒三十四年。

（文見宣統《濮州志》卷八《藝文志》。王偉）

台前縣

大河神祠碑

俠者武之。壬辰之秋,余往濟寧□行。茲見廟貌巍煥而瞻之。知為余同官間公嵩嶽之也。余於是欽神之為靈昭公祠,善家以挽漕之治,綰轂天下,南北咽喉,張秋界於其間,建是祠者,實存憑依河北戶視社稷之報,與於世之雲遊[1]

欽差臨清磚廠工部營繕清吏司員外郎霍叔瑾撰文。

主持道士張濟仁立石。

順治九年。

(碑存台前縣夾河鄉八里廟村。王偉)

---

[1] 下缺。